에두아르도
갈레아노
라틴아메리카의
열린 혈맥

Las venas abiertas de América Latina

by Eduardo Galeano

© Trustee for Eduardo Galeano
© 2010, Siglo Veintiuno Editores Argentina S.A.
All rights reserved.
Korean translation rights © 2025 ALEPH PUBLISHING
Korean translation rights are arranged with Eduardo de Freitas
through Schavelzon Graham Literary Agency, Spain and AMO Agency, Korea

이 책의 한국어판 저작권은 아모 에이전시를 통한 저작권자와의 독점 계약으로 알렙에 있습니다. 저작권법에 의해 한국 내에서 보호를 받는 저작물이므로 무단 전재와 복제를 금합니다.

에두아르도 갈레아노
라틴아메리카의 열린 혈맥

라틴아메리카 500년 수탈의 역사
조구호 옮김

한국외국어대학교
부엔 비비르 총서 11

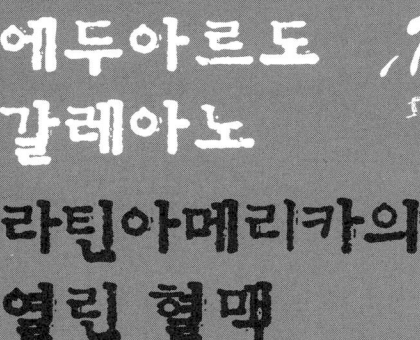

이 책은 세르히오 바구(Sergio Bagú), 루이스 카를로스 벤베누토(Luis Carlos Benvenuto), 페르난도 카르모나(Fernando Carmona), 아디세아 카스티요(Adicea Castillo), 알베르토 코우리엘(Alberto Couriel), 안드레 군더 프랑크(André Gunder Frank), 로헬리오 가르시아 루포(Rogelio García Lupo), 미겔 라바르카(Miguel Labarca), 카를로스 레사(Carlos Lessa), 사무엘 리흐텐슈타인(Samuel Lichtensztejn), 후안 A. 오도네(Juan A. Oddone), 아돌포 페렐만(Adolfo Perelman), 아르투르 포에르네르(Artur Poerner), 헤르만 라마(Germán Rama), 다르시 히베이루(Darcy Ribeiro), 오를란도 로하스(Orlando Rojas), 훌리오 로시엘로(Julio Rossiello), 파울루 실링(Paulo Schilling), 칼-하인츠 슈탄치크(Karl-Heinz Stanzick), 비비안 트리아스(Vivian Trías), 그리고 다니엘 비다르트(Daniel Vidart)의 다양한 협력이 없었더라면 가능하지 않았을 것이다.

위의 인물들, 그리고 지난 몇 년 동안의 내 작업을 격려해 준 많은 친구에게 이 결과물을 바치는데, 물론 그들은 이 결과물에 대한 책임이 없다.

몬테비데오 1970년 말

"우리는 어리석음과 아주 유사한 침묵을 유지해 왔다……."
―1809년 7월 16일, 라 파스 시에서 발표된
투이티바 위원회*의 반란 선언문

---

* (옮긴이) 투이티바 위원회(Junta Tuitiva)는 에스파냐 식민 통치에 반대하기 위해 1809년 7월 16일에 볼리비아의 수도 라 파스(La Paz)에서 결성된 위원회. '수호 위원회'로 번역될 수 있다.

서문

태풍의 중심에 있는 1억 2천만 명의 아이들

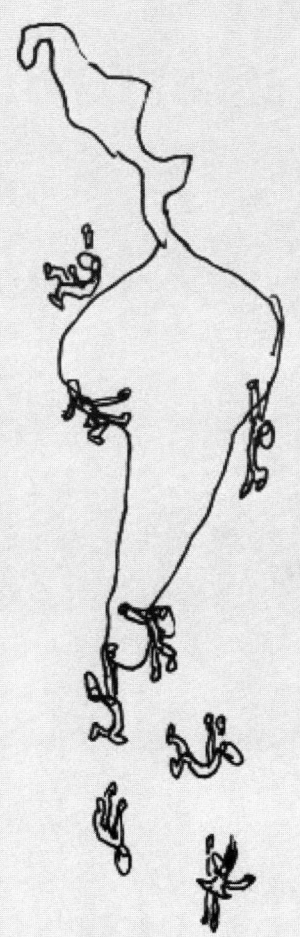

노동의 국제 분업은 일부 국가가 이익을 보고, 다른 국가들은 손해를 보는 것으로 특화되면서 이루어진다. 오늘날 우리가 라틴아메리카라고 부르는 세계의 이 지역은 조숙했었다. 그래서 르네상스 시대에 유럽인이 바다를 건너 달려들어서 이 지역의 목에 이빨을 박은 먼 옛날부터 잃는 것에 특화되었다. 그 후 수 세기가 지났고, 라틴아메리카는 자신의 기능을 완성했다. 라틴아메리카는 현실이 우화를 압도하고, 정복의 전리품, 즉 금 광맥들과 은 산(山)들 때문에 상상이 굴욕을 당한 곳으로, 이제는 경이(驚異)의 왕국이 아니다. 그러나 이 지역은 계속해서 하인 노릇을 한다. 라틴아메리카는 석유와 철, 구리와 고기, 과일과 커피, 원자재와 식량의 공급지이자 비축지로서 타자의 필요에 부응하기 위해 계속해서 존재하는데, 이들 물자는 라틴아메리카가 그것들을 생산해서 버는 돈보다 그것들을 소비하면서 훨씬 많은 돈을 버는 부국으로 보내진다. 구매국이 거두는 세금이 판매국이 받는 물품 대금보다 훨씬 많다. 어찌 되었든 '진보를 위한 동맹(Alliance for Progress)'의 대표 커비 T. 올리버(Covey T.

Oliver)가 1968년 7월에 선언했듯이, 오늘날 "공정 가격에 대해 말하는 것은 중세적인 발상이다. 우리는 자유무역의 시대에 살고 있기 때문이다."

  기업 활동에 더 큰 자유가 주어질수록 그 피해를 겪는 사람들을 수용할 감옥을 더 많이 지을 필요가 있다. 우리의 심문관 및 사형 집행인 제도는 강대국이 장악한 국제 시장을 위해서만 작동하는 것이 아니다. 이들 제도는 지배당하는 국내 시장에 대한 차관이나 외국 투자로부터 흘러나오는 풍부한 이익의 원천을 제공하기도 한다. 지난 1913년에 미국의 우드로 윌슨 대통령은 "여러분은 라틴아메리카가 외국 자본에 대해 허용한 이권에 대해서는 들은 적이 있지만, 미국이 다른 나라의 자본에 대해 허용한 이권에 대해서는 들은 적이 없을 것입니다. (……) 우리는 이권을 허용하지 않는다는 것입니다."라고 지적했다. 그는 "국가란 그곳에 투자된 자본에 의해 영유(領有)되고 지배된다."라고 말하면서 그 점을 확신했다. 그의 말이 맞았다. **메이플라워**(Mayflower)호의 순례자들이 플리머스(Plymouth) 해안 지역에 정착하기 1세기 전에 아이티인이나 쿠바인이 새로운 주민으로서 이미 역사에 등장했다고는 해도, 그 과정에서 우리는 자신을 **아메리카인**이라고 부를 권리마저 잃어버렸다. 이제 세계가 인식하는 아메리카는 미국 이외의 그 무엇도 아니다. 우리는 기껏해야 아메리카의 아류, 정체가 모호한 이류 아메리카에 산다.

  혈맥이 열려 있는 지역이 바로 라틴아메리카다. 라틴아메리카는 발견된 뒤부터 오늘날에 이르기까지 모든 것이 항상 유럽의 자본으로, 혹은 나중에는 미국의 자본으로 변해 왔고, 그런 식으로, 멀리 떨어진 권력의 중심부들에 그런 자본이 축적되어 왔으며 축적되고 있다. 모든 것이, 즉 토지·산물·광물이 풍부한 땅속, 사람들과 그들의 노동력 및 소비력, 자연 자원과 인적 자원이 그렇다. 각 지역의 생산 방식과 계급 구조는 자본주의의 세계적인 톱니바퀴에 편입되면서 점차 외부로부터 규정되어 왔다. 그리고 각 지역은 항상 당시 외국 대도시의 발전을 위해 특정 기능을 할당받았고, 지속적인 종속의 사슬은 끝없이 길어졌는데, 이 사슬에는 두 개보다 훨씬 많은 연결고리가 있고, 또한 라틴아메리카 안에서 인근 소국에 대한 대국의 억압이 행해지며, 각국의 국경 안에서는 식량과 노동력의 공급원에 대한 대도시와 항구 도시의 착취가 행해진다. (현재 가장 많은 인구를 가진 라틴아메리카의 도시 20개 가운데 16개는 이미 4세기 이전에 생겼다.)

역사를 경쟁이라고 생각하는 사람들에게 라틴아메리카의 후진성과 빈곤은 패배의 결과 이외에 그 무엇도 아니다. 우리는 패배했고, 다른 자들은 승리했다. 그러나 승리한 자들은 우리가 패배한 덕분에 승리했다. 라틴아메리카의 저발전 역사는, 누군가가 말했듯이, 세계 자본주의의 발전 역사에서 빼놓을 수 없는 부분이다. **우리의 패배는 항상 다른 자들의 승리에 내포되어 있었다. 우리의 부는 다른 자들, 즉 제국들과 그들 제국의 토착 감독자들의 번영을 부양하기 위해 항상 우리의 빈곤을 창출해 왔다. 식민지와 신식민지의 연금술 속에서 금은 고철로 변하고, 식량은 독으로 변했다.** 포토시, 사카테카스, 오루 프레투[1]는, 귀금속으로 이루어진 번영의 절정에서 빈 광산 갱도

---

1) (옮긴이) 포토시(Potosí)는 볼리비아의 도시, 사카테카스(Zacatecas)는 멕시코의 도시로, 모두 은 광산으로 유명하다. 오루 프레투(Ouro Preto)는 브라질의 도시인데 'ouro'는 '금',

의 깊은 구멍으로 곤두박질쳤고, 칠레의 초석(硝石) 지대와 아마존 고무 숲도 결국 파멸이라는 운명을 맞았다. 브라질 북동부의 설탕 생산지, 아르헨티나의 케브라초[2] 숲이나 마라카이보 호수[3]의 석유를 생산하는 일부 마을은 자연이 부여하고 제국주의가 빼앗아 가는 부도 언젠가는 사라질 수 있다는 사실을 뼈저리게 깨닫게 해주었다. 이것은 당연한 일이다. **제국주의 권력의 중심부에 물을 대주는 비가 그 체제의 광범위한 주변 지역을 질식시킨다. 마찬가지로, 그리고 대칭적으로,―국내적으로는 지배하고, 국외적으로는 지배당하는―우리 지배 계층의 복지는 짐을 나르는 짐승과 같은 생활을 강요받는 우리 대중의 저주다.**

격차가 확대되고 있다. 19세기 중반에는 세계의 부유한 나라들의 생활 수준이 가난한 나라들의 생활 수준을 50% 정도 상회했다. 개발은 불평등을 개발한다. 리처드 닉슨은 1969년 4월에 미주기구(OAS) 총회에서 행한 연설에서 20세기 말 미국의 1인당 국민소득은 라틴아메리카의 열다섯 배가 될 것이라고 예고했다. 제국주의 체제의 전체 힘은 그 체제를 구성하는 여러 부분의 필연적인 불평등에 기반하는데, 그 불평등은 갈수록 극심해진다. 억압하는 국가는 절대

'preto'는 '검은색'이기 때문에 지명은 '검은 금'을 의미한다. 순금의 색깔은 검지 않은데, 금광석이 채굴 과정에서 산화되거나 광물과 뒤섞여 검은빛을 띠었기 때문에 이런 이름이 생겨났다고 한다.

2) (옮긴이) 케브라초(quebracho)는 아르헨티나, 파라과이, 볼리비아 등지의 단단하고 밀도 높은 나무를 가리킨다. 이 나무의 이름은 'quebrar(부수다)'와 'hacha(도끼)'가 합쳐진 것으로, '도끼를 부러뜨릴 정도로 단단한 나무'라는 의미다.

3) (옮긴이) 마라카이보(Maracaibo) 호수는 베네수엘라 서북부에 있는 남아메리카 최대의 호수다. 호수 주변은 베네수엘라 석유 산업의 중심지로, 20세기 이후 국가 경제를 지탱하는 핵심 지역이다.

적인 측면에서는 갈수록 부유해지지만, 격차의 역학 관계가 점차 늘어나면서 상대적인 측면에서는 훨씬 부유해진다. 자본주의의 **중심부**는 스스로 풍요의 신화들을 만들고 믿는 사치를 누릴 수 있지만, 그런 신화들이 배를 채워주지는 않는데, 자본주의의 드넓은 **주변부**를 구성하는 가난한 나라들은 그런 사실을 잘 안다. 미국 시민의 1인당 평균 소득은 라틴아메리카 시민의 일곱 배인데, 열 배나 빠르게 증가한다. 평균은 브라보강[4] 이남에 거주하는 다수의 빈자와 소수의 부자 사이에 헤아릴 수 없는 격차가 있기 때문에 기만적이다. 유엔에 따르면 실제로 사회적 피라미드의 꼭대기에 있는 600만 명이 사회적 피라미드의 밑바닥에 있는 1억 4천만 명의 소득과 같은 소득을 올린다. 하루 수입이 25센트인 농민이 600만 명이다. 다른 극단에는 고통을 착취하는 자들이 스위스나 미국에 있는 은행의 개인 계좌에 50억 달러를 예치해 놓는 호사를 누리고, 허영과 무익한 사치―공격과 도전―, 비생산적인 투자에 돈을 낭비하는데, 그 돈은 라틴아메리카가 생산 및 일자리의 공급원을 교체·확장·창출하는 데 투입할 수 있는 총투자액의 절반 정도를 차지한다. 제국주의적 권력의 성좌에 늘 편입되어 있는 우리의 지배 계층은 애국심이 배신보다 더 많은 이익을 가져다주는지 또는 구걸이 국제 정치에서 가능한 유일한 방식인지 연구하는 데 조금도 관심을 두지 않는다. "다른 길이 없다"는 이유로 주권이 저당 잡힌다. 과두 지배 계층의 알리바이는 특정 사회 계급의 무능력을 각 국가의 장래가 없다는 주장과

---

4) (옮긴이) 브라보강(Río Bravo)은 미국과 멕시코의 국경을 통과한다. 그란데강(Río Grande)이라고도 불린다.

의도적으로 뒤섞어 혼동시킨다.

조수에 지 카스트루(Josué de Castro)는 말한다. "나는 국제평화상을 받았는데, 불행하게도 라틴아메리카에는 폭력 이외의 다른 해결책이 없다고 생각한다." 1억 2천만 명의 아이가 이 같은 태풍의 중심에서 불안해한다. 라틴아메리카의 인구는 다른 어느 지역보다 급속도로 증가하고 있다. 반세기 동안에 세 배가 되었다. 1분마다 아이 한 명이 병이나 굶주림으로 죽어가지만 서기 2000년에는 라틴아메리카의 인구가 6억 5천만 명으로 늘어날 것이고, 그 절반은 15세 이하가 차지할 텐데, 이는 **시한폭탄** 같은 것이다. 1970년 말에는 라틴아메리카 인구 2억 8천만 명 가운데 5천만 명이 실업자 또는 잠재 실업자고, 약 1억 명이 문맹이다. 라틴아메리카 인구의 절반은 비위생적인 집에서 북적거리며 산다. 라틴아메리카의 3대 시장─아르헨티나, 브라질, 멕시코─은 모두 합쳐도 서유럽의 프랑스나 서독의 소비 능력에 미치지 못한다. 우리의 이 세 대국의 총인구가 그 어떤 유럽 국가의 인구보다 훨씬 많은데도 말이다. 오늘날 라틴아메리카의 식량 생산은, 인구비로 보았을 때, 제2차 세계대전 이전보다 적고, 1인당 수출도, 불변가격으로, 1929년 대공황 직전의 3분의 1로 감소했다.

그 체제는 외국의 주인들과 우리 부르주아 중개업자들의 관점에서는 대단히 합리적인데, 그들 부르주아지는 파우스트를 부끄럽게 만들 정도의 가격에 자신의 영혼을 악마에게 팔아버렸다. 하지만 그 체제는 그 밖의 모든 사람에게는 몹시 비합리적이어서 체제가 발전하면 할수록 체제의 불균형, 긴장, 격렬한 모순이 더 첨예해진다. 라티푼디움[5] 및 불평등의 구조와 편안하게 공존하는 종속적이고 때늦은 공업화조차도 실업 문제 해결에 도움을 주는 대신 실업의 씨앗을 뿌리는 데 공헌한다. 그 수가 끊임없이 늘어나는 거대한 실업자 집단이 있는 이 지역에서는 빈곤이 확대되고 부가 집중된다. 새로운 공장은 특권적인 개발 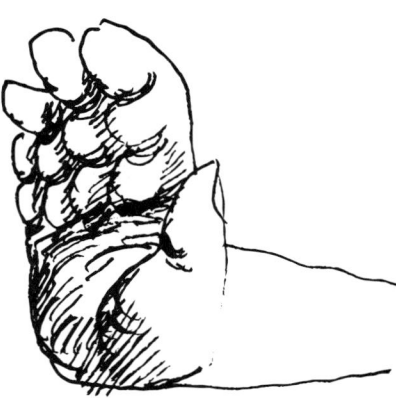 의 거점—상 파울루, 부에노스 아이레스, 멕시코 시티—에 설립되고 있지만, 그곳에서 필요로 하는 노동력은 점차 작아지고 있다.

이 체제는 이 같은 작은 골칫거리, 즉 남아도는 것은 사람이라는 점을 예측하지 못했다. 그리고 그런 사람들이 재생산된다. 사람들은 열정적으로, 조심성 없이 섹스를 한다. 길거리에는 사람이 점점 많아지는데, 시골에서는 거대한 유휴지를 가진 라티푼디움이 지배해서 일자리가 없고, 도시에서는 기계가 지배해서 일자리가 없다. 체제가 인간을 뱉어내는 것이다. 미국의 사절단은 여자들을 대규모로 불임시키고, 피임약, 페서리, 링, 콘돔, 날짜가 표시된 달력 등을 살포하지만, 아이들을 수확한다. 라틴아메리카 아이들은 집요하게 태어나서, 지금은 거의 모든 사람에게 거부되는 것을 모든 사람에게 줄 수 있었던 이 찬란한 땅에서 햇빛 아래 자기 자리를 가지겠다는 천부적인 권리를 주장한다.

1968년 11월 초순에 리처드 닉슨은 진보를 위한 동맹이 발족한 지 만 7년이 지났음에도 라틴아메리카에서 영양실조와 식량 부족

---

5) (옮긴이) 라티푼디움(latifundium)은 고대 로마의 장원 제도다. 라틴어 'latus(넓은)'와 'fundus(농장)'가 결합한 단어로, 대농장이라는 뜻이다.

이 악화되었다고 명백하게 인정했다. 불과 몇 개월 전인 5월에 조지 W. 볼(George W. Ball)은 《라이프(Life)》지에 다음과 같이 썼다. "적어도 다가오는 수십 년 동안에 여러 극빈국의 불만이 세계 파멸의 위협을 의미하지는 않을 것이다. 제아무리 부끄러운 일이라 할지라도, 세계는 빈자 3분의 2, 부자 3분의 1과 함께 몇 세대에 걸쳐 살아 왔다. 제아무리 부당한 일이라 할지라도, 가난한 나라의 능력에는 한계가 있다." 볼은 제네바에서 개최된 제1회 유엔 무역개발회의(UNCTAD)의 미국 대표단장을 지냈는데, 그는 국제 무역에서 개발도상국의 불리한 조건을 완화할 목적으로 본회의에서 승인된 일반 원칙 12개 가운데 9개에 반대표를 던졌다.

　라틴아메리카에서 빈곤에 의한 대학살은 비밀스럽게 이루어진다. 이를 악물고 참는 데 익숙해져 있는 이 사람들 위로 매년 히로시마의 원자폭탄 3개가 살그머니, 별다른 소리도 없이 투하되는 꼴이다. 이 조직적인 폭력은 명백하지 않지만 실제로 일어난 것이며, 지속적으로 증가한다. 이 악행은 황색 저널리즘에는 보도되지 않지만, 유엔 식량농업기구(FAO)의 통계에는 나타난다. 볼이 말하기를, 가난한 사람은 세계대전을 일으킬 수 없기 때문에 처벌받지 않는 일이 여전히 가능하지만, 빵의 수량을 늘릴 수 없어 걱정하는 초대국(超大國)은 식사하는 사람을 없애는 데 진력한다. 어느 블랙 유머의 대가는 라 파스 시의 벽에 "빈곤을 퇴치하고 거지를 죽여 없애자!"는 낙서를 했다. 맬서스의 계승자들은 거지가 태어나기 전에 모두 죽이는 것 외에 무엇을 계획하겠는가? 포드 사의 사장과 미국 국방부 장관을 역임한 세계은행 총재 로버트 맥나마라(Robert McNamara)

는 인구 폭발이 라틴아메리카의 발전에 최대 장애라고 확언하고, 세계은행은 산아 제한 정책을 실시하는 나라에 우선적으로 자금을 융자해 줄 것이라고 알린다. 맥나마라는, 가난한 사람의 사고 능력은 20% 정도 낮은데, (이미 태어난) 세계은행의 기술 관료들이 컴퓨터를 윙윙 돌리며 산아 제한의 이점에 관해 복잡하기 이를 데 없는 말장난을 해댄다고, 안타까워하며 확인해 준다. 세계은행의 어느 문서는 "1인당 연간 평균 소득이 150-200달러의 개발도상국이 25년 동안에 출생률을 50%로 낮추는 데 성공한다면, 30년이 지난 뒤에 1인당 평균 소득은 산아 제한에 성공하지 못한 경우의 수준을 적어도 40% 상회하고, 60년이 지난 뒤에는 평균 소득이 두 배 이상에 이를 것"이라고 단언한다. 린든 존슨(Lyndon Johnson)의 "인구를 억제하는 데 투하되는 5달러가 경제 성장을 위해 투하되는 100달러보다 더 효과적이다."라는 말은 유명하다. 드와이트 아이젠하워(Dwight Eisenhower)는 지구에 사는 사람의 수가 계속해서 같은 속도로 증가한다면 혁명의 위험이 첨예하게 높아질 뿐만 아니라 더 나아가 "**우리의 생활 수준을 포함해** 전 인류의 생활 수준 저하"가 이루어질 것이라고 예고했다.

미국은 자국 내에서는 인구 폭발이라는 문제에 직면하고 있지 않지만, 사방으로 가족계획을 보급하고 강제하는 데 다른 어느 나라보다 많은 관심을 기울인다. 정부만이 아니다. 록펠러 재단과 포드 재단도 어린이 수백만 명이 제3세계의 지평선에서 메뚜기 떼처럼 다가오는 악몽에 사로잡혀 있다. 플라톤과 아리스토텔레스는 맬서스나 맥나마라보다 먼저 이 문제에 주목했었다. 그럼에도, 우리 시대에 이 모든 세계적인 공세는 매우 명확한 임무를 담당한다. 그 임무는 바로 나라들 사이에, 그리고 사회 계급 사이에 존재하는 현저히 불평등한 소득 분배를 정당화하고, 빈곤이 산아 제한을 하지 않고 자식을 낳은 결과라며 가난한 사람을 납득시키고, 사회 운동과 반란에서 표출되는 대중의 분노를 무마하는 것이다. 자궁 내 피임 장치가 동남아시아에서는 베트남의 인구 증가를 억제하려는 노력에서 폭탄 및 총탄의 효과와 맞먹는다. **라틴아메리카에서는 게릴라 대원을 산이나 길거리에서보다 자궁 속에서 죽이는 것이 더 위생적이고 효율적이다.** 아마존은 지구에서 사람이 살 수 있는 지역 가운데 가장 척박한 곳임에도 불구하고 미국의 다양한 선교 단체가 이 지역에서 수천 명의 여자에게 불임 시술을 해 왔다. 라틴아메리카 대부분의 나라에서는 사람이 남아돌지 않고 부족하다. 브라질은 1제곱킬로미터당 인구가 벨기에보다 38배, 파라과이는 영국보다 49배, 페루는 일본보다 32배가 적다. 라틴아메리카에서 많은 사람이 우글거리는 아이티와 엘 살바도르의 인구밀도는 이탈리아보다 낮다. 이에 관해 내세운 구실은 사람의 지능을 모욕하고, 그 구실의 진짜 의도는 분노를 유발한다. 어찌 되었든, 볼리비아, 브라질, 칠레, 에콰도르, 파라과이, 베네수엘라의 영토 절반 정도에서는 사람이 전혀 살지 않는다. 라틴아메리카의 그 어떤 나라도 노인국 우루과이보다 인구 증가율이 낮지 않은데, 그렇지만 최근 몇 년 동안 그 어떤 나라도 우루과이를 지옥의 마지막 단계로 이끄는 것처럼 보이는 위기에 의해 벌을 받은 적이 없다. 우루과이는 지금 비어 있는데, 그 비옥한 토지는 오늘날 자신의 땅에서 엄청난 궁핍에 시달리는 사람보다 훨씬 많은 사람에게 먹을 것을 줄 것이다.

1세기가 넘는 과거에 과테말라의 어느 외교부 장관이 예언자처럼 말했다. "우리에게 해악을 주는 바로 그 미국에서 치유책이 만들어진다는 것은 기이한 일이다." 진보를 위한 동맹이 죽어서 땅속에 묻히자 그 초대국은 이제 관용보다는 공포심에 사로잡힌 상태에서 라틴아메리카 사람을 미리 배제하면서 라틴아메리카의 문제를 해결하겠다고 제안한다. 가난한 사람은 가난해지는 것을 **좋아하지** 않는다고 워싱턴 당국자들이 생각할 만한 이유를 이미 가지고 있다. 그러나 수단을 원하지 않고서 목적 달성을 원할 수는 없다. 라틴아메리카의 해방을 거부하는 사람들은 우리가 이룰 수 있는 유일한 갱생 또한 거부하고, 아울러 현재의 구조를 용서한다. 젊은이의 수가 늘어나고, 궐기하고, 듣는다. 그 체제의 목소리는 그들에게 무엇을 제시하는가? 그 체제는 초현실주의적인 말을 한다. 즉, 비어 있는 이 땅에서 새로운 생명의 탄생을 피하라고 제안한다. 자본이 넉넉하지만 낭비되는 나라에 자본이 부족하다는 의견을 제시한다. 차관이라는 이름의 기형적인 교정 장치와 외국의 투자가 초래하는 부의 유출을 **원조**라고 명명한다. 라티푼디움의 소유자에게 농지개혁을 실시하라고, 그리고 과두제 정부에게 사회 정의를 실현하라고 촉구한다. 계급 투쟁은 그것을 불러일으키는 외부 세력의 탓으로만 존재한다고 선언되지만, 반면에 사회 계급은 존재하고, 한 계급에 의한 다른 계급의 억압을 서양식 생활 방식이라 칭한다. 또 질서와 사회적인 평화를 재건할 목적으로 범죄적인 **해병대**(marines)를 파견하고, 워싱턴과 결탁한 독재 정부는 형무소 안에 법치국가를 건설하고, 파업을 금지하고, 노동의 자유를 수호하려고 노동조합을 말살한다.

   우리는 수수방관하는 것 외에 모든 것을 금지당한 것일까? 가난은 천체(天體)에 쓰여 있지 않다. 저개발은 하느님의 신비로운 계획의 산물이 아니다. 혁명의 세월, 구원의 시간이 흐른다. 지배 계층은 경계 태세를 갖추고, 동시에 모든 사람에게 지옥을 통보한다. 우익이 스스로를 평온 및 질서와 동일시하는 것은 어떤 의미에서 옳다. 대다수 사람에게는 실제로 일상적인 치욕의 질서이지만, 어쨌든 질서다. 불의가 불의로 지속되고, 굶주림이 굶주림으로 지속된다는 점에서는 평온하다. 만일 미래가 깜짝 선물 상자처럼 되면 보수주의자는 지당하다는 듯이 "나는 배신당했다."라고 외친다. 그리고 무능한 이데올로그들, 즉 주인의 눈으로 자신을 바라보는 노예들은 머지않아 자신들의 절규를 들려주기 시작한다. 과거에 폭발로 침몰한 미국 군함 **메인**호의 함수(艦首)를 장식했던 청동 독수리는 쿠바 혁명이 성공한 날 뜯겨져 아바나 구시가지의 어느 집 현관에 날개가 부러진 상태로 버려져 있다.[6] 쿠바의 그날 이후 다른 나라들도 다른 방식과 수단을 통해 변화의 실험을 시작했다. 사물의 현재 질서를 영속화하는 것은 범죄를 영속화하는 것이기 때문이다.

   라틴아메리카의 고통스러운 역사를 통해 질식되거나 배반당한 모든 혁명의 환영(幻影)들은, 현재의 시간이 과거의 모순에 의해 예측

---

6) (옮긴이) 미국 전함 메인(Maine)호는 1898년 아바나 항에서 폭발해 침몰했다가 일부가 인양되어 아바나에 보존·전시되었는데, 1959년에 쿠바 혁명이 성공하자 민중이 메인호의 함수에 장식되어 있던 청동 독수리를 미국 제국주의의 상징물로 인식하고 뜯어내 버렸다는 것이다.

되고 창출되었듯이, 새로운 실험에서 모습을 드러낸다. **역사는 과거를 향해 시선을 돌리는 예언자다. 과거에 그랬기 때문에, 과거에 그랬던 것과 반대로, 미래에 이루어질 것을 예고한다.** 따라서 어느 약탈의 역사를 제공하면서 동시에 약탈의 현재 메커니즘이 어떻게 기능하고 있는가를 밝히려는 이 책에는 카라벨라[7] 선에 승선한 정복자들과 그들의 근처에서 **제트기**에 탄 기술 관료들, 에르난 코르테스[8]와 해병대원들, 에스파냐 왕국의 코레히도르들[9]과 국제통화기금(IMF)의 사절단, 노예 무역의 배당금과 제너럴 모터스의 이익금이 등장한다. 또한 패배한 영웅들과 우리 시대의 혁명들, 불명예와 사라졌다가 부활한 희망, 즉 생산적인 희생들 또한 등장한다. 알렉산더 폰 훔볼트[10]는 보고타 고원의 옛 원주민 거주자들의 관습을 조사하면서 인디오들이 제사에서 희생 제물을 **키이카**(quihica)라고 부른다는 사실을 알게 되었다. **키이카**는 **문**을 의미하는데, 선택된 희생 제물 각각의 죽음은 185개의 달(月)로 이루어진 새로운 주기의 문을 열었다.

---

7) (옮긴이) 카라벨라(Carabela)는 15-16세기에 포르투갈과 에스파냐에서 개발되어 대항해 시대에 탐험, 무역, 정복을 위해 사용된 소형 범선이다.
8) (옮긴이) 에르난 코르테스(Hernán Cortés, 1485-1547)는 에스파냐의 신대륙 정복과 식민 제국 확장의 상징적인 인물로, 1519년에 멕시코에 도착해 아스테카(Azteca)를 정복했다.
9) (옮긴이) 코레히도르(corredigor, 監司)는 에스파냐 왕을 대리해 식민지의 지방을 통치하는 관료로, 행정과 사법을 관장했다.
10) (옮긴이) 알렉산더 폰 훔볼트(Alexander von Humboldt, 1769-1859)는 프로이센 출신의 자연과학자, 탐험가, 지리학자, 박물학자로, 1799년부터 1804년까지 라틴아메리카 일부 지역을 탐험하며 지리, 생물, 기후를 연구하면서 라틴아메리카의 인구, 경제, 식물, 동물 등에 대한 방대한 자료를 수집했다.

차례

서문: 태풍의 중심에 있는 1억 2천만의 아이들 • 11

제1부 풍요로운 대지가 낳은 인간의 빈곤

금 열풍, 은 열풍
칼자루에 새겨진 십자가 표시 • 31
신들이 비밀 병기를 들고 돌아왔다 • 40
"그들은 굶주린 돼지처럼 금을 갈망했다" • 46
포토시의 영화: 은의 시대 • 50
암소는 에스파냐 소유였지만 우유는 다른 나라들이 마셨다 • 55
말과 기수의 역할 분담 • 66
포토시의 몰락: 은의 시대 • 72
흐르는 피와 눈물: 그러나 교황은 인디오가 영혼을 가지고 있다고 결정했다 • 84
투팍 아마루의 투쟁성에 대한 향수 • 93
인디오의 성주간은 부활 없이 끝난다 • 100
비야 리카 지 오루 프레투는 금의 포토시다 • 108
영국의 발전에 공헌한 브라질의 금 • 118

설탕왕과 다른 농업 군주들
플랜테이션, 라티푼디움 그리고 운명 • 124
브라질 북동부의 땅 살해 • 128
불타버린 쿠바 땅 위의 설탕 성들 • 139

무기력한 구조에 맞선 혁명 • 146

설탕은 칼이었고 제국은 살인자였다 • 151

카리브 노예의 희생 덕분에 제임스 와트의 증기기관과 워싱턴의 대포가 탄생했다 • 159

무지개는 기니로 돌아가는 길이다 • 168

판매되는 농부들 • 175

고무의 시대: 카루소가 밀림 한가운데에 웅장한 극장을 개관한다 • 178

카카오 농장주들은 50만 헤알짜리 지폐로 담배에 불을 붙였다 • 184

면화를 생산하는 저렴한 노동력 • 189

커피를 생산하는 저렴한 노동력 • 194

커피 시세가 수확물에 불을 지르고 결혼의 시기를 결정한다. • 199

콜롬비아의 피를 뽑은 10년 • 204

세계 시장의 마술봉이 중앙아메리카를 깨운다 • 211

배를 습격하는 해적들 • 214

1930년대의 위기: "개미를 죽이는 것이 사람을 죽이는 것보다 더 큰 범죄다" • 220

과테말라에서 폭력을 유발하는 사람은 누구인가? • 226

라틴아메리카 최초의 농지개혁: 호세 아르티가스에게는 패배의 한 세기 반 • 231

아르테미오 크루스, 그리고 에밀리아노 사파타의 두 번째 죽음 • 240

라티푼디움이 입은 늘리지만, 빵은 늘리지 않는다 • 252

북의 식민지 13개와 중요하게 태어나지 않는 것의 중요성 • 260

권력의 숨겨진 근원들

폐에 공기가 필요하듯이 미국 경제는 라틴아메리카의 광물이 필요하다 • 266

하층토가 쿠데타, 혁명, 스파이 이야기와 아마존 밀림의 모험을 만들어낸다 • 268

독일의 화학자가 태평양 전쟁의 승자들을 이겼다 • 276

칠레를 물어뜯는 구리 이빨 • 285

지하와 지상에 있는 주석 광부들 • 290

브라질을 물어뜯는 강철 이빨 • 301

석유, 그 저주와 위업 • 308

거대한 금속 부이트레의 모이주머니 속에 들어 있는 마라카이보 호수 • 326

제2부 개발은 항해자보다 조난자가 많은 항해다

조기 사망의 역사

영국 군함들이 강에서 독립을 환영했다 • 339

산업적 유아 살해의 규모 • 343

라틴아메리카의 보호주의와 자유무역: 루카스 알라만의 짧은 비행 • 351

후안 마누엘 데 로사스를 향한 몬토네라의 창(槍)과 살아남은 증오 • 356

삼국동맹이 파라과이와 벌인 전쟁이 자주적인 발전의 유일한 성공 사례를 폐기했다 • 368

라틴아메리카 경제를 왜곡한 차관과 철도 • 385

미국의 보호무역주의와 자유무역: 성공은 보이지 않는 손의 작품이 아니었다 • 391

약탈의 현대적 구조

효력 없는 빈 부적 • 400

보초들이 문을 연다: 국가 부르주아지의 비난받을 무기력 • 405

어떤 깃발이 기계 위에서 펄럭이는가? • 417

국제통화기금의 폭격은 정복자의 상륙을 쉽게 만든다 • 425

미국은 자국의 저축을 보호하지만 타국에 은행을 침투시켜 타국의 저축을 이용한다 • 431

자본을 수입하는 제국 • 434

기술 관료들은 '해병대'보다 더 효율적으로 돈이나 목숨을 요구한다 • 438

산업화는 세계 시장에서 불평등의 구조를 변화시키지 않는다 • 455

기술의 여신은 에스파냐어를 말하지 않는다 • 467

사람과 지역의 소외 • 473

성조기 아래에서 이루어지는 라틴아메리카 통합 • 482

"우리는 결코 행복하지 않을 거요, 결코!"라고 시몬 볼리바르가 예언했다 • 495

7년 후 • 501

작가 연보 • 539

작품 목록 • 541

옮긴이의 글 닫히지 않는 상처, 해방을 향한 기억 • 543

찾아보기 • 559

일러두기

1. 각주에 추가한 옮긴이의 설명에는 문장 앞에 '(옮긴이)'라고 표기했다.
2. 원서에서 이탤릭체로 표시된 부분은 굵은 글씨로, 《 》안에 든 어휘나 문장, 대화의 앞뒤는 큰따옴표(" ")로 표시했다.
3. 일부 고유명사와 특정 명사·구(句)에 표시한 작은따옴표(' ')는 옮긴이가 첨가한 것이다.
4. 단행본은 겹낫표(『 』), 신문과 잡지 등 정기간행물은 겹화살괄호(《 》), 단편소설, 희곡, 시, 선언문 등은 홑낫표(「 」), 영화, 방송 프로그램, 음악, 미술 작품 등은 홑화살괄호(〈 〉)로 표시했다. 국내에 번역·출간되지 않은 도서를 언급할 때는 한국어로 옮긴 가제와 원서 제목을 함께 적었다.
5. 인명, 지명 등 고유명사는 관례와 원어 발음을 존중해 그에 따랐다.

제1부

풍요로운 대지가 낳은 인간의 빈곤

금 열풍, 은 열풍

칼자루에 새겨진 십자가 표시

크리스토퍼 콜럼버스가 인간 세계의 서쪽에 있는 거대한 빈 공간을 가로지르기 시작했을 때, 그는 전설에 대한 도전을 받아들였다. 무시무시한 폭풍우가 콜럼버스의 배들을 호두껍질처럼 희롱하면서 괴물들의 입 속으로 던져 넣을 태세였고, 음침한 바다를 헤치는 거대한 뱀은 인간의 살을 갈망하며 기회를 노렸을 것이다. 15세기의 사람들이 믿었던 바에 따르면, 최후의 심판 때 정화(淨化)의 불이 세상을 휩쓸어 버리기까지는 고작 1천 년이 남아 있었고, 당시 세상은 아프리카와 동방으로 애매하게 뻗어 있는 해안을 지닌 지중해가 전부였다. 포르투갈의 항해자들은 서풍이 특이한 시체를 가져오고, 가끔은 기묘하게 세공된 목재를 휩쓸어 온다고 주장했지만, 세상이 곧 놀랄 만큼 확장될 것이라고는 아무도 의심하지 않았다.

아메리카가 이름만 없었던 것은 아니다. 노르웨이 사람들은 자신들이 오래전에 아메리카를 발견했다는 사실을 몰랐고, 콜럼버스는 여러 차례의 항해를 마치고서도 여전히 자신이 지구의 등 뒤로 돌아서 아시아에 도착했다고 확신한 채 죽었다.[1] 1492년에 에스파냐의 부츠가 바하마 제도의 모래밭에 처음으로 꽂혔을 때, 제독은 이 섬들이 일본의 전초 기지라고 생각했다. 당시 콜럼버스는 페이지의 여백이 메모로 뒤덮인 마르코 폴로의 책 한 권을 소지하고 있었다. 마르코 폴로에 따르면, 지팡구[2]의 주민은 "막대한 금을 소유하고, 금이 매장되어 있는 광산들은 결코 고갈되는 일이 없다. (……) 이 섬에는 가장 순수한 광택을 지닌 진주도 있다. 분홍색이고 둥글고 커서, 값어치가 백진주를 능가한다." 지팡구의 부에 관한 소문은 대 쿠빌라이 칸의 귀에도 도달해 그의 가슴에 지팡구를 정복하려는 욕망을 일깨웠다. 하지만 그는 실패했다. 세상에 창조된 모든 재화(財貨)가 마르코 폴로의 찬란하게 빛나는 페이지에서 날아올랐다. 인도양에는 금과 진주로 이루어진 섬 3천여 개가 있고, 희고 검은 후추 외에도 엄청난 분량의 향신료 12종이 있다는 것이었다. 후추, 생강, 정

---

1) (옮긴이) 이 문장은 콜럼버스가 서쪽으로 항해해 동쪽 아시아에 도착한 것으로 믿었다는 사실을 풍자적으로 표현한 것이다.
2) (옮긴이) 지팡구(Zipangu)는 마르코 폴로가 『동방견문록』에서 일본을 가리켜 쓴 이름이다.

향, 육두구, 계피는 겨울철에 고기의 부패도 막고 맛도 잃지 않도록 보존하는 데 소금만큼 귀중한 것이었다. 에스파냐의 카톨릭 양왕(兩王)[3]은 그것들의 산지로 직접 가는 탐험에 자금을 지원하기로 결정했는데, 그것은 신비로운 동방 지역에서 오는 향료, 열대 식물, 모슬린과 도검류의 무역을 독점하는 중개업자나 투기업자의 성가신 사슬에서 자유로워지기 위해서였다. 상거래의 지불 수단인 귀금속에 대한 열망 또한 사악한 바다를 항해하는 것을 독려했다. 전 유럽이 은을 필요로 했다. 보헤미아, 작센, 티롤의 광맥이 이미 거의 고갈되고 있었기 때문이다.

에스파냐는 국토 회복 전쟁(Reconquista)의 시대를 살고 있었다. 1492년은 엄청난 결과를 초래한 그 실수에서 탄생한 신세계, 즉 아메리카를 발견한 해일 뿐 아니라, 그라나다[4]를 탈환한 해이기도 했다. 결혼으로 소유 영토의 분열을 극복한 아라곤의 페르난도 왕과 카스티야의 이사벨 여왕은 1492년 초에 에스파냐의 땅에서 무슬림의 최후 거점을 뿌리 뽑았다. 7년 만에 잃은 것을 되찾는 데에는 거의 8세기가 걸렸고,[5] 국토 회복 전쟁은 왕실의 재정을 고갈시켰다. 그러나 이 전쟁은, 이슬람교도에 대한 기독교도의 성스러운 전쟁이었는데, 게다가 같은 해인 1492년에 기독교로 개종하지 않은 유대인 15만 명이 에스파냐에서 추방된 것은 우연이 아니었다. 에스파

---

3) (옮긴이) 가톨릭 양왕(Reyes Católicos)은 1479년에 결혼을 통해 병합된 아라곤(Aragón)의 페르난도(Fernando) 왕과 카스티야(Castilla)의 이사벨(Isabel) 여왕을 가리킨다.
4) (옮긴이) 그라나다(Granada)는 에스파냐 남부 안달루시아(Andalucía) 주의 도시로, 에스파냐에 침입한 이슬람 세력이 최후까지 남아 있던 곳이다.
5) J. H. Elliott, *La España imperial*, Barcelona, 1965.

냐는 자루에 십자가 표시를 새긴 칼을 휘두르면서 하나의 민족국가가 되었다. 이사벨 여왕은 종교 재판의 후견인이 되었다. 아메리카 발견의 위업은 중세 카스티야에 널리 퍼져 있던 십자군 전쟁의 군사적 전통을 빼놓고는 이해할 수 없을 것인데, 가톨릭교회는 바다 건너편 미지의 대륙을 정복하는 것에 성스러운 성격을 부여하는 것을 주저하지 않았다. 발렌시아[6] 출신인 교황 알렉산데르 6세는 이사벨 여왕을 신세계의 주인이자 지배자로 만들었다. 카스티야 왕국의 확대는 지상에서 하느님의 왕국을 넓히는 것이었다. 신대륙을 발견한 지 3년이 지난 뒤 콜럼버스는 도미니카섬 원주민들을 상대로 군사 작전을 직접 지휘했다. 기사 몇 명, 보병 200명, 공격용으로 특별히 훈련된 개 몇 마리가 인디오를 집단으로 학살했다. 500명이 넘는 인디오가 에스파냐로 보내져 세비야에서 노예로 팔리고, 비참하게 죽었다.[7] 그러나 일부 신학자가 항의했고, 인디오의 노예화는 16세기에 들어서면서 형식적으로 금지되었다. 실제로는 노예화가 금지되지 않았고 오히려 조장되었다. 정복대의 대장들은 매번 군사 행동을 개시하기 전에 인디오들이 성스러운 가톨릭 신앙으로 개종하도록 권고하는 길고 수사적인 **요구서**[8]를 공증인 앞에서 인디오들에게 읽어야 했다. "만일 너희가 그렇게 하지 않는다면, 혹은 그렇게 하는 것을 악의적으로 미룬다면, 내가 너희에게 보증하노니, 나는 하느님의 도움

---

6) (옮긴이) 발렌시아(Valencia)는 에스파냐의 도시다.
7) L. Capitán y Henri Lorin, *El trabajo en América, antes y después de Colón*, Buenos Aires, 1948.
8) (옮긴이) 레케리미엔토(Requerimiento)라고 불리는 문서다.

을 받아 무력으로 너희에게 쳐들어가서, 내게 가능한 모든 장소에서 가능한 모든 방법으로 전쟁을 벌여 너희를 가톨릭교회 및 우리 폐하에게 구속하고 복종하게 하고, 너희의 여자와 아이를 잡아서 노예로 만들어, 노예로 팔고, 폐하의 명령대로 처분하고, 너희의 재산을 빼앗고, 내가 할 수 있는 모든 참화와 손해를 너희에게 끼치고……."⁹

아메리카는 구원받기 어렵거나 불확실한, 광대한 악마의 제국이었다. 하지만 원주민의 이단에 맞선 광신적인 선교 활동은, 신세계의 빛나는 보물이 정복자 무리에게 불러일으킨 탐욕과 뒤섞여 있었다. 에르난 코르테스가 멕시코를 정복할 때 휘하 군인이었던 베르날 디아스 델 카스티요(Bernal Díaz del Castillo)는 "하느님과 폐하께 봉사하기 위해, 그리고 또한 부를 획득하기 위해" 자신들이 아메리카에 도착했다고 썼다. 콜럼버스는 산 살바도르(San Salvador)의 산호섬에 도착했을 때, 카리브해의 투명한 색조, 푸른 풍경, 부드럽고 맑은 공기, 화려한 새, 그곳에 거주하는 "키가 크고, 아주 잘생겼고, 대단히 온화한" 젊은이들에게 현혹되었다. 콜럼버스가 원주민들에게 "붉은 모자 몇 개와 목에 걸고 있던 유리구슬 목걸이 몇 개, 그리고 별 가치가 없는 많은 물건을" 주자 "그들은 매우 기뻐하며 우리 편이 되었는데, 이는 경탄할 만한 일이었다." 콜럼버스는 그들에게 칼을 보여주었다. 그들은 칼이 무엇인지 알지 못했기 때문에 손으로 칼날 부분을 움켜쥐어 손을 베고 말았다. 한편 제독 콜럼버스는 자신의 항해 일지에 다음과 같이 언급했다. "나는 그들에게 주의를 기

---

9) Daniel Vidart, *Ideología y realidad de América*, Montevideo, 1968.

울이면서 금이 있는지 알아내려고 애를 썼는데, 원주민 가운데 몇은 코에 뚫린 구멍에 금속 조각을 매달고 있었고, 나는 그들의 몸짓을 통해 남쪽으로 가거나 남쪽에서 섬을 빙 돌아가면 그곳에 커다란 금 그릇을 여러 개 갖고 있는 왕이 있는데, 그 왕이 아주 많은 양의 금을 소유하고 있다는 사실을 알아낼 수 있었다." 왜냐하면 "금으로 보물을 만들고, 금을 갖고 있는 사람은 그 금과 더불어 세상에서 하고 싶은 일은 뭐든지 하고, 영혼을 천국으로 보낼 수도 있기 때문이다." 콜럼버스는 세 번째 항해에서 베네수엘라 해안에 들어갔을 때도 여전히 자신이 중국의 바다를 돌아다닌다고 믿었다. 그래서 콜럼버스는 그곳에서부터 지상의 낙원을 향해 올라가는 무한한 육지가 펼쳐져 있다고 거리낌 없이 보고했다. 16세기가 시작될 무렵 브라질 해안 지역을 탐험한 아메리코 베스푸치오[10]도 로렌초 데 메디치[11]에게 언급했다. "나무들이 대단히 아름답고 부드러워서 우리가 지상 낙원에 있다는 생각이 들었습니다."[12] 콜럼버스는 1503년에 자메이카

---

10) (옮긴이) 아메리코 베스푸치오(Américo Vespucio, 1454-1512)는 이탈리아 출신의 탐험가이자 항해사로, 아메리카(America)라는 이름의 유래가 된 인물이다.
11) (옮긴이) 로렌초 데 메디치(Lorenzo de Médici, 1449-1492)는 르네상스 시대 피렌체의 실제적인 통치자이자 정치가, 외교관, 은행가, 그리고 후원자(파트론)로, 메디치 가문의 중심 인물이다. 흔히 '위대한 로렌초(Lorenzo il Magnifico)'라고 불린다.
12) Luis Nicolau D'olwer, *Cronistas de las culturas precolobinas*, México, 1963. 변호사인 안토니오 데 레온 피넬로(Antonio de León Pinelo)는 에덴 동산이 아메리카에 있다는 것을 증명하려고 책 두 권 전부를 할애했다. 그는 『신세계의 낙원(*El Paraíso en el Nuevo Mundo*)』(마드리드, 1656)에 남아메리카 지도를 삽입했는데, 그 중앙에 아마존강, 라 플라타(La plata)강, 오리노코(Orinoco)강, 막달레나(Magdalena)강에서 물을 공급받는 에덴 동산이 보인다. 에덴 동산에서 금지된 과실은 바나나였다. 지도에는 대홍수 때 노아의 방주가 출발한 정확한 장소가 표시되어 있었다.

에서 분한 마음으로[13] 가톨릭 양왕에게 편지를 썼다. "제가 인디아스를 발견했을 때, 저는 그곳이 세상에서 가장 풍요로운 영지라고 말씀드렸습니다. 제가 말씀드린 것은 금, 진주, 보석, 향신료……."

중세에는 후추 단 한 봉지의 값이 한 사람의 목숨값보다 높았으나, 금과 은은 르네상스가 천상에 있는 낙원의 문과 지상에 있는 자본주의적 중상주의의 문을 여는 데 사용한 열쇠였다. 아메리카에서 에스파냐인과 포르투갈인이 이룩한 서사시적 위업은 기독교 신앙의 전파와 현지의 부에 대한 횡령과 약탈을 결합했다. 유럽의 힘은 세계를 아우르려고 확산되고 있었다. 밀림과 위험으로 가득 찬 처녀지는 화려한 전리품의 획득에 나선 정복 대장, 말을 탄 향사(鄕士), 누더기를 걸친 병사의 욕망에 불을 붙였다. 그들은 "죽은 자들의 태양"[14]이라 불리는 영광과 자신들의 대담함을 믿었다. 코르테스는 "대담한 자는 행운이 도와준다."라고 말했다. 코르테스 자신도 멕시코 탐험대를 꾸리려고 개인 재산을 모두 저당잡혔다. 콜럼버스나 마젤란 같은 몇몇 예외적인 경우를 제외하고, 탐험대의 경비는 국가가 아니라 정복자 자신 또는 정복자에게 자금을 지원하던 상인과 은행가가 부담했다.[15]

---

13) (옮긴이) 콜럼버스는 1502-1504년에 실시한 제4차 항해 중 자메이카에 좌초되어, 1년 이상 외부와 단절된 채 굶주림과 병, 반란에 시달리는 상황에서 에스파냐에 구조 요청을 보냈지만, 응답이 느렸다. 그는 억울함과 배신감, 모멸감, 분노에 사로잡혀 국왕에게 편지를 썼다.

14) (옮긴이) 죽은 자들의 태양(sol de los muertos)은 죽은 자들이 누리는 사후의 영광, 삶을 초월한 명예로운 빛, 또는 기억과 전설 속에서 여전히 빛나는 존재를 상징하는 시적인 표현이다.

15) J. M. Ots Capdequí, *El Estado español en las Indias*, México, 1941.

금가루를 몸에 바르고 목욕을 한 군주 엘 도라도[16] 신화가 탄생했는데, 이는 원주민이 침입자들을 막으려고 발명해 낸 것이었다. 곤살로 피사로[17]부터 월터 롤리[18]까지 이 신화에 이끌려 아마존의 밀림과 강들, 오리노코강[19]에서 엘 도라도를 찾으려고 갖은 애를 썼지만 수포로 돌아가고 말았던 것이다.[20] "은을 쏟아내는 동산"에 대한 환영은 1545년에 포토시가 발견되면서 현실이 되었지만, 그 이전에 파라나강[21]을 거슬러 올라가면서 은의 원천에 도달하려는 헛된 시도를 한 탐험가들 가운데 많은 사람이 굶주림과 질병에 의해 쓰러지거나 원주민의 화살에 맞아 죽었다.

멕시코 고원과 안데스 고지에는 확실히 금과 은이 대량으로 축적

---

16) (옮긴이) 엘 도라도(El dorado)는 원래 '금가루를 몸에 바른 남자'라는 뜻으로, 신대륙의 존재가 유럽에 알려진 뒤에 에스파냐 사람들이 남아메리카의 어느 곳에 있다고 상상했던 이상향(황금 도시, 황금 왕국)이다.

17) (옮긴이) 곤살로 피사로(Gonzalo Pizarro, 1510?-1548)는 잉카 제국을 정복한 프란시스코 피사로(Francisco Pizarro, 1475?-1541)의 이복동생으로, 잉카 제국 정복과 식민화, 그리고 식민 통치에 대한 반란의 중심 인물이었다.

18) (옮긴이) 월터 롤리(Walter Raleigh, 1552?-1618) 경은 잉글랜드의 정치인, 탐험가, 작가, 시인이자 여왕 엘리자베스 1세의 총신이다. 신세계 최초의 잉글랜드 식민지인 버지니아를 건설했다. 진흙길 위에 값진 망토를 펼쳐 엘리자베스 1세를 지나가게 했다는 일화로 유명하다.

19) (옮긴이) 오리노코강은 주로 베네수엘라와 콜롬비아를 지나며, 광대한 유역과 풍부한 생태계로 유명하다. 아마존강 다음으로 유량이 많다.

20) (옮긴이) 엘 도라도와 관련된 '황금 의식'이나 '황금 군주' 같은 전통은 실제로 존재했는데, 탐험가들의 욕망과 상상력이 결합해, 아마존과 오리노코강 일대에 황금 왕국이 있다는 허황된 전설로 발전했다고 한다. 원주민이 침입자들을 막으려고 발명했다는 역사적 근거는 없는데, 이어지는 문장에도 드러나듯이, 갈레아노가 탐욕스러운 외부 세력이 신화를 좇다 결국 혼란에 빠져 파멸에 이르렀다는 점을 풍자적·비판적으로 보여주려고 이 같은 역설적인 표현을 사용한 것으로 이해할 수 있다.

21) (옮긴이) 파라나(Paraná)강은 아르헨티나, 브라질, 파라과이, 우루과이 등 여러 국가를 지나며, 지역의 경제와 생태계에 매우 중요한 역할을 한다. 남아메리카에서 아마존강 다음으로 긴 강이다.

되어 있었다. 에르난 코르테스는 1519년에 아스테카 왕국의 목테수마[22]가 소유한 놀라운 규모의 보물에 관해 에스파냐에 알렸고, 15년 후에는 프란시스코 피사로[23]가 잉카의 아타우알파[24]를 교살하기 전에 그에게 지불하게 한 엄청난 몸값, 즉 방 하나를 가득 채운 금과 방 두 개를 가득 채운 은이 세비야에 도착했다. 그 수년 전에 에스파냐 왕실은 앤틸리스 제도에서 강탈한 금을 콜럼버스의 제1차 항해에 동승한 승조원의 봉급으로 지불했다.[25] 결국, 카리브 제도의 주민은 세금을 내지 않게 되었는데, 그 이유는 주민이 사라져 버렸기 때문이다. 원주민은 사금 채취장에서 물에 몸을 반쯤 담근 채 금이 함유된 모래를 뒤섞는 무시무시한 노동으로, 혹은 에스파냐에서 가져온 무거운 농기구를 짊어져서 등이 굽은 채로 몸이 녹초가 될 때까지 들판을 개간하면서 완전히 사멸하고 말았던 것이다. 도미니카섬의 수많은 원주민은 새로운 백인 압제자들이 자신들에게 부과한 운명을 예감하고 있었다. 백인의 자식들을 죽이고 집단 자살을 감행하기도 했다. 공식 연대기[26] 작가인 페르난데스 데 오비에도는 16세기

---

22) (옮긴이) 목테수마(Moctezuma II, 1471-1520, 재위 1502-1520)는 아스테카 제국의 9대 황제로, 에르난 코르테스와 만난 뒤에 내부 분열과 혼란을 겪으며 결국 에스파냐에 의해 정복당했다.
23) (옮긴이) 프란시스코 피사로(Francisco Pizarro, 1475?-1541)는 잉카 제국을 정복한 인물로, 남아메리카 페루 지역에서 에스파냐의 식민지를 확립하는 데 중요한 역할을 했다.
24) (옮긴이) 아타우알파(Atahualpa, 1497?-1533)는 잉카 제국의 마지막 황제로, 프란시스코 피사로에게 패해 포로가 된 후 막대한 몸값(금과 은)을 지불했으나, 결국 1533년에 처형당했다.
25) Earl J. Hamilton, *American Treasure and the Price Revolution in Spain, 1501-1650*, Cambridge, MA: Harvard University Press, 1934.
26) (옮긴이) 연대기는 국가가 주도한 공식 연대기와 정복대, 선교 단체 또는 개인이 주도한 비공식 연대기가 있다.

중엽에 앤틸리스 제도에서 벌어진 원주민의 대학살을 다음과 같이 해석했다. "그들 가운데 다수는 강제로 노동을 하느니 차라리 음독 자살을 하고, 다른 일부는 자신의 손으로 목을 매어 목숨을 끊었다."[27]

신들이 비밀 병기를 들고 돌아왔다

콜럼버스는 제1차 항해 때 테네리페[28]를 통과하면서 엄청난 화산 폭발을 목격했다. 그것은 아시아로 향하는 서쪽 항로를 가로막을 광대한 새로운 땅에서 나중에 일어나게 될 모든 사건의 전조 같은 것이었다. 끝없이 펼쳐진 해안선 너머로 이미 예감되던 아메리카가 그곳에 있었다. 정복은 밀려드는 파도처럼 확산되었다. 선구자들[29]이 제독들의 뒤를 이었고, 선원들은 침략 군대로 변모했다. 교황의 칙서는 사도적 권한으로 아프리카를 포르투갈 왕실에 양도하고, "현재까지 귀측의 사절들이 발견한 땅과 장래에 발견할 미지의 땅"을 카스티야 왕실에 넘겼다. 그렇게 아메리카는 이사벨 여왕에게 증여되었다. 1508년에, 새로운 칙서는 아메리카에서 징수되는 십일조

---

27) Gonzalo Fernández de Oviedo, *Historia general y natural de las Indias*, Madrid, 1959. 그의 해석은 학파를 만들었다. 나는 프랑스인 기사 르네 뒤몽(René Dumont)의 최근작 『쿠바는 사회주의 국가인가(*Cuba, est-il socialiste?*)』(파리, 1970)를 읽고서 놀라움을 금치 못했다. "인디오는 괴멸되지 않았다. 그 유전자가 쿠바인의 염색체 속에 남아 있다. 그들은 연속적인 노동이 요구하는 긴장에 그 같은 증오심을 품었고, 그들 가운데 일부는 강제 노동을 받아들이기 전에 자살했다……."
28) (옮긴이) 테네리페(Tenerife)는 카나리아 제도의 가장 큰 섬이다.
29) (옮긴이) 콜럼버스의 신대륙 방문 이후 식민지 개척기에 에스파냐 왕의 허가를 받아 새로운 땅을 정복하고 통치하던 사람들을 가리킨다.

전액을 영구히 에스파냐 왕실에 양도했다. 신세계 가톨릭교회에 대한 왕실의 전반적이고 탐욕스러운 후견권에는 왕실이 성직 전체에 대해 제청권을 행사할 권리가 포함되어 있었다.[30]

1494년에 조인된 토르데시야스 조약(Tratado de Tordesillas)은 교황이 그린 분할선 너머의 아메리카 영토를 포르투갈이 점유하도록 허용하고, 1530년에 마르팀 아폰수 드 소우자(Martim Afonso de Sousa)는 프랑스의 침입자들을 추방하고 브라질에 최초의 포르투갈 정착지를 건설했다. 그 무렵에 에스파냐 사람들은 이미 지옥과 같은 밀림과 끝없는 사막을 건너 탐험과 정복의 과정을 많이 진행해 놓았다. 1513년에는 태평양이 바스코 누녜스 데 발보아(Vasco Núñez de Balboa)의 눈앞에서 반짝였다. 1522년 가을에는, 처음으로 2개의 대양을 연결하고 지구를 일주하면서 지구가 둥글다는 사실을 증명한 페르디난드 마젤란의 탐험대에서 살아남은 사람들이 에스파냐로 귀환했다. 그 3년 전에는 에르난 코르테스의 배 10척이 쿠바섬에서 멕시코를 향해 출범하고, 1523년에는 페드로 데 알바라도(Pedro de Alvarado)가 중앙아메리카 정복에 착수했다. 프란시스코 피사로는 1533년에 잉카 제국의 심장부를 점령하면서 승리자로서 쿠스코[31]로 들어갔다. 또한 1540년에는 페드로 데 발디비아(Pedro de Valdivia)가 아타카마(Atacama) 사막을 건너 칠레의 산티아고를 건설했다. 정

---

30) Guillermo Vázquez Franco, *La conquista justificada*, Montevideo, 1968, y J. H. Eliott, op. cit.
31) (옮긴이) 쿠스코(Cuzco)는 페루의 남동부 안데스 산지에 있는 잉카의 고도다.

복자들은 차코³² 지역을 뚫고 들어가 페루에서부터 지구에서 수량이 가장 풍부한 강의 하구까지 신세계를 드러냈다.

아메리카의 원주민 중에는 천문학자와 식인종, 기술자와 석기시대의 미개인이 모두 있었다. 그러나 토착 문화 중 그 어느 것도 쇠와 쟁기, 유리와 화약을 알지 못했고, 바퀴도 사용하지 않았다. 바다를 건너와 이 땅을 휩쓸어 버린 그 문명은 르네상스의 창조적인 열정을 구현했다. 아메리카는 근대의 격동적인 탄생에 화약, 인쇄술, 종이, 나침반과 함께 또 하나의 발명품처럼 나타났다. 두 세계 사이에 존재하는 발전의 격차는 원주민 문명이 비교적 쉽게 무너진 이유를 충분히 설명해 준다. 코르테스는 100명 정도의 승조원과 508명의 병사를 거느리고 베라크루스³³에 상륙했다. 그는 말 16필, 큰 활 32개, 청동 대포 10문, 몇 정의 화승총, 머스킷총,³⁴ 대형 권총을 소지했다. 하지만 아스테카의 수도 테노츠티틀란(Tenochtitlán)의 면적은 당시 마드리드보다 다섯 배나 크고, 인구는 에스파냐의 도시들 가운데 가장 컸던 세비아의 두 배였다. 프란시스코 피사로는 병사 180명, 말 37필을 거느리고 카하마르카³⁵로 들어갔다.

처음에 원주민들은 놀라움에 압도되어

---

32) (옮긴이) 차코(Chaco)는 파라과이, 볼리비아, 아르헨티나, 브라질에 걸쳐 있는 광대한 지역이다.
33) (옮긴이) 베라크루스(Veracruz)는 멕시코 동부의 항구다.
34) (옮긴이) 머스킷(musket)총은 과거에 보병들이 사용한 장총이다.
35) (옮긴이) 카하마르카(Cajamarca)는 페루 북부 안데스산맥에 있는 도시다.

패배했다. 목테수마 황제는 자신의 궁정에서 첫 소식을 받았다. 거대한 언덕이 바다 위에서 움직인다는 것이었다. 나중에 다른 전령들이 도착했다. "……목테수마는 대포가 어떻게 폭발하는지, 그 굉음이 얼마나 크게 울리는지, 사람들이 어떻게 실신하는지에 관해 듣고 몹시 놀랐다. 그 소리는 사람의 귀를 먹먹하게 만든다. 그리고 포탄이 떨어지면, 그 속에서 동그란 돌덩이 같은 것이 튀어나오고, 불비가 쏟아진다." 그 외지인들이 "사슴들"을 데리고 왔는데, 사슴들이 그들을 "지붕처럼 높이" 태우고 있었다.[36] 사방에서 몰려온 외지인들은 몸 전체가 갑옷으로 감싸여 있어서 "그들의 얼굴만 보인다. 얼굴이 석회처럼 하얗다. 그들의 머리카락은 노란색이었는데, 물론 일부는 검은색이었다. 기다란 수염이……."[37] 목테수마는 케찰코아틀[38] 신이 돌아왔다고 믿었다. 그 조금 전에 케찰코아틀 신의 귀환을 알리는 여덟 가지 전조가 있었다. 사냥꾼들이 거울 모양을 한 둥근 관을 머리에 쓴 새를 목테수마에게 가져왔는데, 그 거울에는 서쪽으로 기우는 태양이 보이는 하늘이 비쳤다. 거울 속에서 목테수마는 전사의 부대들이 멕시코로 진군하는 것을 보았다. 케찰코아틀 신

---

36) (옮긴이) 당시 아메리카 원주민들은 '말(caballo)'을 본 적이 없었기 때문에, 말을 자신들이 아는 동물인 '사슴(venado)'에 비유해 표현한 것이다.
37) 피렌체 사본(Códice Florentino)에 수록되어 있는 베르나르디노 데 사아군(Bernardino de Sahagún) 수사의 원주민 제보자들에 따른다. Miguel León-Portilla, *Visión de los vencidos*, México, 1967.
38) (옮긴이) 케찰코아틀(Quetzalcóatl)은 '깃털 달린 뱀'이라는 의미로, 문명, 지혜, 바람, 평화 등을 상징하는 신이다. 신화에 따르면 그는 동쪽에서 와 백성에게 문명을 가르친 뒤에 언젠가 돌아오겠다고 하며 동쪽으로 떠났다고 한다. 이 신화는 에스파냐의 정복자 에르난 코르테스가 도착했을 때, 일부 아스테카인이 케찰코아틀의 귀환으로 오해했다는 해석의 근거가 되기도 한다.

은 동쪽에서 와서 동쪽으로 떠났었다. 그 신은 백인이고 수염이 많았다. 잉카의 양성 신인 우이라코차(Huiracocha)도 백인이고 수염이 많았다. 그리고 동쪽은 마야의 영웅적인 선조들의 출생지였다.[39]

  자기 백성과 결판을 내기 위해 돌아온 그 복수심 강한 신들은 갑옷과 쇠사슬 갑옷을 착용하고 있었는데, 그 번쩍번쩍한 덮개들이 창과 돌을 튕겨 냈다. 그들의 무기는 치명적인 섬광을 내뿜고, 숨조차 쉴 수 없는 연기로 대기를 어둡게 만들었다. 또한 정복자들은 정치적 능력을 발휘하며 배신과 음모의 술책을 구사했다. 예를 들어, 그들은 아스테카 제국에 복속된 부족들의 분노와 잉카의 권력을 갈기갈기 찢어놓은 분열을 이용할 줄 알았다. 틀락스칼테카[40] 부족은 에르난 코르테스의 동맹자가 되었고, 프란시스코 피사로는 잉카 제국의 상속자이자 서로 원수가 된 형제인 우아스카르와 아타우알파 사이의 전쟁[41]을 자신의 이익을 위해 이용했다. 정복자들은 범죄적 행위를 통해 최고위 원주민 지도층을 쓰러뜨리자마자, 이번에는 중간 지배 계층, 사제, 관리, 군인을 공범자로 만들었다. 그러나 그들은 다른 무기도 사용했는데, 다시 말하자면, 결과적으로 다른 요소들이 침략자들의 승리를 위해 작용했다. 예를 들면, 말과 세균이다.

---

39) 이런 놀랄 만한 일치는 원주민 종교의 신들이 실제로 콜럼버스보다 훨씬 이전에 이 땅에 도착했다는 가설에 힘을 부여했다. Rafael Pineda Yánez, *La isla y Colón*, Buenos Aires, 1955.
40) (옮긴이) 틀락스칼테카(Tlaxcalteca)는 멕시코의 틀락스칼라(Tlaxcala) 지역과 그곳 사람들을 가리킨다.
41) (옮긴이) 우아이나 카팍(Huayna Cápac)의 적자인 우아스카르(Huáscar)와 그의 이복형인 아타우알파는 아버지가 죽자 잉카 제국의 통치권을 놓고 경쟁하다가 아타우알파가 우아스카르를 죽이고 황제의 자리에 올랐다.

말은 낙타와 같이 원래 아메리카가 원산지였지만,[42] 이 땅에서 소멸해 버렸었다. 말은 아라비아의 기병에 의해 유럽에 소개되어 구세계에 엄청난 군사적·경제적 이익을 가져다주었다. 정복을 통해 아메리카에 다시 나타난 말은 원주민의 놀라움에 질려 있는 눈앞에서 침략자들에게 마술적인 힘을 주는 데 기여했다. 어느 문헌에 따르면, 아타우알파는 첫 번째 에스파냐 병사들이 방울과 깃털로 치장한 기운찬 말을 타고서, 말발굽으로 우레 같은 굉음을 울리고 흙먼지를 날리며 달려서 도착하는 것을 보고는 뒤로 넘어지고 말았다.[43] 추장 테쿤 우만(Tecún Umán)은 마야 상속자들의 선두에서 페드로 데 알바라도가 탄 말의 머리를 창으로 베었는데, 이는 말이 그 정복자의 일부라고 생각했기 때문이다. 알바라도는 자리에서 일어나 그를 죽였다.[44] 전투용 장비로 몸을 덮은 말 몇 마리가 인디오 군중을 흩어지게 하고 공포와 죽음을 확산시켰다. 식민화 과정에서 "사제와 선교사들은 말이 원래 신성한 존재라는 점을 토착민의 상상 속에 퍼뜨렸는데, 이는 에스파냐의 수호 성인 산티아고가 흰 망아지를 타고 무어인과 유대인에 맞서 치른 귀중한 전투들에서 신의 섭리에 따라 승리했다는 전설 때문이었다."[45]

   세균과 바이러스는 가장 효과적인 동맹자였다. 유럽인들은 천연

---

42) Jacquetta Hawkes, *Prehistoria*, en la *Historia de la Humanidad*, de la Unesco, Buenos Aires, 1966.
43) Miguel León-Portilla, *El reverso de la conquista, Relaciones aztecas, mayas e incas*, México, 1964.
44) Miguel León-Portilla, op. cit.
45) Gustavo Adolfo Otero, *Vida social en el coloniaje*, La paz, 1958.

두와 파상풍, 다양한 폐 질환, 장 질환과 성병, 트라코마, 티푸스, 한센병, 황열병, 입을 썩게 만드는 충치를 성경에 나오는 재앙처럼 가져왔다. 처음에 나타난 것은 천연두였다. 고열을 유발하고 살을 썩게 만드는 미지의 혐오스러운 그 전염병은 초자연적인 형벌이 아니었을까? "그들이 틀락스칼라에 들어갔다. 그러자 기침을 하고 피부에 발진이 생기는 전염병이 퍼졌다."라고 어느 원주민이 증언했고, 다른 증언에 따르면, "피부에 발진이 생기는 그 전염성 강하고, 성가시고, 잔인한 질병이 많은 사람을 죽였다."[46] 인디오는 파리처럼 죽어갔다. 그들의 신체 기관은 새로운 질병들 앞에서 무방비 상태였다. 그리고 살아남은 사람은 쇠약해지고, 폐인이 되었다. 브라질의 인류학자인 다르시 히베이루(Darcy Ribeiro)는 아메리카, 오스트레일리아, 태평양 섬들의 원주민 절반 이상이 백인과 처음으로 접촉한 뒤에 질병에 감염되어 죽었다고 추정한다.[47]

"그들은 굶주린 돼지처럼 금을 갈망했다"

소수의 무자비한 아메리카 정복자가 화승총을 쏘고, 검을 휘두르고, 전염병을 유발하며 전진해 갔다. 패배자들의 목소리가 그것을

---

46) 앞에 나온 미겔 데 레온-포르티야(Miguel de León-Portilla)의 저작에 수록되어 있는 틀라텔로코의 익명의 작가와 사아군의 제보자들.

47) Darcy Ribeiro, *Las Américas y la civilización*, tomo I: *La civilización occidental y nosotros. Los pueblos testimonio*, Buenos Aires, 1969.

이야기해 주었다. 촐룰라[48] 학살 이후, 목테수마는 멕시코 분지를 향해 전진한 코르테스를 만날 새로운 사신들을 파견했다. 사신들은 에스파냐인들에게 금 목걸이와 케찰[49]의 깃털로 만든 깃발을 바쳤다. 에스파냐인들은 "기뻐했다. 그들은 원숭이처럼 금을 집어 들고, 만족스러운 표정을 짓고, 마음이 새로워지고 밝아지는 것 같았다. 그들이 그것을 몹시 갈망했다는 것은 분명하다. 그들의 몸은 금에 대한 갈망으로 인해 부풀어 오르고, 그들은 그것에 대해 굶주려 있었다. 그들은 굶주린 돼지처럼 금을 탐했다."라고 피렌체 사본(Códice Florentino)에 보존되어 있는 나우아틀어[50] 텍스트에 쓰여 있다. 그 후 코르테스가 아스테카의 화려한 수도 테노스티틀란에 도착했을 때, 에스파냐인들이 보물 창고에 들어가 "곧 커다란 금 구슬을 만들고, 궁에 불을 질러 태우고, 제아무리 귀중한 것이라 해도 남아 있는 것은 모두 불에 태웠다. 그래서 모든 것이 불타 버렸다. 그리고 금은, 에스파냐 사람들이 주괴(鑄塊)로 만들어 버렸다."

전쟁이 벌어졌고, 테노스티틀란을 빼앗겼던 코르테스는 결국 1521년에 테노스티틀란을 탈환했다. "이제 우리는 방패도 없고, 마카나[51]도 없으며, 먹을 것이 전혀 없어서 아무것도 먹지 못했다." 황폐해지고, 불타고, 시체로 뒤덮인 그 도시는 함락되었다. "그리고 밤

---

48) (옮긴이) 촐룰라(Cholula)는 멕시코의 푸에블라(Puebla) 주 서부에 있는 도시다.
49) (옮긴이) 케찰(quetzal)은 중앙아메리카에 서식하는 초록색 깃털과 긴 꼬리를 가진 새로, 고대 문명에서는 신성하게 여겼다.
50) (옮긴이) 소문자 '나우아틀(náhuatl)'은 아스테카의 주요 부족인 'Náhuatl'의 사람과 언어를 가리킨다.
51) (옮긴이) 마카나(macana)는 곤봉의 일종이다.

새도록 우리에게 비가 내렸다." 교수대와 고문만으로는 충분하지 않았다. 약탈한 보물은 상상력으로 부푼 요구를 결코 충족시키지 못했고, 에스파냐 사람들은 인디오들이 감추었으리라고 추정되는 금이나 귀한 물건을 찾아 여러 해에 걸쳐 멕시코 호수 바닥을 파헤쳤다.

페드로 데 알바라도와 부하들은 과테말라를 습격했고, "그들이 죽인 인디오의 수가 너무 많아서 피의 강이 생겨 올림테페케(Olimtepeque)강이 되었고", 또 "그날 흘린 많은 피로 하루가 붉게 물들었다." 그 결정적인 전투를 앞두고 "인디오들이 고문을 당했는데, 그들은 에스파냐 사람들에게 자신들을 더 이상 고문하지 말라고 말하고, 그곳에서는 네하이브 익스킨(Nehaib Ixquín)[52] 대장들, 즉 독수리와 사자가 된 네하이브가 에스파냐 사람들에게 줄 많은 금, 은, 다이아몬드, 에메랄드를 가졌다고 말했다. 그러고서 그것들이 에스파냐 사람에게 주어져 그들의 소유가 되었……"[53]

프란시스코 피사로는 황제[54] 아타우알파를 참수하기 전에 그에게서 "들것에 담겨 있는 2만 마르코 이상의 순은과 132만 6천 에스쿠

---

52) (옮긴이) 네하이브 익스킨(Nehaib Ixquín)은 16세기 초에 과테말라 고원 지대에서 활동한 마야족 지도자로, 에스파냐 정복자들과 충돌에서 중요한 역할을 했다. '독수리와 사자가 된 네하이브(Nehaib hecho águila y león)'라는 별칭은 전투에서 그의 전략적 사고와 강력한 지도력을 상징적으로 나타낸다.
53) Miguel León-Portilla, op. cit.
54) (옮긴이) 여기서 '황제'의 원어는 'inca'다. 일반명사 'inca'는 지배자 또는 왕(황제)을, 고유명사 'Inca'는 'inca'가 다스리는 땅을 의미한다. 이 책에서는 혼동을 유발하지 않으려 'Inca'는 '잉카(제국)', 'inca'는 '황제'라고 번역한다.

도[55]의 순금 등"을 몸값으로 강탈했다. 그 후 피사로는 쿠스코를 공격했다. 피사로의 병사들은 잉카 제국의 수도가 몹시 찬란하다고 느껴 자신들이 황제들의 도시(Ciudad de los Césares)에 들어왔다고 믿었으나, 곧 정신을 차리고 태양의 신전을 약탈하기 시작했다. "병사들은 쇠사슬 갑옷을 입은 채 각자 발버둥을 치고 서로 다투며 보물을 최대한 많이 챙기려고 전력을 다하면서 귀금속 장신구와 조각상을 짓밟고, 금으로 된 집기를 챙기며, 다루기 쉽게 축소할 요량으로 두드리거나 망치질을 하고 (……) 신전의 금으로 만든 모든 보물, 즉 벽면을 장식한 금판, 금으로 만든 경이로운 정원의 나무들, 각종 새, 그리고 그 밖의 물건들을 금괴로 만들려고 도가니 속에 집어넣었다."[56]

오늘날 멕시코 시티 중심부의 드넓은 노천 광장이 되어 있는 소칼로(Zócalo)에는 테노츠티틀란에서 가장 중요한 사원의 폐허 위에 가톨릭 대성당이 우뚝 솟아 있고, 시 청사는 코르테스에게 교살된 아스테카의 왕 쿠아우테목(Cuauhtémoc)의 거처 위에 자리한다. 테노츠티틀란은 괴멸되었다. 한편 페루의 쿠스코도 동일한 운명을 맞이했지만, 정복자들은 그 거대한 성벽을 완전히 무너뜨릴 수 없었고, 오늘날에도 식민지 시대 건축물의 기저부에서 거대한 잉카 건축물의 석조 증거물을 볼 수 있다.

---

55) (옮긴이) 마르코(marco)는 주로 은의 무게를 재는 데 사용되었는데, 지역과 시대에 따라 달랐지만, 약 233-250그램이다. 에스쿠도(escudo)는 주로 금의 무게를 재는 데 사용되었는데, 약 3.38그램이다.
56) Ibíd.

포토시의 영화: 은의 시대

포토시 시(市)가 최고로 번성한 시기에는 말발굽까지 은으로 만들어졌다고 한다.[57] 성당의 제단과 가톨릭 행렬에 등장하는 지품천사(智品天使)의 날개도 은으로 만들어졌다. 1658년에는 그리스도 성체 성혈 대축일을 축하하려고 포토시의 대성당에서 레콜레토스(Recoletos) 성당까지 도로의 포석을 치우고, 모두 은 블록으로 덮었다. 포토시에서는 은이 사원과 궁, 수도원과 도박장을 세우고, 비극과 축제의 동기를 제공하고, 피와 포도주를 흩뿌리고, 탐욕에 불을 붙이고, 낭비와 모험을 유발했다. 칼과 십자가가 정복과 식민지 약탈 과정에서 함께 움직였다. 아메리카의 은을 탈취하려고 장수와 금욕주의자, 기사와 전도사, 병사와 수도사가 포토시에서 만났다. 은 덩이와 은괴로 변한 부의 산[58]의 내장은 유럽의 발전을 실질적으로 떠받쳤다. "페루 전체만큼 가치가 있다."[59]라는 말은 피사로가 쿠스코의 주인이 되고부터 사람이나 사물에 대한 최대의 찬사가 되었으나, 그 산을 발견한 뒤부터 라 만차(La Mancha)의 돈 키호테는 "포

---

57) 포토시의 전성기를 재구성하기 위해, 저자는 다음과 같은 과거의 증언들을 참고했다. Pedro Vicente Cañete y Domínguez, *Potosí colonial; guía histórica, geográfica, política, civil y legal del gobierno e intendencia de la provincia de Potosí*, La Paz, 1939; Luis Capoche, *Relación general de la Villa Imperial de Potosí*, Madrid, 1959; 그리고 Nicolás de Martínez Arzáns y Vela, *Historia de la Villa Imperial de Potosí*, Buenos Aires, 1943. 그 밖에, Vicente G. Quesada의 *Crónicas potosinas*, París, 1890, 그리고 Jaime Molins의 *La ciudad única*, Potosí, 1961이다.
58) (옮긴이) 원어는 소문자 "cerro rico"로, 포토시에 있는 세로 리코(Cerro Rico)를 일반화한 것이다.
59) (옮긴이) 원어는 "Vale un Perú"로, 당시 페루가 막대한 양의 은과 금을 유럽으로 보내던 부의 원천이었기 때문에 생긴 말이다.

토시 전체만큼 가치가 있다."[60]라고 다른 식으로 말하면서 산초에게 그 가치를 알린다. 1573년의 인구조사에 따르면 부왕령의 경동맥이고 아메리카 은의 원천인 포토시는 당시에 인구가 12만 명이었다. 안데스의 황무지에서 그 도시가 생긴 지 28년밖에 되지 않았지만 마치 마술처럼 이미 런던과 같은 인구를 갖고, 세비야, 마드리드, 로마 또는 파리보다 많은 인구를 보유했다. 1650년경의 새로운 인구조사에 따르면 포토시의 인구는 16만 명에 달했다. 포토시는 세계 최대의, 가장 풍요로운 도시들 가운데 하나로서, 인구가 보스턴보다 10배나 많았는데, 당시는 뉴욕이 그 이름조차 불리지 않았던 시기였다.

    포토시의 역사가 에스파냐인과 더불어 시작된 것은 아니었다. 정복당하기 얼마 전 잉카 황제 우아이나 카팍[61]은 신하들로부터 수마흐 오르코[62]라는 아름다운 산에 관한 이야기를 들은 적이 있었는데, 그는 병이 들어 타라파야(Tarapaya) 온천으로 옮겨졌을 때 비로소 그 산을 볼 수 있었다. 황제는 칸투마르카(Cantumarca) 마을의 초가집들 너머로 산악 지대의 높은 봉우리들 사이에 거만하게 솟아 있는 그 완벽한 원추형을 처음으로 직접 보았다. 그러고서는 넋을 잃

---

60) (옮긴이) 원어는 "Vale un Potosí"로, 당시 포토시가 은을 유럽으로 보내던 부의 원천이었기 때문에 생긴 말이다.
61) (옮긴이) 우아이나 카팍(Huaina Capac, 1464-1525)은 잉카 제국의 11대 황제로, 잉카 제국의 영토를 최대한 확장해 오늘날의 페루, 에콰도르, 콜롬비아 남부, 볼리비아, 칠레 북부, 아르헨티나 북부까지 넓은 지역을 통치했다. 그가 천연두로 사망한 뒤 잉카 제국이 분열되고, 에스파냐가 잉카를 정복하게 되었다.
62) (옮긴이) 수마흐 오르코(Sumaj Orcko)는 케추아(Quechua) 부족의 언어로 '아름다운 산'을 의미한다. 세로 리코(Cerro Rico: 부의 산)의 원래 이름이다.

었다. 그 산의 끝없이 이어지는 불그레한 색조, 날씬한 자태와 거대한 규모는 앞으로도 계속해서 감탄과 놀라움을 불러일으켰다. 그러나 황제는 그 산의 뱃속에 보석과 귀금속이 숨겨져 있지 않을까 생각하고서 쿠스코의 태양 신전에 새로운 장식을 덧붙이고자 했다. 황제들이 콜케 포르코(Colque Porco)와 안다카바(Andacaba)의 광산에서 채굴한 금과 은은 제국의 경계 밖으로 나가지 않았다. 상거래용이 아니라 신들을 경배하는 데 쓰였다. 원주민 광부들이 그 아름다운 산의 은 광맥에 부싯돌을 박자마자 우렁우렁 울리는 목소리가 광부들을 쓰러뜨렸다. 그것은 어느 황무지 깊은 곳에서 나오는 천둥처럼 힘찬 목소리였는데, 그 목소리가 케추아어[63]로 말했다. "그것은 당신들 것이 아니오. 이 자원은 저 먼 곳에서 오는 사람들을 위해 신께서 비축해 두신 것이오." 인디오들은 공포에 질려 도망가고, 황제는 그 산을 포기했다. 그전에 황제는 산의 이름을 바꾸었다. 산은 포토시(Potojsi)라고 불리게 되었는데, "천둥이 치고, 파열하고, 폭발을 일으킨다"는 의미다.

"저 먼 곳에서 오는 사람들"이 모습을 드러내는 데는 그리 많은 시간이 걸리지 않았다. 정복대 대장들이 길을 뚫었다. 그들이 나타났을 때, 우아이나 카팍은 이미 죽어 있었다. 1545년에 인디오 우알파(Huallpa)는 도망치는 야마[64]의 발자취를 쫓아 달리다가 산에서 밤을 보낼 수밖에 없었다. 그는 얼어 죽지 않으려고 모닥불을 피웠다.

---

63) (옮긴이) 소문자 '케추아(quechua)'는 잉카 제국의 주요 부족인 'Quechua'의 사람과 언어를 가리킨다.
64) (옮긴이) 야마(llama)는 안데스 지역에 서식하는 낙타과 동물이다.

모닥불이 빛을 내뿜는 흰 광맥을 비추었다. 그것은 순은(純銀)이었다. 이후에 에스파냐인들이 쇄도했다.

　부(富)가 흘러나왔다. 황제 카를로스 5세[65]는 포토시에 '제국의 도시'라는 명칭과, "나는 부유한 포토시이고, 세계의 보물이며, 나는 산들의 왕이고, 왕들의 선망의 대상이노라."라는 글을 새겨 넣은 방패를 증여하며 신속히 감사의 뜻을 표했다. 우알파가 광맥을 발견한 지 불과 11년 만에, 갓 탄생한 제국의 도시는 24일 동안 800만 페소 푸에르테[66]의 경비를 들여 펠리페 2세[67]의 대관을 축하했다. 그 황량하고 외진 곳으로 보물을 찾는 사람들이 몰려들었다. 높이가 거의 5천 미터에 이르는 그 산은 가장 강력한 자석이었지만, 산기슭에서의 생활은 험난하고 가혹했다. 그들은 세금을 내듯 추위도 감내했고, 순식간에 풍요롭지만 무질서한 사회가 포토시에서 은과 함께 형성되었다. 은 때문에 영화를 누리고 혼란스러워진 도시 포토

---

65) (옮긴이) 카를로스 5세(Carlos V, 1500-1558)는 16세기 유럽 역사에서 가장 중요한 인물 가운데 하나로, 에스파냐의 국왕이자 신성 로마 제국의 황제였다. 그가 유럽, 아메리카, 아시아, 아프리카에 걸친 광대한 영토를 지배하면서, 에스파냐는 '태양이 지지 않는 제국(El imperio donde nunca se pone el sol)'이 되었다.

66) (옮긴이) 페소 푸에르테(peso fuerte: 강한 페소)는 에스파냐의 은화 '레알 데 아 오초(real de a ocho: 8레알짜리 은화: 순은 약 27.5g)'를 가리키는 일반 명칭으로, 19세기 초까지 아메리카와 필리핀에서 널리 유통되었다. 당시 금속 함량이 확실하고, 국제 거래에서 신뢰할 수 있는 은화였기 때문에 다른 불안정한 통화들과 구별하려고 'fuerte(강한, 튼튼한)'라는 형용사를 붙였다.

67) (옮긴이) 펠리페 2세(Felipe II, 1527-1598)는 카를로스 5세의 아들로, '태양이 지지 않는 제국' 에스파냐를 세계적인 초강대국으로 만든 인물이다.

시는, 부왕 우르타도 데 멘도사[68]가 정의한 바에 따르면, "왕국의 중추신경"이 되었다. 17세기 초엽에 도시는 이미 화려하게 장식된 성당 36개, 그 수만큼의 도박장, 무용학교 14개를 갖추게 되었다. 살롱, 극장, 파티용 무도장은 화려한 태피스트리, 커튼, 문장(紋章), 금은 세공품으로 장식되었다. 집의 발코니에는 다양한 색깔의 다마스크 직물과, 금실·은실로 짠 천이 늘어뜨려져 있었다. 비단과 직물은 그라나다, 플랑드르, 칼라브리아[69]에서 왔다. 모자는 파리와 런던에서, 다이아몬드는 실론[70]에서, 보석류는 인도에서, 진주는 파나마에서, 양말은 나폴리에서, 유리 제품은 베네치아에서, 융단은 페르시아에서, 향수는 아라비아에서, 도자기는 중국에서 왔다. 숙녀들은 다이아몬드, 루비, 진주 같은 보석으로 몸을 장식하고, 신사들은 네덜란드에서 들여온 최고급 자수 직물을 자랑스럽게 몸에 둘렀다. 투우 경기가 끝난 뒤에는 반지 던지기 경기가 이어지고, 사랑과 자존심을 건 중세식 결투가 결코 빠지지 않았는데, 에메랄드가 박히고 찬란한 깃털로 장식한 철제 투구, 금 세공품으로 장식한 안장과 등자, 톨레도[71]의 칼, 호화로운 마구로 장식한 칠레산 망아지가 등장했다.

1579년에 재판관 마티엔소(Matienzo)는 "새로운 사건, 파렴치한

---

68) (옮긴이) 우르타도 데 멘도사(Hurtado de Mendoza, 1500-1560)는 1556년부터 1561년까지 페루 부왕을 역임했다.
69) (옮긴이) 칼라브리아(Calabria)는 '부츠' 모양 이탈리아 반도의 '발꿈치' 부분에 해당하는 지역이다.
70) (옮긴이) 실론(Ceylon)은 현재의 스리랑카를 가리킨다.
71) (옮긴이) 톨레도(Toledo)는 에스파냐 중부에 있는 도시로, 유서 깊은 명검의 산지이기 때문에 '톨레도의 칼'은 뛰어난 강도와 아름다움을 겸비한 명검을 의미한다.

사건, 무모한 사건이 결코 없지 않다."라고 탄식했다. 당시 포토시에는 이미 직업 도박꾼 800명, 유명한 창녀 120명이 있었는데, 그들의 화려한 살롱에는 부유한 광산업자들이 모여들었다. 1608년에 포토시는 6일 동안의 연극, 6일 밤 동안의 가면무도회, 8일에 걸친 투우 경기, 3일에 걸친 무도회, 이틀 동안의 마상(馬上) 경기와 다른 축제들을 열어 성체 축일을 기념했다.

암소는 에스파냐 소유였지만 우유는 다른 나라들이 마셨다

1545년부터 1558년 사이에 현재의 볼리비아에 있는 포토시, 멕시코에 있는 사카테카스와 구아나후아토(Guanajuato)의 비옥한 은광이 발견되었다. 수은을 이용한 아말감법이 적용되기 시작하면서 순도가 더 낮은 은을 채굴할 수 있게 되었다. 은의 **러시**는 금광업을 급격하게 쇠퇴시켰다. 18세기 중엽에는 은이 에스파냐계 아메리카 광산품 수출의 99% 이상을 차지했다.[72]

당시의 아메리카는 거대한 광산 지대였으며, 특히 포토시가 그 중심이었다. 과도한 의욕으로 흥분한 볼리비아의 작가 몇몇은 3세기 동안 에스파냐는 그 산꼭대기에서 대양 건너 왕궁 문까지 은 다리 하나를 놓을 정도로 충분한 포토시의 은을 받았다고 단언한다. 그런 이미지는 분명 공상의 산물이지만, 어쨌든 실제로는 발명된 것

---

72) Earl J. Hamilton, op. cit.

처럼 보이는 어떤 현실을 암시한다. 은의 유출이 엄청난 규모에 이르렀다는 것이다. 비밀리에 수출된 아메리카 은의 양은——필리핀, 중국 그리고 에스파냐에 비밀리에 유출되었다——얼 J. 해밀턴(Earl J. Hamilton)의 계산에는 포함되지 않았는데,[73] 어쨌든, 그는 세비야 상무원(商務院: Casa de Contratación)에서 입수한 자료를 바탕으로 이 사항에 관한 한 저작에서 놀라운 수치를 제시한다. 1503년과 1660년 사이에 18만 5,000킬로그램의 금과 1,600만 킬로그램의 은이 세비야 항구에 도착했다. 1세기 반이 조금 넘는 기간에 에스파냐로 운송된 은은 유럽이 비축한 총량의 세 배에 달했다. 밀수는 포함되어 있지 않았기 때문에 이들 숫자는 적게 잡은 것이다.

새로운 식민지 영토에서 약탈된 금속들은 단지 유럽의 경제 발전을 자극한 것에 그치지 않고, 아예 그것을 가능하게 했다고까지 말할 수 있다. 알렉산더 대왕이 페르시아에서 탈취해 그리스 세계에 쏟아부은 보물의 효과조차도 라틴아메리카가 다른 지역의 발전에 기여한 이 어마어마한 규모와는 비교할 수 없다. 아메리카 은의 원천이 에스파냐에 속해 있었음에도, 실제로 은은 에스파냐의 발전에 기여하지 않았다. 17세기에 회자되었듯이 "에스파냐는 음식물을 받아들여서 씹고 으깨서 즉시 다른 기관들로 보내는 입과 같은데, 이내 사라지는 어떤 맛이나 우연히 치아에 달라붙는 부스러기들 말고는 아무것도 잡아두지 못한다."[74] 에스파냐 사람들이 암소를 소유하

---

73) Ibíd.
74) 앞에 나온 Gustavo Adlofo Otero의 저서에서 재인용.

고 있었지만, 우유는 다른 나라 사람들이 마시고 있었다. 라틴아메리카에서 온 보물은 각기 다른 세 사람이 각기 다른 열쇠로 관리하는 세비야 상무원의 금고에 보관되었는데, 대부분 외국인이었던 에스파냐 왕국의 채권자들은 이 금고를 조직적으로 비워냈다.

왕실은 저당 잡혀 있었다. 선적된 은은 거의 모두 독일, 제노바, 플랑드르, 에스파냐의 은행가에게로 미리 양도되었다.[75] 에스파냐 내부에서 징수된 조세 또한 대부분이 이런 운명에 처해졌다. 즉, 1543년에 왕실 총수입의 65%가 채무증권에 대한 이자 지급에 할당되었다. 아메리카의 은은 극히 일부만 에스파냐의 경제에 편입되었다. 아메리카의 은은 세비야에서 형식적으로 기록되었을 뿐, 성 베드로 성당의 완공에 필요한 자금을 교황에게 빌려준 강력한 은행가인 푸거(Fugger) 가문, 그리고 당대의 다른 거대 사채업자인 벨저(Welser) 가문, 셰츠(Shetz) 가문 또는 그리말디(Grimaldi) 가문의 손으로 넘어갔다. 은은 신세계로 수출하는 **비(非)에스파냐**산 상품 값을 지불하는 데도 사용되었다.

그 부유한 제국은 가난한 식민 본국 하나를 거느렸고, 물론 그 본국에서는 번영에 대한 환상이 점점 부풀어 올라 거품을 만들어냈다. 귀족 계급이 낭비에 전념하고, 에스파냐 영토에서 물가와 금리가 상승하는 것과 같은 광적인 속도로 사제와 군인, 귀족과 거지의 수가 늘어나는 동안, 왕실은 도처에서 전쟁을 일으키고 있었다. 불모의 광대한 라티푼디움을 지닌 그 왕국에서 산업은 생겨나자마자 소

---

75) J. H. Elliott, op. cit. y Earl J. Hamilton, op. cit.

멸하고, 에스파냐의 병든 경제는 식민지 확장이 유발할 수밖에 없는 식량과 상품의 수요 증가라는 급격한 충격을 견뎌낼 수 없었다. 공공지출의 급증과 해외 식민지의 소비 수요가 초래한 숨 막히는 압박은 무역 적자를 심화하고 전속력으로 인플레이션을 유발했다. 콜베르[76]는 "한 나라가 에스파냐와 무역을 하면 할수록 더 많은 은을 소유하게 된다."라고 썼다. 에스파냐가 아메리카의 시장과 은을 포함한 시장을 획득하면서 유럽에서 격렬한 다툼이 벌어졌다. 당시 에스파냐는 무역 독점이라는 허상에 불과한 법적 권리에도 불구하고, 대양 저편에 있는 "자신들의" 식민지와의 무역에서 5%만을 지배하고, 전체의 3분의 1가량은 네덜란드인과 플랑드르인의 손에 있었으며, 4분의 1은 프랑스인에게 속하고, 제노바인이 20%, 잉글랜드인이 10%, 독일인이 10% 미만을 통제했다는 사실을 17세기 말 어느 프랑스인의 비망록이 우리에게 알려준다.[77] **아메리카는 유럽의 사업이었다.**

선거에서 매표 행위를 통해 신성로마제국의 황권을 계승한 카를로스 5세는 40년 동안 재위하면서 에스파냐에서는 16년밖에 지내지 않았다. 주걱턱에 멍청한 시선을 지닌 그 군주는 에스파냐어를 한마디도 모른 채 왕위에 올랐는데, 탐욕스러운 플랑드르 시종들에 둘러싸여 통치하면서 시종들에게 금과 보석을 실은 노새와 말

---

76) (옮긴이) 콜베르(Jean-Baptiste Colbert, 1619-1683)는 프랑스의 정치가로, 루이 14세 시기에 재무장관을 역임하면서 프랑스의 상공업 진흥, 해군력 강화, 식민지 정책 발전에 큰 영향을 미쳤다.

77) Roland Mousnier, *Los siglos XVI y XVII*, volumen IV de la *Historia general de las civilizaciones*, de Maurice Crouzet, Barcelona, 1967.

을 에스파냐에서 반출할 수 있는 통행 허가증을 발급하고, 또 그들에게 주교직과 대주교직, 관료의 칭호를 수여하고, 심지어는 아메리카 식민지에 흑인 노예를 수송할 수 있는 최초의 허가증을 주며 보상했다. 전 유럽에서 악마를 쫓아내려는 작업에 착수한 카를로스 5세는 자신이 벌인 종교 전쟁들에서 아메리카의 보물을 소모했다. 합스부르크 왕조는 그의 죽음과 더불어 끝나지 않았다. 에스파냐는 거의 2세기 동안 오스트리아의 지배를 받아야 했다. 반종교 개혁[78]의 지도자는 그의 아들 펠리페 2세였다. 펠리페 2세는 구아다라마(Guadarrama) 산기슭에 있는 거대한 왕궁 수도원 엘 에스코리알(El Escorial)에서 전 세계의 무시무시한 종교재판소를 운용하고, 자신의 군대를 이단의 거점으로 파견했다. 칼뱅주의는 이미 네덜란드, 잉글랜드, 프랑스를 장악하고, 튀르키예인들은 알라의 종교를 부활하는 위험을 구체화했다. 구원주의(救援主義)는 비용이 많이 들었다. 이미 멕시코나 페루에서 더 이상 주조되지 않던, 아메리카 예술의 경이인 소량의 금은 세공품은 신속하게 세비야의 상무원에서 반출되어 화로 속으로 던져졌다.

이단자나 이단 혐의자도 종교재판소의 정화의 불에 태워졌다. 토르케마다[79]는 책을 불살랐고, 악마의 꼬리가 방방곡곡에 나타났다. 개신교와의 전쟁은 유럽에서 발흥하던 자본주의와의 전쟁이기도

---

78) (옮긴이) 반종교개혁(Contrarreforma)은 개신교의 개혁에 대항하는 가톨릭 수호 운동이다.
79) (옮긴이) 토르케마다(Tomás de Torquemada, 1420?-1498)는 1483년부터 1498년까지 에스파냐 종교재판소(Inquisición Española)의 초대 소장으로 활동하면서 수많은 사람을 고문하고 처형하면서 공포의 상징이 된 인물이다.

했다. "십자군의 영속화는—J. H. 엘리엇이 앞서 말한 책에서 썼듯—십자군 전사로 구성된 어느 국가의 낡은 사회 조직의 영속화를 의미했다." 에스파냐의 망상과 붕괴의 상징인 아메리카의 금속들은 근대 경제의 신흥 세력들과 싸우기 위한 수단이 되었다. 이미 카를로스 5세는 코무네로스 반란[80]에서 카스티야의 부르주아지를 타파했는데, 그 반란은 귀족, 귀족의 재산, 귀족의 특권에 반대하는 사회 혁명으로 바뀌었다. 그 봉기는 4세기 후에 프란시스코 프랑코[81] 장군의 수도가 되는 부르고스(Burgos) 시의 배반 탓에 패배로 끝났다. 반란의 마지막 불이 꺼지자, 카를로스 5세는 독일 군사 4천 명을 이끌고 에스파냐로 돌아왔다. 동시에 발렌시아(Valencia) 시에서 권력을 장악해 주변 지역 전체로 확대되었던, 직물공, 방적공, 수공업자들의 매우 급진적인 반란 또한 피를 흘리며 진압되었다.

가톨릭 신앙을 수호하는 것은 역사에 대항하는 투쟁의 구실이 되었다. 유대인—실제로는 유대교를 신앙하는 에스파냐인—의 추방은 가톨릭 양왕의 시대에 수많은 숙련된 수공업자와 필수 불가결인 자본을 에스파냐로부터 빼앗아 갔다. 1609년에 자그마치 27만 5천 명이나 되는 아랍인—실제로는 이슬람교를 신앙하는 에스파냐인—이 에스파냐 국경을 넘었건만 아랍인의 추방은 그다지 중요하지

---

80) (옮긴이) 코무네로스 반란(La rebelión de los Comuneros)은 1520년에서 1521년 사이에 카를로스 5세와 그의 통치에 반대하는 카스티야 연합왕국 시민이 일으킨 봉기다. 반군은 바야돌릿(Valladolid), 토르데시야스, 톨레도 같은 도시를 통치하면서 카스티야의 중심부를 장악했다.
81) (옮긴이) 프란시스코 프랑코(Francisco Franco, 1892-1975)는 에스파냐 내전(1936-1939)에서 승리한 뒤 약 40년 동안 에스파냐를 철권 통치한 군사 독재자다.

않다고 생각되었는데, 그것이 발렌시아 경제에 참담한 영향을 미쳤고, 아라곤에서는 에브로(Ebro)강 이남의 비옥한 농지를 황폐화했다. 이전에 펠리페 2세는 개신교를 믿는 사람이나 믿는다는 혐의가 있는 플랑드르의 수공업자 수천 명을 종교적인 이유로 추방했다. 잉글랜드가 그 추방자들을 자기 땅에 받아들였고, 그들은 잉글랜드의 제조업에 중요한 활력을 주었다.

주지하다시피, 머나먼 지리적 거리와 통신의 어려움은 에스파냐 산업 발전을 저해하는 주요 장애물이 아니었다. 에스파냐의 자본가들은 왕실의 채무증권을 구입하면서 이자 수취자가 되자 산업 발전에 자본을 투입하지 않았다. 경제적인 잉여는 비생산적인 분야로 흘러 들어갔다. 즉, 기존의 부자, 교수대와 칼의 주인, 토지와 귀족 칭호의 소유자가 궁전을 세우고, 보석류를 축적했으며, 신흥 부자, 투기꾼, 상인이 토지와 귀족 칭호를 사들였던 것이다. 두 부류 중 어느 쪽도 실제로 세금을 내지 않았고, 채무 때문에 투옥되는 일도 없었다. 산업 활동에 종사하는 사람은 이달고[82] 신분증을 자동으로 상실했다.[83]

에스파냐인들이 유럽에서 군사적으로 패배한 뒤 체결된 일련의

---

82) (옮긴이) 이달고(Hidalgo)는 에스파냐의 하급 귀족을 가리키는데, 이들은 과세 면제, 법적 우대, 명예 지위 등의 권리를 누렸다. 상업이나 산업에 종사하는 것은 귀족의 신분과 어울리지 않는다고 여겨져, 이런 활동에 종사하면 그 신분을 잃거나 인정받지 못했다.

83) L. Vicens Vives, *Historia social y económica de España y América*, Barcelona, 1957.

통상조약은 세비야를 대체한 카디스 항구와 프랑스, 잉글랜드, 네덜란드, 한자동맹[84] 소속의 항구들 간의 해상 교역을 촉진하는 특권을 부여했다. 해마다 에스파냐에서는 선박 800-1,000척이 다른 나라들의 산업 제품을 하역했다. 아메리카의 은과 에스파냐의 양모가 운송되었는데, 양모는 외국의 방직공장으로 보내져, 확장되고 있던 유럽의 산업을 통해 직물로 가공되어 에스파냐로 되돌아왔다. 카디스의 독점 상인들은 신세계에 보내지는 외국산 공산품에 가격표를 다시 붙이는 일만 했다. 만약 에스파냐의 제조업이 국내 시장의 수요조차 감당하지 못했다면 어떻게 식민지의 수요를 충족시킬 수 있었을까?

릴[85]과 아라스[86]의 레이스, 네덜란드의 직물, 브뤼셀의 태피스트리, 피렌체의 양단, 베네치아의 유리 제품, 밀라노의 무기, 프랑스의 포도주와 리넨[87]이, 에스파냐 시장에 넘쳐났다. 이는 갈수록 가난해지던 어느 나라에서 점점 수가 많아지고 힘이 세지던 기생적인 부유층의 과시욕과 소비욕을 충족하려고 현지 생산을 희생해 가면서 이루어졌다. 산업은 알을 깨고 나오지도 못한 채 죽어갔고, 합스부르크 가문은 산업의 소멸을 가속화하려고 전력을 다했다. 16세기 중

---

84) (옮긴이) 한자동맹(Hanseatische Liga)은 13세기 초에서 17세기까지 독일 북부와 발트해 연안에 있는 여러 도시 사이에 이루어진 상업적·정치적 동맹이다. 주로 해상 교통의 안전을 보장하고 공동 방호와 상권 확장 등을 목적으로 했다.
85) (옮긴이) 릴(Lille)은 프랑스 북부 상공업 도시로, 중세에는 플랑드르 양모 공업의 중심지였다.
86) (옮긴이) 아라스(Arraz)는 프랑스 북부 파트칼레(Pas-de-Calais) 주의 주도로, 중세에는 은행, 라사, 여러 가지 색실로 무늬를 짜넣은 아라스 레이스, 도기로 유명했다.
87) Jorge Abelardo Ramos, *Historia de la nación latinoamericana*, Buenos Aires, 1968.

엽에는 카스티야의 모직물이 아메리카 이외의 지역으로 수출되는 것이 전면 금지됨과 동시에 외국산 직물의 수입 허가가 정점에 달했다.[88] 라모스(Ramos)가 지적했듯이, 이에 반해 잉글랜드의 헨리 8세나 엘리자베스 1세의 방침은 크게 달랐다. 당시에 성장하던 잉글랜드는 금과 은의 유출을 금지하고, 환어음 거래를 독점하고, 양모의 반출을 막고, 북해의 한자동맹의 상품을 잉글랜드 항구로부터 축출했다. 한편, 이탈리아의 공화국들은 관세, 특혜, 엄중한 금지 조치를 통해 외국 무역과 자국 산업을 보호했다. 숙련공들은 외국으로 이주할 수 없었고, 법을 어기면 사형에 처해졌다.

폐허가 모든 것을 덮었다. 카를로스 5세가 서거한 1558년에 세비야에는 직기 16,000대가 있었지만, 40년 후 펠리페 2세가 죽었을 때는 고작 400대만 남았다. 안달루시아의 목장에 있던 면양 700만 마리는 200만 마리로 감소했다. 세르반테스는 아메리카에서 대량으로 유통된 『돈 키호테 데 라 만차(Don Quijote de la Mancha)』에서 당대의 사회를 묘사했다. 16세기 중엽의 한 칙령은 외국 책의 수입을 불가능하게 했고, 학생들이 에스파냐 밖에서 공부하는 것을 금지했다. 살라망카[89]의 학생 수는 수십 년 사이에 반으로 줄었다. 수도원이 9,000개였고, 성직자의 수는 망토와 칼의 귀족처럼 급증했다. 외국인 16,000명이 외국 무역을 독점하고, 귀족의 낭비는 에스파냐를 경

---

88) J. H. Elliott, op. cit.
89) (옮긴이) 살라망카(Salamanca)는 에스파냐 서부에 있는 도시로, 에스파냐 제국 시절에는 중요한 교육 및 행정 역할을 수행했다. 1218년에 설립된 살라망카 대학교는 에스파냐에서 가장 오래된 대학으로, 유럽의 학문 중심지였다.

제적으로 무기력하게 만들었다. 1630년경에는 150명이 조금 넘는 공작, 후작, 백작, 자작이 500만 두카도[90]의 연수입을 올렸는데, 그 돈은 그들의 귀족 작위가 지닌 광채를 화려하게 과시했다. 메디나셀리 공작[91]의 하인은 700명이고, 오수나 대공[92]의 하인은 300명이었는데, 오수나 대공은 러시아의 차르를 조롱하려고 자기 하인들에게 모피코트를 입혔다.[93]

17세기는 사기꾼과 기아와 전염병의 시대였다. 에스파냐에는 헤아릴 수 없이 많은 거지가 있었고, 이런 사실은 유럽의 방방곡곡에서 거지들이 에스파냐로 몰려드는 것을 막지는 못했다. 1700년경에 에스파냐는, 비록 인구가 줄어들고 있었다 해도, 전쟁의 주인인 이달고는 62만 5,000명에 달했다. 에스파냐의 인구는 2세기가 조금 넘는 기간이 지나자 반으로 줄어서 같은 기간 두 배로 늘어난 잉글

---

90) (옮긴이) 두카도(ducado)는 주로 14세기부터 19세기까지 사용된 금화로, 당대 에스파냐와 식민지에서 중요한 거래 수단이었다.
91) (옮긴이) 메디나셀리(Medinaceli) 공작은 이사벨 여왕이 1479년에 루이스 데 라 세르다(Luis Francisco de la Cerda)에게 수여한 칭호다.
92) (옮긴이) 오수나 대공(Gran duque de Osuna)인 페드로 테예스-히론(Pedro Téllez-Girón, 1579-1624)은 에스파냐 제국에서 외교관, 총독, 군인 등으로 활약하며 큰 권세를 누렸다.
93) 그 부류는 아직 사라지지 않았다. 나는 1969년 말에 마드리드에서 출간된 어느 잡지를 펼쳐서 읽어본다. "알부케르케(Albuquerque)의 공작 부인이면서 알카니세스(Alcañices) 가문과 발바세스(Balbases) 가문의 후작 부인인 도냐 테레사 베르트란 데 리스 이 피달 고로우스키 이 치코 데 구스만(doña Teresa Bertrán de Lis y Pidal Gorouski y Chico de Guzmán)이 사망하자 알부케르케의 공작이자, 알카니세스 가문과 발바세스 가문, 카드레이타(Cadreita), 쿠에야르(Cuéllar), 쿠에라(Cullera), 몬타오스(Montaos)의 후작이며, 푸엔살다냐(Fuensaldaña), 그라할(Grajal), 우엘마(Huelma), 레데스마(Ledesma), 라 토레(la Torre), 비야누에바 데 카녜도(Villanueva de Cañedo), 비야움브로사(Villahumbrosa)의 백작으로서 에스파냐의 대귀족 칭호를 세 번이나 받은 돈 벨트란 알론소 오소리오 이 디에스 데 리베라 마르토스 이 피게로아(don Beltrán Alonso Osorio y Díez de Rivera Martos y Figueroa)가 자기 부인의 죽음을 애도한다."

랜드의 인구와 비슷해졌다. 1700년에는 합스부르크 체제가 끝났다. 총체적인 파산이었다. 실업이 만성적이고, 거대한 라티푼디움은 불모 상태고, 통화(通貨)는 혼란스럽고, 산업은 망가지고, 전쟁은 패배하고, 국고는 비어 있고, 지방은 중앙 정부의 권위를 인정하지 않았다. 펠리페 5세[94]가 직면한 에스파냐는 "자신의 죽은 군주[95]보다 조금 덜 죽은 상태에" 있었다.[96]

부르봉 왕조는 보다 현대적인 외관을 에스파냐에 부여했지만, 18세기 말에는 성직자의 수가 무려 20만 명에 달했고, 생산 활동에 참여하지 않은 나머지 인구는 국가의 저개발을 희생시키면서도 압도적인 증가세를 멈추지 않았다. 그 당시 에스파냐에는 여전히 1만 개가 넘는 마을과 도시가 귀족들의 영지 관할권에 종속되어 있었고, 따라서 왕의 직접적인 통제 밖에 있었다. 라티푼디움과 장자 상속제도 역시 그대로 남아 있었다. 반계몽주의와 숙명론 또한 지속되었다. 펠리페 4세[97]의 시대가 극복되지 않고 있었다. 그 시대에 만사나레스강과 타호강 사이의 운하 건설 프로젝트[98]를 검토하기 위해 신

---

94) (옮긴이) 펠리페 5세(Felipe V, 1683-1746)는 프랑스의 루이 14세의 손자로, 부르봉 왕조 첫 번째 왕(1700-1746 재위)이다.
95) (옮긴이) 전임 국왕 카를로스 2세(Carlos II)를 가리킨다.
96) John Lynch, *Administración colonial española*, Buenos Aires, 1962.
97) (옮긴이) 펠리페 4세(Felipe IV, 1605-1665)는 합스부르크 왕가 출신의 에스파냐 왕(1621-1665 재위)으로, 포르투갈도 통치했다(1621-1640). 에스파냐 제국의 영토가 줄어들고, 경제가 쇠락해서 에스파냐의 국제적 위상이 크게 하락하면서 정치적·군사적으로는 실패한 군주로 평가되나, 문화 예술의 후원자로서 에스파냐의 황금시대(Siglo de Oro)를 마감하는 데 큰 역할을 했다는 점에서는 긍정적으로 평가받기도 한다.
98) (옮긴이) 만사나레스(Manzanares)강과 타호(Tajo)강은 마드리드 및 주변 지역의 중요한 수자원 및 교통로였는데, 이 두 강을 연결하는 운하를 만들면, 물자와 사람의 이동이 훨씬 편리해져 상업 활동과 물류가 크게 개선될 수 있다고 판단했다.

학자 회의가 열렸는데, 만약 하느님이 그 강들의 항행을 원했더라면 하느님 당신이 직접 운하를 만들었을 것이라고 선언하면서 끝났다.

말과 기수의 역할 분담

마르크스는 『자본론』 제1권에 다음과 같이 썼다. "아메리카 금광상과 은광상의 발견, 원주민의 광산에서 원주민을 박멸·노예화·매장하는 십자군 운동, 동인도 제도[99]의 정복과 약탈의 시작, 아프리카 대륙의 흑인 노예 사냥터로의 전환은 모두 자본주의적 생산 시대의 새벽을 나타내는 사건들이다. 이 같은 목가적인 과정들은 **본원적 축적**[100] 활동에서 또 다른 여러 **핵심 요인**들이다."

약탈은, 내적이든 외적이든, 자본의 원시적 축적을 위한 가장 중요한 수단이었다. 이 축적은 중세 이래 세계의 경제 발전 과정에서 새로운 역사적 단계의 출현을 가능하게 했다. 금융 경제가 확대되면서 지구상의 점점 많은 사회 계층과 지역이 불평등한 교환 속에 편입되었다. 에르네스트 만델은 1660년까지 아메리카에서 강탈된 금과 은의 가격, 1650년부터 1780년 사이에 네덜란드의 동인도회사가 인도네시아에서 약탈한 전리품, 18세기에 프랑스 자본이 노예 매매

---

99) (옮긴이) 동인도 제도(Indias Orientales: East Indies)는 16세기 이후에 현재의 인도 아대륙, 동남아시아, 오세아니아 제도, 그리고 동남아 해양 지역을 구분하려고 유럽인들이 사용한 용어다.

100) (옮긴이) 본원적 축적(本源的 蓄積, primitive accumulation)은 자본주의 경제 체제가 형성되기 이전에 자본이 최초로 축적된 역사적 과정을 가리키는 마르크스주의 개념이다.

로 취득한 이익, 영국령 앤틸리스 제도의 노예 노동력에 의해 얻어진 이익, 영국이 반세기 동안 인도에서 취한 약탈품의 가격을 합쳐 보았다. 그에 따르면, 총액은 1800년경에 유럽의 모든 산업에 투자된 전체 자본의 가치를 능가한다.[101] 만델은 이 막대한 자본이 유럽 내 자본 투자에 유리한 환경을 조성하고, "기업 정신"을 자극했으며, 제조업 설립을 직접 지원하면서 산업혁명을 강하게 추동했다고 지적한다. **그러나 동시에 국제적인 부가 가공할 정도로 유럽의 이익에 집중되면서 약탈당한 지역들에는 산업자본이 비약적으로 축적되는 것이 가로막혔다.** "개발도상국들이 겪은 이중의 비극은, 그들이 그 국제적인 집중 과정의 희생물이 되었을 뿐만 아니라 나중에 자신들의 산업적 후진성을 만회하려고, 즉 이미 성숙한 서양의 산업에 의해 제조된 상품들이 범람하는 어느 세계에서 산업자본의 본원적 축적을 실현하려고 애를 써야 했다는 것이다."[102]

아메리카의 식민지는 상업자본의 확대 과정에서 발견되고, 정복되고, 식민화되었다. 유럽은 전 세계를 자기 것으로 만들려고 팔을 뻗쳤다. 그런데 자본주의적 중상주의의 거대한 발전을 촉진한 금과 은을 제공한 것은 에스파냐와 포르투갈의 식민지였음에도 불구하고, 에스파냐도 포르투갈도 그 혜택을 받지 못했다. 앞에서 보았듯이, 아메리카의 귀금속이 뒤늦게 그리고 역사의 흐름을 거슬러 중세적 질서에 머물던 에스파냐 귀족층에 기만적인 부를 안겨주기도 했

---

101) Ernest Mandel, *Tratado de economía marxista*, México, 1969.
102) Ernest Mandel, "La teoría marxista de la acumulación primitiva y la industrialización del Tercer Mundo", *Amaru*, nº 6, Lima, abril-junio de 1968.

지만, 동시에 다가올 몇 세기에 일어날 에스파냐의 몰락도 확정 지었다. 아메리카의 원시적인 민중에 대한 수탈을 대대적으로 이용해 근대 자본주의를 태동할 수 있었던 것은 유럽의 다른 지역들이었다. 그리고 축적된 보물의 약탈에 뒤이어 인디오들, 그리고 무역상들에 의해 아프리카에서 납치되어 온 흑인 노예들의 강제 노동에 대한 체계적인 착취가 광산의 갱도와 광상에서 이루어졌다.

　유럽은 금과 은이 필요했다. 유통 수단이 끊임없이 증가했고, 자본주의가 태동할 때 그 움직임을 부양할 필요가 있었다. 부르주아지들은 도시를 장악했고, 은행을 설립했고, 상품을 생산하고 교환했으며, 새로운 시장을 개척해 나갔다. 금, 은, 설탕의 경우, 소비보다 공급이 많은 식민지 경제는 유럽 시장의 필요에 부응하고, 그 시장에 봉사하려고 구축되었다. 16세기의 장기간에 걸쳐, 라틴아메리카 귀금속의 수출액은 주로 노예, 소금, 포도주, 기름, 무기, 모직 그리고 사치품으로 구성된 수입액의 네 배에 달했다. 그 자원들은 신흥 유럽 국가들이 축적하도록 유출되었다. 이는 개척자들이 수행한 근본적인 사명이었는데, 물론 그들은 빈사 상태의 인디오들에게 복음서를 채찍만큼 자주 적용했다. 이베로아메리카[103] 식민지들의 경제 구조는 외국 시장에 종속되면서 탄생했고, 결과적으로 소득과 권력은 수출 부문을 중심으로 집중되었다.

　그 과정의 전반에 걸쳐, 금속의 시기에서부터 나중의 식량 공급의 시기에 이르기까지, 각 지역은 그 지역의 생산물과 동일시되었고,

---

103) (옮긴이) 이베로아메리카(Ibero-América)는 20세기에 사용된 용어로, 에스파냐와 포르투갈의 식민지였던 아메리카 대륙의 나라들을 가리킨다.

유럽에서 각 지역에 대해 기대하던 것을 생산했다. 그렇게 해서 **각 생산물은 대양을 누비는 갤리온 선박의 선창에 실려 하나의 소명과 운명이 되었다.**[104] 자본주의와 함께 등장한 국제 분업은, 폴 바란이 말한 것처럼, 오히려 기수와 말 사이의 역할 분담처럼 보였다.[105] 식민지 세계의 시장은 침략 자본주의 내부 시장의 단순한 부속물로 성장했다.

유럽의 봉건 영주들은 자신들이 지배하던 주민들의 경제적 잉여를 획득해 자신들의 지역 안에서 여러 가지 방식으로 이용했던 반면에, 왕으로부터 아메리카의 광산, 토지, 원주민을 하사받은 에스파냐인들의 주요 목적은 그 잉여를 수탈해 유럽으로 이전하는 것이었다고, 셀수 푸르타두는 지적한다.[106] 이 견해는 아메리카의 식민지 경제가 생겨날 때부터 그 경제가 지녔던 최종 목적을 밝히는 데 도움이 된다. 비록 식민지 경제가 형식적으로는 얼마간의 봉건적인 특성을 드러냈다 할지라도 다른 지역들에서 탄생하고 있던 자본주의가 원하는 바대로 작용했다. 어쨌든, 현대에서도 자본주의의 부유한 중심지들의 존재는 빈곤하고 종속적인 주변부의 존재 없이는 설명되지 않는다. 중심지와 주변부는 모두 동일한 시스템의 일부다.

그러나 모든 잉여가 유럽으로 유출된 것은 아니었다. 식민지 경제는 또한 상인, 광산주, 대지주의 낭비를 지원했는데, 이들은 왕실과

---

104) (옮긴이) 생산된 상품이 단순한 물질적 산물을 넘어서, 그 지역 주민의 삶과 정체성, 나아가 운명을 규정하는 중심적인 역할을 하게 되었다는 의미다.

105) Paul Baran, *Economía política del crecimiento*, México, 1959.

106) Celso Furtado, *La economía latinoamericana desde la conquista hasta la revolución cubana*, Santiago de Chile, 1969, y México, 1969.

왕실의 주요 협력자인 가톨릭교회의 집요하고 전능한 감시 아래 원주민과 흑인 노동력의 이익을 나누어 가졌다. 권력은 소수의 수중에 집중되어 있었고, 그들은 유럽에 금속과 식량을 보내는 한편, 유럽으로부터는 사치품을 받았는데, 그들의 증대해 가는 자산이 그 사치품을 누리는 데 충당되었다. 지배 계층은 국내 경제의 다양화에도, 주민의 기술적·문화적 수준의 향상에도 전혀 관심을 기울이지 않았다. 그들이 속한 국제적 기구 내에서 그들의 역할은 달랐고, 지배 세력의 이익이라는 관점에서 수익성이 대단히 높았던 광범위한 대중의 빈곤은 국내 소비 시장의 발전을 저해했다.

  프랑스의 한 경제학자[107]는 현재의 심각한 후진성을 설명해 주는 라틴아메리카 최악의 식민적 유산은 자본의 부족이라고 주장한다. 그렇지만 모든 역사적 기록은 식민지 경제가 과거에 그 지역 내에서 식민주의적 지배 체제에 협력한 계급에 막대한 부를 가져다주었다는 점을 보여준다. 무료이거나 실제로 무료이면서 자유롭게 사용할 수 있는 대단히 많은 양의 노동력과 아메리카산 물품에 대한 유럽의 막대한 수요는, 세르히오 바구[108]의 말에 따르면, "이베로아메리카 식민지에서 조기에 많은 자본 축적을 가능하게 했다. 실업 상태의 유럽인과 크리오요[109]의 수가 끊임없이 증대해 간다는 확실한 사실에서 추정할 수 있듯이, 핵심 수혜 집단은 주민 대중의 수에 비례

---

107) J. Beaujeau-Gamier, *L'éconimie de l'Amérique Latine*, París, 1949.
108) Segio Bagú, *Economía de la sociedad colonial. Ensayo de historia compararada de América Latina*, Buenos Aires, 1949.
109) (옮긴이) 크리오요(Criollo)는 아메리카 식민지에서 태어난 백인을 가리킨다.

해 증대하기는커녕 감소해 갔다." 유럽 자본주의의 본원적 축
적 과정에 쏟아부어진 사자의 몫을 제하고 아메리카에
남은 자본은 이 땅에서 산업 발전의 기초를 구축하기 위
한 과정을 유럽의 그것과 유사하게 창출하지 않
았다. 그 대신 거대한 궁전과 호화로운 성
당 건설, 보석과 사치스러운 의상 및 가구
구입, 수많은 하인의 유지, 파티에서
의 낭비에 흘러 들어갔다. 그런 잉여는
또한 상당 부분이 새로운 토지의 매입
에 묶여 있거나 투기적·상업적 활동 안에서 계속 순환해 갔다.

  식민지 시대 말기에 알렉산더 폰 훔볼트는 멕시코에서 "막대한 자본이 광산주나 장사를 그만둔 상인의 손에 집중된다."라는 사실을 발견했다. 그의 증언에 따르면, 멕시코의 토지와 모든 자본의 절반 정도가 가톨릭교회에 속해 있었는데, 게다가 가톨릭교회는 저당권을 통해 나머지 토지의 상당 부분을 통제했다.[110] 멕시코 시티의 광산주들은 베라크루스와 아카풀코의 대규모 수출업자들과 마찬가지로 라티푼디움의 구입과 담보 대출에 그 잉여 자본을 투자했다. 고위 성직자들도 동일한 방법으로 재산을 불렸다. 평민을 왕자로 바꿀 저택들과 화려한 성당들이 우후죽순처럼 수도에 세워졌다.

  페루에서는 17세기 중엽에 엔코멘데로,[111] 광산주, 종교 재판관,

---

110) Alexander von Humboldt, *Ensayo sobre el Reino de la Nueva España*, México, 1944.
111) (옮긴이) 엔코멘데로(Encomendero)는 에스파냐 식민 당국으로부터 토지와 원주민

제국 행정부의 관료에게서 나온 거대 자본이 상업 부문에 쏟아졌다. 베네수엘라에서 16세기 말에 시작되어 수많은 흑인 노예가 채찍을 맞아 가며 희생한 카카오 재배에서 나온 재산은 "새로운 플랜테이션과 다른 상업 작물의 재배, 그리고 광산, 도시의 부동산, 노예, 목축"에 투자되었다.[112]

포토시의 몰락: 은의 시대

안드레 군더 프랑크는 저서[113]에서 라틴아메리카의 역사 전반에 걸쳐 계속된 종속의 사슬 같은 "식민 본국-위성 지역(metrópoli-satélite)"의 관계가 지닌 성격을 분석하면서, 오늘날 저개발과 가난으로 가장 많은 오점을 지닌 지역들은 과거에 식민 본국과 가장 긴밀한 관계를 맺고 번영기를 누린 지역들이라고 지적한 적이 있다. 그 지역들은 유럽으로, 나중에는 미국으로 수출한 상품의 최대 생산지였고, 자본의 가장 풍부한 원천이었는데, 이런저런 이유로 교역이 쇠퇴하면서 식민 본국으로부터 방치되었다.

포토시는 이러한 공허로의 몰락을 가장 명확하게 보여주는 사례

을 위탁받아(encomendado) 통치하고, 노동력과 조공을 착취하는 제도(엔코미엔다: encomienda)의 지배자다. 원칙적으로는 원주민을 교육하고 보호해야 했지만, 실제로는 착취와 억압의 중심인물이었다.

112) Segio Bagú, op, cit.
113) André Gunder Frank, *Capitalism and Underdevelopment in Latin America*, New York, 1967.

다. 멕시코에서는 구아나후아토와 사카테카스의 은광들이 나중에 전성기를 맞이했다. 16세기와 17세기에는 포토시의 부의 산이 아메리카 식민 활동의 중심지였다. 포토시 주변에는 여러 방식으로 칠레 경제가 얽혀 있었는데, 칠레는 밀, 말린 고기, 가죽과 포도주를 공급했고, 코르도바(Córdoba)와 투쿠만(Tucumán)의 목축업과 수공업은 포토시에 견인 동물과 직물을 공급했다. 또, 우앙카벨리카(Huancavélica)의 수은 광산, 그리고 당시 주요 행정 중심지였던 리마(Lima)로 은을 선적하던 아리카(Arica) 지방이 있었다. 18세기는 포토시를 중심으로 한 은 경제의 종말이 시작되는 시기다. 그렇지만 독립 당시에는 오늘날의 볼리비아를 구성하는 지역의 인구가 오늘날의 아르헨티나 영토에 거주하는 인구보다 여전히 더 많았다. 150년 후에 볼리비아 인구는 아르헨티나 인구의 약 6분의 1이 되었다.

허영과 낭비로 병든 저 포토시 사회는 볼리비아에 자신의 영광에 대한 막연한 추억, 성당과 궁정의 폐허, 인디오 800만 명의 시체를 남겼을 뿐이다. 부유한 기사의 방패에 박힌 다이아몬드는 어느 것이 되었든, 결과적으로는, 인디오가 미타요[114]로서 평생 얻을 수 있었던 것보다 비쌌으나, 기사는 다이아몬드를 갖고 도망쳐 버렸다. 오늘날 세계에서 가장 가난한 나라 가운데 하나인 볼리비아는 자신이 가장 부유한 나라들의 부를 키워 왔다고 자랑할 수도 있을 것이다—비록 그 자랑이 애처로울 정도로 헛된 행위일지라도 말이다. 오늘날 포토시는 가난한 볼리비아의 가난한 도시다. 필자가 포토시의 200년 된

---

114) (옮긴이) 미타요(mitayo)는 잉카 제국에서 유래한 공공 노동(의무노역) 제도인 미타(mita)에 따라 강제로 동원된 원주민 노동자를 가리킨다.

어느 집의 안달루시아풍 마당 앞에서 1킬로미터나 될 것 같은 알파카 털 숄로 몸을 감싼 어느 노파와 대화했을 때, 그 노파가 내게 말했듯이, 포토시는 "세계에 가장 많은 것을 주었으면서 가장 적게 가진 도시"였다. 향수에 젖고, 빈곤과 추위에 고통받는 이 도시는 여전히 아메리카에서 식민지 제도가 남긴 열린 상처, 즉 하나의 고발이다. 세계는 포토시에 사과하는 것부터 시작해야 할 것이다.

그곳 사람들은 광산의 부스러기에 의존해 살아간다. 1604년에 알바로 알론소 바르바 신부는 금속 공예에 관한 뛰어난 저서를 마드리드의 왕립 인쇄소에서 출간했다. 그는 주석이 "독"[115]이라고 썼다. 바르바는 "비록 주석에 관해 아는 사람이 적다 해도, 대량의 주석이 있고, 누구나 찾고 있는 은을 발견할 수 없어서 주석을 버리는" 산들에 관해 언급했다. 에스파냐 사람들이 쓰레기처럼 한쪽에 내다 버린 주석이 현재 포토시에서 채굴된다. 오래된 집의 벽돌들은 순도 높은 주석처럼 팔린다. 에스파냐 사람들이 부의 산에 뚫어 놓은 갱도 5천 개의 입에서 부가 수 세기에 걸쳐 흘러나왔다. 그 산은 다이너마이트의 폭발이 속을 비워내고, 꼭대기의 높이를 낮춤에 따라 색이 변해 갔다. 무수한 구멍의 주위에 쌓인 바위 더미들은 갖가지 색을 지닌다. 장미색, 연보라색, 자주색, 황토색, 회색, 금색, 황갈색 등이다. 마치 조각조각 이어 붙인 이불 같다. **얌페로**[116]들이 바위를 깨

---

115) Álvaro Alonso Barba, *Arte de los metales*, Potosí, 1967.
116) (옮긴이) 얌페로(llampero)는 안데스 지역 광산에서 낙타과 동물 야마(llama)를 이용해 광물이나 물자를 운반하는 사람이다.

뜨리면, 무게를 재고 선별하는 데 능숙한 원주민 팔리리[117]들은 손으로 작은 새처럼 광물의 잔해를 쫀다. 주석을 찾는 것이다. 물이 차지 않는 옛 갱도에서 가능한 한 많은 것을 캐내려고 여전히 광부들이 손에 카바이드램프를 들고, 몸을 굽힌 채 갱도로 들어간다. 은은 없다. 조금도 반짝이지 않는다. 에스파냐 사람들은 심지어 작은 솔로 광맥을 쓸어 모았다. **팔라코**[118]들이 곡괭이와 삽으로 작은 갱도를 뚫어 광물 찌꺼기에서 주석을 추출한다. 실업자 하나가 두 손으로 땅을 긁으면서 담담하게 내게 말했다. "산은 아직 풍부해요. 신이 존재하는 게 틀림없어요. 광물도 역시 식물처럼 성장하니까요." 포토시의 부의 산 앞에 그 황폐의 증인이 서 있다. 그것은 우아카흐치(Huakajchi)라 불리는 산으로, 케추아어로는 "울었던 산"이라는 의미다. 산의 경사면에서는 맑은 물이 많이 솟아 나오는데, 이 "물의 샘"이 광부들에게 마실 물을 제공한다.

17세기 중반 포토시가 전성기에 이르렀을 때, 아메리카 식민지 예술에 자신들의 개성을 남긴 수많은 에스파냐 출신 및 크리오요 화가와 장인, 또는 원주민 성상 조각가들이 이 도시에 운집했다. 아메리카의 엘 그레코(El Greco)라 불리는 멜초르 페레스 데 올긴(Melchor Pérez de Holguín)은 방대한 종교화를 남겼는데, 그 작품들은 창작자로서 그의 재능과 이 땅의 이교도적 활력을 동시에 드러낸다. 그 지

---

117) (옮긴이) 팔리리(palliri)는 광산에서 광물을 찾아내기 위해 남은 암석을 모아 선별해서 가루로 만드는 일을 하는 사람이다.
118) (옮긴이) 팔라코(Pallaco)는 버려진 광산의 폐석 가운데 순도가 높은 광물을 가리키는 말인데, 이런 폐석에서 광물을 수집해 판매하는 사람을 뜻하기도 한다.

역 예술가들은 이단적인 행위를 저질렀는데, 예를 들어, 성처녀 마리아가 한쪽 젖은 예수에게, 다른 쪽 젖은 남편에게 물리고 있는 모습을 보여주는 그림이다. 금 세공사, 은판 조각사, 부조 장인과 가구 장인, 금속, 고급 목재, 석고, 귀한 상아 장인들이 은빛이 반짝거리는 섬세한 금속 세공으로 장식된 조각품과 제단, 대단히 가치 있는 설교단과 성화(聖畫)로 포토시의 수많은 성당과 수도원을 장식했다. 성당의 석재로 만든 바로크 양식 정면은 몇 세기에 걸쳐 풍파를 견뎌 왔지만, 많은 경우에 습기 때문에 치명적일 정도로 손상된 그림, 그리 무겁지 않은 상들과 물건들은 그렇지 못했다. 관광객과 주임신부들이 성배와 종(鐘)에서부터 너도밤나무나 물푸레나무로 만든 성 프란시스코와 그리스도의 상에 이르기까지 가져갈 수 있는 물건은 모두 가져가 성당이 텅 비게 했다.

약탈당하고, 대부분 이미 폐쇄된 이들 성당은 세월의 무게에 짓눌려 무너져 간다. 비록 성당들이 약탈을 당했다고 하더라도, 모든 양식을 융합하고 활활 피워냈으며, 천재성과 이단성에서 가치가 있는 식민지 예술의 위용을 여전히 간직한 채 남아 있는 엄청난 보물이기 때문에, 이것은 정말 유감스러운 일이다. 이들 보물은, 그리스도의 십자가를 대신한 티아우아나코[119]의 "계단식 기호",[120] 성스러운 태양 및 성스러운 달과 함께 있는 십자가, 진짜 머리카락을 붙인 성

---

119) (옮긴이) 티아우아나코(Tiahuanaco)는 볼리비아의 티티카카(Titicaca) 호수 근처에 있는 고원 지대로, 그곳에는 고대 문명의 대형 석조 건축물, 정교한 조각과 돌기둥, 신전 등이 있다.
120) (옮긴이) 일반적으로 점진적이거나 계단식으로 변하는 과정을 나타내는 신호나 기호를 뜻한다. 주로 그래프나 도표에서 점진적 변화나 과정을 표현하는 데 사용된다.

모상과 성자상, 잉카 제국의 꽃인 칸투타(kantuta)와 더불어 기둥을 칭칭 감아올라 기둥머리에까지 이른 포도송이와 밀 이삭, 그리고 세이렌, 바쿠스, 로마네스크적 금욕주의와 뒤섞인 삶의 축제, 몇몇 신의 갈색 얼굴, 그리고 원주민 여자의 모습을 지닌 기둥 등이다. 이미 신자가 없어져 다른 용도로 쓰려고 개조된 성당들도 있다. 산 암부로시오 성당은 오미스테(Omiste) 극장으로 바뀌었다. 1970년 2월, 극장 정면의 얇은 바로크풍 부조 위에는 다음에 상영될 영화 「매드 매드 대소동(It's a Mad Mad Mad Mad World)」의 광고판이 부착되었다. 예수회 성당도 영화관으로 바뀌었다가 나중에는 그레이스 회사의 창고로, 그리고 맨 마지막에는 자선 사업용 식료품 창고로 바뀌었다. 그러나 몇몇 성당은 여전히 그럭저럭 명맥을 유지하고 있다. 즉, 포토시 주민들은 돈이 부족해도 적어도 150년 동안 촛불을 밝혀 오고 있다. 예를 들어 산 프란시스코 성당 같은 경우다. 소문에 의하면, 이 성당의 십자가가 매년 몇 센티미터씩 커지고, 또 4세기 전에 누가 가져온 것도 아닌데 포토시에 나타났던 은으로 만들고 비단을 두른 위엄 있는 그리스도상, 즉 베라 크루스의 주님[121]상의 턱수염 또한 자라나고 있다고 한다. 사제들은 정기적으로 베라 크루스의 그리스도상의 수염을 깎는다는 사실을 부정하지 않고, 모든 기적, 즉 가뭄과 전염병을 계속해서 막아주고, 포위된 포토시를 방어해 낸 전쟁들을, 심지어는 문서로 기록해 가면서, 그리스도의 덕으로 돌린다.

---

121) (옮긴이) 베라 크루스의 주님(Señor de la Vera Cruz: 참된 십자가의 주님)은 에스파냐와 라틴아메리카에서 가톨릭교회, 수도회, 축제, 지명 등에 자주 쓰이는데, 특히 성주간 행렬이나 가톨릭 형제회(cofradía de la Vera Cruz)와 관련 있다.

그렇지만 베라 크루스의 주님은 포토시의 몰락을 막을 힘이 없었다. 은의 고갈은 광산주들의 잔학함과 죄악에 대한 신의 징벌로 해석되었다. 화려한 미사는 과거 일이 되었고, 연회와 투우, 무도회와 불꽃놀이처럼 아주 호화로운 종교 의식 역시 결국 인디오 노예 노동의 부산물이었다. 과거의 찬란했던 시기에 광산주들은 성당과 수도원을 위해 막대한 기부금을 바치고 화려한 장례 의식을 거행했다. 천국의 문을 여는 순은의 열쇠가 그 예인데, 상인 알바로 베하라노(Álvaro Bejarano)는 1559년에 남긴 유언장에서 "포토시의 모든 가톨릭 신부와 사제"더러 자신의 시신을 배웅하라고 명령했다. 식민지 사회의 열기와 공포의 섬망 상태에서 민간요법과 주술이 정통 종교와 뒤섞여 있었다. 비록 성당이나 은으로 된 제단을 만들라는 풍성한 유언장이 훨씬 효과적인 결과를 가져왔다고 할지라도, 캐노피를 설치하고 방울을 울리며 이루어지는 종부성사는 영성체와 마찬가지로 죽음을 맞이하는 사람의 영혼을 치유할 수 있었다. 일부 수도원에서는 열병을 복음서로 다스렸다. 일부 수도원에서는 기도가 뜨거운 몸을 식혀주고, 다른 수도원에서는 몸에 온기를 주었다. "신앙 고백은 타마린드나 달콤한 질산염처럼 상큼하고, 성모송은 오렌지 꽃이나 옥수수 털처럼 따스했다."[122]

추키사카(Chuquisaca) 거리에서는 몇 세기에 걸쳐 침식된 카르마(Carma) 백작과 카야라(Cayara) 백작의 궁 정면을 감탄스럽게 바라볼 수 있지만, 그 궁은 이제 치과-외과 병원이 되어 있다. 란사

---

122) Gustavo Adolfo Otero, op. cit.

(Lanza) 거리에 있는 군사 지휘관 돈 안토니오 로페스 데 키로가(Antonio López de Quiroga)의 문장은 지금 어느 작은 학교를 장식하고 있다. 오타비(Otavi) 후작의 공격적인 사자 모양 방패는 국립은행의 출입구 위에 걸려 있다. "그 사람들은 지금 어디서 살아갈까요? 틀림없이 먼 곳으로 떠나버렸을 거요." 자기 고향에 애착을 갖고 살아가는 포토시의 그 노파는 처음에 부자들이 먼저 떠나고, 그 뒤를 이어 가난한 사람들도 떠나가 버렸다고 내게 말했다. 현재 포토시의 인구는 4세기 전의 3분의 1에 불과하다. 필자는 식민지 시대의 폭이 아주 좁고 구불구불한 골목인 우유니(Uyuni) 거리의 어느 건물 옥상에서 그 산을 바라보는데, 골목에 있는 집들에 달린 커다란 나무 발코니가 이웃집 발코니와 아주 가까워서 사람들이 길거리로 내려올 필요도 없이 발코니에서 서로 입을 맞추거나 몸을 접촉할 수 있다. 여기에는 도시 전체와 마찬가지로 가물가물한 빛을 비추는 낡은 가로등이 살아남아 있는데, 그 아래에서는 하이메 몰린스(Jaime Molins)의 말처럼, "사랑싸움이 해결되고, 얼굴을 가린 신사들, 우아한 숙녀들, 도박꾼들이 도깨비처럼 돌아다녔다." 이제 도시에 전깃불이 있지만 크게 티가 나지 않는다. 밤에는 어슴푸레한 광장의 낡은 가로등 불빛 아래서 복권 추첨이 행해진다. 필자는 케이크 한 조각을 경품으로 걸고 추첨하는 광경을 북적이는 사람들 사이에서 보았다.

포토시와 더불어 수크레(Sucre)도 쇠퇴했다. 분지에 있는 이 도시는 기후가 쾌적한데, 과거에는 차례로 차르카스(Charcas), 라 플라타(La Plata), 추키사카라고 불렸고, 포토시의 부의 산 기슭에서 솟아나는 부의 상당 부분을 누렸다. 프란시스코 피사로의 동생 곤살로 피사로는 왕이 되고 싶었지만 될 수 없었던 자의 궁궐만큼 호화로운 궁궐을 그곳에 만들었다. 몇 세기에 걸쳐 그 도시에 자취를 남긴 법률가들, 신비주의자들, 그리고 허세를 부리는 시인들과 더불어 성당과 저택, 공원과 오락장이 지속적으로 생겨났다. "고요함, 그것이 수크레다. 그래, 정적뿐이다. 그러나 예전에는……." 과거에는 2개의 부왕령의 문화 수도이자, 아메리카의 주요 대교구청의 소재지였고, 식민지의 가장 권위 있는 재판소가 자리한 곳으로, 남아메리카에서 가장 화려하고 교양 있는 도시였다. 도냐[123] 세실리아 콘트레라스 데 토레스(Cecilia Contreras de Torres)와 도냐 마리아 데 라스 메르세데스 토랄바 데 그라마호(María de las Mercedes Torralba de Gramajo), 우비나(Ubina) 부인과 콜케차카(Colquechaca) 부인이 호사스러운 연회를 개최했다. 이들은 포토시에 있는 자신들의 광산이 산출하는 엄청난 수입을 경쟁하듯 낭비하고, 진수성찬을 차린 파티가 끝나면 운 좋은 행인들이 주워 가도록 발코니에서 은으로 만든 식기, 그리고 심지어는 금으로 만든 집기까지 내던졌다.

여전히 수크레는 에펠탑과 유사한 탑과 자신들만의 개선문을 갖고, 사람들은 자신들의 성모상이 지닌 보석으로 볼리비아의 막대한 외채를 전부 상환할 수 있다고 말한다. 그러나 1809년, 아메리카의 해방을 환희에 찬 종소리로 울려 퍼뜨리던 그 유명한 성당 종들은 오늘날 장송곡처럼 애절한 소리를 낸다. 여러 차례의 반란과 폭동을 알리던 산 프란시스코 성당의 쉰 종소리가 지금은 죽은 듯 고요한

---

123) (옮긴이) 도냐(doña)는 직위가 높거나 나이가 많은 부인에게 붙이는 경칭이다.

수크레를 애도하듯 울린다. 수크레가 여전히 볼리비아의 법률상 수도고, 수크레에 여전히 대법원이 있다는 사실은 썩 중요하지 않다. 길거리에는 퇴락의 살아 있는 증거들인, 병약하고 피부가 누렇게 튼 졸렬한 법률가들, 즉 검은 끈까지 달린 코안경을 쓰던 시대의 그 박사들이 돌아다닌다. 수크레의 고명한 원로들은 텅 빈 거대한 궁에서 하인들을 내보내 열차의 창 너머에 있는 승객들에게 만두를 팔도록 했다. 운이 좋았던 시절에는 왕자의 작위까지 사들일 줄 아는 사람이 있었다.

포토시와 수크레에서는 소멸한 부의 유령들만이 살아남았다. 볼리비아의 또 다른 비극이 일어난 우안차카(Huanchaca)[124]에서는 영국과 칠레의 자본이 19세기 동안에 너비 2미터가 넘는 최고 순도의 은 광맥을 고갈시켰다. 이제 그곳에는 먼지 자욱한 폐허만이 남아 있다. 우안차카는 마치 아직도 존재하는 것처럼, 곡괭이와 삽이 십자 모양으로 교차한 아이콘과 더불어 여전히 활동하는 광업의 중추로 계속해서 지도에 표시되어 있다.

멕시코의 구아나후아토 광산과 사카테카스 광산은 운이 더 좋았을까? 알렉산더 폰 훔볼트가 제공한 자료에 따르면, **1760년부터 1809년 사이에, 즉 겨우 반세기 동안에 은과 금의 수출을 통해 멕시코에서 유출된 경제적 잉여의 규모는 현재 가치로 약 50억 달러라고 평가되었다.**[125] 당시 아메리카에서 이 두 곳보다 중요한 광

---

124) (옮긴이) 우안차카(Huanchaca)는 19세기 후반에 세계에서 가장 중요한 은 생산지 중 하나로 꼽혔는데, 20세기 초에 은 가격의 하락과 광맥의 고갈로 점차 쇠퇴하고 말았다.
125) Fernando Carmona, prólogo a Diego López Rosado, *Historia y pensamiento*

산은 없었다. 이 위대한 독일 학자는 구아나후아토의 발렌시아나(Valenciana) 광산과 당시 유럽에서 가장 풍요로운 작센의 힘멜스퓌르스트(Himmelsfürst) 광산을 비교했다. 그에 따르면, 세기가 바뀌는 무렵에 발렌시아나 광산은 힘멜스퓌르스트 광산에 비해 36배 더 많은 은을 생산했고, 투자자에게 33배 더 많은 이익을 가져다주었다. 1732년에 산티아고 데 라 라구나(Santiago de la Laguna) 백작은, 사카테카스 광산 지역, 그리고 "4,000개가 넘는 갱구(坑口)로 명예를 얻은" 그 산들의 "깊은 품속에 감춰진 귀중한 보물들"은 "땅속에서 나온 산물을 가지고" 하느님과 왕인 "존엄한 두 분을 더 잘 섬기기 위해", 그리고 그 지역이 "지혜와 질서, 무력, 고귀함의 샘"이었기 때문에 "모든 이가 그 위대함, 부유함, 박식함, 도시적인 것, 고상한 것을 마시고 누리기 위해" 존재했다고 기술하면서 감격에 겨워 전율했다. 나중에 마르몰레호(Marmolejo) 신부는 구아나후아토 시를 묘사하면서, 몇 개의 다리가 가로지르고, 바빌로니아의 세미라미스 공중정원과 아주 흡사한 정원과 화려한 사원, 극장, 투우장, 투계장, 그리고 산의 푸른 경사면에 지어진 탑과 돔이 있는 도시라고 썼다. 그러나 이곳은 "불평등의 나라"였고, 훔볼트는 멕시코에 관해 다음과 같이 쓸 수 있었다. "아마도 여기만큼 불평등이 끔찍한 곳은 그 어디에도 없을 것이다. (······) 공적·사적 건물들의 다양한 양식, 여성의 혼수품이 지닌 우아함, 사회의 분위기, 이 모든 것은 평민의 수수함, 무지, 투박함과 극단적인 대조를 이루는 세련미의 극치를 드

económico de México, México, 1968.

러낸다." 안데스산맥의 언덕들에서는 갱도들이 사람과 노새를 삼켜버렸다. "오직 그날을 벗어나기 위해 살던" 인디오들은 만성적인 기아에 시달렸고, 전염병이 그들을 파리처럼 죽였다. 1784년 한 해 동안 냉해가 휩쓸어 식량 부족으로 창궐한 질병들이 구아나후아토에서 8천 명 이상의 목숨을 앗아갔다.

자본은 축적되지 않고 낭비되었다. "아버지는 상인, 아들은 신사, 손자는 거지"라는 옛 속담이 있었다. 1843년에 루카스 알라만(Lucas Alamán)은 정부에 제출한 청원서에서 침울한 경고를 하며, 외국과의 경쟁에 대해 다양한 금지 조치와 강력한 과세 제도를 통해 국내 산업을 보호해야 할 필요성을 강조했다. "전반적인 번영의 유일한 원천으로서 산업의 진흥을 도모할 필요가 있다. 만약 사카테카스의 부가 푸에블라(Puebla)의 제조업 제품을 소비하지 않는다면, 푸에블라에 아무런 소용도 없을 것이고, 만약 이들 제조업체가 이전에 그랬듯이 다시 몰락한다면 지금 번성하는 푸에블라는 파산할 것이고, 그 광산의 부(富)도 푸에블라를 빈곤으로부터 구출할 수 없을 것이다." 그 예언은 적중했다. 오늘날 사카테카스와 구아나후아토는 자기 지역 내에서도 가장 중요한 도시가 전혀 아니다. 두 도시 모두 광산 번영기에 형성된 채굴촌들의 잔해 속에서 서서히 시들어 간다. 고지대에 있는 건조한 사카테카스는 농업으로 살아가고, 노동력을 다른 주에 수출한다. 현재, 금광석과 은광석의 순도는 과거의 호시절에 비해 대단히 낮다. 구아나후아토 지역에서 채굴하던 50개의 광산 가운데 이제는 겨우 2개만 남아 있다. 아름다운 이 도시의 인구는 증가하고 있지 않지만, 옛날의 화려한 영광을 감상하고, 전설로 가득 찬 낭만적인 이름의 골목길을 산책하고, 흙이 지닌 소금기 때문에 원래대로 보존된 100개의 미라를 보고 무서워 벌벌 떨려고 관광객들이 몰려든다. 구아나후아토 주에서 평균 5인 이상으로 이루어진 가족들의 절반은 현재 방 하나짜리 오두막에서 산다.

흐르는 피와 눈물:
그러나 교황은 인디오에게 영혼이 있다고 결정했다

1581년, 펠리페 2세는 구아달라하라의 아우디엔시아[126]에서 이미 아메리카 원주민의 3분의 1이 말살되었으며 여전히 살아 있는 원주민은 죽은 자를 대신해 공물을 바쳐야만 한다고 선언했다. 더불어, 왕은 인디오가 매매된다고 말했다. 그들이 노숙을 한다고 말했다. 어머니들이 광산에서 겪는 고통으로부터 자식들을 구하려고 자식들을 죽인다고 말했다.[127] 하지만 에스파냐 왕실의 위선은 에스파냐 제국의 범위보다 좁았다. 에스파냐 왕실은 히스패닉 신세계 전역에서 신하들이 강탈한 금속들이 지닌 가치의 5분의 1을 다른 세

---

126) (옮긴이) 구아달라하라(Guadalajara)는 멕시코의 도시다. 아우디엔시아(Audiencia)는 에스파냐가 식민지 통치를 위해 현지에 설치한 고등 사법재판소 및 관구를 가리키는데, 단순한 사법기관을 넘어 행정권과 약간의 입법권까지 가졌다.

127) John Collier, *The Indians of América*, New York, 1947.

금과 함께 받는데, 포르투갈 왕실은 18세기에 브라질 땅에서 똑같은 일을 행했던 것이다. 아메리카의 금과 은은—엥겔스가 말했듯이—부식성 산처럼 쇠락하던 유럽 봉건 사회의 구석구석에 침투했고, 광산주들은 당시에 태동하던 자본주의적 중상주의의 이익을 위해 원주민과 흑인 노예를 유럽 경제의 거대한 "외부 프롤레타리아트"로 전락시켰다. 그리스·로마 시대의 노예제가 사실상 다른 세계에서 부활하고 있었다. 히스패닉 아메리카에서 멸망한 여러 제국의 원주민이 겪은 불행에, 브라질과 앤틸리스 제도에서 노동을 하려고 아프리카의 촌락에서 강탈해 온 흑인의 끔찍한 운명을 더해야 한다. **라틴아메리카의 식민지 경제는 세계 역사상 그 어떤 문명도 결코 행한 적이 없는 부의 집중을 최대로 가능하게 하려고 그때까지 알려져 있던 노동력의 집중을 최대한 이용했다.**

그 격렬한 탐욕과 공포와 대담성의 물결은 원주민 집단학살이라는 대가를 치르고서야 이들 지역에 몰아닥쳤다. 가장 믿을 만한 최근 연구는 콜럼버스 이전의 멕시코 인구가 2,500만 명과 3,000만 명 사이라고 추정하는데, 안데스 지역에도 유사한 수의 인디오가 있었다고 추정한다. 중앙아메리카와 앤틸리스 제도에는 1,000만에서 1,300만 명의 주민이 있었다. **외국의 정복자들이 수평선 위에 모습을 드러냈을 때 아메리카 인디오의 수는 7,000만 명 정도였거나, 아마도 더 많았을 것이다. 그런데 1세기 반 뒤에는 모두 합해 겨우 350만 명으로 감소해 버렸다.**[128] 바리나스(Barinas) 후작에 따르

---

128) Henry F. Dobyns, Paul Thompson 등 여러 연구자의 자료를 포함해 다르시 히베이루의 앞의 책에 의거한 것이다.

면, 리마와 파이타[129] 사이에 200만 명이 넘는 인디오가 살았는데, 1685년에는 원주민 4천 가구밖에 남지 않았다. 리냔 이 시스네로스(Liñán y Cisneros) 대주교는 인디오의 말살을 다음과 같이 부정했다. "실은, 인디오들이 지금은 누리지만 잉카 시대에는 갖지 않았던 자유를 남용해 공물을 바치지 않으려고 몸을 숨기는 것이다."[130]

아메리카의 광맥들에서는 금속이 끊임없이 쏟아져 나왔고, 에스파냐의 궁정으로부터는 자신들의 중노동으로 에스파냐 왕국을 지탱하던 인디오들에게 문서뿐인 보호와 잉크로 써진 존엄성을 부여하는 칙령이, 역시 끊임없이 도착했다. 합법이라는 허구가 인디오를 보호하는 척했지만, 착취라는 현실은 인디오의 고혈을 뽑아내고 있었다. 원주민 노동력의 법적 조건은 노예제에서 노역 엔코미엔다[131]로, 그리고 노역 엔코미엔다에서 공물 엔코미엔다와 임금 제도로 표면적으로는 바뀌었지만 원주민의 실상은 그대로였다. 에스파냐 왕실은 원주민 노동력의 비인간적인 착취가 필수 불가결이라 생각했기 때문에 1601년에 펠리페 3세가 광산에서 강제 노동을 금지하는 칙령을 공포하면서도, "그런 조치가 생산의 약화를 초래할 때는"[132]

---

129) (옮긴이) 파이타(Paita)는 페루 북서부의 항구 도시다.

130) Emilio Romero, *Historia económica del Perú*, Buenos Aires, 1949.

131) (옮긴이) 엔코미엔다(Encomienda)는 에스파냐의 아메리카 식민지에서 실시된 통치 제도로, 에스파냐는 자국 출신의 식민 통치자에게 원주민(인디오) 보호를 조건으로 식민지의 토지와 원주민에 대한 통치권 일체를 위탁했다. 1503년에 제정된 이 제도의 목적은 원주민의 지위를 규정해 신대륙 발견 직후에 행해진 강제 노역의 악습을 줄이려는 것에 있었다. 하지만 실제로는 원주민을 노예화하는 제도로 악용되었다. 원주민을 보호하는 대신에 그들에게 조공과 노동을 요구할 수 있었기 때문에, 이 제도로 인해 원주민이 노예로 전락하고 말았다.

132) Enrique Finot, *Nueva historia de Bolivia*, Buenos Aires, 1946.

강제 노동을 계속 시행할 것을 명하는 다른 비밀 훈령을 보냈다. 마찬가지로 1616년에서 1619년 사이에 감찰관 겸 총독인 후안 데 솔로르사노(Juan de Solórzano)는 우앙카벨리카의 수은 광산에서 노동 조건을 조사한 뒤에 "……독이 골수에 침투해 사지를 허약하게 만들고, 몸을 끊임없이 떨게 해서 노동자는 보통 4년 이내에 사망한다."라고 인디아스 심의회[133]와 군주에게 보고했다. 그러나 1631년에 펠리페 4세는 그곳에서 동일한 제도를 계속 유지하라고 명하고, 그 후계자인 카를로스 2세는 얼마 후에 그 칙령을 갱신했다. 이들 수은 광산은 왕실에 의해 직접 개발되었다는 점에서 개인 기업가의 수중에 있던 은 광산들과는 달랐다.

조시아 콘더(Josiah Conder)에 따르면, 3세기 동안에 포토시의 부의 산은 800만 명의 생명을 앗아갔다. 인디오는 농업 공동체에서 내쫓겨 처자식과 함께 부의 산으로 내몰렸다. 몹시 추운 황량한 고지대로 향했던 10명 가운데 7명은 결코 되돌아오지 못했다. 광산과 제련소의 주인인 루이스 카포체(Luis Capoche)는 "도로가 사람으로 뒤덮여 있어서 마치 왕국 전체가 이동하는 것 같았다."라고 썼다. 원주민들은 "남편을 잃고 비탄에 빠진 수많은 아낙네와 부모를 잃은 수많은 고아가 되돌아오는" 모습을 마을에서 보았고, 광산에서는 "수천 명의 주검과 재해들"이 기다리고 있다는 것을 알고 있었다. 에스파냐 사람들은 노동력을 구하려고 주변 수백 마일을 뒤지고 다녔다. 인디오들 가운데 많은 수가 포토시에 도착하기 전에 길에서 죽었다.

---

133) (옮긴이) 인디아스 심의회(Consejo de Indias)는 에스파냐 국왕을 대신해 인디아스(아메리카 식민지)의 입법, 사법, 행정 등 제반 문제를 담당한 최고 통치 기관이다.

그러나 더 많은 사람을 죽인 것은 광산의 가혹한 노동 조건이었다. 도미니코회의 수사 도밍고 데 산토 토마스(Domingo de Santo Tomás)는 그 광산이 생긴 지 얼마 되지 않은 1550년에 인디아스 심의회에 포토시가 "지옥의 입"이어서 해마다 인디오 수천 명을 집어삼키고, 탐욕스러운 광산주들이 현지인을 "주인 없는 동물처럼" 취급한다고 보고했다. 그리고 로드리고 데 로아이사(Rodrigo de Loaysa) 수사는 나중에 다음과 같이 말했다. "이 가련한 인디오들은 큰 바다의 정어리와 같다. 다른 물고기들이 정어리를 잡아먹으려고 쫓아가듯이 이 땅에서도 모두 불행한 인디오들을 뒤쫓는다."[134] 원주민 공동체의 추장은 죽어가는 미타요를 18세에서 50세 사이의 새로운 남자들로 교체할 의무를 지고 있었다. 광산과 제련소의 주인에게 인디오가 낙찰되어 배정되었던 레파르티미엔토[135]의 울타리, 즉 돌담으로 둘러쳐진 거대한 빈터는 현재 노동자의 축구장으로 이용된다. 포토시의 입구에서는 형태를 알아볼 수 없게 폐허 더미로 남은 미타요의 감옥을 여전히 볼 수 있다.

『인디아스의 법령집(Recopilación de Leyes de Indias)』에는 인디오와 에스파냐 사람들이 광산을 평등하게 개발할 권리를 보장하고, 인디오의 권리 침해를 명백하게 금지하는 그 시대의 칙령 몇 개가 수록되어 있다. 형식적인 역사—과거 시대의 죽은 문자를 우리 시대

---

134) 앞에서 인용된 책들.
135) (옮긴이) 레파르티미엔토(Repartimiento)는 에스파냐 식민지에서 정복 공로자에게 토지와 원주민 노동력을 분배하는 제도인데, 명목상으로는 원주민 보호와 가톨릭 개종이 목적이었지만, 실제로는 원주민 강제 노동과 착취가 주를 이루었다.

에 되풀이하는 죽은 문자—에 따르면 불평할 것이 없다. 그러나 원주민 노동에 관한 법규가 무수한 서류 더미 속에서 논의되고, 에스파냐 법학자의 재능이 잉크를 통해 쏟아져 나오는 동안, 아메리카에서는 법이 "존중받지만 지켜지지는 않았다." 루이스 카포체의 말에 따르면, 사실 "가난한 인디오는 동전 한 닢과 같은데, 그것만 있으면 금과 은을 가진 것처럼, 필요한 것은 무엇이든, 훨씬 좋게 얻을 수 있다." 수많은 인디오가 자신이 갱도로 보내지거나 시장에서 팔리거나 되팔리는 일이 없도록 재판소에서 자신을 메스티소[136]로 인정해 달라고 요청했다.

  18세기 말에, 몸속에 원주민의 피가 흐르는 콘콜로르코르보[137]는 자신의 동족을 이렇게 부정했다. "광산이 상당수의 인디오를 소멸시킨다는 점을 우리는 부정하지 않지만, 이것은 은 광산과 수은 광산에서 그들이 하는 노동 때문이 아니라 그들의 방종한 생활 탓이다." 많은 인디오를 부리던 카포체의 증언은 이런 의미에서 매우 시사적이다. 노천의 얼어붙을 듯한 한기와 산속 깊은 곳의 지옥 같은 더위가 번갈아 나타났다. 인디오들은 땅속으로 들어갔고, "그래서 대개는 시체가 되고, 다른 사람들은 머리와 다리가 부서져 밖으로 꺼내지고, 제련소에서는 날마다 부상을 당한다." 미타요들은 지렛대를 이용해 광석을 깨뜨린 뒤에 그것을 등에 지고 촛불이 밝혀진

---

136) (옮긴이) 메스티소(Mestizo)는 백인과 인디오의 혼혈이다.
137) (옮긴이) 콘콜로르코르보(Concolorcorvo, 1715-1778)는 본명이 알론소 카리오 데 라 반데라(Alonso Carrió de la Vandera)다. 공무원이자 작가, 여행가인 그는 대부분의 생애를 광대한 페루 부왕령에서 보내면서 여러 해 동안 왕립 우체국 관리자로 근무했다.

계단을 통해 위로 올라갔다. 갱도 밖에서는 제련소의 기다란 나무 회전축을 돌리거나 은광석을 분쇄하고 세척한 뒤에 제련로에 넣고 가열해 은을 녹여냈다.

미타[138]는 인디오를 갈아 넣는 기계였다. 아말감법으로 은을 추출하려고 수은을 사용하면 갱도 속의 유독 가스만큼 혹은 그 이상으로 인체에 해로웠다. 머리카락과 이가 빠지고, 몸이 억제할 수 없을 정도로 떨리게 되었다. "수은 중독자"는 길거리에서 몸을 질질 끌면서 구걸을 했다. 밤중에 부의 산 경사면에서 6,500개의 모닥불이 타오르고, 하늘에서 "거룩한 성 아우구스티누스"가 보내는 바람을 이용해 은 추출 작업이 진행되었다. 화덕에서 나오는 연기로 인해 포토시 주위 반경 6레구아[139] 안에서는 목초지도 파종지도 없었고, 악취는 연기 못지않게 인체에 무자비했다.

이념적인 정당화가 빠지지 않았다. 신세계에서 피를 뽑아내는 것은 하나의 자선 행위 또는 신앙의 이유가 되었다. 양심의 가책을 합리화하기 위한 온갖 변명의 체계가 죄책감과 더불어 만들어졌다. 인디오가 야마의 허약한 등이 지탱하는 것보다 많은 무게를 견뎌낸다는 이유로 그들은 짐 운반용 짐승으로 변모했는데, 이로써, 인디오가 정말로 짐 운반용 짐승이라는 사실이 증명되었다. 멕시코의 어느 부왕은 원주민의 "천성적으로 나쁜 성품"을 고치는 데는 광산에서

---

138) (옮긴이) 미타(Mita)는 1499년부터 에스파냐가 아메리카의 일부 식민지 개척자들에게 인디오를 강제 노동에 동원하도록 허용한 제도다.
139) (옮긴이) 1레구아(legua)는 사람이 1시간 동안 걸어서 이동할 수 있는 거리를 나타내는 측정 단위다. 그 길이는 지역과 시대에 따라 달라졌는데, 보통 4km에서 7km 사이의 거리다.

의 노동보다 나은 치료법이 없다고 생각했다. 인문주의자 후안 히네스 데 세풀베다(Juan Ginés de Sepúlveda)는 인디오가 저지르는 죄와 우상 숭배가 하느님을 모욕하는 것이므로 그들이 받는 취급은 당연하다고 주장했다. 부퐁(Buffon) 백작은 냉혹하고 나약한 동물인 인디오에게서는 "그 어떤 영혼의 활동"도 드러나지 않는다고 단정했다. 수도원장 드 파우(De Pauw)는 퇴화한 인디오가 짖지 못하는 개, 식용할 수 없는 소, 그리고 무기력한 낙타와 함께 살아가는 아메리카를 상상해 창조해 냈다. 게으르고 어리석은 인디오가 사는 볼테르의 아메리카에서는 등에 배꼽이 있는 돼지와 털이 나지 않는 겁쟁이 사자가 있었다. 베이컨, 드 메스트르, 몽테스키외, 흄, 보댕은 신세계의 "퇴화한 인간들"을 자신들과 같은 인간으로 인정하기를 거부했다. 헤겔은 아메리카의 육체적·정신적 무능에 관해 말하고, 유럽의 숨결에 원주민이 쓰러져 갔다고 서술했다.[140]

17세기에 그레고리오 가르시아(Gregorio García) 신부는 인디오의 조상이 유대인이라고 주장했는데, 그 이유는 인디오가 유대인과 마찬가지로 "게으르고, 예수 그리스도의 기적을 믿지 않고, 자신에게 모든 선행을 행한 에스파냐 사람에게 감사하지 않기" 때문이었다. 적어도 이 사제는 인디오가 아담과 이브의 자손이라는 것은 부정하지는 않았다. 1537년에 인디오를 "진정한 인간"이라고 선언한 교황 바오로 3세의 칙령을 납득하지 않은 신학자와 사상가의 수가 많았다. 바르톨로메 데 라스 카사스(Bartolomé de las Casas) 신부는 아

---

140) Antonello Gerbi, *La disputa del Nuevo Mundo*, México, 1960 및 Daneil Vidart, op. cit.

메리카 정복자들의 잔인함을 고발해 에스파냐의 궁정에 파장을 일으켰다. 1557년에 왕실 심의회의 어느 위원은 인디오가 신앙을 받아들이기에는 인간의 서열 중 너무도 낮은 곳에 있다고 그 신부에게 답했다.[141] 라스 카사스 신부는 광산주들과 엔코멘데로들의 만행으로부터 인디오를 옹호하는 데 열정적인 삶을 바쳤다. 라스 카사스 신부는 인디오가 기독교도와 접촉하지 않으려고 지옥행을 선호한다고 말했다.

정복자와 식민지 개척자는 인디오에게 교리문답을 가르치도록 인디오를 "위탁받았다(encomendaban)". 그러나 인디오가 "엔코멘데로"에게 개인적인 노역과 경제적인 공물을 바쳐야 했기 때문에, 인디오를 기독교의 구원의 길로 인도하기 위한 시간이 많지 않았다. 에르난 코르테스는 자신의 공적에 대한 보상으로 가신 32,000명을 받았다. 왕실이 하사한 토지를 양도받거나 직접 탈취한 토지를 취득함과 동시에 인디오가 할당되었다. 1536년 이후에 인디오는 후손과 함께 2대에 걸쳐, 즉 엔코멘데로와 그의 직계 후계자에게 위탁·양도되었다. 1629년 이후부터는 사실상 3대로 확대되었다. 그리고 토지는 토지에 부속된 인디오와 함께 팔렸다.[142] 18세기에, 살아남은 인디오들은 다가오는 여러 세대의 안락한 삶을 보장했다. 패배당한 신들이 인디오의 기억에 남아 있었기 때문에, 승자들이 인디오의 노동력을 이용하기 위한 성스러운 구실이 부족하지 않았다. 요컨대 인디

---

141) Lewis Hanke, *Estudios sobre fray Bartolomé de Las Casas y sobre la lucha por la justicia en la conquista española de América*, Caracas, 1968.
142) J. M. Ots Capdequí, op. cit.

오는 이교도여서 다른 삶을 누릴 자격이 없었던 것이다. 과거 시대만의 일이었을까?. 교황 바로오 3세의 칙령이 공포된 지 420년이 지난 1957년 9월에 파라과이의 최고재판소는 "인디오는 공화국에 거주하는 다른 주민과 똑같은 인간이다."라고 알리는 회람을 자국의 재판관 전원에게 보냈다. 그리고 아순시온의 가톨릭대학교 인류학 연구센터는 나중에 수도와 지방에서 흥미로운 사실을 드러내는 조사를 했다. 파라과이 사람 10명 가운데 8명이 "인디오는 동물과 같다."라고 믿는다는 것이었다. 카아구아수(Caaguazú), 알토 파라나(Alto Paraná), 차코에서는 인디오가 들짐승처럼 포획되어 헐값으로 매각되고, 사실상의 노예 제도 안에서 착취된다. 그렇지만 거의 모든 파라과이 사람은 구아라니(Guaraní) 원주민의 피를 갖고, 파라과이에서는 "구아라니의 혼"에 바치는 노래, 시, 담론이 멈추지 않고 만들어진다.

투팍 아마루의 투쟁성에 대한 향수

에스파냐 사람들이 아메리카에 침입했을 때 신정 정치체인 잉카 제국은 절정기에 있었는데, 그 권력은 오늘날 페루, 볼리비아, 에콰도르 지역으로 확대되고, 콜롬비아와 칠레 일부를 포함했으며, 아르헨티나 북부와 브라질 밀림까지 다다랐다. 한편 아스테카 연합은 멕시코 분지에서 높은 수준의 효율성을 달성했으며, 유카탄과 중앙아메리카에서는 화려한 마야 문명이 노동과 전쟁을 위해 조직된 후계 민족들에게서 지속되었다.

 이들 사회는 장기간에 걸친 파괴에도 불구하고 그 위대함을 드러내는 수많은 증거를 남겼다. 즉 이집트의 피라미드가 전혀 부럽지 않은 종교적 기념물, 가뭄에 대처하기 위한 효율적인 기술적 창작물, 불굴의 재능을 증명하는 예술품이 그것이다. 리마의 미술관에서는 잉카의 외과의사들이 수술하고 난 뒤에 얇은 금판과 은판을 사용해 치료한 두개골 수백 개를 볼 수 있다. 마야인들은 위대한 천문학자로서 경탄할 만큼 정확하게 시간과 공간을 측정하고, 역사상 그 어떤 민족보다 먼저 숫자 '0'의 가치를 발견했다. 아스테카인들이 만든 수로와 인공섬은 금이 아니었음에도 코르테스를 현혹했다.

 정복이 그런 문명들의 기반을 파괴했다. 광업 경제의 도입은 전쟁으로 인한 유혈과 화재보다 나쁜 결과를 초래했다. 광산은 대규모 인구 이동을 해야 하고, 농업 공동체 조직을 해체해 버렸다. 강제 노동은 무수한 생명을 앗아갔을 뿐만 아니라 간접적으로는 집단 경작 시스템도 붕괴시켰다. 인디오들이 갱도로 인도되고, 엔코멘데로에게 예속되면서 그들은 강제적으로 방치되거나 경작하지 못하는 토지를 공짜로 넘길 수밖에 없었다. 태평양 연안에서 에스파냐 사람들은 옥수수, 유카, 강낭콩, 리마콩,[143] 땅콩, 고구마의 광대한 재배지를 파괴하든가 소멸하도록 방치했다. 사막은 잉카의 관개망

143) (옮긴이) 리마콩(학명: Phaseolus lunatus)은 콩과의 덩굴식물로, 아메리카가 원산지다.

에 의해 생명을 보전해 온 광대한 토지를 빠르게 삼켜버렸다. 정복 후 4세기 반이 지난 뒤, 잉카 제국을 연결하던 길의 대부분에는 돌과 잡초만 남았다. 잉카의 대규모 공공사업이 세월이나 약탈자의 손에 의해 대부분 사라졌다 해도, 과거에 산의 경사면을 경작할 수 있었고, 오늘날에도 경작할 수 있는 끝없이 펼쳐진 계단식 밭은 여전히 안데스산맥에 남아 있다. 1936년 미국의 한 기술자[144]는 잉카의 계단식 밭이 그해에 현대적인 방법으로 건설되었더라면, 1에이커당 3만 달러의 비용이 들었을 것으로 추정했다. 바퀴도 말도 쇠도 몰랐던 그 제국에서 계단식 밭과 관개용 수로의 건설이 가능했던 것은 조직을 만드는 불가사의한 능력, 그리고 인간이 대지—성스러운 것이고, 그렇기 때문에 항상 살아 있는—와 맺은 종교적인 관계에서 비롯된 자연환경에 관한 깊은 지식 덕분이었다.

자연의 도전에 대한 아스테카의 대응 또한 놀랄 만한 것이었다. 현재, 바짝 마른 호수의 원주민 유적 위에 멕시코 시티가 세워졌는데, 호수에서 살아남은 몇 개의 섬은 관광객들에게 "물에 떠 있는 정원"[145]으로 알려져 있다. 아스테카족은 테노츠티틀란(Tenochtitlán) 건설을 위해 선택된 땅에서의 토지 부족 문제를 해결하고자 이 섬들을 만들었다. 인디오들이 호숫가에서 거대한 진흙 덩이를 운반해 얇은 갈대 벽체 사이에 넣어 새로운 진흙 섬을 만들어 놓으면, 마침내

---

144) John Collier의 앞의 책에 따르면 미국 토양보전국(Soil Conservation Service)의 직원을 가리킨다.
145) (옮긴이) '물에 떠 있는 정원(jardín flotante)'은 멕시코 시티 외곽의 소치밀코(Xochimilco)를 가리킨다.

나무뿌리가 자라 섬을 견고하게 만들었다. 그 새로운 흙 공간들 사이에 수로가 만들어졌다. 유달리 비옥한 이들 섬 위에 넓은 도로, 엄숙한 아름다움을 간직한 궁, 계단식 피라미드를 배치한 강대한 아스테카의 수도가 탄생했다. 호수에서 마술처럼 탄생한 그 수도는 결국 외국 정복자들의 습격을 받아 멸망했다. 멕시코 시티가 그 시대에 존재했던 수만큼의 인구를 회복하는 데는 4세기가 필요했다.

다르시 히베이루의 표현에 따르면, 원주민은 식민지 생산 체제의 연료였다. 세르히오 바구는 다음과 같이 쓴다. "에스파냐 사람들의 광산에 투입된 수백 명의 인디오 조각가, 건축가, 기술자, 천문학자가 수많은 노예 틈에 섞여 무지막지하게 가혹한 채굴 노동을 한 것은 거의 확실하다. 식민지 경제에 있어 그런 사람들의 기술적 능력은 중요하지 않았다. 그들은 비숙련 노동자로 간주될 뿐이었다." 그러나 그들의 파괴된 문화의 단편이 모두 사라진 것은 아니다. 사라진 존엄성의 부활에 대한 희망이 원주민의 수많은 반란을 촉발했다. 1781년에 투팍 아마루(Túpac Amaru)는 쿠스코를 포위했다.

잉카 황제의 직계인 이 메스티소의 수장은 메시아적 성격의 대규모 혁명 운동을 이끌었다. 틴타(Tinta) 지방에서 대규모 반란이 일어났다. 백마를 탄 투팍 아마루는 퉁가수카(Tungasuca) 광장으로 들어가서는 코레히도르인 안토니오 후안 데 알리아가(Antonio Juan de Arriaga)를 교수형에 처한다는 판결이 내려졌음을 북과 뿔피리 소리에 맞추어 알리고, 포토시의 미타를 금지했다. 틴타 지방은 부의 산의 은광 갱도에서 이루어진 강제 노역으로 인해 주민의 수가 줄어들고 있었다. 불과 며칠 뒤에 투팍 아마루는 노예 해방을 규정한 새로운 포고령을 공포했다. 모든 조세, 그리고 모든 형태의 원주민 노동력 "레파르티미엔토"[146]를 폐지했다. 원주민 수천 명이 "가난한 사람 모두, 비참하고 의지할 데 없는 사람 모두의 아버지"의 군대에 합류했다. 카우디요[147] 투팍 아마루는 전투원들의 선두에 서서 쿠스코로 돌진했다. 그는, 이 전쟁에서 자신의 명령을 받고 죽은 사람은 모두 침략자에 의해 박탈되었던 부와 행복을 누리려고 부활할 것이라고 격려하면서 진군했다. 일진일퇴를 거듭했다. 결국 수하 대장들 가운데 한 사람의 배신으로 체포된 투팍 아마루는 몸이 사슬에 묶인 상태로 왕당파에게 넘겨졌다. 감찰관 아레체(Areche)가 그의 감방으로 들어와서는 어떤 약속을 하는 대가로 반란 공범자들의 명단을 요구했다. 투팍 아마루는 감찰관을 경멸하며 대답했다. "여기에 너와 나 이외에 공범자는 없다. 억압자로서의 너와 해방자로서의 나인데, 우리는 함께 죽어 마땅하다."[148]

투팍 아마루는 쿠스코의 우아카이파타(Huacaypata) 광장에서 자신의 아내와 자식, 그리고 신봉자들과 함께 처벌을 받았다. 그의 혀가 잘렸다. 그의 사지를 찢으려고 팔과 다리를 네 마리의 말에 매달았지만 몸이 찢어지지 않았다. 교수대 옆에서 그의 목이 잘렸다. 머리는 틴타로 보내졌다. 팔 하나는 퉁가수카로, 다른 팔은 카라바야

---

146) (옮긴이) 레파르티미엔토(Repartimiento)는 에스파냐가 아메리카 식민지에서 사용한 강제 노동 제도 중 하나다. 이는 원주민에게 일정 기간 강제로 노동을 부과하던 방식으로, 식민지의 경제적 수탈 시스템 중 하나였다.
147) (옮긴이) 카우디요(caudillo)는 군사·정치 분야에서 권위주의적인 리더 또는 강력한 카리스마를 가진 우두머리를 의미한다.
148) Daniel Valcárcel, *La rebelión de Tupac Amaru*, México, 1947.

(Carabaya)로 보내졌다. 다리 하나는 산타 로사(Santa Rosa)로, 다른 하나는 리비타카(Livitaca)로 보내졌다. 투팍 아마루의 몸통이 불태워지고 재는 우아타나이(Huatanay) 강에 뿌려졌다. 그의 자손은 4대까지 말살하라는 지시가 있었다.

 1802년에 잉카의 후예인 다른 추장 아스토르필코(Astorpilco)가 훔볼트의 방문을 받았다. 그의 선조 아타우알파가 정복자 피사로를 처음으로 찾아갔던 바로 그곳 카하마르카에서였다. 이 수장의 아들은 그 독일 현자를 마을의 유적지와 잉카의 옛 궁전의 잔해가 있는 곳으로 안내했는데, 함께 걸어가면서 그가 훔볼트에게 먼지와 재에 파묻혀 있는 굉장한 보물에 관해 말했다. 훔볼트가 그에게 물었다. "당신들의 필요를 충족하려고 그 보물을 찾아 발굴하고 싶은 마음이 가끔 들지 않나요?" 그러자 그 젊은이가 대답했다. "우리는 그럴 마음이 없습니다. 그것은 죄를 짓는 것이라고 아버지께서 말씀하셨습니다. 만일 우리가 모든 황금 열매가 달린 황금 가지를 갖고 있다면 이웃의 백인들이 우리를 증오하고 우리에게 해를 입힐 겁니다."[149] 그 추장은 작은 밀밭을 경작하고 있었다. 하지만 그것은 백인의 탐욕에서 그를 구하기에 충분하지 않았다. 금과 은은 물론이고 광산에서 일할 노예 노동력에도 굶주린 약탈자들은 농작물이 사람을 유혹할 정도의 이익을 제공할 때면 지체하지 않고 그 땅을 차지하려고 덤벼들었다. 수탈은 오랜 세월 동안 이루어졌고, 1969년에 페루에서 농지개혁이 발표되었을 때도 여전히 신문들은 안데스 산지의 파괴

---

149) Alexander von Humboldt, *Ansichten der Natur*, tomo II. Adolf Meyer-Abich와 다른 저자들, *Alejandro de Humboldt(1769-1969)*, Bad Godesberg, 1969에서 재인용.

된 공동체들의 인디오들이 일찍이 자신들 혹은 그들의 선조들로부터 강탈되었던 땅에 자신들의 깃발을 펼쳐 든 채 침입했지만, 군대의 탄환에 의해 격퇴되었다고 자주 보도했다. 투팍 아마루 이후, 민족주의자 장군 후안 벨라스코 알바라도(Juan Velasco Alvarado)가 "농민이여! 주인은 이제 그대의 빈곤을 더 이상 착취하지 않을 겁니다!"라는 불멸의 울림을 지닌 투팍 아마루의 말을 떠올려 받아들이기까지는 약 200년을 기다려야 했다.

세월이 패배에서 구해 낸 다른 영웅들은 멕시코 사람 미겔 이달고(Miguel Hidalgo)와 호세 마리아 모렐로스(José María Morelos)였다. 50세까지는 온화한 시골 사제였던 미겔 이달고는 어느 날 돌로레스(Dolores) 성당의 종을 울리면서 인디오의 해방을 위해 투쟁하자고 인디오들에게 호소했다. "여러분은 300년 전에 선조들이 빼앗겼던 땅을 증오스러운 에스파냐 사람들로부터 되찾으려고 온 힘을 다할 준비가 되어 있습니까?" 미겔 이달고는 인디오의 성모 구아달루페(Guadalupe)[150]의 깃발을 들었고, 6주가 되기 전에 마체테,[151] 창, 투석기, 활, 화살로 무장한 남자 8만 명이 그의 뒤를 따랐다. 이 혁명적인 사제는 조세제도를 폐지하고 구아달라하라의 토지를 분배하고, 노예해방을 규정한 법령을 공포했으며, 자신의 군대를 진격시켰다. 그러나 결국 군사적인 패배 끝에 처형되었는데, 사람들의 말에 따

---

150) (옮긴이) 1531년, 멕시코의 원주민 후안 디에고(Juan Diego)에게 현현했다고 전해지는 구아달루페(Guadalupe) 성모는 라틴아메리카 민중의 신앙, 민족 정체성, 해방과 저항의 상징으로 깊은 의미를 지닌다.
151) (옮긴이) 마체테(machete)는 길고 넓은 칼로, 열대 및 아열대 지역에서 사탕수수, 바나나, 커피 등 농작물을 수확하거나 잡초를 제거할 때 사용한다.

르면, 그는 죽으면서 격정적인 회한이 담긴 증언을 남겼다.[152] 머지않아 혁명은 새로운 지도자 호세 마리아 모렐로스 사제를 발견했다. "모든 부자, 귀족, 상급 관리를 적으로 간주해야 합니다." 모렐로스의 운동은 원주민의 봉기이자 사회적 혁명이었으며, 그 또한 이달고처럼 패배해 총살당할 때까지 멕시코의 영토를 광범위하게 지배하게 되었다. 6년 후 멕시코의 독립은 "결과적으로 유럽 사람과 아메리카에서 태어난 사람 사이의 완전히 에스파냐적인 거래……, 동일한 지배 계층 내의 정치적 투쟁이었다."[153] 엔코멘다도[154]는 날품팔이 일꾼(peón)이 되고, 엔코멘데로는 대농장주(hacendado)가 되었다.[155]

인디오의 성주간은 부활 없이 끝난다

20세기 초에 가사노동에 종사하는 인디오인 퐁고(pongo)의 주인들은 여전히 라 파스의 신문들을 통해 퐁고를 임대했다.

짓밟힌 존엄성에 대한 권리를 볼리비아의 인디오에게 되돌려준 1952년의 혁명이 일어날 때까지 퐁고들은 개가 먹다 남긴 것을 먹

---

152) Tulio Halperin Donghi, *Historia contemporánea de América Latina*, Madrid, 1969.
153) Ernest Gruening, *Mexico and its Heritage*, New York, 1928.
154) (옮긴이) 엔코멘다도(encomendado)는 엔코미엔다에 배정된 원주민을 가리킨다. '맡겨진 자', '위탁받은 자'라는 뜻이지만, 노동, 조세, 복종 의무를 지녀 실제로는 거의 노예 상태에 가까웠다.
155) Alonso Aguilar Monteverde, *Dialéctica de la economía mexicana*, México, 1968.

고, 개 곁에서 자고, 피부가 흰 사람은 누구에게든 무릎을 꿇고 말을 했다. 원주민은 정복자의 짐을 등에 지고 운반하는 하역용 가축이었다. 승용 동물이 적었기 때문이다. 하지만 오늘날에도 안데스 고원 전 지역에서 딱딱한 빵을 대가로 받고 이까지 사용해 짐을 나르는 아이마라(Aimara)족과 케추아족 짐꾼을 볼 수 있다. 진폐증은 아메리카 최초의 직업병이었다. 오늘날 볼리비아의 광부는 35세쯤 되면 폐가 이미 제대로 작동하지 않게 된다. 무자비한 이산화규소 먼지가 광부의 피부에 깊이 스며들어 얼굴과 손의 피부를 갈라지게 하고, 후각과 미각을 잃게 하고, 폐를 공략해서 굳어지게 하고, 결국 기능을 잃게 한다.

관광객들은 고유의 전통 의상을 입은 고원 지대 원주민을 사진에 담는 것을 대단히 즐긴다. 하지만 그들은 현재의 원주민 의복이 18세기 말에 카를로스 3세에 의해 강제된 것이라는 사실은 알지 못한다. 에스파냐 사람들이 원주민 여성에게 입도록 강요한 복장은 엑스트레마두라(Extremadura), 안달루시아, 바스크 지방 여성 농민의 옷을 모방한 것이었고, 원주민 여성의 머리 스타일 역시 부왕 톨레도(Toledo)에 의해 머리 한가운데에 가르마를 타도록 강요되었다. 반면에 코카의 소비에서는 사정이 다른데, 그것은 에스파냐 사람들에게서 비롯된 것이 아니라 이미 잉카 시대에 존재했었다. 그럼에도, 코카는 신중하게 공급되었다. 잉카의 정부가 코카를 독점적으로 관리하면서 제의용으로 또는 광산에서 가혹한 노동을 할 때만 사용을 허가했다. 에스파냐 사람들은 코카 소비를 적극 장려했다. 아주 좋은 사업이었기 때문이다. 16세기에 포토시에서는 억압받는 사람을 위한 코카만큼이나 억압하는 사람을 위한 유럽식 옷에 많은 돈이 들었다. 400명의 에스파냐 상인이 쿠스코에서 코카를 거래하면서 살았다. 매년 백만 킬로그램의 코카잎을 넣은 바구니 10만 개가 포토시의 은광산에 들어왔다. 가톨릭교회는 그 약제에 세금을 부과했다. 잉카 가르실라소 데 라 베가[156]는 저서 『잉카 왕조 실록(Comentarios reales de los Incas)』에서 쿠스코 가톨릭교회의 주교, 참사회원, 그 외 고위 사제의 수입 대부분이 코카에 대한 십일조 세금에서 나왔고, 이 산품의 수송과 판매가 많은 에스파냐 사람을 부유하게 만들었다고 쓴다. 인디오는 노동의 대가로 얻는 아주 적은 돈으로 음식 대신 코카잎을 사서 씹으면서 자신의 수명을 단축하는 대가를 치르고, 자신에게 부과된 치명적인 노동을 더 잘 견뎌낼 수 있었다. 원주민들은 코카 이외에 아구아르디엔테[157]를 소비했고, 그들의 소유자들은 그 "저주스러운 해악"의 확산에 대해 불평했다. 20세기에 이르러 포토시의 원주민은 허기와 자신의 몸을 죽이려고 계속해서 코카를 씹고, 순수한 알코올로 계속해서 자신의 내장을 태운다. 그것은 저주받은 자의 결실 없는 복수다. 볼리비아의 광산에서 노동자는 자신의 임금을 여전히 **미타**라 부른다.

지배 문명의 경계가 확장되면서 라틴아메리카 원주민은 영원한 집단 탈출을 선고받고 자신의 토지에서 쫓겨나 가장 빈곤한 지대, 메마른 산지 또는 사막 한가운데로 밀려났다. **인디오는 자신의 부**

---

156) (옮긴이) 잉카 가르실라소 데 라 베가(Inca Garcilaso de la Vega, 1539?-1616)는 에스파냐 정복자와 잉카 공주의 아들로 쿠스코에서 태어난 역사가다.
157) (옮긴이) 아구아르디엔테(aguardiente)는 알코올 함량이 높은 증류주다.

로 인한 저주를 겪어왔고, 지금도 겪고 있는데, 이는 라틴 아메리카 전체에서 일어난 비극을 압축한 것이다. 니카라과의 블루필즈(Bluefields) 강에서 사금광이 발견되었을 때 카르카(Carca) 인디오는 이내 그 강가에 있던 자신의 땅에서 멀리 내쫓겼는데, 이것은 또한 브라보강 이남의 모든 비옥한 분지와 풍요로운 심토(心土)에 살던 인디오의 역사이기도 하다. 콜럼버스와 함께 시작된 원주민 학살은 절대 중단되지 않았다. 우루과이와 아르헨티나의 파타고니아(Patagonia)에서는 19세기에 인디오가 근절되었는데, 목축 라티푼디움의 조직적인 확대를 방해하지 않도록 군대가 인디오를 추적해 숲이나 사막으로 몰아넣었다.[158] 멕시코 소노라 주의 인디오 야키(Yaqui)족은 광물 자원이 풍부하고 작

---

158) 최후의 차루아(Charrúa)족은 1832년경에 우루과이 북부의 거친 평원에서 송아지를 약탈해 살아갔는데, 플룩투오소 리베라(Fructuoso Rivera) 대통령의 배반을 겪었다. 위선적인 우호조약에 의해 그들은 자신들을 보호해 주던 숲을 떠나서 말을 빼앗기고 무장을 해제당하고, '재규어의 입(Boca del Tigre)'이라 불리는 장소에서 제압당했다. "나팔 소리가 공격을 알렸다고 작가 에두아르도 아세베도 디아스(Eduardo Acevedo Díaz)가 말한다 (1890년 8월 19일자 《라 에포카(*La Época*)》지). 차루아족은 절망 상태가 되었고, 그 용감한 젊은이들은 목덜미에 상처를 입은 황소처럼 차례차례 쓰러져 갔다." 추장 몇이 사망했다. 포화의 포위망을 돌파할 수 있었던 소수의 인디오가 얼마 후에 복수를 했다. 리베라 형제에게 추적당하던 그들은 매복 공격을 해서 그 형제를 수하의 병사들과 함께 창으로 벌집을 만들어버렸다. 추장 세페(Sepe)는 "그 형제의 시체에서 뜯어낸 힘줄 몇 개로 자신의 창 끝을 둘렀다." 19세기 말에 아르헨티나의 파타고니아(Patagonia)에서 병사들은 사람의 고환 한 쌍을 가져올 때마다 상금을 받았다. 다비드 비냐스(David Viñas)의 소설 『토지의 소유자들 (*Los dueños de la tierra*)』(부에노스 아이레스, 1959)은 인디오의 사냥에 관한 것으로 시작한다. "사람을 죽이는 것은 누군가를 범하는 것과 같은 것이었기 때문이다. 그것은 뭔가 좋은 것이었다. 즐겁기까지 했다. 달려야 했고, 소리를 지를 수 있었고, 땀에 젖고, 그러고서 허기를 느꼈고 (……) 총성의 간격이 차츰차츰 벌어졌다. 그들의 소굴 가운데 하나에는 으레 널브러진 시체가 있었다. 사타구니에 피멍이 들고, 바닥에 등을 대고 쓰러져 있는 인디오의 시체가……."

물을 경작할 정도로 비옥한 자신들의 토지가 여러 미국 자본가에게 지장 없이 매도되도록 낭자한 피 속에 잠겼다. 살아남은 인디오는 강제로 유카탄반도의 플랜테이션들로 보내졌다. 그렇게 해서 유카탄반도는 원래 주인인 마야족의 묘지가 되었을 뿐만 아니라 먼 곳에서 도래한 야키족의 묘지도 되었다. 20세기 초에는 에네켄[159] 왕 50명이 자신들의 플랜테이션에서 10만 명이 넘는 원주민 노예를 사용했다. 멋진 거인 종족으로, 비상한 체력을 갖추었음에도 불구하고, 야키족의 3분의 2가 노예 노동의 첫해에 사망했다.[160] 오늘날 에네켄 섬유는 생산 노동자의 대단히 낮은 생활 수준 덕분에 그 대체물인 합성섬유와 간신히 경쟁할 수 있는 상태. 상황이 변한 것은 확실하지만, 적어도 유카탄반도의 원주민에게는 사람들이 흔히 생각하는 것만큼은 아니다. "그들 노동자의 생활 조건은 노예 노동과 몹시 흡사하다."라고 아르투로 보니야 산체스(Arturo Bonilla Sánchez) 교수는 말한다.[161] 보고타 인근 안데스산맥의 경사지에서는 원주민 날품팔이 일꾼이 농장주로부터 달밤에 자신의 땅뙈기를 경작하는 것을 허락받는 대가로 낮에 무상노동을 하게 되어 있다. "이 인디오의 조상들은 그 누구의 소유도 아닌 평원의 풍요한 토지를, 빚지는 일 없이,

---

159) (옮긴이) 에네켄(henequén)은 용설란(龍舌蘭, agave) 과의 식물로, 섬유를 뽑아 밧줄이나 자루 등을 만드는 데 사용했다. 멕시코와 중앙아메리카 북서부를 포함한 메소아메리카 지역이 원산지다. 한국에서는 '애니깽'이라고 불리기도 했다.

160) John Kenneth Tumer, *México bárbaro*, México, 1967.

161) Arturo Bonilla Sánchez, "Un problema que se agrava: la subocupación rural", en Rodolfo Stavenhagen, Fernando Paz Sánchez, Cuauhtémoc Cárdenas y Arturo Bonilla Sánchez, *Neolatifundismo y explotación. De Emiliano Zapata a Anderson Clayton & Co.*, México, 1968.

자유롭게 경작했었다. 메마른 산지의 경작권을 확보하려고 무상노동을 하다니!"[162]

오늘날에는 밀림 한가운데에 고립되어 살아가는 원주민조차도 안전하지 않다. 20세기 초에 브라질에는 230개의 부족이 여전히 살아남아 있었다. 그 후부터 총기와 세균 때문에 90개 부족이 사라져 지구에서 지워졌다. 문명의 선봉인 폭력과 질병, 즉 백인과의 접촉은 원주민에게 여전히 죽음과의 접촉이다. 1537년 이후 브라질의 인디오를 보호하는 법률적인 조치는 인디오에 반하는 것이 되어 버렸다. 브라질 헌법의 모든 조문에 의하면, 인디오는 자신이 점유하는 토지의 "본래, 그리고 자연적인 주인"이다. 그 처녀지가 풍요로울수록 그들의 삶에 가해지는 위협은 더 심각해지는 현상이 생긴다. 자연의 풍요로움은 그들을 약탈과 범죄의 대상으로 만든다.

인디오 사냥은 최근 몇 년 동안 무시무시한 잔인성을 띤 채 전개되었다. 세계 최대의 밀림은 전설과 모험의 산실인 열대의 거대한 공간임과 동시에 새로운 **아메리카의 꿈**의 무대로 변해 있다. 미국사람과 기업이 정복의 열차를 타고 그곳이 하나의 새로운 파 웨스트(Far West)이기라도 한 듯 아마존에 쇄도했다. 미국의 이 같은 침입은 브라질 모험가들의 욕망을 유례없이 부추겼다. 인디오는 흔적도 남기지 않은 채 죽고, 토지는 새로운 이해관계자에게 달러로 매각된다. 토착민이 상업적인 가치를 제대로 모르는 금과 그 밖의 많은 양의 광물, 목재와 고무 등의 자원은 지금까지 이루어진 몇 안 되

---

162) René Dumont, *Tierras vivas. Problemas de la reforma agraria en el mundo*, México, 1963.

는 각각의 조사 결과를 통해 드러난다. 원주민들이 헬리콥터와 소형 비행기로부터 총격을 받은 것, 그들에게 천연두 바이러스가 접종된 것, 그들의 마을 위로 다이너마이트가 투하된 것, 스트리크닌이 섞인 설탕과 비소가 든 소금이 증여되었다는 것은 주지의 사실이다. 행정의 건전화를 위해 카스텔루 브랑쿠(Castelo Branco)[163] 독재 체제가 임명한 인디오 보호국의 국장은 인디오에게 각기 다른 유형의 범죄 42가지를 저질렀다는 사실이 입증되어 기소당했다. 그 스캔들은 1968년에 발생했다.

오늘날의 원주민 사회는 라틴아메리카 경제의 전체 구조 밖에 있는 공간에 존재하는 것이 아니다. 아직도 밀림 속에 갇혀 있는 부족들과 안데스 고원과 다른 지역들에서 세계와 떨어져 있는 공동체들이 있다는 것은 사실이지만, 일반적으로 인디오는, 비록 간접적인 방식일지라도, 생산 체계와 소비 시장에 편입되어 **있다**. 그들은 피착취자 중에서도 가장 열악한 피착취자로서 고된 역할을 수행하는 어느 경제·사회적 질서에 희생자로 참여한다. 그들은 돈을 많이 받고 조금 지불하는 강력하고 탐욕스러운 중간 업자들의 수중에서, 자신들이 소비하고 생산하는 몇 안 되는 물건의 상당 부분을 팔고 산다. 그들은 플랜테이션의 일용 날품팔이 노동자고, 가장 저렴한 노동력이며, 산악 지대의 병사다. 그들은 세계 시장을 위해 일하거나

---

[163] (옮긴이) 카스텔루 브랑쿠(Humberto de Alencar Castelo Branco, 1897-1967)는 브라질의 군인 출신 정치인으로, 1964년 군사 쿠데타를 주도한 핵심 인물 중 하나였다. 쿠데타 이후 브라질 첫 번째 군사 정권의 대통령(1964-1967)이 되었으며, 임기 동안 시장 친화적인 경제 정책을 도입하고 석유 및 기타 산업의 민영화를 추진했다.

자신들에게 승리를 거둔 사람들을 위해 싸우면서 나날을 허비한다. 예를 들면, 과테말라 같은 나라들에서 인디오는 국가 경제 생활의 주축을 이룬다. 그들은 해마다 주기적으로 자신들의 **성스러운 토지**, 즉 고지대에 있는 시체 한 구 크기의 미니푼디움[164]을 방치한 채 저지대에서 커피, 면화, 사탕수수의 수확에 20만 개의 일손을 제공한다. 도급업자들은 그들을 가축처럼 트럭에 실어 나르는데, 항상 생계를 위한 필요가 그것을 결정하는 것이 아니다. 가끔은 아구아르디엔테가 결정을 한다. 도급업자는 돈을 주고 마림바 악단을 불러 놓고 인디오들에게 그 독한 술을 돌린다. 인디오가 만취 상태에서 깨어나면 이제 그에게는 빚이 남는다. 그는 낯설고 더운 땅에서 노동을 하면서 빚을 갚을 것인데, 수개월 후에는 아마도 주머니에 몇 센타보를 지닌 채, 결핵이나 말라리아에 걸려서 그곳에서 돌아올 것이다. 군대는 그 게으른 사람들을 설득하는 일에 효율적으로 협력한다.[165]

원주민으로부터 그들의 토지와 노동력을 강탈하는 것은 예나 지금이나 인종적인 멸시와 맞물려 있는데, 인종적인 멸시는 또한 정복으로 파괴된 문명들의 객관적인 쇠퇴를 바탕으로 조장된다. 정복의 영향과 그 이후 오랜 기간 이어진 굴욕이 원주민이 쌓아 올린 문화적·사회적 정체성을 산산조각 내버렸다. 그렇지만 조각난 정체성은 구아테말라에서 유일하게 지속되는 것이다.[166] 비극 속에서 지속

---

164) (옮긴이) 미니푼디움(minifundium)은 소농지, 소지주 농장, 또는 영세 농지 등으로 번역할 수 있다. 특히 라틴아메리카에서는 농지의 지나친 분할로 인한 비효율적인 농업 구조를 지칭할 때 사용된다.
165) Eduardo Galeano, *Guatemala, país ocupado*, México, 1967.
166) 마야 키체(Quiche)족의 종교적인 해체는 식민지와 더불어 시작했다. 가톨릭은 원주민

된다. 성주간에 마야 후계자들이 행하는 종교 행렬은 집단적인 마조히즘을 무시무시하게 표출한다. 그들은 무거운 십자가를 끌고 끝없이 이어지는 골고다 언덕을 올라가는 동안 한 걸음 한 걸음마다 예수가 받았던 채찍질의 수난에 동참한다. 그들이 지르는 고통스러운 비명과 더불어 예수님의 죽음과 예수님의 장례는 그들 자신의 죽음을 기리고, 그들 자신의 장례를 치르는 예배가 되고, 먼 옛날의 아름다웠던 삶의 소멸이 된다. 과테말라 인디오의 성주간은 부활[167]이 없이 끝난다.

비야 리카 지 오루 프레투는 금의 포토시다

아마존 지역 원주민에게 계속해서 죽음 또는 노예 상태를 강요하는 금 열풍이 브라질에서는 새삼스럽지 않다. 그것에 의한 폐해도 마찬가지다.

브라질이 발견된 이래 2세기 동안 브라질 땅은 자신을 소유한 포르투갈 출신 지주들의 금속 채굴을 완강하게 거부했었다. 식민시대

의 신앙을 정복자의 이데올로기에 복속하려는 공허한 시도 속에서, 마야 종교의 마술적이고 토템적인 면모 몇 가지를 흡수했다. 독창적인 문화의 압살은 제설(諸說)의 혼합으로 이어졌고, 그렇게 해서, 현재, 예를 들면, 그 문화의 이전에 달성된 진보에 비해 퇴보한 증거들이 수집된다. 즉, "돈 볼칸(Don Volcán: 화산)은 잘 구워진 사람 고기를 원한다." 같은 것이다. Carlos Guzmán Böckler y Jean-Loup Herbert, *Guatemala: una interpretación histórico-social*, México, 1970.

167) (옮긴이) 여기서 부활(Resurrección)은 원주민의 현실적인 구원이나 희망을 은유적으로 드러내는 표현이다.

초기 해안 지방에서는 목재, 즉 "브라질나무"[168]가 상업적으로 개발되고, 이내 북동부에 사탕수수 플랜테이션들이 세워졌다. 하지만 브라질에는 에스파냐계 아메리카와 달리 금과 은이 없는 것처럼 보였다. 포르투갈 사람들이 그곳에서 발견한 것은 고도로 발달되고 조직화된 문명들이 아니라 여기저기 흩어져 사는 미개한 부족들이었다. 토착민들은 금속을 몰랐다. 포르투갈 사람들은 정복 과정에서 원주민을 물리치고 죽이면서 개척해 갔던 그 광대한 영토에서 금을 함유한 충적토가 쌓인 장소들을 자력으로 발견해야 했다.

상 파울루 지역의 **반데이란치**[169]는 만티케이라(Mantiqueira)산맥과 사웅 프란시스쿠(San Francisco)강 상류 사이의 광대한 지역을 통과했는데, 그곳을 흐르는 강과 시내의 하상과 여울에서 육안으로 식별할 수 있는 소량의 충적금(沖積金) 흔적들이 있다는 사실을 알아차렸다. 수천 년에 걸친 비의 작용이 바위의 금맥을 깎아내서 강, 하천의 밑바닥, 산의 움푹 파인 부분에 쌓았던 것이다. 모래, 흙 또는 진흙의 표층 밑에 있는 자갈투성이 하층토는 석영이 섞인 **자갈**(cascalho)에서 쉽게 채취할 금 알갱이를 제공했다. 채취법은 얕은 곳에 매장되어 있는 것이 고갈되어 감에 따라 복잡해져 갔다. 그렇게, 미나스

---

168) (옮긴이) 브라질나무(Pau Brasil: Brazilwood, 학명: Paubrasilia echinata)는 브라질에서 자라는 콩과 식물이다. 브라질의 국목(國木)으로, 목질이 단단해서 현악기의 활을 만드는 데 쓰인다.

169) (옮긴이) 반데이란치(bandeirante)는 포르투갈어로 '깃발(bandeira)을 들고 나서는 사람'이라는 의미다. 16세기 후반부터 18세기까지 브라질 내륙을 탐험하고 정복하면서 토착민을 약탈·학살하고, 노예화하면서 브라질 내륙의 식민화와 국가 형성에 일정 역할을 담당했다.

제라이스[170] 지방이 돌연 역사 속으로 들어갔다. 당시까지 세상에서 발견된 최대 규모의 금이 가장 짧은 기간에 채취되었다.

"여기에선 금이 숲을 이루었소." 지금 그 거지가 말하는데, 그의 시선이 성당들의 탑 위로 미끄러지듯 지나간다. "길가에도 금이 있었는데, 잔디처럼 자랐지요." 이제 그는 일흔다섯 살이고, 자신은 오루 프레투 가까운 곳에서 오루 프레투처럼 시간 속에 갇혀 보존된 작은 광산 도시 마리아나(히베이랑 두 카르무)[171]의 전통 가운데 일부라고 생각한다. "죽음은 확실하지만, 그 시각은 불확실해요. 사람은 누구에게나 정해진 시간이 있지요." 그 거지가 내게 말했다. 그는 돌계단에 침을 뱉더니 고개를 절레절레 흔들었다. "사람들에게 돈이 남아돌았어요." 그는 마치 그 사람들을 보았다는 듯이 말한다. "그들은 돈을 어디에다 써야 할지 몰랐고, 그래서 성당 옆에 성당 하나를 또 지었지요."

한때 이 지역은 브라질에서 가장 중요한 곳이었다. 지금은……
"지금은 그렇지 않아요." 그 노인이 내게 말한다. "지금은 전혀 활기가 없어요. 이곳에는 젊은이가 없어요. 젊은이들은 떠나버리지요." 노인은 오후의 미지근한 햇빛을 받으며 내 곁에서 맨발로 천천히 걷는다. "보여요? 저기 성당 앞에 태양과 달이 있어요. 그건 노예들이

---

170) (옮긴이) 브라질 남동부에 있는 주(州) 미나스 제라이스(Minas Gerais)라는 이름은 'minas(광산들)'과 'Gerais(다양한, 여러 지역에 걸친)'가 합쳐진 것으로, '여러 지역에 있는 광산들'이라는 의미다.
171) (옮긴이) 현재 마리아나(Mariana)의 옛 명칭은 히베이랑 두 카르무(Ribeirão do Carmo)였는데, 금과 은의 채굴 중심지였기 때문에 성당, 사원, 관공서, 저택 같은 건축물 등 브라질 식민지 시대의 문화유산이 잘 보존되어 있다.

밤낮으로 일을 했다는 걸 의미하지요. 이 성당은 흑인들이 만들고, 저것은 백인들이 만들었어요. 저건 알리피오(Alipio) 주교님의 집인데요, 아흔아홉 생일에 돌아가셨지요."

18세기를 통틀어 사람들이 열망하던 브라질의 금 생산량은 에스파냐가 그 이전 2세기 동안 식민지에서 거두어들인 금의 총량을 넘어섰다.[172] 모험가들과 일확천금을 사냥하는 사람들이 그곳으로 몰려들었다. 1700년에 브라질의 주민 수가 30만 명이었는데, 1세기 뒤 금의 시대가 끝났을 무렵에는 열한 배로 늘어나 있었다. 18세기에 포르투갈 사람 30여만 명이 브라질로 이주했는데, 이는 "에스파냐가 아메리카의 모든 식민지에 보낸 사람의 수보다 많은 것이었다."[173] 브라질의 정복에서부터 노예제가 폐지될 때까지 아프리카에서 들여온 흑인 노예의 총수는 약 1,000만 명으로 추산된다. 설사 18세기경의 정확한 수치를 인용할 수 없다고 할지라도, 금의 시대가 엄청난 규모의 흑인 노동력을 흡수했다는 사실을 알아야 한다.

살바도르 데 바이아(Salvador de Bahía)는 브라질의 북동부에서 사탕수수가 번성했던 시기에 수도였지만, 미나스 제라이스의 "금의 시대"가 브라질의 경제·정치의 축을 남부로 이동시켰고, 그 지역의 항구 도시였던 리우 데 자네이루를 1763년부터 브라질의 새 수도로 만들었다. 그 신생 광업 경제의 역동적인 중심지에는 도시들, 금의 **붐**(boom) 속에서 생겨나고 손쉽게 얻은 부의 열풍 속에서 급속하

---

172) Celso Frutado, op. cit.
173) Celso Frutado, *Foramción económica del Brasil*, México, 1959.

게 증가한 임시 거주지들, 당시 식민지 당국의 정중한 말을 빌리자면 "범죄자, 부랑자 및 악한의 도피처들"이 우후죽순처럼 출현했다. 비야 리카 지 오루 프레투(Villa Rica de Ouro Preto)[174]는 1711년에 도시 지위를 획득했다. 쇄도한 광부들로 인해 탄생한 도시로, 금 문명의 정수였다. 시망 페레이라 마샤두(Simão Ferreira Machado)는 20년 후에 그 도시를 묘사하면서 오루 프레투의 상인들이 지닌 힘은 리스본에서 가장 융성한 상인들의 힘과는 비교할 수 없을 정도로 강력했다고 썼다. "모든 광산의 엄청난 양의 금이, 어느 항구로 향하는 것처럼, 이쪽을 향해 와서 왕립 조폐국으로 모여든다. 이곳에는 평신도든 성직자든 교육을 가장 잘 받은 사람들이 산다. 이곳은 모든 귀족과 군대의 권력이 자리 잡은 곳이다. 이곳은 자연적인 위치로 인해 전 아메리카의 머리다. 이곳이 지닌 부의 힘 때문에 브라질의 귀중한 진주다." 동시대의 또 다른 작가인 프란시스쿠 타바레스 데 브리투(Francisco Tavares de Brito)는 1732년에 오루 프레투를 "금의 포토시"라고 정의했다.[175]

오루 프레투, 사바라(Sabará), 상 주앙 델 레이(São João d'El Rei), 히베이랑 두 카르무와 대단히 소란스럽고 무질서한 광산 지구의 죄에 물든 삶으로 인한 불평과 항의가 자주 리스본에 도달했다. 부가 만들어졌다가 눈 깜박할 사이에 없어졌다. 안토닐(Antonil) 신부가 고발했듯이 트럼펫을 잘 부는 흑인에게 거액을 치르고, "계속해서

---

174) (옮긴이) 비야 리카(Villa Rica)는 '풍요로운 마을'을 가리킨다.
175) C. R. Boxer, *The Golden Age of Brazil(1695-1750)*, California, 1969.

파렴치한 죄악에 함께 빠지기 위해" 물라타[176] 성매매 여성에게는 그 두 배 값을 치를 준비가 되어 있는 광산업자들이 남아돌았지만, 성직자라고 해서 그들보다 나은 행동을 하지는 않았다. 그 지역에 해를 끼치던 "타락한 성직자들"에 관한 수많은 증언을 당시의 공식 문서에서 추출할 수 있다. 성직자들이 작은 목제 성인상 속에 금괴를 넣어 밀반출하기 위해 자신들의 면책 특권을 이용한다고 비난받았다. 1705년에 미나스 제라이스에는 민중의 기독교 신앙에 관심을 기울이는 사제가 단 한 명도 없었다는 것이 확인되었는데, 6년 후에는 왕실이 그 광산 지구에 그 어떤 교단의 설립도 금지하기에 이르렀다. 어찌 되었든, 그 지역의 바로크적 특성을 지닌 독창적인 양식에 따라 건설되고 꾸며진 아름다운 성당들이 확산되었다. 미나스 제

라이스는 당대의 가장 뛰어난 공예가들을 끌어들였다. 외면적으로 성당들은 수수하고 간소해 보였다. 그러나 신성한 영혼의 상징인 내부에서는 제단, 제단화, 기둥, 그리고 얕은 부조 패널들의 순금에서 빛이 번쩍거렸다. 1710년에 미겔 데 산 프란시스쿠(Miguel de San

---

176) (옮긴이) 물라타(mulato)는 흑인과 백인의 혼혈 여성이다. 혼혈 남성은 물라토(mulato)라고 부른다.

Francisco) 수사가 권고했듯이 성당들이 "천국의 부 역시" 차지할 수 있도록 귀금속이 아낌없이 사용되었다. 종교적인 서비스 값이 대단히 비쌌지만, 광산에서는 모든 것이 터무니없이 비쌌다. 포토시에서 그러했듯이 오루 프레투는 자신의 갑작스러운 부를 낭비하기 시작했다. 다양한 행렬과 구경거리는 눈부시게 빛나는 호화로운 의상과 장식품을 보여주었다. 1733년에는 어느 종교 축제가 일주일 이상이나 지속되었다. 온갖 상상과 상징을 부여한 의상을 입은 채 걷고, 말을 타고, 자개, 비단, 금으로 장식된 기세등등한 마차를 탄 행렬들뿐만이 아니라 기마전, 투우, 그리고 플루트, 가이타[177]와 기타의 연주를 동반한 가두 무도회도 개최되었다.[178]

광부들은 토지의 경작을 업신여겼고, 그래서 그 지역은 1700년과 1713년경 최고 번성기에 굶주림을 겪었다. 백만장자들이 고양이, 개, 쥐, 개미, 새매를 먹어야 했다. 노예들은 금 세척장에서 기력과 나날을 고갈시켰다. 루이스 고메스 페레이라(Luis Gomes Ferreira)는 그 상황을 다음과 같이 글로 썼다. "그들은 거기서 일하고, 거기서 먹고, 또 때때로 거기서 자야 했다. 그리고 일을 할 때는 언제나 차가운 땅이나 돌을 밟거나 물에 발을 담근 채 땀으로 목욕을 하고, 쉬거나 식사를 할 때는 숨구멍이 막히고, 몸이 얼기 때문에 아주 심각한 늑막염, 뇌졸중, 경련, 마비, 폐렴 등과 같은 여러 가지 위험한 질

---

177) (옮긴이) 가이타(gaita)는 길이가 약 40cm에 달하는 피리의 일종이다.
178) Augusto de Lima Júnior, *Vila Rica de Ouro Preto, Sintese histórica e descritiva*, Belo Horizonte, 1957.

병에 걸리기 쉽다."[179] 질병은 죽음을 앞당기는 하늘의 축복이었다. 미나스 제라이스의 **카피탕 두 마투**[180]는 도망친 노예의 머리를 잘라 와서는 보상으로 금을 받았다.

　노예는 루안다[181]에서 키와 체중을 재고 난 뒤에 선적되면, "인디아스의 부품"이라고 불렸다. 대양을 건너고 살아남은 노예는 이제 브라질에서 백인 주인의 "손과 발"이 되었다. 앙골라는 반투족 노예와 상아를 수출하고, 의복, 식료품, 총포를 수입했다. 그러나 오루 프레투의 광산업자들은 기니 연안의 작은 항구 와이다(Whydah)에서 온 흑인들을 선호했는데, 이들이 다른 노예보다 튼튼하고, 조금 더 오래 견뎠으며, 금을 발견하는 마술적인 힘을 가졌기 때문이다. 게다가, 각각의 광산업자는 채굴에 행운이 따르도록 와이다 출신 흑인 여성 한 명 이상을 정부(情婦)로 삼을 필요가 있었다.[182] 금의 폭발적인 증가가 노예의 수입을 늘렸을 뿐만 아니라 브라질 다른 지역들의 사탕수수와 담배 플랜테이션에 종사하던 흑인 노동력의 상당 부분을 흡수하면서 그들 지역은 노동력이 부재한 상태가 되었다. 1711년의 칙령은 "성격이 사악해" 보이는 노예를 제외하고는 농삿

---

179) C. R. Boxer, op. cit.
180) (옮긴이) 카피탕 두 마투(capitão do mato)는 도망친 노예를 숲이나 농장 주변에서 찾아내 붙잡아오는 임무를 맡은, '노예 사냥꾼'이다.
181) (옮긴이) 현재 앙골라의 수도인 루안다(Luanda)는 포르투갈 식민지 시대에 노예무역의 주요 항구였다.
182) C. R. Boxer, op. cit. 쿠바에서 여자 노예는 약효가 있다고 믿어졌다. 에스테반 몬테호(Esteban Montejo)의 증언에 따르면, "백인 남자가 걸리는 일종의 질병이 있었다. 그 병은 혈관이나 성기에 발생했다. 병은 흑인 여자를 상대하면 사라졌다. 병에 걸린 남자가 흑인 여자와 동침하면 병이 나았다. 그렇게 하면 남자의 병이 곧바로 치료되었다." Miguel Barnet, *Biografía de un cimarrón*, Buenos Aires, 1968.

일에 종사하는 노예를 광산에서 사용할 목적으로 판매하는 것을 금지했다. 그 결과 오루 프레투의 노예에 대한 갈망을 충족시킬 수가 없었다. 그 흑인들은 빠르게 죽어갔는데, 예외적인 경우에만 연속되는 7년 동안의 노동을 견뎌냈다. 그랬었다. 그들이 대서양을 건너기 전에 포르투갈 사람들은 그들 모두에게 세례를 베풀었다. 그래서 브라질에서 그들은 미사에 출석할 의무를 졌지만, 대예배당에 들어가거나 예배당의 의자에 앉는 것은 금지되었다.

18세기 중반에 광산업자들 가운데 많은 수가 다이아몬드를 찾아 이미 세하 두 프리우(Serra do Frio)로 이동했었다. 금 사냥꾼들이 강바닥을 탐사할 때 한쪽에 내던져놓은 수정 같은 돌멩이가 다이아몬드라고 판명되었다. 미나스 제라이스는 금과 다이아몬드를 남녀의 결혼처럼 동일한 비율로 제공했다. 번성하던 티주쿠[183]의 임시 거주지는 다이아몬드 산출지의 중심이 되었는데, 그곳에서는 오루 프레투의 경우처럼 부자들이 유럽의 최신식 옷을 입고, 바다 저편으로부터 가장 사치스러운 의류, 무기, 가구를 가져왔다. 흥청망청하던 시절이었다. 물라타 노예 프란시스카 다 실바(Francisca da Silva)는 티주쿠의 실제적인 군주였던 백만장자 주앙 페르난데스 데 올리베이라(João Fernandes de Oliveira)의 정부가 되어 자유를 획득했는데, 못생긴 데다가 이미 자식을 둘이나 두었던 그녀는 **명령하는 여자**(Xica

---

183) (옮긴이) Tijuco(티주쿠)는 미나스 제라이스 주에 속한 도시로, 18세기 초에 다이아몬드가 발견된 이후 다이아몬드 채굴 중심지로 성장했다. 1831년에 지명이 지아만티나(Diamantina: 다이아몬드 도시)로 변경되었다.

que manda)로 변했다.[184] 그녀가 바다를 단 한 번도 본 적이 없어서 근처에 바다를 갖고 싶어 했기 때문에 남편은 그녀에게 거대한 인공 호수를 만들어주고, 선원을 비롯해 모든 것을 갖춘 배 한 척을 띄웠다. 그는 그녀를 위해 사웅 프란시스쿠산맥 기슭에 이국적인 식물들과 인공폭포를 갖춘 정원이 있는 성을 쌓았다. 그녀를 기리기 위해 최고급 포도주로 흠뻑 적신 진수성찬, 끝나지 않는 밤의 무도회, 연극 공연과 연주회를 개최했다. 1818년에도 여전히 티주쿠는 포르투갈 궁정에서 거행된 왕자의 결혼을 성대하게 축하했다. 10년 전에 오루 프레투를 방문한 영국인 존 마위(John Mawe)는 그곳의 빈곤을 보고 깜짝 놀랐다. 그는 아무런 효과도 없는데 집을 판다고 쓴 팻말이 붙어 있는 가치 없는 빈집들을 발견했고, 비위생적인 데다 양마저 적은 음식을 먹었다.[185] 그전에 금 생산 지역에 불어닥친 위기에 맞물려 반란이 일어났다. 반란의 지도자였던 '티라덴치스'[186] 조아킴 조제 다 실바 자비에르는 교수형에 처해져 몸이 갈기갈기 찢어졌고, 다른 독립투사들은 오루 프레투를 떠나 감옥이나 망명지로 향했다.

---

184) Joaquim Felício dos Santos, *Memórias do Distrito Díamantino*, Rio de Janeiro, 1956.
185) Augusto de Lima Júnior, op. cit.
186) (옮긴이) 티라덴치스(Tiradentes: 이를 뽑는 사람)는 18세기 브라질의 독립운동가 겸 혁명가였던 조아킴 조제 다 실바 자비에르(José Joaquim da Silva Xavier)의 별명이다. 그의 원래 직업이 치과의사였기 때문에 이 같은 별명으로 불렸다.

영국의 발전에 공헌한 브라질의 금

1703년에 포르투갈이 잉글랜드와 메투엔 조약(Methuen Treaty)을 체결한 바로 그 순간에 금의 유출이 시작되었다. 이는 잉글랜드 상인들이 포르투갈에서 오랫동안 누려온 일련의 특권을 완성하는 것이었다. 포르투갈은 잉글랜드 시장에서 자국의 포도주에 대한 특혜 몇 개를 받는 대가로 잉글랜드 제품에 대해 자국과 식민지의 시장을 개방했다. 당시에 이미 양국 간의 산업 발전에 격차가 있었기 때문에 그 조치는 포르투갈의 제조업에 대한 파산 선고 같은 것이었다. 잉글랜드산 직물의 대금은 포도주가 아니라 금, 브라질의 금으로 지불되었고, 그 과정에서 포르투갈의 직기(織機)들은 마비 상태가 되었다. 포르투갈은 자국의 산업이 싹트기 전에 죽여버렸을 뿐만 아니라 덤으로 브라질에서 어떤 제조업이든 자라날 가능성조차 없애 버렸다. 포르투갈 왕국은 1715년에 사탕수수 정제소의 조업을 금지하고, 1792년에는 광업 지역에서 새로운 통신 수단의 개설은 범죄라고 선언했다. 1785년에는 브라질의 직기와 방적공장을 불태우라고 명했다.

금과 노예 밀수의 선두 주자인 영국과 네덜란드는 **검은 살**(Carne negra)의 불법 거래로 막대한 돈을 비축했는데, 양국은, 추정에 따르면, 포르투갈 왕실이 브라질에서 징수하게 되어 있는 "5분의 1세"[187]에 상당하는 금의 절반 이상을 불법적인 방법으로 빼돌렸다. 그러나

---

187) (옮긴이) 5분의 1세(quinto real)는 귀금속 채굴에 대해 왕에게 바치는 세금이다. 식민지 경제 착취 시스템 가운데 하나로, 왕실 재정 확충에 크게 기여했다.

영국은 브라질의 금을 런던으로 운송하기 위해 밀무역에만 의존하지는 않았다. 영국은 합법적인 경로들도 갖고 있었다. 포르투갈 인구의 상당 부분을 미나스 제라이스로 이동하게 만든 금의 붐은 식민지의 공산품 수요를 강력하게 자극하고, 동시에 그 공산품 대금의 지불 수단도 제공했다. 포토시의 은이 에스파냐 땅에서 튀어나온 것과 같은 방식으로 미나스 제라이스의 금도 포르투갈을 경유했을 뿐이다. 식민 본국인 포르투갈은 단순한 중개자가 되었다. 1755년에 포르투갈 수상 폼발(Pombal) 후작은 보호무역 정책의 부활을 시도했지만 때는 이미 늦었다. 그는, 영국인들이 정복이라는 수고를 겪지 않고도 포르투갈을 정복해서 자신들의 생필품 3분의 2를 조달하고, 영국의 대리인들이 포르투갈 무역 전체를 소유한다고 비난했다. 포르투갈은 사실상 아무것도 생산하지 않았고, 금으로 인한 부가 너무나 허구적이었기 때문에 식민지 광산에서 일하는 흑인 노예들조차도 영국인들이 옷을 입혀줄 정도였다.[188]

셀수 푸르타두는, 산업 발전 문제에서 통찰력 있는 정책을 따르던 영국이 브라질의 금을 다른 나라로부터 필수품을 사들이는 데 사용한 덕분에 자국의 투자금을 제조 부문에 집중시킬 수 있었다고 지적한 바 있다.[189] 영국의 빠르고 효율적인 기술 혁신은 포르투갈의 이같은 역사적 친절 덕분에 적용될 수 있었다. 유럽의 금융센터는 암스테르담에서 런던으로 옮겨갔다. **영국에서 나온 정보에 따르면, 특**

---

188) Allan K. Manchester, *British Preeminence in Brazil: its Rise and Fall*, Chapell Hill, North Carolina, 1933.
189) Celso Furtado, op. cit

정 시기에 런던으로 유입된 브라질의 금은 주당 5만 파운드에 달했다. 이같이 엄청난 금을 축적하지 않았더라면 영국이 나중에 나폴레옹에 대항할 수 없었을 것이다.

　브라질 땅에서 금의 역동적인 동력이 남긴 것은 사원들과 예술 작품 외에 전혀 없었다. 18세기 말에 다이아몬드가 아직 고갈되지는 않았지만 나라는 쇠약해져 있었다. 푸르타두의 계산에 따르면, 300만 명이 넘는 브라질 사람의 1인당 소득은 현재의 구매력으로 환산해 연간 50달러를 넘지 않았는데, 이것은 식민지 시대 전 기간을 통해 최저 수준이었다. 미나스 제라이스는 쇠퇴와 파멸의 나락으로 추락했다. 믿기지 않게도, 어느 브라질 작가는 그 호의에 고마움을 표하고, 미나스 제라이스에서 나온 영국의 자본이 "국제 무역을 촉진하는 거대한 은행망을 형성하는 데 기여했고, 발전할 능력을 갖춘 국민의 생활 수준을 높일 수 있게 했다."라고 주장한다.[190] 타자의 진보를 위해 불가피하게 가난에 처한 "무능한" 광산촌들은 고립되었고, 이미 여러 가지 금속과 보석을 빼앗긴 가난한 땅에서 자신들의 식량을 가까스로 얻을 수밖에 없었다. 생계를 유지하기 위한 농업이 광업 경제를 대체했다.[191] 오늘날, 미나스 제라이스의 농촌은, 북동부의 농촌처럼, 후진성의 견고한 보루인 라티푼디움과 "아시엔다의 대령들"[192]의 왕국이다. **광업** 노동자를 다른 주의 아시엔다

---

190) Augusto de Lima Júnior, op. cit. 저자는 "오늘날 모스크바의 우두머리들에게 선동된 무지한 사람들이 범죄라고 묘사하는 식민지 제국주의의 확장"에 큰 기쁨을 느낀다.
191) Roberto C. Simonsen, *História econômica do Brasil: 1500-1820*, São Paulo, 1962.
192) (옮긴이) 아시엔다(hacienda)는 라틴아메리카의 대농장으로, 특히 17, 18세기경에 발

에 판매하는 것은 북동부 사람들이 겪는 노예 매매만큼이나 빈번하게 이루어진다. 프랑클린 데 올리베이라(Franklin de Oliveira)는 얼마 전에 미나스 제라이스를 돌아다녀 보았다. 그는 오두막집들, 수도도 전기도 없는 작은 마을들, 제키티뇨냐(Jequitinhonha) 분지로 가는 길에 있는 평균 연령이 13세인 성매매 여성들, 도로변에 있는 미치광이들과 굶주린 사람들을 보았다. 그는 저서 『브라질 개혁의 비극(A tragédia da renovação brasileira)』에서 위의 사실을 언급한다. 앙리 고르세(Henri Gorceix)는 미나스 제라이스가 쇠 가슴에 금 심장을 가졌다고 적절히 말한 적이 있지만,[193] 이 지역의 대단히 멋진 **철의 사각형**[194]을 개발하는 것은 오늘날 그 사업에 실질적으로 관계되어 있는 한나 마이닝 컴퍼니(Hanna Mining Co.)와 베들레헴 스틸(Bethlehem Steel)이 주도해 이루어진다. 그들 광상은 사악한 거래에 의해 1964년에 양도되고 말았다. 현재 외국인들의 수중에 있는 철은 일찍이 금이 남긴 것보다 많은 것을 남기지는 않을 것이다.

예술적 재능의 폭발만이, 금 채굴용 구멍들과 버려진 작은 도시들을 언급할 필요도 없이, 금이 유발한 현기증에 대한 기억으로 남아 있었다. 포르투갈 역시 미술 혁명 이외의 다른 창조적 힘을 회복

전한 채무 노예를 노동력으로 이용했다. 엔코미엔다를 대신해 설립되었다. 지방의 호족은 식민지 시대에 코로넬(coronel: 대령)의 칭호를 받았는데, 지방의 보스 정치는 현대에도 '코로넬리스모(coronelismo: 대령주의)'라고 일컬어진다. 따라서 아시엔다의 대령들(coroneles de hacienda)은 대농장(hacienda)을 소유하거나 지배하면서 지역 사회에서 군사적 권력과 정치적 영향력을 행사하는 토지 지주 계층을 의미한다.

193) Espinosa Ruas, Ouro Preto, *Sua história, seus templos e monumentos*, Río de Janeiro, 1950.
194) (옮긴이) 철의 사각형(quadrilátero ferrífero)은 미나스 제라이스의 철광석 매장지를 가리킨다.

할 수 없었다. 돈 주앙 5세[195]의 자랑인 마프라 수도원은 포르투갈을 예술적인 쇠퇴로부터 일으켜 세웠다. 종 37개가 달린 카리용, 순금 잔과 촛대에서는 여전히 미나스 제라이스의 금이 번쩍거린다. 미나스 제라이스의 성당들은 약탈을 많이 당해서 손으로 들고 갈 수 있는 크기의 성물은 거의 남아 있지 않지만, 바로크 양식의 기념비적인 작품들은 식민지의 폐허 위에 영원히 남아 있다. 성당 정면과 설교단, 제단화, 내부 발코니, 인물상들은 여자 노예와 수공업자의 천재적인 아들로, 알레이자지뉴로 불리던 안토니우 프란시스쿠 리스보아[196]가 설계하고 깎거나 조각한 것이다. 18세기가 저물어갈 무렵, 알레이자지뉴는 콩고냐스(Congonhas)의 봄 제주스 데 마토지뉴스(Bom Jesus de Matosinhos)의 성소 발치에 거대한 성인상들을 조각하기 시작했다. 금의 열풍은 과거의 일이었다. 작품은 「예언자들(Los profetas)」이라고 불렸지만, 이미 예언할 영광은 전혀 없었다. 장려함과 즐거움은 모두 사라져버리고, 그 어떤 희망도 자리 잡을 여지가 없었다. 소멸하기 위해 태어난 저 덧없는 금 문명의 장례식처럼 장엄했던 그 마지막 증거물은 브라질의 역사를 통틀어 재능이 가장 뛰어났던 예술가에 의해 후대에 남겨졌다. 나병으로 얼굴이 일그러

---

195) (옮긴이) 돈 주앙 5세(Don João V, 1689-1750)는 포르투갈 왕으로, 브라질(특히 미나스 제라이스 광산)에서 유입된 금 덕분에 포르투갈 역사상 가장 부유한 시기 중 하나를 누렸다. 그는 건축과 예술에 아낌없이 투자했는데, 마프라(Mafra) 수도원은 그의 권위와 부의 상징이다.

196) (옮긴이) 안토니우 프란시스쿠 리스보아(Antônio Francisco Lisboa, 1730?-1814)는 브라질 식민지 시대의 가장 유명한 조각가이자 건축가로, 성인기에 신경질환으로 손과 발이 심하게 변형되고, 나병으로 손가락마저 잃어 도구를 팔에 묶거나 입으로 물고 작품 활동을 했기 때문에 '알레이자지뉴(Aleijadinho: 작은 불구자)'로 더 잘 알려져 있다.

지고 불구가 된 알레이자지뉴는 매일 새벽녘에 무릎을 끌며 작업장으로 가서 손가락 없는 손에 정과 망치를 동여매고 자신의 걸작품을 완성했던 것이다.

전설에 따르면, 비가 내리는 차가운 밤에는 미나스 제라이스의 노사 세뇨라 다스 메르세스 에 미제리코르디아[197] 성당에서 죽은 광부들이 아직도 미사를 올린다고 한다. 사제가 주 제단에서 두 손을 들어 올리며 돌아설 때면 그의 얼굴뼈가 보인다고 한다.

---

197) (옮긴이) 노사 세뇨라 다스 메르세스 에 미제리코르디아(Nossa Senhora das Mercês e Misericórdia)는 '자비와 은총의 우리 성모'라는 의미다.

설탕 왕과 다른 농업 군주들

플랜테이션, 라티푼디움 그리고 운명

금과 은을 찾는 것은 의심할 바 없이 정복의 주 동인이었다. 그러나 콜럼버스는 제2차 항해 때 카나리아 제도에서 사탕수수 뿌리를 가져다가 현재 도미니카 공화국이 되어 있는 땅에 처음으로 심었다. 뿌리를 심고 나서 싹이 트자 제독 콜럼버스는 아주 기뻐했다.[198] 시

---

198) Fernando Ortiz, *Contrapunteo cubano del tabaco y el azúcar*, La Habana, 1963.

칠리아와 마데이라(Madeira) 제도 및 카보 베르데 제도[199]에서 소규모로 재배되고, 동방에서 비싼 값으로 팔리던 설탕은 유럽인들이 몹시 탐내는 물품이어서 왕비들의 혼수품에 포함되기에 이르렀다. 설탕은 약국에서 판매되었는데, 무게는 그램 단위로 측정되었다.[200] 아메리카 발견 이후 3세기가 조금 못 미치는 동안에 유럽의 무역에서 아메리카 땅에서 재배된 설탕만큼 중요한 농산물은 없었다. 브라질 북동부의 다습하고 뜨거운 연안 지역에 사탕수수밭이 만들어졌고, 그 후에는 카리브해의 섬들—바베이도스, 자메이카, 아이티, 도미니카 공화국, 과들루프(Guadeloupe), 쿠바, 푸에르토 리코—과 베네수엘라, 페루 해안도 잇달아 "하얀 금(oro blanco)"의 대규모 재배를 위해 매우 적합한 무대가 되었다. 설탕 생산이 필요로 하는 수많은 무상 노동력, 즉 불태워질 인간 연료를 설탕 왕에게 제공하려고 엄청난 수의 노예가 아프리카에서 아메리카로 왔다. 신세계에 침입해 삼림을 휩쓸어 버리고, 자연의 비옥함을 낭비하고, 토양에 축적되어 있던 부식질을 없애버린 이 독선적인 식물에 의해 땅이 황폐해졌다. 라틴아메리카에서 기나긴 설탕의 시기는 포토시, 오루 프레투, 사카테카스, 구아나후아토에 금과 은의 열풍을 불어넣었던 번영과 같은 아주 치명적인 번영을 만들어냈다. 그리고 동시에 네덜란드, 프랑스, 영국, 미국의 공업 발전을 직·간접인 방식으로 확고하게 촉진했다.

해외의 설탕 수요 때문에 창출된 플랜테이션은 소유자의 이윤 욕

---

199) (옮긴이) 카보 베르데(Cabo Verde) 제도는 아프리카 서쪽 끝 베르데곶의 해상에 있는 섬이다.
200) Caio Prado Júnior, *Historia económica del Brasil*, Buenos Aires, 1960.

구에 따라 움직이는 사업이자 유럽이 국제적으로 만들어가던 시장에 봉사하는 사업이었다. 그럼에도, 내부적인 구조상 상당 부분은 자급자족했다는 점을 고려할 때, 지배적인 특징들 가운데 몇 가지는 봉건적이었다. 다른 한편으로, 플랜테이션은 노예 노동력을 이용했다. 3개의 다른 역사적 시대—중상주의 시대, 봉건제 시대, 노예제 시대—가 그렇게 하나의 경제적·사회적 단위로 결합했으나 플랜테이션 시스템이 일찍부터 통합한 권력의 성좌(星座) 중심에는 국제 시장이 있었다.

식민지 플랜테이션은 외국의 수요에 종속되어 있고, 많은 경우 외국으로부터 금융 지원을 받았는데, 오늘날의 라티푼디움은 그 플랜테이션에서 직접적으로 비롯되었다. 이 라티푼디움은 라틴아메리카의 경제 발전을 방해하는 병목 현상들 가운데 하나고, 라틴아메리카 대중의 소외와 빈곤의 주요 요인들 가운데 하나다. 잉여 노동력을 증대시킬 정도로 충분히 기계화된 현재의 라티푼디움은 풍부하게 비축된 값싼 노동력을 마음대로 사용할 수 있다. 이제 라티푼디움은 아프리카 노예의 수입에도 원주민의 "엔코미엔다"에도 의존하지 않는다. 라티푼디움은 아주 보잘것없는 일당을 주거나, 용역에 대한 보수를 물품으로 지급하거나, 노동자가 땅뙈기를 사용하는 대가로 무상 노동을 제공받기만 하면 충분하다. 라티푼디움은 자신의 확장으로 인해 생겨난 미니푼디움의 증가, 그리고 굶주림에 내몰린 노동자들이 각지에서 잇달아 이루어지는 수확의 주기에 따라 국내를 끊임없이 이동하는 것에 기대어 생존한다.

플랜테이션의 복합적인 구조는 자연 자원의 유출을 위해 설치한 거름망으로 기능했는데, 라티푼디움 또한 그처럼 기능한다. 각 지역은 세계 시장에 통합되면서 역동적인 순환을 경험했다. 그러고서는 다른 대체품과의 경쟁 때문에, 토지가 고갈되기 때문에, 혹은 보다 나은 조건을 갖춘 다른 지역이 나타나기 때문에 쇠퇴기가 시작된다. 원래의 생산적인 추진력은 세월이 흐름에 따라 빈곤의 문화, 생계를 위한 경제와 그 경제의 둔화라는 대가를 치르게 된다. 브라질에서 북동부는 가장 풍요로운 지역이었지만 오늘날에는 가장 빈곤한 지역이 되었다. 바베이도스와 아이티에서는 빈곤에 처한 사람들이 개미굴 같은 곳에서 산다. 설탕은 단일 작물 재배와 토양의 가차없는 질 저하라는 희생을 치르면서 미국에 의한 쿠바 지배의 만능열쇠가 되었다. 설탕만 그런 것이 아니다. 카라카스[201]의 과두 지배 계층의 재산을 불려준 카카오의 역사, 돌연히 성장했다가 갑자기 몰락해 버린 마라냥[202]의 면화의 역사, 몇 푼도 안 되는 돈에 채용된 북동부 노동자들의 묘지로 변한 아마존 지역의 고무 플랜테이션의 역사, 아르헨티나 북부와 파라과이의 황폐해진 케브라초 숲의 역사, 야키 인디오를 몰살해 버린 유카탄반도의 에네켄 농장의 역사도 마찬가지다. 또한 사막을 버리고 다른 곳으로 이동하는 커피의 역사, 그리고 브라질, 콜롬비아, 에콰도르 및 중앙아메리카의 불행한 나라들의 과일 플랜테이션의 역사도 마찬가지다. 운이 더 좋든 더 나쁘든, 각각의 생산품은 종종 덧없는 운명이 되어 국가, 지역, 그리고 사람들에게

---

201) (옮긴이) 카라카스(Caracas)는 베네수엘라의 수도다.
202) (옮긴이) 마라냥(Maranhão)은 브라질의 북부의 대서양에 인접한 주다.

영향을 미쳐왔다. 물론, 광물 자원의 생산지들도 동일한 여정을 겪었다. **어떤 생산품에 대한 세계 시장의 탐욕이 커질수록, 그것을 생산하려고 희생을 감수하는 라틴아메리카 민중의 재난과 불행은 더 커진다.** 이 철칙에 의한 벌을 가장 적게 받은 리오 데 라 플라타(Río de la Plata) 지역은 국제 시장에 가죽을 공급하고, 나중에는 고기와 양모를 공급했음에도 불구하고 저개발의 족쇄에서 벗어날 수 없었다.

브라질 북동부의 땅 살해

에스파냐 식민지는 우선 금속을 공급했다. 그곳에서는 아주 이른 시기에 보석류와 광맥층이 발견되었다. 설탕은 한때 뒷전으로 밀려났지만, 산토 도밍고에서 재배되기 시작한 뒤에 베라크루스에서, 나중에는 페루 연안, 쿠바에서 재배되었다. 반면에, 17세기 중반까지는 브라질이 세계 최대의 설탕 생산국이었다. 동시에, 아메리카의 그 포르투갈 식민지는 주요 노예 시장이었다. 수가 적었던 원주민 노동자는 강제 노동으로 급속히 절멸했고, 설탕은 땅을 정리하고 준비해서 사탕수수를 심고, 수확하고, 운반한 뒤에 찧고, 즙을 정제하는 데 수많은 노동력이 필요했다. 설탕 경제에서 파생된 브라질 식민지 사회는 금의 발견으로 그 거점이 미나스 제라이스로 옮겨질 때까지 바이아(Bahía)와 페르남부쿠(Pernambuco)에서 번성했다.

포르투갈 왕실은 브라질의 초기 대지주들에게 토지의 사용권을 양도했다. 정복의 위업은 생산의 조직화와 짝을 이루어 진행되어야 했다. 단 열두 명의 "총독"이 광대한 미개척 식민지 영토 전체를 군주의 이익을 위해 착취·개발할 수 있도록 증여 증서를 통해 하사받았다.[203] 그렇지만 그 사업에 대대적인 금융 지원을 해준 것은 네덜란드 자본이었고, 그 결과 사업은, 요컨대, 포르투갈적이라기보다는 플랑드르적인 것이 되었다. 네덜란드 기업들은 설탕공장 설립과 노예 수입에 참여했을 뿐만 아니라, 더 나아가 리스본에서 원당을 모아 정제를 한 뒤에 생산 가격의 3분의 1에 이르는 이익을 남기고 유럽에 팔았다.[204] 1630년에 네덜란드 서인도 회사(Dutch West India Company)는 그 생산물의 지배권을 직접 장악하려고 브라질의 북동부 해안에 침입해 그곳을 정복했다. 이익의 증대를 위해서는 설탕 생산지를 늘릴 필요가 있었고, 이 회사는 앤틸리스 제도에서 대규모 재배를 시작하려고 바베이도스의 영국인들에게 모든 편의를 제공했다. 또한 이 회사는 카리브해 식민지 주민들을 새로운 지배지인 브라질에 데려와서는 그들에게 필요한 기술적 지식과 조직력을 습득하게 했다.

네덜란드인들은, 1654년에 마침내 브라질 북동부에서 추방되었을 때, 바베이도스가 격렬하고 파괴적인 어느 경쟁에 뛰어들 기반을 이미 구축해 놓았다. 그들은 흑인과 사탕수수의 뿌리를 운반하고, 설탕공장을 설립해 모든 기구를 공급해 놓았었다. 브라질의 설탕 수출량은 별안간에 반으로 떨어졌고, 17세기 말에는 설탕 값도 반으

---

203) Sergio Bagú, *Economía de la sociedad colonial. Ensayo de historia comparada de América Latina*, Buenos Aires, 1949.
204) Celso Furtado, *Formación económica del Brasil*, México-Buenos Aires, 1959.

로 내렸다. 한편, 약 20년 동안에 바베이도스의 흑인 인구는 열 배로 증가했다. 앤틸리스 제도는 유럽 시장에 더 가까웠고, 바베이도스는 아직 피폐하지 않은 토지를 공급했으며, 더 우수한 기술 수준으로 설탕을 생산했다. 브라질의 토지는 황폐해져 있었다. 브라질에서 엄청난 규모의 흑인 반란과 플랜테이션으로부터 노동력을 탈취한 남부에서의 금의 발견 역시 설탕을 생산하는 북동부의 위기를 재촉했다. 그것은 결정적인 위기였다. 그것은 고통스럽게도 수 세기를 질질 끌어 오늘날에까지 연장된다.

설탕은 북동부를 완전히 파괴했다. 강우량이 풍부하고 관개가 잘 되는 연안의 습윤 지대는 바이아에서 세아라(Ceará)까지 삼림으로 덮여 있고, 부식질과 무기염류가 매우 풍부한 아주 비옥한 토양을 가졌다. 이 열대림 지대는 조수에 드 카스트루(Josué de Castro)의 말처럼 사바나 지대로 변모했다.[205] 그곳은 본래 식량 생산에 적합한 곳이었지만, 기아 지역이 되어 버렸다. 모든 것이 원기 왕성하게 싹트는 곳에서, 파괴적이고 위압적인 설탕 라티푼디움은 불모의 암석들, 유실된 토양, 침식된 토지를 남겼다. 처음에 오렌지와 망고 플랜테이션이 만들어졌다가 나중에 "방치되어서 설탕공장 주인집을 둘러싼 소규모 과수원으로 줄어들어 백인 소유주의 가족만을 위해 남겨졌다."[206] 사탕수수밭을 만들기 위해 불이 놓여 삼림이 황폐해지고, 그와 함께 동물 생태계도 파괴되었다. 사슴, 멧돼지, 맥(貘), 산토

---

205) Josué de Castro, *Geografía da fome*, São Paulo, 1963.
206) Ibíd.

끼, 파카,[207] 타투[208]가 사라져 버렸다. 초지와 동식물이 사탕수수 단작의 제단에 희생물로 바쳐졌다. 집약적인 생산 방식은 토양을 급속히 황폐화했다.

16세기 말에 브라질에는 120개 이상의 설탕공장이 있었고, 그 가치는 약 200만 파운드에 달했지만, 설탕공장 주인들은 가장 좋은 토지를 소유하고도 식량을 재배하지 않았다. 그들은 노예, 소금 자루들과 함께 해외에서 들어오는 다양한 사치품을 수입하듯 식량을 수입했다. 풍요와 번영은 늘 그렇듯이 만성적인 영양실조 상태로 살아가던 대다수 주민의 빈곤과 대비되었다. 목축은 해안의 습윤 지대에서 멀리 떨어진 내륙의 메마른 지역, 즉 **세르타웅**(sertão)으로 내쫓겼는데, 1제곱킬로미터당 소 두어 마리밖에 살아가지 못하는 그곳은 질기고 맛없는 고기를 언제나 소량만 공급했고, 오늘날까지도 그렇다.

여전히 행해지는 흙을 먹는 관습은 저 식민지 시대에 생긴 것이다. 철분의 결핍이 빈혈증을 일으킨다. 북동부의 아이들은 만디오카[209] 가루와 강낭콩, 그리고 운이 좋아야 말린 고기 위주로 제한된 식사에서 결핍된 무기염류를 본능적으로 흙을 통해 보충하려 한다.

---

207) (옮긴이) 파카(paca)는 몸길이가 60-80cm이고 몸무게는 6-10kg인 설치류다. 머리가 작고 두툼하며, 털은 거칠고, 갈색 또는 검은색이다. 몸집은 통통하고, 다리는 짧고 가늘며, 꼬리도 짧다.
208) (옮긴이) 타투(tatú)는 일반적으로 타투-카나스트라, 타투, 오카로 또는 타투 카레타로 불리며, 현재 살아 있는 아르마디요(armadillo) 중 가장 큰 종이다.
209) (옮긴이) 만디오카(mandioca)는 남아메리카가 원산지인 고구마처럼 생긴 덩이뿌리 작물이다. 카사바(cassava), 유카(yuca), 마니옥(manioc), 타피오카(tapioca) 등 다양한 이름으로 불린다.

과거에는 아이에게 입마개를 씌우거나 아이를 버드나무 가지로 짠 바구니에 넣어 높은 곳에 매달아 놓음으로써 아이의 이 "아프리카적인 해악"을 벌했다.[210]

브라질의 북동부는 현재 서반구에서 개발이 가장 늦은 지역이다.[211] **3,000만 명을 위한 거대한 집단수용소는 오늘날 사탕수수 단작의 유산으로 고통받는다. 라틴아메리카의 식민지 농업경제에서 이윤을 가장 많이 남긴 사업이 그 땅에서 싹텄다.** 현재 페르남부쿠 습윤 지대의 5분의 1 미만이 사탕수수 재배지로 쓰이고 나머지는 아무것에도 사용되지 않는다.[212] 큰 설탕공장의 주인들은 최대 사탕수수 경작자인데, 자신들의 광대한 라티푼디움을 생산에 활용하지 않은 채 이 같은 낭비의 사치를 누린다. 사람들이 가장 못 먹고 사는 곳은 북동부의 건조 지대와 반건조 지대라고들 믿지만, 사실은 그렇지 않다. **세르타웅**은 자갈과 듬성듬성한 관목으로 이루어지고, 초목이 부족한 메마른 지역이기 때문에 주기적으로 굶주림을 겪는다. 가뭄 때의 작열하는 태양이 대지에 엄습해 달 표면과 같은 풍경으로 만들어진다. 사람들에게 집단 탈출을 강요하고, 길가에 십자

---

210) Ibíd. 영국의 여행가 헨리 코스터(Henry Koster)는 흙을 먹는 습관은 백인 아이가 "이 아프리카적 해악을 옮기는" 흑인 아이와 접촉했기 때문이라고 했다.
211) 북동부는 산업화된 남부의 이익을 위한 일종의 내부 식민주의의 피해를 다양한 방법으로 겪는다. 동시에 북동부 안에서 '세르타웅' 지역은 식량 등을 공급하는 사탕수수 재배 지역에 종속되어 있고, 사탕수수 라티푼디움은 설탕공장에 의존한다. 낡은 '사탕수수 농장주인(senhor de engenho)' 제도는 위기에 봉착해 있다. 설탕공장의 압착기가 플랜테이션을 집어 삼켜버렸기 때문이다.
212) 페르남부쿠의 조아킴 나부쿠 사회조사 연구소(Joaquim Nabuco de Pesquisas Sociais)의 연구에 따른다. "El nordeste brasileño: azúcar y plusvalía", (*Monthly Review*, núm. 63, Santiago de Chile, junio de 1969)에서 Kit Sims Taylor가 인용.

가가 늘어서게 만든다.²¹³ 그러나 만성적인 기아를 겪는 곳은 습윤한 연안 지역이다. 풍요로움이 극에 달한 그곳 모순의 땅에서는 풍요가 오히려 빈곤을 더 비참하게 만든다. 모든 식량을 생산하도록 자연에 의해 선택된 그 지역이 모든 식량을 생산하지는 않는다. 그곳은 머나먼 과거와 설탕의 세기에서 살아남은 숲의 비참한 흔적에 대한 경의의 표시로, 반어적인 표현이지만, 아직도 **조나 다 마타**(zona da mata), 즉 "삼림 지대"로 알려진 연안의 띠 모양 지대다. 낭비의 구조물인 설탕 라티푼디움은 계속해서 그 밖의 지역들, 특히 브라질의 중남부 지역에서 식량을 점차 비싼 가격으로 매입할 수밖에 없다. 헤시페(Recife)의 생계비는 리우 데 자네이루의 지수를 상회하고, 브라질에서 가장 높다. 강낭콩은 리우 데 자네이루 만(灣)의 고급 해변인 이파네마(Ipanema)보다 북동부가 더 비싸다. 만디오카 가루 반 킬로그램의 가격은 사탕수수 플랜테이션에서 성인 노동자가 해가 뜰 때부터 질 때까지 노동하고 받는 품삯에 해당한다. 만약 노동자가 항의하면 십장은 목수를 불러 노동자의 몸 치수를 재고 관을 짜라고 명한다. 광범위한 지역에서 사탕수수 플랜테이션의 주인이나 관리인에게는 소녀들에 대한 "초야권"이 여전히 유효하다. 헤시페 주민의 3분의 1은 빈민가의 오두막에서 소외된 채 살아간다. 카자 아마렐라(Casa Amarela)라는 동네에서 출생한 아이의 절반 이상이 첫돌이 되기 전에 죽는다.²¹⁴ 북동부 도시들에서는 부모에 의해

---

213) (옮긴이) 라틴아메리카나 서구 문화권에서 길가에 세워진 십자가는 교통사고, 굶주림, 질병 등으로 사망한 사람을 기리는 표식이다.
214) Franklin de Oliveira, *Revolución y contrarrevolución el el Brasil*, Buenos Aires,

팔린 10-12세 소녀의 아동 성매매가 빈번하게 이루어진다. 일부 플랜테이션에서 하루 노동에 대한 임금은 인도의 최저임금을 밑돈다. 1957년 유엔 식량농업기구(FAO)의 보고서가 밝힌 바에 따르면, 헤시페 인근 비토리아(Vitória) 지역에서는 단백질의 결핍이 "아이들에게 아프리카에서 일반적으로 관찰되는 것보다 40% 정도 더 심각한 체중 감소를 유발한다." 다수의 플랜테이션에는 여전히 사설 감옥이 남아 있는데, 르네 뒤몽은 "그러나 영양 부족에 의한 살인의 책임자는 감옥의 열쇠를 가진 사람이기 때문에 감옥에 감금되지 않는다."[215]라고 쓴다.

페르남부쿠는 현재 상 파울루 주가 생산하는 설탕의 절반 이하를 생산하고, 1헥타르당 수익도 상 파울루 주보다 낮다. 그럼에도, 페르남부쿠는 설탕에 의존해 살아가고, 주민들은 습윤 지역에 밀집해 살면서 설탕에 생계를 의지하는 반면에, 상 파울루 주는 라틴아메리카에서 가장 강력한 산업 중심지를 보유한다. 북동부에서는 진보조차도 소수 지주의 손아귀에 들어 있기 때문에 진보가 결코 진보적으로 될 수 없다. 소수의 식량이 다수의 기아를 유발한다. 1870년 이후 제당 산업은 거대한 압착기가 만들어지면서 상당히 근대화되었지만, 그에 따라 "라티푼디움에 의한 토지 합병을 우려할 만큼 진전되어 그 지역의 식량난이 격화되었다."[216]

1965.
215) René Dumont, *Tierras vivas, Problemas de la reforma agraria en el mundo*, México, 1963.
216) Josué de Castro, op, cit.

1950년대에, 절정기에 다다른 산업화가 브라질에서 설탕 소비를 증가시켰다. 이에 따라 북동부에서 설탕 생산이 크게 활성화되었지만 1헥타르당 수익은 증가하지 않았다. 품질이 떨어지는 새로운 토지가 사탕수수밭으로 편입되었고, 그 결과 설탕은 식량 생산에 이용되던 소량의 토지를 또다시 집어삼켰다. 이전에 자신의 땅뙈기를 경작하던 농민은 임금 노동자가 되었지만 그 같은 새로운 상황에서 처지가 개선되지 않았는데, 그 이유는 이전에 자신이 생산하던 식량을 구입할 만큼의 돈을 벌지 못하기 때문이다.[217] 늘 그렇듯이 확장이 기아를 확장시켰다.

앤틸리스 제도는 **슈거 아일랜즈**(sugar islands), 즉 설탕의 섬이었다. 바베이도스, 소타벤토(Sotavento) 제도, 트리니다드 토바고, 과들루페, 푸에르토 리코, 산토 도밍고(도미니카 공화국과 아이티)는 설탕 생산지로서 잇달아 세계 시장에 편입되었고, 우리 시대에까지 설탕에 얽매여 있다. 고갈된 넓은 토지로 이루어진 라티푼디움에서 사탕수수 단작의 포로가 된 섬들은 실업과 빈곤의 피해를 겪는다. 사탕수수는 대규모로 재배되고, 자신의 저주를 대대적으로 퍼뜨린다. 쿠바는 여전히 설탕의 판매에 결정적으로 의존하지만, 1959년의 농지개혁 이후 쿠바섬의 경제 다양화를 위한 집약적인 과정을 시작했고, 그에 따라

---

217) Celso Furtado, *Dialéctica do desenvolvimento*, Río de Janeiro, 1964.

실업에 종지부가 찍혔다. 이제 쿠바인들은 1년에 겨우 5개월, 즉 사탕수수의 수확기에만 일을 하는 것이 아니라, 어렵다는 게 확실하지만 중단할 수 없는 새로운 사회를 건설하려고 1년 내내 일을 한다.

1848년에 마르크스는 다음과 같이 말했다. "여러분은 아마도 커피와 설탕의 생산이 서인도 제도의 자연적인 운명이라고 생각할 것입니다. 2세기 전에, 무역과 거의 관계가 없던 자연은 그곳에 커피나무도 사탕수수도 심지 않았습니다."[218] 노동의 국제 분업은 성령의 손과 은총으로 이루어진 것이 아니라 사람들의 작업으로, 또는 보다 정확히 말하자면, 자본주의의 세계적인 발전 때문에 만들어졌다.

실제로 바베이도스는 1641년 이래 대량 수출을 목적으로 사탕수수가 재배된 카리브해 최초의 섬이었는데, 물론 그 이전에 에스파냐 사람들이 도미니카와 쿠바에 사탕수수를 심었다. 앞서 살펴본 바와 같이 이 작은 잉글랜드령 섬에 플랜테이션을 도입한 것은 네덜란드 사람들이었다. 1666년에 바베이도스에는 이미 800개의 사탕수수 플랜테이션과 8만 명 이상의 노예가 있었다. 태동하는 라티푼디움에 의해 종횡으로 점유된 바베이도스의 운명은 브라질 북동부의 운명보다 낫지 않았다. 이전에 이 섬에서는 혼합농업이 이루어졌었다. 작은 땅에서 면화와 담배, 오렌지, 소와 돼지를 생산했다. 사탕수수밭은, 덧없이 끝나버린 번영의 이름으로, 농작물 재배를 집어삼키고 삼림을 황폐화했다. 섬사람들은 자신들의 토지가 고갈되어서 주민에게 식량을 공급할 수 없게 되고, 설탕은 경쟁이 되지 않는 가격으

---

218) Karl Marx, "Discurso sobre el libre cambio", en *Miseria de la filosofía*, Moscú, s.f.

로 생산된다는 사실을 금세 알아차렸다.[219]

 이미 설탕은 다른 섬들, 즉 소타벤토 제도와 자메이카로, 그리고 대륙의 기아나로 전파되었다. 18세기 초 자메이카의 노예 수는 식민지에 거주하는 백인 수의 열 배에 달했다. 그곳의 토지 역시 단기간에 척박해졌다. 18세기 후반에 세계에서 가장 좋은 설탕은 당시 생 도맹그(SaintDomingue)라 불리던 프랑스 식민지 아이티 해안 평야의 스펀지 같은 토양에서 생산되었다. 아이티의 북부 및 서부는 노예 하치장이 되었다. 설탕이 점차 많은 노동력을 필요로 했기 때문이다. 1786년에는 이 식민지에 27,000명의 노예가 도착하고, 이듬해에는 40,000명이 도착했다.

 1791년 가을에 혁명이 일어났다. 단 한 달 만에 사탕수수 플랜테이션 200개가 화염에 휩싸였다. 화재와 전투가 쉼 없이 발생하고, 반란을 일으킨 노예들이 프랑스 군을 대서양 쪽으로 몰아냈다. 배들은 갈수록 많아지는 프랑스 사람들과 갈수록 적어지는 설탕을 싣고 출범했다. 강을 이룰 정도의 피를 흩뿌리면서 전쟁은 플랜테이션을 황폐화했다. 전쟁은 길었다. 나라는 잿더미로 변해 마비되었다. 그 세기의 말에는 설탕 생산이 격감했다. "1803년 11월에는 예전에 융성했던 식민지의 거의 모든 지역이 재와 돌부스러기로 이루어진 거대한 묘지가 되어 있었다."[220]라고 레프코프스키(Lepkowski)는 말한다. 아이티 혁명이 시기적으로만 프랑스 혁명과 일치한 것이 아니라

---

219) Vincent T. Harlow, *A History of Barbados*, Oxford, 1926.
220) Tadeusz Lepkowski, *Haití*, tomo I, La Habana, 1968.

아이티 또한 대 프랑스 동맹[221]의 봉쇄를 직접적으로 겪었다. 영국이 제해권을 장악하고 있었기 때문이다. 그러나 나중에는 아이티의 독립이 불가피해짐에 따라 프랑스의 봉쇄를 겪었다. 미국 의회는 프랑스의 압력에 굴복해 1806년에 미국과 아이티의 무역을 금지했다. 1825년 들어 프랑스는 옛 식민지의 독립을 승인했지만, 그 대가로 막대한 현금 배상을 요구했다. 1802년에 노예군의 카우디요인 투생 루베르튀르(Toussaint L'Ouverture) 장군이 체포된 지 조금 뒤에 르클레르 장군[222]은 그 섬에서 처남 나폴레옹에게 편지를 썼다. "이 나라에 대한 제 견해를 밝히겠습니다. 산악 지대의 흑인은 12세 미만의 아이들만 남겨둔 채 남자건 여자건 모두 없애버리고, 평원의 흑인은 절반을 죽이고, 식민지에 군대의 견장을 단 물라토는 단 한 명도 남기지 말아야 합니다."[223] 열대(熱帶)가 르클레르에게 복수했는데, 왜냐하면 그가 폴린 보나파르트[224]의 마술적인 주문에도 불구하고 "시커먼 토사물을 쏟으며" 죽음으로써 자신의 계획을 완수하지 못했기 때문이다. 하지만 현금 배상은 자신들을 향해 계속해서 파견된 원정대들과 유혈이 낭자한 전투를 벌여 살아남은 독립파 아이티인들의 등을 짓

---

221) (옮긴이) 프랑스 혁명에서 나폴레옹 시대까지 프랑스에 대항하려고 1792-1813년에 다섯 번에 걸쳐 유럽 여러 나라 사이에 맺어진 동맹의 총칭이다.
222) (옮긴이) 샤를 르클레르(Charles Leclerc, 1772-1802)는 프랑스 군인으로, 나폴레옹 1세에게 인정받아 1797년에 나폴레옹의 누이 폴린 보나파르트(Pauline Bonaparte)와 결혼했다.
223) Ibíd.
224) 아이티 역사의 이 인상적인 시대에 관해서는 알레호 카르펜티에르(Alejo Carpentier)의 뛰어난 소설 『이 세상의 왕국(El reino de este mundo)』(몬테비데오, 1966)이 있다. 이 소설에는 폴린과 그녀의 남편이 카리브해에서 겪은 일들이 완벽하게 재현되어 있다.

누르는 돌이었다. 국가는 폐허에서 탄생했는데, 결코 다시 일어서지 못했다. 오늘날 아이티는 라틴아메리카에서 가장 가난한 나라다.

아이티의 위기는 쿠바의 설탕 붐을 일으켰고, 쿠바는 급속히 세계 최대의 사탕수수 공급지가 되었다. 또한 해외에서 수요가 많았던 또 다른 품목인 쿠바의 커피 생산도 아이티에서의 생산 감소로 인해 촉진되었지만, 단작 경쟁에서는 사탕수수가 승리했다. 1862년에 쿠바는 커피를 외국에서 수입할 수밖에 없게 되었다. 쿠바의 "설탕 귀족 계층(sacarocracia)"의 존경받는 일원이 "외국의 불행에서 얻을 수 있는 타당한 이점들"[225]에 관해 썼다. 아이티 혁명 이후 유럽 시장에서 설탕 가격은 연이어 역사상 가장 놀라운 수준으로 치솟았고, 1806년에는 이미 쿠바가 설탕공장의 수와 설탕의 생산성을 동시에 두 배로 늘렸다.

불타버린 쿠바 땅 위의 설탕 성들

1762년에 영국인들이 잠시 아바나를 점령했다. 당시에는 소규모 담배 플랜테이션과 목축이 쿠바섬 농촌 경제의 기반이었다. 군사 요충지인 아바나는 수공예가 상당히 발전했음을 보여주고, 대포를 만드는 중요한 주물공장을 가졌으며, 상선과 군함을 대규모로 건조할 수 있는 라틴아메리카 최초의 조선소를 보유하고 있었다. 아바나를

---

225) Manuel Moreno Fraginals, *El ingenio*, La Habana, 1964.

점령한 영국인들에게는 보통 15년 동안에 들여왔을 대량의 노예를 도입하는 데 11개월이면 충분했고, 그 당시부터 쿠바 경제는 외국의 설탕 수요에 의해 형성되어 갔다. 노예들은 세계 시장을 목적지로 삼아 그 탐스러운 상품을 생산했고, 풍부한 이익은 그때부터 현지의 과두 지배 계층과 제국주의 세력에 의해 향유되었다.

모레노 프라히날스(Moreno Fraginals)는 영국인의 점령 이후 몇 년 동안에 이루어진 급격한 설탕 붐을 생생한 자료와 더불어 묘사한다. 에스파냐의 무역 독점은 사실상 산산조각이 났고, 게다가 노예 도입에 대한 장애도 제거되었다. 설탕공장이 사람과 토지 등 모든 것을 흡수했다. 산업 발전에 기본적으로 공헌했을 조선소와 주물공장의 노동자, 그리고 수많은 수공업자가 설탕공장으로 향했다. 담배밭에서 담배를 재배하고 과수원에서 과일을 경작하던 소농민들은 사탕수수밭에 의해 무자비하게 파괴된 토지 때문에 피해를 보았는데, 그들 또한 설탕의 생산에 참여했다. 집약적 플랜테이션은 시간이 흐를수록 토양을 황폐화했다. 쿠바의 농촌에서는 설탕공장의 굴뚝 수가 늘어나고, 각 설탕공장은 점차 많은 토지가 필요했다. 화염이 담배밭과 숲을 삼키고 초지를 휩쓸어 버렸다. 불과 몇 년 전에는 쿠바의 수출품이던 말린 고기가 1792년이 되자 이제 외국으로부터 대량 도입되고, 그 후부터 쿠바는 계속해서 수입하게 된다.[226] 조선소와 주

---

226) 육류 가공 공장들이 이미 리오 데 라 플라타 지역에 난입해 있었다. 당시에는 각자 분리된 나라로서 존재하지도 않았고 현재의 이름으로 불리지도 않았던 아르헨티나와 우루과이는 자국의 경제를 소금에 절여 말린 고기, 가죽, 지방, 유지(油脂)의 대규모 수출에 맞추었다. 19세기 노예 제도의 두 중심지였던 브라질과 쿠바는 값이 아주 싸고, 운송이 간단하고, 저장이 비교적 쉬우며, 열대의 더위에도 썩지 않는 식량인 건포(乾脯)의 뛰어난 시장이었

물공장은 쇠퇴하고 담배 생산은 급감했다. 설탕 노예들의 하루 노동 시간은 20시간으로 연장되었다. 연기를 뿜어내는 땅 위에서 "설탕 귀족 계층"의 힘이 견고해졌다. 18세기 말에는 설탕의 국제 시세가 천정부지로 치솟자 투기가 기승을 부렸다. 땅값이 구이네스[227]에서 20배로 뛰어오르고, 아바나에서는 실질금리가 법정금리의 8배가 되고, 쿠바 전역에서 세례, 장례, 미사의 요금은 흑인과 소의 고삐 풀린 가격에 비례해 상승했다.

과거의 연대기 작가들은 거대한 야자나무와 울창한 숲 그늘을 따라 쿠바 전역을 돌아다닐 수 있었는데, 숲에 마호가니와 삼나무, 흑단과 다가메[228]가 풍부했다고 언급했다. 엘 에스코리알[229]의 테이블과 창, 혹은 마드리드 왕궁의 문에 사용된 아름다운 쿠바산 목재를 지금도 볼 수 있지만, 쿠바에 사탕수수가 침입해서 헤아릴 수 없는 세월 동안 땅을 뒤덮었던 최상의 처녀림들을 수많은 불이 잇달아 태워 버렸다. 자국의 삼림을 휩쓸어 버린 바로 그 몇 해 동안 쿠바는

다. 쿠바인들은 여전히 건포를 '몬테비데오(Montevideo)'라고 부르지만 우루과이는 미주기구에 의해 설정된 쿠바 봉쇄에 가담해, 1965년에 건포의 수출을 중지했다. 이렇게 해서 우루과이는 어리석게도 이 제품을 위해 남아 있던 마지막 시장을 잃어버렸다. 18세기 말에 쿠바는 말려서 얇게 포를 떠서 건조한 후 선적하는 우루과이산 고기에 문호를 개방한 최초의 시장이었다. José Pedro Barrán y Benjamín Nahum, *Historia rural del Uruguay moderno(1851-1885)*, Montevideo, 1967.

227) (옮긴이) 구이네스(Güines)는 아바나 남동쪽 내륙에 있는 지역이다.
228) (옮긴이) 다가메(dagame, 학명: Calycophyllum candidissimum)는 데가미(degami), 다가메(dagame) 또는 레몬우드(lemonwood)라 불리는, 꼭두서니(Rubiaceae)과에 속하는 식물이다. 남부 멕시코, 쿠바, 중앙아메리카, 콜롬비아, 베네수엘라가 원산지다.
229) (옮긴이) 엘 에스코리알(El Escorial)은 에스파냐의 마드리드 근처에 있는 유서 깊은 수도원, 왕궁, 영묘, 박물관, 도서관의 복합 건축물이다. 르네상스 후기 에스파냐 건축의 걸작으로, 에스파냐 절대왕정의 상징이다.

미국 목재의 주요 구매자가 되었다. 사탕수수의 집약적 재배, 약탈적 재배는 숲의 죽음뿐만 아니라 장기적으로는 "그 섬의 경탄할 만한 비옥함의 죽음"도 의미했다.[230] 숲은 불에 태워졌고, 침식이 무방비 상태의 토양을 갉아먹는 데 오랜 시간이 걸리지 않았다. 수천 개의 개울이 말라 버렸다. 현재 쿠바의 사탕수수 플랜테이션 1헥타르당 수익은 페루의 3분의 1, 하와이의 4.5분의 1에 못 미친다.[231] 관개와 토지 비옥화는 쿠바 혁명의 우선 과제가 되어 있다. 크고 작은 수력 댐의 수가 늘어나는 한편, 농촌 지역에 수로가 뚫리고, 피해를 본 땅에 비료가 뿌려진다.

"설탕 귀족 계층"은 쿠바의 종속을 고착화하는 동시에 기만적인 부를 만들어냈는데, 쿠바는 경제가 당뇨병에 걸려 있는 하나의 특출난 생산 기지였다. 가장 비옥한 토지를 무참히 황폐화한 사람들 중에는 세련된 유럽 문화를 누리는 이들이 있었는데, 그들은 브뤼헐[232]의 진품을 판별할 줄도 알았고, 구입할 수도 있었다. 그들은 종종 파리로 가서 에트루리아[233]의 항아리와 그리스의 암포라,[234] 프랑스의 고블

---

230) Manuel Moreno Fraginals, op. cit. 불과 얼마 전까지 사구아(Sagua)강에는 팔란케로(palanquero)들이 돌아다녔다. "그들은 끝에 쇠를 부착한 장대를 들고 있다. 그 장대로 강바닥을 찔러가며 통나무를 꿰어 …… 그렇게 해서 매일같이 설탕을 생산하려고 잘라낸 나무들의 잔해를 강 밑에서 끌어낸다. 그들은 숲의 시체를 이용해 살아간다."
231) Celso Furtado, *La Economía latinoamericana desde la conquista ibérica hasta la revolución cubana*, op. cit.
232) (옮긴이) 피터르 브뤼헐 더 아우더(Pieter Brueghel de Oude, 1525?-1569)는 네덜란드 출신의 북유럽 르네상스의 대표적인 화가다.
233) (옮긴이) 에트루리아(Etruria)는 로마 공화정 이전에 이탈리아 중부에 존재한 나라로, 영토는 현재의 토스카나 주, 라치오 주, 움브리아주에 해당한다.
234) (옮긴이) 암포라(amphora)는 목 부분이 몸체에 비해 좁고 양쪽에 손잡이가 달린 항아리 모양의 토기다.

랭 태피스트리와 명나라의 병풍, 영국에서 가장 비싼 예술가들의 풍경화와 초상화를 구입해 돌아왔다. 필자는 아바나의 어느 저택 주방에서 비밀번호가 설정된 거대한 금고를 발견하고 놀랐는데, 그것은 어느 백작 부인이 식기를 보관하는 데 사용하던 것이었다. 1959년까지 쿠바에서는 공장이 아니라 설탕 성이 만들어졌다. 설탕은 독재자를 앉히거나 들어내고, 노동자들에게 일자리를 주거나 빼앗고, 수백만 명의 춤사위와 무시무시한 위기의 리듬을 결정했다. 오늘날 트리니닷(Trinidad) 시는 빛나는 시체다. 19세기 중반에 트리니닷에는 40개가 넘는 설탕공장이 있어서 70만 아로바[235]의 설탕을 생산했다. 담배를 재배하던 가난한 농민은 폭력에 의해 쫓겨나고, 이전에 축산업이 번창해 쇠고기를 수출하던 곳에서는 이제 외부에서 들여온 고기를 먹었다. 식민지 시대의 궁전들이 솟아올랐는데, 궁전들에는 음침한 그늘이 드리워진 아치형 현관, 높은 천장에 유리 비가 내리는 것 같은 샹들리에가 달리고, 페르시아 융단이 깔린 방들이 있고, 벨벳처럼 부드러운 침묵이 흐르고, 공기 중에는 미뉴에트가 물결쳤으며, 큰 홀에는 가발을 쓰고 버클 달린 구두를 신은 신사들의 모습을 비추는 거울이 있었다. 지금 그곳에는 과거를 증언하는 대리석이나 돌로 된 거대한 골조들, 침묵을 지키는 오만한 종탑들, 잡초 뒤덮인 마차들이 있다. 오늘날 트리니닷은 "많은 것을 **가졌던** 도시"라고 불리는데, 그 이유는 그곳의 백인 생존자들이 권력과 영예를 **가졌던** 어느 조상에 관한 이야기를 항상 하기 때문이다. 그러나 1857년의

---

235) (옮긴이) 1아로바(arroba)는 약 11.34킬로그램이다.

위기가 닥치자 설탕 가격이 하락하고 그와 더불어 도시가 몰락해서 결코 일어서지 못했다.[236]

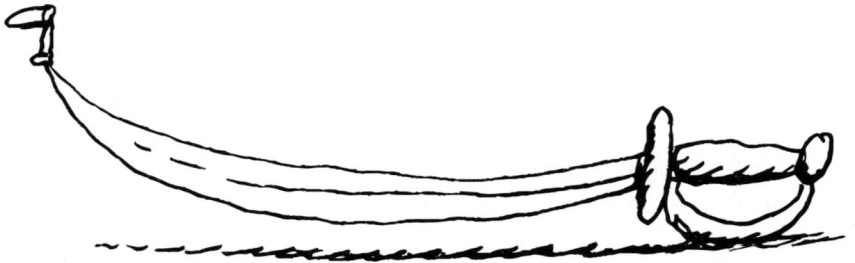

1세기 후에 시에라 마에스트라[237]의 게릴라 대원들이 권력을 쟁취했을 때도 쿠바는 여전히 설탕 시세에 자신의 운명을 결부시켰다. "자신의 생존을 단 하나의 생산물에 맡기는 민족은 자멸한다."라고 국민 영웅 호세 마르티[238]가 예언했었다. 1920년에 쿠바는 1파운드당 22센타보짜리 설탕을 통해 국민 1인당 수출에서 영국을 능가하면서 세계 신기록을 달성하고, 라틴아메리카에서 가장 높은 1인당

---

236) 19세기에 탄생한 설탕공장의 이름, 즉 '에스페란사(Esperanza: 희망)', '누에바 에스페란사(Nueva Esperanza: 새로운 희망)', '아트레비도(Atrevido: 대담함)', '카수알리닷(Casualidad: 기회)', '아스피란테(Aspirante: 희망자)', '콘키스타(Conquista: 정복)', '콘피안사(Confianza: 믿음)', '엘 부엔 수세소(El Buen Suceso: 좋은 일)', '아푸로(Apuro: 궁핍)', '안구스티아(Angustia: 고뇌)', '데스엔가뇨(Desengaño: 실망)' 등의 이름이 설탕산업의 상승과 하강을 반영했다고 모레노 프라히날스(Moreno Fraginals)는 예리하게 관찰했다. 선견지명이 있는 듯 '데스엔가뇨'라고 불린 설탕공장이 네 개 있었다.
237) (옮긴이) 시에라 마에스트라(Sierra Maestra)는 쿠바 동남부에 있는 산맥으로, 최고봉인 피쿠 투르키노(Pico Turquino)는 해발 약 1,974미터에 달한다. 피델 카스트로와 체 게바라의 게릴라 부대가 혁명을 준비하던 곳이다.
238) (옮긴이) 호세 마르티(José Martí, 1853-1895)는 쿠바의 독립 영웅이자, 시인, 사상가, 정치가다.

국민소득을 달성했다. 그러나 같은 해 12월에 설탕 가격이 4센타보로 폭락하고, 1921년에는 태풍과 같은 위기가 엄습해 수많은 설탕 공장이 파산해 미국의 자본에 인수되고, 쿠바의 국립은행을 포함해 쿠바계나 에스파냐계의 모든 은행이 파산했다. 미국 은행들의 지점만이 살아남았다.[239] 쿠바의 경제처럼 아주 종속적이고 취약한 경제는 나중에 미국에서 발생한 1929년 공황의 격렬한 충격에서 벗어날 수 없었다. 설탕 값이 1932년에는 1센타보를 크게 밑돌고, 3년 만에 수출액이 4분의 1로 감소했다. 그 시기에 쿠바의 실업률은 "다른 어느 나라에서도 그 같은 수준을 찾기 어려웠을 것이다."[240] 1921년의 그 재앙은 미국 시장에서의 설탕 값 하락으로 초래됐고, 머지않아 미국으로부터 5,000만 달러의 차관이 당도했다. 이 차관에 이어서 크라우더(Crowder) 장군도 도착했다. 자금의 사용을 통제한다는 구실로 크라우더가 사실상 국가를 통치하게 된 것이다. 그의 공로 덕분에 1924년에 마차도(Machado) 독재 정권이 들어서지만, 1930년대의 대공황은 총파업으로 마비된 쿠바를 휩쓸고, 피와 불로 얼룩진 이 체제를 무너뜨렸다.

가격에서 일어난 일이 수출량에서도 반복되었다. 1948년부터 쿠바는 미국의 생산자가 받는 가격보다는 낮았지만 국제 시장 가격보다 높고 더 안정적인 가격으로 미국 설탕 시장의 3분의 1을 차지하는 수출 쿼터를 회복했다. 이전에 미국은 쿠바로 수출하는 미국 상

---

239) René Dumont, *Cuba(intento de crítica constructiva)*, Barcelona, 1965.
240) Celso Furtado, *La Economía latinoamericana desde la Conquista ibérica hasta la Revolución cubana*, op. cit.

품에 대해 유사한 특혜를 받는 조건으로 쿠바의 설탕에 대한 미국의 수입 관세를 인하했었다. 그런 모든 혜택은 종속을 강화했다. "구매하는 나라는 명령하고, 판매하는 나라는 봉사한다. 자유를 보장하기 위해서는 무역의 균형을 유지해야 한다. 죽고 싶어하는 나라는 단 한 나라에만 물건을 팔고, 살아 남고 싶어하는 나라는 여러 나라에 물건을 판다."라고 호세 마르티가 말했는데, 체 게바라는 1961년에 푼타 델 에스테(Punta del Este)에서 개최된 미주기구 총회에서 이 말을 되풀이했다. 생산은 워싱턴의 필요에 따라 자의적으로 제한되었다. 약 500만 톤이라는 1925년의 수준은 여전히 1950년대의 평균이 되었다. 당시까지 알려진 사탕수수 수확량으로는 최대치인 700만 톤이 넘게 된 뒤에 독재자 풀헨시오 바티스타(Fulgencio Batista)가 압박을 강화하는 임무를 띠고 1952년에 권좌에 올랐는데, 이듬해 생산량은 북쪽 나라의 수요에 따라 400만 톤으로 하락했다.[241]

무기력한 구조에 맞선 혁명

미국은, 앤틸리스 제도와 가까운 거리에 있는 데다 나폴레옹 전쟁 중에 프랑스와 독일의 농촌에 사탕무 설탕이 출현했기 때문에, 앤틸

---

241) 미국 농무부의 설탕계획국장은 쿠바 혁명이 발발한 뒤에 다음과 같이 천명했다. "쿠바가 무대를 떠난 이후 우리는 세계 최대의 수출국인 이 나라의 보호를 받지 못한다. 이 나라는 필요할 때마다 우리의 시장에 공급하기 위한 비축품을 항상 보유했기 때문이다." Enrique Ruiz García, *América Latina: anatomía de una revolución*, Madrid, 1966.

리스 제도에서 생산된 설탕의 주요 고객이 되었다. 이미 1850년에 미국은 쿠바 무역의 3분의 1을 지배하고, 쿠바섬이 에스파냐의 식민지였음에도 불구하고 에스파냐보다 많은 물건을 사고팔았으며, 그곳에 도착하는 배들 가운데 절반 이상의 돛대에서는 성조기가 펄럭거렸다. 에스파냐의 한 여행자가 1859년경에 쿠바 내륙의 외딴 마을들에서 미국에서 제조된 재봉틀을 발견했다.[242] 아바나의 주요 거리는 보스턴에서 가져온 화강암 블록으로 포장되어 있었다.

20세기가 시작되던 무렵에 《루이지애나 플랜터(Louisiana Planter)》에는 다음과 같은 기사가 실렸다. "쿠바섬 전체가 차츰차츰 미국 시민의 손에 넘어오고 있는데, 이것이 쿠바섬의 미국 합병을 실현하는 가장 간단하고 확실한 방법이다." 미국 상원에서는 국기에 별 하나를 추가하자는 논의가 이미 이루어졌었다. 에스파냐가 미국과의 전쟁에서 패배한 뒤에 레오나드 우드(Leonard Wood) 장군이 그 섬을 통치하고 있었다. 동시에 필리핀과 푸에르토 리코가 미국의 수중에 넘어갔다.[243] 매킨리 대통령은 쿠바를 포함해서 다음과 같이 말했

---

242) Leland H. Jenks, *Nuestra colonia de Cuba*, Buenos Aires, 1960.
243) 또 하나의 제당공장인 푸에르토 리코(Puerto Rico)는 포로가 되었다. 미국의 관점에서 푸에르토 리코 사람은 조국에서 살 만큼은 훌륭하지 않지만, 반면에 자신의 나라가 아닌 조국의 이름으로 베트남 전선에서 죽을 만큼은 훌륭하다. 인구 비례로 계산했을 때, 푸에르토 리코 '자유연합주(Estado libre asociado)'는 동남아시아에서 싸우고 있는 병사를 미국의 어느 주보다도 많이 갖고 있다. 베트남에서 병역의 의무에 저항하는 푸에르토 리코 사람은 애틀랜타 교도소에 보내져 5년 동안 복역하게 된다. 미군에서 복무하는 것 외에 1898년의 푸에르토 리코 침략에서 비롯되어 법률(미국 의회법)에 의해 승인된 그 밖의 치욕들도 있다. 푸에르토 리코는 미국 의회에 투표권도 없고, 사실상 발언권도 없이 상징적인 대표권만 갖고 있다. 이 권리의 대가로 받은 것은 식민지 지위다. 푸에르토 리코는 미국에 점령되기까지 독자적인 화폐를 갖고, 주요 시장들과 활발한 무역 관계를 유지했다. 오늘날 푸에르토 리코의 통화는 달러고, 관세율은 워싱턴에서 정해지는데, 이 섬의 국제 무역 및 국내 상업에 관한 모든 사항은 워싱턴에서 결정된다. 외교 관계, 운수, 통신, 임금, 노

다. "그 섬들은 전쟁에 의해 우리에게 양도된 것이기 때문에 신의 도움을 받아, 그리고 인류와 문명의 발전을 위해 이 막중한 신뢰에 응답하는 것이 우리의 의무입니다." 1902년에 토마스 에스트라다 팔마[244]는 망명 중에 취득한 미국 시민권을 포기할 수밖에 없었다. 쿠바를 점령한 미군이 그를 쿠바의 초대 대통령으로 만들었기 때문이다. 1960년에, 전 주 쿠바 미국 대사 얼 스미스(Earl Smith)는 상원의 소위원회에서 다음과 같이 진술했다. "카스트로가 권력을 잡을 때까지 미국은 쿠바에서 거스를 수 없는 영향을 미치고 있었기 때문에 미국 대사는 쿠바의 이인자였고, 때로는 쿠바 대통령보다 중요한 인물이었습니다."

바티스타(Batista)가 몰락했을 때 쿠바는 설탕의 거의 전부를 미국에 팔고 있었다. 5년 전에 어느 혁명적인 청년 변호사[245]는 몬카다(Moncada) 병영을 습격했다는 이유로 자신을 재판하던 사람들 앞에서 역사는 자신에게 무죄를 선고할 것이라고 확고하게 예언했다. 그는 열정적인 변론 중에 다음과 같이 언급했다. "쿠바는 여전히 원자재를 생산하는 공장입니다. 캐러멜을 수입하기 위해 설탕을 수출하

동 조건도 같은 식으로 결정된다. 푸에르토 리코 사람을 재판하는 곳은 미국의 연방 재판소다. 현지의 군대는 북쪽 나라의 군대에 속한다. 산업과 무역은 미국의 사적 자본의 수중에 있다. 이민을 통해 푸에르토 리코의 탈국가화가 온전하게 이루어지려 했었다. 빈곤 때문에 100만 명이 넘는 푸에르토 리코 사람이 민족 정체성의 파괴라는 대가를 치르고 더 나은 운명을 찾기 위해 뉴욕으로 가야 했다. 그곳에서 그들은 하층 프롤레타리아트 계층으로서 가장 지저분한 지역에 모여 산다.

244) (옮긴이) 토마스 에스트라다 팔마(Tomás Estrada Palma, 1835-1908)는 쿠바의 정치가이자 독립운동가로, 1902년 미국의 지배하에 초대 대통령으로 취임했다. 재임 기간에 쿠바의 정치적 안정을 도모하고 국가 건설에 기여했다.
245) (옮긴이) 이 변호사는 피델 카스트로를 가리킨다.

고 있습니다."²⁴⁶ 쿠바는 미국으로부터 자동차, 기계, 화학제품, 종이와 의류뿐만 아니라 쌀과 강낭콩, 마늘과 양파, 유지, 고기와 면화를 구입했었다. 마이애미의 아이스크림, 애틀랜타의 빵, 그리고 파리의 사치스러운 만찬까지 들여왔다. 그 설탕의 나라는 자국이 소비하는 과일과 채소의 절반 가까이를 수입했는데, 당시 경제 활동 인구의 3분의 1만이 상시적인 일거리를 가졌고, 설탕공장의 토지 절반은 기업들이 아무것도 생산하지 않는 불모지였다.²⁴⁷ 미국의 설탕공장 13개가 사탕수수 재배 면적 전체의 47% 이상을 사용했고, 사탕수수를 수확할 때마다 약 1억 8,000만 달러를 벌었다. 니켈, 철, 구리, 망간, 크롬, 텅스텐 같은 지하자원은 미국의 전략적 비축 자원의 일부분을 이루었고, 미국 기업들은 자국의 군대와 산업의 긴급한 변화 상황에 따라 필요한 만큼만 이들 광물을 채굴했다. 1958년에 쿠바에 등록된 성매매 여성은 광산 노동자보다 많았다.²⁴⁸ 누녜스 히메네스(Núñez Jiménez)가 인용한 세우렛(Seuret)과 피노(Pino)의 조사에 따르면, 쿠바인 150만 명이 완전 실업 또는 부분 실업 상태에 처해 있었다.

국가의 경제는 사탕수수 수확철의 리듬에 따라 움직였다. 1952년에서 1956년까지 쿠바의 수출로 인한 구매력은, 외환 수요가 훨씬 컸음에도 불구하고, 30년 전의 수준을 넘지 않았다.²⁴⁹ 1930년대에,

---

246) Fidel Castro, *La Revolución cubana*(discursos), Buenos Aires, 1959.
247) A. Núñez Jiménez, *Geografía de Cuba*, La Habana, 1959.
248) René Dumont, op. cit.
249) Dudley Seers, Andrés Bianchi, Richard Jolly y Max Nolff, *Cuba, the Economic and Social Revolution*, Chapel Hill, North Carolina, 1964.

위기가 쿠바 경제의 의존도를 줄이기는커녕 오히려 더 강화했고, 신설된 공장을 다른 나라들에 매각할 목적으로 해체하는 작업이 극에 달했다. 1959년 첫날, 혁명이 성공했을 때 쿠바의 공업 발전은 몹시 부진하고 더디게 이루어지고, 생산의 절반 이상은 아바나에 집중되어 있었으며, 현대적 기술을 갖춘 소수의 공장은 미국으로부터 원격조종을 받고 있었다. 산악지대 게릴라 대원들에 관한 경제 논문의 공동 집필자인 쿠바 경제학자 레히노 보티(Regino Boti)는 바야모[250]에서 농축 우유를 생산하던 네슬레의 어느 자회사의 실례를 소개한다. "사고가 발생할 경우, 그 회사의 기사는 코네티컷으로 전화를 걸어 자신의 작업 구역에서 어떤 것이 제대로 작동하지 않는다고 알렸다. 즉시 그는 자신이 취해야 할 조치에 관한 지시를 받고, 그것을 기계적으로 실행했다. (……) 작업이 성공적으로 이루어지지 않으면, 4시간 후에 고도로 숙련된 유자격 전문가 팀을 태운 비행기가 도착해 모든 것을 해결했다. 회사가 국유화된 뒤에는 이제 도움을 청하기 위해 전화를 걸 수 없었고, 사소한 고장만을 수리할 수 있었을 소수의 기사마저 쿠바에서 떠나버렸다."[251] 이 증언은 혁명이 식민지를 조국으로 바꾸려는 모험에 뛰어들고 나서 직면했던 어려운 점들을 여실히 보여준다.

쿠바는 종속의 규칙에 따라 다리가 잘린 상태였고, 그 결과 자기

---

250) (옮긴이) 바야모(Bayamo)는 쿠바 동부에 있는 그란마 주(Granma Province)의 주도이자, 쿠바 혁명과 독립운동 역사에서 매우 중요한 도시다.
251) K. S. Karol, *Les guérrilleros au pouvoir, L'itinéraire politique de la révolution cubaine*, París, 1970.

힘으로 걷는 것이 절대 쉽지 않았다. 1958년에 쿠바 어린이의 절반이 학교에 다니지 않았지만, 피델 카스트로가 수차례 경고했듯이, 무지는 문맹보다도 훨씬 광범위하고 심각했다. 1961년에 대대적인 캠페인을 통해 자원봉사자 청년 부대가 모든 쿠바인에게 읽고 쓰는 법을 가르쳤고, 그 성과는 세계를 놀라게 했다. 유네스코의 국제교육국(International Bureau of Education)에 따르면, 쿠바는 현재 라틴아메리카에서 국민 문맹률이 가장 낮고, 초등학교와 중등학교 취학률이 가장 높다. 그렇지만 무지라는 저주스러운 유산은 하루 밤낮에, 심지어는 12년에 걸쳐서도 극복되지 않는다. 능률적인 기술자의 부족, 경영의 무능력, 생산 체제의 붕괴, 창의적인 상상과 자유로운 결정에 대한 관료주의적 공포가 사회주의의 발전에 지속적으로 장애물을 놓는다. 그러나 4세기 반에 걸친 억압의 역사에 따라 창출된 전반적인 무능력의 체계에도 불구하고 쿠바는 끊임없는 열정과 더불어 다시 태어나고 있다. 쿠바는 장애를 앞에 두고 자신의 힘, 기쁨, 지나침을 조정하고 있다.

설탕은 칼이었고 제국은 살인자였다

"설탕 위에 짓는 것이 모래 위에 짓는 것보다 더 나을까?" 1960년에 장 폴 사르트르가 쿠바에서 자문했다.

설탕을 대량으로 수출하는 구아야발(Guayabal) 항구의 부두에서는 거대한 창고 위로 북방가넷들이 날고 있다. 필자는 창고 안으로 들어가서 깜짝 놀라며 금색 설탕 피라미드를 바라본다. 자루에 담지 않은 설탕을 호퍼[252]를 이용해 배 쪽으로 쏟아부으려고 아래쪽 해치를 열자 설탕공장의 제당기에서 막 운반되어 온 새로운 금색 설탕 줄기가 천정의 개구부에서 쏟아져 내린다. 태양 빛이 안으로 스며들어 설탕 가루가 반짝거린다. 필자가 만져보지만 전체를 온전하게 볼 수 없는 이 미지근한 산은 약 400만 달러의 가치가 있다. 필자는 1970년의 기록적인 수확의 모든 희열과 드라마가 이곳에 요약되어 있다고 생각하지만, 그 수확은 초인적인 노력에도 불구하고 1천만 톤에 이를 수 없었다. 그리고 훨씬 긴 이야기가 설탕과 함께 내 눈앞으로 미끄러져 지나간다. 필자는 앨런 덜레스(Allen Dulles) 소유 회사였던 프란시스코 슈거 컴퍼니(Francisco Sugar Co.)의 왕국을 생각하고 있는데, 그곳에서 과거의 사건에 관한 이야기를 듣고 미래의 탄생을 목격하면서 1주일을 보낸 적이 있다. 이런 이야기다. 세월이 흘러 카리닷 로드리게스(Caridad Rodríguez)의 딸인 호세피나(Josefina)는 과거 병영의 감방이었던 지금의 교실, 즉 자기 아버지가 죽기 전에 체포되어 고문을 당했던 바로 그 장소에서 공부한다. 70세의 흑인 안토니오 바스티다스(Antonio Bastidas)는 설탕공장이 생산 목표를 초과했기 때문에 올해 어느 날 새벽에 두 손으로 사이렌의 레버를 움켜쥐고서 소리쳤다. "맙소사!" 그리고 또 소리쳤다. "맙소사, 우리가 해냈어!" 그리고 그 마을을 깨웠던 그 사이렌이 온 쿠바를 깨우는 동안에 파르르 떨던 그의 손이 움켜잡은 레버를 그

---

252) (옮긴이) 호퍼(hopper)는 석탄, 모래, 자갈 따위를 저장하는 큰 통인데, 필요에 따라 밑에 달린 깔때기 모양의 출구를 열어 내용물을 내보내는 장치가 되어 있다.

누구도 떼어낼 수 없었다. 그리고 퇴거, 뇌물, 살인, 굶주림에 관한 이야기와 매년의 절반 이상을 점유한 강제적인 실업이 만들어낸 기이한 직업들, 예를 들어 농장에서 귀뚜라미를 잡는 직업에 관한 이야기가 있었다. 필자는 그 불행이 배가 부풀어 있었다고 생각하는데, 이제 그 사실이 알려져 있다.[253] 죽은 사람들이 헛되이 죽은 것은 아니었다. 예를 들어, 회사가 백지수표를 주자 화를 내며 거절했던 아만시오 로드리게스(Amancio Rodríguez)는 집회를 하다가 파업 파괴자들의 총에 맞아 살해당했는데, 동료들이 그를 매장하려고 관에 넣었을 때 그는 속옷도 양말도 착용하지 못한 상태였다. 또 다른 예로, 페드로 플라사(Pedro Plaza)는 20살에 체포되어 군인들을 태운 트럭을 운전했는데, 자신이 직접 설치한 지뢰밭으로 트럭을 몰고 가서 트럭, 군인들과 함께 폭발해 버렸다. 그리고 이곳을 비롯해 도처에서 수많은 사람이 그런 일을 당했다. "여기 가족들은 순교자들을 많이 사랑하지만, 순교자들이 죽고 난 뒤에 그래요. 순교자들이 죽기 전에는 사람들이 불평만 늘어놓았어요." 늙은 사탕수수 농부가 내게 말했다. 그럼에도, 피델 카스트로가 자신의 게릴라 대원 4분의 3을 농민, 즉 사탕수수 노동자로 채운 것은 우연이 아니며, 오리엔테(Oriente) 지방이 쿠바의 역사를 통틀어 설탕의 최대 원천임과 동시에 반란의 최대 진원지였던 것도 우연이 아니었다. 필자는 누전된 분노를 설명할 수 있다. 결국 1961년에 사탕수수를 대량으로 수확한 뒤에 혁명이 설탕에 복수하기로 한 것이다. 설탕은 쿠바가 당

---

253) (옮긴이) 그 불행(문제)에 대해서 처음에는 미처 인식하지 못했지만, 그것이 점점 커져 심각한 상태였다는 사실을 나중에 알게 되었다는 의미다.

한 굴욕에 대한 살아 있는 기억이었다. 설탕 또한 쿠바의 운명이었던가?

설탕이 나중에 속죄를 했는가? 지금 설탕이 경제 발전의 지렛대, 도약대가 될 수 있는가? 혁명은 정당한 조급함의 영향을 받아서 수많은 사탕수수 농장을 파괴하고 농업 생산을 순식간에 다양화하려 했다. 라티푼디움을 비생산적인 미니푼디움으로 분할하는 전통적인 오류는 범하지 않았지만, 사회화된 농장[254]마다 단번에 지나치게 다양한 농작물을 재배하기 시작했다. 국가를 산업화하고, 농업 생산성을 높이고, 혁명이 부의 재분배를 통해 엄청나게 팽창한 커다란 소비 욕구를 충족하려고 대규모 수입을 해야 했다. 대규모 사탕수수 수확이 없으면, 그런 수입에 필요한 외화를 어디에서 구할까? 광업, 그중에서도 니켈의 개발은 거액의 투자를 해야 하는데, 투자가 실현되는 중이고, 선단의 증대 덕분에 어획량이 여덟 배로 증가했는데, 이 또한 거대한 투자를 요구했다. 대규모 감귤 생산 계획들이 실행 중이지만, 씨를 뿌리고 나서 수확을 하기까지 몇 년 동안 인내해야 한다. 그때 혁명은 자신이 칼과 살인자를 혼동했다는 사실을 깨달았다. 저개발의 요인이었던 설탕은 이제 개발의 도구로 바뀌었다. 단작과 의존의 척추를 끊기 위해서는 쿠바가 세계 시장에 통합됨으로써 비롯된 단작과 의존의 결과물들을 사용하는 것 외에 다른 대책이 없었다.

---

254) (옮긴이) 사회화된 농장(finca socilizada)은 쿠바에서 혁명 이후(1959년) 사유재산이던 농장이 국가 또는 공동체 소유로 전환되어 공공의 이익을 위해 운영된 것을 가리킨다. 국유화된 농장, 사회 공동 농장, 집단농장이라는 해석이 가능하다.

왜냐하면 설탕이 제공하는 수입(收入)이 이미 종속의 구조를 강화하는 데 사용되고 있지 않기 때문이다.[255] 기계류와 산업 설비의 수입은 1958년 이래 40% 정도 증가했다. 설탕이 창출한 경제적 잉여는 기간산업을 발전시키기 위해, 그리고 유휴지를 없게 하고 노동자가 실업에 내몰리지 않도록 하려고 활용된다. 바티스타 독재 정권이 붕괴했을 때 쿠바에는 트랙터 5천 대와 자동차 30만 대가 있었다. 현재 트랙터는 5만 대인데, 그 가운데 상당 부분은 심각한 조직상의 결함 때문에 낭비되고, 대부분이 고급형 모델이었던 자동차는 고철 박물관에나 어울릴 몇 대만 남아 있다. 시멘트 산업과 발전소는 놀라운 발전을 이루었다. 새로운 비료공장들 덕분에 1958년에 비해 현재 5배나 많은 비료를 사용할 수 있게 되었다. 곳곳에 건설된 저수지는 현재 1958년 총저수량의 73배에 달하는 물을 저장하면서[256] 관개 지역도 비약적으로 확대되었다. 쿠바 전역에 새로 개통된 도로들은 영원히 고립될 운명에 처한 것처럼 보이던 수많은 지역의 단절을 해소했다. 세부 종 암소[257]의 빈약한 우유 생산량을 늘리기 위해 쿠바에 홀스타인 종의 황소를 들여와 그들 암소와 인공수정을 통해 80만 마리의 교배종 젖소를 만들어냈다.

---

255) 여러 사회주의 국가에 의해 보증되었던 안정된 설탕 가격은 이 점에서 결정적인 역할을 했다. 또한 미국이 설정한 부분적 봉쇄가 에스파냐, 다른 서유럽 국가들과의 활발한 상업 거래를 통해 붕괴되었다. 쿠바 수출품의 3분의 1이 달러, 즉 교환성 통화를 국가에 제공한다. 나머지는 소련 및 루블화 사용 지역과의 물물교환에 사용된다. 이 무역 시스템은 몇 가지 난점을 내포한다. 소비에트의 화력 발전소용 터빈은 소련이 생산하는 모든 중장비처럼 품질이 우수하지만, 경공업 혹은 중규모 산업에서 생산되는 소비재는 그렇지 않다.
256) 제11차 유엔 식량농업기구(FAO) 지역회의에서의 쿠바의 보고. 1970년 10월 13일 자 《프렌사 라티나(Prensa Latina)》.
257) (옮긴이) 세부(Cebu)는 인도와 아프리카 소의 변종이다.

사탕수수 베기와 수확의 기계화에서는, 아직 충분하지 않다고 할지라도, 주로 쿠바의 발명품에 기반해 현저한 발전이 이루어졌다. 혁명이 가져온 변화로 해체된 낡은 시스템을 대체하려고, 여러 가지 어려움을 겪으며 새로운 작업 시스템이 구축된다. 마체테를 사용해 사탕수수를 수확하는 전문 일꾼들, 즉 설탕 산업에 얽매인 사람들은 이제 쿠바에서 멸종된 종이다. 그들에게도 혁명은 덜 힘든 다른 직업을 선택할 자유를 의미하고, 그들의 자녀들에게는 장학금을 통해 도시에서 공부할 가능성을 의미했다. 사탕수수 농민의 구제는 결과적으로 불가피한 대가, 즉 섬 경제에 심각한 혼란을 초래했다. 1970년에 쿠바는 사탕수수 수확을 위해 세 배나 많은 노동자를 동원해야 했는데, 그들 대부분은 지원자나 병사, 또는 다른 부문의 노동자였고, 이에 따라 농촌과 도시의 그 밖의 활동 분야가, 즉 그 밖의 생산물의 수확과 공장의 작업 속도 등이 손해를 입었다. 이런 의미에서 사회주의 사회에서는 자본주의 사회와 달리 노동자가 실업에 대한 두려움이나 탐욕으로 움직이지 않는다는 점을 고려해야 한다. 다른 동력들, 즉 연대, 집단적 책임, 인간이 이기심을 넘어서도록 이끄는 의무와 권리에 대한 인식이 작동해야 한다. 그런데 어느 민중 전체의 의식은 한순간에 변하지 않는다. 피델 카스트로에 따르면, 혁명이 권력을 장악했을 때 쿠바인 대부분은 전혀 반제국주의적이지 않았다.

쿠바인들은 아바나와 워싱턴 사이에 도전과 응전, 타격과 반격이 이루어짐에 따라, 그리고 사회적 정의에 대한 공약이 구체적인 사실로 바뀌어 감에 따라 급진화되어 갔다. 새로운 병원 170개와 비슷한 수의 다목적 진료소가 건설되고, 의료 서비스가 무료로 행해졌다. 모든 교육 단계에서 등록 학생 수가 세 배로 늘어나고, 교육 또한 무료화되었다. 장학금은 오늘날 30만 명 이상의 어린이와 청년에게 혜택을 주고, 기숙학교와 유아 교육 시설도 증가했다. 주민 대다수가 임대료를 내지 않고, 수도, 전기, 전화, 장례식, 스포츠 관람도 이제 무료로 제공된다. 사회적 서비스를 위한 지출은 불과 몇 년 안에 다섯 배로 증가했다. 그러나 모든 사람이 교육을 받고, 신발을 갖고 있는 현재, 수요는 기하급수적으로 증가하는 데 비해 생산은 산술적으로만 증가할 수 있다. 소수의 사람이 아니라 모든 사람이 소비하는 현재, 소비 압력 또한 쿠바가 신속하게 수출을 증대하도록 강요하고, 설탕은 여전히 최대 자원의 원천이 되고 있다.

사실, 혁명은 힘들고 어려운 시기, 전환과 희생의 시기를 겪고 있다. 사회주의는 이를 꽉 악물고 이루는 것이며, 혁명은 단연코 소풍이 아니라는 사실을 쿠바인 자신이 확인하게 되었다. 어찌 되었든, 미래가 공짜로 주어진다면 이 땅의 것이 아닐 것이다. 다양한 생산품이 부족하다는 점은 확실하다. 1970년에는 과일, 냉장고, 의류가 부족한 상태다. 줄을 서는 것은 매우 흔한데, 이는 단지 배급의 비조직화 때문에 발생하는 것은 아니다. 물자 부족의 본질적인 원인은 새로운 소비자의 수가 아주 많아졌기 때문이다. 이제 국가는 모든 사람의 것이다.

따라서 이 물품 부족은 그 밖의 라틴아메리카 국가들이 겪는 것과는 성격이 반대다.

국방비도 동일한 맥락에서 작용한다. 쿠바는 눈을 뜬 채 자야 하는데, 이는 또한 경제적인 관점에서 아주 비싼 비용이 든다. 끊임없는 침략과 사보타주를 견뎌야 했던 이 억압받은 혁명은 무너지지 않는데, 그 이유는—특이한 독재—무장한 국민이 지켜주기 때문이다.

수탈자들은 수탈을 당하고도 포기하지 않는다. 1961년 4월에 히론 해변(Playa Girón)에 상륙한 여단은 바티스타 정권의 옛 군인과 경찰만이 아니라 37만 헥타르 이상의 토지, 거의 1만 개에 이르는 부동산, 70개의 공장, 10개의 설탕공장, 3개의 은행, 5개의 광산, 12개의 **카바레**의 소유주들로 구성되어 있었다.

과테말라의 독재자 미겔 이디고라스 푸엔테스(Miguel Ydígoras Fuentes)는, 나중에 자신이 고백한 바에 따르면, 미국인들이 그에게 다음과 같이 약속하는 대가로 원정군에게 훈련 캠프를 제공했다. 그 약속은 실제로는 절대 주지 않았던 현금 제공과 과테말라산 설탕의 미국 시장에 대한 배당량 확대였다.

1965년에 또 다른 설탕 생산국인 도미니카 공화국은 "지속되는 혼란을 고려해 이 나라에 무기한으로 주둔할" 준비가 된 해병대원 약 4만 명의 침공을 당했다고, 사령관 브루스 팔머(Bruce Palmer) 장군이 밝혔다. 설탕값의 급격한 하락이 민중의 분노를 폭발시킨 요인들 가운데 하나였다. 민중은 군부 독재 정권에 반대해 궐기했고, 미국 군대는 지체하지 않고 질서 재건에 착수했다. 오사마(Ozama)강과 카리브해 사이, 즉 산토 도밍고 시의 궁지에 몰린 동네에서 애국

자들이 벌인 몇 차례의 백병전에서 사망자 4,000명이 발생했다.[258] 미주기구—자신이 먹는 장소를 절대 잊지 않는 당나귀의 기억력을 지닌—는 그 침공을 칭찬하고, 새로운 군대를 파견함으로써 고무했다. 또 하나의 쿠바의 싹을 짓밟아야 했다.

카리브 노예의 희생 덕분에
제임스 와트의 증기기관과 워싱턴의 대포가 탄생했다

체 게바라는 저개발이 큰 머리와 불룩하게 부풀어 오른 배에, 나약한 다리와 짧은 팔이 신체의 다른 부분과 조화를 이루지 않는 난쟁이라고 말했다. 아바나는 번쩍번쩍 빛이 나고, 캐딜락 자동차들이 호화로운 대로를 붕붕 달리고, 세계에서 가장 큰 **카바레**에서는 가장 아름다운 **베데테**들이 레쿠오나[259]의 리듬에 맞춰 요염하게 몸을

---

258) 내셔널 슈거 리파이닝 컴퍼니(National Sugar Refining Co.)의 사장 엘즈워스 벙커(Ellsworth Bunker)가 군사 개입 후의 도미니카 공화국에 린든 존슨(Lyndon Johnson)의 특사로 파견되었다. 이 작은 나라에서 내셔널 슈거의 이익은 벙커의 신중한 배려로 비호받았다. 점령군은 대단히 민주적인 선거가 치러진 뒤에 트루히요(Trujillo)의 무자비한 독재의 전 기간에 걸쳐 트루히요의 오른팔이었던 호아킨 발라게르(Joaquín Balaguer)를 권좌에 앉히려고 철수했다. 산토 도밍고 시민들은 헌법에 따라 선출되었다가 군사 쿠데타로 축출된 상태였던 대통령 후안 보쉬(Juan Bosch)의 정권 복귀를 요구하며 거리와 옥상에서 곤봉, 마체테, 소총을 들고 외국 군대의 탱크, 바주카포, 헬리콥터에 맞서 싸웠다. 역사는 조롱하듯이 예언을 가지고 논다. 트루히요의 30년 독재가 끝나고 후안 보쉬가 짧은 대통령직을 시작한 날 당시 미국 부통령 린든 존슨은 미국 정부의 공식 선물인 구급차 한 대를 산토 도밍고에 가져왔다.

259) (옮긴이) 레쿠오나(Ernesto Lecuona)는 쿠바 출신의 유명한 작곡가이자 피아니스트로, 1920-1950년대 라틴아메리카와 미국에서 인기가 있었기 때문에, 그의 음악은 당시 카바레, 살롱, 영화 등에 널리 사용되었다. 베데테(vedette)는 카바레 등지에서 공연하는 무희를 가리킨다.

흔들어댔다. 그 사이에 쿠바의 농촌에서는 농업 노동자 10명 중 1명만이 우유를 마시고, 고작 4%가 고기를 먹었으며, 국가 경제위원회(Consejo Nacional de Economía)에 따르면, 농촌 노동자의 5분의 3은 생활비의 3분의 1 내지는 4분의 1의 임금을 받았다.

그러나 설탕이 난쟁이만 생산하지는 않았다. 거인을 생산했거나 적어도 거인의 성장에 현저하게 공헌했다. **라틴아메리카 열대의 설탕은 영국, 프랑스, 네덜란드, 그리고 미국의 산업 발전을 위한 자본 축적에도 커다란 자극을 주고, 동시에 브라질 북동부 및 카리브해 섬들의 경제를 불구로 만들고, 아프리카의 역사적 파멸을 확정했다. 유럽, 아프리카, 아메리카의 삼각 무역에서 설탕 플랜테이션으로 향하는 노예의 무역이 대들보 역할을 했다.** 아우구스토 코친(Augusto Cochin)이 말했듯이, "설탕 한 알의 역사는 정치경제, 정치, 그리고 도덕에 대해서도 중요한 가르침을 준다."

서아프리카의 부족들은 전쟁 포로를 노예로 삼아 그 수를 늘리려고 서로 싸우며 살아갔다. 그들은 포르투갈의 식민지 영토에 속해 있었지만 포르투갈인들은 흑인 노예의 거래가 절정에 달했던 시대에 제공할 선박도 공업 제품도 갖지 못했기 때문에 다른 강대국들의 노예 무역선 선장과 아프리카의 작은 왕들 사이에서 단순한 중개자가 되었다. 영국은, 자국에 더 이상 이익이 되지 않았을 때까지, 인간의 살을 사고파는 일에서 최고의 챔피언이었다. 그렇지만 네덜란드인들은 이 사업에서 더 오랜 전통을 가졌는데, 왜냐하면 잉글랜드가 타국의 식민지에 노예를 도입하는 권리를 얻기 전에 카를로스 5세가 아메리카로 흑인을 수송하는 독점권을 네덜란드인들에게 하사했기 때문이다. 프랑스의 경우, 태양왕 루이 14세는 아메리카로 노예를 거래하기 위해 1701년에 설립된 기니 회사(Guinea Company)의 이익 절반을 에스파냐 국왕과 나누었고, 프랑스 산업화를 주도한 콜베르(Colbert)는 흑인 노예무역이 "국가 상업 선박의 발전을 위해 바람직하다."[260]고 주장한 이유를 가지고 있었다.

 애덤 스미스는 아메리카의 발견이 "중상주의 체계를 다른 방식으로는 결코 달성할 수 없었을 영예롭고 영광스러운 단계로 끌어 올렸다."라고 말했다. 세르히오 바구(Sergio Bagú)에 따르면 유럽 중상주의 자본 축적의 가장 거대한 원동력은 아메리카의 노예제였고, 또한 그 자본은 "현대의 거대한 산업자본을 구축하는 초석"[261]이 되었다. 신세계에서 부활한 그리스·로마 노예제는 기적 같은 특성을 보이고 있었다. 노예의 출발지에도 없었고, 대서양을 건넌 노예의 도착지에도 없었던 나라들(미국은 예외였다)의 선박, 공장, 철도, 은행의 수를 늘려준 것이다. 16세기 초부터 19세기 말까지 정확히는 알 수 없지만 아프리카인 수백만 명이 대양을 건넜다. 확실히 알 수 있는 것은 그들의 수가 유럽 출신 백인 이주자 수보다 훨씬 많았는데, 물론 살아남은 아프리카인은 훨씬 적었다는 것이 확실하다. 포토맥강에서부터 라 플라타강[262]에 이르기까지 각 지역에서 노예는 주인의 집을 짓고, 삼림을 벌채하고, 사탕수수를 베어 즙을 짜고, 목화를 심

---

260) L. Capitan y Henri Lorin, *El trabajo en América: antes y después de Colón*, Buenos Aires, 1948.
261) Sergio Bagú, op. cit.
262) (옮긴이) 포토맥강(Potomac River)은 미국 동부를 관통하는 강이고, 라 플라타강(Río de la Plata)은 아르헨티나와 우루과이 사이를 흐르는 강이다.

고, 카카오를 재배하고, 커피와 담배를 수확하고, 금을 찾아 강바닥을 훑었다. 그들의 연속적인 학살은 히로시마의 몇 배에 해당했을까? 자메이카의 어느 영국인 경작자가 말한 바와 같이 "흑인을 사는 것이 기르는 것보다 쉽다." 카이우 프라두(Caio Prado)는 19세기 초까지 500만에서 600만여 명의 아프리카인이 브라질에 도착했다고 계산한다. 그 당시에 이미 쿠바는 이전에 서반구 전체 노예 시장의 규모만큼 큰 노예 시장이 되어 있었다.[263]

1562년경에 존 호킨스[264]는 포르투갈령 기니에서 흑인 300명을 밀반출했다. 엘리자베스 여왕은 격노했고, "이 사건은 천벌을 받아 마땅하다."라고 선고했다. 그러나 호킨스는 카리브 지역에서 노예를 주고 사탕과 피혁, 진주와 생강의 화물 한 뱃짐을 얻었다고 여왕에게 보고했다. 여왕은 그 해적을 용서하고, 그의 상업적 동업자가 되었다. 1세기 후 요크(Duke of York) 공작은 자기 회사가 매년 그 "설탕 섬"에 이송하던 흑인 3천 명의 왼쪽 엉덩이나 가슴에 자신의 작위 이니셜 DY를 달군 인두로 찍었다. 로열 아프리칸 컴퍼니(The Royal African Company)의 주주들 가운데는 국왕 찰스 2세도 있었는데, 1680년에서 1688년 사이에 회사가 선적한 노예 70,000명 가운데 항해를 끝냈을 때는 46,000명만이 살아남았음에도 불구하고, 왕에게 300%의 배당금이 지불되었다. 항해 중에 수많은 아프리카인이 전염병이나 영양실조로 죽거나, 식사를 거부하거나, 자신의 몸

---

263) Daniel P. Mannix y M. Cowley, *Historia de la trata de negros*, Madrid, 1962.
264) (옮긴이) 존 호킨스(John Hawkins, 1532-1595)는 영국의 해군 제독으로, 영국 최초로 노예 무역에 종사해 엄청난 부를 얻고 1573년에 해군 장군이 되었다.

을 결박했던 쇠사슬로 목을 매거나, 뱃전에서 상어의 지느러미가 가득 찬 바다에 몸을 던져 자살했다. 영국은 느리지만 확고하게 흑인 노예 무역에서 네덜란드의 지배권을 무너뜨렸다. 사우스 시 컴퍼니(South Sea Company)는 에스파냐에 의해 영국인에게 부여된 "노예 공급권"[265]의 주요 수익자가 되었는데, 그 회사에는 영국의 정치와 금융 분야에서 가장 저명한 인물들이 참여했다. 그 어떤 사업보다도 빛났던 그 사업은 런던 증권 거래소를 광란에 빠뜨리고, 전설적인 투기를 촉발했다.

노예 수송은 조선소의 거점인 브리스틀을 영국의 두 번째 도시로 격상시키고 리버풀을 세계 최대의 항구로 바꾸어 놓았다. 선박들은 아프리카의 인간 상품을 위한 지불 수단이 되는 무기, 직물, 진(gin), 럼(rum), 잡화, 착색된 유리 제품을 선창에 싣고서 출항했고, 그 인간 상품에 대한 대가로는 아메리카 식민지의 플랜테이션에서 생산되는 설탕, 면화, 커피, 카카오가 지불되었다. 영국인들은 바다에 대한 지배권을 확립했다. 18세기 말에 아프리카와 카리브 지역은 맨체스터의 섬유 노동자 18만 명에게 일자리를 주었다. 셰필드에서는 칼이, 버밍엄에서는 연간 15만 정의 머스킷[266]이 출하되었다.[267] 아프리카의 추장들은 영국의 공업 제품을 받고 흑인 노예 무역선의 선

---

265) (옮긴이) 노예 공급권(derecho de asiento)은 에스파냐가 자국의 식민지에 아프리카 노예를 합법적으로 공급할 수 있도록 영국에게 허용한 독점적인 권리다. 영국은 1713년 위트레흐트 조약(Treaty of Utrecht) 이후 이 권리를 확보했고, 사우스 시 컴퍼니가 업무를 수행했다.
266) (옮긴이) 머스킷(Musket)은 화승총인 아르케부스의 개량형으로, 16-19세기에 널리 쓰였다.
267) Eric Williams, *Capitalism and Slavery*, Chapel Hill, North Carolina, 1944.

장에게 노예 화물을 넘겨주었다. 그렇게 해서 추장들은 나중에 촌락에서 벌어질 노예 사냥에 필요한 새로운 무기와 풍부한 아구아르디엔테를 갖게 되었다. 그들은 상아, 밀랍, 야자유도 제공했다. 노예들 가운데 많은 수는 밀림에서 태어났기 때문에 단 한 번도 바다를 본 적이 없었다. 노예들은 바다의 파도 소리를 자신들을 잡아먹으려고 바다 밑에 숨어 있는 어느 짐승의 소리라고 혼동하거나, 그 당시 어느 무역상의 증언에 따르면, "자신들의 살코기가 유럽 사람에게 높이 평가되어 자신들이 양처럼 도살장으로 끌려간다."[268]고 믿었는데, 어느 정도는 틀리지 않는 생각이었다. 일곱 갈래 채찍은 아프리카인들의 절망적인 자살을 막는 데 별 소용이 없었다.

  굶주림, 질병, 그리고 몸들이 빽빽하게 채워진 상태로 이루어진 항해에서 살아남은 그 "짐꾸러미들(fardos)"은 가이타 소리에 맞춰 식민지 거리를 행진한 뒤에 피골이 맞닿은 몸에 누더기를 걸친 채 광장에 전시되었다. 몹시 쇠진한 상태로 카리브 지역에 도착한 이들을 매수인의 눈앞에 내보이기 전에 노예 창고에서 먹이를 줘서 살을 찌울 수 있었다. 병든 노예는 부두에 방치되어 죽어갔다. 노예는 현금이나 3년 기한의 약속어음을 받고 팔렸다. 배는 다양한 열대 산품을 싣고 리버풀로 돌아가려고 닻을 올렸다. 18세기 초 영국의 섬유 산업이 방직한 면화의 4분의 3은 앤틸리스 제도 산이었는데, 물론 나중에는 조지아와 루이지애나가 주요 공급원이었다. 18세기 중반에 영국에는 120개의 설탕공장이 있었다.

---

268) Daniel P. Manniz y M. Cowley, op. cit.

당시에 영국 사람 1명은 연간 약 6파운드로 살아갈 수 있었다. 리버풀의 노예 상인들은 부수적인 무역에서 얻는 이익을 제외하고 카리브 지역에서 획득한 돈만을 계산했을 때 연간 110만 파운드가 넘는 이익을 거두었다. 10개의 큰 회사가 그 무역의 3분의 2를 지배했다. 리버풀은 새로운 부두 시스템을 구축했다. 더 길고 흘수(吃水)가 더 큰 선박이 점점 많이 건조되었기 때문이다. 금은 세공사들은 "노예와 개를 위한 은 자물쇠와 목걸이"를 제공했고, 우아한 여성들은 자수 놓은 조끼를 입은 원숭이와 터번을 쓰고 풍선처럼 부풀어 오른 바지를 입은 노예 어린이를 동반하고 공개 석상에 나타났다. 당시 어느 경제학자는 흑인의 거래를 "그 밖의 모든 것의 기본적이고 근본적인 원리이자 기계의 모든 톱니바퀴를 움직이게 하는 주요 추진 장치"라고 묘사했다. 리버풀과 맨체스터, 브리스톨, 런던과 글래스고에 은행이 확산되었다. 로이드 보험회사는 노예, 선박 및 플랜테이션에 대한 보증을 통해 수익을 축적했다. 아주 이른 시기부터 《런던 가제트(London Gazette)》의 광고는 도망친 노예가 로이드 사로 반환되어야 한다고 알렸다. 흑인 노예무역에서 나온 자금으로 영국 서부에 대규모 철도가 건설되고, 웨일스의 슬레이트 공장과 같은 산업이 태동했다. **삼각무역에서 축적된 자본―제조품, 노예, 설탕―이 증기기관을 발명할 수 있게 했다.** 제임스 와트는 이미 그렇게 해서 재력을 쌓은 상인들로부터 자금을 지원받았다. 에릭 윌리엄스(Eric Williams)는 이 주제에 관해 풍부한 자료를 토대로 쓴 책에서 그렇게 주장한다.

19세기 초엽에 그레이트 브리튼(Great Britain)은 노예 폐지 운동의 주요 추진국이 되었다. 영국 산업은 이미 더 높은 구매력을 가진 국제 시장을 필요로 했는데, 그로 인해 임금 제도가 확산될 수밖에 없었다. 또한, 카리브해의 영국 식민지에서 임금 제도가 확립되면서 노예 노동으로 생산된 브라질 설탕은 비교적 낮은 단가 덕분에 우위를 회복했다.[269] 영국 함대가 흑인 노예 무역선에 대한 공격을 개시했지만 노예무역은 쿠바와 브라질에 노예를 공급하기 위해 계속해서 증가했다. 영국 배가 해적선에 도달하기 전에 노예들은 뱃전에서 바다에 던져졌다. 배에는 악취, 뜨거운 가마솥, 그리고 갑판에서 우스워 죽을 지경이 된 선장만이 있을 뿐이었다. 노예무역을 억압하면서 노예의 가격이 올라가고, 무역의 이익이 엄청나게 증가했다. 19세기 중반에 노예 무역 상인들은 아프리카에서 잡아 온 건장한 노예 한 명당 낡은 총 한 자루를 주고 사서는, 나중에 쿠바에서 600달러가 넘는 가격에 팔았다.

영국에게 카리브해의 작은 섬들은 북부의 식민지들보다 훨씬 중요했다. 바베이도스, 자메이카와 몬세라트 사람들이 자력으로 바늘 하나 또는 편자 하나를 제조하는 것도 금지했다. 뉴 잉글랜드의 사

---

269) 브라질에서 노예제를 명시적으로 금지한 최초의 법률은 브라질의 법률이 아니었다. 그것은 영국의 법률이었는데, 우연히 그렇게 된 것이 아니다. 영국 의회는 1845년 8월 8일 투표로 그 법률을 통과시켰다. Osny Duarte Pereira, *Quem faz as leis no Brasil?*, Río de Janeiro, 1963.

정은 이와 크게 달랐는데, 이것이 그곳의 경제 발전, 그리고 정치적 독립 또한 쉽게 만들었다.

확실히 뉴 잉글랜드에서의 흑인 노예 무역은 미국에서 산업혁명을 쉽게 만든 자본의 대부분을 창출했다. 18세기 중반에 미국 북부의 흑인 노예 무역선은 럼이 가득한 술통을 보스턴, 뉴포트 또는 프로비던스에서 아프리카 해변까지 운반했다. 아프리카에서 럼통을 노예와 교환하고, 카리브 지역에서 노예를 판 뒤에 구입한 당밀을 메사추세츠 주까지 가져와서 증류해 럼을 만듦으로써 그 순환 고리를 완성했다. 앤틸리스 제도의 최고급 럼인 웨스트 인디언 럼(West Indian Rum)은 앤틸리스 제도에서 만들어지지 않았다. **이 노예 무역에서 얻어진 자본으로 프로비던스의 브라운 형제는 독립전쟁에 필요한 대포를 조지 워싱턴 장군에게 조달하기 위한 용해로를 설치했다.**[270] 사탕수수 단작에 의존하던 카리브 지역의 설탕 플랜테이션은 흑인 노예 무역이 뉴 잉글랜드의 조선업과 증류 산업에 제공한 활력 덕분에 "열세 개 식민지" 발전의 역동적인 중심지로 간주될 수 있었을 뿐만 아니라, 설탕공장으로 향하는 식량, 목재, 다양한 장비의 수출을 진작하기 위한 거대한 시장을 만듦으로써 북대서양 지역의 농업 경제와 초기 제조업 경제에 경제적 생존 가능성을 부여했다. 북부 식민지 주민들의 조선소에서 건조된 선박은 생선, 훈제육, 귀리, 그 밖의 곡물, 강낭콩, 콩, 밀가루, 버터, 치즈, 옥파, 말과 소, 밀초와 향미료, 직물, 송판, 설탕 상자용 떡갈나무와 삼나무(쿠바는 에스파냐

---

270) Daniel P. Manniz y M. Cowley, op. cit.

계 아메리카에 도입된 최초의 기계톱을 갖고 있었지만 유감스럽게도 그곳에는 자를 나무가 없었다), 판자, 아치형 구조물, 테, 쇠고리, 못을 카리브 지역에 대량으로 가져갔다.

그런 식으로 이 모든 과정에 피가 흘러 들어갔다. 오늘날 개발된 나라들은 개발되었고, 개발이 늦은 나라들은 저개발되었다.

무지개는 기니로 돌아가는 길이다

1518년에 변호사 알론소 수아소(Alonso Zuazo)는 도미니카에서 카를로스 5세에게 다음과 같이 써 보냈다. "흑인이 반란을 일으킬 수 있다는 우려는 헛된 것입니다. 800명의 노예가 있는 포르투갈의 섬들에는 과부들이 아주 평온하게 살고 있습니다. 모든 것은 그들이 어떻게 다스려지는가에 달려 있습니다. 저는 이곳에 와서 일부 흑인은 간사하고, 일부 흑인은 산으로 도망쳤다는 사실을 알게 되었습니다. 제가 흑인 몇을 채찍으로 때리고, 흑인 몇의 귀를 잘랐고, 그래서 이제는 더 이상의 불만이 제기되지 않습니다." 4년 뒤에 아메리카에서 최초로 노예의 반란이 발발했다. 신대륙 발견자의 아들 디에고 콜럼버스(Diego Colón)의 노예들이 맨 처음에 반란을 일으켰다가 결국 설탕공장의 길목에 설치된 교수대에 걸어졌다.[271] 또 다른 반란들이 산토 도밍고에서 일어났고, 나중에는 카리브 지역의 모든 설탕

---

271) Fernando Ortiz, op. cit.

섬에서 일어났다. 디에고 콜럼버스를 대경실색하게 한 지 2세기가 지난 뒤에, 시마론[272] 노예들이 같은 섬의 정반대 장소인 아이티에서 가장 높은 산악지대로 도피해 산에서 식량을 재배하고, 신을 숭배하고, 관습을 이어감으로써 아프리카적인 생활을 재건했다.

아이티 사람에게 무지개는 오늘날에도 여전히 기니로 돌아가는 길을 나타낸다. 흰 돛을 단 배를 타고서 (……) 네덜란드령 기아나에는 수리남 삼림으로 도망간 노예의 후손인 **주카족**(djukas)이 3세기 전부터 코란틴(Courantyne) 강을 따라 공동체를 이루어 살고 있다. 이들 마을에는 "기니의 성소와 유사한 장소가 존속하고, 가나에서 행해질 법한 춤과 의식이 거행된다. 춤과 의식에는 아샨티(Ashanti)[273]의 북과 아주 유사한 북의 언어가 사용된다."[274] 기아나의 노예에 의한 최초의 대규모 반란은 **주카족**이 도망친 지 100년이 지나 발생했다. 네덜란드인들은 플랜테이션을 되찾고, 노예 지도자들을 서서히 불에 태워 죽였다. 그러나 **주카족**이 집단 이주를 하기 얼마 전에 브라질의 시마론 노예들이 브라질의 북동부에 흑인 왕국 팔마레스(Palmares)를 세웠고, 그들은 왕국을 쓰러뜨리려고 네덜란드인과 포르투갈인이 수십 번에 걸쳐 잇달아 파견한 원정대의 공격에

---

272) (옮긴이) 시마론(cimarrón)은 아프리카에서 강제로 끌려온 흑인 노예 가운데 자유를 찾아 도망쳐 산악 지대나 숲에 숨어 살던 사람을 가리킨다. 영어로는 마룬(maroon)이라 부른다.
273) (옮긴이) 아샨티(Ashanti)는 가나에 있는 지역이자 민족 집단이다. 아샨티족은 서아프리카에서 가장 잘 알려진 민족들 가운데 하나로, 특히 전통적인 금 공예, 고유한 문화, 그리고 강력한 아샨티 왕국으로 유명하다.
274) Philip Reno, "El drama de la Guayana británica. Un pueblo desde la esclavitud a la lucha por el socialismo", *Monthly Review*, núm. 17/18, Buenos Aires, enero-febrero de 1965.

17세기 내내 성공적으로 저항했다. 병사 수천 명의 습격도 1963년까지 그 광대한 피난처를 난공불락의 진지로 만든 게릴라 전술 앞에서는 무용지물이었다. 팔마레스 독립 왕국은—반란을 위한 소집, 자유의 깃발—"17세기에 아프리카에 존재한 수많은 국가와 유사한" 국가로 조직되어 있었다.[275] 그 왕국은 페르남부쿠의 카부 지 산투 아고스치뉴(Cabo de Santo Agostinho) 인근에서부터 알라고아스(Alagoas)의 사웅 프란시스쿠강 북부 지대까지 퍼져 있었다. 포르투갈 영토의 3분의 1에 상당하고, 야생 밀림의 촘촘한 벽에 둘러싸여 있었다. 최고 지도자는 아주 유능하고 총명한 사람들 중에서 선출되었다. 즉, "전쟁이나 지휘에 관해서 최고의 권위와 행운을 지닌"[276] 인물이 왕국을 지배했다. 강력한 설탕 플랜테이션이 주를 이루던 시대에 팔마레스는 브라질에서 다양한 작물을 재배하던 유일한 지역이었다. 흑인들은 자신이나 조상이 아프리카의 사바나와 열대 우림에서 얻은 경험에 따라 옥수수, 고구마, 강낭콩, 만디오카, 바나나와 기타 식량을 재배했다. 그들이 재배하던 농작물을 파괴하는 행위가 족쇄를 차고 바다를 건넌 뒤에 플랜테이션에서 도망친 사람을 잡아오려고 파견된 식민지 군대의 주요 목표처럼 보인 것은 그럴 만한 이유가 있었다.

　팔마레스에 식량이 풍부했던 것은 해안의 설탕 생산 지역이 전성기에도 궁핍했던 것과는 대조적이었다. 자유를 쟁취한 노예들은 수

---

275) Edison Cameiro, *O quilombo dos palmares*, Río de Janeiro, 1966.
276) Nina Rodrigues, *Os africanos no Brasil*, Río de Janeiro, 1932.

확물을 서로 나누어 가졌기 때문에 능숙하고 용감하게 자유를 지켜 냈다. 이 흑인 국가에서 토지는 공동으로 소유되고 화폐는 유통되지 않았다. "세계 역사에서 팔마레스에서만큼 오래 지속된 노예 반란은 없다. 고대의 가장 중요한 노예 제도를 뒤흔들었던 스파르타쿠스의 반란은 18개월 동안 지속되었다."[277] 포르투갈 왕실은 최후의 전투를 위해, 한참 뒤 브라질이 독립할 때까지 브라질에서는 가장 큰 규모라고 알려진 군대를 동원했다. 1만 명에 달하는 사람이 팔마레스의 마지막 요새를 방어했다. 생존자는 머리가 잘리거나 절벽에서 굴러떨어지거나 리우 데 자네이루와 부에노스 아이레스의 상인에게 팔려갔다. 2년 후, 노예들이 불사의 존재라고 간주하던 지도자 숨비(Zumbi)는 배신을 피할 수 없었다. 그는 밀림에 유폐된 뒤에 머리가 잘렸다. 하지만 반란은 계속되었다. 그로부터 얼마 지나지 않아 바르톨로메우 부에노 두 프라두(Bartolomeu Bueno Do Prado) 대장이 노예들의 새로운 봉기를 진압한 뒤에 승리의 전리품과 더불어 다스 모르테스강[278]에서 돌아왔다. 대장은 말 안장 가방에 귀 3,900쌍을 담아 왔다.

쿠바에서도 반란들이 일어났다. 일부 노예가 집단으로 자살하고, "영원한 파업을 하고 다른 세상으로 끊임없이 도망침으로써" 주인을 우롱했다고 페르난도 오르티스(Fernando Ortiz)는 쓴다. 그들은 그렇게 하면서 육체와 정신이 아프리카에서 부활한다고 믿었다. 주

---

277) Décio de Freitas, *Palmares: la guerrilla negra*, Montevideo, 1971.
278) (옮긴이) 모르테스강(Rio das Mortes)은 '죽음의 강'이라는 의미를 지니는데, 브라질 중서부 마투 그로수(Mato Grosso) 주에 있다.

인들은 노예가 거세되든가 절름발이가 되거나 머리가 잘려 나간 상태로 부활하게 하려고 시체 일부를 잘라냈고, 이런 식으로 많은 노예가 자살하겠다는 생각을 포기하게 했다. 어렸을 때 라스 비야스(Las Villas) 산지로 도망친 어느 노예가 최근에 들려준 이야기에 따르면 1870년경에 쿠바에서는 흑인들이 더 이상 자살하지 않았다. 그들은 마법의 양탄자를 타고 "하늘을 날아서 자신들의 땅으로 돌아갔다." 또는 산속으로 사라져 버렸다. "다들 삶에 지쳤기 때문이다. 삶에 익숙해진 사람은 정신이 나약했다. 산속의 삶이 더 건강했다."[279]

아프리카의 신들은, 잃어버린 조국의 전설과 신화가 향수(鄕愁)를 양식으로 삼아 계속해서 살아 있었던 것처럼, 아메리카의 노예들 사이에서 계속해서 살아 있었다. 흑인들은 기독교가 부정하던 자신들의 문화적 정체성을 확인하려는 필요 때문에 의례, 춤, 주문 속에 자신들의 신을 드러낸 것이 분명해 보인다. 하지만 가톨릭교회가 흑인들이 당한 착취 시스템과 물질적으로 결부되어 있었다는 사실 또한 그런 것에 영향을 미쳤을 것이다. 18세기 초, 영국령 섬들에서 범죄를 저지른 노예들이 사탕수수 압착기의 드럼에 으깨져 죽고, 프랑스 식민지에서 산 채로 불에 태워지거나 바퀴에 묶여 고문을 당하던 시기에 브라질에서는 예수회 사제 안토닐이 그 같은 과도한 행위를 피하게 하려고 설탕공장 주인들에게 부드럽게 권고했다. "관리인들이 특히 임신 중인 부인의 배를 발로 차거나, 노예를 몽둥이로 때리

---

[279] 에스테반 몬테호(Esteban Montejo)가 미겔 바르넷(Miguel Barnet)에게 그 이야기를 했을 때 그의 나이는 1세기가 넘어 있었다. *Biografía de un cimarrón*, op. cit.

는 것을 결코 허락해서는 안 되는데, 그 이유는 관리인들이 분노에 휩싸이면 자제력을 잃어서 유능하고 값비싼 노예의 머리를 손상시켜 노예를 잃게 될 수 있기 때문입니다."[280] 쿠바에서는 임신 중인 여자 노예가 잘못을 저지르면 십장들이 노예의 등을 가죽이나 삼으로 만든 채찍으로 때렸지만, 성장 중인 새 "상품"을 손상하지 않으려고 먼저 노예를 엎드리게 해서 부푼 배를 구덩이에 밀어 넣게 했다. 설탕 생산량의 5%를 십일조로 받던 사제들은 기독교적으로 죄를 사해 주고, 십장들은 예수 그리스도처럼 죄인을 벌했다. 사도적 선교사 후안 페르피냐 이 피베르낫(Juan Perpiñá y Pibernat)은 흑인에게 다음과 같이 설교했다. "불쌍한 이들이여! 그대들이 노예로서 겪어야 할 고난이 많다 해도 놀라지 마세요. 그대들의 육신은 노예가 될 수 있지만, 영혼은 어느 날 선택받은 자들의 행복한 저택으로 날아오르기 위한 자유를 갖고 있으니까요."[281]

천민들의 신은 그들을 천민으로 만드는 체제의 신과 항상 동일하지는 않다. 공식 발표에 따르면, 콜롬비아 인구의 94%가 가톨릭 종교를 믿는다 할지라도, 실제로 흑인 인구는 자신들의 아프리카적 전통을 생생하게 보존하고, 이따금 기독교 성인상들을 통해 위장하지만, 자

---

280) Roberto C. Simonsen, *Historia economica do Brasil 1500-1820*, São Paulo. 1937.
281) Manuel Moreno Fraginals, op. cit. 어느 성 목요일에 카사 바요나(Casa Bayona) 백작은 자기 노예들 앞에서 겸손을 표하기로 결심했다. 기독교적인 열정에 사로잡힌 그는 흑인 열두 명의 발을 씻겨 주고 그들과 함께 자신의 식탁에 앉아 식사를 했다. 그것은 바로 최후의 만찬이었다. 다음 날 흑인들이 반란을 일으키고 설탕공장에 불을 질렀다. 그들의 머리는 설탕공장 부지의 중앙에 세워진 열두 개의 창에 꽂혔다.

신들의 신앙을 영원히 지속시킨다.[282] 아프리카에 뿌리를 둔 종교 의식들이 피억압자들 사이에서—피부색이 어떻든지 간에—널리 보급되어 있다. 앤틸리스 제도에서도 동일한 현상이 일어난다. 아이티의 부두(vudú), 쿠바의 벰베(bembé), 브라질의 **움반다**(umbanda)와 **킴반다**(quimbanda) 같은 신성들은 아메리카의 땅에 토착화하면서 본래의 의례들과 신들이 다소 변형되었지만 대체로 동일하다. 카리브 지역과 바이아에서는 의례용 노래들이 나고(nagó), 요르바(yoruba), 콩고(congo) 및 그 밖의 아프리카 언어로 불린다. 반면에 브라질 남부 대도시들의 변두리에서는 포르투갈어가 주로 사용되지만, 수 세기에 걸쳐 소외된 사람들의 복수의 유령으로 변모한 선과 악의 신성들은 아프리카 서부 해안에서 탄생했는데, 리우 데 자네이루의 파벨라[283] 사람들은 다음과 같이 부르짖는다.

> 바이아의 힘이여
> 아프리카의 힘이여
> 신의 힘이여
> 여기로 와주소서
> 우리를 도와주러 오소서.

---

282) Eduardo Galeano, *Los dioses y los diablos en las favelas de Río*, en Amaru, núm. 10, Lima, junio de 1969.
283) (옮긴이) 파벨라(favela)는 주로 브라질의 대도시 외곽이나 빈민 지역에 형성된 빈민가, 판자촌, 혹은 무허가 주거지를 가리킨다.

판매되는 농부들

1888년에 브라질에서 노예 제도가 폐지되었다. 그러나 라티푼디움은 폐지되지 않았는데, 바로 그해에 어느 증인이 세아라에서 다음과 같이 기록한다. "기근이 계속되는 한 인간 가축 시장은 열려 있었고, 구매자는 절대 부족하지 않았다. 수많은 세아라 사람을 운반하지 않는 증기선은 드물었다."[284] 고무의 환상에 빠진 북동부 사람 50여만 명이 19세기 말까지 아마존 지역으로 이주했다. 그때부터 **세르타웅**을 황폐화하던 주기적인 가뭄과 **삼림 지대** 설탕 라티푼디움들의 잇따른 확장 물결에 휩쓸려 집단 이주가 계속되었다. 1900년에는 가뭄의 희생자 4만여 명이 세아라를 버리고 떠났다. 그들은 당시에 일반적이었던 길, 즉 밀림으로 가는 북쪽 경로를 택했다. 나중에 행로가 변했다. 우리 시대에는 북동부 사람들이 브라질의 중부 및 남부 쪽으로 이주한다. 1970년의 가뭄은 굶주린 군중을 북동부의 도시들로 내쫓았다. 그들은 열차와 상점을 약탈하고, 성 요셉에게 비를 내려달라고 절규하며 간청했다.[285] "고통받는 사람들(flagelados)"이 길로 뛰쳐나왔다. 1970년 4월의 한 전보는 다음과 같이 전한다. "페르남부쿠 주 경찰은 미나스 제라이스 주 농장주

---

284) Rodolfo Teófilo, *História da Sêca no Ceará(1877-1880)*, Río de Janeiro, 1922.
285) (옮긴이) 예수의 양아버지이자 성모 마리아의 남편인 성 요셉은 농부와 노동자의 수호 성인으로 여겨진다. 가톨릭 문화권에서는 성 요셉이 자연의 균형과 비를 포함한 기후 조건에 영향을 미칠 중재자로 믿어졌다. 가뭄이 심각했던 브라질 북동부 같은 지역에서는 사람들, 특히 농민들이 생존을 위해 비가 절실했기 때문에 성 요셉에게 기도와 간청을 드리는 것이 흔한 관습이었다.

들에게 두당 18달러에 팔리게 되어 있던 농민 210명을 지난 일요일에 벨렘 두 사웅 프란시스쿠(Belém do São Francisco) 시에서 체포했다."[286] 그 농민들은 가뭄의 피해가 가장 심각한 2개 주, 즉 파라이바(ParaParaíba) 주와 히우 그란지 두 노르치(Río Grande do Norte) 주에서 온 사람들이었다. 6월에는 전신기가 연방 경찰국장의 성명을 다음과 같이 전한다. 경찰 당국은 노예 매매를 근절하기 위한 효과적인 수단을 아직 마련하지 못하고, 최근 몇 개월 동안 10건에 이르는 수사가 개시되었지만, 북동부 노동자들이 국내 다른 지역의 부유한 농장주들에게 계속해서 팔린다.

고무 붐과 커피 산업의 호황으로 북동부 노동자가 대대적으로 동원되었다. 하지만 정부도 이 대규모 값싼 노동력, 즉 강력한 예비군을 대형 공공사업에 활용한다. 순식간에 사막 한가운데에다 브라질리아 시를 세운 헐벗은 남자들이 북동부에서 가축 떼처럼 실려 왔다. 세계에서 가장 현대화된 이 도시는 광대한 빈곤 지대에 둘러싸여 있다. **칸단구**[287]들이 작업을 끝낸 뒤에 위성도시들로 방출되었기 때문이다. 그곳에서는 항상 무슨 일이든 할 준비가 되어 있는 북동

---

286) *France Presse*, 1970년 4월 21일 자. 1938년에 '세르타웅'의 타는 듯한 길들을 걸었던 어느 목동의 순례는 브라질 문학 역사상 가장 뛰어난 작품들 가운데 하나를 탄생시켰다. 연안 지역의 설탕공장에 종속된 내륙의 목축 라티푼디움에 대한 가뭄의 타격은 그치지 않았고, 그 결과도 변하지 않았다. 『건조한 삶(*Vidas secas*)』에 묘사된 세계는 지금도 변함없이 지속된다. 앵무새 주인이 이미 인간의 목소리를 거의 사용하지 않았기 때문에 앵무새는 개가 으르렁거리는 소리를 흉내 낸다. Graciliano Ramos, *Vidas secas*, La Habana, 1964.
287) (옮긴이) 칸단구(candango)는 1950년대 후반 브라질리아 시 건설에 참여한 노동자를 가리키는 용어다. 이들은 주로 브라질 북동부 같은 가난한 지역에서 온 농민으로, 새로운 수도를 세우기 위해 극한의 환경과 열악한 노동 조건에서 일했다.

부 주민 30여만 명이 눈부신 수도의 쓰레기로 생계를 유지한다.

북동부 사람들의 노예 노동이 지금 거대한 아마존 횡단 도로를 개통하고 있는데, 이 도로는 브라질을 둘로 나누면서 볼리비아와의 국경까지 밀림을 뚫고 들어간다. 그 계획은 "문명의 경계"를 확장하기 위한 농업 식민화[288] 프로젝트 또한 포함한다. 즉, 농민이 삼림 지대의 열대병에서 살아남으면 1인당 10헥타르의 토지를 받는다는 것이다. 북동부에는 600만여 명의 무토지 농민이 있는 데 반해, 15,000여 명의 지주가 모든 토지의 절반을 소유한다. 농지개혁은 라티푼디움의 소유권이 여전히 신성시되는, 이미 점유가 끝난 지역이 아니라 밀림 한가운데서 실시된다. 그것은 북동부의 "고통받는 사람들"이 새로운 지역에 라티푼디움을 확대하기 위한 도로를 개통하는 것을 의미한다. 자본도 노동 수단도 없는데, 소비의 중심지에서 2, 3천 킬로미터 떨어진 곳에 있는 10헥타르의 토지가 무슨 의미가 있는가? 정부의 진짜 목적은 아주 다르다고 추정된다. 진짜 목적은 네그로(Negro)강 북부 토지의 절반을 구입하거나 탈취한 미국인 라티푼디움 주인들에게, 그리고 가하스타주 메디시(Garrastazu Médici) 장군의 손에서 아마존 지역의 거대한 철광석과 망간 광상을 넘겨받은 유나이티드 스테이츠 스틸 컴퍼니(United States Steel Co.)에 노동력을 제공하는 것이다.[289]

---

288) (옮긴이) 농업 식민화(colonización agraria)는 일반적으로 정부가 국유지나 미개간지를 농업 목적으로 개간하기 위해 사람을 이주시키고 정착시키는 과정을 말한다.
289) Paulo Schilling, "Un nuevo genocidio", en *Marcha*, nº 1501, Montevideo, 10 de julio de 1970. 파라(Pará) 주의 주교들은 아마존 지역 횡단 도로를 건설한 기업들에 의한 북동부 출신 노동자의 잔인한 착취를 브라질 대통령에게 고발했다. 정부는 도로 건설을

고무의 시대:
카루소가 밀림 한가운데에 웅장한 극장을 개관한다

일부 작가는 고무가 호황을 누리던 시기에 적어도 50만 명의 북동부 사람이 전염병, 말라리아, 결핵 또는 각기병으로 사망했다고 추정한다. "이 불길한 납골당은 고무 산업이 치른 대가였다."[290] 메마른 대지의 농민들은 비타민을 전혀 갖추지 않은 상태로 축축한 밀림을 향해 긴 여행을 떠났다. 그곳 늪지대 고무나무 농장에서 그들을 맞이한 것은 열병이었다. 그들은 배의 선창에 빽빽하게 실려 갔는데, 그런 조건에서 목적지에 도착하기도 전에 많은 이가 사망했다. 그렇게 그들은 자신들의 다가오는 운명을 예측했다. 또한 어떤 사람들은 승선할 때까지도 도착하지 않았다. 다른 이들은 아예 배에 오르지도 못했다. 1878년에 세아라 주민 80만 명 가운데 12만 명이 아마존강을 향해 출발했지만 목적지에 도착한 사람은 절반에도 못 미쳤다. 나머지는 **세르타웅**으로 가는 도중에 혹은 포르탈레자(Fortaleza) 근교에서 굶주림이나 질병으로 쓰러져 갔다.[291] 1년 전에는, 19세기 동안에 북동부를 강타한 일곱 번의 큰 가뭄 가운데 하나가 시작되었다.

열병만이 아니었다. 밀림에서는 노예 제도와 아주 흡사한 노동 제

'세기의 사업(la obra del siglo)'이라 부른다.
290) Aurélio Pinheiro, *A margem do Amazonas*, São Paulo, 1937.
291) Rodolfo Teófilo, op. cit.

도 또한 그들을 기다리고 있었다. **세링게이루**[292]의 노동에 대한 대가는 그가 자신의 빚을 모두 갚을 때까지—그런 기적은 좀처럼 일어나지 않았다—말린 고기, 만디오카 가루, 막설탕, 아구아르디엔테 같은 현물로 지불되었다. 빚이 걸려 있는 노동자에게는 일자리를 주지 않는다는 협정이 고무 사업가들 사이에 체결되어 있었다. 강가에 배치된 농촌 경비대원들은 도망자에게 총을 쏘았다. 빚에 빚이 더해졌다. 북동부에서 노동자를 실어 나르는 데서 발생한 원래의 빚에 작업 도구인 마체테, 칼, 그릇으로 인한 빚이 더해지고, 노동자가 식사를 하고, 특히 고무농장에는 아구아르디엔테가 부족하지 않았기 때문에 술을 마심에 따라 빚이 늘어났는데, 노동자가 그곳에 더 오래 머무를수록 빚이 더 많이 쌓여 갔다. 북동부 사람들은 문맹이었기 때문에 관리인의 교묘한 회계 속임수에 무방비 상태로 고통을 겪었다.

1770년경에 프리스틀리[293]는 고무가 종이 위의 연필 자국을 지우는 데 사용되었다는 사실을 주시했다. 70년 후 찰스 굿이어는 영국의 토마스 핸콕(Hancock)과 같은 시기에 고무를 유연하게 만들고, 고무가 온도 변화에 견딜 수 있게 하는 가황법(加黃法)을 발견했다. 1850년에는 이미 자동차의 바퀴에 고무를 덧씌웠다. 19세기 말에는 미국과 유럽에 자동차 산업이 등장하고, 그와 더불어 타이어

---

292) (옮긴이) 세링게이루(Seringueiro)는 브라질 아마존 지역의 고무나무(seringa)에서 고무(라텍스)를 채취하는 노동자를 뜻한다.
293) (옮긴이) 프리스틀리(Joseph Priestley, 1733-1804)는 영국의 화학자, 성직자, 신학자, 교육학자, 정치학자, 자연철학자다.

를 대량으로 소비하게 되었다. 세계의 고무 수요가 급격하게 증가했다. 1890년에 고무나무는 브라질 수출액의 약 10분의 1을 차지했다. 20년 후 그 비율은 40%로 증가하고, 그에 따른 매상고는, 커피가 1910년경에 번영의 절정기에 다다랐음에도 불구하고, 커피 매상고와 비슷한 수준에 도달했다. 당시 고무 생산의 대부분은 브라질이 과거에 번개처럼 빠른 군사 작전 끝에 볼리비아로부터 빼앗은 아크레(Acre) 주에서 산출되었다.[294]

아크레를 정복함으로써 브라질은 세계 고무 보유량의 거의 전부를 차지하게 되었다. 고무의 국제 시세는 절정에 달했고, 호시절이 무한히 지속될 것 같았다. **세링게이루들**이 가죽끈을 이용해 여러 개의 용기를 등에 묶어 멘 채 매일 새벽에 오두막에서 나와 고무 수액을 채취하기 위해 거대한 **헤베아 브라질리엔시스**[295]에 올랐다 해도, 그들은 그 호시절을 즐기지 못했다. 그들은 고무나무의 몸통, 그리고 수관(樹冠)에 가까운 굵은 가지의 여러 곳을 절개했다. 상처 부위에서 하얗고 끈적끈적한 액체 라텍스가 흘러나와 두어 시간 만에 용기를 가득 채웠다. 밤에는 납작한 고무 원반을 구운 뒤에 농장 관리실에 쌓아 두었다. 고무의 시큼하고 불쾌한 냄새가 세계 고무 거래의 수도 마나우스 시를 흠뻑 적셨다. 1849년에 마나우스의 인구는

---

294) 볼리비아는 약 20만 제곱킬로미터의 땅을 잃었다. 1902년에 볼리비아는 배상으로 200만 파운드 스털링, 그리고 마데이라(Madeira)강과 아마존강으로의 접근로를 열어줄 철도를 받았다.

295) (옮긴이) 헤베아 브라질리엔시스(Hevea brasiliensis)는 파라 고무나무(Pará rubber tree)로 알려져 있다. 이름 '파라'는 브라질의 파라 주에서 따온 것으로, 현재는 동남아시아, 특히 말레이시아가 주산지다. 높이는 30m, 줄기의 지름은 60cm 정도이며, 나무껍질은 회갈색을 띤다.

5천 명이었는데, 반세기가 조금 넘는 기간에 7만 명으로 늘어났다. 고무 부호들은 그곳에 사치스러운 건축 양식의 저택을 지어 동양의 귀한 목재, 포르투갈의 마욜리카 타일,[296] 카라라 대리석[297] 기둥, 그리고 고급 목재를 사용해 세밀하고 정교하게 만든 프랑스식 가구로 채웠다. 밀림의 신흥 부자들은 리우 데 자네이루에서 가장 비싼 식료품을 가져왔다. 유럽 최고의 양재사(洋裁師)가 그들의 양복과 드레스를 만들었다. 그들은 자식들을 영국의 학교에 보내 공부시켰다. 꽤 조악한 취향의 바로크풍 기념물인 아마조나스(Amazonas) 극장은 20세기 초기의 그 현기증 나는 부의 가장 큰 상징물이다. 테너 가수 카루소가 밀림 속 강을 거슬러 올라와서 극장 개관식 날 밤에 엄청난 금액을 받고 마나우스 주민을 위해 노래를 불렀다. 극장에서 춤추게 되어 있던 발레리나 파블로바(Anna Pávlova)는 벨렘 시를 넘을 수 없었지만 사과의 메시지를 보냈다.

1913년에 브라질의 고무 산업에 갑작스러운 재난이 닥쳤다. 3년 전에 12실링에 달하던 고무의 국제 시세가 4분의 1로 떨어졌다. 1900년에 동양은 4톤의 고무만 수출했는데, 1914년에는 세일란[298]과 말레이시아의 플랜테이션이 세계 시장에 7만 톤 이상을 쏟아부었고, 5년 후에는 이미 수출량이 40만 톤에 근접했다. **실질적으로**

---

296) (옮긴이) 마욜리카(Mayólica) 타일은 중세 이슬람 문화에서 유래해 주로 포르투갈, 에스파냐, 이탈리아에서 제작되었다. 화려한 색상과 복잡한 디자인으로 유명하며, 종종 모자이크 형식이나 정교한 그림이 그려진 형태로 사용된다.
297) (옮긴이) 카라라(Carrara) 대리석은 이탈리아의 카라라에서 생산되는 고급 대리석으로, 고대부터 건축과 조각에 널리 사용되어 왔다.
298) (옮긴이) 세일란(Seilan)은 현재의 스리랑카다.

고무의 독점적인 지위를 누리던 브라질은 1919년에 세계 소비량의 8분의 1만을 공급했다. 반세기 후 브라질은 자국에 필요한 고무의 절반 이상을 외국에서 구입한다.

무슨 일이 일어났는가? 타파조스(Tapajós)강 인근에 고무나무 숲을 소유하고, 특유의 식물학적 집착으로 유명했던 영국인 헨리 위컴(Henry Wickham)은 1873년경에 런던의 큐(Kew) 식물원 원장에게 고무나무의 그림과 잎사귀를 보냈다. 헨리 위컴은 **헤베아 브라질리엔시스**가 노란색 열매 속에 품고 있는 씨앗을 다량으로 구하라는 명령을 받았다. 브라질이 씨앗의 해외 반출에 대해 엄격하게 처벌했기 때문에 밀반출을 해야 했는데, 쉽지 않은 일이었다. 브라질 당국이 선박을 철저하게 검사했던 것이다. 그 무렵, 인먼 라인(Inman Line)의 배 한 척이 마력에 이끌린 듯 브라질의 내륙 쪽으로 평상시보다 2,000킬로미터 정도 깊숙이 들어왔다. 배가 돌아갈 때 헨리 위컴은 배의 승무원들 사이에 끼어 있었다. 그는 어느 원주민 마을에서 그 열매를 말린 뒤에 최고 품질의 씨앗들을 선별해서 바나나잎에 싸서 배 안에 있는 쥐가 건들지 못하도록 끈에 매달아 공중에 늘어뜨려 놓고는 자물쇠를 채운 선실에 갖다 놓았다. 배의 다른 부분은 모두 비어 있었다. 파라 주의 벨렘 시 강어귀 앞에서 위컴은 당국자들을 큰 파티에 초대했다. 그 영국인의 기행은 유명했다. 그가 각종 난초를 수집한다는 사실이 아마존 전역에 알려져 있었다. 그는 영국 왕의 부탁을 받고 큐 식물원을 위해 일련의 진귀한 난초의 구근을 갖고 간다고 설명했다. 난초는 대단히 섬세한 식물이어서 특정한 온도가 유지되는 밀폐된 선실에 보관하고 있는데, 그 선실을 열면 꽃이

못 쓰게 될 것이라고 설명했다. 그렇게 해서 씨앗은 무사히 리버풀 부두에 도착했다. 40년 후 영국인들은 말레이시아에서 생산된 고무를 갖고 세계 시장에 침입했다.[299] 큐 식물원의 신기술을 바탕으로 합리적으로 만들어진 아시아의 플랜테이션들은 수액을 채취해 고무를 생산하는 브라질의 방식을 어렵지 않게 제쳐 버렸다.

　아마존의 번영은 물거품이 되었다. 밀림은 다시 자신을 감싸버렸다. 부의 사냥꾼들은 다른 지역으로 이주하고, 호화로운 캠프는 해체되었다. 물론, 타자의 모험을 위해 봉사하도록 아주 먼 곳에서 끌려온 노동자들은 어떻게든 살아남았다. 심지어 그 모험은 브라질 사람 자신에게도 타자의 것이었는데, 브라질은 원자재의 세계적인 수요에 관한 세이렌의 노래[300]에 응할 수밖에 없었지만, 금융, 상품화, 산업화, 판매 등 고무의 진정한 사업에는 전혀 참여하지 않았다. 그리고 세이렌은 침묵을 지켰다. 그 후 제2차 세계대전 중에 브라질 아마존의 고무는 일시적으로 새로운 활력을 얻었다. 일본인들이 말레이시아를 점령했고, 연합국이 고무의 조달을 절실하게 필요로 했기 때문이다. 그 당시 1940년대에는 고무의 긴급한 수요 때문에 페루의 밀림 또한 흔들렸다.[301] 브라질에서는 이른바 "고무 전투

---

299) (옮긴이) 헨리 위컴과 같은 사람들이 고무나무 씨앗을 밀반출해 말레이시아와 인도네시아 등 동남아시아 지역에 재배하면서, 이 지역이 고무 생산의 중심지로 변해 세계 고무 시장을 장악하게 되었다.
300) (옮긴이) 세이렌의 노래(Siren's Song)는 고대 그리스 신화에서 세이렌이 배를 타고 항해하는 선원들을 유혹하는 노래를 부른 데서 유래했다. '매혹적이지만 위험한 유혹'을 의미하다.
301) 20세기 초 고무나무 숲이 있는 산들이 페루에도 새로운 엘 도라도(El dorado)를 약속했다. 프란시스코 가르시아 칼데론(Francisco García Calderón)은 1908년경에 고무가 미래의 커다란 부라고《현대 페루(*El Perú contemporáneo*)》에 썼다. 마리오 바르가스 요

(batalla del caucho)"가 다시금 북동부의 농민을 움직였다. 브라질 의회에서 행해진 고발에 따르면, 그 "전투"가 끝났을 때, 이번에는 페스트와 기아로 사망해 고무나무 농장 안에서 썩어간 사람의 수가 5만여 명이었다.

카카오 농장주들은 50만 헤알짜리 지폐로 담배에 불을 붙였다

베네수엘라는 오랫동안 아메리카 원산 식물 카카오와 동일시되었다. "우리 베네수엘라 사람은 카카오를 팔고, 우리 땅에서는 외국의 싸구려 물건을 팔도록 만들어졌다."라고 랑헬은 말한다.[302] 카카오 과두 지배 계층은 고리대금업자 및 상인과 더불어 "후진성의 성삼위"를 구성했다. 카카오와 함께 평원의 목축업, 인디고, 설탕, 담배, 일부 광산이 관련 산업으로 공존했다. 하지만 **그란 카카오**(Gran Cacao)라는 명칭은 카라카스(Caracas)의 노예제에 기반한 과두 지배 계층에 대해 민중이 적확하게 부여한 것이었다. 이 과두 지배 계층은 흑인 노동력을 이용해 멕시코의 광업 과두 지배 계층 및 에스파냐 본국에 카카오를 조달해 부를 축적했다. 1873년부터 베네수엘라에서는 커피 시대가 시작되었다. 커피는 카카오와 마찬가지로 비

사(Mario Vargas Llosa)는 소설 『푸른 집(*La casa verde*)』(바르셀로나, 1966)에서 모험가들이 인디오를 약탈하고 또 서로 약탈하는 이키토스(Iquitos)와 밀림의 격렬한 분위기를 재현한다. 자연이 복수했다. 문둥병과 다른 무기를 이용했던 것이다.

302) Domingo Alberto Rangel, *El proceso del capitalismo contemporáneo en Venezuela*, Caracas, 1968.

탈진 땅이나 따뜻한 분지를 필요로 했다. 침입자의 등장에도 불구하고 카카오는 어쨌든 확장을 계속해서 카루파노(Carúpano)의 습한 토양에 침입했다. 베네수엘라는 여전히 농업국으로서 커피와 카카오의 주기적 가격 폭락이라는 고난을 겪고 있었다. 그 두 생산품은, 그것들의 소유자, 그것들을 거래하는 사람, 그리고 고리대금업자의 기생적인 삶과 순전한 낭비를 가능케 하는 자금을 공급했다. 결국 1922년에 그 나라는 갑자기 석유의 샘이 되었다. 그 이후부터 석유가 국가의 삶을 지배했다. 그 새로운 재산의 폭발은 에스파냐 정복자들의 기대가 옳았다는 것을 4세기가 넘는 세월이 흐른 뒤에 입증했다. 정복자들은 몸에 금가루를 바르고 목욕을 하는 왕[303]을 찾았지만 운이 따르지 않았고, 마침내 정신착란을 일으켜 마라카이보의 작은 마을을 베네치아로 혼동했는데, 그런 신기루 때문에 그 지역의 이름이 베네수엘라가 되었다. 그리고 콜럼버스는 파리아[304] 만에서 지상 낙원이 시작된다고 믿었다.[305]

19세기 마지막 몇십 년 동안에 유럽인과 미국인의 초콜릿에 대한 탐욕이 폭발했다. 산업의 발전은 브라질의 카카오 플랜테이션에 큰 영향을 미

---

303) (옮긴이) 엘 도라도의 전설에 등장하는 인물이다.
304) (옮긴이) 1498년에 크리스토퍼 콜럼버스가 파리아(Paria) 반도를 발견하면서 이 지역은 신대륙 탐험의 주요 이정표 중 하나가 되었다. 콜럼버스는 이 지역을 '지상 낙원'이라고 믿었고, 이는 나중에 '베네수엘라'라는 이름의 유래와 연결된다.
305) Domingo Alberto Rangel, *Capitalismo y desarrollo, tomo I: La Venezuela agraria*, Caracas, 1969.

치고, 베네수엘라와 에콰도르의 오래된 플랜테이션의 생산을 자극했다. 브라질에서 카카오는 고무와 동시에 경제 무대에 맹렬하게 등장했고, 고무처럼 북동부 농민에게 일자리를 제공했다. 토도스 오스 산투스 만(Bahía de Todos Os Santos)에 있는 도시 살바도르(Salvador)는 브라질의 수도이자 설탕의 수도로서 라틴아메리카에서 가장 중요한 도시들 가운데 하나였는데, 당시에 카카오의 수도로 다시 태어났다. 바이아 남부, 레콩카부(Recôncavo)에서 에스피리투 산투(Espírito Santo) 주까지, 해안의 저지대와 산맥 사이에서, 라티푼디움들은 오늘날에도 전 세계에서 소비되는 대부분의 초콜릿 원료를 여전히 공급한다. 카카오는 사탕수수처럼 단작과 숲 불태우기, 국제 시장 가격의 지배, 그리고 노동자의 끊임없는 고통을 가져왔다. 리우 데 자네이루 해변에서 거주하는 플랜테이션 소유주들은 농부라기보다는 상인에 가까운데, 단 1인치의 땅이라도 다른 작물의 재배에 사용하는 것을 금지한다. 그들의 관리인은 농민에게 보통 말린 고기, 밀가루, 강낭콩 같은 현물로 임금을 지급한다. 현금으로 지급할 경우, 농민은 하루 종일 일한 대가로 맥주 1리터 가격에 해당하는 임금을 받고, 분유 한 통을 사기 위해서는 하루 반 동안 일해야 한다.

브라질은 한동안 국제 시장의 호혜를 누렸다. 그렇지만 아프리카에서는 처음부터 강력한 경쟁자들을 만났다. 1920년대에 가나는 이제 카카오 공급의 첫 번째 자리를 차지했다. 영국인들은 당시에 자국의 식민지였고, 황금 해안(Gold Coast)이라 불리던 이 나라에서 현대적인 방법으로 대규모 카카오 플랜테이션을 개발했다. 브라질은 세계에 카카오를 가장 많이 공급하는 나라 순위에서 2위로, 몇 년 뒤에는 3위로 떨어졌다. 그러나 바이아 남부의 비옥한 땅이 평범한 운명을 맞이하리라고는 그 누구도 믿을 수 없었던 시기가 두어 번 있었다. 식민지 시대 내내 사용되지 않았던 그 땅은 풍성한 수확을 가져다주었다. 날품팔이 일꾼들이 큰 칼로 카카오 열매를 쪼개 씨앗을 모은 뒤에 당나귀가 끄는 수레에 실어서 씨앗을 담는 큰 통까지 옮겼고, 그렇게 점점 더 많은 숲을 베어내고, 새로운 공터를 만들고, 마체테를 휘두르고 총을 쏘면서 새로운 땅을 개척하는 것이 필요했다. 날품팔이 일꾼들은 가격도 시장도 전혀 알지 못했다. 누가 브라질을 다스리는지조차도 몰랐다. 불과 몇 년 전까지만 해도 황제 페드루 2세(Pedro II)가 계속해서 왕좌에 있다고 믿는 **파젠다**[306]의 노동자가 여전히 있었다. 카카오 주인들은 기대감에 양손을 비벼댔다. 자신들이 카카오 사업을 확실히 알고 있거나, 알고 있다고 믿었기 때문이다. 카카오의 소비가 증가하고 그와 더불어 시세가 상승하고 수익이 늘어났다. 거의 모든 카카오가 배에 실렸던 일레우스(Ilhéus)의 항구는 "남부의 여왕(Reina del sur)"이라 불렸고, 비록 오늘날에는 쇠퇴했다 해도, 그곳에는 **파젠데이루**[307]의 사치스럽지만 조잡한 취향에 따른 가구를 갖춘 견고한 대저택들이 남아 있었다. 조르지 아마두는 그런 것을 테마로 삼아 여러 편의 소설을 썼다. 그는 가격 상승의 시기를 다음과 같이 재현한다. "일레우스와 카카오 재배 지

---

306) (옮긴이) 파젠다(fazenda)는 주로 브라질에서 대규모 농장을 가리킨다. 에스파냐어권 아메리카 국가들에서는 아시엔다(hacienda)라고 부른다.
307) (옮긴이) 파젠데이루(fazendeiro)는 파젠다 소유주를 가리킨다.

역은 금에 잠기고, 샴페인으로 목욕을 하고, 리우 데 자네이루에서 온 프랑스 여자와 잠을 잤다. 그 도시의 카바레들 가운데 가장 세련된 '트리아농(Trianón)'에서 마네카 단타스(Maneca Dantas) 대령은 이전에 커피, 고무, 면화, 설탕 가격이 상승했을 때, 그 나라의 부유한 파젠데이루 모두가 하던 행동을 흉내 내서 50만 헤알짜리 지폐를 사용해 여송연에 불을 붙였다.[308] 카카오 가격이 뛰어오름에 따라 생산이 증대했다. 나중에 가격이 하락했다. 불안정은 점점 더 심해지고, 토지는 주인이 바뀌어 갔다. "백만장자 거지"의 시대가 시작되었다. 플랜테이션 개척자는 자기 자리를 수출업자에게 넘겨주고, 수출업자는 빚을 내서 그들의 토지를 빼앗았다.

단 하나의 예를 들어보자면, 1959년과 1961년 사이 불과 3년 동안에 브라질산 카카오 원두의 국제 가격은 3분의 1이 하락했다. 그 후, 가격의 상승 추세도 확실히 희망의 문을 열 수가 없었다. 유엔 라틴아메리카 카리브 경제위원회(CEPAL)는 가격 상승 곡선의 수명이 짧을 것으로 예측한다.[309] 카카오의 대량 소비국—미국, 영국, 연

---

308) 브라질에서 '대령' 칭호는 전통적인 라티푼디움의 주인에게, 더 나아가 중요한 사람 모두에게 쉽게 부여된다. 이 글은 조르지 아마두(Jorge Amado)의 소설 『일레우스의 산 조르지(São Jorge dos Ilhéus)』(몬테비데오, 1946)에서 인용한 것이다. 그동안 "아이들은 카카오 열매에 손도 대지 않았다. 아이들은 씨가 달콤한 그 노란색 코코넛을 두려워했는데, 그것들이 잭푸르트(jaca)의 열매와 말린 고기로 대표되는 궁핍한 삶에 아이들을 얽매어 놓기 때문이다." 왜냐하면 결국 "카카오는 '대령'까지도 두려워하는 위대한 주인(Señor)이었기 때문이다."(조르지 아마두, 『카카오(Cacao)』, 부에노스 아이레스, 1935). 다른 소설 『가브리엘라, 정향과 육계(Gabriela, clavo y canela)』(부에노스 아이레스, 1969)에서는 한 인물이 단호하게 손가락을 치켜들고 1925년의 일레우스에 관해 말한다. "현재 이 나라의 북부에는 더 빠르게 발전한 도시가 없습니다." 지금 일레우스는 그저 그 림자에 불과하다.
309) 유엔의 라틴아메리카 카리브 경제위원회는 카카오와 커피 가격의 상승에 관해 언급하면서 그것이 "비교적 일시적인 성격을 지니고", "주로 가끔 발생하는 수확의 차질" 때문이

방 독일, 네덜란드, 프랑스—은 초콜릿을 싼값에 먹기 위해 아프리카의 카카오와 브라질 및 에콰도르에서 생산된 카카오의 경쟁을 자극한다. 이들 나라는 그렇게, 가격을 마음대로 조정하면서, 카카오가 내쫓은 노동자를 길거리로 내몰게 하는 불황기를 초래한다. 실업자는 나무 아래서 잠을 자려고 나무를 찾고, 위를 속이려고 덜 익은 바나나를 찾는다. 실업자는 세계 3위의 카카오 생산국인 브라질이 믿기지 않게도 프랑스와 스위스에서 수입하는 유럽의 고급 초콜릿을 먹지 못한다. 초콜릿은 갈수록 가격이 오르고, 카카오는 상대적으로 점점 가격이 내린다. 1950년부터 1960년까지 에콰도르의 카카오 매상은 수량으로는 30% 이상 증가했지만, 금액으로는 15%만 늘어났다. 나머지 15%는 같은 기간에 점차 높은 가격으로 자신들의 산업 제품을 에콰도르에 보낸 부유한 나라들에 에콰도르가 준 선물이었다. 에콰도르 경제는 가격의 불안정성에 크게 영향받는 3개의 식료품인 바나나, 커피, 카카오에 의존하고 있다. 공식 통계에 따르면, 에콰도르인 10명 가운데 7명이 기초적인 영양실조에 시달리고, 에콰도르는 세계에서 사망률이 가장 높은 나라 중 하나다.

면화를 생산하는 저렴한 노동력

면화 생산에서 브라질이 세계 4위를, 멕시코가 5위를 차지한다.

라고 말한다. CEPAL, *Estudio económico de América Latina, 1969, II: La economía de América Latina en 1969*, Santiago de Chile, 1970.

전체적으로, 전 세계 섬유 산업이 소비하는 면화의 5분의 1 이상이 라틴아메리카 산이다. 18세기 말에 면화는 산업의 발상지인 유럽의 가장 중요한 원자재가 되었다. 영국은 30년 만에 이 천연 섬유의 구매량을 다섯 배로 늘렸다. 와트가 증기기관을 특허 냈을 때 아크라이트(Arkwright)가 발명한 방적기, 그리고 나중에 카트라이트(Cartwright)가 만든 기계식 직조기는 섬유 제조를 강력하게 촉진하고, 아메리카가 원산인 식물 면화에 해외의 탐욕스러운 시장을 제공했다. 1년에 두어 척의 배가 들리면 깨어나던 열대의 긴 낮잠을 자던 마라냥 주의 상 루이스(São Luís) 항이 면화 호황에 의해 갑자기 잠에서 깨어났다. 브라질 북부의 플랜테이션에 흑인 노예가 유입되고, 매년 150척에서 200척의 배가 100만 파운드의 섬유 원료를 싣고 상 루이스 항을 떠났다. 19세기가 태동하는 동안에 광산 경제의 위기는 풍부한 노예 노동력을 면화에 제공했다. 남부의 금과 다이아몬드가 고갈되자 브라질은 북부에서 다시 살아나는 것 같았다. 그 항구는 번성했고, 브라질의 아테네라고 불릴 만큼 많은 시인을 배출했다.[310] 그러나 마라냥 지역에 번영과 함께 기아가 찾아왔는데, 그곳에서는 이제 그 누구도 식량 생산에 종사하지 않았기 때문이다. 얼마 동안에만 먹을 쌀이 있었을 뿐이다.[311] 이 역사는 시작될 때처럼 끝났다. 갑자기 몰락이 도래한 것이다. 더 좋은 품질의 토지와 면화를 수확해 포장하는 기계적 수단을 갖춘 미국 남부 플랜테이션에

---

310) Roberto C. Simonsen, op. cit.
311) Caio Prado Júinor, *Formação do Brasil contemporâneo*, São Paulo, 1942.

서 면화가 대규모로 생산되면서 면화 가격의 3분의 1을 떨어뜨렸고, 그 결과 브라질은 경쟁에서 제외되었다. 미국의 면화 공급을 중단시킨 남북전쟁을 계기로 새로운 번영의 시기가 열렸지만 오래 지속되지 않았다. 이제 20세기에 들어서, 1934년에서 1939년까지 브라질의 면화 생산은 놀랄 만한 속도로 증대했다. 12만 6천 톤에서 32만 톤 이상이 된 것이다. 그런데 그때 새로운 재난이 돌발했다. 미국이 잉여 농산물을 세계 시장에 방출해 가격이 폭락한 것이다.

미국의 잉여 농산물은 주지하는 바와 같이 국가가 생산자에게 주는 강력한 보조금의 결과다. 잉여 농산물은 **덤핑** 가격으로, 그리고 해외 원조 계획의 목적으로 세계에 뿌려진다. 그렇게 해서, 면화는 미국산 면화의 파괴적인 경쟁이 시장에서 파라과이 면화를 쫓아낼 때까지 파라과이의 주요 수출품이었는데, 1952년부터는 파라과이의 면화 생산량이 절반으로 줄어들었다. 그런 식으로 우루과이는 캐나다 쌀 시장을 잃었다. 세계의 곡물 창고였던 아르헨티나의 밀은 그런 식으로 국제 시장에서 결정적인 영향력을 상실했다. 미국산 면화의 덤핑은 미국의 회사 앤더슨, 클레이튼 & 컴퍼니(Anderson, Clayton and Co.)가 라틴아메리카에서 행사한 이 제품의 지배력을 약화하지 않았고, 미국이 이 회사를 통해 멕시코산 면화를 구매해 다른 나라에 재판매하는 것도 막지 못했다.

라틴아메리카의 면화는 지극히 낮은 생산 단가 덕분에 그럭저럭 세계 시장에 계속해서 살아남아 있다. 현실을 감추는 가면인 공식 통계조차도 노동에 대한 보상의 비참한 수준을 드러낸다. 브라질의 플랜테이션에서는 최저 생계비도 안 되는 임금이 노예적인 노동의 대가로 지불되고, 과테말라에서는 지주들이 한 달에 19케찰(케찰의 명목 가치는 달러와 동일하다)의 임금을 주는 것을 자랑스럽게 여기는데, 그들은 마치 임금이 많기라도 한 것처럼 대부분의 임금을 자신들이 결정한 가격의 현물로 지급한다고 알린다.[312] 멕시코에서 하루 노동에 1.5달러의 임금을 받으며 면화 수확지를 돌아다니는 일용직 노동자는 반실업에 시달릴 뿐만 아니라 그 결과로 영양실조에 걸려 있다. 하지만 니카라과 면화 노동자의 상황은 더 열악하다. 일본의 섬유 산업에 면화를 공급하는 엘 살바도르 사람들은 인도의 굶주린 농민보다 적은 칼로리와 단백질을 섭취한다. 페루 경제에서 면화는 농산물로는 두 번째 외화 획득원이다. 호세 카를로스 마리아테기(José Carlos Mariátegui)는 외국 자본주의가 페루의 땅, 노동력, 시장을 지속적으로 찾으면서 페루의 수출 농작물을 차지하려는 경향이 있었는데, 이는 부채를 가진 지주들의 담보 실행을 통해 이루어졌다고 관찰했다.[313] 1968년에 벨라스코 알바라도 장군의 민족주의 정권이 수립되었을 때 집단적 사용에 적합한 국가 토지의 6분의 1 미만이 이용되고, 국민 1인당 소득은 미국의 15분의 1이었으며, 칼로리의 소비량은 세계 최저 수준이었지만, 면화의 생산은, 설탕의 생산처럼, 마리아테기가 고발한 적이 있던, 페루와는 무관한 기준에 의해 지배되고 있었다. 최고의 토지, 즉 해안의 평야는 미국 기

---

312) Comité Internacional de Desarrollo Agrícola, *Guatemala. Tenencia de la tierra y desarrollo socioeconómico del sector agrícola*, Washington, 1965.
313) José Carlos Mariátegui, *Siete ensayos de interpretación de la realidad peruana*, Montevideo, 1970.

업 또는 리마의 부르주아지와 똑같이 지리적인 의미에서만 페루의 국민일 뿐인 대지주의 수중에 있었다. 5개 대기업—그중에는 앤더슨 클레이턴과 그레이스(Grace)라는 미국 기업 2개가 있다—이 면화와 사탕의 수출을 장악하고, 생산을 위한 자체적인 "농산업 단지"[314]를 갖추고 있었다. 해안의 사탕수수와 면화 플랜테이션은 고산지대의 라티푼디움과 대조적으로 번영과 발전의 중심이었는데, 날품팔이 일꾼에게는 최저 생계비도 안 되는 임금을 지급했고, 마침내 1969년의 농지개혁이 이들 플랜테이션을 징발해 노동자에게 협동조합 형태로 넘겼다. 미주 농업개발위원회(Comité Interamericano de Desarrollo Agrícola)에 따르면, 연안 지역 임금 생활자의 가족 1인당 소득은 월 5달러에 도달했을 뿐이다."[315]

앤더슨, 클레이튼 & 컴퍼니는 라틴아메리카에 30개의 자회사를 보유하고 있는데, 면화 판매업뿐만 아니라, 그 외에도 수평적 독점 기업으로서 섬유와 파생 제품의 금융 및 산업화 네트워크를 갖추고, 식료품도 대규모로 생산한다. 이 회사는 예를 들면, 멕시코에 토지를 소유하고 있지 않다 해도 어떤 식으로든 면화 생산에 대한 지배력을 행사하고 있다. 면화를 수확하는 80만 명의 멕시코인은 사실상 이 회사의 수중에 있다. 회사는 양질의 멕시코산 섬유를 아주 싼값에 구매하는데, 이는 회사가 생산자에게 미리 융자를 하고, 회사

---

314) (옮긴이) 농산업 단지(complejos agroindustriales)는 농업 생산과 관련된 다양한 산업이 결합된 대규모 시설을 의미하며, 농산물의 생산, 가공, 유통 등이 통합적으로 이루어지는 시설을 가리킨다.

315) Comité Internacional de Desarrollo Agrícola, *Perú. Tenencia de la tierra y desarrollo socioeconómico del sector agrícola*, Washington, 1966.

가 시장을 개척할 수 있는 가격으로 수확물을 회사에 판매해야 한다는 의무를 생산자에게 부과하기 때문이다. 생산자에게는 선급금 외에도 비료, 종자, 살충제가 추가로 공급된다. 회사는 시비(施肥), 파종, 수확 등의 작업을 감독할 권리를 가진다. 회사는 목화씨를 제거하는 데 드는 요금을 결정한다. 회사는 목화씨를 자사의 기름, 지방 및 마가린 공장에서 사용한다. 클레이튼은 "면화 거래를 지배하는 데만 만족하지 않고, 최근에는 유명 기업 럭서스(Luxus)를 인수해 사탕과 초콜릿 생산에도 뛰어들었다."[316]

현재 앤더슨, 클레이튼 & 컴퍼니는 브라질 커피의 주요 수출회사다. 회사는 1950년에 그 사업에 관심을 보였다. 그리고 3년 후에는 이미 아메리칸 커피 코퍼레이션(American Coffee Corporation)을 왕좌에서 끌어내렸다. 그 외에도 브라질에서 제1위의 식품 생산 업체이면서 가장 강력한 35개의 기업 가운데 하나로 자리 잡았다.

커피를 생산하는 저렴한 노동력

국제 시장에서는 커피가 거의 석유만큼 중요하다고 주장하는 사람들이 있다. 1950년대 초에 라틴아메리카는 세계에서 소비되는 커피의 5분의 4를 공급했었다. 이후 몇 년 동안 품질이 낮지만 값은 더 싼 아프리카의 로부스타 커피가 경쟁에 뛰어들면서 라틴아메리카

---

316) Alonso Aguilar M. y Fernando Carmona, *México: riqueza y miseria*, México, 1968.

커피의 시장 점유율을 감소시켰다. 그럼에도, 오늘날 라틴아메리카가 해외에서 취득하는 외화의 6분의 1이 커피에서 나온다. 가격 변동은 브라보강 이남의 15개국에 영향을 미치고 있다. 브라질은 세계 최대 커피 생산국이다. 수출액의 절반가량을 커피에서 얻는다. 엘 살바도르, 과테말라, 코스타 리카, 아이티 또한 커피에 크게 의존하고 있을 뿐만 아니라 커피는 콜롬비아 외환 수입의 3분의 2를 제공한다.

커피가 브라질에 인플레이션을 유발했었다. 1824년에서 1854년 사이에 노예 한 명의 가격이 두 배가 되었다. 이미 번영의 주기가 끝난 북부의 면화도, 북동부의 사탕도 그 비싼 노예 값을 지불할 수 없었다. 브라질이 남쪽으로 이동했다. 커피 생산자는 노예 노동력 이외에 유럽 이민자의 노동력을 사용했는데, 이들 노동력은 오늘날에도 브라질의 내륙부에 널리 퍼져 있는 소작 제도 때문에 수확의 절반을 지주에게 갖다 바쳤다. 오늘날 해변에서 수영을 하기 위해 티주카(Tijuca)의 숲을 통과하는 관광객은 리우 데 자이네루를 에워싼 그곳 산들에 1세기가 넘는 과거에는 대규모 커피 농장들이 있었다는 사실을 알지 못한다. 이들 플랜테이션은, 새로운 처녀지의 부식질 토양을 찾아서, 산맥의 측면을 따라 상 파울루 주 방면으로 퍼져나갔었다. 그 세기가 이미 끝나가고 있었을 때, 브라질 사회의 새로운 엘리트가 된 커피 라티푼디움의 주인들은 연필심을 갈고 나서 다음과 같이 계산했다. 부족한 노예를 구매하고 유지하는 것보다는 최저 생계 임금이 더 저렴하다는 것이었다. 1888년에 노예 제도가 폐지되었고, 그 결과 봉건적 종속과 임금노동이 결합한 노동 형태가 시작되어 오늘날까지 지속되고 있다. 그 후로, "자유로운" 일용직 노동자 부대가 이동하는 커피 재배지를 따라다녔다. 파라이바(Paraíba)강 유역은 브라질에서 제일 풍요로운 지대가 되었지만 이 덧없는 식물에 의해 곧 파멸했는데, 이 식물은 파괴적인 방식으로 재배되면서 숲을 괴멸시키고, 자연 보호구역을 고갈시켰으며, 지역을 전반적으로 쇠퇴시키는 후유증을 남겼다. 침식은 이전에는 손상되지 않았던 땅을 무자비하게 황폐화하고, 약탈을 거듭하면서 생산량을 낮추고, 식물들을 약화시켜 병충해에 취약하게 만들었다. 커피 라티푼디움이 상 파울루 서부의 광대한 자줏빛 메세타 지역에 침입했다. 커피 라티푼디움은 덜 잔인한 개발 방식을 동원해 그 지역을 "커피의 바다"로 바꾸고, 서쪽을 향해 계속해서 나아갔다. 그리고 파라나 강변에 이르렀다. 마투 그로수(Mato Grosso) 주의 사바나 지역을 향해 나아가다가 남쪽으로 방향을 튼 뒤에 최근 몇 년 동안 다시 서쪽을 향해 이동했다가 이미 파라과이와의 국경을 넘어선 것이다.

현재 상 파울루는 브라질의 공업 중심지를 보유하고 있기 때문에 브라질에서 가장 발전된 주지만, 커피 플랜테이션들에는 토지 임대료를 자신과 자녀의 노동으로 지불하는 "농노 거주민들"이 여전히 많다.

제1차 세계대전에 뒤따른 번영의 시기에 커피 생산자들의 탐욕은 플랜테이션 노동자들이 자급용 식량을 재배할 수 있도록 허용했던 제도를 실질적으로 폐지하게 했다. 이제 그들은 무상 노동으로 토지 임대료를 지불함으로써만 그렇게 할 수 있다. 게다가, 라티푼디움의 주인은 계약된 소작농에게 단기 작물을 재배하도록 허용하지만, 그 대가로 자신의 이익을 위해 더 많은 커피 재배지를 만들라고 요구한다. 4년 후, 노란 커피 열매가 나무를 물들이면 땅의 가치는 몇 배로 상승하고, 그때가 되면 소작농은 떠나야 할 차례가 된다.

과테말라에서는 커피 플랜테이션이 여전히 면화 플랜테이션보다 임금을 적게 지불한다. 남부의 경사지에서는, 지주들이 매년 고원에서 남부로 내려와 수확기에 노동력을 판매하는 수천 명의 원주민에게 월 15달러의 노동임금을 지급한다고 말한다. 농장은 사설 경찰을 보유하고 있다. 누군가 내게 설명하기를 그곳에서는 "사람 값이 그의 무덤 값보다 더 싸다." 그리고 그 억압 도구는 그런 상태를 계속해서 유지하는 일을 담당한다. 알타 베라파스(Alta Verapaz) 지역에서는 상황이 한층 더 열악하다. 그곳에는 농장주가 필요로 하지 않기 때문에 트럭도 길도 없다. 인디오가 커피를 등에 져 나르는 편이 싸게 먹힌다.

소수의 과두 지배 계층 가문의 수중에 있는 작은 나라 엘 살바도르의 경제에서 커피는 근본적으로 중요하다. 단일 작물 재배는 대중의 식사에 유일한 단백질 공급원인 강낭콩, 전통적으로 나라에서 생산되던 옥수수, 채소와 그 밖의 식재료를 외국에서 구매하게 만든다. 엘 살바도르 국민의 4분의 1이 비타민 결핍증으로 사망한다. 라틴아메리카에서 사망률이 가장 높은 나라 아이티의 경우, 어린이 인구의 절반 이상이 빈혈증에 걸려 있다. 아이티에서 법정 임금은 사이언스 픽션의 영역에 속한다. 커피 플랜테이션의 실질임금은 하루에 달러로 7센트에서 15센트 사이를 왔다갔다 한다.

경사지가 많은 국가 콜롬비아에서는 커피가 주도권을 장악한다. 1962년에 《타임》지가 발표한 보고서에 따르면, 노동자는 커피가 묘목에서부터 미국 소비자의 입까지 가는 동안 획득하는 총가격의 5%만을 임금으로 받는다.[317] 브라질의 커피와는 달리 콜롬비아의 커피는 대부분이 라티푼디움이 아니라 점차 세분화되는 미니푼디움에서 생산된다. 1955년에서 1960년 사이에 10만 개의 새로운 플랜테이션이 탄생했는데, 대부분은 면적이 1헥타르에도 미치지 못한다. 작은 규모와 더 작은 규모로 커피를 재배하는 농민이 콜롬비아가 수출하는 커피의 4분의 3을 생산하고, 플랜테이션의 96%가 미니푼디움이다.[318] 후안 발데스(Juan Valdez)가 광고에서 미소를 짓지만, 토지의 분할은 경작자의 생활 수준을 낮추고, 수입이 점점 줄어들게 만들며, 대규모 소유주의 이익을 대변하고 제품의 상업화를 사실상 독점하는 커피 경작자 전국 연합(Federación Nacional de Cafeteros)의 농간을 쉽게 만든다. 1헥타르 미만의 작은 농장은 **연간**

---

317) Mario Arrubla, *Estudios sobre el subdesarrollo colombiano*, Medellín, 1969. 커피 가격은, 40%가 중간업자, 수출업자, 수입업자에게, 10%가 양국 정부의 세금에, 10%가 운수업자에게, 5%가 워싱턴에 있는 범미 커피 사무소(Oficina Panamericana del Café)의 홍보에, 30%가 플랜테이션의 소유주에게, 5%가 노동자의 임금에 분배된다.

318) Banco Cafetero, *La industria cafetera en Colombia*, Bogotá, 1962.

평균 130달러라는, 최저 생계비도 안 되는 수입을 올린다.[319]

커피 시세가 수확물에 불을 지르고 결혼의 시기를 결정한다

이것은 무엇인가? 정신 이상자의 뇌파 검사 그래프인가? 1889년에 커피값이 파운드당 2센트였지만 6년 뒤에는 9센트로 올랐다. 그로부터 3년 뒤에는 4센트로, 5년 뒤에는 2센트로 떨어졌다. 이 기간은 시사하는 바가 매우 큰 시기였다.[320] 커피 가격 그래프는 모든 열대 지역 농산물 가격 그래프처럼 항상 간질 발작 임상 기록과 유사했지만, 커피의 교환 가치를 기계류 및 산업 제품의 교환 가치와 비교해 기록할 때면 그 선이 항상 급격히 하락한다.[321] 콜롬비아의 카를로스 예라스 레스트레포(Carlos Lleras Restrepo) 대통령은 1967년에 다음과 같이 개탄했다. 그해 콜롬비아가 **지프** 1대를 사는 데 57포대의 커피 값을 지불해야 했는데, 1950년에는 17포대의 커피 값이면 충분했다. 같은 시기에, 상 파울루 주의 에르베르트 레비(Herbert Levy) 농업 장관은 한층 더 인상적인 계산을 했다. 1967년에 브라질이 트랙터 1대를 사는 데 커피 350포대가 필요했지만, 14년 전에는 70포대면 충분했다. 제툴리오 바르가스(Getúlio Vargas)

---

319) *Panorama Económico Latinoamericano*, núm. 87, La Habana, septiembre de 1963.
320) Pierre Monbeig, *Pionniers ety planteurs de São Paulo*, París, 1952.
321) (옮긴이) 커피 가격을 기계류나 공업 제품과 비교할 때, 즉, 커피의 교환 가치나 구매력으로 따져볼 때, 상대적으로 크게 하락한다는 의미다.

대통령은 1954년에 자기 가슴에 총탄 한 방을 쏘았는데, 커피 시세가 그 비극과 무관하지 않았다. 바르가스는 유언장에 다음과 같이 썼다. "커피 생산에 위기가 닥치자 우리의 주요 생산품 가치가 상승했다. 우리는 커피 시세를 방어하려고 했는데 그에 대한 해결책이 우리 경제에 극심한 압박을 가할 것 같아 방어를 포기할 수밖에 없었다." 바르가스는 자신의 피가 구원의 대가가 되기를 원했던 것이다.

1964년의 커피 수확물이 1955년 가격으로 미국 시장에 판매되었다면 브라질은 2억 달러를 더 받았을 것이다. 커피 가격이 1센트만 떨어져도 생산국들 전체에게는 6,500만 달러의 손실이 된다. 커피 가격이 1964년부터 1968년까지 계속해서 하락했기 때문에 소비국인 미국이 생산국인 브라질로부터 횡령한 금액이 더 커졌다. 그러나, 그것은 누구의 이익인가? 커피를 마시는 시민의 이익인가? 1968년 7월에 미국에서 브라질산 커피값은 1964년 1월에 비해 30%가 떨어졌다. 그런데 미국의 소비자는 커피값을 이전보다 싸게 치른 것이 아니라 13% 비싸게 치렀다. 중개업자들은 1964년부터 1968년 사이에 이 13%와 저 30%를 차지하며 양쪽에서 이익을 챙겼다. 같은 기간에 브라질의 커피 생산자가 커피 1포대를 팔고 받은 금액은 절반으로 감소했다.[322] 중간 업자는 누구인가? 미국의 6개 회사가 브라질에서 출하되는 커피의 3분의 1 이상을 취급하고, 그 밖의 6개 회사가 미국으로 들어오는 커피의 3분의 1 이상을 취급한다.

---

322) 중앙은행(Banco Central), 브라질 커피 연구소(Instituto Brasileño del Café) 및 유엔 식량농업기구(FAO)의 자료, *Fator*, nº 2, Río de Janeiro, noviembre-diciembre de 1968.

그 회사들이 거래의 양 끝을 지배한다.[323] 유나이티드 프루트(United Fruit) 컴퍼니(필자가 이 글을 쓰는 동안에 이름을 유나이티드 브랜즈(United Brands)라고 바꿈)가 중앙아메리카, 콜롬비아와 에콰도르에서 온 바나나의 판매 독점권을 행사하고 동시에 미국에서 바나나의 수입과 판매를 독점한다. 유사한 방식으로, 커피 거래를 조종하는 것은 미국의 기업들이고, 브라질은 공급자 및 희생자로 참여할 뿐이다. 과잉 생산으로 인해 비축이 불가피할 때 그 **재고**를 떠맡는 것은 브라질 정부다.

그래도, 혹시 시장에서 가격의 균형을 맞추기 위한 어떤 국제 커피 협정이 존재하지 않는가? 세계 커피 정보 센터(Centro Mundial de Información del Café)는 미국 정부가 그 협정에 관한 보완 법률의 유효 기간을 9월에 연기하도록 입법자들을 설득하는 것을 목적으로 한 방대한 문서를 1970년에 워싱턴에서 발표했다. 그 보고서는 이 협정이 세계에서 판매되는 커피의 절반 이상을 소비하는 미국에 먼저 혜택을 주었다고 확언한다. 커피 원두 구매 가격은 여전히 아주 저렴하다. 미국 시장에서 커피 가격의 보잘것없는 인상(앞에서 살펴보았듯이 중간 업자에게 혜택이 되는)은 생계비와 국내 임금 수준의 전반적인 인상보다 훨씬 적다. 미국의 수출액은 1960년에서 1969년 사이에 6분의 1이 증가했는데, 동 기간의 커피 수입액은 증가하기는커녕 감소했다. 또한, 라틴아메리카 국가들이 커피 판매로 획득한 가치가 떨어진 외화를, 가격이 오른 미국 제품을 구매하는 데 사용한

---

323) 연방무역위원회(Federal Trade Commission)의 조사에 따른다. Cid Silveira, *Café: um drama na economia nacional*, Río de Janeiro, 1962.

다는 점을 고려할 필요가 있다.

  커피는 생산자보다 소비자에게 훨씬 많은 혜택을 준다. 커피는 미국과 유럽에서 소득과 고용을 창출하고 대규모 자본을 움직인다. 라틴아메리카에서는 최저 생계비도 안 되는 임금을 지불하고, 미국을 위해 봉사하는 나라들의 경제적 왜곡을 심화한다. **미국에서는 커피가 60만 명 이상에게 일자리를 제공한다. 라틴아메리카의 커피를 사서 배급하고 판매하는 미국 사람들은 플랜테이션에서 파종하고 원두를 수확하는 브라질, 콜롬비아, 과테말라, 엘 살바도르 혹은 아이티 사람들보다 훨씬 높은 임금을 받는다. 한편 유엔 라틴아메리카 카리브 경제위원회는, 믿을 수 없게 보이겠지만, 커피가 생산국의 손에 남기는 부보다 유럽 여러 나라의 국고에 더 많은 부를 가져다준다고 보고한다.** 실제로, "1960년과 1961년에 라틴아메리카 커피에 대해 유럽 공동체 국가들이 부과한 모든 세금은 약 7억 달러에 도달한 반면에 공급국들이 얻은 이익(수출의 FOB 가치 기준으로)은 겨우 6억 달러에 불과했다."[324] 부유한 국가들은 자유무역을 설파하면서도 가난한 국가들에 대해서는 가장 엄격한 보호주의를 적용한다. 부유한 국가들은 자신들이 손대는 모든 것을 자신들에게는 금으로, 다른 나라들에게는 깡통으로 바꾸어버린다—개발도상국에서 생산된 것들도 포함된다—. 커피의 국제 시장은 그런 식으로 깔때기 모델[325]을 모방하는데, 브라질은 역보호주의를 통해 미국의 인스턴트

---

324) CEPAL, *El comercio internacional y el desarrollo de América Latina*, México-Buenos Aires, 1964.
325) (옮긴이) 깔때기 모델(Funnel Model)은 자원이 제한적으로 분배되고, 소수의 이익 집

커피 제조업체의 이익을 보호하려고 최근 자국의 인스턴트 커피 수출에 고율의 세금을 부과하는 것을 허용했다. 브라질에서 생산된 인스턴트 커피는 미국의 번성하는 산업에서 생산된 것보다 저렴하고 품질도 좋지만, 자유 경쟁 체제에서는 일부가 다른 이들보다 더 많은 자유를 누린다는 것이 분명하다.

체계적으로 조직된 이 불합리의 왕국에서 자연재해는 하늘이 커피 생산국에 내려준 축복으로 변한다. 자연의 공격은 가격을 올리고 비축품을 움직이게 만든다. 브라질에서 1969년의 수확물을 황폐화한 혹독한 서리는 많은 생산자, 특히 가장 약한 생산자를 파산시켰지만 커피의 국제 시세를 올리고, 국가가 가격을 방어하기 위해 비축한 6천만 포대의 **재고**(stock)──브라질 대외 채무의 3분의 2에 상당──를 현저하게 감소시켰다. 창고에 저장되어 점차 품질이 저하되고 가치가 상실되던 커피는 불태워질 수 있었다. 그 같은 일은 처음이 아니었다. 가격을 폭락시키고 소비를 위축시킨 1929년의 위기로 인해 브라질은 7,800만 포대의 커피를 소각했고, 그렇게 해서 5회에 걸친 수확 기간에 투입되었던 20만 명의 노력이 불에 타버렸다.[326]
그것은 식민지 경제의 전형적인 위기로, 외부에서 도래한 것이다.
1930년대에 커피 재배업자와 수출업자의 수익 급락이 커피뿐만 아니라 화폐를 불태우게 했다. 이것은 라틴아메리카에서 수출 부문의

단이나 국가가 부의 대부분을 흡수하는 비대칭적 구조를 설명할 때 사용된다. 생산 과정에서 발생하는 부가 개발도상국이나 노동자에게 돌아가지 않고, 중개업자나 선진국에 집중되는 경우를 의미한다.

326) Roberto C. Simonsen, op. cit.

"손실을 사회적으로 분담하기" 위한 일반적인 방식인데, 외화에서 손실된 부분은 화폐 가치 하락을 통해 자국 통화로 보충된다.

그렇지만 가격이 최고조에 이른다고 해서 더 좋은 결과를 가져오는 것도 아니다. 이는 대규모 파종, 생산의 증대, 돈이 되는 작물 재배를 위한 토지 면적의 증대를 초래한다. 그 자극이 부메랑처럼 작용하는데, 그 이유는 제품이 풍부해지면 가격이 폭락하고, 재앙이 초래되기 때문이다. 이것은 콜롬비아에서 4년 전에 대단한 열정으로 재배했던 커피가 수확되었을 때인 1958년에 발생한 일로, 이와 유사한 순환이 이 나라의 역사 전반에 걸쳐 반복되었다. 콜롬비아는 커피와 커피의 해외 시세에 크게 의존하기 때문에 "안티오키아(Antioquia)에서 결혼율 곡선은 커피 가격 곡선에 민감하게 반응한다. 그것은 종속적인 구조의 전형적인 모습이다. 안티오키아의 어느 언덕에서 사랑을 고백할 적절한 순간조차 뉴욕의 증권거래소에서 결정된다는 것이다."[327]

콜롬비아의 피를 뽑은 10년

1940년대에 콜롬비아의 권위 있는 경제학자 루이스 에두아르도 니에토 아르테타(Luis Eduardo Nieto Arteta)는 커피 옹호론을 썼다. 커피는 이전의 국가 경제 주기 속에서 광산도 담배도 인디고도 키

---

327) Mario Arrubla, op. cit.

나도 결코 실현할 수 없었던 것을 이루었다. 성숙하고 진보적인 체계 하나를 탄생시킨 것이다. 섬유 공업과 다른 경공업들이 안티오키아, 칼다스(Caldas), 바에 델 카우카(Valle del Cauca), 쿤디나마르카(Cundinamarca) 같은 커피를 생산하는 주에서 탄생한 것은 우연이 아니었다. 커피를 생산하는 소규모 농민들의 민주주의가 콜롬비아 사람을 "온건하고 절제된 사람"으로 바꾸어버렸다. 그는 다음과 같이 썼다. "콜롬비아 정치 생활의 정상적인 기능을 위한 가장 강력한 전제는 독특한 경제적 안정성의 달성이었다. 커피가 그 안정성을 만들어냈고, 그와 더불어 평온과 절제가 생겨났다."[328]

그로부터 얼마 지나지 않아 폭력 사태가 발생했다. 사실, 그런 커피 예찬이 콜롬비아에서의 폭동과 유혈 탄압의 오랜 역사를 마법처럼 차단할 수는 없었다. 이번에는 1948년과 1957년 사이 10년 동안, 농민전쟁이 미니푼디움과 라티푼디움, 황무지와 재배지, 계곡과 밀림과 안데스의 황량한 고원까지 퍼져나갔고, 공동체 전체를 다른 지역으로 집단 이주시켰으며, 혁명적인 게릴라 단체와 범죄 집단을 만들어내고, 나라 전체를 공동묘지로 만들었다. 그로 인한 사망자가 18만 명이라고 추정되었다.[329] **피로 목욕을 한 시기는 지배 계층에게 경제적 황홀경의 시기와 일치했다. 한 계층의 번영을 한 국가의 복지와 혼동하는 것이 정당한가?**

---

328) Luis Eduardo Nieto Arteta, *Ensayos sobre economcía colombiana*, Medellín, 1969.
329) Germán Guzmán Campos, Orlando Fals Borda y Eduardo Umaña Luna, *La violencia en Colombia, Estudios de un proceso social*, Bogotá, 1963-1964.

폭력 사태는 자유당과 보수당의 대립으로 시작되었지만, 계급 간 증오의 역학이 대립의 사회 투쟁적 성격을 점차 강화해 갔다. 자유당의 영수로, 이 당의 과두 지배 계층이 멸시와 공포를 섞어 "로보"나 "바둘라케"330)라고 부르던 호르헤 엘리에세르 가이탄(Jorge Eliécer Gaitán, 1903-1948)은 엄청난 대중적 명성을 획득하고 기존의 질서를 위협했다. 그가 총에 맞아 암살되었을 때 허리케인이 불어닥쳤다. 먼저 수도 보고타의 거리에서는 걷잡을 수 없는 인파에 의한 자발적인 "보고타소"331)가 발생했고, 이 폭력 사태는 즉시 시골로 번졌는데, 그곳에서는 이미 얼마 전부터 보수파가 조직한 무리들이 공포를 조성했었다. 농민들이 오랫동안 씹어온 증오가 폭발했고, 정부가 경찰과 군인을 보내 남자의 고환을 자르고, 임산부의 배를 가르고, "씨도 남기지 말라"는 구호 아래 아이를 공중에 내던져 총검에 꿰는 사이에, 자유당의 독토르들332)은 점잖은 태도도, 성명서의 기사도적인 어투도 바꾸지 않은 채 자택에 틀어박혔고, 최악의 상황에는 망명길에 올랐다. 죽음을 맞이한 것은 농민이었다. 전쟁은 믿을 수 없을 정도로 잔인한 극단에 이르렀는데, 그 잔인성은 전쟁 자체와 더불어 커진 복수심으로 증폭되었다. 새로운 살해 수법들이 뒤따랐

---

330) (옮긴이) 로보(Lobo)는 '늑대', 바둘라케(Badulaque)는 '얼간이'를 의미한다.

331) (옮긴이) 보고타소(Bogotazo)는 1948년 4월 9일에 콜롬비아의 수도 보고타(Bogotá)에서 발생한 대규모 폭동을 의미하는 용어다.

332) (옮긴이) '독토르(doctor)'는 원래 '박사' 또는 '의사'를 가리키지만, 콜롬비아를 비롯한 일부 나라에서는 고위 정치인, 변호사, 지식인, 저명인사 등에게도 붙이는 경칭이다. 예를 들어, 호르헤 엘리에세르 가이탄과 같은 정치인이 '독토르'라는 칭호를 받는다.

다. "코르테 코르바타"[333]에서는 혀가 목에 매달려 있었다. 강간, 방화, 약탈이 잇달았다. 사람의 몸을 절단하거나, 불에 태워 죽이거나, 피부를 벗기거나, 천천히 조각조각 찢었다. 군대가 마을과 플랜테이션을 쓸어버리고, 강은 피로 붉게 물들었다. 도적 떼는 사람들로부터 돈이나 커피 포대를 공물로 받은 대신에 그들에게 목숨을 부지할 수 있도록 허락하고, 억압적인 군대는 수많은 가족을 추방하고 추격하면서 그들이 피난처를 찾아 숲으로 도망가게 했다. 여자들은 숲속에서 출산했다. 복수할 필요성으로 고무되어 있었지만 명확한 정치적 지평을 설정하지 않았던 초기의 게릴라 지도자들은 별다른 목표도 없이 파괴를 위한 파괴를 하고, 피와 불로 자신들의 분노를 해소했다. 폭력 사태의 주인공들의 이름(테니엔테 고릴라 중위, 말라솜브라, 엘 콘도르, 피엘로하, 엘 밤피로, 아베네그라, 엘 테로르 델 야노[334])은 서사시

---

333) (옮긴이) '코르테 코르바타(Corte corbata)'에서 'Corte'는 '자르다', 'corbata'는 '넥타이'를 뜻하는데, 콜롬비아의 "La Violencia"(1940-1960년대의 정치적 폭력 시대) 시기에 발생한 살해 방법을 나타내는 표현이다. 이 방식은 칼, 마체테 또는 날카로운 도구로 피해자의 목을 베거나 목구멍을 절단한 뒤에 열린 상처를 통해 혀를 (넥타이처럼) 밖으로 꺼내 놓는 방식이다.

334) (옮긴이) 별명의 원어와 의미는 순서대로 'Teniente Gorila(고릴라 중위)', 'Malasombra(불길한 그림자)', 'El Cóndor(콘도르)', 'Pielroja(붉은 피부)', 'El Vampiro(흡혈귀)', 'Avenegra(검은 새)', 'El Terror del Llano(평원의 공포)'다.

적인 혁명을 암시하지 않는다. 하지만 그 사회적 반란의 특징은 그 반도(叛徒)들이 부르는 노래 가사에까지 남아 있다.

> 나는 순수한 농민이어서
> 싸움을 걸지 않았지만
> 놈들이 나를 건드리면
> 제일 고약한 상대와 맞붙는다.

결국, 무차별적인 공포도 등장했는데, 그 공포는 에밀리아노 사파타[335]와 판초 비야[336]의 멕시코 혁명에서 정의를 되찾으려는 주장과 뒤섞여 있었다. 콜롬비아에서는 분노가 모든 방식으로 폭발했지만, 나중에 사회 혁명의 깃발을 들고 국가의 광범위한 지역을 차지하고 통제하게 되는 정치적 게릴라들이 폭력으로부터 탄생한 것은 우연이 아니다. 탄압을 받은 농민들은 산악 지대로 이주해서 농사를 짓고 자위군을 조직했다. 소위 "독립 공화국들"이 보수파와 자유파가 마드리드에서 평화협정에 조인한 뒤에도 박해당하는 사람들에게 계속해서 피난처를 제공했다. 두 정당의 지도자들은 축하와 협상과

---

335) (옮긴이) 에밀리아노 사파타(Emiliano Zapata, 1877?-1919)는 멕시코 인디오 출신의 빈농으로 멕시코 혁명(México Revolución)의 지도자가 되었다. 그는 멕시코의 국민적 영웅 중 하나로 칭송된다. 전국적으로 도시와 길거리 그리고 심지어 주거 개발 프로젝트와 통화에 이르기까지 그의 이름은 폭넓게 사용된다. 사파티스타 민족 해방군(Ejército Zapatista de Liberación Nacional)은 그의 혁명 정신을 계승한 단체이다.

336) (옮긴이) 판초 비야(Pancho Villa, 1878-1923)는 멕시코 혁명 운동의 지도자이다. 본명은 도로테오 아랑고(Doroteo Arango)인데, 애칭인 판초(Pancho)로 더 잘 알려져 있다. 멕시코 혁명이 발발하자 북부의 농민군을 이끌고 여러 주를 석권하고, 대지주의 토지를 몰수해 농민에게 분배하는 등 농민의 권익을 위해 투쟁했다.

타협의 분위기 속에서 국가적인 화합을 위해 정권을 교대로 잡는 것으로 결정했고, 그러고 나서 체제를 교란하는 거점의 "청소" 작업을 공동 합의로 시작했다. 마르케탈리아[337]의 반군을 제압하기 위한 단 한 번의 작전에서는 총탄 150만 발이 발사되고, 폭탄 2만 개가 투하되었으며, 육지와 공중으로 1만 6천 명의 병력이 동원되었다.[338]

폭력이 난무하는 가운데 한 장교가 말했다. "내게 핑계는 대지 말아요. 귀를 가져오라고요." 탄압의 사디즘과 전쟁의 잔인성을 임상적인 논리로 설명할 수 있을까? 그런 짓은 그 행위자들의 선천적인 악의 결과였을까? 어느 사제의 두 손을 자르고, 그의 몸과 집에 불을 지르고 나서 몸을 갈기갈기 찢어 하수구에 내던진 남자가 그 전쟁이 이미 끝난 뒤에 소리를 질렀다. "나는 죄가 없소. 나는 죄가 없다고요. 날 가만 내버려둬요." 남자는 이성을 잃었지만 어떤 면에서는 이성을 갖고 있었다. 즉, 폭력이 불러일으킨 공포는 체제가 불러일으킨 공포를 드러낸 것일 뿐이었다. 왜냐하면 니에토 아르테타가 예언한 것처럼 커피 자체가 행복도 조화도 가져다주지 않았기 때문이다. 커피 덕분에 막달레나강의 항행이 활성화되고, 철도와 도로가 생겼으며, 일부 산업을 태동시킨 자본이 축적되었다는 것은 사실이지만, 국내의 과두제적 질서와 외국의 권력 중심지들에 대한 경제적 의존은 커피 산업의 성장 과정에서 약화되지 않았을 뿐만 아니라 오히려 콜롬비아 사람들에게는 훨씬 큰 고통으로 작용했다. 10년 동

---

337) (옮긴이) 마르케탈리아(Marquetalia)는 콜롬비아 칼다스(Caldas) 주의 작은 도시다.
338) Germán Guzmán, *La violencia en Colombia(parta descriptiva)*, Botogá, 1968.

안의 폭력이 종식되었을 때 유엔은 콜롬비아 국민의 영양 섭취에 관한 조사 결과를 발표했다. 그때 이후, 사태는 전혀 개선되지 않았다. 즉, 보고타의 어린 학생 88%는 비타민 결핍증에, 78%는 리보플래빈 결핍증에 걸려 있고, 절반 이상은 체중이 정상치를 밑돌았다. 또한 노동자의 71%와 텐사(Tenza) 분지의 농민 78%가 비타민 결핍증에 걸려 있다.[339] 그 조사는 "단백질, 비타민, 염류를 함께 공급하는 보호 식품—우유와 그 부산물, 달걀, 고기, 생선, 그리고 일부 과일과 채소—이 현저하게 부족하다."라는 것을 보여주었다. 탄환의 섬광만이 사회적 비극을 드러내는 것은 아니다. 통계에 따르면, 콜롬비아는 미국보다 일곱 배 높은 살인율을 나타내지만, 동시에 활동 가능 연령대의 콜롬비아 인구 4분의 1이 고정적인 일자리가 없는 것으로 나타났다. 매년 25만 명이 노동시장에 참여한다. 그런데 산업은 새로운 일자리를 창출하지 않고, 농촌에서는 라티푼디움과 미니푼디움의 구조도 새로운 노동력을 필요로 하지 않는다. 반대로 새로운 실업자를 도시 근교로 끊임없이 내보낸다. 콜롬비아에서 학교에 다니지 못하는 아동은 100만 명이 넘는다. 그렇다고 해서 그 체제가 엘리트와 소수 중산층의 자녀를 교육하기 위해 각기 다양한 학부와 학과를 둔 41개의 공립 및 사립 대학을 유지하는 호사를 누리지 못하는 것은 아니다.[340]

---

339) UN, *Análisis y proyecciones del desarrollo económico, III, en El desarrollo económico de Colombia*, New York, 1957.
340) 헤르만 라마(Germán Rama) 교수는 이들 학문적 기관 가운데 몇이 도서관에 가장 중요한 장서로 *Selecciones del Reader's Digest*의 장정본 컬렉션을 보유하고 있다는 사실을 발견했다. Germán W. Rama, "Educación y movilidad social en Colombia",

세계 시장의 마술봉이 중앙아메리카를 깨운다

　기다란 중앙아메리카의 땅은 그리 큰 고통을 당하지 않은 채 19세기 중반에 이르렀다. 중앙아메리카는 소비를 위한 식품 외에도 적은 자본, 부족한 노동력, 최소한의 걱정 속에서 그라나[341]와 인디고를 생산했다. 가시 많은 선인장의 표피에서 아무 문제 없이 태어나 자라는 그라나는 인디고처럼 유럽 섬유 산업에서 안정적인 수요를 유지했다. 1850년경, 독일의 화학자들이 천을 염색하기 위해 아닐린과 값이 싼 다른 염료들을 발명하면서, 두 가지 천연염료는 합성적인 죽음[342]을 맞이했다.

　이 실험실이 자연에 승리를 거둔 지 30년 뒤에 커피의 차례가 왔다. 중앙아메리카는 변했다. 1880년경에는 중앙아메리카에서 갓 생겨난 플랜테이션들이 세계 커피 생산의 6분의 1보다 조금 적은 양의 커피를 생산했다. 이 지역은 이 생산물을 통해 확실하게 국제 시장에 편입되었다. 영국의 구매자들 뒤를 이어 독일과 미국의 구매자들이 나타났다. 외국의 소비자가 커피를 기반으로 한 토착 부르주아 계급을 만들어냈는데, 이들은 1870년대 초반에 후스토 루피노 바리오스[343]의 자유 혁명을 통해 정치권력에 진입했다. 외부로부터 강요

　Eco, núm. 16, Bogotá, diciembre de 1960.
341) (옮긴이) 그라나(grana)는 선인장에 기생하는 곤충으로, 붉은 염료(코치닐)를 추출하는 데 사용된다.
342) (옮긴이) 합성적인 죽음(muerte sintética)은 자연적이고 전통적인 방법이 인공적인 대체물이나 현대적인 기술에 의해 사라지거나 대체되는 상황을 비유적으로 나타낸다.
343) (옮긴이) 후스토 루피노 바리오스(Justo Rufino Barrios, 1838-1885)는 과테말라의 정

된 농업의 특화는 토지와 사람을 차지하려는 열풍을 불러일으켰다. 현재의 라티푼디움은 중앙아메리카에서 노동의 자유라는 기치 아래 탄생한 것이다.

그렇게 해서 아무도 소유하지 않았거나 가톨릭교회 또는 국가에 소속되어 있던 드넓은 미개간지가 개인의 손에 넘어갔고, 원주민 공동체에 대한 광란의 약탈이 이루어졌다. 토지 매도를 거부한 농민은 강제로 군에 입대했다. 플랜테이션은 인디오의 시체 안치소가 되었다. 식민지 시대의 명령들, 노동력의 강제 징집, 그리고 부랑 행위 금지법이 부활했다. 도망간 노동자는 총탄의 추격을 받았다. 자유파 정부는 임금 제도를 도입해 노동관계를 현대화했지만, 임금노동자는 새로운 커피 사업가의 재산이 되었다. 그때부터 지금까지 한 세기가 흐르는 동안 그 어떤 순간에도 커피가 높은 가격을 유지하는 기간이 노동자의 임금 수준에 영향을 미치지 않았는데, 커피의 가격이 오르더라도 결코 임금 상승이 이루어지지 않았기 때문에 임금은 여전히 굶주림을 면치 못할 수준에 머물렀다. 이것은 중앙아메리카 국가들에서 국내 소비 시장의 발전을 저해하는 요인들 가운데 하나였다.[344]

어느 지역이나 마찬가지로 커피 재배가 무분별하게 확대되면서 국내 시장용 식량을 생산하는 농업이 위축되었다. 또한 이들 국가는 쌀, 강낭콩, 옥수수, 밀, 고기의 만성적인 부족에 시달리게 되었다.

치가다.

344) Edelberto Torres-Rivas, *Procesos y estructuras de una sociedad dependiente (CentroAmérica)*, Santiago de Chile, 1959.

초라한 자급자족 농업은 라티푼디움이 저지대의 더 비옥한 땅을 차지하면서 원주민을 몰아넣었던 고산 지대와 험준한 지역에서 겨우 살아남았다. 산악 지역에서 원주민은 수확철에 플랜테이션에 노동력을 제공하고, 1년 중 일부는 죽지 않는 데 필요한 옥수수와 강낭콩을 아주 작은 땅에서 재배하며 살아간다. 이들은 세계 시장의 예비 노동력이다. 상황은 바뀌지 않고 있다. 라티푼디움과 미니푼디움이 함께 원주민 노동력의 가혹한 착취에 기반한 체제의 구성 단위를 이룬다. 일반적으로, 아주 특별하게 과테말라에서는, 이 같은 노동력 착취 구조가 인종적 경멸의 체계 전반과 밀접하게 연관되어 나타난다. 인디오는 백인과 메스티소로부터의 내부적인 식민지주의, 즉 지배적인 문화에 의해 이데올로기적으로 신성시되는 식민주의에 시달리고, 같은 식으로 중앙아메리카의 국가들은 외부 식민지주의로 고통받고 있다.[345]

20세기 초부터는 온두라스, 과테말라, 코스타 리카에서도 바나나 농장 단지가 나타났다. 커피를 항구까지 수송하려고 국내 자본의 지원을 받은 철도가 이미 부설되어 있었다. 미국 기업들은 그 철도를 장악하고, 자신들의 플랜테이션에서 생산된 바나나만을 수송하기 위한 철도를 추가로 건설했으며, 동시에 전기, 우편, 전신, 전화 같은 서비스의 독점 체제를 구축하고, 덜 중요하지 않은 공공 서비스인 정치 또한 독점 체제를 구축했다. 온두라스에서는 "암노새 한 마리는 하원의원 한 명보다 비싸고", 중앙아메리카 전역에서 미국 대

---

345) Edelberto Torres-Rivas, *Procesos y estructuras de una sociedad dependiente (Centroamérica)*, Santiago de Chile, 1959.

사가 대통령보다 더 큰 지배권을 행사한다. 유나이티드 프루트 컴퍼니는 바나나 생산 및 판매에서 경쟁자를 삼켜버리고, 중앙아메리카의 주요 라티푼디움의 주인으로 변모했으며, 자회사는 철도와 해상 운송을 독점하고, 항구의 주인이 되고, 자사의 세관과 경찰을 설치했다. 실제로 달러가 중앙아메리카의 국내 통화가 되었다.

배를 습격하는 해적들

제국주의의 지정학적 개념에서 중앙아메리카는 미국의 자연스러운 부속물일 뿐이다. 심지어 에이브러햄 링컨조차도 이 지역을 병합할 생각을 했고, 인접 지역에 대한 대국의 "명백한 운명(Manifest Destiny)"이라는 명령을 외면할 수 없었다.[346]

19세기 중반, 은행가 모건(Morgan)과 개리슨(Garrison)을 대변하며 활동하던 해적 윌리엄 워커(William Walker)는 자신들을 "불멸의 아메리카 군단"이라 부르던 살인자 집단을 이끌고 중앙아메리카를 침략했다. 미국 정부의 비공식적인 지지를 받은 워커는 니카라과, 엘 살바도르, 온두라스를 연이어 침략하면서 약탈, 살인, 방화를 했고, 자신을 이들 나라의 대통령이라고 선포했다. 그는 자신의 파괴적인 점거를 겪은 지역에 노예 제도를 재도입했고, 그렇게 해서 불과 얼마 전에 멕시코로부터 강탈한 주들에서 자국의 자선적인 작업

---

346) Carlos Guzmán Bökler y Jean-Loup Herbert, *Guatemala: una interpretación histórica social*, México, 1970.

을 계속했다.

그는 미국에 돌아가자 국민적인 영웅처럼 환영받았다. 그 이후로 침략, 개입, 폭격, 강제 대출, 그리고 대포 앞에서 서명된 조약들이 이어졌다. 1912년에 윌리엄 H. 태프트(William H. Taft) 대통령은 다음과 같이 천명했다. "세 개의 성조기가 각각 등거리에 있는 세 지점에서 우리 영토의 확대를 가리킬 날이 머지않다. 기 하나는 북극, 또 하나는 파나마 운하, 그리고 세 번째는 남극이다. 반구 전체가 실제로 우리 것이 될 터인데, 우리의 인종적 우월성 덕분에 사실상 이미 우리 것이다."[347] 태프트는 미국의 외교 정책에서 정의의 올바른 길은 "우리의 상품과 자본가에게 유익한 투자를 위한 편의를 보장하려고 어떤 식으로든 적극 개입하는 것을 배제하지 않는 것이다."라고 말했다. 같은 시대에 테디 루스벨트 전 대통령은 자신이 콜롬비아의 영토를 성공적으로 절단한 것을 큰 소리로 회고했다. 막 노벨 평화상을 받은 그는 자신이 파나마를 어떻게 독립시켰는지 이야기하면서 "내가 운하를 차지했습니다(I took the Canal)."라고 말했다.[348] 얼마 후, 콜롬비아는 운하에 대한 배상금으로 2,500만 달러를 받았다. 그것은 미국이 두 대양을 연결하는 통로를 확보하게 하려고 탄생한 어느 나라의 값어치다.

미국의 기업들은 땅, 세관, 보물, 정부를 장악했고, **해병대**는 "미국 시민의 생명과 이익을 보호하기" 위해 사방에 상륙했는데, 이는

---

347) Gregorio Selser, *Diplomacia, garrote y dólares en América Latina*, Buenos Aires, 1962.
348) Claude Julien, *L'Empire Americain*, Paris, 1968.

1965년에 도미니카 공화국에서 범죄의 흔적을 성수(聖水)로 지우려고 사용된 변명과 동일하다.[349] 미국의 깃발이 다른 상품들을 감싸고 있었다. 많은 원정대를 이끌었던 스메들리 D. 버틀러(Smedley D. Butler) 장군은 퇴역 후 1935년에 자신의 활동을 다음과 같이 요약했다. "나는 이 나라에서 가장 기동력 있는 군대인 해병대의 일원으로서 33년 4개월을 복무했다. 나는 소위부터 사단장에 이르기까지 모든 계급에서 복무했다. 그리고 그 모든 기간에 나는 대부분의 시간을 대기업, 월스트리트, 그리고 은행가를 위한 1급 총잡이 역할을 수행하며 보냈다. 한마디로 말하자면 나는 자본주의의 총잡이였다. (……) 예를 들어, 1914년에는 멕시코, 특히 탐피코[350]가 미국 석유회사의 이익을 위한 쉬운 먹잇감이 되도록 도왔다. 나는 아이티와 쿠바가 내셔널 시티 뱅크(National City Bank)의 임대료를 징수하기

---

349) (옮긴이) 1965년 4월 24일 발발한 도미니카 공화국 내전은 1963년 2월 수립된 후안 보쉬 대통령과 민주 정부를 무너뜨린 보수적 군부 권력에 대한 1963년 헌법을 지지하는 호헌파의 반격이었다. 존슨 행정부는 보수적인 군부 권력의 편에 서서 내전에 무력으로 개입했다.
350) (옮긴이) 탐피코(Tampico)는 멕시코만에 있는 석유 수출 항구다.

에 적합한 장소가 되도록 도왔다. 1909-1912년에는 브라운 브라더스(Brown Brothers) 국제 은행을 위해 니카라과를 정화하는 데 도움을 주었다. 1916년에는 미국의 설탕 산업의 이익을 위해 도미니카 공화국에 빛을 가져갔다.[351] 1903년에는 미국의 과일 회사들을 위해 **온두라스를 평화롭게 만드는** 데 도와주었다."[352]

20세기 초에 철학자 윌리엄 제임스(William James)는 잘 알려지지 않은 판단 하나를 내렸다. "그 나라는 한꺼번에, 그리고 영원히 독립 선언을 내팽개쳐 버렸다……."[353] 한 가지만 예를 들자면, 미국은 아이티를 20년 동안 점령했는데, 그곳, 즉 노예가 처음으로 승리한 반란의 무대가 되었던 그 검은 나라에 인종 차별과 강제 노동 제도를 도입하고, 어느 탄압 작전 중에 노동자 1,500명을 살해했다(미국 상원의 1992년 조사에 의함). 그리고 아이티 정부가 국립은행을 뉴욕의 내셔널 시티 뱅크의 지점으로 전환하는 것을 거부하자, 대통령과 장관들이 그 문제를 재고하도록 그들의 급료 지급을 중단했다.[354]

비슷한 이야기들이 카리브해의 다른 섬들과 중앙아메리카 전역, 즉 미 제국의 우리의 바다(Mare Nostrum)라는 지정학적 공간에서

---

351) (옮긴이) '빛'은 종종 문명화나 진보적인 변화를 의미하는데, 미국이 자신들의 경제적 이익을 위해 도미니카 공화국에 군사적 또는 정치적 개입을 했다는 맥락에서 사용된 비유적인 표현이다.
352) *Common Sense* 1935년 11월 호에 발표. 레오 후버만(Leo Huberman)의 Man's Worldly Goods 참조. *The Story of the Wealth of Nation*, New York, 1936.
353) (옮긴이) 미국이 독립 선언의 이상이나 가치를 버리고, 경제적·정치적 목적을 위해 다른 방향으로 나아갔다는 비판적인 맥락을 담고 있다.
354) William Krehm, *Democracia y tiranías en el Caribe*, Buenos Aires, 1959.

빅 스틱[355] 또는 "달러 외교"가 번갈아 작동하는 리듬에 맞춰 되풀이 되었다.

코란은 천국의 나무들 가운데 바나나를 언급하지만, 과테말라, 온두라스, 코스타 리카, 파나마, 콜롬비아, 에콰도르의 **바나나화**(化)[356]는 바나나를 지옥의 나무라고 생각하게 만든다. 콜롬비아에서는 유나이티드 프루트 컴퍼니가 콜롬비아 최대 라티푼디움의 소유자가 되어 있었는데, 1928년에 대서양 연안에서 대파업이 발생했다. 바나나 농장 노동자들이 어느 철도역 앞에서 총살당했다. 공식적인 칙령이 공포되었다. "공권력을 가진 자들은 무기를 사용해 처벌할 권한을 가진다." 그리고 이후에는 국가의 공식 기록에서 그 학살을 지우려고 그 어떤 칙령도 공포할 필요가 없었다.[357]

미겔 앙헬 아스투리아스는 중앙아메리카에서 정복과 약탈 과정을 이야기했다. **초록색 교황**[358]이란 그 지역 전체의 왕관 없는 왕이고,

---

355) (옮긴이) 빅 스틱(big stick)은 미국의 26대 대통령인 시어도어 루스벨트의 "말은 부드럽게, 그러나 큰 막대기를 가지고 다가가라(Speak softly and carry a big stick)"라는 발언에서 유래했다. 이는 평화적이고 외교적인 방법을 사용하되, 강력한 군사적 힘을 바탕으로 압박을 가하는 방식을 뜻한다.

356) (옮긴이) 바나나화(bananización)라는 개념은 20세기 초 미국을 비롯한 다국적 기업이 중앙아메리카와 카리브 지역에서 바나나 생산을 독점하고, 이를 통해 해당 지역의 경제, 정치, 사회가 바나나 산업에 의존하게 되는 현상을 설명하는데, 종종 경제적 종속과 불평등한 국제 관계를 비판하는 맥락에서 사용된다.

357) 이것은 알바로 세페다 사무디오(Álvaro Cepeda Samudio)의 소설 『저택(*La casa grande*)』(부에노스 아이레스, 1967)의 테마임과 동시에 가브리엘 가르시아 마르께스(Gabriel García Márquez)의 『백년의 고독(*Cien años de soledad*)』(부에노스 아이레스, 1967)의 한 장(章)에서 다루어졌는데, 그 안에서 장교들은 "그것은 확실히 꿈이었다."라고 주장했다.

358) (옮긴이) '초록색 교황(El papa verde)'은 과테말라 소설가 미겔 앙헬 아스투리아스(Miguel Ángel Asturias)가 1954년에 발표한 동명 소설의 주인공 메이커 톰슨(Maker Thomson)의 별명이다. 중앙아메리카에 거대한 제국을 건설하고, 트로피컬 바나네라

유나이티드 푸르트 컴퍼니의 아버지이자 여러 나라를 집어삼킨 마이너 키스였다. 메이커 톰슨 회장이 다음과 같이 열거한다. "우리는 부두, 철도, 토지, 건물, 수원지를 갖고 있소. 달러가 유통되고, 영어를 사용하고, 우리의 국기가 게양되어 있소…….", "시카고는 쌍권총을 가지고 떠났다가 고기 제국의 황제들, 철도 왕들, 구리 왕들, 껌 왕들 사이에서 자신의 자리를 주장하며 돌아온 그 아들에 대해 자부심을 느낄 수밖에 없었소."[359] 존 더스 패서스(John Dos Passos)는 『북위 42도(The 42nd Parallel)』에서 키스의 화려한 전기, 즉 유나이티드 푸르트 컴퍼니의 전기를 다음과 같이 묘사했다. "유럽과 미국에서 사람들이 바나나를 먹기 시작했기 때문에 바나나를 심고 바나나를 운반할 철도를 건설하려고 중앙아메리카를 가로질러 정글을 밀어냈고, 매년 더 많은 그레이트 화이트 플릿(Great White Fleet)의 증기선이 바나나를 가득 싣고 북쪽으로 향했는데, 그것이 바로 카리브에서의 미 제국과 파나마 운하와 미래의 니카라과 운하와 **해병대**와 전함과 총검……의 역사다."

(Tropical Bananera) 회사의 회장이 되려는 야망을 품은 인물로 묘사되는 그는 미국의 사업가 마이너 쿠퍼 키스(Minor Cooper Keith, 1848-1929) 같은 실존 인물들의 특징을 부분적으로 빌려 창작된 것으로 보인다. 마이너 쿠퍼 키스의 철도, 상업 농업, 화물선 사업은 중앙아메리카 국가들과 콜롬비아의 카리브 지역 경제에 큰 영향을 미쳤다.

359) 이들 인용문은 1950년대에 부에노스 아이레스에서 출간된 3부작 소설 『강풍(Viento fuerte)』, 『초록색 교황(El papa verde)』, 『매장된 자들의 눈(Los ojos de los enterrados)』에 등장한다. 『강풍』에서 등장인물 가운데 하나인 미스터 파일(Mr. Pyle)이 예언적으로 말한다. "만약 우리가 새로운 플랜테이션을 만드는 대신 개인 생산자에게서 과일을 산다면 미래를 위해 더 많은 이익을 얻을 것이오." 이것은 현재 과테말라에서 일어나는 일이다. 유나이티드 프루트(지금은 유나이티드 브랜즈)는 직접 생산보다도 효율적이고 위험이 적은 마케팅 메커니즘을 통해 바나나 독점권을 행사한다. 1960년대에 유나이티드 프루트가 고조된 사회 불안의 위협을 받게 된 과테말라에 있는 플랜테이션들의 매각 그리고/또는 임대를 결정했을 때부터 바나나 생산이 격감한 것을 지적할 필요가 있다.

땅은 노동자처럼 지치고 소모되었다. 땅은 부식질을, 노동자는 폐를 빼앗겼지만, 항상 착취할 새로운 땅과 멸종시킬 더 많은 노동자가 있었다. 오페레타의 영웅 같은 독재자들은 이에 칼을 문 채 유나이티드 프루트의 이익을 지켜 주었다. 그 후, 바나나 생산은 감소해 갔고, 과일 회사의 전능성이 여러 차례 위기를 겪었다. 하지만, 커피, 면화, 설탕이 바나나를 특권적인 위치에서 밀어냈다 할지라도, 중앙아메리카는 오늘날에도 여전히 모험가에게 이익의 성역으로 남아 있다. 1970년에 바나나는 온두라스와 파나마에, 남아메리카에서는 에콰도르에게 주요한 외화 획득원이다. 1930년경에 중앙아메리카는 연간 바나나 3,800만 송이를 수출하고, 미국은 온두라스에 송이당 1센트의 세금을 지불했다. 그 적은 세금(나중에 조금 올랐다)을 제대로 관리할 방법이 없었고 지금도 마찬가지인데, 그 이유는 오늘날에도 유나이티드 프루트가 국가의 세관을 무시하고 자신이 원하는 대로 수출하고 수입하기 때문이다. 그 나라의 무역 수지와 지급 수지는 상상력이 풍부한 기술자들이 만든 허구의 작품이다.

1930년대의 위기:
"개미를 죽이는 것이 사람을 죽이는 것보다 더 큰 범죄다"

커피는 미국 시장, 미국의 소비 능력, 미국의 가격에 의존했다. 바나나는 미국의, 미국을 위한 비즈니스였다. 1929년의 위기는 갑작스럽게 터졌다. 세계 자본주의의 기반을 뒤흔든 뉴욕 증권거래소의 붕괴는 거대한 바윗덩이가 웅덩이에 떨어지는 것처럼 카리브 지역에 충격을 가했다. 커피와 바나나 가격이 수직으로 하락하고 판매량도 그에 못지않게 급격히 감소했다. 농민의 강제 퇴거가 열병처럼 번진 폭력과 더불어 더 심해졌고, 농촌과 도시에서 실업이 확산되었으며, 파업의 물결이 일어났다. 금융 지원, 투자, 공공 지출이 급격히 감소하고, 온두라스, 과테말라, 니카라과에서는 국가 공무원의 급여가 거의 절반으로 줄어들었다.[360] 독재자 집단이 시민의 저항과 불만을 잠재우려고 지체 없이 도래했다. 워싱턴에서는 선린 정책의 시대가 열리고 있었지만, 곳곳에서 들끓던 사회적 혼란을 피와 불로 진압할 필요가 있었다. 약 20년—일부는 더 많고, 일부는 더 적은 세월—동안 과테말라에서는 호르헤 우비코(Jorge Ubico), 엘 살바도르에서는 막시밀리아노 에르난데스 마르티네스(Maximiliano Hernández Martínez), 온두라스에서는 티부르시오 카리아스(Tiburcio Carías), 니카라과에서는 아나스타시오 소모사(Anastasio Somoza)가 권좌에 앉아 있었다.[361]

아우구스토 세사르 산디노(Augusto César Sandino)의 영웅적 행위가 세계를 감동시켰다. 그 니카라과 게릴라 지도자의 긴 투쟁은 토지 회복으로 이어졌으며, 농민의 분노를 한껏 고조시켰다. 누더기를 걸친 그의 작은 군대는 7년 동안 미국의 침략군 12,000여 명과 국가

---

360) Edelberto Torres-Rivas, op. cit.
361) (옮긴이) 이들은 모두 군부 출신 독재자로서, 20세기 중앙아메리카 지역에서 미국의 지지 또는 묵인 아래 장기 집권을 하고, 농민과 노동자를 탄압했으며, 자신을 국가의 구세주나 질서의 수호자로 포장하면서 민주주의와 인권을 억압했다.

경비군을 상대로 동시에 싸웠다. 수류탄은 정어리 통조림 깡통에 자갈을 채워 만들고, 스프링필드(Springfield) 소총은 적에게서 탈취했으며, 마체테는 부족하지 않았다. 깃대는 껍질조차 벗기지 않은 나무 막대였고, 농민들은 덤불 우거진 산에서 움직이기 위해 부츠 대신 **카이테**(caite)라 불리는 가죽 샌들을 신었다. 게릴라 전사들은 **아델리타**(Adelita) 음악[362]에 맞춰 노래했다.[363]

여러분, 니카라과에서는
쥐가 고양이를 때려요.

해병대의 화력도 비행기가 투하한 폭탄도 라스 세고비아스(Las Segovias)의 반군[364]을 진압하기에는 충분하지 않았다. 또한 통신사 《어소시에이티드 프레스(Associated Press)》와 《유나이티드 프레스(United Press)》가 전 세계에 퍼뜨린 비방도 충분하지 않았는데, 이들 통신사의 니카라과 특파원 두 명은 니카라과의 세관을 손에 쥐고 있던 미국인이었다.[365] 1932년에 산디노는 "나는 오래 살지 못할 것

---

362) (옮긴이) 아델리타 음악(música de Adelita)은 멕시코 혁명(1910-1920) 당시 여성 혁명가이자 전사인 아델리타와 관계가 있다. 이 노래는 혁명적이고 용감한 여성 아델리타의 용기와 전사로서의 역할을 찬양하는 내용으로, 군사적이고 민속적인 리듬과 함께 민중의 정신을 담고 있다.
363) Gregorio Selser, *Sandino, general de hombres libres*, Buenos Aires, 1959.
364) (옮긴이) 라스 세고비아스(Las Segovias)의 반군은 아우구스토 세사르 산디노(Augusto César Sandino)가 이끄는 반미 게릴라 저항 세력으로, 게릴라 활동의 중심지인 니카라과 북부의 산악 지역 라스 세고비아스에서 1927년부터 1933년까지 활동했다. 미국 제국주의에 맞서 니카라과의 주권 수호를 목표로 삼았다.
365) Carleton Beals, *América ante América*, Santiago de Chile, 1940.

이다."라고 예감하고 있었다. 1년 후에 미국의 선린 정책의 영향으로 평화협정이 체결되었다. 그 게릴라 지도자는 마나과(Managua)에서 열린 어느 중요한 회합에 대통령의 초대를 받았고, 그곳으로 가는 도중에 매복 공격을 받아 살해되었다. 살인자 아나스타시오 소모사는 나중에, 그 암살이 주 니카라과 미국 대사 아서 블리스 레인(Arthur Bliss Lane)의 지시에 따라 이루어졌다고 암시했다. 당시에 군의 지도자였던 소모사는 오래 걸리지 않아 권력을 잡았다. 그는 4반세기 동안 니카라과를 지배한 뒤에 자식들이 직무를 승계했다. 소모사는 대통령 휘장을 가슴에 두르기 전에 십자무공훈장, 명예훈장, 대통령 공로장으로 몸을 치장했다. 이제 권좌에 앉은 소모사는 몇 차례의 학살과 대대적인 축하 행사를 조직했는데, 그것을 위해 자신의 군인들을 로마 병사처럼 샌들과 투구로 치장했다. 소모사는 46개의 농장을 보유한 국내 최대의 커피 생산자가 되고, 다른 51개의 아시엔다에서 목축을 했다. 그럼에도, 그에게는 공포를 조장하는 데에도 시간이 절대 부족하지 않았다. 장기간에 걸친 통치 기간에, 사실을 말하자면, 더 이상 필요한 것이 없었는데, 가끔 그는 젊은 시절에 즐기기 위해 금화를 위조해야 했던 때를 약간의 서글픔을 드러내며 회고했다.

엘 살바도르에서도 위기의 결과로 억눌린 불만이 폭발했다. 온두라스의 바나나 노동자 가운데 거의 절반은 엘 살바도르인이었는데, 많은 이가 아무에게도 일자리가 없는 본국으로 돌아가야 했다. 1932년에 이살코(Izalco) 지역에서 대규모 농민 봉기가 발생해 서부 지방 전 지역으로 급속하게 확산되었다. 독재자 마르티네스는 "볼

셰비키"들과 싸우도록 군인들에게 현대적인 장비를 갖추어 보냈다. 인디오들은 마체테로 기관총에 대항해 싸웠지만, 그 사건은 1만 명의 사망자를 남기고 끝났다. 채식을 하는 주술사이자 신지학(神智學) 신봉자였던 마르티네스는 "사람을 죽이는 것보다 개미를 죽이는 것이 더 큰 죄인데, 왜냐하면 사람은 죽으면 다시 태어나지만 개미는 영원히 죽기 때문이다."[366]고 주장했다. 그는 모든 음모에 대한 정보를 그에게 전달하는 "보이지 않는 군단"에 의해 자신이 보호받는다고 말하고, 텔레파시를 통해 미국 대통령과 직접 소통한다고 주장했다. 음식 그릇 위에 추시계를 놓고 음식에 독이 있는지를 알아내고, 지도 위에 추시계를 놓고는 정적들과 해적의 보물이 감춰져 있는 장소를 알아냈다. 그는 종종 자신이 희생시킨 사람들의 부모에게 애도 편지를 보냈고, 대통령궁 뜰에서는 사슴들이 풀을 뜯고 있었다. 마르티네스는 1944년까지 통치했다.

    도처에서 학살이 자행되었다. 1933년에 호르헤 우비코는 과테말라에서 백여 명의 노동조합 지도자, 학생, 정치인을 총살하고, 동시에 인디오의 "태만"을 처벌하는 법을 다시 시행했다. 인디오는 각자 자신의 노동 일수를 기록하는 수첩을 가지고 다녀야 했다. 만약 노동 일수가 충분하지 않다고 간주되면 반년 동안 수감되거나 땅에서 등을 활처럼 구부린 채 무보수로 일을 해서 채무를 갚았다. 비위생적인 태평양 연안에서, 진흙 속에 무릎까지 빠져가며 일하는 노동자는 일당으로 30센트를 받았는데, 유나이티드 프루트는 우비코가

---

366) William Krehm, op. cit. 크렘은 미국 《타임》의 통신원으로 오랫동안 중앙아메리카에서 살았다.

자사더러 임금을 인하하도록 강요했다고 폭로했다. 1944년에 우비코가 실각하기 얼마 전에 《리더스 다이제스트》는 그 독재자를 열광적으로 찬양하는 다음과 같은 기사를 실었다. 이 국제통화기금의 예언자는 긴급 군사 도로 건설을 위해서는 일당을 1달러에서 25센트로, 수도의 공군 기지 작업을 위해서는 1달러에서 50센트로 낮추어 인플레이션을 피했다. 이 시기에 우비코는 커피 농장주와 바나나 회사에게 다음과 같이 살인을 허가했다. "농장의 소유자는 형사상 책임을 면제한다······." 그 칙령은 2795호였는데, 멘데스 몬테네그로(Méndez Montenegro)의 대의제 민주주의 정부가 통치하던 1967년에 재시행되었다.

우비코는 카리브 지역의 모든 독재자처럼 자신을 나폴레옹이라고 생각했다. 그는 나폴레옹 황제의 흉상과 초상화 액자에 둘러싸여 살았는데, 나폴레옹의 옆얼굴이 자기와 똑같이 생겼다고 했다. 그는 군사 훈련을 신뢰했고, 우체국 직원, 학교의 아동, 교향악단을 군사화했다. 오케스트라의 단원들은 제복을 입고 연주했는데, 그가 선택한 곡을 그가 지정한 기법과 악기로 연주하는 대가로 매달 9달러를 받았다. 그가 병원을 마리콘[367]을 위한 곳이라고 여겼기 때문에 환자들은 질병과 더불어 가난이라는 불행을 겪는 경우, 병원 복도와 통로 바닥에서 치료를 받았다.

---

367) (옮긴이) 동성애자 남성(특히 게이)을 경멸적으로 부를 때 사용하는 단어인 마리콘(maricón)은 매우 다양한 의미와 뉘앙스를 가진다. 흔히, 겁쟁이, 약한 사람, 비겁한 사람, 멍청이, 바보 같은 의미로 사용된다.

과테말라에 폭력을 유발한 사람은 누구인가?

우비코는 1944년에 중산층 출신의 젊은 장교들과 대학생들이 이끄는 자유주의 성향의 혁명 바람에 휩쓸려 권좌에서 물러났다. 선거로 선출된 대통령 후안 호세 아레발로(Juan José Arévalo)는 강력한 교육 계획을 실행하고, 농촌과 도시의 노동자를 보호하기 위해 새로운 노동법을 공포했다. 노동조합 몇 개가 탄생했고, 광대한 토지와 철도, 항구의 소유주로 사실상 세금을 면제받고 규제에서 자유로웠던 유나이티드 프루트 컴퍼니는 자사의 소유지에서 더 이상 전능한 존재가 아니었다. 아레발로는 1951년의 이임 연설에서 그 회사가 자금을 지원하고 조종한 32개의 음모를 자신이 피해야 했다고 밝혔다. 하코보 아르벤스(Jacobo Árbenz) 정부는 개혁의 과정을 계속하고, 심화했다. 도로와 산 호세(San José)의 새 항구는 운송과 수출에 대한 유나이티드 프루트 컴퍼니의 독점을 무너뜨렸다. 국내 자본으로, 그리고 그 어떤 외국 은행에도 손을 내밀지 않고, 독립을 이루기 위한 여러 가지 개발 프로젝트가 시작되었다. 1952년 6월, 농지개혁이 승인되었는데, 비록 비생산적인 토지에만 영향을 미치고, 수용된 토지 소유자들에게는 보상금을 채권으로 지급했다 해도, 10만 가구 이상이 혜택을 받았다. 유나이티드 프루트 컴퍼니는 두 대양 사이에 펼쳐진 회사 토지의 8%만 경작했다.

농지개혁은 "농민 자본주의 경제와 농업의 자본주의 경제를 전반적으로 발전시키는 것"을 꾀했으나, 과테말라에 대한 격렬한 국제적인 선전 캠페인이 시작되었다. 라디오, 신문, 미주기구의 지도

자들은 "철의 장막이 과테말라 위로 내려오고 있다."[368]고 떠들어댔다.[369] 캔자스의 포트 레벤워스(Fort Leavenworth) 군사학교를 졸업한 카스티요 아르마스(Castillo Armas) 대령은 미국에서 훈련과 보급을 받은 군대를 조국 과테말라에 투입했다. 미국 비행사가 조종하는 F-47 폭격기가 침략을 지원했다. "우리는 권력을 잡은 공산주의 정부를 무너뜨려야 했다."라고 미국의 드와이트 아이젠하워가 9년 후에 말했다.[370] 1961년 7월 27일, 온두라스 주재 미국 대사는 미국 상원의 소위원회에서 1954년의 **해방** 작전이 자신을 포함해 과테말라, 코스타 리카, 니카라과 주재 미국 대사들이 참여한 팀에 의해 수행되었다고 밝혔다. 당시 CIA의 제1인자였던 앨런 덜레스(Allen Dulles)는 그 임무의 완료를 축하하는 전보를 그들에게 보냈다. 그 착한 앨런은 그전에 유나이티드 프루트 컴퍼니의 이사회에 참여한 적이 있었다. 그의 자리는 침략 1년 후에 CIA의 다른 임원이었던 월터 베델 스미스(Walter Bedell Smith) 장군이 차지했다. 앨런의 형 포스터 덜레스(Foster Dulles)는 과테말라에 대한 군사 원정에 찬성을 표한 미주기구 회의에서 불안하고 초조한 심정을 드러냈다. 우연히도, 우비코 독재 시대에 유나이티드 프루트 컴퍼니의 계약서 초안이 그의 변호사 사무실에서 작성되었던 것이다.

아르벤스의 몰락은 과테말라의 이후 역사에 깊은 영향을 미쳤다.

---

368) (옮긴이) 이 문장은 과테말라에 자유와 민주주의가 사라지고 독재, 억압, 외부의 영향력, 폐쇄적 체제가 드리우고 있다는 경고나 비판의 의미를 띤다.
369) Eduardo Galeano, *Guatemala, país ocupado*, México, 1967.
370) 1963년 6월 10일에 워싱턴의 아메리카 서적상 협회에서 행한 연설. David Wise & Tomas Ross, *El gobierno invisible*(Buenos Aires, 1966)에서 재인용.

1954년 6월 18일 저녁에 과테말라 시, 푸에르토 바리오스(Puerto Barrios), 산 호세 항을 폭격했던 바로 그 군대가 오늘날 권좌에 앉아 있다. 외국이 개입한 뒤에 여러 개의 잔혹한 독재 정권이 연속해서 등장했는데, 그중에는 민주적인 체제로 치장한 훌리오 세사르 멘데스 몬테네그로(Julio César Méndez Montenegro: 1966-1970)의 독재 정권 기간도 포함된다. 멘데스 몬테네그로는 농지개혁을 약속했으나, 실제로는 대지주가 무기를 소지하고 사용할 수 있도록 허가하는 서명만 했을 뿐이다. 아르벤스의 농지개혁은 카스티요 아르마스가 유나이티드 프루트 컴퍼니와 토지가 수용된 다른 대지주들에게 토지를 되돌려줌으로써 자신의 임무를 완수했을 때 산산조각이 나버렸다.

1967년은 1954년에 시작된 폭력의 세월 가운데 최악의 해였다. 과테말라에서 추방된 미국의 가톨릭 사제 토머스 멜빌(Thomas Melville) 신부는 《내셔널 카톨릭 리포터(National Catholic Reporter)》 1968년 1월호에 다음과 같이 보고했다. 우익 테러 집단들은 1년이 조금 넘는 기간에 "과테말라 사회의 병폐를 타파하려고 시도한" 지식인, 학생, 노조 지도자, 농민 2,800명 이상을 살해했다. 멜빌 신부의 계산은 언론의 정보를 바탕으로 이루어졌지만, 대부분의 시체에 대해서는 그 누구도 보고하지 않았다. 그들은 이름도 출신도 알려지지 않은 인디오였는데, 군대는 때때로 반란 진압에 대한 공문에 그들을 숫자로만 포함시켰다. 무차별적인 탄압은 게릴라 활동에 대한 "포위와 섬멸"의 군사 작전의 일환이었다. 새롭게 시행 중인 법에 따르면, 보안 부대의 구성원들은 살인에 대해 형사적인 책임을 지지 않았고, 경찰이나 군대의 공문은 재판에서 완전한 증거로 간주되었다. 농장주와 농장의 관리인은 법적으로 그 지역 당국과 동일한 자격을 부여받았으며, 무기를 소지하고 탄압 부대를 편성할 권리를 가졌다. 전 세계의 텔레타이프는 체계적인 학살에 대한 특종 기사로 진동하지도 않았고, 뉴스에 목마른 기자들이 과테말라에는 도착하지 않았으며, 비난의 목소리도 들리지 않았다. 세계는 등을 돌리고 있었지만, 과테말라는 성 바르톨로메오의 기나긴 밤[371]을 견뎌내고 있었다. 카혼 델 리오(Cajón del Río) 마을에는 남자가 없게 되고, 티투케(Tituque) 마을 사람들은 칼로 창자가 도려내졌으며, 피에드라 파라다(Piedra Parada) 마을 사람들은 산 채로 피부가 벗겨졌고, 아구아 블랑카 데 이팔라(Agua Blanca de Ipala) 마을 사람들은 먼저 다리에 총을 맞고 산 채로 불태워졌으며, 산 호르헤(San Jorge) 광장 한가운데에는 어느 반란자 농민의 머리가 창에 꽂혀 있었다. 세로 고르도(Cerro Gordo)에서는 하이메 벨라스케스(Jaime Velázquez)의 동공에 바늘이 가득 꽂혀 있었고, 리카르도 미란다(Ricardo Miranda)의 시체는 몸에 38개의 구멍이 뚫린 상태로 발견되었고, 하롤도 실바(Haroldo Silva)는 몸통은 없이 머리만 산 살바도르로 가는 도로 옆

---

371) (옮긴이) 성 바르톨로메오의 밤(Saint Bartholomew's Night, 1572)은 프랑스에서 가톨릭 군주와 귀족들이 위그노(개신교도) 귀족과 민간인 수천 명을 살해한 사건을 가리킨다. 종교적 갈등과 정치적 권력 다툼에서 비롯된 이 학살은 프랑스 전역으로 확산되어 유럽에 큰 충격을 주었다. 여기서는 과테말라에서 발생한 심각한 인권 침해와 폭력적인 억압의 시기에 과테말라 국민이 겪은 고통을 상징적으로 나타내는 표현이다.

에서 발견되었고, 로스 믹스코스(Los Mixcos)에서는 에르네스토 친치야(Ernesto Chinchilla)의 혀가 잘렸고, 오호 데 아구아(Ojo de Agua)의 샘에서는 올리바 알다나(Oliva Aldana)의 형제가 손이 뒤로 묶이고 눈이 가려진 채 총탄에 몸이 꿰였고, 호세 구스만(José Guzmán)의 머리는 퍼즐 조각처럼 잘게 부서져 길에 버려져 있었고, 산 루카스 사카테페케스(San Lucas Sacatepéquez)의 우물들에서는 물 대신에 시체가 솟아올랐고, 미라플로레스(Miraflores) 농장에서는 남자 몇이 손도 발도 없이 새벽을 맞이했다. 위협이 가해진 뒤에 처형이 이어졌고, 죽음은 예고 없이 목덜미를 향해 덮쳤다. 도시에서는 사형 선고를 받은 사람의 문에 검은 십자가가 표시되었다. 그 집 사람이 밖으로 나가면 기관 총격을 받았고, 시체는 협곡에 버려졌다.

   그 후에도 폭력이 끊기지 않았다. 1954년에 시작된 경멸과 분노의 시기 전체를 통해 폭력은 과테말라에서 일종의 자연스러운 발산(發散)이었고, 지금도 여전히 그렇다. 강이나 길가에 5시간마다 하나씩 계속해서 시체가 나타났는데, 얼굴이 고문으로 일그러져 특징이 없어졌기 때문에 결코 신원이 확인되지 못할 정도였다. 또한, 더욱 큰 규모의 학살이 더 비밀스럽게 계속되었다. 그것은 바로 빈곤으로 인한 일상적인 대량 학살이었다. 또 한 명의 추방된 사제인 블레이즈 본파네(Blase Bonpane) 신부는 1968년에 《워싱턴 포스트》에 이 병든 사회를 고발했다. "매년 과테말라에서 사망하는 7만 명 가운데 3만 명은 어린이다. 과테말라에서 어린이 사망률은 미국보다 40배가 높다."

라틴아메리카 최초의 농지개혁:
호세 아르티가스에게는 패배의 한 세기 반

　19세기가 시작될 무렵, 아메리카의 들판에서 창과 마체테를 가지고 에스파냐의 권력과 실제로 싸운 사람들은 무산자였다. 독립은 그들에게 보상을 해주지 않았다. 피를 흘린 사람들의 기대를 저버린 것이다. 평화가 찾아오자 그와 더불어 불행의 시대가 다시 열렸다. 토지 소유자와 거상이 재산을 늘리는 사이에 대중의 빈곤이 확산되었다.

　동시에, 라틴아메리카의 새로운 지배자들의 음모에 따라, 에스파냐 제국의 부왕령 네 개가 산산이 부서졌고, 국가의 단합이 부서진 뒤에 파편들이 모여 여러 개의 국가가 탄생했다. 라틴아메리카의 상류층이 만든 "국가"의 개념은 대영제국의 상업 및 금융계의 고객들이 거주하고 후방에 라티푼디움과 갱도가 있는 활기찬 항구의 이미지와 너무나도 닮아 있었다. 도시의 살롱에서 미뉴에트 춤을 추면서 독립전쟁에 관한 문서를 받았던 기생충 군단은 무역의 자유를 위해 영국제 유리컵으로 축배를 들었다. 유럽 부르주아 계급의 가장 떠들썩한 공화주의 구호들이 유행하기 시작했다. 우리의 나라들이 영국의 산업가와 프랑스의 사상가에게 봉사하기 시작했다. 그러나 대지주, 큰 밀매 업자, 상인과 투기꾼, 프록코트를 입은 정치가와 근본 없는 박사로 구성된 우리의 "국내 부르주아"란 무엇이었을까? 라틴아메리카는 곧 자유주의로 번지르르하게 치장한 부르주아 헌법을 갖게 되었지만, 반면에 활력 있는 국가 자본주의의 발전을 역사적 사명으로 삼았던 유럽이나 미국 스타일의 창조적인 부르주아지는 없었다. 이 땅의 부르주아지는 국제 자본주의의 단순한 도구로, 식민지와 반식민지의 피를 빨아먹는 세계적인 기계 장치의 적합한 부품으로 탄생했다. 자기 사업장을 가진 부르주아인 고리대금업자와 상인은 정치권력을 장악했지만, 자유무역이 쇄도하는 영국 상품에 문호를 개방했을 때, 알에서 깨어나지 못하고 죽어 있던 지역 제조업의 발전을 촉진하는 데 전혀 관심을 두지 않았다. 그들의 동업자인 지주 또한 "농지 문제"를 해결하는 데 관심을 둔 것이 아니라, 자신의 이익을 추구하는 데 치중했다. 라티푼디움은 19세기 내내 이루어진 약탈에 기반해 강화되었다. 따라서 이 지역에서 농지개혁은 일찍부터 제기된 요구 사항이었다.

독립 이후에 경제적 좌절, 사회적 좌절, 국가적 좌절 같은 배반의 역사가 이어졌고, 새로운 국경을 통해 찢긴 라틴아메리카는 계속해서 단작과 종속 상태에 처해 있었다. 1824년에 시몬 볼리바르[372]는 페루에서 인디오를 보호하고 농지 소유 제도를 개정하기 위해 트루히요 법령(Decreto de Trujillo)을 공포했다. 그 법적 조치는 페루의 과두 지배 계층의 특권을 전혀 침해하지 않았고, 그 특권은 해방자의 좋은 의도에도 불구하고 그대로 유지되었으며, 인디오는 여전히 예전과 마찬가지로 착취를 당했다. 멕시코에서는 이달고(Hidalgo)와 모렐로스(Morelos)가 오래전에 패배했고, 신분이 낮은 자의 해방과 빼앗긴 땅의 재정복을 위한 그들의 설교가 다시 결실을 맺기까지는

---

372) (옮긴이) 시몬 볼리바르(Simón Bolívar, 1783-1830)는 남아메리카 독립운동의 핵심 지도자로, '해방자(libertador)'라고 불린다.

한 세기가 걸렸다.

남부에서는 호세 아르티가스[373]가 농업 혁명을 실현했다. 이 카우디요는 공식 역사에서 그토록 악의적으로 모함을 받고 왜곡되었지만, 1811년에서 1820년까지의 영웅적인 시기에 오늘날 우루과이와 아르헨티나의 산타 페(Santa Fe), 코리엔테스(Corrientes), 엔트레 리오스(Entre Ríos), 미시오네스(Misiones), 그리고 코르도바(Cordoba) 주가 되어 있는 지역의 대중을 이끌었다. 아르티가스는 옛 리오 데 라 플라타 부왕령의 경계 안에 하나의 대(大) 조국(Patria Grande)을 만들기 위한 경제적·사회적·정치적 기반을 마련하려 했고, 부에노스 아이레스 항구의 파괴적인 중앙집권주의에 맞서 싸운 연방주의자 지도자들 가운데 가장 중요하고 통찰력 있는 인물이었다. 카우디요 아르티가스는 에스파냐인과 포르투갈인에 맞서 싸웠는데, 결국 그의 군대는 대영제국의 도구였던 리우 데 자네이루와 부에노스 아이레스의 협공으로, 그리고 그 카우디요의 사회적 권리 요구 프로그램으로 배신당했다고 느끼자마자 자신들의 방식에 따라 그를 배신했던 과두 지배 계층에 의해 무너졌다.

애국자들이 창을 들고 아르티가스의 뒤를 따랐다. 그들 대부분은 가난한 농민, 유목민 가우초,[374] 투쟁을 통해 존엄성의 의미를 되

---

373) (옮긴이) 호세 아르티가스(José Artigas, 1774-1850)는 우루과이, 아르헨티나, 파라과이 등을 포함하는 리오 데 라 플라타 지역의 독립을 위해 싸우고, 우루과이 건국의 기초를 쌓았다고 평가된다.

374) (옮긴이) 가우초(gaucho)는 아르헨티나, 우루과이의 대평원 '팜파스(Pampas)'에 거주하며 목축과 농업에 종사하는 사람을 가리키는데, 목축 산업의 기계화와 정착 농업 확대 등으로 전통적인 가우초는 점차 사라지고 있다. 오늘날 아르헨티나와 우루과이에서는 국민적 전통, 자유와 자립을 상징한다.

찾은 인디오, 독립군에 합류하면서 자유를 얻은 노예였다. 목동 기병들의 혁명이 초원을 불태웠다. 오늘날 우루과이가 차지한 지역을 에스파냐 권력과 포르투갈 군대의 손에 넘긴 부에노스 아이레스의 배신 때문에 1811년에는 대규모 주민이 북쪽으로 이주했다. 무장한 민중은 행진하는 민중이 되었다. 남자와 여자, 노인과 아이가 모든 것을 버리고 그 카우디요의 발자취를 따라 끝없는 순례자 행렬을 이루었다. 아르티가스는 북부의 우루과이 강 근처에 말과 수레와 더불어 캠프를 차렸고, 그로부터 얼마 지나지 않아 북부에 자신의 정부를 수립했다. 1815년, 아르티가스는 파이산두[375]에 있는 푸리피카시온(Purificación) 캠프에서 광대한 지역을 지배했다. 영국의 어느 여행자는 다음과 같이 이야기한다.[376] "여러분은 내가 무엇을 보았다고 생각하시나요? 신세계의 절반을 보호하는 최고 존엄께서는 당신의 오두막 안 진흙 바닥에서 점화된 난로 옆의 소머리에 앉아, 숯불에 구운 고기를 먹고, 쇠뿔로 만든 술잔에 진(gin)을 따라 마시고 있었다고요! 누더기를 걸친 장교 열두 명이 그를 둘러싸고 있었죠……." 병사, 부관, 정찰병이 사방에서 말을 타고 도착했다. 아르티가스는 뒷짐을 진 채 거닐면서 자기 정부의 혁명적인 법령을 구술했다. 비서 두 명이—당시에는 카본 종이가 없었기 때문에—그의 말을 손으로 적었다. 이렇게 아메리카 대륙에서 첫 번째 농지개

---

375) (옮긴이) 파이산두(Paysandú)는 우루과이강을 사이에 두고 아르헨티나와 인접한 우루과이 서부 지역이다.

376) J. P. y G. P. Robertson, *La Argentina en la época de la Revolución. Cartas sobre el Paraguay*, Buenos Aires, 1920.

혁법이 탄생해 오늘날 우루과이에 해당하는 프로빈시아 오리엔탈(Provincia Oriental)에서 1년 동안 시행되다가 포르투갈이 새롭게 침략하면서 산산조각이 났는데, 그때 과두 지배 계층은 침략자 레코르(Lecor) 장군에게 몬테비데오의 문을 열어주고 그를 해방자로 환영했으며, 그를 캐노피 아래로 모셔 놓고 대성당의 제단 앞에서 장엄한 테데움(Te Deum)을 불러 경의를 표했다. 이전에 아르티가스는 관세 규정도 공포했는데, 이 규정은 오늘날의 아르헨티나에 속한 일부 지역으로서 그 당시에는 카우디요 아르티가스의 지배하에 있던 내륙 지역의 상당히 발달한 제조업 및 수공업과 경쟁하는 외국 상품의 수입에 대해서는 많은 세금을 부과하고, 동시에 경제 발전에 필요한 생산재의 수입은 세금을 면제했으며, 파라과이의 마테(mate) 차와 담배 같은 아메리카산 제품에는 아주 사소한 세금을 부과했다.[377] 나중에 혁명의 무덤을 판 사람들이 그 관세 규정도 묻어버렸다.

1815년의 농지법―자유로운 토지, 자유로운 인간―은 그 후 우루과이 국민이 경험한 모든 법령 가운데 "가장 진보적이고 영광스러운 법령"이었다.[378] 아르티가스의 법령에는 카를로스 3세의 개혁 시대에 캄포마네스[379]와 호베야노스(Jovellanos)[380]의 사상이 의심할

---

377) Washington Reyes Abadie, O'scar H. Bruschera y Rabaré Melogno, *El ciclo artiguista*, tomo IV, Montevideo, 1968.
378) Nelson de la Torre, Julio C. Rodríguez y Lucía Sala de Touron, *Artigas: tierra y revolución*, Montevideo, 1967.
379) (옮긴이) 캄포마네스(Pedro Rodríguez de Campomanes, 1723-1802)는 에스파냐의 경제학자, 법률가, 정치가, 계몽주의 사상가로, 근대 에스파냐의 형성과 경제 개혁에 큰 영향을 끼쳤다.
380) (옮긴이) 호베야노스(Gaspar Melchor de Jovellanos, 1744-1811)는 에스파냐 계몽주

바 없는 영향을 미쳤지만, 그 법령은 궁극적으로 경제 회복과 사회 정의라는 국가적 필요에 대한 혁명적인 응답으로 등장했다. 이 법령에는 혁명으로 인해 국외로 이주하고 혁명에 의해 사면되지 않은 "나쁜 유럽인과 더 나쁜 아메리카인"의 토지를 몰수하고 분배하는 조항이 들어 있었다. 적들의 토지는 그 어떤 보상도 없이 몰수되었는데, 중요한 점은 압도적인 다수의 라티푼디움이 그 적들에게 속해 있었다는 것이다. 자식은 부모의 죗값을 치르지 않았다. 그 법령이 가난한 애국자에게 제공한 것과 같은 것을 자식에게 제공했던 것이다. 토지는 "가장 불행한 사람은 가장 많은 특권을 가진 사람일 것"이라는 원칙에 따라 분배되었다. 아르티가스의 개념에서는 인디오가 "주된 권리"를 가졌다. 이 농지개혁의 본질적인 의미는 전쟁 시에는 유랑 생활을 하고 평화 시에는 비밀스러운 작업과 밀매에 익숙한 가우초를 농민으로 만듦으로써 시골의 가난한 사람을 땅에 정착시키는 데 있었다. 이후에 라 플라타강 유역에 세워진 정부들은 가우초를 피와 불로 제압하고, 강제로 거대한 에스탄시아[381]의 날품팔이 일꾼으로 만들었지만, 아르티가스는 토지의 소유자로 만들기를 원했었다. "봉기한 가우초들은 정직한 일을 즐기기 시작했고, 오두막과 울타리를 세우고, 첫 파종을 했다."[382] 외국의 개입은 모든 것

의의 대표적인 지식인, 정치가, 문학가, 법률가, 철학자, 그리고 개혁가로, 사회 불평등, 가톨릭교회의 권력 문제, 봉건적 토지 제도, 교육 미비 등을 날카롭게 비판하고, 국민의 복지, 합리적 개혁, 사회 정의를 주장했다.

381) (옮긴이) 에스탄시아(estancia)는 주로 팜파스 지역에서 가축을 사육하거나 곡물을 재배하는 대규모 농장을 가리킨다.

382) Nelson de la Torre, Julio C. Rodríguez y Lucía Sala de Touron, op. cit. 같은 저자들에 의한 *Evolución económica de la Banda Oriental*, Montevideo, 1967 및

을 끝내버렸다. 과두 지배 계층이 머리를 쳐들고 보복했다. 이어서 법은 아르티가스가 시행한 토지 기부의 유효성을 부정했다. 농지개혁으로 혜택을 받은 가난한 애국자들은 1820년부터 세기 말까지 총격을 받으며 쫓겨났다. 그들은 "자기 묘지 이외의 토지"를 보유하지 못하게 되었다. 패배한 아르티가스는 파라과이로 가서 장기간에 걸친 검약과 침묵의 망명 생활 끝에 외롭게 죽었다. 그가 발급한 토지 소유 증서는 아무 가치도 없게 되었다. 예를 들어, 정부 측 검사인 베르나르도 부스타만테(Bernardo Bustamante)는 "해당 문서들이 가진 경멸할 만한 특성"을 첫눈에 알아볼 수 있다고 주장했다. 한편, 아르티가스의 정부는 "질서"가 회복된 뒤, 아르티가스가 건설하기 위해 헛되이 투쟁했던 대 조국에서 떨어져 나와 독립한 우루과이의 첫 번째 헌법을 제정할 준비를 하고 있었다.

 1815년의 규정은 토지가 소수의 손에 집중되는 것을 방지하기 위한 특별 조항들을 포함하고 있었다. 오늘날 우루과이의 시골은 사막과 같은 모습을 보여준다. 500개 가구가 전체 토지의 절반을 독점하고, 권력의 성좌로서 산업과 은행에 투자된 자본의 4분의 3도 통제한다.[383] 농지개혁 프로젝트가 하나씩 의회의 묘지에 쌓여 가는 동안에 농촌은 인구가 줄어든다. 연속적인 인구 조사에서 나타난 비극적인 기록에 따르면, 실업자에 다른 실업자가 더해지고, 농축산업에 종사하는 사람 수가 점점 줄어들고 있다. 그 나라는 양모와 고기로

Estructura económico-social de la Colonia, Montevideo, 1968.
383) Vivian Trías, *Reforma agraria en el Uruguay*, Montevideo, 1962.

살아가지만, 오늘날 그 나라의 초원에는 세기 초보다 더 적은 수의 양과 소가 있다. 생산 방식의 후진성은 목축의 낮은 생산성에 반영되고 농작물의 빈약한 생산성에도 반영되는데, 이는 봄철에 소와 양의 발정(發情), 주기적인 비, 그리고 토양의 자연적인 비옥도에 따른 결과다. 농작물의 빈약한 생산성에도 반영된다. 소 한 마리당 고기 생산량은 프랑스나 독일이 생산하는 양의 절반에도 미치지 않으며, 우유 생산도 뉴질랜드, 덴마크, 네덜란드와 비교했을 때 그만큼 낮다. 양 한 마리가 생산하는 양모는 호주보다 1킬로그램이 적다. 헥타르당 밀 생산량은 프랑스의 3분의 1에 불과하고, 옥수수의 경우 미국의 생산량이 우루과이의 일곱 배를 초과한다.[384] 자신의 이익을 해외로 빼돌리는 대(大)소유주들은 푼타 델 에스테에서 여름을 보내고, 겨울철에도 자신들의 라티푼디움에 거주하는 전통에 따르지 않고, 이따금 경비행기로 방문한다. 1세기 전에 농업협회가 창설되었을 때 회원의 3분의 2가 이미 수도에 집을 보유했었다. 자연과 굶주린 날품팔이 일꾼의 작품인 집약적 생산은 큰 골칫거리를 의미하지 않는다.

384) Eduardo Galeano, "Uruguay: Promise and Betrayal", *Latin America: Reform or Revolution?* (J. Petras와 M. Zeitlin 편집, New York, 1968).

그리고 그 같은 생산이 이익을 가져다주는 것은 확실하다. 자본가 농장주의 수입과 이익은 연간 7,500만 달러에 달한다.[385] 생산성은 낮지만, 대단히 낮은 비용 덕분에 이익은 매우 높다. 땅에는 사람이 없고, 사람에게는 땅이 없다. 대규모 라티푼디움은, 1년 내내 그러는 것은 아니지만, 1,000헥타르당 겨우 두 사람을 고용한다. 에스탄시아 주변에 있는 오두막 마을에는 언제나 사용할 수 있는 예비 노동력이 비참하게 쌓여 있다. 민속화에 있는 가우초는 그림과 시의 주제가 되는데, 실제로 드넓은 남의 땅에서 일하는 날품팔이 일꾼과는 거의 관련이 없다. 낡은 알파르가타[386]가 가죽 부츠의 자리를 차지하고, 일반적인 벨트나 때로는 단순한 끈이 금과 은으로 장식된 넓은 벨트를 대체한다. 고기를 생산하는 사람이 고기 먹을 권리를

---

385) Instituto de Economía, *El proceso económico del Uruguay, Contribución al estudio de su evolución y perspectivas*, Montevideo, 1969. 국가의 산업이 정부의 강력한 보조와 보호를 받으며 호황을 맞았던 시기에는 농촌에서 얻은 이익의 많은 부분이 새로 생겨나는 공장으로 흘러갔다. 산업이 죽음의 고통을 겪는 위기의 시대로 접어들었을 때, 목축에서 발생한 잉여 자본이 다른 방면으로 유출되었다. 푼타 델 에스테의 가장 쓸모없고 사치스러운 맨션들은 '국가적인 불행에서 비롯되었고', 나중에는 금융 투기가 유발한 인플레이션의 혼란 속에서 투기 열풍이 일었다. 하지만 무엇보다도 자본이 도망쳤다. 즉, 이 나라가 해마다 생산하는 자본과 이익이 빠져나간 것이다. 공식 자료에 의하면 1962년부터 1966년까지 2억 5천만 달러가 우루과이에서 스위스와 미국의 안전한 은행으로 사라져 버렸다. 20년 전에는 남자들, 젊은 남자들이 발전하던 산업에 노동력을 제공하기 위해 농촌에서 도시로 내려왔고, 오늘날에는 육로나 해상로를 통해 해외로 떠난다. 물론, 그들의 운명은 다르다. 자본은 두 팔 벌려 환영받는데, 순례자들에게는 험난한 운명, 뿌리 뽑힘, 악천후, 불확실한 모험이 기다린다. 1970년의 우루과이는 극심한 위기로 인해 흔들리면서 더 이상 유럽의 이민자에게 약속된 평화와 발전의 신화적인 오아시스가 아니라 자국민에게 집단 이주를 강요하는 혼란스러운 나라였다. 우루과이는 고기와 양모를 생산하고 수출하는 것만큼 자연스럽게 폭력을 생산하고, 사람을 수출한다.
386) (옮긴이) 알파르가타(alpargata)는 일반적으로 '천으로 만든 샌들' 또는 '간단한 끈 샌들'을 의미한다.

잃어버렸다. 크리오요가 전통적인 크리오요식 아사도,[387] 즉 숯불 위에서 노릇하게 익어가는 육즙 많고 부드러운 고기를 먹는 경우는 거의 없다. 비록 국제적인 통계가 기만적인 평균치를 보여주면서 미소를 짓는다 해도, 실제로는 양의 내장과 국수로 만든 스튜인 "엔소파도(ensopado)"가 우루과이 농민의 단백질이 부족한 기본 식단을 이룬다.[388]

아르테미오 크루스, 그리고 에밀리아노 사파타의 두 번째 죽음

아르티가스의 토지 법령이 제정된 지 정확히 1세기 후에 에밀리아노 사파타가 멕시코 남부에 있는 자신의 혁명 지역에서 심도 있는 농지개혁을 실시했다.

5년 전에는 독재자 포르피리오 디아스(Porfirio Díaz)가 돌로레스의 외침[389] 100주년을 성대하게 축하했었다. 연미복을 입은 신사들로 대표되는 공식적인 멕시코는 자신의 영화를 지탱하는 실제 멕시코의 빈곤을 철저하게 무시했다. 그 천민의 공화국에서 노동자의 소

---

387) (옮긴이) 아사도(asado)는 라틴아메리카의 전통적인 숯불구이 요리다. 주로 다량의 쇠고기를 사용한다.
388) German Wettstein y Juan Rudolf., *La sociedad rural*, en la colección *Nuestra Tierra*, nº 16, Montevideo, 1969.
389) (옮긴이) 돌로레스의 외침(Grito de Dolores)은 1810년 9월 16일, 멕시코의 작은 마을 돌로레스에서 가톨릭 사제 미겔 이달고(Miguel Hidalgo)가 에스파냐 식민 지배에 대한 독립 투쟁을 촉구하며 외친 역사적인 선언이다. 이 외침은 멕시코 독립전쟁의 시작을 알리는 신호탄으로, 멕시코 독립기념일(9월 16일)의 기원이 된다.

득은 미겔 이달고 신부의 역사적인 봉기 이후 단 한 푼도 오르지 않았다. 1910년에는 800명이 조금 넘는 라티푼디움 소유자—그들 가운데 많은 수가 외국인이었다—가 거의 전 국토를 소유했다. 그들은 도시의 젊은 귀족으로서 수도나 유럽에 거주하면서 아주 드물게 자신이 소유한 라티푼디움의 중심 구역을 방문해서는 튼튼한 부벽(扶壁)으로 지탱되는 높다란 검은 돌담 뒤에 몸을 숨긴 채 잠을 잤다.[390] 돌담 바깥쪽에서는 날품팔이 일꾼들이 흙벽돌로 만든 지저분한 방에서 빽빽하게 모여 잠을 잤다. 전체 인구 1,500만 명 가운데 1,200만 명이 농장에서 받는 급료에 의존했다. 일당은 거의 전액이 아시엔다의 전용 상점[391]에서, 터무니없이 높은 가격으로 책정된 강낭콩, 밀가루, 아구아르디엔테로 지급되었다. 감옥, 병영, 성구실(聖具室)은 인디오의 천성적인 결함을 다스리는 임무를 맡았는데, 당시 어느 명문가 출신의 인물에 따르면, 인디오는 "게으르고, 술주정뱅이고, 도둑"으로 태어난다고 했다. 노동자가 상속된 빚이나 법적인 계약에 묶여 있는, 그런 노예 제도는 유카탄(Yucatán)의 에네켄 플랜테이션, 바예 나시오날(Valle Nacional)의 담배 농장, 치아파스(Chiapas)와 타바스코(Tabasco)의 나무 숲과 과일나무 숲, 그리고 베

---

390) Jesús Silva Herzog, *Breve historia de la Revolución mexicana*, México-Buenos Aires, 1960.

391) (옮긴이) 전용 상점(tienda de raya)은 19세기 말에서 20세기 초까지 라틴아메리카의 아시엔다에서 노동자가 물건을 살 때 외상으로 사고 임금에서 자동 공제되는 방식을 취하던 상점이다. 아시엔다 소속 노동자는 생필품을 구입할 때 임금의 일부 또는 전부를 이곳에서만 쓸 수 있도록 제한되었다. 'raya'는 선(線) 또는 '줄'을 의미하는데, 노동자가 현금 대신 외상으로 물건을 사면, 임금 장부에 선을 그어 표시했기 때문이다. 상품의 가격이 매우 비쌌기 때문에 사실상 노동자를 경제적으로 종속하고 착취하는 수단이었다.

라크루스(Veracruz), 오아하카(Oaxaca), 모렐로스(Morelos)의 고무, 커피, 사탕수수, 담배 및 과일 플랜테이션에서 실제로 실시된 노동 시스템이었다. 미국 작가 존 케네스 터너(John Kenneth Turner)는 자신의 멕시코 방문에 관한 증언[392]에서 "미국은 사실상 포르피리오 디아스를 미국의 정치적 신하로 만들고, 결국 멕시코를 노예적 식민지로 바꾸었다."라고 고발했다. 미국 자본은 독재 정권과 결탁하면서 직접적으로나 간접적으로 많은 이익을 얻었다. "월가가 몹시 자랑하는 멕시코의 미국화는 마치 복수라도 하듯이 실행된다."라고 터너는 말했다.

1845년에 미국은 멕시코 영토였던 텍사스와 캘리포니아를 병합하고, 그곳에 문명이라는 이름으로 노예제를 재설정했으며, 멕시코는 현재 미국의 주가 되어 있는 콜로라도, 애리조나, 뉴 멕시코, 네바다, 유타를 전쟁으로 잃었다. 멕시코 국토의 절반이 넘는다. 약탈당한 영토는 현재 아르헨티나의 면적과 같다. 그때부터 "불쌍한 멕시코여! 하느님과는 너무 멀고, 미국과는 너무 가깝구나"[393]는 말이 사용된다. 불구가 된 영토의 나머지는 그 후 구리, 석유, 고무, 설탕, 은행, 운수에 대한 미국의 투자라는 침략을 받았다. 스탠더드 오일의 자회사인 아메리칸 코디지 트러스트(American Cordage Trust)는 남자와 아이가 짐승처럼 사고팔리는 수용소였던 유카탄의 에네켄

---

392) John Kenneth Turner, *México bárbaro,* México, 1967. 미국에서는 1911년에, 멕시코에서는 1967년에 출간되었다.
393) (옮긴이) 이 말은 포르피리오 디아스가 했다고 전해진다. 원문은 "¡Pobrecito México!, tan lejos de Dios y tan cerca de los Estados Unidos."다.

플랜테이션들에서 마야족과 야키(yaquis)족 인디오가 절멸한 것과 결코 무관하지 않았는데, 그 이유는 그 회사가 그곳에서 생산된 에네켄의 절반 이상을 구입하고, 섬유를 저렴한 가격에 확보하면서 이익을 보았기 때문이다. 다른 경우에는, 터너가 밝혔듯이, 노예 노동력의 착취가 직접적으로 이루어졌다. 어느 미국인 관리자는 강제로 고용된 날품팔이 일꾼 무리에게 한 사람당 50페소를 지급한다고 터너에게 말하고는, "그리고 우리는 그들이 살아 있는 동안에 그들을 보호하죠. (……) 석 달도 채 안 되어 우리는 일꾼을 절반 이상 매장했어요."[394]라고 덧붙였다.

1910년에 보복의 시간이 도래했다. 멕시코가 포르피리오 디아스에 대항해 무기를 들었다. 그때부터 어느 농민주의 카우디요가 남부에서 봉기를 이끌었다. 그는 에밀리아노 사파타였는데, 혁명의 가장 순수한 지도자이자 가난한 사람의 대의에 가장 충실하고, 사회적 구제에 대한 의지가 가장 강한 인물이었다.

19세기 말의 몇십 년은 멕시코 전역의 농민 공동체에 잔혹한 착취의 시대였다. 모렐로스 주의 도시와 마을은 사탕수수 플랜테이션이 확장하면서 땅, 물, 노동력을 착취하는 광적인 사냥을 겪었다. 사탕수수 아시엔다가 주(州)의 삶을 지배했는데, 아시엔다의 번영은 근

---

394) John Kenneth Turner, Ibíd. 멕시코는 미국 투자가들이 선호하는 나라였다. 19세기 말에는 미국이 외국에 투자한 자본의 3분의 1이 조금 못 되는 돈이 모였다. 오손 웰스(Orson Welles)의 유명한 영화 「시민 케인(Citizen Kane)」의 실제 모델인 윌리엄 랜돌프 허스트(William Randolph Hearst)는 치우아우아(Chihuahua) 주와 그 밖의 북부 지역에 약 300만 헥타르 이상의 땅을 소유했다. Fernando Carmona, *El drama de América Latina*, El caso de México, México, 1964.

대적인 설탕공장, 대규모 증류소, 그리고 제품을 수송하기 위한 철도의 지선을 낳았다. 사파타가 살았고 그의 몸과 영혼이 속해 있던 아네네쿠일코(Anenecuilco) 공동체에서, 수탈당한 원주민 농민은 7세기 동안 계속해서 경작해 온 자기 땅에 대한 권리를 되찾으려 했다. 그들은 에르난 코르테스가 도착하기 전부터 그곳에 살았었다. 큰소리로 불평한 사람은 유카탄의 강제 노동 현장으로 끌려갔다. 모렐로스 주 전 지역처럼 그곳의 좋은 땅은 지주 17명의 수중에 있었고, 노동자는 라티푼디움 주인이 고급 마구간에서 귀하게 돌보는 폴로용 말보다 훨씬 열악한 생활을 했다. 1909년의 어느 법은 새로운 토지[395]가 정당한 소유주에게서 탈취되도록 결정했고, 이미 뜨겁게 달아올라 있던 사회적 모순을 더 격화시켰다. 말수가 적은 기수로, 그 주에서는 최고의 말 조련사로 유명하고, 정직함과 용기 때문에 모든 사람의 존경을 받던 에밀리아노 사파타는 게릴라가 되었다. 남부의 남자들은 "사파타 대장의 말 꽁무니에 매달려" 순식간에 해방군을 형성했다.[396]

포르피리오 디아스가 몰락하고 프란시스코 마데로(Francisco Madero)가 혁명의 도움을 받아 정권을 잡았다. 농지개혁에 대한 약

---

395) (옮긴이) 여기서 말하는 '새로운 토지'는 단순히 개간되지 않은 빈 땅을 의미하는 것이 아니라, 국가나 대지주가 법적·행정적 조치를 통해 원주민, 농민 등 기존의 공동체나 소유자로부터 강제로 빼앗은 땅을 의미한다. 1909년 포르피리오 디아스 정부는 농민과 원주민 공동체가 사용하던 에히도(Ejido)나 조상 대대로(전통적·비공식적으로) 경작해 온 땅을 법적 소유권이 없다는 이유로 무주지(無主地, tierra baldía), 즉 국가가 처분할 수 있는 '새로운 토지'로 간주하고 대지주나 외국 자본가에게 불하했다. 이는 1910년에 발발한 멕시코 혁명의 주요 원인이 되었다.

396) John Womack Jr., *Zapata y la Revolución Mexicana*, México, 1969.

속은 얼마 안 가 제도주의적 안개 속으로 사라져 버렸다. 사파타는 자신의 결혼식 날 파티를 중단해야 했다. 정부가 그를 진압하기 위해 빅토리아노 우에르타(Victoriano Huerta) 장군의 군대를 파견했기 때문이다. 그 도시의 유식한 사람들[397]에 따르면, 그 영웅은 "도적"이 되었다. 1911년 11월, 사파타는 '아이알라 계획(Plan de Ayala)'을 공표하면서 동시에 다음과 같이 선언했다 "나는 모든 것, 모든 사람을 상대로 싸울 준비가 되어 있습니다." 그 계획은 "멕시코의 마을과 도시의 주민 대다수는 자신들이 딛고 있는 땅 말고는 가진 것이 없다."라고 경고하고, 혁명의 적이 가진 재산을 전면적으로 국유화하고, 라티푼디움이 급격하게 확대되는 과정에서 강탈한 땅을 정당한 소유주에게 반환하며, 나머지 아시엔다의 주인이 가진 땅의 3분의 1을 몰수할 것을 주장했다. 아얄라 계획은 수천 수만 명의 농민을 그 농민주의 카우디요의 대열로 끌어당기는 저항할 수 없는 자석이 되었다. 사파타는 모든 것을 정부의 인물 몇 명만 교체하는 것으로 축소하려는 "파렴치한 시도"를 규탄했다. 고작 그런 것을 위해 혁명을 하지는 않았다는 것이다.

투쟁은 10년 가까이 지속되었다. 처음에는 디아스, 마데로를 상대로, 나중에는 암살자 우에르타를 상대로, 그 후에는 베누스티아노 카란사(Venustiano Carranza)를 상대로 싸웠다. 장기간의 전쟁 시대는 미국의 지속적인 개입의 시대이기도 했다. 미국 **해병대**는 두 차례의 상륙 작전과 여러 차례의 폭격을 담당했고, 외교관들은 다양한

---

397) (옮긴이) '그 도시'는 수도인 멕시코 시티를 가리키고, 유식한 사람들(doctores)은 지식인·권위자·기득권 엘리트를 풍자적으로 부르는 표현이다.

정치적 음모를 꾸몄으며, 헨리 레인 윌슨 대사(Henry Lane Wilson)는 마데로 대통령과 그의 부통령을 암살하는 범죄를 성공적으로 수행했다. 권력이 계속해서 교체되었고, 그 어떤 경우에도 사파타와 그의 군대에 대한 격렬한 공격이 바뀌지 않았다. 이는 그런 공격이 국가적 혁명에 깊이 내재한 계급 투쟁, 즉 실질적인 위험을 숨김없이 표현한 것이었기 때문이다. 역대 정부와 신문들은 모렐로스의 사파타 장군 휘하 "야만적인 무리"에 대해 으르렁거렸다. 강력한 군대가 차례차례 사파타를 응징하러 보내졌다. 방화, 학살, 마을의 황폐화가 반복해서 자행되었지만, 결국 아무 소용이 없었다. 남자, 여자, 아이가 "사파타의 스파이"로 몰려 총살당하거나 교수형에 처해졌고, 그런 사냥 뒤에는 승리의 선언이 이어졌다. 청소 작업은 성공적이었다. 하지만 얼마 지나지 않아, 남부 산악 지역의 이동 혁명 캠프에서 다시 화톳불이 지펴졌다. 사파타의 군대는 다양한 기회를 이용해 수도 근교까지 반격하는 데 성공했다. 우에르타의 체제가 몰락한 뒤에 에밀리아노 사파타와 판초 비야, 즉 남부의 아틸라[398]와 북부의 켄타우로스는 승리자의 걸음으로 멕시코 시티에 입성했고, 잠시 권력을 나누어 가졌다. 1914년 말에 짧은 평화의 시기가 열림으로써 사파타는 아이알라 계획에서 제시한 대로 훨씬 과격한 농지개혁을 모렐로스에서 실행할 수 있었다. 사회당의 창립자와 일부 호전

---

398) (옮긴이) 아틸라(Atila)는 5세기에 훈족을 이끌며 유럽을 정복하고 많은 나라를 침략한 인물로, 잔혹하고 무자비한 정복자의 상징이다. 여기서는 에밀리아노 사파타의 강력한 전투력과 결단력, 그리고 농민 해방을 위해 무자비하게 싸운 모습을 '남부의 아틸라(Atila del Sur)'로 비유한다.

적인 아나키즘-노동조합주의자가 이 과정에 큰 영향을 미쳤다. 그들은 그 운동의 지도자인 사파타의 이데올로기를 급진화했지만, 그의 전통적인 뿌리를 훼손하지 않았고, 사파타에게 필요했던 전략적·실천적 역량을 제공했다.

농지개혁은 "모든 사람이 자신과 가족의 생계를 위해 필요한 면적의 토지에 대해 가질 수 있는 자연적인 권리를 온전하게 보장하는 하나의 사회적 국가[399]를 실현하기 위해 토지에 대한 불공정한 독점을 영원히 근절하는 것"을 제안했다. 1856년의 재산 몰수법에 따라, 빼앗긴 토지는 공동체와 개인에게 되돌려지고, 기후와 비옥도에 따라 소유지의 최대 한도가 정해졌으며, 혁명의 적이 소유한 땅은 국가 소유로 선언되었다. 이 마지막 정치적 규정은 아르티가스의 농지개혁에서처럼 명확한 경제적 의미가 있다. 라티푼디움의 주인이 바로 적이었다. 기술자 양성 학교, 도구 제조공장, 농촌 신용은행이 설립되고, 설탕공장과 증류소가 국유화되어 공적 서비스로 전환되었다. 지역 민주주의 체계가 정치권력의 원천과 경제적 기반을 국민의 손에 맡겼다. 사파타 주의 학교가 세워지고 퍼져나갔으며, 혁명 원칙의 수호와 촉진을 위한 민중 회의가 조직되고, 진정한 민주주의가 형태와 힘을 갖추기 시작했다. 지방자치단체는 통치 체제의 핵심 단위였고, 주민은 자신의 행정 공무원, 재판관, 경찰을 직접 선출했다. 군사 지도자는 조직된 민간인의 의지에 복종해야 했다. 관료와 장군의 의지에 따라 생산 방식과 생활 방식이 결정되지는 않았다. 혁명

---

399) (옮긴이) 사회적 국가(estado social)는 국민의 기본적 생활권과 사회적 권리를 보장하는 사회적·복지적 국가라는 의미다.

은 전통과 연결되었으며 "각 마을의 관습과 풍습 등에 따라 작동했다. 즉, 특정 마을이 공동체 시스템을 원하면 그렇게 실행되고, 다른 마을의 구성원이 각자 작은 소유지를 인정받기 위해 토지 분할을 원하면 그렇게 이루어지는 것이다."

1915년 봄, 모렐로스의 모든 들판은 이미 경작 중이었는데, 주로 옥수수와 다른 식량 작물이 재배되고 있었다. 한편, 멕시코 시티는 식량 부족으로 인해 임박한 굶주림의 위협에 시달리고 있었다. 베누스티아노 카란사는 대통령직을 획득한 뒤에 농지개혁을 단행했지만, 수하의 지휘관들이 지체 없이 그 혜택을 차지했다. 1916년에 그들은 강한 의지로 모렐로스 주의 수도 쿠에르나바카(Cuernavaca)와 사파타의 영향권 아래 있던 다른 지역들을 급습했다. 자신들이 지나가는 길에 있던 모든 것을 불태우면서, 그리고 동시에 이를 "재건과 진보의 작업"이라고 선언하면서 전진하던 장교들에게 다시 열매를 맺기 시작한 농작물, 광물, 가죽, 그리고 몇몇 기계류는 훌륭한 전리품이 되었다.

1919년에 모략과 배신이 에밀리아노 사파타의 삶을 끝장냈다. 매복한 남자 1천 명이 그의 몸에 총을 발사했다. 그는 체 게바라와 같은 나이에 사망했다. 남쪽을 향해 산속을 질주하던 갈색 말에 대한 전설은 에밀리아노 사파타가 죽은 뒤에도 살아남았다. 모렐로스 주 전체가 "개혁자의 업적을 완수하고, 순교자의 피에 복수하며, 영웅의 본보기를 따르자."라고 결의했고, 전국이 이에 화답했다. 세월이 흘러 라사로 카르데나스(Lázaro Cárdenas)가 대통령직을 수행하자(1934-1940), 멕시코 전체에서 농지개혁이 시행되면서 사파타의 전통이 되살아나고 활력을 회복했다. 특히 그의 통치 기간에 외국 기업이나 국내 기업이 소유한 6,700만 헥타르의 토지가 몰수되고, 농민은 토지 외에도 신용 대출, 교육, 그리고 노동을 조직할 수 있는 수단[400]도 함께 받았다. 국가의 경제와 인구가 급격하게 성장하기 시작했다. 농업 생산이 증대하고 동시에 전 국가가 현대화되고 산업화되었다. 도시가 커지고, 소비 시장이 양적·질적으로 성장했다.

그러나 멕시코의 민족주의는 사회주의로 이행되지 않았고, 결과적으로 다른 나라들처럼 결정적인 도약을 하지 못하면서 경제적 독립과 사회 정의라는 목표를 온전히 달성하지 못했다. 혁명과 전쟁의 긴 세월 동안 100만 명의 사망자가 "우리 조상들이 숭배했던 그 신보다 더 잔인하고 가혹하며, 만족을 모르는 현대의 우이칠로포치틀리,[401] 즉 제국주의에 종속되면서 형성된 조건 속에서 멕시코의 자본주의적 발전"에 자신들의 피를 바쳤다.[402] 다양한 학자가 그 오래된 깃발들의 쇠퇴 징후를 연구해 왔다. 에드문도 플로레스(Edmundo Flores)는 최근에 출간된 간행물[403]에서 "현재 멕시코 총인구의 60%

---

400) (옮긴이) 이는 농민이 땅을 넘겨받은 이후, 생산 활동을 지속적·효과적으로 할 수 있도록 도와주는 조직적·제도적 장치들을 말한다. 예를 들어, 농업 협동조합, 에히도 제도, 생산 계획 및 분업 체계, 기술 지도 및 농업 교육 체계, 노동력 조직화 및 분배 시스템, 공공 인프라 사용 방식 등이다.

401) (옮긴이) 우이칠로포츠틀리(Huitzilopochtli)는 아스테카 문명의 전쟁과 태양의 신으로, 민족의 정체성과 전사 정신을 상징하는 핵심적 존재다. 우이칠로포츠틀리가 매일 밤 어둠과 싸우기 위해 피와 심장을 필요로 한다고 믿었기 때문에 아스테카 제국은 그의 이름으로 대규모 인신 공양을 했다.

402) Fernando Carmona, op. cit.

403) Edmundo Flores, "¿A dónde va la economía de México?" en *Comercio Exterior*, Vol. XX, núm. 1, México, enero de 1970.

는 연간 소득이 120달러 미만으로, 굶주림을 겪는다."라고 확언한다. 멕시코 인구 800만이 실제로 강낭콩, 옥수수 토르티야, 매운 고추 외에 다른 것은 못 먹는다.[404] 그 체제는 틀라텔롤코 학살[405]에서 학생 500명이 죽어 쓰러졌을 때만 그 깊은 모순을 드러내는 것이 아니다. 알론소 아길라르(Alonso Aguilar)는 공식 통계를 바탕으로 멕시코에는 무토지 농민 약 200만 명, 교육을 받지 못하는 어린이 약 300만 명, 문맹자 약 1,100만 명, 그리고 맨발로 살아가는 사람 약 500만 명이 있다고 결론지었다.[406] 에히도[407]에 속한 농민의 집단 소유는 지속적으로 분쇄되고, 스스로 분해되는 미니푼디움의 증가와 더불어 새로운 형태의 라티푼디움 제도와 대규모 상업 농업에 종사하는 새로운 농업 부르주아지가 등장했다. 법의 내용과 정신을 왜곡하면서 지배적인 위치를 차지한 국내 대지주와 중간 상인은 결국 지배를 받게 되는데, 최근에 출간된 어느 책에서는 그들을 앤더슨, 클레이튼(Anderson, Clayton) 회사의 "와 그 외(and company)"라는 표

---

404) Ana María Flores, *La magnitud del hombre en México*, México, 1961.
405) (옮긴이) 틀라텔롤코 학살(Matanza de Tlatelolco)은 1968년 10월 2일에 수많은 학생과 시민, 지식인이 정부의 독재, 억압, 경찰의 폭력, 부패에 항의하며 틀라텔롤코 지역의 삼 문화 광장(Plaza de las Tres Culturas)에서 시위를 벌이자, 정부가 10월 12일에 열릴 예정이던 멕시코 시티 올림픽을 앞두고 이미지를 손상하지 않기 위해 경찰과 군을 투입해 무차별 총격을 가하면서, 공식적으로는 30명, 비공식적으로는 수백 명(일부 보고서에 따르면 최대 300명 이상)이 사망하고, 수많은 사람이 체포되고 실종된 사건이다.
406) Alonso Aguilar M. y Fernando Carmona, op. cit. 그리고 Alonso Aguilar M., Fernando Carmona, Guillermo Montaño y Jorge Carrión, *El milagro mexicano*(México, 1970)를 보라.
407) (옮긴이) 에히도(Ejido)는 멕시코에서 시행된 집단 농지 제도로, 땅을 공동으로 소유하면서도 각 농민이 자신의 몫을 나누어 경작할 수 있도록 만든 것이다. 특히 1910년 멕시코 혁명 이후의 농지개혁과 깊은 관련이 있다.

현 안에 포함된 존재로 간주한다.[408] 같은 책에서 라사로 카르데나스의 아들은 "위장된 라티푼디움[409]은 주로 가장 비옥한 토지, 즉 가장 생산적인 토지에 형성되어 있다."라고 말한다.

소설가 카를로스 푸엔테스(Carlos Fuentes)는 전쟁에서는 총을 쏘고 평화 시에는 교활하게 자신의 길을 열어간 어느 카란사 군 대위의 삶을 그가 죽음의 고통을 겪는 순간부터 재구성했다.[410] 빈한한 집안 출신의 아르테미오 크루스(Artemio Cruz)는 세월이 흐르면서 젊은 시절의 이상주의와 영웅주의를 뒤로 하고 살아간다. 그는 토지를 탈취하고, 기업을 설립해 확장하고, 국회의원이 되어 눈부신 경로를 통해 사회의 정상으로 올라가면서, 사업, 뇌물, 투기, 대담한 승부수와 인디오 집단에 대한 무자비하고 잔인한 탄압을 바탕으로 재산, 권력, 명성을 축적한다. 그 인물이 출세한 과정은 멕시코 혁명의 강력한 무력감을 대변하면서 사실상 오늘날 멕시코의 정치적 삶을 독점하고 있

---

408) Rodolfo Stavenhagen, Fernando Paz Sánchez, Cuauhtémoc Cárdenas y Arturo Bonilla Sánchez, op. cit.
409) (옮긴이) 위장된 라티푼디움(latifundio simulado)은 멕시코에서 사용되는 용어로, 법적이나 행정적으로는 작은 농지나 여러 개의 농지로 분할되어 있는 것으로 보이지만, 실제로는 가짜 또는 허위의 소유 구조를 통해 대농장처럼 운영되고, 대규모 상업 농업이 이루어진다. 이 같은 형태는 멕시코의 에히도 제도와 관련이 있다. 농민에게 공동 소유 토지를 제공했지만, 시간이 지나면서 일부 지주가 이 제도를 악용해 사실상 대농장과 같은 방식으로 운영하게 되었다.
410) Carlos Fuentes, *La muerte de Artemio Cruz*, México, 1962.

는 정당[411]의 존속 과정과 닮았다. 둘 다 위로 떨어져 버린 것이다.[412]

라티푼디움이 입은 늘리지만, 빵은 늘리지 않는다

오늘날 라틴아메리카의 주민 1인당 농축산 생산량은 제2차 세계대전 직전보다 적다. 그 대전이 끝난 지 30년이라는 긴 세월이 흘렀다. 이 기간에 세계의 식량 생산은 우리 땅에서 감소한 분량만큼 증가했다. 라틴아메리카 농촌의 낙후된 구조 역시 낭비의 구조처럼 작용한다. 즉, 노동력, 이용할 수 있는 토지, 자본, 생산물을 낭비하고, 무엇보다도 역사적 발전의 포착하기 어려운 기회들을 낭비하는 구조다. 라티푼디움과 그것의 가난한 친척인 미니푼디움은 라틴아메리카의 거의 모든 국가에서 농축산업의 성장과 경제 전반의 발전을 가로막는 병목 지대가 된다. 소유 체제가 생산 체제를 규정한다. 라틴아메리카의 농업 용지 소유자의 1.5%가 가경지 전체의 절반을 소유하고, 라틴아메리카는 광활하고 비옥한 토지에서 어려움 없이 생산할 수 있는 식량을 외국에서 구매하기 위해 매년 5억 달러 이상을 쓴다. 전체 지표 면적의 5%만이 경작된다. 그것은 **세계 최저 비율이**

---

411) (옮긴이) 멕시코 혁명 제도당(Partido Revolucionario Institucional: PRI)은 1929년에 창당되어 70년 이상 멕시코의 정치에서 지배적인 역할을 했다. 이 당은 멕시코 혁명(1910-1920) 이후의 정치적 안정을 위한 주요 기구로 형성되어, 혁명과 사회주의적 개혁을 표방하고, 국가의 발전과 안정적인 정치 체제를 추구했다.

412) (옮긴이) 이 표현은 그 인물과 정당이 각각 지위나 권력이 상승하는 듯 보이나, 내면적으로는 타락하거나 몰락하는 상황을 의미한다. 원어는 "Ambos han caído hacia arriba."이다.

고, 결국은 최대의 낭비**다.⁴¹³ 게다가, 경작지도 얼마 되지 않은데 수확량도 몹시 낮다. 그리고 대부분은 외국계인 농업 대기업이 사실상 독점하는 현대식 생산 기술은 토양을 돕는 대신 최소 시간으로 최대치를 얻기 위해 토양을 못 쓰게 만드는 방식으로 사용된다.⁴¹⁴

라티푼디움은, 종종 태양왕 루이 14세처럼, 권력의 좌 중 일부인데, 마사 사발라(Maza Zavala)의 적절한 표현을 빌리자면⁴¹⁵ 굶주리는 자는 늘리지만, 빵은 늘리지 않는다. 라티푼디움은 노동력을 흡수하는 대신 쫓아낸다. 라틴아메리카에서 농촌 노동자는 40년 만에 20% 이상 감소했다. 기존의 처방을 기계적으로 적용하면서, 급속한 도시화, 즉 농촌 인구의 대규모 이동을 진보의 지표라고 단언하는 기술 관료가 넘쳐난다. 그 체제가 쉴 새 없이 토해내는 실업자가 실제로 도시로 몰려들어 도시의 교외 지역을 확장시킨다. 그러나 공장이 현대화되면서 실업자를 배출하기도 하지만, 이 같은 미숙련 잉여 노동력에게 안식처를 제공하지는 않는다. 농촌의 기술 발전은 발생할 때마다 문제를 심각하게 만든다. 대지주가 자신의 토지를 개발하는 데 더 현대적인 수단을 도입하면서 그의 수익은 증가하지만, 더 많은 노동력이 일거리를 잃고, 부자와 가난한 사람 사이의 격차가 더 크게 벌어진다. 예를 들어, 기계화된 장비의 도입은 농촌에서 창출하는 일자리보다 더 많은 일자리를 없앤다. **해가 뜰 때부터 질 때**

---

413) FAO, *Anuario de la Producción*, vol. 19, 1965.
414) Alberto Baltra Cortés, *Problemas del subdesarrollo económico latinoamericano*, Buenos Aires, 1966.
415) D. F. Maza Zavala, *Explosión demográfica y crecimiento económico*, Caracas, 1970.

까지 일하며 식량을 생산하는 라틴아메리카 사람들은 대개 영양실조에 시달린다. 그들의 수입은 비참할 정도고, 농촌에서 발생한 수익은 도시에서 소비되거나 해외로 유출된다. 더 나은 기술이 토지의 수익성을 미미하게 높이지만, 현재의 토지 소유 체계는 그대로 내버려두기 때문에, 농업의 일반적인 발전에 기여한다 할지라도, 농민에게는 축복이 되지 않는다는 것이 확실하다. 그들의 임금도 늘지 않고, 수확에 대한 참여도 증가하지 않는다. 농촌은 다수의 사람에게는 빈곤을, 아주 적은 수의 사람에게는 부를 퍼뜨린다. 소형 개인 비행기가 빈곤한 사막 위를 날고, 대형 온천지에서는 쓸모없는 사치가 넘쳐나며, 유럽은 돈이 넘치는 라틴아메리카의 관광객으로 들끓는데, 그들은 자기 땅을 경작하는 일은 소홀히 하지만, 자기 정신을 가꾸는 일은 당연히 소홀히 하지 않는다.

폴 바이로흐(Paul Bairoch)는 제3세계 경제의 주요 약점은, 그들의 평균적인 농업 생산성이 오늘날의 선진국들이 산업혁명 직전에 도달한 수준의 절반에 불과하다는 사실에 있다고 주장한다.[416] 실제로, 산업이 조화롭게 확장하려면 식량과 농축산업 원자재의 생산이 훨씬 많이 증가할 필요가 있다. 식량은 도시가 성장하고 소비하기 때문에 필요하고, 원자재는 공장과 수출을 위해 필요하기 때문에 농업 관련 수입을 줄이고 외국에 대한 판매를 늘림으로써 개발에 필요한 외화를 창출하는 방식이다. 한편, 라티푼디움과 미니푼디움 제도는 내수 소비 시장의 발육 부진을 초래하는데, 그 시장이 확장되지 않

---

416) Paul Bairoch, *Diagnostic de l'évolution économique du Tiers Monde. 1900-1966*, París, 1967.

으면 신생 산업은 기반을 잃는다. 농촌의 최저 생계비도 안 되는 임금과 점점 늘어나는 실업자 예비군이 이 같은 상황을 더 악화한다. 도시의 문을 두드리기 위해 농촌에서 도시로 이주하는 사람들이 노동자 임금의 전반적인 수준을 끌어내린다.

  진보를 위한 동맹이 농지개혁의 필요성을 사방에 선언한 뒤부터 과두 지배 계층과 끊임없이 계획을 세워 왔다. 크고, 작고, 넓고, 좁은 프로젝트 수십 개가 라틴아메리카 모든 국가의 의회 선반에서 잠들어 있다. **이제 농지개혁은 금기시된 주제가 아니다. 정치인들은 농지개혁을 실현하지 않는 최상의 방법은 그것을 끊임없이 언급하는 것이라는 사실을 배웠다.** 농지 소유의 집중과 분산의 동시적인 과정은 라틴아메리카의 대다수 국가에서 변함없이 지속되고 있다. 그럼에도, 예외들이 자리를 잡기 시작한다.

  그 이유는, 비록 날카로운 사회적 긴장이 대중의 겉으로 드러나는 체념에 의해 가려짐으로써 종종 감춰진다 할지라도, 농촌이 단지 빈곤의 온상이 아니라 반란의 온상이기도 하기 때문이다. 예를 들어, 브라질 북동부는 언뜻 보기에 숙명론의 요새처럼 느껴지는데, 그곳 주민은 마치 하루가 끝나고 밤이 오는 것을 받아들이듯이 굶어 죽는 것을 수동적으로 받아들인다. 하지만 결국, 이 땅에 천국을 가져오기 위해 자신들의 메시아, 괴짜 사도들과 함께 십자가와 총을 들고 군대에 맞서 싸웠던 브라질 북동부 사람들의 신비주의적 열정의 폭발도, **캉가세이루**[417]의 격렬한 폭력의 물결도 그리 오래되지 않은 과

---

417) (옮긴이) 캉가세이루(cangaceiro)는 19세기 후반에서 20세기 초반까지 브라질 북동부의 메마른 지역(Sertão)에서 활동했던 무장 강도, 산적 집단을 뜻한다. 이들의 존재와 활

거의 일이다. 광신자와 산적, 유토피아와 복수는 절망에 빠져 있던 농민의 아직은 맹목적이던 사회적 저항에 길을 열어주었다.[418] 농민 연맹들은 나중에 이 같은 투쟁의 전통을 되찾아 더 심화했다.

1964년, 브라질에서 권력을 찬탈한 군사독재는 지체하지 않고 농지개혁을 알렸다. 브라질 농지개혁청(Instituto Brasileiro de Reforma Agrária)의 경우는 파울루 실링(Paulo Schilling)이 지적했듯 세계에서 유일한 경우다. 군사 독재는 농민에게 땅을 분배하는 대신에 이전 정부들에 의해 임의로 침탈되거나 몰수되었던 땅을 라티푼디움의 주인에게 되돌려주기 위해 농민을 쫓아내는 일에 몰두한다. 언론에 대한 검열이 더 엄격하게 시행되기 전인 1966년과 1967년에 신문들은 그 분주한 기관의 명령에 따라 군사 경찰 부대가 실행한 강탈, 방화, 박해를 늘 보도했다. 전형적인 사례가 될 만한 또 다른 농지개혁은 1964년에 에콰도르에서 공포된 것이다. 정부는 불모의 땅만 분배하고, 동시에 더 좋은 품질의 땅은 대지주의 손에 집중되도록 했다. 1960년 이후에 베네수엘라에서 농지개혁으로 분배된 땅의 절반은 공공 재산이었다. 정부는 대규모 상업 플랜테이션은 손을 대지 않았고, 땅을 몰수당한 라티푼디움의 주인은 매우 높은 보상금을 받음으로써 막대한 이익을 얻고, 다른 지역에서 새로운 땅을 구입했다.

아르헨티나의 독재자 후안 카를로스 온가니아(Juan Carlos Onganía)는 1968년에 농지에 대한 새로운 세금 제도를 적용하려다가 자신

동은 사회적·정치경제적 맥락에서 매우 복합적인 의미를 가진다.
418) Rui Facó, *Cangaceiros e fanáticos*, Río de Janeiro, 1965.

의 몰락을 2년 앞당길 뻔했다. 이 계획은 생산적인 땅보다 불모지인 "벌거숭이 평원"에 더 높은 세금을 부과하려는 것이었다. 목축 과두 지배 계층이 하늘을 찌를 듯 비명을 지르고, 국가 안에서 칼을 휘둘렀기 때문에 온가니아는 결국 자신의 이단적인 의도를 포기해야 했다. 우루과이처럼 자연적으로 비옥한 초원을 가진 아르헨티나는 온화한 기후의 영향을 받아 라틴아메리카에서 상대적인 번영을 누릴 수 있었다. 하지만 침식은 경작이나 목축에 사용되지 않고 방치된 광활한 평원을 무자비하게 갉아 먹어 가고, 수백만 헥타르에 이르는 광범위한 목축지의 상당 부분도 마찬가지 상황에 처해 있다. 우루과이보다 정도가 덜 심하다 해도, 그 같은 대규모 방목은 우루과이의 경우처럼 1960년대에 아르헨티나의 경제를 뒤흔든 위기의 배경적인 요소다. 아르헨티나의 라티푼디움 소유주들은 자기 농장에 혁신적인 기술을 도입하는 데 충분한 관심을 보인 적이 없다. 생산성이 낮은 것이 그들에게 유리하기 때문에 여전히 생산성이 낮다. 이윤의 법칙이 모든 법칙보다 우선할 수 있다. 새로운 땅을 구입해 소유물을 확대하는 것이 집약적인 생산을 위해 현대 기술이 제공하는 수단을 이용하는 것보다 수익성이 더 높고 덜 위험하다.[419]

    1931년에 농업협회(Sociedad Rural)는 트랙터에 맞서 말을 고수

---

419) 인공적인 목초지는 축산 자본주의자의 입장에서 볼 때, 전통적인 대규모 가축 사육에 비해 더 크고, 더 위험하고, 동시에 수익성이 더 적은 투자로 자본을 이동시키는 것을 의미한다. 그렇게 해서, 생산자의 개인적인 이익은 사회 전체의 이익과 모순된다. 가축의 품질과 수익은 토양의 영양 공급 능력을 증가시킴으로써만 일정 지점부터 향상될 수 있다. 국가는 소가 더 많은 고기를 생산하고, 양이 더 많은 양모를 생산하기를 원하지만, 토지 소유자는 현재 생산 수준에서 제법 충분한 이익을 얻고 있다. 우루과이 대학교 경제연구소의 결론(op. cit.)은 어떤 의미에서 아르헨티나에도 적용될 수 있다.

했다. 협회의 지도자들이 외쳤다. "목축 농업인 여러분! 농사에 말을 이용하는 것은 여러분의 이익과 국가의 이익을 보호하는 것입니다!" 그리고 20년 후에 협회는 협회가 발간하는 출판물에서 다음과 같이 주장했다. "무거운 트럭의 연료 탱크에 가솔린을 넣는 것보다 말의 배에 풀을 넣는 것이 더 쉽다고 어느 유명한 군인이 말했다."[420] 유엔 라틴아메리카 카리브 경제위원회 자료에 따르면 아르헨티나의 경우, 가경지의 헥타르당 트랙터 보유 대수가 프랑스보다 16배 적고, 영국보다 19배 적다. 이 나라는 역시 단위 면적당 서독보다 비료를 140배 적게 소비한다.[421] 아르헨티나 농업의 밀, 옥수수, 면화의 수익성은 선진국들이 그것들을 경작해 얻는 수익성보다 훨씬 낮다.

후안 도밍고 페론(Juan Domingo Perón)은 날품팔이 일꾼에 관한 규정과 농업 노동자 최저 임금의 준수를 강제하면서 아르헨티나의 대토지 소유 과두 지배 계층의 이익에 도전했다. 1944년에 농업협회는 다음과 같이 확언했다. "임금을 책정하는 데서 일반 날품팔이 일꾼의 생활 수준을 확정하는 것이 가장 중요하다. 때때로 날품팔이 일꾼의 물질적 필요가 너무 제한적이어서, 남는 부분은 사회적으로 썩 흥미롭지 않은 목적에 쓰인다." 농업협회는 여전히 날품팔이 일꾼이 동물이나 되는 것처럼 말하는데, 날품팔이 일꾼의 제한된 소비의 필요에 대한 깊은 고찰은 아르헨티나 산업 발전의 한계를 이해

---

420) Dardo Cúneo, *Comportamiento y crisis de la clase empresaria*, Buenos Aires, 1967.
421) CEPAL, *Estudio económico de América Latina*, Santiago de Chile, 1964 y 1966, y *El uso de fertilizantes en América Latina*, Santiago de Chile, 1966.

하는 데 의도치 않게 좋은 단서를 제공한다. 국내 시장이 충분히 확대되지도 않고 심화되지도 않고 있다. 페론 자신이 추진한 경제개발 정책은 결코 농축산업의 저개발 구조를 타파하지 못했다. 1952년 6월, 페론은 콜론(Colón) 극장에서 행한 연설에서 자신이 농지개혁을 실행할 의사가 있다는 주장을 부인했고, 농업협회는 공식적으로 다음과 같이 논평했다. "훌륭한 연설이었다."

볼리비아에서는 1952년의 농지개혁 덕분에 고원 지대의 드넓은 농촌 지역에서 영양 섭취가 눈에 띄게 개선되면서 심지어는 농민의 신장 변화까지 확인되었다. 그럼에도, 볼리비아 전체 인구는 여전히 기본 식단에 필요한 단백질의 60%와 칼슘의 5분의 1만 섭취하는데, 농촌 지역에서는 결핍이 이 같은 평균보다 더 심하다. 농지개혁이 실패했다고는 어떤 식으로도 말할 수 없지만, 고지대의 토지 분할이 오늘날 볼리비아가 외국에서 식량을 수입하는 데 외환의 5분의 1을 소비하는 것을 막기에는 충분하지 않았다.

페루의 군사정부가 1969년부터 실시한 농지개혁은 근본적인 변화를 위한 실험처럼 나타나고 있다. 그리고 칠레의 에두아르도 프레이(Eduardo Frei) 정부가 일부 라티푼디움을 몰수한 것에 관련해서는, 필자가 이 글을 쓰는 동안에 신임 대통령 살바도르 아옌데(Salvador Allende)가 발표한 급진적인 농지개혁을 가능하게 했다는 점에서, 정당하게 평가받아야 한다.

북의 식민지 13개와 중요하게 태어나지 않는 것의 중요성

라틴아메리카에서 토지의 사유화는 항상 토지의 유익한 경작에 앞서 행해졌다. 현재 시행되고 있는 토지 소유 제도의 가장 반동적인 특징들은 위기에서 비롯된 것이 아니라 가장 번영했던 시기에 생겨난 것이다. 반대로, 경제 불황 시기에는 라티푼디움 소유자의 새로운 토지 확장에 대한 탐욕이 진정되었다. 예를 들어, 브라질에서는 설탕 산업이 쇠퇴하고 금과 다이아몬드가 사실상 소멸하면서 1820년에서 1850년 사이에 토지를 점유하고 생산에 이용하는 사람에게 소유권을 보장하는 법률이 가능해졌다. 1850년에 커피가 새로운 "주력 상품"으로 떠오름으로써, 토지를 경작하던 사람의 소유권을 부정하기 위해 과두제 정권의 정치인과 군인의 입맛에 맞게 만들어진 토지법의 제정이 결정되었는데, 이는 브라질의 거대한 내륙 지역이 남쪽과 서쪽을 향해 개척되어 가면서 이루어졌다. 이 법은 "그 이후로 매우 방대한 법률들에 의해 강화되고 재확인되었는데, 그 법률들은 토지를 구매하는 것이 토지에 접근할 수 있는 유일한 방법이라고 규정하고, 농민이 자신의 토지 소유권을 합법적으로 등록하는 것을 거의 불가능하게 만드는 공증 등기 제도를 만들었다……." [422]

같은 시기 미국의 법률은 미국 내부의 개척을 촉진하기 위해 라틴아메리카와 반대되는 목표를 설정했다. 개척자의 마차가 삐걱거리면서 서부의 미개척지를 향해 국경을 확장해 나갔는데, 그 과정에서

---

422) Darcy Ribeiro, *Las Américas y la civilización*, t. III: *Los pueblos nuevos*, Buenos Aires, 1969.

원주민을 학살하는 대가를 치렀다. 1862년에 링컨이 서명한 법인 홈스테드 법(Homestead Act)은 각 가정에 65헥타르의 토지 소유권을 보장했다. 각 수혜자는 자신에게 할당된 땅을 최소 5년 이상 경작한다고 약속했다.[423] 국유지는 놀라운 속도로 개척되었다. 인구가 증가해서 거대한 기름얼룩처럼 지도 위로 퍼져 나갔다. 접근이 가능하고, 비옥하며, 공짜나 다름없는 토지가 유럽의 농민을 저항할 수 없는 자석처럼 끌어당겼다. 그들은 대서양을 건너고 애팔래치아산맥도 넘어가면서 열린 초원으로 향했다. 그렇게 해서 자유로운 농민들이 중부와 서부의 새로운 영토를 차지하게 되었다. 나라가 면적과 인구 면에서 성장하는 동안에 농업 일자리가 창출되었고, 동시에 큰 구매력을 지닌 내수 시장, 즉 거대한 자영농 집단이 형성되어 산업 발전의 활력을 지탱했다.

반면에 1세기가 넘는 기간 전부터 브라질의 내륙 국경을 활발하게 개척해 온 농촌 노동자는 다르시 히베이루가 지적한 바대로, 자신의 땅뙈기를 찾기 위해 나선 자유농민의 가족이 아니라, 거대한 공간을 미리 차지했던 라티푼디움의 소유자에게 봉사하기 위해 고용된 일용직 노동자였다. 농촌 주민은, 이 같은 방식이 아니라면, 내륙의 황무지에 결코 접근할 수 없었다. 노동자는 타인의 이익을 위해, 마체테를 휘저으면서 밀림을 가르며 나라를 개척했다. 그 같은 식민화는 단순히 라티푼디움 지역의 확장에 불과하다. 1950년과 1960년 사이, 브라질의 라티푼디움 65개가 농업에 포함된 새로운

---

423) Edward C. Kirkland, *Historia económica de Estados Unidos*, México, 1941.

토지의 4분의 1을 빨아들였다.[424]

  이 두 개의 상반된 내륙 식민화 시스템은 미국과 라틴아메리카의 발전 모델 사이의 가장 중요한 차이점 중 하나를 보여준다. 왜 북은 풍요롭고 남은 가난할까? 브라보강은 단순히 지리적 경계를 넘어 훨씬 많은 의미를 지닌다. 오늘날의 심각한 불균형은 하나의 아메리카와 다른 아메리카 사이의 불가피한 전쟁에 관한 헤겔의 예언[425]을 확인하는 것처럼 보이는데, 그 전쟁은 미국의 제국주의적 팽창에서 비롯된 것인가, 아니면 더 오래된 뿌리를 가진 것인가? 실제로, 북쪽과 남쪽에는 서로 아주 조금만 닮은 사회들, 동일하지 않은 목적을 추구하는 사회들이 당시의 식민지 구조 속에서 형성되었다.[426] **메이플라워**호의 순례자들은 전설적인 보물을 획득하기 위해서거나 북쪽에는 부족한 원주민 노동력을 착취하기 위해서가 아니라, 자기 가족과 함께 정착해 유럽에서 수행한 삶과 노동의 시스템을 신세계에서 재현하기 위해 바다를 건넜다. 그들은 재물을 추구하는 군인이 아니라 개척자였으며, 정복하러 온 것이 아니라 식민화를 위해 왔었다. 그들은 "정착 식민지"를 세웠다. 확실히, 그 후의 과정은 델라웨어 만 남쪽에서 라틴아메리카에서 발생한 것과 유사한 노예제 플랜테이션 경제를 발전시켰지만, 차이가 있다면 미국의 중심이 처음

---

424) Celso Furtado, *Um projeto para o Brasil*, Río de Janeiro, 1969.
425) (옮긴이) 헤겔 자신이 직접 '두 아메리카 사이의 전쟁'을 예언한 기록은 없으나, 헤겔의 역사철학적 맥락에서 보면, 아메리카 대륙 내부(미국 제국주의와 라틴아메리카)의 긴장과 충돌은 '역사의 필연' 또는 '정신의 전진' 과정의 일부로 해석될 수 있다.
426) Lewis Hanke(comp.)와 기타 저자들의 *Do the Americas Have a Common History?*(New York, 1964)는 북과 남의 역사적 과정에서 동일성을 찾으려고 노력하면서 헛된 상상력을 펼친다.

부터 뉴 잉글랜드의 농장과 작업장에서 태동하고, 그곳에서 19세기 남북전쟁에서 승리한 군대가 나왔다는 것이다. 북아메리카의 문명이 시작된 중심지인 뉴 잉글랜드의 식민지 개척자들은 결코 유럽의 자본주의적 축적을 위한 식민지의 대리인으로 행동하지 않았다. 처음부터 그들은 자신들의 발전과 자신들이 차지한 새로운 땅의 발전을 위해 살았다. 북의 13개 식민지는 대도시의 발전으로 인해 노동 시장에서 방출되던 유럽의 농민과 장인으로 구성된 부대의 유입지 역할을 했다. **자유로운** 노동자들은 바다 건너 이쪽에 있는 그 새로운 사회의 기반을 형성했다.

반면에, 에스파냐와 포르투갈은 라틴아메리카에서 아주 풍부한 노예 노동력을 보유하고 있었다. 원주민의 노예화에 아프리카 노예가 대량으로 이식되었다. 수 세기 동안, 생산 중심지로 이송될 준비가 되어 있는 거대한 실업 농민의 무리가 항상 존재했다. 귀금속이나 설탕 수출의 상승과 하강의 리듬에 따라, 번성하는 지역은 항상 쇠퇴하는 지역과 공존했는데, 쇠퇴하는 지역이 번성하는 지역에 노동력을 공급했다. 이런 구조는 오늘날까지 지속되고, 현재도 실직자가 노동 시장에 미치는 압력이 낮은 임금 수준을 초래하고, 국내 소비 시장의 성장을 방해한다. 하지만 또한, 라틴아메리카 식민지 사회의 지배 계층은 북의 청교도와는 달리 결코 내부 경제 발전에 방향을 맞추지 않았다. 그들의 이익은 외부에서 왔고, 그들은 자신들의 지역보다는 해외 시장과 더 밀접하게 연계되어 있었다. 대지주와 광부와 상인은 그런 역할, 즉 유럽에 금, 은, 식량을 공급하는 역할을 수행하기 위해 태어났다. 도로는 짐을 한 방향으로만, 즉 항구와 해외 시장을 향해 실어 날랐다. 이것은 또한 미국이 국가 단위로 확장된 이유와 라틴아메리카의 분열을 설명하는 열쇠다. 우리의 생산 중심지들은 서로 연결되어 있지 않았고, 대신 매우 먼 꼭짓점을 가진 부채 모양을 이루고 있었다.

북의 식민지 13개는 불운이라는 행운을 가졌다고 말할 수 있을 것이다. 그들의 역사적 경험은 중요하지 않게 태어나는 것의 엄청난 중요성을 보여주었다. 왜냐하면 아메리카의 북쪽에는 금도, 은도 없었고, 노동을 위해 조직된 인구가 밀집된 원주민 문명도 없었으며, 영국의 순례자가 식민화한 해안 지역에는 엄청나게 비옥한 열대성 토지도 없었기 때문이다. 자연은 인색한 모습을 드러냈고, 역사도 마찬가지였다. 금속이 부족했고, 땅속에서 금속을 캐낼 노예 노동력도 부족했던 것이다. 그것은 행운이었다. 그 외에도, 메릴랜드에서부터 뉴 잉글랜드를 지나 노바 스코샤(Nova Scotia)까지 북부 식민지들은 기후와 토양의 특성 덕분에 정확히 영국 농업이 생산한 것과 같은 것을 생산했다. 다시 말해, 세르히오 바구가 지적한 바대로,[427] 식민 본국에 **보완적인** 생산물을 제공하지 않았다.

안틸레스 제도와 대륙의 이베리아계 식민지들의 상황은 아주 달랐다. 열대의 육지에서는 사탕, 담배, 면화, 인디고, 테레빈유가 생산되었다. 영국에게는 카리브해의 작은 섬이 경제적인 측면에서 미국의 모체가 된 13개의 식민지보다 더 중요했다.

이 같은 상황은 미국이 내부에서 생성된 부를 외부로 배출하지 않

---

427) Sergio Bagú, op. cit.

는, 경제적으로 자립적인 시스템으로 발전하고 공고해진 이유를 설명한다. 식민지를 본국과 연결하는 유대는 매우 약했다. 반면에, 바베이도스나 자메이카에서는 소모되어 가는 노예를 보충하는 데 필요불가결한 자본만 재투자되었다. 보다시피, 어느 지역의 발전과 다른 지역의 미개발을 결정한 것은 인종적 요인이 아니었다. 영국의 안틸레스 제도는 에스파냐나 포르투갈의 식민지 섬들과는 전혀 달랐다. 사실, 13개 식민지의 경제적인 미미함이 그들의 수출 다변화를 조기에 가능하게 했고, 제조업의 급격한 발전을 이끌었다. 미국의 산업화는 독립 이전부터 공식적인 자극과 보호를 받았다. 영국은 관대한 모습을 보여줌과 동시에 자국의 안틸레스 제도에서 핀 한 개조차 제조하는 것을 엄격히 금지했다.

권력의 숨겨진 근원들

**폐에 공기가 필요하듯이
미국 경제는 라틴아메리카의 광물이 필요하다**

우주 비행사들이 달 표면에 인간의 첫 발자국을 남겼는데, 1969년 7월 그 위업의 아버지인 베르너 폰 브라운(Wernher von Braun)은 미국이 꽤 현실적이고 직접적인 목적을 가지고 먼 우주에 기지 하나를 설치할 계획을 갖고 있다고 언론에 발표했다. "우리는 이 놀라운 관찰 플랫폼에서 지구의 모든 자원을 조사할 수 있을 것입니다. 아직 발견되지 않은 유정들, 구리와 아연 광산들……."

석유는 여전히 우리 시대의 주요 연료인데, 미국인들은 자신들이 소비하는 석유의 7분의 1을 수입한다. 베트남인을 죽이기 위해서는 총알이 필요하고, 총알은 구리가 필요하다. 미국은 사용되는 구리의 5분의 1을 국경 밖에서 구매한다. 아연의 부족은 점점 더 심각해지고 있으며, 약 절반이 외부에서 들어온다. 알루미늄 없이는 비행기를 만들 수 없고, 보크사이트 없이는 알루미늄을 만들 수 없다. 미국은 보크사이트 자원을 거의 가지고 있지 않다. 미국의 주요 철강 중심지들—피츠버그, 클리블랜드, 디트로이트—은 미네소타의 철광석 광상이 고갈되고 있기 때문에 충분한 철을 구할 수 없고, 미국 내에는 망간 자원도 없다. 미국 경제는 자국이 필요로 하는 철의 3분의 1과 망간의 전량을 수입한다. 미국은 제트 엔진을 생산하기 위한 니켈과 크롬도 자국의 지하에 보유하고 있지 않다. 특수강을 만드는 데에는 텅스텐이 필요한데, 4분의 1을 수입에 의존한다.

외국의 공급에 대한 이 같은 의존도가 점점 높아짐으로써 미국의 자본가들이 라틴아메리카에서 얻는 이익 또한 미국의 국가 안보와 점점 더 많이 동일시된다. 세계 최강국의 내부적인 안정은 브라보강 이남에 대한 미국의 투자와 밀접하게 연관된 것으로 보인다. 그런 투자 중 약 절반은 석유 채굴과 광물 자원 개발에 할당되어 있는데, 이는 "평화 시든 전쟁 시든 미국 경제에 필요불가결하다."[428] 북쪽에 있는 그 나라의 상공회의소 국제위원회(International Council of the Chamber of Commerce) 의장은 이를 다음과 같이 규정한다. "역사적

---

428) Edwin Lieuwen, *The United States and the Challenge to Security in Latin America*, Ohio, 1966.

으로, 미국이 해외에 투자하는 주요 이유 중 하나는 천연자원, 특히 광물 자원의 개발, 그리고 더 특별하게, 석유의 개발 때문이다. 이런 유형의 투자에 대한 장려책이 증가할 수밖에 없다는 것은 지극히 분명하다. 원자재에 대한 우리의 필요는 인구가 증가하고 생활 수준이 향상됨에 따라 지속적으로 증가한다. 동시에 우리의 국내 자원은 고갈되어 가고……."[429] 정부, 대학, 대기업의 과학 연구소는 맹렬한 속도로 발명과 발견을 거듭해 인간의 상상력을 무색하게 만들지만, 새로운 기술은 오직 자연만이 제공하는 기초 자원을 대체할 방법을 찾지 못하고 있다. 동시에, 미국의 산업 성장이라는 도전에 대해 자국의 지하자원이 내놓을 수 있는 대응은 점점 약해지고 있다.[430]

하층토가 쿠데타, 혁명, 스파이 이야기와
아마존 밀림의 모험을 만들어낸다

브라질에서는 1964년에 권력을 차지한 카스텔루 브랑쿠 원수가 파라오페바(Paraopeba) 계곡[431]의 풍부한 철광석 광상들을 한나 마이닝 컴퍼니에 친절하게 양도하기 전에, 그 광상들이 두 명의 대통령

---

429) Philip Courtney, 제2회 국제 저축 및 투자 회의(II Congreso Internacional de Ahorro e Inversión)에 제출된 보고서, Brussels, 1959.
430) Harry Magdoff, "La era del imperialismo", en *Monthly Review*, 에스파냐어 선집, Santiago de Chile, enero-febrero de 1969, y Claude Julien, op. cit.
431) (옮긴이) 파라오페바(Paraopeba) 계곡은 브라질 미나스 제라이스 주에 있는 지역으로, 세계적인 철광석 매장지로 알려져 있다. 철광석 자원은 과거 브라질의 정치 및 경제에 중요한 역할을 했다.

인 자니우 쿠아드루스(Jânio Quadros)[432]와 주앙 굴라르[433]를 축출했다. 그 몇 년 전에, 미국 대사의 또 다른 옛 친구 에우리쿠 가스파르 두트라(Eurico Gaspar Dutra) 대통령(1946-1951)은 세계에서 가장 큰 광상들 가운데 하나가 있는 아마파(Amapá) 주의 망간 4천만 톤을, 수출 수익의 4%를 국가에 제공하는 대가로, 베들레헴 스틸에 양도했다. 그 후, 베들레헴 스틸이 미국으로 광산을 옮길 만큼 열정적으로 활동했기 때문에 15년 안에 브라질이 자국의 제철 산업에 공급할 만큼의 충분한 망간을 확보하지 못할 것이라는 우려가 제기된다. 게다가, 브라질 정부의 관대함 덕분에 베들레헴 스틸이 광물 채굴에 투자하는 100달러 중 88달러는 "지역 개발" 명목으로 세금이 면제된다. 미나스 제라이스의 잃어버린 금에 대한 경험—시인 마누엘 반데이라(Manuel Bandeira)는 "흰 금, 검은 금, 썩은 금"이라고 썼다—은 보다시피 아무 소용이 없었다. 브라질은 자국의 개발을 위한 자연 자원을 계속해서 무료로 빼앗기고 있다.[434] 한편, 독재자 레네 바리엔토스(René Barrientos)는, 1964년에 볼리비아를 장악하고

---

432) (옮긴이) 자니우 쿠아드루스(Jânio Quadros, 1917-1992)는 1961년 1월에 대통령으로 취임했지만, 군부의 압력으로 1961년 8월에 사임했다.
433) (옮긴이) 주앙 굴라르(João Goulart, 1919-1961)는 1961년 8월에 쿠아드루스 대통령이 사임하자 9월에 대통령직을 승계했는데, 토지 개혁, 외국 자본 통제, 노동권 확대 등 급진적인 정책을 추진하다가 국내 보수 세력, 대지주 계급, 군부, 외국 자본(특히 미국)의 강한 반발을 사서 1964년 4월에 미국의 묵인 혹은 암묵적 지원을 받은 브라질 군부의 쿠데타로 사임했다.
434) 반면에, 멕시코 정부는 세계 주요 유황 수출국 중 하나인 그 나라가 고갈되고 있다는 것을 때맞춰 경고했다. 텍사스 걸프 설파 컴퍼니(Texas Gulf Sulphur Co.)와 팬 아메리칸 설파(Pan American Sulfur)는 자신들이 여전히 채굴권을 소유한 유황의 매장량이 실제보다 여섯 배 더 풍부하다고 주장했고, 정부는 1965년에 유황의 국외 판매를 제한하기로 했다.

광부들을 학살하는 사이에, 필립스 브라더스(Philips Brothers) 회사에 마틸데(Matilde) 광산의 채굴권을 부여했는데, 이 광산에는 납, 은이 매장되어 있고, 미국산보다 열두 배가 높은 순도의 아연이 매장된 광상들이 있다. 그 회사가 아연을 외국의 제련소에서 가공할 수 있도록 원광석 반출이 허가되었는데, 국가에는 판매가의 1.5%만 지불했다.[435] 페루에서는 1968년에 페르난도 벨라운데 테리(Fernando Belaúnde Terry) 대통령이 스탠더드 오일(Standard Oil)의 자회사 발치에서 서명한 협정서 11쪽이 신비롭게 사라졌고, 그 후에 벨라스코 알바라도 장군이 대통령을 축출하고 국가의 정권을 장악해서 그 회사의 유정과 정유공장을 국유화했다. 베네수엘라에서는 스탠더드 오일과 걸프(Gulf)가 운영하는 거대한 석유 호수에 라틴아메리카에서 가장 큰 미군 기지가 있다. 아르헨티나에서 잦은 군사 쿠데타는 각각의 석유 입찰 전후에 발생한다. 구리는 살바도르 아옌데가 이끄는 좌파 세력이 선거에서 승리할 때까지 칠레가 펜타곤으로부터 받은 과도한 군사적 지원과 전혀 무관하지 않았다. 미국의 구리 매장량은 1965년부터 1969년 사이에 60% 이상 감소했다. 1964년에 체 게바라가 아바나의 집무실에서 필자에게 바티스타의 쿠바는 단순히 설탕만의 나라가 아니었다고 알려주었다. 체 게바라의 판단에 따르면, 니켈과 망간이 매장된 대규모 광상들이 쿠바 혁명에 대한 미 제국의 맹목적인 분노를 더 잘 설명해 주었다. 그 대화 이후 미국의 니켈 매장량은 3분의 1로 줄어들었다. 미국의 니크로-니켈

---

435) Sergio Almaraz Paz, *Réquiem para una república*, La Paz, 1969.

(Nicro- Nickel) 사는 국유화되었고, 존슨 대통령은 프랑스가 쿠바에서 니켈을 구입하면, 프랑스가 미국으로 수출하는 상품을 압류하겠다고 프랑스의 금속공학자들을 위협했다.

광물은 1964년 말에 당시 영국령 기아나(British Guiana)에서 또 다시 다수의 표를 얻었던 사회주의자 체디 자간[436] 정부의 몰락과 큰 관련이 있었다. 오늘날 가이아나(Guyana)라고 불리는 그 나라는 세계에서 네 번째로 보크사이트를 많이 생산하고, 라틴아메리카에서 망간 생산국 중 제3위를 차지한다. 미국 중앙정보국(CIA)이 자간의 타도에 결정적인 역할을 했다. 자간의 선거 승리를 속임수를 써서 부정하기 위한 도발과 구실이 되었던 파업의 최고 지도자 아널드 잰더(Arnold Zander)는 나중에 자신의 노조가 미국 중앙정보국의 어느 재단이 쏟아부은 막대한 달러를 받았다고 공공연하게 인정했다.[437] 새 정부는 가이아나에서 알루미늄 컴퍼니 오브 아메리카(Aluminium Company of America)의 이익이 위험에 처하지 않도록 보장했다. 그 회사는 큰 문제 없이 계속 보크사이트를 반출해, 그 사이에 알루미늄 가격이 급등했음에도 불구하고, 1938년과 동일한 가격으로 자사에 판매했다.[438] 이미 그 거래는 위험하지 않았다. 아칸

---

436) (옮긴이) 체디 자간(Cheddi Berret Jagan, 1918-1997)은 가이아나의 독립운동가이자 사회주의 정치 지도자로, 1950년 인민진보당(PPP)을 창당해 영국 식민 지배에 맞서 싸웠다. 1953년 첫 자치 정부의 수상에 올랐으나 영국의 강제 해산으로 좌절되었고, 1964년 총선에서 승리했으나 미국과 영국의 개입으로 축출되었다. 이후 긴 정치 투쟁 끝에 1992년 가이아나 최초의 민주적 대통령으로 당선되어 사회주의와 민주주의를 조화시키고, 1997년 사망할 때까지 정치적 영향력을 유지했다.

437) Claude Julien, op. cit.

438) 오랜 세월 알루미늄 컴퍼니(Aluminium Co.)의 사장이었던 아서 데이비스(Arthur Davis)는 1962년에 사망하면서 3억 달러를 자선 재단에 유산으로 남겼는데, 재단은 미

소 주의 보크사이트 가격은 가이아나의 두 배다. 미국은 자국 영토에 보크사이트를 아주 적게 보유하고 있다. 대신에 외국에서 수입한 매우 저렴한 원자재를 사용해 전 세계에서 생산되는 알루미늄의 거의 절반을 생산한다.

미국은 자국의 전쟁 잠재력을 위해 중요한 가치를 지닌다고 간주되는 전략적 광물 대부분을 공급받기 위해 외국의 자원에 의존한다. 이와 관련해 맥도프(Harry Magdoff)는 "후방 추진 엔진, 가스 터빈, 원자력 반응로는 오늘날 외국에서만 얻을 수 있는 자원에 대한 수요에 엄청난 영향을 미친다."라고 말한다.[439] 미국의 군사적이고 원자력적인 힘을 지키기 위해 필요불가결한 전략적 광물에 대한 절박한 필요성은 대체로 부정한 수단을 통해 브라질 아마존 지역의 땅을 대규모로 구매하는 것과 분명하게 연관되어 있다. 1960년대에 수많은 미국 기업이 모험가와 전문 밀수업자의 손에 이끌려 이 거대한 밀림에 열광적으로 **돌진**했다. 그 이전에, 미국 공군의 비행기들이 1964년에 체결된 협정에 따라 이 지역 전체를 비행하며 촬영했다. 그들은 강도가 변하는 빛의 파동을 방출시켜 방사능 광물이 매장된 광상들을 탐지하기 위해 섬광계를, 비철 금속이 풍부한 하층토를 X레이로 조사하기 위해 전자기적 장비를, 철을 발견하고 측정하기 위

국 영토 밖에서 그 자금을 사용하지 않아야 한다는 명시적인 조건을 달았다. 이 방식을 통해서도 가이아나는, 그 회사가 가이아나에게서 빼앗아 간 부의 일부일지라도, 되찾을 수 없었다.(Philip Reno, "Aluminium Profits and Caribbean People", en *Monthly Review*, New York, October 1963, 그리고 같은 작가의 "El drama de la Guayana británica. Un pueblo desde la esclavitud a la lucha por el socialismo", op. cit.)

439) Harry Magdoff, op. cit.

해 자기 탐지기를 사용했다. 아마존의 숨겨진 자원의 범위와 깊이에 대한 조사에서 얻은 보고서와 사진은 미국 정부의 지질조사국의 훌륭한 서비스 덕분에 이 문제에 관심이 있는 민간 기업들의 손에 전달되었다.[440] 그 광대한 지역에 금, 은, 다이아몬드, 석고, 적철석, 자철광, 탄탈륨, 티타늄, 토륨, 우라늄, 석영, 구리, 망간, 납, 황산염, 칼륨, 보크사이트, 아연, 지르코늄, 크롬, 수은이 존재한다는 사실이 확인되었다. 마투 그로수 주의 원시 정글에서 고이아스(Goiás) 남부의 평야까지 하늘이 드넓게 펼쳐져 있어서, 1967년의 마지막 라틴아메리카판《타임》지가 흥분해서 이성을 잃은 듯 밝힌 바에 따르면, 밝은 태양과 반 다스의 번개 폭풍을 동시에 볼 수 있다. 브라질 정부는 이 마술적이고 야생적인 우주의 처녀지를 식민화하기 위해 세금 면제와 다른 유인책을 제공했다. 《타임》지에 따르면, 1967년 이전에 외국의 자본가들은 코네티컷, 로드 아일랜드, 델라웨어, 매사추세츠, 뉴 햄프셔의 면적을 합친 것보다 더 넓은 땅을 에이커당 7센트에 구매했다. "우리는 우리가 얻을 수 있는 것보다 더 많은 것이 필요하므로 우리가 외국의 투자를 위해 문호를 제대로 개방하고 있어야 한다고, 아마존 개발을 위한 정부 기관의 국장이 말했다." 미국 항공기에 의한 항공사진 촬영을 정당화하기 위해, 브라질 정부는 사전에 그 작업을 수행할 자원이 부족하다고 선언했다. 라틴아메리카에서는 그런 것이 정상이다. **자원이 부족하다는 명목으로 항상 자원을 넘겨준다.**

---

440) Hermano Alves, "Aerofotogrametria", en *Correio da Manhã*, Río de Janeiro, 8 de junio de 1967.

브라질 의회는 이 문제를 조사하고 나서 이에 관해 많은 분량의 보고서를 작성할 수 있었다.[441] 보고서에는 2천만 헥타르에 달하는 토지의 매매나 강탈 사례가 열거되어 있는데, 조사위원회에 따르면 아주 특이한 형태로 퍼져 있는 그 토지가 "아마존을 브라질의 다른 지역과 격리하는 띠를 형성한다." 보고서에는 "매우 귀중한 광물의 비밀 채굴"이 브라질 내에서 **새로운 국경**을 개척하려는 미국의 탐욕의 주요 동기 가운데 하나라고 언급되어 있다. 보고서에 실린 국방부 장관실의 증언은 "미국 정부가, 특히 방사성 광물을 포함한 광물을 채굴하기 위해서건, 계획적인 식민화의 기반으로 삼기 위해서건, 광대한 토지를 다음에 활용하기 위해 자신의 통제하에 두는 데 관심을 갖고 있다는 점"을 강조한다. 국가안전보장회의(NSC)는 다음과 같이 주장한다. "외국 세력에 의해 점유되었거나 점유 중인 구역이 외국인들에 의해 브라질 여성에 대한 불임 캠페인이 벌어지는 지역과 일치한다는 사실은 의구심을 불러일으킨다." 실제로, 일간지 《코레이우 다 마냥(*Correio da Manhã*)》에 따르면, "미국의 개신교 교회를 주축으로 한 20개 이상의 외국 종교 단체가 아마존을 점유한 채 방사성 광물, 금, 다이아몬드 등이 가장 풍부한 지역에서 활동하고 있다. 그들은 자궁 내 장치(IUD) 같은 다양한 피임법을 대대적으로 보급하고, 개종한 원주민에

---

441) 외국의 개인 또는 법인에 대한 브라질의 토지 매각에 관한 의회 조사위원회 보고서, Brasilia, 3 de junio de 1968.

게 영어를 가르친다. (……) 그들의 지역은 무장한 세력에 의해 둘러싸여 있어서 누구도 들어갈 수 없다."[442] 아마존은 지구상에서 인간이 거주할 수 있는 모든 미개척지 가운데 가장 넓은 지역이라는 점을 알리는 것은 결코 지나치지 않다. 그럼에도, **산아 제한**이 밀림이나 광활한 평야의 외딴 구석에 살면서 번식하는 극히 작은 수의 브라질인과의 인구 경쟁을 피하고자 이 거대한 공간에서 시행되었던 것이다.

한편, 리오그란디누 크루엘(Riograndino Kruel) 장군은 의회의 조사위원회 앞에서 "토륨과 우라늄을 포함한 물질의 밀수량은 100만 톤이라는 천문학적인 수치에 달한다."라고 주장했다. 그 얼마 전인 1966년 9월에 연방 경찰청장 크루엘은 브라질의 원자력 광물 밀수 혐의로 기소된 미국 시민 네 명에 대해 열린 공개 재판에서 미국 영사의 "무례하고 체계적인 간섭"을 알렸다. 그의 견해에 따르면, 그들에게서 방사성 광물 40톤이 발견된 것만으로도 처벌하기에 충분했다. 불과 얼마 후 밀수범 3명이 비밀리에 브라질에서 도망쳤다. 밀수가 성행했다 해도 특별히 새로운 현상은 아니었다. 브라질은 매년 다이아몬드 원석의 불법적인 유출만으로 10억 달러 이상을 손해 보고 있다.[443] 그러나 실제로 밀수는 상황에 따라 제한적으로 필요하다. 합법적인 채굴권이 브라질로부터 가장 경이로운 자연 자원을 편안하게 탈취한다. 긴 목걸이에 구슬을 하나씩 더 끼우듯, 다른 예를

---

442) *Correio da Manhã*, Río de Janeiro, 30 de junio de 1968.
443) Paulo R. Schilling, *Brasil para extranjeros,* Montevideo, 1966.

하나만 더 들어보자면, 아라샤(Araxá)[444]에 있는 세계 최대의 니오븀 광상은 뉴욕에 본사를 둔 니오븀 코퍼레이션(Niobium Corporation)의 자회사 소유다. 니오븀에서 추출되는 여러 금속은 고온에 대한 뛰어난 저항성 덕분에 원자력 반응로, 로켓, 우주선, 위성 또는 일반적인 제트기를 만드는 데 사용된다. 그 회사는 니오븀과 함께, 상당량의 탄탈룸, 토륨, 우라늄, 파이로클로르[445] 및 고농도의 희토류도 채굴한다.

독일의 화학자가 태평양 전쟁의 승자들을 이겼다

초석의 붐과 몰락의 역사는 세계 시장에서 라틴아메리카의 번영이 지속되리라는 것이 환상이었음을, 즉 **항상 덧없는 영광의 바람과 항상 지속되는 재앙의 무게**였음을 잘 보여준다.

19세기 중반에 맬서스의 암울한 예언이 구세계 위를 떠돌았다. 유럽의 인구는 급격하게 증가하고 있었고, 식량 생산이 인구 증가에 비례해 늘어날 수 있도록 지친 토양에 새로운 생명을 불어넣는 것이 필요불가결했다. 구아노(guano)가 영국의 실험실에서 비료로서의 특성을 드러냈고, 1840년부터 페루 해안에서 대규모로 수출되기 시작했다. 해안을 스치는 해류 속 엄청난 물고기 떼를 먹이로 하는 알

---

444) (옮긴이) 아라샤(Araxá)는 미나스 제라이스 주의 도시다.
445) (옮긴이) 파이로클로르(pyrochlore)는 니오브산염으로 이루어진 정육면체 구조의 광물로, 고온에서 강한 내구성을 요구하는 산업에서 중요한 자원으로 사용된다.

카트라스[446]와 갈매기는 태곳적부터 질소, 암모니아, 인산염, 알칼리성 염분이 풍부한 거대한 배설물 더미를 섬과 작은 바위섬에 축적해 왔다. 구아노는 페루의 비가 내리지 않는 해안에서 순수하게 보존되었다.[447] 구아노가 국제적으로 알려진 지 불과 얼마 지나지 않아, 농업 화학은 초석이 훨씬 높은 영양적 특성이 있다는 사실을 발견했고, 1850년에는 이미 유럽 농지에서 매우 활발하게 비료로 사용되었다. 침식으로 황폐해진 구대륙의 밀 재배지들은 페루의 타라파카(Tarapacá)에 있는 초석 생산지와 이후 볼리비아의 안토파가스타(Antofagasta) 지방에서 온 질산나트륨 화물을 탐욕스럽게 받아들였다.[448] 태평양 연안의 "초석과 구아노를 찾으러 온 배가 거의 닿을 수 있는 곳"[449]에 널려 있던 초석과 구아노 덕분에 굶주림의 유령이 유럽에서 멀어졌다.

그 누구보다도 거만하고 잘난 체를 하던 리마의 과두 지배 계층은 계속해서 막대한 부를 쌓아가고, 수도의 모래사막 한가운데에 세워진 카라라[450] 대리석 궁전과 영묘에 권력의 상징들을 차곡차곡 쌓

---

446) (옮긴이) 알카트라스(alcatraz)는 가다랭이잡이과의 가장 큰 종인 바닷새로, 북방가넷(Morus bassanus)이라고도 불린다. 일부 지역에서는 펠리컨의 동의어로 사용된다.

447) Ernst Samhaber, *SudAmérica, biografía de un continente*, Buenos Aires, 1946. 로버트 커시먼 머피(Robert Cushman Murphy)는, 구아노 붐이 일고 나서 한참 후에 구아노를 만드는 새가 "매번의 소화 과정에서 얻는 달러 수익 때문에" 세계에서 가장 귀중한 새라고 썼다. 그는 구아노가 줄리엣의 발코니에서 노래한 셰익스피어의 나이팅게일보다, 노아의 방주 위를 날던 비둘기보다, 그리고 물론 베케르(Bécquer)의 슬픈 제비들보다 더 뛰어나다고 말했다.(Emilio Romero, op. cit.).

448) Óscar Bermúdez, *Historia del salitre desde sus orígenes hasta la Guerra del Pacífico*, Santiago de Chile, 1963.

449) José Carlos Mariátegui, op. cit.

450) (옮긴이) 카라라(Carrara)는 이탈리아 북서부 토스카나 주의 도시로, 양질의 대리석으

아갔다. 예전에 리마의 대(大)가문들은 포토시의 은을 통해 번영했는데, 이제는 새의 배설물과 초석 생산지에서 나오는 하얗고 빛나는 덩어리로 살아갔다. 페루는 자국이 독립했다고 믿었지만, 영국이 에스파냐의 자리를 차지하고 있었다. 마리아테기는 다음과 같이 썼다. "나라는 스스로 부유하다고 믿었다. 정부는 자신의 신용을 무제한으로 사용했다. 낭비 속에서 살았고, 영국 금융에 자신의 미래를 담보로 잡혔다." 로메로(Romero)에 따르면, 1868년에 국가의 지출과 부채는 이미 해외 판매의 가치보다 훨씬 컸다. 구아노의 매장량은 영국의 대출에 대한 담보로 사용되고, 유럽은 가격을 조작하고 있었다. 수출업자들의 약탈이 손해를 끼쳤다. 자연이 수천 년 동안 섬에 축적한 것이 불과 몇 년 만에 낭비되었다. 한편, 베르무데스(Bermúdez)에 따르면, 초석 평야에서 일하는 노동자는 "사람 키보다 조금 더 높은, 석재, 칼리체[451] 파편과 진흙으로 만든 한 칸짜리의 누추한" 오두막에서 간신히 살아갔다.

초석의 개발은 빠르게 볼리비아의 안토파가스타 지방까지 확대되었지만, 그 사업은 볼리비아 것이 아니라 페루 것이었고, 페루보다 더 칠레 것이었다. 볼리비아 정부가 자국 땅에서 운영되는 초석 광산에 세금을 부과하려 했을 때, 칠레 군 대대(大隊)들이 그 지방을 침략해 절대 떠나지 않으려 했다. 당시까지 그 황무지는 칠레, 페루, 볼리비아 사이의 잠재적인 갈등을 완충하는 역할을 해 왔다. 그런데

로 유명하다.
451) (옮긴이) 칼리체(caliche)는 주로 건조 지역의 토양이나 평야에서 형성되는 질산염·탄산염 광물층이다. 건축 자재로도 쓰인다.

초석이 싸움을 촉발했다. 1879년에 태평양전쟁[452]이 발발해 1883년까지 계속되었다. 칠레 군대는 1879년에 이미 초석 지역에 속하는 페루의 항구 파티요스(Patillos), 이키케(Iquique), 피사구아(Pisagua), 후닌(Junín)도 점령한 상태로, 마침내 승리자로서 리마에 입성했고, 다음 날, 카야오(Callao) 요새가 항복했다. 패배는 페루에 영토 상실과 극심한 피해를 안겨 주었다. 국가 경제는 두 가지 주요 자원을 상실하고, 생산력이 마비되고, 화폐 가치가 폭락했으며, 해외 신용이 끊겼다.[453] 마리아테기는 이러한 파탄이 과거의 청산으로 이어지지 않았다고 경고했다. 비록 식민지 경제를 지탱하는 기반이 부족했다 해도 식민지 경제 구조는 여전히 무너지지 않고 있었다. 한편 볼리비아는 전쟁으로 인해 자신이 잃은 것이 무엇인지 깨닫지 못했다. 현재 세계에서 가장 중요한 구리 광산 추키카마타(Chuquicamata)는 바로 현재 칠레 영토가 되어 있는 안토파가스타 주에 있다. 그런데 승리자들은 어떻게 되었을까?

---

452) (옮긴이) 태평양 전쟁(Guerra del Pacífico)은 1879년부터 1884년까지 남아메리카 서부에서 벌어진 칠레, 볼리비아, 페루 사이의 전쟁이다. 주된 원인은 아타카마(Atacama) 사막 지역의 초석과 구리 광산의 소유권과 세금 문제, 그리고 이에 얽힌 영국 자본과의 이해관계였다. 전쟁 결과 칠레는 영토를 확장하고, 볼리비아는 해양 접근권을 상실하고, 페루는 정치·경제적으로 큰 혼란을 겪었다.

453) 페루는 초석 생산 지역인 타라파카 주와 중요한 구아노 섬 몇 개를 잃었지만, 북부 해안의 구아노 퇴적지들은 보존할 수 있었다. 1960년 이후의 어분 붐에 의해 알카트라스와 갈매기가 절멸하기까지 구아노는 줄곧 페루 농업의 중요한 비료였다. 대부분이 미국 기업인 어업 회사들은 미국과 유럽의 돼지와 새에게 페루산 어분을 먹이로 주기 위해 해안 근처의 안초베타(anchoveta: 작은 멸치류) 떼를 빠르게 휩쓸어가 버렸고, 그 결과 구아노를 만드는 새들은 어부들을 좇아 점점 더 먼바다 쪽으로 나갔다. 그러나 육지로 돌아올 힘이 빠져 바다에 떨어졌다. 일부 새들은 바다로 떠나지 않았고, 그래서 1962년과 1963년에는 리마의 주요 거리에서 먹이를 좇는 알카트라스 무리를 볼 수 있었다. 이미 날아갈 수 없게 된 알카트라스는 길거리에서 죽어갔다.

1880년에는 초석과 요오드가 칠레 국가 수입의 5%를 차지했다. 10년 후, 칠레 국가 세수의 절반 이상이 정복한 영토에서 생산된 질산염 수출에서 나왔다. 같은 기간에 칠레에 대한 영국의 투자는 세 배 이상 증가했다: 초석 지역은 일종의 영국 공장이 되었다.[454] 영국인들은 비용이 전혀 들지 않는 방법으로 초석을 차지했다. 페루 정부는 1875년에 초석 광산을 국유화하고 그 대가를 채권으로 지급했다. 전쟁은 5년 후 이 채권의 가치를 10분의 1로 떨어뜨렸다. 존 토마스 노스(John Thomas North)와 그의 동업자 로버트 하비(Robert Harvey) 같은 일부 대담한 모험가는 이 기회를 이용했다. 칠레인, 페루인, 볼리비아인들이 전쟁터에서 총알을 주고받는 사이에 영국인들은 발파라이소(Valparaíso) 은행과 다른 칠레 은행들이 아무런 어려움 없이 제공한 신용 대출 덕분에 채권을 차지하는 데 몰두했다. 병사들은 그런 사정도 모른 채 영국인을 위해 싸우고 있었다. 칠레 정부는 즉시 노스, 하비, 잉글리스(Inglis), 제임스(James), 부시(Bush), 로버트슨(Robertson) 및 다른 근면한 기업인의 희생을 보상했다. 1881년에 칠레 정부는 초석 광산을 **정당한 소유자들**에게 반환하기로 했지만, 이미 채권의 절반이 영국 투기꾼들의 기만적인 손에 넘어가 있었다. 이 같은 침탈을 위한 자금이 영국에서는 단 한 푼도 나오지 않았다.

  1890년대가 시작될 무렵, 칠레는 수출품의 4분의 3을 영국에 보내고, 수입품의 거의 절반을 영국에서 받고 있었다. 칠레의 영국에

---

454) Hernán Ramírez Necochea, *Historia del imperialismo en Chile*, Santiago de Chile, 1960.

대한 상업적 의존도는 당시 인도가 겪고 있던 것보다 더 컸다. 전쟁은 칠레에 천연 질산염의 세계적인 독점권을 부여했지만, 초석의 왕은 존 토마스 노스였다. 그가 소유한 기업들 가운데 하나인 리버풀 니트레이트 컴퍼니(Liverpool Nitrate Company)는 투자자들에게 40%의 배당금을 지급했다. 이 인물이 1866년 발파라이소 항구에 내렸을 때, 그의 먼지투성이 낡은 옷 주머니에는 10파운드 스털링 밖에 없었다. 30년 후에는 왕자와 공작, 저명한 정치인과 대기업가들이 런던에 있는 그의 저택 식탁에 앉아 있었다. 노스는 스스로 대령이라는 칭호를 만들어 붙이고, 품격 높은 신사에 걸맞게 보수당과 켄트의 프리메이슨 지부(Kent Masonic Lodge)에 가입했다. 도체스터(Dorchester) 경, 랜돌프 처칠 경, 스톡폴(Stockpole) 후작이 노스의 호화로운 파티에 참석했는데, 파티에서 노스는 헨리 8세로 변장한 채 춤을 추었다.[455] 한편, 멀리 떨어진 초석 왕국에서 칠레의 노동자들은 일요일의 휴식도 모른 채 하루에 최대 16시간을 일했으며, 그들의 임금은 해당 기업이 운영하는 상점에서 가치가 절반 가까이 깎인 토큰으로 지급되었다.

    라미레스 네코체아(Ramírez Necochea)에 따르면, 1886년과 1890년 사이, 호세 마누엘 발마세다(José Manuel Balmaceda) 대통령 아래의 칠레 정부는 "칠레 역사상 가장 야심적인 개발 계획"을 실행했다. 발마세다는 일부 산업의 발전을 촉진하고, 중요한 공공사업을 실행했으며, 교육을 개혁하고, 타라파카에서 영국 철도회사의 독점을 깨

---

455) Hernán Ramírez Necochea, *Balmaceda y la contrarrevolución de 1891*, Santiago de Chile, 1969.

려는 조치를 했으며, 독일과 계약을 체결하면서 칠레가 지난 세기 동안 영국으로부터 받지 **않았던** 첫 번째이자 유일한 차관을 받았다. 1888년에 발마세다는 칠레의 기업들을 설립해서 초석 산업 지역을 국유화할 필요가 있다고 발표하고, 국가 소유의 초석 산지(産地)를 영국인에게 매각하는 것을 거부했다. 3년 뒤에 내전이 발발했다. 노스와 그의 동료들은 반란자들에게 충분한 자금을 지원했고,[456] 영국 전함들이 칠레 해안을 봉쇄했는데, 그 사이에 런던의 언론은 발마세다를 "가장 악랄한 유형의 독재자", "잔혹한 살인자"라고 비난했다. 발마세다는 패배한 뒤 자살했다. 영국 대사는 본국 외무성에 다음과 같이 보고했다. "영국 공동체는 발마세다의 승리가 영국의 상업적 이익에 심각한 피해를 주었을 것이라고 믿었기 때문에 발마세다의 몰락에 대해 만족감을 감추지 못하고 있습니다." 그 즉시 도로, 철도, 식민화, 교육, 공공사업에 대한 칠레 정부의 투자가 중단되었으며, 그와 동시에 영국 기업들은 자신들의 지배 영역을 확장해 나갔다.

  제1차 세계 대전이 일어나기 직전에 칠레의 국가 수입 3분의 2는

---

456) 상원은 대통령에 대한 반대를 주도했는데, 그 구성원들 가운데 많은 이가 파운드 스털링에 대해 약한 모습을 보였다는 것은 잘 알려져 있었다. 영국인들에 따르면, 칠레인의 뇌물은 "나라의 관습"이었다. 1897년에 노스의 동업자인 로버트 하비는 니트레이트 레일웨이 컴퍼니(Nitrate Railways Co.)의 일부 소액 주주가 자신과 회사의 다른 이사들을 상대로 제기한 소송 중에 그렇게 정의했다. 하비는 10만 파운드 스털링을 뇌물로 지출한 이유를 설명하면서 다음과 같이 말했다. "칠레의 공공 행정은, 아시다시피, 매우 부패해 있습니다. (……) 제가 판사를 매수할 필요가 있다고 말하는 것은 아니지만, 재원이 부족한 많은 상원의원이 자신들의 표에 대한 대가로 그 돈에서 얼마간의 이익을 얻었다고 생각합니다. 그것은 정부가 우리의 항의와 요구를 전혀 듣지 않는 것을 막는 역할을 했습니다. (……)" (Hernán Ramírez Necochea, op. cit.).

초석 수출에서 나왔지만, 초석 평원은 그 어느 때보다 넓고 낯설게 느껴졌다. 번영이 국가를 발전시키고 다양화하는 데 기여한 것이 아니라 그 반대로 국가의 구조적 기형화를 강화했다. 칠레는 영국 경제의 부속물처럼 기능했다. 유럽 시장에서 가장 중요한 비료 공급자는 자주적인 삶을 누릴 권리가 없었다. 그리고, 그때 독일의 어느 화학자가 수년 전 전장에서 승리했던 장군들을 자신의 실험실에서 물리쳤다. 공기 중의 질소를 고정해 질산염을 생산하는 하버-보슈(Haber-Bosch) 공정의 완성은 초석을 완전히 대체하고, 칠레 경제의 참혹한 추락을 초래했다. 칠레가 초석으로 살아왔고, 초석을 위해 존재했으나, 초석이 외국인의 손에 있었기 때문에 초석의 위기는 칠레의 위기였고, 깊은 상처였다.

  땅에서 튕겨 나온 햇빛이 눈을 부시게 하는 타마루갈(Tamarugal)의 메마른 황무지에서 필자는 타라파카의 완전한 파괴를 목격했다. 전성기 이곳에는 120개의 초석 사무소가 있었으나, 현재 운영되는 곳은 단 하나뿐이다. 초석 평원에는 습기도 나방도 없는 상황이라 기계가 고철로 팔릴 뿐만 아니라 최고의 집을 지었던 오리건 소나무[457] 판자, 주석판, 심지어는 한 번도 사용하지 않은 볼트와 못까지 팔려 나갔다. 마을을 해체하는 전문 노동자들이 나타났다. 파괴되거나 버려진 이 광활한 지역에서 유일하게 일자리를 구할 수 있는 사람들이

---

457) (옮긴이) 오리건 소나무(Oregon Pine)는 더글러스 퍼(Douglas fir)를 미국 사람들이 부르는 별칭인데, 이는 더글러스 퍼가 미국의 오리건 주에 많이 자라기 때문이다.

었다. 필자는 잔해와 땅에 있는 구멍, 유령 마을, 니트레이트 레일웨이즈(Nitrate Railways)의 사용하지 않은 철로, 이제는 침묵하는 전신선, 세월의 폭격으로 부서진 초석 사무소의 뼈대, 밤이면 차가운 바람이 때리는 묘지의 십자가, 그리고 칼리체의 폐기물이 발굴 작업과 함께 쌓아 올린 하얀 산더미를 보았다. "여기서는 돈이 흘렀고, 모두 돈은 절대 고갈되지 않을 것이라고 믿었어요."라고 그곳에서 살아남은 사람들이 필자에게 말했다. 과거는 현재와 비교할 때 마치 천국처럼 보이고, 1889년에는 아직 노동자에게 주어지지 않았고, 나중에 노동조합의 힘든 투쟁으로 쟁취된 일요일조차도 더할 나위 없이 훌륭하게 기억되었다. 아주 늙은 남자가 필자에게 이야기했다. "초석 평원에서의 매주 일요일은 우리에게 국가적인 경축일, 매주 새로운 9월 18일[458]이었어요." 초석의 최대 항구인 이키케(Iquique)는 공식적으로 "일류 항구"라는 칭호를 받았는데, 여러 번의 노동자 학살이 벌어진 무대였지만, 그곳의 벨 에포크[459] 양식의 시립 극장에는 유럽 최고의 오페라 가수들이 수도 산티아고보다 먼저 찾아왔다.

---

458) (옮긴이) 9월 18일은 칠레의 독립기념일이다.
459) (옮긴이) 벨 에포크(Belle Époque)는 '아름다운 시대'로 번역되는데, 주로 19세기 말부터 제1차 세계 대전이 발발하기(1914년)까지 프랑스가 사회, 경제, 기술, 정치면에서 번성하던 때를 가리킨다.

칠레를 물어뜯는 구리 이빨

구리는 칠레 경제의 대들보로서 머지않아 초석의 자리를 차지했고, 동시에 영국의 패권은 미국의 지배로 대체되었다. 1929년의 경제 위기 직전에 칠레에 대한 미국 투자는 이미 4억 달러를 넘었는데, 대부분이 구리의 채굴과 운송에 사용되었다. 1970년에 인민연합(Unidad Popular) 세력이 선거에서 승리할 때까지 그 붉은 금속의 주요 광상들은 여전히 아나콘다 코퍼 마이닝 컴퍼니(Anaconda Copper Mining Co.)와 케네코트 코퍼 컴퍼니(Kennecott Copper Co.)의 수중에 있었는데, 이 두 기업은 하나의 동일한 세계적 컨소시엄의 일부로서 밀접하게 연결되어 있었다. 반세기 동안에 두 회사는 40억 달러라는 막대한 자금을 여러 가지 명목으로 칠레에서 빼내 본사로 송금하고, 그 대신에, 그들 스스로 부풀린 수치에 따르면, 총 8억 달러에 못 미치는 돈을 투자했는데, 이 돈의 대부분은 칠레에서 뜯어낸 이익에서 나온 것이었다.[460] 생산이 증가함에 따라 자원의 유출도 계속해서 늘었는데, 최근에는 연간 1억 달러를 초과할 정도가 되었다. 구리의 주인이 칠레의 주인이었다.

1970년 말, 필자가 이 글을 쓰는 동안에 살바도르 아옌데는 대통령궁 발코니에서 열광적인 군중에게 연설을 한다. 그는 대규모 광업

---

460) 이들 기업은 칠레의 구리를 칠레에서 멀리 떨어진 자신들의 공장에서 산업화했다. 아나콘다 아메리칸 브라스(Anaconda American Brass), 아나콘다 와이어 앤드 케이블(Anaconda Wire and Cable), 케네코트 와이어 앤드 케이블(Kennecott Wire and Cable)은 전 세계의 주요 청동과 와이어 제조공장의 일부다. José Cademartori, *La Economía chilena*, Santiago de Chile, 1968.

의 국유화를 가능하게 할 헌법 개정안에 서명했다고 발표한다. 그는 1969년에 아나콘다(Anaconda) 사가 칠레에서 7,900만 달러의 이익을 얻었는데, 이는 아나콘다 사가 전 세계에서 얻은 이익의 80%에 해당한다고 말한다. 그럼에도 불구하고, 아옌데는 아나콘다 사가 해외에 투자하는 금액의 6분의 1도 되지 않는 금액을 칠레에 투자한다고 덧붙인다. 좌파가 발표한 구리의 국유화와 다른 구조 개혁들을 막기 위해, 공포를 조장하려고 계획된 선전 캠페인인 우파의 **세균 전쟁**[461]은 이전의 선거에서처럼 치열했다. 신문들은 소련의 무거운 전차들이 대통령궁 라 모네다(La Moneda) 앞으로 굴러가는 장면을 실었고, 산티아고의 담벼락에는 수염 난 게릴라 전사들이 무고한 젊은이들을 죽음으로 끌고 가는 모습이 그려졌으며, 집마다 초인종 소리가 들리면, 부인 하나가 다음과 같이 설명했다. "당신은 자식이 네 명이죠? 두 명은 소련으로, 다른 두 명은 쿠바로 갈 겁니다." 모든 것은 헛수고였다. 아옌데는 구리가 "폰초를 두르고 박차를 찬다."[462]고 선언한다. 구리는 칠레의 것이 되리라.

한편으로, 동남아시아에서 일어난 전쟁의 덫에 발목이 잡혀 있던 미국은 안데스산맥 남쪽에서 그런 사태가 발생한 것에 대해 공식적

---

461) (옮긴이) 1970년대 초, 칠레의 우익 세력은 살바도르 아옌데의 사회주의 개혁에 반대하며 여러 가지 형태의 선전과 공포를 퍼뜨렸는데, 그중에서 '세균 전쟁(guerra bacteriológica)'은 실제로 생물학적 전쟁을 의미하는 것이 아니라, 공포와 혐오를 퍼뜨리는 방식으로 선동하는 캠페인을 가리키는 표현이다. 즉, 사람들 사이에 질병이나 공포를 퍼뜨려 정치적 반대 의견을 형성하는 방법을 상징적으로 나타내는 것이다.

462) (옮긴이) 남아메리카의 원주민이 몸에 걸치고 다니는 모포의 일종인 폰초(poncho)와 박차(espuelas)는 라틴아메리카, 특히 칠레의 농민이나 무장 게릴라 전사의 상징이기도 하다. 따라서 위의 문장은 '구리가 칠레인의 정체성과 투지를 입었다', '구리가 칠레 국민의 손에 들어온다'는 의미다.

인 불만을 숨기지 않았다. 하지만 칠레는 미 **해병대**의 갑작스러운 원정이 미치지 못하는 상태고, 어찌 되었든 아옌데는 북아메리카의 그 나라가 공식적으로 주장하는 대의 민주주의의 모든 요건을 갖춘 대통령이다. 미국 제국주의는 새로운 위기 국면의 초기 단계를 지나고 있는데, 그 징후는 경제에서 뚜렷하게 나타난다. 세계 경찰로서 미국의 역할은 점점 더 비싸고 더 어려워지고 있다. 그럼, 가격 전쟁은 어떻게 되는가? 현재 칠레의 생산품은 다양한 시장에서 판매되고, 사회주의 국가들 사이에서도 드넓은 시장을 새롭게 개척할 수 있다. 미국은 칠레인들이 회복하려는 구리의 판매를 범세계적으로 차단할 방법을 갖고 있지 않다. 확실히 12년 전에 쿠바 설탕의 상황은 매우 달랐는데, 전적으로 미국 시장을 대상으로 하고, 미국의 가격에 완전히 의존하고 있었다. 에두아르도 프레이(Eduardo Frei)가 1964년에 대통령 선거에서 승리하자, 구리 가격이 즉시 상승하면서 시장에 뚜렷한 안도감을 주었다. 1970년의 대통령 선거에서 아옌데가 승리하자 이미 떨어져 있던 가격이 더 많이 내려갔다. 그러나, 일반적으로 매우 급격한 가격 변동을 겪는 구리가 최근 몇 년 동안에는 상당히 높은 가격을 유지했는데, 수요가 공급을 초과하기 때문에 공급 부족 현상으로 가격이 너무 낮아지는 것을 막고 있다. 알루미늄이 전기 전도체로서 구리의 자리를 대폭으로 차지했음에도 불구하고, 알루미늄은 여전히 구리가 필요한데, 반면에 철강 산업이나 화학 산업에서 구리를 대체할 더 저렴하고 효율적인 대용품이 발견되지 않았으며, 그리고 그 붉은색 금속은 여전히 화약, 황동, 와이어

공장의 주요 원재료로 사용된다.[463]

  칠레는 안데스산맥의 기슭을 따라 세계에서 가장 큰 구리 매장량을 보유하고 있는데, 현재까지 알려진 세계 전체 매장량의 3분의 1이다. 칠레의 구리는 일반적으로 금, 은 또는 몰리브덴 같은 다른 금속들과 결합된 상태로 발견된다. 이는 구리 채굴을 촉진하는 추가적인 요인이 된다. 게다가, 기업에 칠레 노동자는 값이 싸다. 칠레의 매우 낮은 노동자 비용 덕분에 아나콘다 사와 케네코트 사는 미국에서의 높은 비용을 충분히 충당할 수 있고, 같은 식으로 칠레의 구리는 "해외 경비" 명목으로 매년 1천만 달러 이상을 뉴욕에 있는 사무소의 유지비로 지불한다. 1964년 칠레의 광산 노동자 평균 임금은 미국 케네코트 사 제련소 기본 임금의 8분의 1에 불과했음에도, 두 나라 노동자의 생산성은 같은 수준이었다.[464] 반면에, 양국 노동자의 생활 조건은 같지 않았고, 지금도 그렇지 않다. 일반적으로 칠레의 광부들은 변두리에 있는 초라한 오두막에 사는 가족과 떨어져 비좁고 지저분한 방에서 산다. 물론 그들은 외국인 직원들과도 분리되어 사는데, 대규모 광산에서 외국인 직원들은 국가 속의 미세한 국가 같은 별도의 세계, 오직 영어만 사용되고, 심지어 그들만을 위한 신문이 발행되는 세계에서 산다. 칠레에서는 기업이 채굴 방식을 기계화함에 따라 노동자의 생산성이 증가해 왔다. 1945년 이후, 구리 생산량은 50% 증가했지만, 광산에서 일하는 노동자 수는 3분의 1이

---

463) R. I. Grant-Suttie, "Sucedáneos del cobre", IMF와 IBRD가 발행하는 *Finanzas y Desarrollo*, Washington, June 1969.
464) Mario Vera y Elmo Catalán, *La encrucijada del cobre*, Santiago de Chile, 1965.

줄어들었다.

　구리의 국유화는 칠레를 버틸 수 없게 만든 상황에 종지부를 찍을 것이고, 칠레가 초석의 시기에 겪었던 약탈과 절망적인 상황에 빠지는 경험을 구리 분야에서는 되풀이하지 않게 할 것이다. 이유는, 자연이 내주었지만 재생되지 않을 광물 자원의 불가피한 고갈을 기업이 국가에 내는 세금이 전혀 보상하지 못하기 때문이다. 게다가, 1955년에 구리의 생산 증가에 따라 세율이 감축되는 세제가 도입된 이후, 그리고 프레이 정부가 시행한 구리의 "칠레화" 이후, 세금이 상대적으로 감소했다. 1965년에 프레이는 국가를 케네코트 사의 동업자로 만들고, 기업에 매우 유리한 세금 제도를 통해 기업이 거의 세 배에 이르는 이익을 취할 수 있도록 허용했다. 새로운 제도에서 세금은 구리 1파운드당 평균 29센트의 가격으로 산정되었는데, 물론, 세계적인 수요가 대폭 증가하면서 가격이 70센트까지 상승했다. 기독교민주당(Democracia Cristiana)이 프레이의 후임으로 지명한 대통령 후보 라도미로 토믹(Radomiro Tomic)이 인정한 바 있듯이, 칠레는 가상 가격과 실제 가격의 세금 차이로 인해 막대한 양의 달러를 잃었다. 1969년, 프레이 정부는 아나콘다 사와 합의해 회사 주식 51%를 반기별 분할 납부 조건에 매입하기로 했는데, 그러한 조건은 새로운 정치적 스캔들을 불러일으키고, 좌파 세력의 성장을 더 촉진했다. 신문에 보도된 바에 따르면, 아나콘다 사의 회장은 칠레 대통령에게 미리 다음과 같이 말했다. "각하, 자본가는 감정적인 이유가 아니라 경제적인 이유로 자산을 보유합니다. 한 가족이 자신의 조부모가 소유하던 옷장을 간직하는 것은 흔한 일입니다. 하지만 기업은 조부모가 없습니다. 아나콘다는 자사의 모든 자산을 판매할 수 있습니다. 그것은 오로지 회사에 지불되는 가격에 달려 있습니다."

지하와 지상에 있는 주석 광부들

한 세기가 채 안 되는 과거, 볼리비아 고원의 황량한 땅 한가운데서 굶어서 반쯤 죽어가는 한 남자가 바위와 싸우고 있었다. 다이너마이트가 폭발했다. 남자는 폭발로 산산조각 난 돌 조각을 주우려고 다가가 넋을 잃고 말았다. 남자가 손에 든 것은 세계에 가장 풍부한 주석 광맥의 반짝거리는 조각들이었다. 이튿날 새벽에 그는 말을 타고 우아누니[465]로 향했다. 샘플 분석은 그가 발견한 것의 가치를 확인해 주었다. 그 주석은 그 어떤 농축 과정도 거치지 않은 채 광맥에서 곧장 항구로 갈 수 있었다. 남자는 주석 왕이 되었고, 그가 죽었을 때 《포춘(Fortune)》지는 그가 지구상에서 최고로 부유한 10명의 억만장자 가운데 한 명이라고 주장했다. 그의 이름은 시몬 파티뇨(Simón Patiño)였다. 그는 수년 동안 유럽에서 볼리비아의 대통령들과 장관들을 권좌에 올렸다 내렸고, 노동자들의 굶주림을 계획하고 그들의 학살을 조직했으며, 자신의 개인적인 재산을 여러 갈래로 뻗치며 확장해 나갔다. 볼리비아는 그에게 봉사하기 위해 존재한 나라였다.

---

465) (옮긴이) 우아누니(Huanuni)는 볼리비아 광업의 중심지다.

1952년 4월의 혁명적인 투쟁을 계기로 볼리비아는 주석을 국유화했다. 하지만 대단히 풍부했던 그 광산들이 당시에는 이미 황폐해져 있었다. 파티뇨가 그 놀라운 광맥을 발견한 후안 델 바예(Juan del Valle) 산에서는 주석의 순도가 120배나 감소했다. 매달 갱구에서 나오는 15만 6천 톤의 암석 가운데 단 400톤만이 쓸모가 있다. 뚫린 갱도의 총 길이는 이제 광산과 라 파스 시 사이의 거리보다 두 배나 길다. 산의 내부는 무수한 갱도, 통로, 터널, 굴뚝으로 뚫려 있어 마치 개미굴 같다. 산은 빈 껍질로 변해 가고 있다. 해마다 높이가 조금 더 낮아지고, 서서히 무너져 내리면서 산꼭대기를 갉아먹고 있다. 멀리서 보면, 썩은 어금니처럼 보인다.

안테노르 파티뇨(Antenor Patiño)는 자기 아버지가 착취했던 광산들에 대해 상당한 보상금을 받았을 뿐만 아니라, 더불어, 국가가 수용한 주석의 가격과 운명을 계속해서 통제했다. 그는 유럽에서 미소를 멈추지 않았다. 주석이 국유화된 지 수년이 지난 뒤에도 신문의 사회면은 계속해서 "미스터 파티뇨는 볼리비아의 다정한 주석왕이다."라고 썼다.[466] 그 이유는 1952년 혁명의 주요 성과인 국유화

---

[466] 1969년 8월 13일 자 《뉴욕 타임스》는 파티뇨가 리스본 인근에 소유한 16세기 성에서 윈저(Windsor) 공작과 공작부인이 보낸 휴가를 감동적으로 묘사하면서 파티뇨를 그런 식으로 규정했다. 공작부인(la Señora)은 샬럿 커티스(Charlotte Curtis)에게 그날의 일정을 설명하면서 "우리는 하인들에게 약간의 안식과 평화를 주는 것을 좋아합니다."라고 말했다. 그다음에는, 스위스의 산에서 휴가를 보내는 때의 일이다. 사진작가들과 신문 기자들이 생 모리츠(Saint Moritz)에 있는 백작들과 유명 예술가들에게 몰려들었다. 50세의 백만장자 부인이 두 번째 남편인 포드의 부사장을 막 잃은 뒤, 카메라 플래시 앞에서 미소를 머금으며, 그녀의 팔을 잡고서 놀란 눈으로 그녀를 바라보는 젊은이와 곧 결혼할 것이라고 발표했다. 그 옆에는 상류 사회의 부부가 서 있다. 남편은 단구에 인디오의 특성을 보였다. 두꺼운 눈썹, 강렬한 눈빛, 납작한 코, 튀어나온 광대뼈를 가지고 있다. 안테노르 파티뇨는 여전히 볼리비아 사람처럼 보인다. 어느 잡지에서 안테노르는 터번을 머리에 두르고 완전

가 노동의 국제 분업 체제에서 볼리비아의 역할을 변화시키지 않았기 때문이다. 볼리비아는 주석의 원광을 계속해서 수출하고, 거의 모든 주석은 파티뇨가 소유한 윌리엄스, 하비 앤드 컴퍼니(Williams, Harvey and Co.)의 리버풀 제련소에서 여전히 정련된다. 고통스러운 경험이 가르쳐 주듯이, 어떤 원자재의 생산 원천을 국유화하는 것만으로는 충분하지 않다. 설사 어느 나라가 자국 땅의 지하자원을 명목상으로 소유한다 할지라도, 그 나라는 늘 그렇듯이 여전히 무기력한 상태가 될 수 있다. 볼리비아는 전 역사에 걸쳐 원광과 세련된 담론을 생산해 왔다. 수사(修辭)와 빈곤이 넘쳐난다. 언제나처럼 허세를 부리는 작가들과 권위를 내세우는 학자들이 죄인을 용서하는 일에 몰두해 왔다. 볼리비아인 10명 가운데 6명은 오늘날에도 여전히 글을 읽을 줄 모르고, 어린이의 절반은 학교에 다니지 않는다. 1971년에야 비로소, 볼리비아는 끝없는 배신, 사보타주, 음모, 그리고 흘러넘친 피로 가득 찬 역사를 거친 끝에 자신이 오루로에 세운 국립 주석 제련소를 가동하게 되었다.[467] 지금까지도 자국의

히 오리엔트의 왕자로 변장한 모습으로 덴마크의 마가렛(Margaret) 공주, 헨리(Henry) 왕자, 마리아 피아 디 사보이아(Maria Pia de Savoia)와 그녀의 사촌 동생 미겔 드 부르봉-팔마(Miguel de Bourbon-Parma) 왕자, 로브코비치(Lobkowitz) 왕자 등, 알렉시스 드 레데(Alexis de Rédé) 남작의 궁전에 모인 여러 명의 진짜 왕자 틈에 섞여 있다.

467) 1966년 7월, 알프레도 오반도(Alfredo Ovando) 장군은 자신이 독일 기업 클로크너(Klockner)와 협약을 맺어 국립 제련소를 설치하기로 했다고 발표하면서, "지금까지 우리 광부 형제들의 폐에 갱도를 파는 데만 소용되었던 그 불행한 광산들이 새로운 운명을 맞게 될 것"이라고 말했다. 그 광석을 위해 자신의 목숨을 바치는 그 사람들은 "그것을 소유하고 있지 않다. 1952년 이전이나 이후에도 그것을 소유한 적이 결코 없다. 왜 그런가 하면, 주석은 빛이 나는 주괴의 형태가 되어 있지 않는 한 바로 사용할 수 있는 가치가 전혀 없기 때문이다. 그 광물은, 흙빛을 띤 무거운 가루로, 확실히 용광로의 입에 쏟아붓는 것 외에는 아무런 쓸모가 없다."라고 세르히오 알마라스 파스(Sergio Almaraz Paz)는 썼다(*El poder y la caída. El estaño en la historia de Bolivia*, La Paz-Cochabamba,

주괴(鑄塊)를 생산하지 못한 이 나라는, 대신에, 인디오의 피를 빨아먹는 흡혈귀를 양성하는 데 전념하는 8개의 법학부를 거느리는 사치를 부린다.

1세기 전에 독재자 마리아노 멜가레호(Mariano Melgarejo)는 영국 대사가 치차[468] 한 잔을 업신여긴 벌로 그더러 초콜릿 한 배럴을 마시도록 강요했다고 한다. 대사는 라 파스의 중앙 거리에서 당나귀를 거꾸로 탄 채 끌려다녔다. 그러고서 런던으로 송환되었다. 그때 화가 난 빅토리아 여왕은 남아메리카 지도를 가져오라고 해서는 볼리비아 위에 분필로 십자 표시를 한 뒤에 다음과 같이 선언했다고 한다. "볼리비아는 존재하지 않는다." 실제로 세계에서는 볼리비아가 그때도 그 후에도 존재하지 않았다. 은의 약탈, 그리고 그 후 주석의 강탈은 부유한 국가들이 당연한

1967). 알마라스 파스는 볼리비아의 주석이 리버풀에서 제련되지 않고 오루로(Oruro)에서 제련될 수 있도록 30년이 넘는 세월 동안 외로운 전쟁을 벌인 제조업자 마리아노 페로(Mariano Peró)에 관한 이야기를 썼다. 1946년, 민족주의 대통령 구알베르토 비야로엘(Gualberto Villarroel)이 축출된 지 불과 며칠 뒤에 페로는 대통령 궁인 팔라시오 케마도(Palacio Quemado)에 들어갔다. 주석 주괴 2개를 꺼내올 생각이었다. 그것은 오루로에 있는 그의 제련소에서 생산된 첫 번째 주괴들이었는데, 국가를 대표하는 그 두 개의 상징이 계속해서 공화국 대통령의 책상을 장식한다는 것은 의미가 없었다. 비야로엘은 무리요 광장(Plaza Murillo)의 가로등에서 교수형을 당했고, 과두제적 구조의 권력은 그의 축출 이후에 회복되었다. 마리아노 페로는 주괴 2개를 가지고 떠났다. 주괴에는 마른 피가 묻어 있었다.

468) (옮긴이) 치차(chicha)는 옥수수를 발효해 만든 전통적인 알코올성 음료로, 주로 서민이 즐긴다.

권리를 행사한 것에 불과했다. 결국, 양철 캔은 독수리 문장(紋章)이나 사과파이만큼 미국을 대표하는 상징물이다. 그러나 양철 캔이 단지 미국 팝 문화의 상징만은 아니다. **또한 그것은, 비록 잘 알려지지 않았다 해도, 20세기의 광산 또는 우아누니에서 규폐증(硅肺症)의 상징이기도 하다. 양철은 주석을 포함하고, 볼리비아 광부는 세상 사람들이 저렴한 주석을 소비할 수 있도록 자신의 폐가 썩은 상태로 죽어간다. 반 다스의 남자가 세계의 주석 가격을 정한다.** 볼리비아 광부의 힘든 삶은 통조림의 소비자나 주식 거래를 조종하는 사람에게 무엇을 의미하는가? 지구에서 제련되는 주석의 대부분은 미국 사람들이 구매한다. 그들은 가격을 통제하기 위해, 제2차 세계대전이 진행되던 시기에 시세보다 아주 낮은 가격, 즉 "민주적 기여" 가격으로 구매한 막대한 광물 재고를 주기적으로 시장에 내놓겠다고 위협한다. 유엔 식량농업기구의 자료에 따르면, 미국의 평균 시민은 볼리비아의 주민보다 고기와 우유는 5배, 달걀은 20배를 더 소비한다. 그리고 광부들의 소비 수준은 볼리비아 전 국민의 평균치를 훨씬 밑돈다. 시각장애인들이 동전 한 닢을 받고 망자를 위해 기도하는 카타비(Catavi) 묘지에서는 어른들의 검은 비석들 사이에서 작은 무덤들 위에 꽂혀 있는 무수한 하얀색 십자가를 발견하는 것이 가슴 아프다. 광산에서 태어난 아이 두 명 가운데 한 명은 눈을 뜬 지 얼마 되지 않아 죽는다. 살아남은 다른 아이는 성장해서 아마도 광부가 될 것이다. 그리고 35세가 되기 전에 이미 폐가 못 쓰게 될 것이다.

묘지가 삐걱거린다. 무덤들 밑으로 무수한 터널, 즉 사람들이 광물을 찾기 위해 비스카차⁴⁶⁹처럼 겨우 들어갈 수 있는 좁은 입구의 갱도들이 무수하게 파여 있기 때문이다. 새로운 주석 광상들이 여러 해에 걸쳐 폐석 더미에 쌓인다. 수많은 폐기물이 또 다른 폐기물 위에 쏟아져 거대한 회색 덩어리를 이루고, 그렇게 해서 주석으로 이루어진 그 풍경에 다른 주석이 더해지는 것이다. 낮게 깔린 구름에서 거세게 비가 쏟아질 때면 야야구아⁴⁷⁰의 흙길을 따라 쭈그리고 앉은 실업자들을 볼 수 있는데, 그곳 남자들은 치차 가게에서 절망적으로 술에 취한다. 그들은 빗물에 휩쓸려 내려오는 주석 덩어리를 주워 품평을 한다. 여기에서 주석은 인간과 사물을 지배하는 양철(洋鐵) 신으로, 모든 곳에 존재한다. 주석은 파티뇨의 옛 산 내부에만 있지 않다. 주석석(朱錫石)의 검은 광채 때문에 눈에 띄는 주석은 심지어 임시 거주지의 흙벽돌 벽에도 있다. 광산의 쓰레기를 끌고서 앞으로 나아가는 누런 진흙 속에도 주석이 있고, 산에서 흘러내리는 오염된 물에도 주석이 있다. 주석은 땅 속과 바위 속에, 땅 표면과 하층토 속에, 그리고 세코(Seco)강의 강바닥 모래와 돌 속에서 발견된다. 거의 4,000미터의 고도에 위치해 풀도 자라지 않고, 모든 것, 심지어는 사람까지도 주석의 검은색을 띠는 이 메마르고 돌투성이인 땅에서 사람들은 강제적인 단식을 하면서 인내하고, 세상의 재미난 일들을 모르고 지낸다. 임시 거주지에서 사는 사람들은 바닥

---

469) (옮긴이) 비스카차(vizcacha)는 라틴아메리카에 서식하는 설치류로, 캥거루처럼 뒷다리가 길고, 긴 귀와 부드러운 털을 가진 동물이다. 광산의 갱도나 동굴에 서식하는 것으로 알려져 있는데, 특성상 좁은 공간에 잘 들어가는 동물이다.
470) (옮긴이) 야야구아(Llallagua)는 볼리비아의 도시로, 과거에 주석과 은의 채굴이 활발했던 곳이다.

이 흙으로 된 방 한 칸짜리 집에서 서로 다닥다닥 붙어 지내는데, 벽 틈새로 살을 에는 듯한 바람이 스며든다. 콜키리(Colquiri) 광산의 실태에 관한 어느 대학 보고서는 설문에 응답한 10명의 젊은 남성 중 6명이 같은 침대에서 여동생들과 함께 잔다고 밝히며, 다음과 같이 덧붙인다. "많은 부모가 자신들의 성행위를 자식들이 지켜볼 때 불편함을 느낀다." 그곳에는 목욕탕이 없다. 공동으로 사용하는 허름한 간이 화장실은 더럽고 파리가 들끓는다. 사람들은 비록 쓰레기와 쌓인 배설물이 있고, 돼지들이 즐겁게 뛰어논다 할지라도, 사방이 터져 있어서 적어도 공기가 순환되는 쓰레기장을 선호한다. 급수장도 공동으로 사용한다. 물이 도착하는 순간을 기다렸다가 서둘러 줄을 서서 공용 수도꼭지에서 나오는 물을 기름통이나 물동이에 받는다. 음식은 양이 적고 부실하다. 감자, 국수, 쌀, 추뇨,[471] 옥수숫가루, 그리고 약간의 질긴 고기로 이루어진다.

우리는 후안 델 바예 산의 깊숙한 곳에 있었다. 몇 시간 전에 첫 번째 **작업조**를 부르는 날카로운 사이렌 소리가 임시 거주지에 울려 퍼졌다. 우리는 어디를 가나 공기가 한결같이 오염된 갱도를 돌아다니며 열대의 더위에서 극지방의 추위로 옮겨갔다가 다시 더위로 옮겨가면서 몇 시간 동안 나오지 않았다. 광부들이 그 탁한 공기—습기, 가스, 먼지, 연기—를 들이마시며 불과 몇 년 만에 후각과 미각을 잃는 이유를 이해할 수 있었다. 작업을 하면서 모두가 코카잎을

---

471) (옮긴이) 추뇨(chuño)는 안데스 지역에서 얼렸다가 말리기를 반복해 수분을 증발시킨 감자를 가리키는데, 오랜 기간 보관할 수 있다.

재와 함께 씹었는데,[472] 잘 알려져 있듯이, 코카는 배고픔을 잠재우고 피로를 가림으로써 인체가 계속해서 살아가는 데 필요한 경고 시스템을 점점 꺼뜨리기 때문에 이것 또한 말살 작업의 일부였다. 그러나 가장 나쁜 것은 먼지다. 보호 헬멧에서 둥근 불빛이 반짝이며 퍼져 나가 검은 동굴을 비추면서 지나갈 때마다 짙은 먼지로 이루어진 하얀 커튼이 드러났다. 무자비한 규석 먼지였다. 땅이 내뿜는 죽음의 숨결이 서서히 몸을 감싸온다. 1년이 지나면 첫 증상이 느껴지고, 10년 안에 무덤으로 들어간다. 광산 내부에서는 최신 모델의 스웨덴산 천공기가 사용되지만, 환기 시스템과 작업 조건은 시간이 지나도 개선되지 않는다. 지상에서는 자영 노동자들이 돌을 깨기 위해 100년 전과 똑같이 곡괭이와 12파운드짜리 무거운 망치를 사용하고, 광석 처리장에서 광물을 선별하기 위해 킴발레테,[473] 크리바, 세르니도르[474]를 사용한다. 그들은 짐승처럼 일하고 몇 센타보를 번다. 그러나 그들 중 많은 이는 적어도 야외에서 작업한다는 장점을 가지고 있다. 반면에 광산 내부의 노동자는 항소도 할 수 없는 상태로 질식사를 선고받은 죄수다.

요란한 천공기 소리는 이미 멈춰 있었고, 우리가 20개가 넘는 다

---

472) (옮긴이) 코카(coca)잎에는 코카인 알칼로이드가 미량 들어 있는데, 이 성분은 알칼리성 환경에서 더 쉽게 침출되고 흡수된다. 재나 석회 같은 물질은 염기성(alkaline) 성분이기 때문에 코카잎과 재를 함께 씹으면, 입안의 pH가 높아져 활성 성분이 더 잘 흡수된다.
473) (옮긴이) 킴발레테(quimbalete)는 두 개의 큰 돌로 구성된 일종의 절구다. 미리 갈아 놓은 광석을 물, 수은과 함께 킴발레테에 넣어 혼합물(amalgama)로 만든다.
474) (옮긴이) 광석을 고르는 데 사용하는 크리바(criba)는 쳇불이 큰 체, 세르니도르(cernidores)는 쳇불이 작은 체를 가리킨다.

이너마이트와 안포[475]의 폭발을 기다리는 동안 노동자들은 잠시 휴식을 취했다. 광산은 빠르고 요란한 죽음도 제공한다. 죽음은 폭발음을 셀 때 실수를 하거나 도화선이 타는 데 걸리는 시간이 예정보다 길어지면 발생한다. 또한 헐거워진 바위, 즉 **토호**(tojo) 하나가 머리 위로 떨어져도 발생한다. 또는 쇠 파편이 날아다니는 지옥 같은 상황에서 발생한다. 1967년, 산 후안(San Juan)의 밤은 학살이라는 긴 묵주의 마지막 구슬이었다. 새벽이 되자 군인들이 언덕에 자리를 잡고 땅에 무릎을 꿇은 채 축제의 모닥불 빛에 비추어진 임시 거주지 위로 폭풍처럼 총알을 퍼부었다.[476] 하지만 이 광산의 특징은 죽음이 천천히 조용하게 다가온다는 것이다. 객혈, 기침, 등에서 납덩

---

475) (옮긴이) 안포(Anfo)는 암모늄 질산염(Ammonium Nitrate)과 연료유(Fuel Oil)를 혼합한 폭발물로, 비교적 저렴하고 쉽게 구할 수 있기 때문에 광산 작업이나 대규모 건설 현장에서 자주 쓰인다.

476) "나는 앉으면 취해요. 사람 세 명, 네 명이 보이네요. 혼자서는 밥도 못 먹어요. 나는 아이예요. 어린아이라고요." 20세기 광산촌의 석공이었던 노인 사투리노 콘도리(Saturnino Condori)는 3년 넘게 카타비(Catavi)의 병원 침대에 누워 있다. 1967년 산 후안의 밤에 일어난 학살의 희생자다. 그는 축제 같은 것은 전혀 즐기지 않았다. 그는 24일 토요일에 일을 하면 일당을 세 배로 지불하겠다는 제안을 받았기 때문에 다른 사람들과 달리 치차를 마시고 흥청망청 노는 광란에 빠지지 않기로 결심했었다. 그래서 일찍 잠자리에 들었다. 그날 밤, 어느 신사가 그의 몸을 가시로 찌르는 꿈을 꾸었다. "내 몸에 커다란 가시가 박혔어요." 새벽 5시부터 총알 비가 임시 거주지로 쏟아졌기 때문에 여러 번 잠에서 깨어났다. "내 몸이 망가지고 허물어지는 것 같고, 정신이 반쯤 나간 상태였고, 나는 놀랐고, 놀란 상태로 그렇게 있었지요. 아내가 나더러 '어서 도망쳐요'라고 말했어요. 하지만 내가 뭘 할 수 있었겠어요? 나는 아무 데도 나가지 않았어요. 아내가 '달아나요, 달아나요'라고 말했어요. 총격은 밤에 행해졌지요. 어떻게 하려는 것일까. 어떻게 될 것인가. 밤에는 반복해서 총소리가 들려왔고, 대체 무슨 일일까, 무슨 일일까, 빵-빵-빵-빵. 그리고 나는 그렇게 잠깐씩 자다가 깨고 자다가 깼는데, 내가 도망치지는 않았기에 아내가 나더러 '어서요, 어서, 도망치라고요.'라고 말했어요. 내가 아내에게 '그 사람들이 나를 어떻게 하겠소?, 일개 석공인데 나를 어떻게 하겠냐고요?'라고 말했지요." 그는 아침 8시경에 눈을 떴다. 침대에서 몸을 일으켰다. 총알이 천장을 뚫고, 아내의 모자를 관통하고, 그의 몸에 박히면서 척추를 부숴버렸다.

이같은 무게가 느껴지는 증세와 가슴을 짓누르는 심한 압박감이 죽음을 알리는 신호다. 의학적인 분석이 이루어진 뒤에는 관료적인 절차들이 끝없이 이어진다. 3개월 내로 집을 비우라고 한다.

  요란한 천공기 소리는 이미 멈춰 있었고, 곧 폭발이 커피색 뱀 모양의 미끈미끈한 광맥을 뒤덮을 것이다. 그때 우리는 대화를 할 수 있었다. 광부들이 씹는 코카잎 덩어리가 각각의 뺨을 부풀렸고, 입 가장자리에서는 초록색 액체가 흘러내렸다. 광부 하나가 갱도의 선로 사이로 진흙을 튕기면서 급하게 지나갔다. 사람들이 내게 말했다. "저 사람 신참자예요. 봤어요? 군대 바지에 노란색 셔츠를 입는데, 정말 젊어 보이죠? 지금 막 들어왔는데, 일을 어찌나 잘하는지. 아직도 날쌔요. **아직은 힘든 줄도 몰라요.**"

  기술 관료와 관료들은 규폐증으로 죽지는 않지만, 그것에 의존해 살아간다. 볼리비아 광업공사(Comibol)의 사장은 노동자보다 100배나 많이 번다. 야야구아의 경계에 있는, 강바닥을 향해 수직으로 깎아지른 절벽 위에서 마리아 바르솔라(María Barzola) 평원을 볼 수 있다. 평원은 30년 전에 시위를 이끌다가 기관총에서 발사되는 총알 세례를 받고 볼리비아 국기가 몸에 꿰매진 채 쓰러진 여성 노동운동가 마리아 바르솔라를 기리기 위해 그렇게 불린다. 마리아 바르솔라 평원 너머로 볼리비아에서 가장 좋은 골프장이 보인다. 카타비의 기술자들과 고위 관리들이 사용하는 골프장이다. 독재자 레네 바리엔토스는 1964년, 최저 생계비도 안 되는 광부 임금을 절반으로 줄였고, 동시에 기술자와 고위 관료의 보수는 올렸다. 고위 직원의 급료는 비밀이다. 비밀리에 달러로 지불된다. 미주개발은행(IDB), 진보를 위한 동맹, 그리고 외국 신용은행의 기술자들로 이루어진 강력한 자문 그룹이 있는데, 이 그룹의 조언이 볼리비아의 국유화된 광업에 지침을 설정하고, 그 결과, 국가 내 국가처럼 변해버린 볼리비아 광업공사는 이 시점에서 그 어떤 국유화에도 적극적으로 반대하는 선전기관이 된다. 오래된 과두제 **기득권층**의 권력은 국가 광업을 내부에서 방해하는 데 온 힘을 쏟아온 "신(新) 계급"의 수많은 구성원의 권력으로 대체되었다. 그 기술자들은 국가 제련소 설립을 위한 모든 프로젝트와 계획을 방해했을 뿐만 아니라, 더불어, 자원이 빠르게 고갈되는 상황에서, 국영 광산들이 파티뇨, 아라마요, 그리고 호흐실트[477]의 낡은 광상들이 지닌 한계에 갇혀 있도록 하는 데도 기여했다. 1964년 말부터 1969년 4월까지 바리엔토스 장군은 기술자들과 경영진의 노골적인 공모와 더불어 볼리비아의 지하자원을 제국주의 자본에 양도하는 일을 초음속으로 진행했다. 세르히오 알마라스(Sergio Almaraz)는 어느 저서[478]에 주석 광산 개발권을 인터내셔널 마이닝 코퍼레이션(International Mining Processing Co.)에 양도한 이야기를 썼다. 신고한 자본금이 겨우 5천 달러에 불과한데 그토록 웅장한 이름을 가진 그 회사는 9억 달러 이상을 벌 수 있는 계약을 체결했다.

---

477) (옮긴이) 아라마요(Aramayo)는 호세 아벨리노 아라마요(José Avelino Aramayo, 1820-1882)가 설립한 광산 기업으로, 볼리비아에서 은 및 주석 광산을 운영하며 큰 영향력을 행사했다. 특히 19세기와 20세기 초에 걸쳐 볼리비아 광업을 지배했던 주요 기업 중 하나였다. 호흐실트(Hochschild)는 모리스 호흐실트(Maurice Hochschild, 1881-1965)가 설립한 독일계 볼리비아 광업 기업으로, 20세기 초반부터 중반까지 볼리비아의 주석 광산업을 장악한 주요 기업 중 하나였다.

478) Sergio Almaraz Paz, *El poder y la caída. El estaño en la historia de Bolivia*, op. cit.

브라질을 물어뜯는 강철 이빨

미국은 브라질이나 베네수엘라에서 생산된 철광석을 자국의 지하에서 채굴하는 철광석보다 더 싼 값에 수입한다. 하지만 이것은 미국이 해외 철광석 광상을 차지하려는 절박함의 핵심이 아니다. 국경 밖의 광산을 확보하거나 통제하는 것은 단순한 사업을 넘어 국가 안전에 절대적으로 필요한 사항이다. 우리가 이미 살펴보았듯이, 미국의 지하자원은 고갈되고 있다. 철광석이 없으면 철을 만들 수 없는데, 미국 산업 제품의 85%는 어떤 형태로든 철을 함유한다. 1969년에 캐나다에서 생산된 철의 공급이 감소했는데, 이는 라틴아메리카에서 생산된 철의 수입 증가에 즉각적으로 반영되었다.

베네수엘라의 볼리바르(Bolívar) 산은 매우 풍부해서, 유에스 스틸 컴퍼니(US Steel Co.)가 그곳에서 채굴한 광석은 곧바로 미국으로 향하는 선박의 창고에 실린다. 그 산의 옆면은 **불도저**들이 입힌 깊은 상처를 드러낸다. 이 회사는 그곳에 약 80억 달러 상당의 철이 매장되어 있다고 추정한다. 1960년 한 해에만, 유에스 스틸과 베들레헴 스틸은 베네수엘라의 철광석에 투자한 자본의 30%가 넘는 이익금을 배당했는데, 이익금의 규모는 1950년부터 10년 동안 베네수엘라 정부에 납부된 모든 세금을 합친 것과 같았다.[479] 두 회사가 철광석을 미국에 있는 자사의 제철소에 판매하기 때문에 철광석의 가격을 방어하는 데 아무런 관심도 없다. 반대로, 원자재가 가능한 저렴할

---

479) Salvador de la Plaza, 공저 *Perfiles de la Economía venezolana*, Caracas, 1964.

수록 그들에게 유리하다. 철광석의 국제 시세는 1958년에서 1964년 사이에 급격하게 하락했지만, 그 후 수년 동안 상대적으로 안정되었고, 현재는 낮다. 다른 한편, 철광석의 시세는 계속해서 상승하고 있다. 1958년과 1964년 사이에 수직으로 하락했던 철광석의 국제 가격은 이후 몇 년 동안 상대적으로 안정되어 여전히 정체 상태에 있다. 그동안 철의 가격은 상승을 멈추지 않았다. **철은 세계의 부유한 중심지에서 생산되고, 철광석은 가난한 주변부에서 생산된다. 철은 '노동 귀족'의 임금을 지급하고, 철광석은 겨우 생계를 유지할 수 있는 일당을 지급한다.**

1910년에 스톡홀름에서 열린 국제 지질학회에서 수집하고 공개된 정보 덕분에 미국 사업가들은 처음으로 여러 나라의 땅 밑에 숨겨진 보물의 규모를 평가할 수 있었는데, 그 나라들 가운데 하나는 아마도 가장 매혹적인 나라였던 브라질이었을 것이다. 많은 세월이 흐른 뒤인 1948년에 주 브라질 미국 대사관은 광물을 담당하는 새로운 직책을 만들었는데, 그 직책은 시작할 때부터 적어도 군사 담당 직책이나 문화 담당 직책만큼이나 업무가 많았다. 그래서 한 명이 아니라 두 명의 광물 담당 관리가 신속하게 배정되었다.[480] 잠시 후, 베들레헴 스틸은 두트라 정부로부터 아마파(Amapá)의 훌륭한 망간 광상들을 받았다. 1952년에 브라질이 미국과 체결한 군사협정은 브라질이 전략적 가치가 있는 원자재―철과 같은―를 사회주의 국가에 판매하는 것을 금지했다. 이것은 제툴리우 바르가스(Getúlio

---

480) Osny Duarte Pereira, *Ferro e Independencia. Um desafío a dignidade nacional*, Río de Janeiro, 1967.

Vargas) 대통령의 비극적인 추락 원인들 가운데 하나였는데, 그는 1953년과 1954년에 폴란드와 체코슬로바키아에 철을 판매하면서 미국이 지불한 가격보다 높은 가격에 판매함으로써 이 강제 규정을 따르지 않았다. 1957년에 영국 회사 세인트 존 델 레이 마이닝 컴퍼니(Saint John d'El Rey Mining Co.)의 주식 대부분을 600만 달러에 인수한 한나 마이닝 컴퍼니는 과거 대영제국 시대부터 미나스 제라이스의 금을 채굴해 왔다. 세인트 존 사는 파라오페바 계곡에서 운영되었는데, 그곳에는 2천억 달러로 평가되는 세계에서 가장 큰 철광석 광상이 있다. 그 영국 회사는 이 엄청난 자원을 개발할 법적 권한이 없었는데, 두아르테 페레이라(Duarte Pereira)가 자신의 저서에서 이 문제에 관해 열거한 명확한 헌법적·법적 규정에 따라 한나 마이닝 컴퍼니 역시 그렇게 할 수 없었다. 하지만 나중에 알려졌듯이, 이것은 세기의 사업이었다.

당시 미국 정부의 저명한 구성원이었던 한나 사(社)의 조지 험프리(George Humphrey) 회장은 재무부 장관과 무역 자금을 지원하는 공식 금융기관인 수출입은행(Exim Bank)의 이사직을 맡고 있었다.

세인트 존 사는 수출입은행에 대출을 신청했지만, 한나 사가 세인트 존 사를 인수할 때까지 운이 따르지 않았다. 그때부터 브라질의 연속된 정부들에 대해 극심한 압력이 가해졌다. 한나 사의 이사, 변호사 또는 고문들—루카스 로페스(Lucas Lopes), 조제 루이스 불용스 페드레이라(José Luiz Bulhões Pedreira), 호베르투 캄푸스(Roberto Campos), 마리우 다 실바 핀투(Mário da Silva Pinto), 오타비우 고베이아 지 불용스(Otávio Gouveia de Bulhões)――은 브라질 정부의 최고위 구성원이기도 했는데, 이후에도 계속해서 장관, 대사 또는 각종 공공기관의 책임자를 역임했다. 한나 사는 자사의 최고 임원진을 잘못 선택하지 않았다. 한나 사의 공세가 점점 더 격렬해졌는데, 이는 한나 사가 엄밀히 말해 국가에 속한 철광석을 채굴할 권리를 인정받기 위해서였다. 1961년 8월 21일, 대통령 자니우 쿠아드루스(Jânio Quadros)는 한나 사에 부여된 불법적인 권한을 취소하고 미나스 제라이스의 철광석 광상들을 국가 보호구역으로 되돌리는 결정에 서명했다. 4일 후 군 수뇌부는 쿠아드루스를 사임시켰다. 쿠아드루스는 "무시무시한 세력들이 내게 들고 일어나……."라고 사임 성명서에서 말했다.

레오넬 브리솔라(Leonel Brizola)가 포르투 알레그레(Porto Alegre)에서 이끈 민중봉기는 군부 쿠데타를 무산시키고, 쿠아드루스의 부통령인 주앙 굴라르를 권좌에 앉혔다. 1962년 7월, 어느 장관이 한나 사에는 치명적인 법령을 시행하려 했을 때――그 법령은 이미 정부의 관보에서 삭제된 상태였음――주 브라질 미국 대사 링컨 고든(Lincoln Gordon)은 브라질 정부가 미국 기업의 이익에 반해 시도한 공격에 대해 격노하며 항의하는 전보를 굴라르에게 보냈다. 사법부는 쿠아드루스의 결정이 유효하다고 승인했지만, 굴라르는 망설였다. 한편, 브라질은 유럽의 다양한 사회주의 국가와 자본주의 국가에 철광석을 공급하기 위해 아드리아 해에 광물 환적항을 건설하는 초기 단계를 밟고 있었다. 철광석의 직접 판매는 전 세계적으로 가격을 조절하는 대기업들에게 감당할 수 없는 도전이었다. 환적항 건설은 끝내 실현되지 않았지만, 다른 국가적 조치들—외국 기업의 이익 유출을 막는 장벽 같은—이 시행되었는데, 이들 조치는 폭발적인 정치적 상황을 촉발하는 도화선이 되었다. 쿠아드루스의 결정이라는 다모클레스의 검[481]이 한나 사의 머리 위에 매달려 있었다. 마침내 1964년 3월 마지막 날, 미나스 제라이스에서 쿠데타가 발생했는데, 공교롭게도 그곳은 분쟁 중인 철광석 광상들이 위치한 지역이었다.

"지난해 봄에 굴라르를 무너뜨린 반란은 한나 사에게 마치 제1기병대[482]에 의한 마지막 순간의 구원과도 같았다."[483]고 《포춘》지는 썼다.

한나 사와 관련된 인물들이 브라질 부통령직과 세 개의 장관직을 차지하게 되었다. 군사 반란이 일어난 바로 그날, 《워싱턴 스타(Washington Star)》는 적어도 예언적이라고 할 만한 사설을 게재했다. 사설은 "이는 보수적인 군 지도자들이 옛 방식대로 실행하는 적절하고 효과적인 쿠데타가 아메리카 전체의 최대 이익에 제대로 부

---

481) (옮긴이) 다모클레스의 검은 고대 그리스 철학자 키케로의 이야기에서 비롯된 것으로, 항상 존재하는 위험이나 위협을 의미하는 비유적인 표현이다.
482) (옮긴이) 제1기병대는 미 육군의 제1기병사단(1st Cavalry Division)을 가리킨다. 여기서는 미국의 군사적 개입 또는 위기의 순간에 극적으로 구원하는 존재를 비유적으로 표현한 것이다.
483) "Immovable Mountains", *Fortune*, April 1965.

합할 수 있는 상황이다."⁴⁸⁴고 예측했다. 굴라르가 아직 사임하지도 않고, 브라질을 떠나지도 않았을 때, 그새를 못 참은 린든 존슨은 임시로 브라질의 대통령직을 맡았던 국회의장에게 행운을 기원하는 유명한 전보를 보냈다. "미국 국민은 위대한 귀국(貴國)이 겪는 정치적·경제적 어려움을 걱정스럽게 지켜보고서, 이 같은 어려움을 헌법적 민주주의의 틀 안에서 내전도 없이 해결하려는 브라질 사회의 단호한 의지에 감탄했습니다."⁴⁸⁵ 한 달이 조금 넘은 시간이 흐른 후, 열광적으로 군부대를 순회하던 링컨 고든 대사는 고등 군사학교에서 연설을 하면서 카스텔루 브랑쿠의 음모가 성공한 것은 "마셜 플랜 제안, 베를린 봉쇄, 한국에서 공산주의 침략의 격퇴, 그리고 쿠바 미사일 위기의 해결과 더불어 20세기 중반 세계 역사에서 가장 중요한 전환점들 가운데 하나로 포함될 수 있을 것"⁴⁸⁶이라고 선언했다. 미국 대사관의 군 관계자들 가운데 하나는 쿠데타가 발생하기 불과 얼마 전에 공모자들에게 물질적인 지원을 제안했고,⁴⁸⁷ 고든 본인은 쿠데타 세력의 자치 정부가 상 파울루에서 이틀 동안 버틸 수만 있다면 미국이 이를 공식적으로 인정할 것이라고 그들에게 제안했다.⁴⁸⁸ 미국의 경제적 지원—이에 대해서는 나중에 더 다룰 것이

---

484) Mário Pedrosa, *A opção brasileira*, Río de Janeiro, 1966에서 재인용.
485) 린든 존슨(Lyndon Johnson)이 하니에리 마질리(Ranieri Mazzilli)에게, *Associated Press*, 1946년 4월 2일 판.
486) 1964년 5월 4일 자, *O Estado de São Paulo*에 따르면.
487) José Stacchini, *Mobilização de audácia*, San Pablo, 1965.
488) Philip Siekman, "When Executives Turned Revolutionaries", en *Fortune*, July 1964.

다―또는 미국의 군사적이거나 노동조합적인 차원의 지원이 이 사건의 전개와 결말에 미친 중요성에 대한 증언들을 굳이 늘어놓을 필요는 없다.[489]

카스텔루 브랑쿠의 새로운 독재 정권은 도스토옙스키, 톨스토이, 고리키 같은 러시아 작가의 책을 모닥불이나 과나바라(Guanabara) 만의 바닥에 내던져버린 뒤에, 그리고 셀 수 없이 많은 수의 브라질 사람을 추방하거나 감옥에 가두거나 구덩이에 묻어버린 뒤에 철광석과 그 밖의 모든 것을 양도하는 작업에 착수했다. 한나 사는 1964년 12월 24일 자 칙령을 받았다. 이 크리스마스 선물은 회사가 파라오페바의 광상들을 평온하게 개발할 수 있는 모든 보장을 해주었을 뿐만 아니라, 리우 데 자네이루에서 60마일 떨어진 곳에 자체 항구를 확충하고, 철광석 운반을 위한 철도를 건설하려는 회사의 계획도 지원했다. 1965년 10월, 한나 사는 허가된 철광석을 공동으로 개발하기 위해 베들레헴 스틸과 컨소시엄을 결성했다. 브라질에서 흔히 이루어지는 이런 류의 동맹이 미국에서는 법률상 금지되어 있기 때문에 공식적으로 체결될 수 없다.[490] 지치지 않는 링컨 고든은 그 임무를 끝냈고, 이제 모두가 행복했고, 이야기는 끝이 났으며, 그

---

489) 해리 마그도프(Harry Magdoff)(op. cit.)가 인용한 미국 하원 외교위원회에서의 발언과 1966년 12월 《리더스 다이제스트(Reader's Digest)》의 에스파냐어판에 실린 유진 메스빈(Eugene Methvin)의 폭로 기사를 참조하라. 메스빈에 따르면, 워싱턴에 본부를 둔 미국 자유노동조합 발전 연구소(IADSL)의 훌륭한 지원 덕분에 브라질의 군사 쿠데타 세력은 자기 군대의 움직임을 전신(電信)을 통해 조정할 수 있었고, 새로운 군사 정권은 IADSL의 졸업생 4명을 지정해 "빨갱이들이 지배하는 노동조합들을 정리하게 하면서……" IADSL에게 보상했다.

490) Osny Duarte Pereira, *Ferro e Independencia. Um desafío a dignidade nacional*, op. cit.

는 볼티모어에 있는 어느 대학의 총장이 되었다. 1966년 4월, 존슨은 수개월을 망설인 끝에 존 터실(John Tuthill)을 자신의 후임자로 지명하고는 브라질에 좋은 경제학자가 필요했기 때문에 지명이 지연되었다고 설명했다.

유에스 스틸 사도 뒤처지지 않았다. 왜 저녁 식사에 그 회사를 초대하지 않았겠는가? 그리 오래지 않아, 유에스 스틸 사는 국영 광업 회사 콤파냐 발레 두 리우 도세(Companhia Vale do Rio Doce)와 제휴 협정을 맺었고, 그렇게 하면서 이 회사는 사실상 유에스 스틸의 공식적인 별칭이 되었다. 이 경로를 통해 유에스 스틸은 주식의 49%만 보유하고서 아마존의 카라자스(Carajás)산 철광석 광상의 채굴권을 얻었다. 기술자들에 따르면, 그 규모는 미나스 제라이스에서 한나-베들레헴의 철의 왕관[491]과 견줄 만하다. 항상 그렇듯, 브라질 정부는 브라질이 독자적으로 광산을 개발할 자본이 부족하다고 주장했다.

석유, 그 저주와 위업

석유는 천연가스와 함께 현대 세계를 움직이는 연료들 가운데 가장 중요한 것이자 화학 산업에 점점 더 중요해지는 원자재이며 군사 활동에 필수적인 전략적 물자다. 다른 어떤 자석도 "검은 금"만큼

---

491) (옮긴이) 철의 왕관(la corona de hierro)은 한나 사와 베들레헴 스틸 사가 철광석 부문에서 최상위 자리를 차지한다는 것을 의미한다.

외국 자본을 끌어들이지 않으며, 그만큼 엄청난 이익을 제공하는 자원도 없다. 석유는 자본주의 시스템 전체에서 가장 독점적인 부(富)다. 거대 석유회사들이 전 세계적으로 행사하는 정치적 권력을 일반 기업가들은 누릴 수 없다. 스탠더드 오일과 셸(Shell)은 왕과 대통령을 세우고 무너뜨리며, 궁정의 음모와 쿠데타를 재정적으로 지원하고, 수많은 장군, 장관, 제임스 본드를 자유롭게 사용하며, 모든 지역과 모든 언어권에서 전쟁과 평화의 진행을 결정한다. 뉴 저지의 스탠더드 오일 사는 자본주의 세계에서 가장 큰 산업 기업이다. 미국 밖에서는 로열 더치 셸(Royal Dutch Shell)보다 더 강력한 제조 분야 기업이 없다. 자회사는 원유를 계열사에 판매하고, 계열사는 이를 정제한 연료를 각 지점에 판매해 유통한다. 그 카르텔 내부의 전체 순환 시스템 밖으로는 피 한 방울 새어 나가지 않고, 그 카르텔은 또한 송유관과 7대양을 항해하는 유조선 대부분을 소유하고 있다. 납부하는 세금은 줄이고 획득하는 수익은 늘리기 위해 석유 가격이 전 세계적으로 조작되고, 원유 가격은 항상 정제유 가격보다 더 적게 상승한다.

커피나 고기의 경우처럼, 부유한 나라가 석유를 소비하는 수고를 해서 얻는 이익이 가난한 나라가 석유를 생산해서 얻는 이익보다 훨씬 크다. 그 차이는 10대 1이다. 석유 1배럴에서 나오는 파생상품의 가격 11달러 중 세계에서 가장 중요한 원자재를 수출하는 나라가 받는 돈은 겨우 1달러이다. 1달러는 각종 세금과 석유 추출 비용을 합친 것이지만, 석유 기업의 본사가 위치한 선진 지역 국가는 각종 관세와 생산국의 세금보다 여덟 배 많은 세금에다가 대기업이 독점

하는 운송, 정제, 가공, 유통의 비용과 이익을 합친 결과인 10달러를 차지한다.[492]

미국에서 생산되는 석유는 높은 가격을 유지한다(미국에서 엄청난 수의 자동차가 운행되는 것은 공공보조금 덕분에 값이 싼 휘발유를 소비하기 때문이다). 그러나 베네수엘라와 중동의 석유 가격은 1957년부터 시작해 1960년대 내내 계속해서 하락해 왔다. 예를 들어, 1957년에 베네수엘라산 석유 1배럴의 평균 가격은 2.65달러였다. 1970년 말에는 가격이 1.86달러로 떨어졌다. 라파엘 칼데라(Rafael Caldera) 정부는 일방적으로 훨씬 높은 가격을 책정하겠다고 발표하지만, 해설자들이 제시하는 수치에 따르면, 그리고 예상되는 논란에도 불구하고, 새로운 가격은 어떤 식으로도 1957년 수준에 도달하지 못할 것이다. 미국은 세계에서 중요한 석유 생산국이면서 수입국이다. 기업이 판매하는 원유 대부분이 미국의 지하에서 나왔던 시기에는 가격이 높게 유지되었다. 제2차 세계대전 동안, 미국은 순 수입국이 되었고, 카르텔은 새로운 가격 정책을 적용하기 시작했다. 그 결과 석유 가격이 체계적으로 하락해 왔다. **시장 법칙의 기묘한 전도(轉倒)가 발생했다.** 공장, 자동차, 발전소가 늘어감에 따라 **석유의 세계적인 수요가 끊임없이 증가하는데도 석유 가격은 폭락한다는 것이다.** 또 다른 역설이 있다. 석유 가격이 하락하는데도, 소비자가 지불하는 연료 가격은 모든 곳에서 상승한다는 것이다. 원유 가격과 파생제품 가격 사이에는 엄청난 불균형이 있다. 이 모든 모순적인 연쇄

---

492) 석유수출국기구(OPEC)가 발표한 자료에 따른다. Francisco Mieres, *El petróleo y la problemática estructural venezolana*, Caracas, 1969.

는 완벽하게 합리적이다. 설명을 찾기 위해 초자연적인 힘에 의존할 필요는 없다. 왜냐하면 자본주의 세계에서 석유 거래는, 우리가 보았듯이, 전능한 카르텔의 손에 달려 있기 때문이다.

카르텔은 1928년에 스코틀랜드 북부의 안개에 둘러싸인 어느 성에서 탄생했는데, 그때 뉴 저지의 스탠더드 오일 사, 셸 사, 그리고 오늘날 브리티시 페트롤리엄(British Petroleum)이라 불리는 앵글로-이란이안(Anglo-Iranian) 사가 서로 지구를 나눠 갖기로 합의했다. 뉴욕의 스탠더드 사, 캘리포니아의 스탠더드 사, 걸프 사, 그리고 텍사코 사는 이후 카르텔의 주요 지도부에 합류했다.[493]

록펠러가 1870년에 설립한 스탠더드 오일은 셔먼 반독점법(Sherman Anti-Trust Act)의 적용으로 1911년에 35개의 각기 다른 회사로 분리되었다. 스탠더드 사의 수많은 가족 가운데 맏언니는 오늘날 뉴 저지에 있는 것(Standard Oil Co. of New Jersey)이다. 이 회사가 판매한 석유는 뉴욕과 캘리포니아의 스탠더드 오일이 판매한 것을 합쳐 오늘날 그 카르텔이 판매하는 총량의 절반을 차지한다. 록펠러 그룹의 석유회사들은 그 규모가 엄청나서, 그들이 얻는 이익은 미국의 모든 유형의 기업이 전 세계에서 얻는 총이익의 3분의 1을 차지한다. 전형적인 다국적 기업인 뉴 저지의

---

493) 미국 상원의 보고서 *Actas secretas del cártel petrolero*, Buenos Aires, 1961, y Harvey O'Connor, *El Imperio del petróleo*, La Habana, 1961.

스탠더드 오일은 대부분의 이익을 국외에서 얻는다. 라틴아메리카는 미국과 캐나다를 합친 것보다 더 많은 수익을 제공한다. 브라보 강 이남에서는 수익률이 네 배가 높다.[494] **1957년에 스탠더드 오일의 베네수엘라 자회사는 뉴 저지의 스탠더드 오일이 전 세계에서 거둔 이익의 절반 이상을 거두었다. 같은 해에, 셸의 베네수엘라 자회사는 셸이 전 세계에서 얻은 이익의 절반을 제공했다.**[495]

이들 다국적 기업은 자신들이 활동하는 여러 국가에 속하지 않는다. 더 단순하게 말해, 이들은 세계 곳곳에서 대량의 석유와 달러를 자본주의 시스템의 권력 중심으로 끌어들인다는 의미에서 다국적이다. 물론, 그들은 자신들의 사업 확장을 지원하기 위해 자본을 수출할 필요가 없다. 그들이 가난한 나라로부터 갈취한 이익은 금융 및 투자 분야에서 큰 이익을 얻는 사람들이 사는 몇몇 도시로 곧장 유입될 뿐만 아니라, 국제적인 운영 네트워크를 강화하고 확장하는 데 그 이익의 일부가 재투자된다. 카르텔의 구조는 여러 나라에 대한 지배와 그들 나라의 정부에 침투하는 것을 포함한다. 석유는 대통령과 독재자에게 스며들고, 석유가 자신을 위해 이용하는 사회의 구조적인 왜곡을 더 심화한다. 세계 지도 위에서 연필을 들고 어느 지역이 개발 지구가 될지, 어느 지역이 보존 지구가 될지를 결정하는 것은 기업이고, 생산자가 받게 될 가격과 소비자가 지불해야 할 가격을 정하는 것도 기업이다. 베네수엘라와 석유가 매장된 다른 라틴

---

494) Paul A. Baran y Paul M. Sweezy, *El capital monopolista*, México, 1970.
495) Francisco Mieres, op. cit.

아메리카 국가들의 자연 자원은 조직적인 약탈과 수탈의 대상이 되었고, 그들 국가의 정치적 예속과 사회적 타락의 주요 도구가 되었다. 이것은 위업과 저주, 불명예와 도전으로 이루어진 긴 이야기다.

쿠바는 여러 가지 보완적인 방법을 통해 뉴 저지의 스탠더드 오일에 막대한 이익을 제공했다. 이 회사는 베네수엘라에 있는 자회사 크리올 페트롤리엄(Creole Petroleum)에서 원유를 구매하고, 이를 정제해 쿠바에 유통했는데, 모두 단계마다 자사에 가장 유리한 가격으로 이루어졌다. 1959년 10월, 혁명의 열기가 한창일 때, 미국 국무부는 쿠바에서 이루어지는 미국 투자의 미래에 대한 우려를 표명하는 공식 문건을 아바나에 전달했다. 북쪽에서 날아온 "해적" 비행기들의 폭격이 이미 시작되었고, 양국의 관계는 긴장 상태에 있었다. 1960년 1월에 아이젠하워는 쿠바 설탕의 수입 쿼터를 축소한다고 발표하고, 2월에 피델 카스트로는 쿠바의 설탕을 쿠바에 유리한 가격으로 소련의 석유 및 그 밖의 제품과 교환하기 위해 소련과 통상협정을 체결했다. 뉴 저지의 스탠더드 오일, 셸, 텍사코는 소련산 석유의 정제를 거부했고, 7월에 쿠바 정부는 쿠바에서 활동하던 이들 기업에 개입해서 아무런 보상도 해주지 않고 국유화했다.

이들 기업은 뉴 저지의 스탠더드 오일을 선두로 쿠바에 대한 봉쇄를 시작했다. 숙련된 인력에 대한 보이콧에 이어 기계에 필요한 부품에 대한 보이콧과 운송에 대한 보이콧이 추가되었다. 그 갈등은 쿠바의 주권에 대한 일종의 시험이었고,[496] 쿠바는 승리했다. 쿠바는

---

496) Michael Tanzer, *The Political Economy of International Oil and the Underdeveloped Countries*, Boston, 1969.

더 이상 미국 국기의 별들 사이에 있는 별도 아니고, 동시에 스탠더드 오일의 세계적인 기계 장치를 이루는 부품도 아니게 되었다.

멕시코는 20년 전에 뉴 저지의 스탠더드 오일과 로열 더치 셸에 의해 발표된 국제적인 수출 금지 조치를 당한 적이 있었다. 1939년부터 1942년까지 카르텔은 멕시코의 석유 수출과 멕시코의 유정 및 정유공장 운영에 필요한 물자의 공급을 봉쇄했다. 라사로 카르데나스 대통령은 이들 석유회사를 이미 국유화했었다. 자신이 소유한 스탠더드 오일 사의 장점을 주제로 논문을 작성해 1930년에 경제학사 학위를 받은 넬슨 록펠러가 협상을 위해 멕시코를 방문했지만, 카르데나스는 물러서지 않았다. 스탠더드 오일과 셸은 멕시코 영토를 나눠 전자는 북부를, 후자는 남부를 지배하고 있었는데, 멕시코 노동법의 적용에 관한 연방 대법원의 결정을 받아들이기를 거부했을 뿐만 아니라, 그 유명한 파하 데 오로(Faja de Oro) 유전을 현기증 나는 속도로 고갈시켰고, 게다가 멕시코인들더러 자국의 석유를 두 회사가 미국과 유럽에서 판매하는 가격보다 더 비싼 값에 사도록 강요했다.[497] 석유의 수출 열풍은 30년 내지 40년 동안 계속해서 석유를 생산할 수 있었을 수많은 유정을 불과 몇 달 만에 무참하게 고갈시켰다. "석유회사들이 멕시코에서 가장 풍부한 매장 자원을 빼앗고, 낡은 정유공장, 고갈된 유전, 탐피코 시의 빈민가, 그리고 씁쓸한 기억

---

497) Harvey O'Connor, *La crisis mundial del petróleo*, Buenos Aires, 1963. 이 현상은 여전히 여러 나라에서 흔하게 발생하고 있다. 예를 들어, 석유가 자유롭게 수출되고 세금이 부과되지 않는 콜롬비아에서 국영 정유공장은 외국 기업들로부터 콜롬비아산 석유를 국제 가격보다 37% 높은 할증료를 지불하고, 달러로 구매한다(Raúl Alameda Ospina, 잡지 *Esquina*, Bogotá, 1968년 1월).

만 무더기로 남겼다."라고 오코너(O' Connor)는 쓴다. 채 20년도 지나지 않아 멕시코의 석유 생산량은 5분의 1로 줄었다. 멕시코에는 외국의 수요에 따르다 쇠퇴해 버린 산업과 14,000명의 노동자만 남고, 기술자는 떠났으며, 교통수단조차 사라져 버렸다. 카르데나스는 석유의 회복[498]을 위대한 국가적 대의로 만들고, 상상력과 용기를 바탕으로 위기를 구했다. 모든 생산과 시장을 담당하기 위해 1938년에 설립된 멕시코 석유회사 페멕스(PEMEX)는 오늘날 라틴아메리카 전체에서 가장 큰 비외국계 기업이다. 헤수스 실바 에르소그(Jesús Silva Herzog)가 제대로 말했듯이, "멕시코가 그 해적 회사들의 채무자가 아니라 합법적인 채권자"[499]임에도 불구하고, 멕시코 정부는 페멕스가 벌어들인 수익을 희생해 가며 1947년부터 1962년까지 그들 기업에 두둑한 보상금을 지급했다. 1949년에, 스탠더드 오일은 미국이 페멕스에 제공하려던 대출에 대한 거부권을 행사했는데, 수년 뒤에 후한 보상금 덕분에 상처가 봉합된 뒤에도, 페멕스는 미주개발은행에서 대출받으려다 유사한 경험을 했다.

우루과이는 라틴아메리카에서 최초로 국영 정유공장을 설립한 나라였다. 1931년에 설립되어 국가의 연료, 알코올 및 포틀랜드 시멘트를 관리하는 안캅(ANCAP)인데, 원유의 정제와 판매가 주요 업무 가운데 하나였다. 그것은 리오 데 라 플라타 지역에서 기업 카르텔

---

498) (옮긴이) 1938년 3월 18일, 대통령 라사로 카르데나스는 자국의 석유를 외국 기업으로부터 되찾아 국유화했는데, 이 사건은 '석유의 회복(la recuperación del petróleo)'이라고 표현된다.
499) Jesús Silva Herzog, *Historia de la expropiación de las empresas petroleras*, México, 1964.

이 오랫동안 저지른 횡포에 대한 국민적 대응이었다. 그와 함께, 정부는 소련으로부터 값싼 석유를 구매하는 계약을 체결했다. 카르텔은 즉시 우루과이 국가 산업 기관을 음해하기 위한 격렬한 중상모략 캠페인에 자금을 지원하고, 공갈과 협박과 작업을 시작했다. 우루과이는 자국에 기계를 팔 상대를 찾지 못할 것이고, 원유가 바닥날 것인데, 정부가 매우 형편없는 관리자였기 때문에 그토록 복잡한 거래를 맡을 수 없을 것이라고들 주장했다. 1933년 3월의 궁정 쿠데타[500]는 약간의 석유 냄새를 풍겼다. 가브리엘 테라의 독재 정권은 안캅의 연료 수입 독점권을 무효화하고, 1938년 1월에는 카르텔과 **비밀 협정**을 체결했는데, 대중에게 4반세기 후까지 알려지지 않은 이 음흉한 협정은 여전히 유효하다. 그 협정에 따르면, 정부는 원유의 40%를 스탠더드 오일, 셸, 애틀랜틱(Atlantic), 텍사코가 지정한 곳에서, 입찰 없이, 카르텔이 정한 가격으로 구매해야 한다. 게다가, 정유의 독점권을 유지하는 정부는 그들 기업의 광고비, 특혜 급여, 그리고 사무실의 호화 가구를 포함한 모든 비용을 부담한다.[501] 텔레비전이 "에쏘(Esso)[502]는 발전이다."라고 선전하는데, 스탠더드 오일은 그 같은 광고 공세를 위한 비용을 한 푼도 쓰지 않는다. 공화

---

500) (옮긴이) 궁정 쿠데타(El golpe palaciego)는 가브리엘 테라(Gabriel Terra) 대통령이 군대와 보수 세력의 지원을 받아 의회를 해산하고, 언론과 반대파를 탄압했으며, 사법부와 입법부의 권한을 무력화한 사건을 가리킨다.

501) Vivian Trías, *Imperialismo y petróleo en el Uruguay*, Montevideo, 1963. 하원의사록 nº 1211, t. 577, Montevideo, 8 de septiembre de 1966.에 게재된 엔리케 에로(Enrique Erro) 하원의원의 연설을 참조하라.

502) (옮긴이) 에쏘(Esso)는 스탠더드 오일의 브랜드 이름 가운데 하나로, 주로 석유 제품을 판매한다. 'Esso'는 'S.O.(Standard Oil의 약자)'를 실제로 발음한 음성학적 표기에서 유래했다고 한다.

국의 중앙은행에 소속된 변호사가 스탠더드 오일의 홍보 업무도 맡고 있다. 정부는 그에게 두 가지 급여를 지급한다.

  1939년경에 안캅의 정유공장은 불타오르는 정유탑을 성공적으로 세우고 있었다. 앞서 살펴보았듯이, 이 기관은 탄생한 지 얼마 되지 않아 심각하게 훼손되었지만, 여전히 카르텔의 압력에 맞선 승리의 도전 사례로 존재하고 있었다. 브라질 국가 석유위원회(Conselho Nacional do Petróleo)의 수장인 오르타 바르보사(Horta Barbosa) 장군은 몬테비데오를 방문해 우루과이의 경험에 고무되었다. 우루과이 정유공장은 운영 첫해에 정유공장 설치 비용의 거의 전부를 상환한 상태였다. 다른 민족주의 성향의 군인들의 열정이 더해지고 바르보사 장군이 노력한 덕분에 브라질 국영 기업인 페트로브라스(Petrobrás)는 1953년에 **석유는 우리의 것!**(O petróleo é nosso!)이라는 구호를 외치면서 운영을 시작할 수 있었다. 현재 페트로브라스는 브라질의 최대 기업으로,[503] 브라질의 석유를 탐사, 채굴, 정제한다. 그러나 페트로브라스는 손상도 입었다. 커다란 소득원 가운데 2개가 카르텔에 강탈당한 것이다. 첫 번째로 휘발유, 오일, 등유 및 다양한 연료의 유통은 에쏘, 셸, 그리고 애틀랜틱이 별다른 어려움 없이 전화로 운영하는 매우 훌륭한 사업으로, 결과가 매우 좋기 때문에 브라질에서 자동차 산업 다음으로 큰 미국의 투자 분야가 되었다. 두 번째는 풍부한 수입원인 석유화학 산업인데, 불과 몇 년 전에 카스텔루 브랑쿠 원수의 독재 정권에 의해 민영화되었다. 최근, 카

---

503) 페트로브라스(Petrobrás)는 *Conjuntura económica*, vol. 24, nº 9, Río de Janeiro, 1970가 발표한 상위 500개 회사 목록 가운데 1위를 차지한다.

르텔은 페트로브라스의 정유 독점을 없애기 위해 요란스러운 캠페인을 전개했다. 페트로브라스의 지지자들은 자유롭게 활동하던 민간 부문이 1953년 이전에는 브라질 석유에 대해 관심을 두지 않았다는 점을 기억하고,[504] 독점의 선의를 잘 보여주는 에피소드 하나를 대중의 약한 기억에 되살려 주려고 애썼다. 1960년 11월, 페트로브라스는 실제로 브라질 기술자 두 명에게 국내 퇴적암층 유전에 대한 전반적인 재검토를 맡겼다. 그들의 보고 결과 북동부에 있는 작은 주 세르지피(Sergipe)가 석유 생산에서 선두에 서게 되었다. 그 이전인 8월, 뉴 저지의 스탠더드 오일에서 주요 지질학자로 활동하던 미국 기술자 월터 링크(Walter Link)는 산더미 같은 지도들과 세르지피의 퇴적층 두께가 "무의미하다"고 트집을 잡는 방대한 보고서를 제출하고 브라질 정부로부터 50만 달러를 받았다. 당시까지 그 유전은 B급으로 평가되었는데, 월터 링크는 C급으로 격하시켰다. 나중에 A급이라는 사실이 밝혀졌다.[505] 오코너에 따르면, 월터 링크는 줄곧 스탠더드 오일의 대리인으로 활동했고, 브라질이 록펠러의 베네수엘라 자회사가 수출하는 석유에 계속 의존하도록 브라질의 석유를 발견하지 않기로 결심한 상태였다.

아르헨티나에서도 외국 기업들과 그들의 다양한 현지 파트너는 항상 지하에 석유가 거의 없다고 주장했지만, 국영 석유회사(YPF) 기술자들의 연구는 국토의 거의 절반에 석유가 매장되어 있고, 광활

---

504) 기술자 마르시오 레이테 세사리노(Márcio Leite Cesarino)의 언명. *Correio da Manhã*, Río de Janeiro, 28 de enero de 1967.
505) 1967년 2월 19일 자 *Correio da Manhã* 지는 그 문서의 방대한 발췌문을 게재했다.

한 대서양 연안의 해저 플랫폼에도 석유가 풍부하게 존재한다는 것을 전적인 확신을 가지고 지적해 왔다. 아르헨티나 지하자원의 빈약함에 대한 논의가 활발해질 때마다 정부는 카르텔을 구성하는 회사들 가운데 하나에 유리한 새로운 채굴권을 승인해 주었다.

 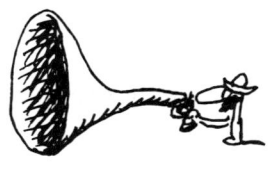

국영 석유회사는 창립 이래 지금까지 지속적이고 체계적인 사보타주의 희생양이 되어 왔다. 불과 몇 년 전까지만 해도 아르헨티나는 절망적인 쇠퇴기에 있던 영국과 떠오르는 미국 사이의 제국주의적 경쟁이 벌어진 최후의 역사적 무대들 가운데 하나였다. 카르텔의 합의도 쉘과 스탠더드가 때때로 폭력적인 수단을 동원해 이 나라의 석유를 두고 다투는 것을 막을 수 없었다. 지난 40년 내내 발생한 쿠데타들 사이에는 일련의 설득력 있는 일치점들이 존재한다. 1930년 9월 6일, 아르헨티나 의회가 석유 국유화 법안을 표결에 부치려 했을 때 민족주의적 카우디요 이폴리토 이리고옌(Hipólito Yrigoyen)이 호세 펠릭스 우리부루(José Félix Uriburu)의 군사 반란으로 대통령직에서 축출되었다. 라몬 카스티요(Ramón Castillo) 정부는 1943년 6월, 미국 자본에 의한 석유 채굴을 촉진하는 협정에 서명하려다 붕

괴되었다. 1955년 9월 후안 도밍고 페론은 의회가 캘리포니아의 스탠더드 오일에게 채굴권을 승인하려 했을 때 망명길에 올랐다. 아르투로 프론디시(Arturo Frondizi)는 국가의 모든 지하자원을 석유 채굴에 관심 있는 기업에 공개 입찰하겠다고 발표하면서 육·해·공 3군과 갈등을 빚어 여러 차례 심각한 군사적 위기를 촉발했다. 1959년 8월, 해당 입찰은 무효로 선언되었다. 곧바로 재입찰을 시행했지만 1960년 10월에 무효가 되었다. 프론디시는 카르텔의 미국 기업에 유리한 여러 개의 채굴권을 승인했고, 영국의 이해관계—해군과 육군의 "콜로라도(colorado)"[506] 세력에 결정적인 영향을 미친—는 1962년 3월 그의 몰락과 무관하지 않았다. 아르투로 일리아(Arturo Illia)는 채굴권을 취소했고, 1966년에는 축출되었다. 그 이듬해, 후안 카를로스 온가니아는 국내의 경쟁에서 미국의 이익을 유리하게 하는 석유 및 천연가스 법 하나를 제정했다.

석유는 라틴아메리카에서만 쿠데타를 일으킨 것이 아니었다. 또한 남아메리카에서 가장 가난한 두 나라 사이의 차코 전쟁(1932-1935)[507]을 촉발하기도 했다. 레네 사발레타(René Zavaleta)는 볼리비아와 파라과이 사이의 그 지독한 상호 학살을 "벌거벗은 군인들의

---

506) (옮긴이) 아르헨티나 군의 콜로라도(colorado)는 특정한 정치적 성향이나 세력을 가리키는 표현이다. 여기서 'colorado'는 빨간색을 의미하는데, 이는 아르헨티나의 정치적 역사에서 파르티도 콜로라도(Partido Colorado, 붉은 정당)와 관련이 있다. 보수적이고 자유주의적인 성향을 띤 이 정당은 군사적·정치적 맥락에서 중요한 역할을 했다. 따라서 군대의 콜로라도 세력은 보수적이고 전통적인 정치적 성향을 보인 군인들을 의미하며, 당시 군 내에서 중요한 정치적 갈등과 세력 싸움을 유발했다.

507) (옮긴이) 차코(Chaco)는 파라과이와 볼리비아 국경 근처에 있는 광활한 지역으로, 석유 자원이 풍부한 것으로 알려져 있었다.

전쟁(Guerra de los soldados desnudos)"[508]이라고 불렀다.[509] 1934년 5월 30일, 루이지애나 주 상원의원인 휴이 롱(Huey Long)은 격정적인 연설을 하면서 미국을 뒤흔들었다. 그는 연설에서 뉴 저지의 스탠더드 오일이 전쟁을 일으켰고, 또 볼리비아에서 강[510]까지 이어지는 석유 파이프라인을 설치하기 위해 필요할 뿐만 아니라 석유가 풍부할 것으로 추정되는 파라과이의 차코 지역을 차지하려고 볼리비아 군에 자금을 지원했다고 규탄했다. "이 범죄자들은 그곳에 가서 암살자들을 고용했다."라고 휴이 롱은 주장했다.[511] 파라과이 군인들은 한편으로 셸에 떠밀려 도살장으로 행진하고 있었다.[512] 군인들은 북쪽으로 진격해 가면서 분쟁의 무대에서 스탠더드 오일의 시추 작업 현장을 발견했다. 전쟁은 적이면서도 동시에 카르텔 내에서 동맹 관계였던 두 기업 사이의 분쟁이었지만 피를 흘린 것은 그들이 아니었다. 결국 파라과이는 전쟁에서는 승리했지만, 평화를 잃어 버렸다. 스탠더드 오일의 유명한 대리인 스프루일 브레이든(Spruille

---

[508] (옮긴이) 두 나라는 당시 남아메리카에서 가장 가난했는데, 전쟁에 동원된 군인들이 변변한 피복도 장비도 제대로 갖추지 못한 채, 석유 이권을 둘러싼 제국주의적 경쟁의 희생물로 전쟁터에 내몰렸다는 비판적 시각이 담겨 있다.

[509] René Zavaleta Mercado, *Bolivia. El desarrollo de la conciencia nacional*, Montevideo, 1967.

[510] (옮긴이) 강(Río)는 파라과이의 파라나(Paraná)을 가리킨다. 파라나강은 남아메리카의 주요 하천들 하나로, 파라과이, 아르헨티나, 브라질을 가로지르며, 파라과이의 차코 지역과 볼리비아를 연결하는 중요한 수로다.

[511] 롱 상원의원은 온갖 형용사를 동원해 스탠더드 오일을 언급했다. 스탠더드 오일을 '범죄자, 악당, 상습 범죄자, 국내 살인자, 외국 살인자, 국제적인 음모자, 날강도와 탐욕스러운 도둑 무리, 야만인과 도둑의 집합체'라고 불렀다. 잡지 *Guarania*, Buenos Aires, noviembre de 1934에서 재인용.

[512] (옮긴이) 이 문장은 파멸, 희생, 죽음, 극단적 희생을 향해 무기력하게 끌려가는 상황을 의미한다.

Braden)은 파라과이 사람들이 영유권을 주장하던 수천 제곱킬로미터의 땅을 볼리비아와 록펠러에게 보전해 준 협상 위원회를 주재했다.

그 전투의 마지막 영토에서 아주 가까운 곳에는 멜론(Mellon) 가문의 기업 걸프 오일(Gulf Oil Co.)이 1969년 10월에 볼리비아에서 잃었던 석유 유정들과 광활한 천연가스 매장지가 있다. 알프레도 오반도(Alfredo Ovando) 장군은 팔라시오 케마도[513]의 발코니에서 석유 국유화를 발표하면서 "볼리비아인이 멸시를 당하던 시대는 끝났다."라고 외쳤다. 15일 전, 아직 권력을 잡지 않은 오반도는 일단의 국수주의적 지식인 앞에서 걸프 오일을 국유화할 것이라고 맹세했다. 그는 국유화 칙령을 작성하고 서명한 후, 날짜를 적지 않은 채 봉투에 넣어 보관했다. 그리고 5개월 전, 카냐돈 델 아르케(Cañadón del Arque)에서 레네 바리엔토스 장군의 헬리콥터가 전신 케이블에 충돌해 추락했다. 상상력으로는 그렇게 완벽한 죽음을 만들어낼 수 없었을 것이다. 그 헬리콥터는 걸프 오일이 바리엔토스에게 개인적으로 준 선물이었고, 주지하다시피 그 전신 케이블은 국가 것이다. 바리엔토스와 함께 그가 농민들에게 지폐를 한 장씩 나눠 주려고 가져가던 돈이 가득 든 커다란 여행 가방 두 개도 불에 타버렸고, 기관총 몇 자루가 불에 타기 시작하면서 헬리콥터 주위에 총알 비를 퍼

---

513) (옮긴이) 팔라시오 케마도(Palacio Quemado)는 19세기 후반부터 2018년까지 볼리비아의 대통령 집무실 및 관저로 사용된 건물이다. 이 이름은 '불탄 궁전'이라는 뜻인데, 토마스 프리아스(Tomás Frías)가 대통령으로 재임 중이던 1875년에 군부 일부와 민간 무장 세력이 불을 지른 데서 비롯되었다.

붓기 시작했기 때문에 그 독재자가 산 채로 불에 타는 사이에 그 누구도 그를 구하러 가까이 다가갈 수 없었다.

오반도는 석유의 국유화를 선언한 것 외에도, 법안을 작성한 변호사를 기리기 위해 다벤포트 법[514]이라고 명명된 석유 법을 폐기했다. 볼리비아는 그 법안을 작성하기 위해 1956년에 미국으로부터 차관을 제공받았다. 반면, 수출입은행, 뉴욕의 민간 은행, 그리고 세계은행은 볼리비아 국영 석유 회사(YPFB)의 발전을 위한 대출 요청에 항상 거부의 답변을 했다. 미국 정부는 민간 석유 기업의 대의를 항상 자기 것으로 삼았다.[515] 그 법에 따라, 당시 걸프는 볼리비아 전역에서 가장 풍부한 석유 매장 지역들에 대한 채굴권을 40년 동안 받게 되었다. 그 법은 기업의 이익에 대해 국가가 받는 몫을 터무니없이 낮게 설정했다. 여러 해 동안, 겨우 11%에 불과했다. 국가는 채굴권자가 지출하는 비용에 공동으로 출자했지만, 그 비용에 대한 통제권은 전혀 행사하지 못했고, 기업이 바치는 뇌물 문제는 극단적인 상황에 이르렀다. 모든 위험은 국영 석유회사가 감수하고, 걸프는 아

---

514) (옮긴이) 찰스 다벤포트(Charles Davenport)라는 미국 변호사가 영어로 작성한 다벤포트 법(Código Davenport: Davenport Code)은 미국 기업의 이익을 보호하는 방향으로 설계되었다.

515) 최근 또는 먼 과거의 역사에서 그런 사례는 많다. 1950년 12월 28일, 볼리비아 주재 미국 대사 어빙 플로먼(Irving Florman)은 백악관의 도널드 도슨(Donald Dawson)에게 다음과 같이 보고했다. "본인이 이곳에 부임한 이후로, 본인은 미국의 민간 기업이 침투하도록 볼리비아의 석유 산업을 널리 개방하고, 우리나라의 국방 프로그램을 광범위하게 돕기 위한 프로젝트에서 열심히 작업해 왔습니다." 그리고 또 이렇게 보고했다. "본인은 볼리비아의 석유 산업과 이 땅 전체가 이제 미국의 자유로운 사업에 제대로 개방되어 있다는 사실을 귀하가 청취하는 데 관심을 가질 것이라 알고 있었습니다. 따라서, 볼리비아는 세계 최초로 민영화 또는 역(逆)국유화를 실현한 나라고, 본인은 우리나라와 행정부를 위해 이 임무를 수행할 수 있었던 것에 자긍심을 느낍니다." 해리 트루먼(Harry Truman) 도서관에서 복사한 이 서한은 1969년 2월 뉴욕의 *Nacla Newsletter*에 게재되었다.

무런 위험도 지지 않았다. 바리엔토스의 독재 치하에서 1966년 말에 걸프가 서명한 의향서에는 실제로, 걸프가 특정 지역에서 국영 석유 회사와 공동으로 작업해 석유를 찾지 못할 경우, 채굴에 투자한 자본의 전액을 회수할 수 있다고 설정되어 있었다. 석유가 발견되면 그 비용은 이후의 채굴을 통해 회수되겠지만, 처음부터 비용은 국영 기업의 부채로 계상되었다. 그리고 걸프는 비용을 자신의 기호에 맞게 정할 수 있었다.[516] 그 의향서에서, 걸프는 자사에게 허가되지 않았던 가스 매장지에 대한 소유권도 극히 태연하게 주장했다. 볼리비아의 지하에는 석유보다 가스가 훨씬 많이 매장되어 있다. 바리엔토스 장군은 딴청을 부렸다. 그것으로 충분했다. 그것은 볼리비아의 주요 에너지 자원의 운명을 결정하기 위한 단순한 손짓이었다. 그러나 그 작업은 끝나지 않았다.

알프레도 오반도 장군이 볼리비아에서 걸프를 수용하기 1년 전에 또 다른 민족주의 장군 후안 벨라스코 알바라도는 뉴 저지의 스탠더드 오일 페루 자회사인 국제 석유회사(IPC)의 석유 매장지와 정유공장을 국유화했다. 벨라스코는 대규모 정치 스캔들이 절정에 달한 시점에 군사위원회의 수장으로 권력을 잡았고, 페르난도 벨라운데 테리 정부는 국가와 국제 석유회사 간에 체결된 탈라라(Talara) 협정의 마지막 페이지를 **분실**했다. 수수께끼처럼 증발해 버린 그 페이지, 즉 열한 번째 페이지에는 미국 회사가 자사의 정유공장에 반입되는 페루산 원유에 대해 지불해야 할 최소 가격을 보장한다는 내용이 포

---

516) 마르셀로 키로가 산타 크루스(Marcelo Quiroga Santa Cruz)가 1966년 10월 11-12일에 하원에서 행한 질의. *Revista Jurídica*, Cochabamba, 1967, 특별판에 수록되었다.

함되어 있었다. 스캔들은 거기서 끝나지 않았다. 동시에, 스탠더드 오일의 계열사가 50년 내내 페루를 상대로 세금과 로열티를 회피하고, 기타 다양한 형태의 사기와 부패를 통해 10억 달러 이상을 사취했다는 사실이 드러났다. 국제 석유회사의 이사는 군사 봉기를 일으키기로 합의에 도달하기 전에 벨라운데 테리 대통령과 60차례 면담했다. 이 회사와의 교섭이 진전되고 결렬되고 또다시 시작된 2년 동안 미국 국무부는 페루에 대한 모든 종류의 원조를 중지했다.[517] 그 같은 굴욕이 궁지에 몰린 대통령의 운명을 결정지었기 때문에,[518] 실제로 도움을 재요청할 시간이 없었다. 록펠러 기업이 페루 대법원에 상고했을 때, 사람들은 기업 소속 변호사들의 얼굴에 동전을 던졌다.

라틴아메리카는 놀라움이 가득한 상자다. 세계의 이 고통받는 지역이 놀라게 하는 능력은 절대 고갈되지 않는다. 안데스 지역에서 군사적 민족주의는 땅속에 오랫동안 숨겨져 있다가 솟구치는 강처럼 힘차게 되살아났다. 오늘날 모순적인 과정에서 개혁 정책과 애국심 강화 정책을 추진하고 있는 바로 그 장군들이 불과 얼마 전까지만 해도 게릴라 전사들을 섬멸했었다. 전장에서 쓰러진 사람들의 수많은 깃발이 승리자들에 의해 그렇게 거두어졌다.[519] 1965년에 페루 군인들은 일부 게릴라 지역에 네이팜을 투하했는데, 페루 군인들이

---

517) 스캔들이 발생했을 때 미국 대사관은 사려 깊은 침묵을 유지할 수 없었다. 대사관의 어느 직원은 탈라라 협정의 원본이 단 하나도 없다고 인정하기에 이르렀다(Richard N. Goodwin, "El conflicto con la IPC: Carta de Perú", *The New Yorker*에 실린 것을 *Comercio Exterior*가 게재했다, México, julio de 1969).

518) (옮긴이) 1968년, 벨라운데 테리 대통령은 군부 쿠데타에 의해 권좌에서 쫓겨났다.

519) (옮긴이) 혁명이나 개혁을 외치며 죽어간 이들의 이상이, 아이러니하게도 그들을 진압했던 자들에 의해 '계승'되고 '정당화'되는 상황을 풍자한 표현이다.

리마 근처의 라스 팔마스(Las Palmas) 공군 기지에서 그 폭탄을 제조할 수 있도록 가솔린과 **노-하우**를 제공한 측은 뉴 저지의 스탠더드 오일의 자회사인 국제 석유회사였다.[520]

거대한 금속 부이트레[521]의 모이주머니 속에 들어 있는 마라카이보 호수

1960년대 중반에 세계 석유 시장에서 베네수엘라의 비중이 절반으로 줄어들었다 해도, 1970년에도 여전히 베네수엘라는 세계 최대의 석유 수출국이다. 미국의 자본이 라틴아메리카 전체에서 뽑아내는 이익의 거의 절반이 베네수엘라에서 나온다. 이 나라는 지구상에서 가장 풍요로운 나라들 가운데 하나고, 동시에 가장 가난하고 가장 폭력적인 나라들 가운데 하나이기도 하다. 베네수엘라는 라틴아메리카에서 가장 높은 1인당 소득을 자랑하고, 가장 완전하고 초현대적인 도로망을 보유하고 있다. 인구 비율로 보면 세계 어느 나라보다도 많은 양의 스코틀랜드 위스키를 마신다. 석유, 가스, 철광석 등 베네수엘라가 즉각적으로 채굴할 수 있는 지하자원은 베네수엘라인 각각의 부를 10배로 늘릴 수 있을 것이다. 또한 베네수엘라의 광활한

---

520) Georgie Anne Geyer, "Seized U. S. Oil Firm Made Napalm", *New York Post*, April 7, 1969.
521) (옮긴이) 부이트레(buitre)는 날개 길이가 약 2미터에 이르는 맹금류로, 털이 없는 목 아래 부드럽고 기다란 깃털 칼라를 두르고, 몸통은 황갈색이다. 동물의 사체를 먹어 청소부 역할을 하는데, 탐욕, 기회주의, 타인의 불행에 기생하는 존재를 상징한다.

미개척지에는 독일이나 영국의 인구가 모두 들어갈 수 있을 것이다. 베네수엘라의 석유 굴착기는 유럽을 재건하기 위한 마셜 플랜의 자금보다 두 배나 많은 막대한 석유 수익을 반세기 동안에 추출해 냈다. 첫 번째 유정이 석유를 콸콸 쏟아내기 시작한 뒤로 인구는 세 배로 늘고 국가 예산은 백 배로 증가했지만, 소수 지배층이 남긴 자원을 놓고 다투는 대부분의 국민은 국가가 카카오와 커피에 의존하던 시절보다 더 잘 먹지도 못한다.[522] 수도 카라카스는 30년 동안 일곱 배 성장했다. 청량감 넘치는 안뜰, 광장과 고요한 대성당이 있는 그 전통적인 도시는 마라카이보 호수에 솟아오른 석유 굴뚝들만큼 많은 마천루로 가득 차게 되었다. 이제는 에어컨이 가득한, 초음속적이고 시끌벅적한 악몽이 되어 있고, 창조보다 소비를 선호하고, 실제적 필요를 숨기기 위해 인공적 필요를 증대시키는 석유 문화의 중심지가 되어 있다. 카라카스는 합성 제품과 통조림 음식을 좋아한다. 절대 걷지 않고 오직 자동차로만 이동하며, 각종 엔진이 내뿜는 가스로 분지[523]

---

522) 이 장을 작성하는 데 작가는 이미 언급된 하비 오코너와 프란시스코 미에레스(Francisco Mieres)의 저작 외에도 다음과 같은 책들을 사용했다. Orlando Araújo, *Operación Puerto Rico sobre Venezuela*, Caracas, 1967; Federico Brito, *Venezuela siglo XX*, La Habana, 1967; M. A. Falcon Urbano, *Desarrollo e industrialización de Venezuela*, Caracas, 1969; Elena Hochman, Héctor Mujica 외, *Venezuela 1º*, Caracas, 1963; William Krehm, op. cit.; D. F. Maza Zavala, Salvador de la Plaza, Pedro Esteban Mejía y Leonardo Montiel Ortega의 에세이들, *Perfiles de la economía venezolana*, op. cit.; Rodolfo Quintero, *La cultura del petróleo*, Caracas, 1968; Domingo Alberto Rangel, *El proceso del capitalismo contemporáneo en Venezuela*, op. cit.; Arturo Uslar Pietri, "¿Tiene un porvenir la juventud venezolana?", en *Cuadernos Americanos*, México, marzo-abril de 1968; y UN-CEPAL, *Estudio económico de América Latina*, 1969, New York-Santiago de Chile, 1970.

523) (옮긴이) 카라카스는 분지에 자리 잡고 있다.

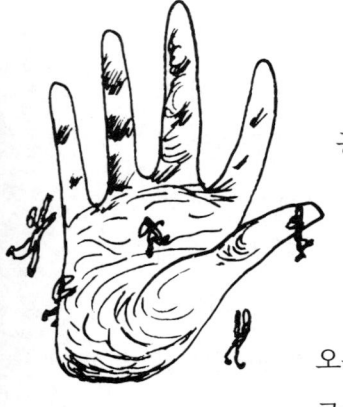

의 깨끗한 공기를 오염시켜 왔다. 카라카스는 성공하는 것과 구매하는 것, 소비하는 것과 지출하는 것, 모든 것을 차지하는 것에 대한 조바심을 잠재울 수 없어서 잠들기 어렵다. 산기슭의 달동네에서는 50만 명이 넘는 잊힌 사람들이 쓰레기로 지은 오두막에서 타인의 낭비를 지켜본다. 금빛 수도의 대로에는 최신형 자동차 수천 대가 번쩍이며 달려간다. 축제 전야에는 프랑스산 샴페인, 스코틀랜드산 위스키, 캐나다산 크리스마스 트리용 소나무를 가득 채운 배들이 라 과이라(La Guaira) 항구에 도착하는 반면에, 1970년의 조사에 따르면, 베네수엘라의 어린이와 청소년 절반은 여전히 학교 교실 밖에 머물러 있다.

베네수엘라는 매일 350만 배럴의 석유를 생산해 자본주의 세계의 산업 기계를 움직이지만, 스탠더드 오일, 셸, 걸프, 텍사코의 여러 자회사는 자신들이 채굴권을 가진 지역의 5분의 4를 채굴하지 않아서 여전히 미개발 자원으로 남아 있고, 수출 가액(價額)의 절반 이상은 결코 베네수엘라로 돌아오지 않는다. 크리올(Creole, 스탠더드 오일)의 선전용 팸플릿은 베네수엘라에서 자사의 자선 활동을 찬양하는데, 이는 18세기 중반에 기푸스코아 왕립 회사[524]가 자사의 미덕을 선전하던 방식과 동일한 것이다. 이 거대한 젖소에서 뽑아낸 이

---

524) (옮긴이) 기푸스코아 왕립 회사(Real Compañía Guipuzcoana)는 18세기에 에스파냐의 기푸스코아 지방 출신 상인들이 왕실의 허가를 받아 설립한 상업 회사인데, 주로 에스파냐와 식민지 사이의 무역을 담당했고, 특히 베네수엘라와 그 주변 지역에서 중요한 역할을 했다.

익은 투자된 자본에 비해 과거 노예 상인이나 해적이 얻은 이익과만 비교할 수 있을 정도다. 그 어떤 나라도 그토록 짧은 시간에 세계 자본주의에 그토록 많이 생산해 준 적이 없다. 도밍고 알베르토 랑헬(Domingo Alberto Rangel)에 따르면, 베네수엘라는 에스파냐 사람들이 포토시에서 강탈한 것이나 영국 사람들이 인도에서 강탈한 것보다 더 많은 부를 유출했다. 제1회 국내 경제학자 회의(Convención Nacional de Economistas)에서는 베네수엘라 석유회사들이 대차대조표에 발표한 이익률이 각각 15%와 17%에 불과했다 하더라도, 실제로 얻은 이익은 1961년에 38%, 1962년에 48%로 올랐다고 밝혀졌다. 그 차이는 회계의 마법과 은밀한 자금 이전으로 발생한 것이다. 게다가, 여러 가지가 동시에 작동하는 가격 체계를 지닌 복잡한 석유 사업의 메커니즘 때문에, 유정에서 주유소까지 항상 같은 경로를 따라 유통되는 원유 시세의 인위적인 하락의 배후와 상상을 초월하는 급여와 과도하게 부풀려진 광고비가 포함된 생산 비용의 인위적인 상승의 배후에 감춰진 이익의 규모를 추정하기가 매우 어렵다. 공식 통계에 따르면, 확실한 것은 지난 10년 동안 베네수엘라에는 새로운 외국 투자가 유입되지 않았고, 오히려 자본의 국외 유출이 체계적으로 발생했다는 것이다. 베네수엘라는 공공연하게 "외국 자본의 소득"으로 매년 7억 달러가 넘는 피를 흘린다. 유일한 신규 투자는 베네수엘라 자체가 창출한 수익에서 나올 뿐이다. 한편으로, 기업이 점점 더 적은 노동력을 사용하기 때문에 석유 채굴 비용이 수직적으로 하락하고 있다. 1959년과 1962년 사이에만 1만 명 이상의 노동자가 줄어들고, 활동 중인 노동자는 3만 명을 조금 넘었으며, 1970년 말에는 석유 산업에 종사하는 노동자가 겨우 2만 3천 명에 불과했다. 반면에 생산은 최근 10년 동안에 대폭 증가했다.

  증가하는 실업의 결과 마라카이보 호수의 석유 캠프는 더 심각한 위기에 처했다. 호수에는 탑이 숲을 이루고 있다. 철제 빔이 서로 교차된 구조물 속에서 끊임없이 고개를 끄덕이는 펌프 잭(pump jack)들이 반세기 전부터 베네수엘라의 모든 풍요와 모든 빈곤을 만들어 왔다. 펌프 잭 옆에서는 화염 기둥들이 베네수엘라가 대기 중에 넉넉하게 선물하는 천연가스를 죄책감 없이 불태운다. 호숫가에서 분출하는 석유처럼 빠르게 성장한 도시들의 집 뒤뜰과 길모퉁이에도 펌프 잭이 있다. 그곳에서 석유는 길거리, 의복, 식료품, 벽을 검게 물들이고, 심지어는 성매매 여성들까지 "라 투베리아", "라 쿠아트로 발불라스", "라 카브리아", "라 레몰카도라" 같은, 석유와 관련된 별명[525]을 갖고 있다. 이곳에서는 의류와 식료품 가격이 카라카스보다 더 비싸다. 태어날 때부터 슬픈 상태였지만 동시에 쉽게 얻은 돈의 기쁨에 따라 가속화된 이 현대적인 마을들은 자신들의 목적지가 없다는 사실을 이미 깨달았다. 유정이 고갈되었을 때, 살아남는 것은 기적이 된다. 집은 해골만 남고, 독성이 있는 기름진 물은 물고기를 죽이고 버려진 지역을 핥는다. 불행이 가동 중인 유정에서 이루어지는 채굴에 의존하는 도시들도 공격하는데, 이는 대량 해고와 증

---

525) (옮긴이) 라 투베리아(La Tubería)는 '파이프 라인', 라 쿠아트로 발불라스(La Cuatro Válvulas)는 '네 개의 밸브', 라 카브리아(La Cabria)는 '시추탑', 라 레몰카도라(La Remolcadora)는 '예인선'이라는 의미다.

가하는 기계화 때문이다. "여기서 석유가 우리 위를 스쳐 지나가버렸다."라고 1966년에 라구니야스(Lagunillas)의 어느 주민이 말했다. 반세기 동안 베네수엘라에서 가장 큰 석유 생산지였고, 카라카스와 세계에 엄청난 번영을 가져다 준 카비마스[526]에는 하수도조차 없다. 아스팔트로 포장된 대로 두 개가 있을 뿐이다.

   열광은 아주 오래전에 시작되었다. 1917년경, 석유는 이미 베네수엘라에서 전통적인 라티푼디움, 인적 없는 거대한 유휴지와 공존했는데, 그곳에서 아시엔다의 주인은 날품팔이 일꾼을 구타하거나 산 채로 허리까지 묻으면서 휘하 노동력의 성과를 감시했다. 1922년 말에 라 로사(La Rosa) 유정이 터지면서 석유 광풍이 시작되었는데, 그 유정은 하루에 10만 배럴을 뿜어냈다. 갑자기 낯선 장비와 코르크 헬멧을 쓴 사람이 가득 차게 된 마라카이보 호수에는 시추기와 시추탑이 솟아올랐다. 농민들이 몰려와 펄펄 끓는 땅 위, 나무판자와 기름통 사이에 자리를 잡고서 석유 산업에 자신의 노동력을 바쳤다. 오클라호마와 텍사스의 말투가 처음으로 평원과 정글, 심지어 가장 외진 지역에까지 울려 퍼졌다. 순식간에 73개의 기업이 생겨났다. 채굴권의 카니발을 지배한 왕은 안데스 출신 목축업자로, 27년 동안(1908-1935) 국가를 통치하면서 자식을 만들고 사업을 벌인 독재자 후안 비센테 고메스(Juan Vicente Gómez)였다. 검은 기름

---

526) (옮긴이) 카비마스(Cabimas)는 마라카이보 호수 동쪽에 있는 도시로, 1922년에 대규모 유전이 발견되었다. 20세기 중반까지 미국 및 외국의 석유 회사들이 집중적으로 개발해 수많은 석유 캠프와 기반 시설이 들어섰지만, 현지 주민은 경제적 혜택을 거의 받지 못하고 소외되었다.

이 급류처럼 펑펑 솟아나는 동안에 고메스는 불룩한 호주머니에서 석유 주식을 꺼내 친구들, 친척과 조신(朝臣)들, 자기 전립선을 돌보는 의사와 자신의 뒤를 봐주는 장군들, 그의 영광을 찬양하는 시인들과 그가 성금요일에 고기를 먹을 수 있도록 특별 허가를 해준 대주교에게 보상으로 나눠주었다. 강대국들은 고메스의 가슴을 빛나는 훈장으로 장식했다. 세계 곳곳의 도로를 점령한 자동차에 연료를 공급하는 것이 필수적이었기 때문이다. 독재자의 총애를 받는 자들은 셸, 스탠더드 오일, 걸프에 석유 채굴권을 팔았다. 영향력 행사와 뇌물 바치기는 투기와 지하자원에 대한 갈망을 불러일으켰다. 원주민 공동체는 땅을 빼앗기고, 많은 농민 가정은 어떤 방식으로든 재산을 잃었다. 1922년의 석유 법은 미국의 세 개 회사 대표에 의해 작성되었다. 유전은 울타리로 둘러싸이고, 자체 경찰을 갖고 있었다. 회사의 등록증을 지니지 않은 사람은 유전 출입이 금지되었다. 석유를 항구로 운반하는 도로로 통행하는 것조차 금지되었다. 1935년에 고메스가 사망하자, 석유 노동자들은 캠프를 둘러싼 가시철조망을 자르고 파업을 선언했다.

1948년에 로물로 가예고스(Rómulo Gallegos) 정부가 무너지면서 3년 전에 시작된 개혁의 시기가 끝났고, 승리한 군인들은 카르텔의 자회사가 추출한 석유에 대한 국가의 참여 지분을 재빨리 축소했다. 1954년, 세금 인하는 스탠더드 오일에게 3억 달러 이상의 추가 이익을 안겨주었다. 1953년에 미국의 한 사업가가 카라카스에서 다음과 같이 선언했다. "여기서 당신은 돈으로 원하는 것을 할 자유를 가지고 있습니다. 내게는 그런 자유가 정치적 자유와 시민적 자유를 모두 합친 것보다 더 큰 가치가 있습니다."[527] 1958년 독재자 마르코스 페레스 히메네스(Marcos Pérez Jiménez)가 무너졌을 때, 베네수엘라는 감옥과 고문실로 둘러싸인 거대한 유정이었으며, 미국으로부터 자동차와 냉장고, 연유, 달걀, 상추, 법률과 법령까지 모든 것을 수입했었다. 록펠러의 최대 기업 크리올은 1957년에 자사가 투자한 총액의 거의 절반에 달하는 수익을 올렸다고 발표했다. 정부의 혁명위원회는 대기업의 소득세를 25%에서 45%로 인상했다. 이에 대한 보복으로 카르텔은 베네수엘라산 석유 가격의 즉각적인 하락을 결정하고, 그때부터 노동자들을 대규모로 해고하기 시작했다. 세금을 인상하고 더 많은 석유를 수출했음에도, 석유 가격이 너무 내려감으로써 1958년에는 국가 세수가 전년보다 6천만 달러나 감소했다.

후임 정부들은 석유 산업을 국유화하지는 않았지만, 1970년까지 외국 기업에게 검은 황금의 새로운 채굴권을 부여하지도 않았다. 그동안 카르텔은 근동과 캐나다에 있는 자신의 유전에서 석유 생산을 가속화하고, 베네수엘라에서는 사실상 새로운 유정 탐사가 중단되었으며, 수출은 정체 상태에 빠졌다. 새로운 채굴권을 부여하지 않는 정책은 베네수엘라의 국가 기관인 베네수엘라 석유협회(Corporación Venezolana del Petróleo)가 석유 개발의 공백에 대한 책임을 떠맡지 않으면서 의미를 잃었다. 그 대신 베네수엘라 석유협회는 여기저기서 불과 몇 개의 유정을 시추하는 데 그침으로써, 협회의 기능은 로물로 베탕쿠르(Rómulo Betancourt) 대통령이 "협회가

---

527) 《타임》지, 라틴아메리카판, 1953년 9월 11일.

대기업의 규모에 도달하는 것이 아니라, 새로운 형식의 채굴권 협상의 중개자 역할을 하는 것"이라고 부여했던 것 이상이 아님을 확인시켜 주었다. 그 새로운 형식은 여러 차례 발표되었지만 실행되지는 않았다.

한편, 지난 20년 동안 구체화하고 힘을 얻어온 강력한 산업화 추진 정책은 이미 눈에 띄는 피로 징후를 보이고, 라틴아메리카에서는 아주 익숙한 무기력 상태에 처해 있다. 대다수 국민의 빈곤 때문에 제한된 내수 시장은 제조업의 일정 한계를 넘어서는 발전을 뒷받침할 능력이 없다. 한편, 민주 행동당(Acción Democrática) 정부가 시작한 농지개혁은 당 창립자들의 공약에 제시된 행로의 절반에도 도달하지 못한 실정이다. 베네수엘라는 내수용 식료품의 상당 부분을 해외, 특히 미국에서 수입한다. 예를 들어, 국민 음식인 검은 강낭콩은 북쪽에서 "빈즈(beans)"라는 단어가 찍힌 봉지에 담겨 대량으로 도착한다.

이 모든 정복의 문화, 석유 문화가 만들어낸 예비된 지옥을 재창조한 소설가 살바도르 가르멘디아(Salvador Garmendia)는 1969년 중반경 필자에게 보낸 편지에 다음과 같이 썼다. "선생님은 원유 채굴 기계인 펌프 잭을 본 적이 있나요? 거대한 검은 새 모양을 한 것인데, 맨 앞의 뾰족한 머리 부분이 밤낮 한순간도 쉬지 않고 육중하게 상하로 움직입니다. 이것은 똥을 먹지 않은 유일한 부이트레입니다. 액체가 다 빨려 들어가면서 나는 특유의 소리를 우리가 듣는다면 무슨 일이 일어날까요? 기괴한 서곡(序曲)이 이미 마라카이보 호수에서 들리기 시작했는데, 그곳에서는 하룻밤 사이에 영화관, 슈퍼마켓, **댄스 홀**, 창녀들이 들끓는 곳과 도박장이 있는 화려한 마을들이 생겨났고, 그곳에서 돈은 가치가 없습니다. 얼마 전에 제가 그곳을 둘러보았는데, 발톱이 뱃속을 후비는 듯한 느낌이 들었습니다. 죽음 냄새와 고철 냄새가 기름 냄새보다 더 강합니다. 그 마을들은 반쯤 버려져 좀이 슬고, 파멸로 인해 모든 것이 상처투성이고, 거리는 진흙에 덮여 있고, 상점은 잔해만 남아 있습니다. 석유 회사에서 일한 적이 있는 늙은 잠수부는 매일 쇠톱을 들고 물속에 들어가 버려진 배관 조각을 잘라서 고철로 팝니다. 사람들은 **그 회사들**에 대해, 마치 황금빛 우화를 떠올리듯 이야기하기 시작합니다. 사람들은 한 판의 도박과 7일 동안의 술잔치에 재산이 낭비되던 신화적이고 외줄타기 같은 과거에 기대어 살아갑니다. 그 사이에도 펌프 잭은 계속해서 고개를 끄덕이고, 달러가 대통령 궁인 미라플로레스(Miraflores)에 비처럼 쏟아져 고속도로와 그 밖의 철근 콘크리트 괴물로 변해 갑니다. 국가의 60%는 모든 것에서 소외된 상태로 살아갑니다. 도시에서는 높은 임금을 받는 무분별한 중산층이 번성하고 있는데, 그들은 쓸모없는 물건을 잔뜩 사들이고, 광고에 현혹되어 정신머리 없이 살고, 어리석음과 천박한 취향을 요란스럽게 드러냅니다. 불과 얼마 전에 정부는 문맹을 일소했다고 아주 호들갑스럽게 발표했습니다. 그런데 지난 선거에서 유권자 명부는 18세에서 50세 사이의 문맹자가 100만여 명이라는 사실을 보여주었습니다."

제2부

개발은 항해자보다
조난자가 많은 항해다

조기 사망의 역사

영국 군함들이 강에서 독립을 환영했다

 대영제국의 두뇌였던 조지 캐닝(George Canning)은 1823년에 자국의 세계적인 승리를 기념하고 있었다. 프랑스의 대리대사는 다음과 같은 건배사로 인한 굴욕감을 견뎌야 했다. "재앙과 파멸이 뒤따르는 승리의 영광은 여러분 것이고, 산업 중심의 실리적인 교역과 끊임없는 번영 등은 우리 것입니다. 기사의 시대는 지나고, 바야흐로 경제학자와 계산기의 시대가 되었습니다." 런던은 긴 축제를 시작하고 있었다. 나폴레옹은 몇 년 전에 완패했고, 세상에 **팍스 브리**

타니카(Pax Britannica) 시대가 열리고 있었다. 라틴아메리카에서는 독립이 태동하는 국가들의 예정된 몰락을 대가로, 땅 주인과 항구에서 부자가 된 상인의 권력을 영구적으로 고착화했다. 에스파냐의 옛 식민지와 브라질 또한 영국의 직물과 이자가 붙는 파운드 스털링의 수요가 높은 시장이었다. 1824년에 캐닝이, "일은 다 끝났다. 못은 박혔고,[1] 히스패닉 아메리카는 자유롭다. 그리고 우리가 서글프게도 우리의 일을 망치지 않는다면, 히스패닉 아메리카는 **영국의 것**이다."[2]라고 쓴 것은 틀리지 않았다.

증기기관, 기계식 직기, 그리고 그 직기의 완성은 영국에서 산업혁명을 급격하게 성숙시켰다. 공장과 은행이 증가했다. 내연기관은 항해를 현대화하고, 수많은 대형 선박이 사방으로 항해하면서 영국의 산업을 세계적으로 확장했다. 영국 경제는 리오 데 라 플라타의 가죽, 페루의 구아노와 질산염, 칠레의 구리, 쿠바의 설탕, 브라질의 커피 대금을 면직물로 지불했다. 산업 제품의 수출, 운임, 보험, 대출 이자 및 투자 수익이 19세기 동안 영국의 강력한 번영을 촉진했다. 실제로 독립전쟁 이전에 이미 영국인들은 에스파냐와 그 식민지 사이의 합법적인 무역의 대부분을 장악하고, 라틴아메리카 해안에 방대한 양의 밀수품을 지속적으로 투하했다. 노예 거래는 밀무역을 위한 효과적인 가리개를 제공했는데, 물론, 결국에는 라틴아메리카 전역의 세관 역시 에스파냐에서 유래하지 않은 제품이 압도적으로

---

1) (옮긴이) 이미 결정이 내려졌다는 의미다.
2) William W. Kaufmann, *La política británica y la independencia de la América Latina(1804-1828)*, Caracas, 1963.

많다고 기록했었다. 실제로 에스파냐 식민지의 무역 독점은 결코 존재한 적이 없었다. "……식민 모국에게 식민지는 1810년 훨씬 이전에 이미 잃어버린 곳이었고, 혁명은 그 같은 상황을 정치적으로 인정하는 것에 불과했다."[3]

영국 군대는 단 한 명의 전사자를 내며 카리브해의 트리니다드(Trinidad)를 정복했지만, 원정대의 사령관 랠프 애버크롬비(Ralph Abercromby) 경은 히스패닉 아메리카에서 다른 군사적 정복은 쉽지 않을 것이라고 확신했다. 얼마 뒤 영국은 리오 데 라 플라타 침략에 실패했다. 그 패배는 군사 원정의 비효율성과 외교관, 상인 및 은행가의 역사적 역할에 대한 애버크롬비의 의견에 힘을 실어주었다. 즉 에스파냐 식민지에서 새로운 자유주의 질서가 성립된다면, 그것은 영국에게 에스파냐계 아메리카 무역의 90%를 차지할 기회를 제공한다는 것이다.[4] 독립의 열기가 라틴아메리카의 대지에서 타오르고 있었다. 1810년부터 런던은 변덕스럽고 이중적인 정책을 적용했는데, 그 정책은 영국의 무역에 호의를 베풀고, 라틴아메리카가 미국인이나 프랑스인의 수중에 떨어지지 않도록 하고, 독립을 해서 새로 탄생해 가는 나라들에 급진적 민주주의가 퍼질 가능성을 차단할 필요성에 따라 변동을 거듭했다.

1810년 5월 25일에 부에노스 아이레스에서 혁명위원회가 구성되었을 때, 영국 전함들이 강에서 대포를 쏘아 환영했다. **뮤틴**(Mutine)

---

3) Manfred Kossok, *El virreinato del Río de la Plata. Su estructura económico social*, Buenos Aires, 1959.
4) H. S. Ferns, *Gran Bretaña y Argentina en el siglo XIX*, Buenos Aires, 1966.

호의 함장은 자신의 국왕 폐하를 대신해 열정적인 연설을 했다. 영국인들의 가슴에 환희가 밀려왔다. 부에노스 아이레스가 외국과의 무역을 어렵게 하던 일부 금지 조치를 없애는 데는 3일밖에 걸리지 않았다. 12일 뒤에는 가죽과 유지(油脂)의 해외 판매에 부과하던 세금을 50%에서 7.5%로 인하했다. 5월 25일부터 6주가 지난 후, 금화와 은화의 수출 금지 조치가 철폐되어, 그것들이 불편함 없이 런던으로 흘러갈 수 있게 되었다. 1811년 9월에 삼두정치 체제가 정부를 대신해 지배 권력을 행사하게 되었다. 수출과 수입에 대한 세금이 다시 한 번 줄어들고, 일부 경우에는 폐지되었다. 1813년부터, 의회가 주권을 가진 기관으로 선언되었을 때, 외국 상인은 자신의 상품을 국내 상인을 통해서만 판매해야 한다는 의무에서 면제되었다. "무역이 진실로 자유로워졌다."[5] 이미 1812년에 일부 영국 상인이 자국 외무성에 보고했다. "우리는 우리의 직물이 독일과 프랑스의 직물을 성공적으로 대체하게 했습니다." 그들은 또한 자유무역항 때문에 질식 상태에 있던 아르헨티나 직조업의 생산을 대체했고, 같은 과정이 라틴아메리카의 다른 지역들에서 변형된 형태로 나타났다.

  요크셔와 랭커셔, 체비엇(Cheviot)과 웨일스에서 면과 양모, 철과 가죽, 나무와 도자기 제품이 끊임없이 생산되었다. 맨체스터의 직물, 셰필드의 철물, 우스터(Worcester)와 스태퍼드셔(Staffordshire)의 도자기가 라틴아메리카 시장에 범람했다. **자유무역은 수출로 먹고 사는 항구를 부유하게 만들고, 세상이 제공하는 모든 호사를 누리고**

---

5) Ibíd.

싶어 안달하는 과두 지배 계층의 낭비 수준을 하늘로 끌어올렸지만, 초기 단계의 지역 제조업을 파괴하고 내수 시장의 확장을 좌절시켰다. 미흡하고 기술 수준이 매우 낮은 가내공업이 식민 모국의 금지에도 불구하고 식민지 세계에서 생겨나서, 에스파냐의 억압적인 결속이 느슨해지고 유럽의 전쟁[6]으로 인해 공급이 어려워진 결과로 독립 직전에 번창하게 되었다. 19세기 초 몇 년 동안, 식민지 공장들은 1778년에 에스파냐 국왕이 에스파냐와 아메리카 사이의 자유무역을 허가한 조치로 인한 치명적인 영향을 극복하고서 되살아나고 있었다. 외국 상품의 홍수가 식민지의 직물 제조와 도자기 및 금속 제품의 생산을 압도해 버렸는데, 수공업자들은 그 충격에서 회복할 시간이 많지 않았다. 독립은 유럽에서 이미 발전한 산업이 자유롭게 경쟁할 수 있는 문을 완전히 열어버렸다. **독립 정부들의 세관 정책에서 후속적으로 이루어진 다양한 변화는 식민지 제조업의 반복적인 죽음과 부활을 초래했지만, 장기간에 걸쳐 지속적으로 발전할 가능성은 없었다.**

산업적 유아 살해의 규모

19세기가 시작되었을 때, 알렉산더 폰 훔볼트는 멕시코의 제조업 생산 가치를 약 700-800만 페소로 계산하고, 그 대부분은 직조 작업

---

[6] (옮긴이) '유럽의 전쟁'은 나폴레옹 전쟁(1803-1815)을 가리킨다. 이 전쟁은 에스파냐의 정치적 혼란을 초래해 라틴아메리카 식민지의 독립운동을 촉진했다.

장에서 생산된 가치라고 추정했다. 전문화된 공장들이 모직물, 면 직물 및 리넨을 제작했다. 케레타로(Querétaro)에서는 200대 이상의 직기가 1,500명의 노동자를 고용하고, 푸에블라에서는 1,200명의 면직공이 일했다.[7] 페루에서 식민지 시대에 생산된 조잡한 직물은 피사로(Pizarro)가 도착하기 이전의 원주민 직물이 지닌 완벽한 상태에 결코 도달하지 못했는데, "그러나 반면에 그 경제적 중요성은 매우 컸다."[8] 직물 산업은 날이 밝기 전부터 늦은 밤까지 작업장에 감금된 인디오의 강제 노동에 의존했다. 독립은 가까스로 발전했던 직물 산업을 무너뜨렸다. 아야쿠초(Ayacucho), 카카모르사(Cacamorsa), 타르마(Tarma)의 직물공장은 상당한 규모를 갖추고 있었다. 로메로는 자신의 저서에서, 현재는 사라지고 없는 파카이카사(Pacaicasa) 마을 전체가 "1,000명이 넘는 노동자가 일하는 하나의 거대한 직물 생산 단지를 이루었다."라고 언급한다. 대단히 광범위한 지역에 양털 담요를 공급하던 파우카르콜라(Paucarcolla)는 사라져 가고, "현재 그곳에는 단 하나의 공장도 존재하지 않는다."[9] 에스파냐의 가장 외진 속국들 가운데 하나인 칠레에서는 고립된 환경 덕분에 식민지 생활 초기에 초기 산업 활동이 발전할 수 있었다. 그곳에는 방적공장, 직조공장, 가죽공장이 있었다. 칠레에서 생산된 각종 밧줄이 남태평양에 있던 모든 배에 공급되었다. 증류기와 대포에

---

7) Alexander von Humboldt, *Ensayo político sobre el Reino de la Nueva España*, op. cit
8) Emilio Romero, op. cit.
9) Ibíd.

서부터 장신구, 고급 식기, 시계까지 다양한 금속 제품이 제조되고, 선박과 차량이 건조되었다.[10] 브라질에서도 18세기부터 조심스럽게 첫걸음을 내디딘 직물 및 금속 가공 공장이 외국의 수입품에 의해 황폐해졌다. 이 두 가지 제조업 활동은 리스본과의 식민지 조약이 부과한 장애물에도 불구하고 상당한 발전을 이루었지만, 1807년 이후, 리우 데 자네이루에 자리 잡은 포르투갈 왕실은 영국의 손아귀에 들어 있는 장난감에 불과했고, 런던의 권력은 또 다른 힘을 발휘하고 있었다. 카이우 프라두 주니오르(Caio Prado Júnior)는 말한다. "항구가 개방되기 전까지는 포르투갈 무역이 지닌 결함이 소규모 지역 산업을 보호하는 장벽 역할을 했다. 수공업이 빈약했다는 것은 사실이지만, 그 산업은 내부적인 소비의 일부를 충족하기에 충분했다. 이 소규모 산업은, 가장 사소한 제품조차도, 외국과의 자유경쟁에서 살아남지 못할 것이다."[11]

볼리비아는 리오 데 라 플라타 부왕령에서 가장 중요한 방직의 중심지였다. 인텐덴테[12] 프란시스코 데 비에드마(Francisco de Viedma)의 증언에 따르면, 코차밤바(Cochabamba)에서는 세기가 바뀔 무렵에 면직물, 모직, 식탁보 생산에 종사한 사람이 8만 명이었다. 오루

---

10) Hernán Ramírez Necochea, *Antecedentes económicos de la independencia de Chile*, Santiago de Chile, 1959.
11) Caio Prado Júnior, *Historia económica del Brasil*, op. cit.
12) (옮긴이) 인텐덴테(intendente)는 에스파냐 왕실이 식민지를 효율적으로 관리하기 위해 18세기에 도입한 행정 제도인 인텐덴시아(intendencia)에 따라 임명한 공무원으로, 지방의 행정, 사법, 군사, 경제, 치안 등을 전반적으로 관장했다.

로와 라 파스에도 담요, 폰초, 아주 질긴 바이에타[13]를 생산하는 직물공장들이 생겨나서 코차밤바의 직물공장들과 함께 국민, 군대의 보병 부대, 그리고 국경수비대에 제품을 제공했다. 모호스(Moxos), 치키토스(Chiquitos), 구아라요스(Guarayos)에서는 아주 고운 리넨과 면직물, 밀짚, 비쿠냐 또는 양털로 만든 모자, 잎담배가 생산되었다. 볼리비아 독립 100주년을 기념해 출간된 어느 책은 "이들 산업 모두가 외국의 유사한 제품과의 경쟁으로 사라졌다…….",라고 별로 슬퍼하지 않은 채 확인해 주었다.[14]

아르헨티나의 해안 지역은, 부에노스 아이레스가 국가의 독립과 더불어 내륙 지방들에 피해를 주며 경제적·정치적 무게 중심지로 자리 잡기 전에는 가장 낙후하고 인구가 적은 지역이었다. 19세기 초에는 아르헨티나 인구의 겨우 10분의 1이 부에노스 아이레스, 산타 페, 엔트레 리오스에 거주하고 있었다.[15] 중부 및 북부 지역에서는 토착 산업이 느린 속도로 그리고 원시적인 방법으로 발전했지만, 1795년 검사관 라라멘디(Larramendi)가 언급한 바에 따르면, 해안 지역에서는 "그 어떤 기술도, 제조업도 존재하지 않았다."

현재 저개발의 구렁텅이가 된 투쿠만과 산티아고 델 에스테로(Santiago del Estero)에서는 각기 다른 세 종류의 폰초를 만드는 방직공장들이 번성했고, 다른 공장들에서는 우수한 수레와 엽궐련과

---

13) (옮긴이) 바이에타(bayeta)는 면이나 울로 만든 단단하고 질긴 천으로, 보온성과 내구성이 높아 의류, 담요, 작업복, 군복, 덮개, 청소용 걸레 등에 사용된다.
14) The University Society, *Bolivia en el primer centenario de su independencia*, La Paz, 1925.
15) Luis C. Alen Lascano, *Imperialismo y comercio libre*, Buenos Aires, 1963.

담배, 가죽과 신발 밑창이 생산되었다. 카타마르카(Catamarca)에서는 모든 종류의 리넨, 고운 모직, 성직자를 위한 얇고 검은 면 바이에타가 생산되었다. 코르도바는 매년 70,000개 이상의 폰초, 담요 20,000개, 바이에타 40,000바라,[16] 신발과 가죽 제품, 가죽 벨트와 채찍, 카펫과 코르도반[17]을 제조했다. 가장 중요한 가죽공장과 마구 제작소는 코리엔테스에 있었다. 살타(Salta)의 고급 안락의자가 유명했다. 멘도사(Mendoza)는 매년 200만 리터에서 300만 리터의 포도주를 생산했는데, 품질이 안달루시아의 포도주에 절대 뒤지지 않았고, 산 후안은 매년 35만 리터의 아구아르디엔테를 빚어냈다. 멘도사와 산 후안은 남아메리카에서 대서양과 태평양을 잇는 "무역의 관문"이었다.[18]

맨체스터, 글래스고, 리버풀의 무역 대리인들은 아르헨티나를 돌아다니며 산티아고와 코르도바의 폰초 모델과 코리엔테스의 가죽 제품 모델을 모방하고, 더불어 "그 나라 방식"으로 변형된 나무 등자까지 모방했다. 아르헨티나의 폰초 값은 7페소였지만, 요크셔의 것은 3페소였다. 세계에서 가장 발달한 섬유 산업이 현지의 직조업을 급속도로 압도했는데, 부츠, 박차, 쟁기날, 재갈, 심지어 못의 생산에서도 마찬가지였다. 빈곤이 아르헨티나 내륙 지방들을 황폐화

---

16) (옮긴이) 1바라(vara)는 약 84cm 길이의 단위다.
17) (옮긴이) 코르도반(cordobán)은 원래 에스파냐의 코르도바(Córdoba)에서 유래한 고급 가죽을 가리킨다. 특히 양이나 송아지의 가죽을 고급스럽게 가공해 매우 질기면서도 부드러워서 신발, 장갑, 책 제본, 벨트 등 고급 제품에 사용된다.
18) Pedro Santos Martínez, *Las industrias durante el virreinato(1776-1810)*, Buenos Aires, 1969.

하고, 이내 사람들은 부에노스 아이레스 항구의 독재에 맞서 창을 들고 봉기했다. 주요 무역상들(에스칼라다(Escalada), 벨그라노(Belgrano), 푸에이레돈(Pueyrredón), 비에이테스(Vieytes), 라스 에라스(Las Heras), 세르비뇨(Cerviño))이 에스파냐로부터 빼앗은 권력을 장악했는데,[19] 그들은 무역을 통해 영국산 비단과 칼, 루비에르(Louviers)의 고급 모직, 플랑드르의 레이스, 스위스의 사브르, 네덜란드의 진(gin), 베스트팔렌의 햄, 함부르크의 엽궐련을 구입할 수 있었다. 반면에, 아르헨티나는 소의 가죽, 유지, 뼈, 소금에 절인 고기를 수출했고, 부에노스 아이레스 주의 목축업자는 자유무역 덕분에 자신의 시장을 확장했다. 리오 데 라 플라타의 영국 영사 우드바인 패리시(Woodbine Parish)는 1837년에 팜파스의 강인한 가우초를 다음과 같이 묘사했다. "가우초의 옷가지를 모두 살펴보고, 그의 주변 것을 모두 점검해 보시라. 가죽으로 만든 것을 제외하고 영국산이 아닌 것은 무엇일까? 가우초의 아내가 치마를 입고 있다면, 그것이 맨체스터에서 제조된 것일 확률이 열 번 중 한 번이다. 그가 음식을 조리하는 데 사용하는 냄비나 솥, 그가 먹는 데 사용하는 일반적인 도자기 잔, 그의 칼, 그의 박차, 그의 재갈, 그의 몸을 덮는 폰초는 모두 영국에서 가져온 물건이다."[20] 아르헨티나는 심지어 길에 까는 포석(鋪石)까지 영국으로부터 받았다.

---

19) Ricardo Levene, 서문 Documentos para la historia argentina, 1919, *Obras completas*에 실렸다. Buenos Aires, 1962.
20) Woodbine Parish, *Buenos Aires y las provincias del Río de la Plata*, Buenos Aires, 1958.

거의 같은 시기에, 리우 데 자네이루 주재 미국 대사 제임스 왓슨 웹(James Watson Webb)은 다음과 같이 언급했다. "브라질의 모든 아시엔다에서 주인과 그의 노예는 자유노동으로 만들어진 의복을 입고 있는데, 그 가운데 90%가 영국 제품이다. 영국은 브라질 내부를 개선하는 데 필요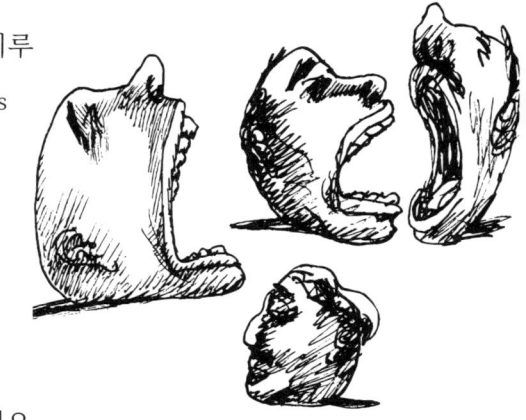한 모든 자본을 공급하고, 괭이를 비롯해 그보다 더 상급의 물건까지 일상에 필요한 모든 용품을 제조하고, 핀(pin)부터 가장 비싼 옷까지 거의 모든 사치품 또는 실용적인 물품을 제조한다. 영국의 도자기, 유리, 철, 목제품은 양털로 짠 직물과 면직물만큼 흔하다. 영국은 브라질에 증기선과 범선을 공급하고, 포장도로를 만들어 주고, 거리를 정비해 주고, 가스 불빛으로 도시를 밝혀 주고, 철도를 건설해 주고, 광산을 개발해 주며, 은행 역할을 해주고, 전신선을 세워 주고, 우편을 운송해 주며, 가구, 엔진, 철도의 차량을 제작해 준다."[21] 자유로운 수입 붐은 항구의 상인들을 열광시켰다. 그 무렵 브라질은 또한 덮개가 씌워져 망자를 안치할 준비가 되어 있는 관, 말안장, 유리 촛대, 냄비, 열대의 뜨거운 해안에서는 사용할 수 없을 것 같은 아이스 스케이트, 브라질에는 종이 화폐가 없었음에도 지갑

---

21) Paulo Schilling, *Brasil para extranjeros*, op. cit.

을 받고, 설명할 수 없는 분량의 수학 도구를 받았다.[22] 1810년에 체결된 통상 및 항해 조약은 영국 제품의 수입에 대해 포르투갈 제품에 적용되는 세금보다 낮은 세율을 부과했고, 영어로 쓰인 텍스트가 포르투갈어로 허겁지겁 번역되었기 때문에, 예를 들어 **policy**라는 단어가 포르투갈어로 **정책**(política)이 아니라 **경찰**(polícia)을 의미하게 되었다.[23] 영국인은 브라질에서 특별한 사법적 권리를 누림으로써 브라질의 사법 관할권에서 제외되었다. 브라질은 "영국 경제 제국의 비공식 구성원"이었다.[24]

19세기 중반 발파라이소에 도착한 어느 스웨덴 여행자는 자유무역이 칠레에서 촉발한 사치와 허영을 목격하고 다음과 같이 썼다. "자신을 높이는 유일한 방법은 파리 패션 잡지의 지침, 검은색 연미복, 그리고 이에 걸맞은 모든 액세서리에 따르는 것이다. (······) 부인이 우아한 모자를 사면 자신이 완벽하게 파리지앵처럼 느껴지고, 한편으로 남편이 뻣뻣하고 큰 넥타이[25]를 매면 자신이 유럽 문화의 정점에 선 듯한 기분이 든다."[26] 서너 개의 영국 회사가 칠레 구리 시장을 장악해 스완지, 리버풀, 카디프의 제련소 이익을 위해 가격을 조작했다. 1838년 영국 총영사는 구리 판매의 "경이로운 증가"에 대해 정부에

---

22) Alan K. Manchester, op. cit.
23) Celso Furtado, *Formación económica del Brasil*, op. cit.
24) J. F. Normano, *Evolucão económica do Brasil*, San Pablo, 1934.
25) (옮긴이) 19세기 유럽에서 유행했던 커다란 스카프형 넥타이(크라바트, 스톡 타이 등)를 가리킨다.
26) Gustavo Beyhaut, *Raíces contemporáneas de América Latina*, Buenos Aires, 1964.

보고하면서 구리가 "온전히 그렇다고는 할 수 없지만, 주로, 영국 선박에 실려 또는 영국인 명의로" 수출되었다고 했다.[27] 영국 상인은 산티아고와 발파라이소에서 상업을 독점했고, 칠레는 영국 제품으로서는 중요도 순으로 라틴아메리카에서 두 번째로 큰 시장이었다.

멀리 떨어진 권력의 중심지로 향하는 지상자원과 지하자원의 환승 거점인 라틴아메리카의 큰 항구들은 자신들이 속한 국가에 대한 외세의 정복과 지배의 도구로 굳어졌고, 그곳들을 통해 국가 소득이 유출되었다. 항구와 수도는 파리나 런던처럼 보이기를 원했지만, 그 뒤로는 사막이 펼쳐져 있었다.

라틴아메리카의 보호주의와 자유무역: 루카스 알라만의 짧은 비행

라틴아메리카 시장이 확대되면서 영국 산업의 온상에서 자본의 축적이 가속화되었다. 이미 오래전에 대서양은 세계 무역의 중심이 되었고, 영국인은 발트해와 지중해의 중간에 위치하고 아메리카 대륙의 해안을 향해 있으면서 많은 항구를 가진 자신들의 섬이 지닌 입지를 활용할 줄 알았다. 영국은 세계적인 시스템을 구축하고, 지구에 제품을 공급하는 경이로운 공장이 되었다. 전 세계에서 원자재가 들어오고, 가공된 상품이 전 세계에 살포되었다. 대영제국은 당

---

27) Hernán Ramírez Necochea, *Historia del imperialismo en Chile*, op. cit.

대에 가장 큰 항구와 가장 강력한 금융 시스템을 갖추고 있었다. 영국은 최고 수준의 상업적 전문성을 갖추고, 보험과 운송의 세계적인 독점권을 보유했으며, 국제 금 시장을 지배했다. 독일 관세동맹의 아버지 프리드리히 리스트(Friedrich List)는 자유무역이 바로 영국의 주요 수출품이라고 지적했다.[28] 관세 보호주의만큼 영국인을 분노하게 만든 것은 전혀 없었고, 가끔 영국인은 그것을, 중국과 벌인 아편전쟁의 경우처럼, 피와 불의 언어[29]로 알렸다. 하지만 시장에서의 자유경쟁은 영국에게 하나의 계시된 진리가 되었는데, 이는 **영국이 스스로 가장 강하다고 확신한 순간부터 비로소, 그리고 유럽에서 가장 엄격한 보호주의 법률의 보호를 받아 자국의 섬유 산업을 발전시킨 이후였다. 아직 산업이 불리한 상황에 있던 초기의 어려운 시기에는 가공하지 않은 양털을 수출한 영국 시민은 오른손을 잘리고, 그 행위를 반복하면 교수형에 처해졌다. 그 지역의 본당 신부가 먼저 수의가 국내에서 제조된 것임을 증명하지 않으면 시체의 매장이 금지되었다.**[30]

"한 나라의 내부에서 자유경쟁에 의해 발생한 모든 파괴적인 현상은 세계 시장에서 더 거대한 규모로 재현된다."[31]고 마르크스는 지

---

28) 1789년에 태어난 이 독일 경제학자는 관세 보호주의와 산업 촉진에 관한 이론을 미국과 자신의 나라에 전파했다. 1846년에 자살했지만, 그의 사상은 이 두 나라에서 강한 영향력을 미쳤다.
29) (옮긴이) 평화적인 대화가 아니라 무력 충돌이나 전쟁과 같은 강제력과 폭력을 통해 문제를 해결하거나 의사를 강력하게 표현하거나 경고하는 것을 뜻한다.
30) Claudio Véliz, "La mesa de tres patas", en *Desarrollo Económico*, vol. 3, nº 1-2, Santiago de Chile, septiembre de 1963.
31) "어떻게 해서 한 나라가 다른 나라를 희생시키고 부유해질 수 있는지를 자유무역주의자

적했다. 라틴아메리카가 영국의 영향권에 들어간 것은—나중에 미국의 영향권에 들어가기 위해서만 이탈한다—이 같은 전체적인 상황에서 이루어졌고, 그 상황에서 새로운 독립 국가들의 종속성이 더 강화되었다. 상품의 자유로운 유통과 지불 및 자본 이전을 위한 화폐의 자유로운 유통은 극적인 결과를 초래했다.

 1829년, 멕시코에서 비센테 게레로(Vicente Guerrero)는 "파리안(Parián) 시장의 영국 상품으로 가득 찬 상점들에 굶주리고 절망한 군중을 뛰어들게 한 위대한 선동가 로렌소 데 사발라(Lorenzo de Zavala)가 부추긴 수공업자들의 절박함에 힘입어"[32] 권좌에 올랐다. 게레로는 권좌에 오래 머무르지 못하고 노동자들의 무관심 속에 실각했는데, 그 이유는 그가 유럽 상품의 수입을 막을 의지가 없었거나 그러지 못했기 때문이다. 차베스 오로스코(Chávez Orozco)에 따르면, "독립 이전, 특히 유럽에서 전쟁이 벌어지던 시기에는 비교적 풍족한 삶을 유지하던 도시의 수공업자 대중이 풍부해진 유럽 상품 때문에 실업 상태에 놓여 신음했다." 멕시코 산업에는 자본, 충분한 노동력, 그리고 근대적인 기술이 부족했다. 산업에 적합한 조직도, 시장과 공급원에 도달할 운송로와 운송 수단도 없었다. 알론소 아길라르에 따르면, "아마도 산업에 넘쳐났던 것은 온갖 종류의 간섭, 제

 들이 이해하지 못하는 것은 이상한 일이 아닌데, 그 이유는 이 신사들이 어떻게 해서 한 나라의 내부에서 한 계층이 다른 계층을 희생시켜 부유해지는지 또한 이해하기를 원치 않기 때문이다." Karl Marx, op. cit.

32) Luis Chávez Orozco, "La industria de transformación mexicana (1821-1867)", en Banco Nacional de Comercio Exterior, *Colección de documentos para la historia del comercio exterior de México*, t. VII, México, 1962.

한, 그리고 장애뿐이었을 것이다."³³ 그럼에도, 훔볼트가 관찰한 바와 같이, 산업은 해상 운송이 중단되거나 어려워짐으로써 대외 무역이 침체된 시기에 활성화되어 강철을 생산하고 철과 수은을 사용하기 시작했다. 독립이 가져온 자유주의는 영국의 왕관에 보석을 더하는 효과를 가져왔고, 멕시코 시티, 푸에블라, 구아달라하라의 직물공장과 금속공장을 마비시켰다.

대단한 능력을 갖춘 보수 정치가 루카스 알라만(Lucas Alamán)은 애덤 스미스의 아이디어가 국가 경제에 해를 끼칠 수 있다는 것을 제때 경고하고, 장관으로서 산업화를 촉진하기 위해 국립 아비오 은행(Banco de Avío)의 설립을 유도했다. 외국산 면직물에 대한 세금은 멕시코가 자국에서 생산한 면직물을 공급하는 데 필요한 기계와 기술을 해외에서 구입할 자금을 국가에 제공했다. 멕시코는 원자재, 석탄보다 더 저렴한 수력 에너지를 보유하고 있었으며, 우수한 기술자를 빠르게 양성할 수 있었다. 아비오 은행은 1830년에 설립되었고, 그 후 얼마 지나지 않아 유럽 최고의 공장들에 가장 현대적인 면직물의 방적 및 직조 기계가 도입되었다. 또한 국가는 섬유 기술 분야의 외국인 전문가들을 고용했다. 1844년, 푸에블라의 대규모 공장들이 140만 장의 두꺼운 천을 생산했다. 국가의 새로운 산업 능력은 내수 수요를 초과했다. 대다수가 굶주린 인디오로 이루어진 "불평등의 왕국"의 소비 시장은 그 현기증 나는 산업 발전의 지속성을 지탱할 수 없었다. 식민지에서 물려받은 구조를 깨뜨리려는 노력

---

33) Alonso Aguilar Monteverde, op. cit.

은 이 같은 장벽에 부딪혔다. 산업이 그 정도로 근대화되었는데도 1840년경에는 미국의 방직공장이 평균적으로 멕시코의 방직공장보다 적은 방추를 보유하고 있었다.[34] 10년 후, 그 비율이 크게 역전되었다. 정치적 불안정, 영국과 프랑스 상인들의 압력과 멕시코 내부에 있던 그들의 강력한 동업자들, 그리고 광업과 라티푼디움 경제로 인해 이전부터 위축되었던 빈약한 내수시장이 그 성공적인 실험을 수포로 돌아가게 했다. 1850년 이전에 이미 멕시코 섬유 산업의 발전이 중단되었다. 아비오 은행의 설립자들은 자신들의 활동 범위를 확장했고, 그래서 은행이 없어졌을 때는 대출이 양모 직조공장, 카펫 공장, 철강 및 제지 생산업까지 망라하고 있었다. 에스테반 데 안투냐노(Esteban de Antuñano)는 심지어 멕시코가 "유럽의 이기심에 맞서기 위해서는" 가능한 한 빨리 국가 기계 산업을 구축해야 한다고 주장했다. 멕시코의 산업화 주기에서 알라만과 안투냐노가 이룬 가장 큰 공적은 두 사람이 "정치적 독립과 경제적 독립 사이의" 정체성을 회복시킨 데 있고, "강력하고 공격적인 국가들에 맞서는 유일한 방어 수단으로 산업 경제를 강력하게 추진하라고 주장한 데" 있다.[35] 알라만은 스스로 실업가가 되어 그 당시 멕시코에서 가장 큰 방직공장을 세웠고(이름은 코콜라판(Cocolapan)으로, 여전히 존속하고 있다), 이후 자유무역주의를 신봉하는 정부들에 대응하기 위해 산업가

---

34) Jan Bazant, *Estudio sobre la productividad de la industria algodonera mexicana en 1843-1845(Lucas Alamán y la Revolución industrial en México)*, en Banco Nacional de Comercio Exterior, op. cit.

35) Luis Chávez Orozco, "La industria de transformación mexicana(1821-1867)", op. cit.

들을 규합해 압력을 행사했다.[36] 하지만 보수주의자이자 가톨릭 신자였던 알라만은 농업 문제를 제기하지 않았는데, 이는 그가 자신이 이념적으로 옛 질서와 연결되어 있다고 느꼈기 때문이고, 따라서 끝없이 넓은 라티푼디움들과 빈곤이 만연한 그 나라에서 산업 발전은 애초부터 지지 기반 없이 공중에 붕 떠 있도록 운명지어져 있다는 점을 깨닫지 못했기 때문이다.

후안 마누엘 데 로사스를 향한
몬토네라[37]의 창(槍)과 살아남은 증오

보호무역주의 대 자유무역, 국가 대 항구. 이것이 19세기에 아

---

36) 앞서 언급된, 1850년 말경에 발간된 국립 대외무역 은행(Banco Nacional de Comercio Exterior)의 문서 모음집 제3권에는 다양한 보호무역주의 변호론이 실려 있다. "에스파냐 문명의 정복과 그로 인한 3세기의 군사적 지배가 끝난 후 멕시코는 새로운 시대로 접어들었는데, 이 또한 정복이지만 과학적이고 상업적인 정복으로 불릴 수 있다. (……) 정복의 힘은 상선(商船)이다. 정복이 밝히는 바는 절대적인 경제적 자유고, 덜 발전된 나라들에 대한 아주 강력한 원칙은 상호주의 법칙이다……." "여러분은 가능한 많은 제조품[그런데도, 우리가 금지하고 있는 것은 제외하고]을 유럽으로 가져가라고 우리에게 말했다. 그리고 보상으로, 여러분은, 우리가 제조품을 가져오는 것이 비록 여러분의 산업 기술을 망가뜨리는 것이라 할지라도, 가능한 한 많이 가져오도록 허락해 주시라." "우리에게 그들[바다와 브라보강 건너편의 우리 주인들]이 주고는 가져가지 않는 교리를 우리가 받아들이자. 그리고 원한다면, 우리의 국고가 조금 늘어나게 될 것이다. (……) 하지만 그것은 멕시코 국민의 노동이 아니라, 영국인, 프랑스인, 스위스인, 그리고 미국인의 노동을 장려하는 것이 될 것이다."

37) (옮긴이) 몬토네라(Montonera)는 19세기 아르헨티나 내전 당시 중앙집권을 지지한 부에노스 아이레스의 유니타리오스(Unitarios)와 지방 자치와 연방제를 주장한 페데랄레스(Federales) 사이의 갈등 속에서 등장한 무장 세력이다. 몬토네라는 에스파냐어 'montón(무더기, 무리)'에서 유래했는데, 말 그대로는 '무리로 몰려다니는 사람' 또는 '무장 집단의 일원'이라는 뜻이다. 기병대가 주를 이루는 이들은 조직적인 정규군과 달리 갑자기 나타나 격렬하게 싸우고, 빠르게 해산하는 특징을 지녔다.

르헨티나 내전의 배경에서 과열되었던 대립이었다. 17세기에는 400여 채의 집으로 이루어진 큰 마을에 불과했던 부에노스 아이레스는 5월 혁명[38]과 독립을 계기로 나라 전체를 장악하게 되었다. 부에노스 아이레스는 유일한 항구였고, 나라에 들어오고 나가는 모든 상품은 그 카우디나 협곡[39]을 지나야 했다. 부에노스 아이레스의 패권이 나라에 강요한 왜곡은 우리 시대에도 분명하게 드러난다. 수도는 근교 지역을 포함해 아르헨티나 전체 인구의 3분의 1 이상을 수용하고, 지방에 대해 다양한 형태의 착취를 자행한다. 그 당시, 수도는 관세 수입, 은행, 화폐 발행의 독점권을 장악하고, 내륙 지방들을 희생시키면서 현기증 나게 번영하고 있었다. 부에노스 아이레스의 수입 대부분은 국가 세관에서 나왔고, 항구가 이를 자신의 목적을 위해 가로챘으며, 수입의 절반 이상이 지방과의 전쟁 비용으로 쓰였는데, 지방은 이런 식으로 **자신이 파괴되기 위한 비용을 지불했다.**[40]

1810년에 설립된 부에노스 아이레스 상업회의소(Sala de Comercio)에서 영국인은 망원경을 사용해 선박의 운항을 감시하고, 부에노스 아이레스 시민에게 고급 모직, 조화(造花), 레이스, 우산, 단추, 초콜

---

38) (옮긴이) 5월 혁명(Revolución de Mayo)은 1810년 5월 18일부터 25일까지 부에노스 아이레스에서 발생한 정치 혁명으로, 아르헨티나는 에스파냐의 식민 지배에서 벗어나 자치 정부를 수립했다. 이 혁명은 아르헨티나 독립(1816)의 출발점이 되었고, 매년 5월 25일은 국경일로 지정되어 있다.

39) (옮긴이) 카우디나 협곡(Furculae Caudinae)은 기원전 321년 제2차 삼니움 전쟁(Bellum Samniticum)이 벌어진 곳이다. 로마 군은 이곳에서 완전히 포위당하고 무장을 해제당하는 치욕을 겪었는데, 이는 로마 역사에서 가장 수치스러운 패배 중 하나로 기록되었다. 이후 '카우디나 협곡'이라는 표현은 굴욕스럽고 피할 수 없는 상황을 뜻하는 관용구로 사용되었다.

40) Miron Burgin, *Aspectos económicos del federalismo argentino*, Buenos Aires, 1960

릿 등을 공급했는데, 그 사이에 영국산 폰초와 말등자가 범람해 내륙 깊숙한 곳까지 영향을 미쳤다. 당시에 세계 시장이 라 플라타강 유역에서 생산된 가죽을 얼마나 중요하게 여겼는지 이해하려면 플라스틱과 합성 재료가 화학자들의 머릿속에서 의구심으로도 존재하지 않았던 시대로 돌아갈 필요가 있다. 대규모 목축을 위해서는 연안 지역의 비옥한 평원보다 더 적합한 곳이 없었다. 1816년, 비소(砒素) 처리법을 통해 가죽을 무기한으로 보존하는 새로운 방식이 발견되었다. 게다가 고기의 염장공장이 번성하고 그 수가 늘어났다. 브라질, 앤틸리스 제도, 그리고 아프리카는 건포(乾脯) 수입에 자신들의 시장을 열었고, 소금에 절여 말린 뒤 얇게 썬 고기가 외국 소비자를 확보해 가면서 아르헨티나의 소비자도 상황의 변화를 감지하게 되었다. 고기의 수출세가 경감됨과 동시에 내수 소비에 대한 세금이 부과되고, 불과 몇 년 만에 송아지 가격은 세 배로 상승했으며, 에스탄시아는 토지 가치를 높였다. 가우초는 울타리 없는 팜파[41]의 하늘 아래서 자유롭게 송아지를 사냥해, 등심을 먹고 나머지는 버리는 습성이 있었고, 가축의 가죽을 땅 주인에게 넘기는 의무만을 지녔다. 그런데 상황이 변했다. 생산 방식의 재편은 유목적인 가우초가 새로운 종속 상태에 놓이는 것을 의미했

---

41) (옮긴이) 팜파(pampa)는 아르헨티나, 우루과이, 브라질 남부에 넓게 펼쳐진 광활한 초원 지대를 가리킨다.

다. 1815년의 법령은 재산이 없는 모든 농촌 남자를 하인으로 간주하고, 3개월마다 주인이 서명한 증명서를 지니도록 의무화했다. 가우초는 하인이거나 게으른 사람이었고, 게으른 사람은 강제로 국경 부대에 징집되었다.[42] 독립 전쟁에서 애국주의 군대의 대폿밥이 되었던 거친 크리오요는 천민, 불쌍한 날품팔이 일꾼 또는 경비병이 되었다. 혹은 몬토네라의 회오리바람 속에서 봉기해 창을 들고 반란을 일으켰다.[43] 명예와 용기 외에는 가진 것이 전혀 없고, 성격이 거친 가우초들은 부에노스 아이레스의 잘 무장된 정규군에 맞서 여러 번 싸우면서 기병대의 전력을 키웠다. 해안 지역의 습한 팜파에 자본주의적 에스탄시아가 등장하면서 전국은 가죽과 고기 수출을 위해 활용되었고, 부에노스 아이레스의 자유무역주의적 항구의 독재와 손잡고 나아갔다. 우루과이의 호세 아르티가스는 패배해 망명하

---

42) Juan Álvarez, *Las guerras civiles argentinas*, Buenos Aires, 1912.
43) 몬토네라는 "열린 들판에서 회오리바람처럼 태어난다. 회오리바람처럼 돌진하고, 울부짖으며, 적을 갈라놓고는 갑자기 멈추어 회오리바람처럼 사라진다."(Dardo de la Vega Díaz, *La Rioja heroica*, Mendoza, 1955). 연방주의를 지지하는 군인 호세 에르난데스(José Hernández)는 아르헨티나에서 가장 유명한 책 『마르틴 피에로(*Martín Fierro*)』에서 고향에서 쫓겨나고 당국에 의해 박해를 받는 가우초의 불행을 다음과 같이 노래했다. "독수리는 둥지에서 살고, / 재규어는 밀림에서 살며, / 여우는 남의 굴에서 사는데, / 변덕스러운 운명 속에서, / 오직 가우초만 운명이 이끄는 곳을 / 떠돌며 산다." 왜냐하면 "그에게는 고립되고 억압적인 환경이, / 그에게는 혹독한 감옥이고, / 그에게 이유가 넘쳐나도 / 입에는 아무런 이유도 없고, / 가난한 자의 이유는 / 나무로 만든 종소리"이기 때문이다. 호르헤 아벨라도 라모스(Jorge Abelardo Ramos)는 *Revolución y contrarrevolución en la Argentina*(Buenos Aires, 1965)에서 『마르틴 피에로』에 등장하는 두 개의 진짜 성은 무장한 크리오요 계층을 몰살한 과두제의 대표적인 성인 앙코레나(Anchorena)와 가인사(Gainza)라고 밝히는데, 오늘날 이 두 성은 신문 《라 프렌사(*La Prensa*)》의 사주 가문에 합쳐져 있다. 리카르도 구이랄데스(Ricardo Güiraldes)는 『돈 세군도 솜브라(*Don Segundo Sombra*)』(부에노스 아이레스, 1939)에서 마르틴 피에로와 상반되는 인물상을 보여주었다. 그것은 길들여진 가우초, 일상사에 묶여 있는 자, 주인에게 아첨하는 자로, 향수를 자아내는 민속이나 연민의 대상으로 사용하기 좋은 존재다.

기 전까지는 세계 시장과 결탁한 상인과 대지주에 맞서 싸운 크리오요 대중의 투쟁을 이끈 가장 총명한 지도자였으나, 여러 해가 지난 뒤에도 펠리페 바렐라(Felipe Varela)는 여전히 아르헨티나 북부에서 대규모 반란을 일으킬 수 있었는데, 그 이유는 그가 선언했듯이 "지방 사람은 조국도, 자유도, 권리도 없는 거지"였기 때문이다. 그의 반란은 내륙 지방 전역에서 큰 반향을 일으켰다. 그는 최후의 몬토네로였다. 그는 결핵에 걸려 1870년에 빈궁한 상태에서 사망했다.[44] 분열된 대(大)조국의 부활을 위한 프로젝트 "아메리카 연합(Unión Americana)"의 수호자였던 그는 아르헨티나의 학교에서 가르치는 역사에서, 오래전에 아르티가스가 그랬듯이, 여전히 도적으로 취급받고 있다.

펠리페 바렐라는 카타마르카산맥 속에 있는 작은 마을에서 태어나, 멀리 떨어진 오만스러운 그 항구에 의해 망가져 버린 고향의 빈곤을 고통스럽게 목격했다. 1824년 말, 바렐라가 세 살이었을 때, 카타마르카는 부에노스 아이레스에서 개최된 제헌의회에 보낸 대표들의 경비를 댈 수 없었고, 미시오네스, 산티아고 델 에스테로와 그 밖의 다른 주들도 같은 처지에 있었다. 카타마르카 출신 국회의원 마누엘 안토니오 아세베도(Manuel Antonio Acevedo)는 외국 제품과의 경쟁이 유발한 "불길한 변화"를 고발했다. "카타마르카는 들어가는 경비에 비해 보잘것없는 농산물을 생산하는 자신의 농업, 산업

---

44) Rodolfo Ortega Peña y Eduardo Luis Duhalde, *Felipe Varela contra el Imperio Británico*, Buenos Aires, 1966. 1870년에 파라과이도 외세의 침략을 당해 피로 물들었는데, 파라과이는 제국주의 감옥에 갇히지 않았던 유일한 라틴아메리카 국가였다.

을 촉진하고 운영하는 이들을 북돋울 소비를 진작하지 못하는 자신의 제조업, 그리고 거의 마지막 포기 단계에 있는 자신의 상업을 과거 어느 시기에 지켜보았고, 현재도 지켜보고 있다."[45] 코리엔테스 주의 대표 페드로 페레(Pedro Ferré) 준장은 자신이 주장했던 보호무역주의가 유발할 결과를 1830년에 다음과 같이 요약했다. "그렇다. 의심할 바 없이 소수의 부유한 사람이 고통을 받을 것이다. 왜냐하면 그들은 식탁에서 고급 포도주와 술 등을 마실 수 없게 될 것이기 때문이다. 덜 부유한 계층은 현재 마시는 포도주와 술의 차이를 많이 느끼지 않으며, 오직 가격에서만 차이를 느낄 것이고, 소비를 줄일 테지만, 나는 그것이 크게 해로운 일이라고는 생각하지 않는다. 우리 동포들은 영국산 폰초를 입지 않을 것이고, 영국에서 만든 볼라(bola)와 라소(lazo)[46]를 사용하지 않을 것이다. 우리는 외국에서 만든 옷을 입지 않을 것이며, 우리가 자체적으로 공급할 수 있는 기타 품목도 외국 것을 사용하지 않을 것이다. 하지만 그 대신, 아르헨티나의 모든 마을의 상황이 덜 비참해지기 시작할 것이고, 오늘날 그들이 겪고 있는 끔찍한 빈곤에 대한 생각이 우리를 쫓아다니지 않게 될 것이다."[47]

---

45) Miron Burgin, op. cit.
46) (옮긴이) 볼라(bola)는 보통 2-3개의 무거운 공(돌, 쇠구슬 등)이 기다란 가죽끈 또는 섬유 끈에 연결된 전통 무기다. 볼라를 손목에 감고 원을 그리며 돌린 뒤에 던져서 뛰어다니는 동물(주로 소, 말, 사슴 등)의 다리를 감아 넘어뜨리는 역할을 한다. 라소(lazo)는 가축을 포획하거나 묶는 데 사용하는 올가미나 밧줄을 가리킨다.
47) Juan Álvarez, op. cit.

후안 마누엘 데 로사스[48] 정부는 전쟁으로 인해 분열된 국가 통합을 재개하기 위해 중요한 발걸음을 내디디면서 1835년에는 보호주의적인 성격이 두드러진 관세법을 제정했다. 이 법은 강철과 철판으로 만든 제조품, 마구, 폰초, 허리띠, 양모나 면으로 만든 띠, 이불, 농산물, 마차 바퀴, 유지로 만든 양초, 빗의 수입을 금지하고, 자동차, 신발, 끈, 옷, 안장, 말린 과일, 술의 수입에는 높은 세금을 부과했다. 아르헨티나 국기를 달고 운송된 고기에는 세금이 부과되지 않았고, 국산 가죽 제품 제조업과 담배 재배가 장려되었다. 그 효과는 지체 없이 나타났다. 1852년에 카세로스 전투[49]로 로사스를 타도할 때까지 코리엔테스와 산타 페의 조선소에서 건조된 소형 범선과 일반 배가 강을 항해하고, 부에노스 아이레스에는 100여 개 이상의 번성하는 공장이 있었으며, 모든 여행객은 코르도바와 투쿠만에서 제작된 직물과 신발, 살타의 담배와 공예품, 멘도사와 산 후안의 포도주와 아구아르디엔테의 우수성을 입을 모아 지적했다. 투쿠만의 목공예품은 칠레, 볼리비아, 페루로 수출되었다.[50] 관세법이 승인된 지 10년 후, 로사스가 철저히 차단했던 아르헨티나 내륙 강들의 항로를 개방하기 위해 영국과 프랑스의 전함들이 파라나(Paraná)강을 가

---

48) (옮긴이) 후안 마누엘 데 로사스(Juan Manuel de Rosas, 1793-1877)는 아르헨티나 근대사에서 중요한 위치를 점유한 정치인, 군사 지도자이자 독재자다. 그는 1829년부터 1832년, 그리고 1835년부터 1852년까지 두 차례에 걸쳐 아르헨티나의 통치자로 군림했다.
49) (옮긴이) 카세로스 전투(Batalla de Caseros)는 1852년에 아르헨티나 연합군이 후안 마누엘 데 로사스와 그의 지지자들에 맞서 승리한 전투로, 아르헨티나의 정치적·사회적 변화를 이끈 중요한 사건이다.
50) Jorge Abelardo Ramos, *Revolución y contrarrevolución en la Argentina*, op. cit.

로지른 철쇄를 대포로 부숴버렸다. 침략 다음에는 봉쇄가 뒤따랐다. 은행가, 상인, 산업가 1,500명이 서명해 요크셔, 리버풀, 맨체스터, 리즈(Leeds), 할리팩스(Halifax), 브래드퍼드의 산업 중심지에서 온 10개의 청원서는 영국 정부더러 리오 데 라 플라타 지역의 상업에 부과된 제한에 반대하는 조치를 취하라고 촉구했다.

봉쇄는 관세법으로 인한 구체적인 진전에도 불구하고 국내 수요를 충족시킬 능력이 없었던 국내 산업의 한계를 드러냈다. 실제로 1841년부터 보호무역주의는 강화되기보다는 쇠퇴하고 있었다. 로사스는 부에노스 아이레스 주의 고기를 염장하는 에스탄시아 주인들의 이익을 그 누구보다 잘 대변했으며, 진정하고 역동적인 국가 자본주의의 발전을 촉진할 산업 부르주아지는 존재하지 않았고, 태어나지도 않았다. 거대한 에스탄시아는 국가 경제생활의 중심을 차지하고 있었으며, 그 어떤 산업 정책도 수출을 목적으로 하는 라티푼디움의 전지전능함을 무너뜨리지 않고서는 독립적이고 강력하게 추진될 수 없었다. 로사스는 근본적으로 항상 자신의 계층에 충실했다. "도(道) 전체에서 말을 가장 잘 타는 사람",[51] 기타리스트이자 춤꾼이고, 훌륭한 말 조련사였으며, 폭풍우가 몰아치고 별이 없는 밤에도 목초를 씹으며 방향을 파악하던 그는 말린 고기와 가죽을 생산하는 거대한 에스탄시아의 주인이었고, 대지주들은 그를 자신들의 우두머리로 삼았다. 나중에 그를 비방하기 위해 꾸며진 검은 전설[52]

---

51) José Luis Busaniche, *Rosas visto por sus contemporáneos*, Buenos Aires, 1955.
52) (옮긴이) 검은 전설(leyenda negra)은 원래 16-17세기 유럽에서 에스파냐 제국을 부정적으로 과장해 묘사한 역사적·선전적 담론을 가리킨다.

은 그의 정부 정책들[53] 다수가 지닌 국가적이고 대중적인 성격을 숨길 수 없지만, 계급 사이의 모순은 이 목축업자들의 카우디요가 이끄는 정부에서 관세를 개혁하는 것 이상의 역동적이고 지속적인 산업 정책이 부재한 이유를 설명해 준다. 그 같은 부재는 내전과 외국의 봉쇄에 내포된 불안정성과 궁핍 탓으로 돌릴 수 없다. 결론적으로, 다양한 위협을 받던 혁명의 소용돌이 속에서 호세 아르티가스는 20년 전에 철저한 농업 개혁과 함께 산업주의적이고 통합적인 규범을 마련했었다.

비비안 트리아스(Vivian Trías)는 창의적인 어느 저서[54]에서 로사스의 보호주의 정책을 아르티가스가 라 플라타 부왕령의 진정한 독립을 쟁취하기 위해 1813년과 1815년 사이에 반다 오리엔탈[55]에서 펼친 일련의 조치와 비교했다. 로사스는 외국 상인이 국내 시장에서 상업 활동을 전개하는 것을 금지하지 않았고, 부에노스 아이레스가 계속해서 갈취하던 세관 수입을 국가에 되돌려주지도 않았으며, 국내에서 유일한 그 항구의 독재를 종식하지도 않았다. 반면에, 국내

---

53) 호세 리베라 인다르테(José Rivera Indarte)는 유럽인의 감성을 뒤흔들기 위해 뛰어난 저서 『피의 무대(Tablas de sangre)』에서 로사스의 범죄 목록을 작성했다. 런던에서 발간된 《아틀라스(Atlas)》에 따르면, 영국의 사무엘 라폰(Samuel Lafone) 은행은 로사스의 범죄로 인해 죽은 사람 한 명당 1페니를 작가에게 보상으로 지불했다. 로사스는 금과 은의 수출을 금지하면서 대영제국에 심각한 타격을 가하고, 영국 상업의 도구였던 국립은행을 해산시켰다. John F. Cady, *La intervención extranjera en el Río de la Plata*, Buenos Aires, 1943.
54) Vivian Trías, *Juan Manuel de Rosas*, Montevideo, 1970.
55) (옮긴이) 반다 오리엔탈(Banda Oriental)은 본래 라 플라타강 동쪽에 있는 지역을 가리키는데, 현재의 우루과이와 그 주변 지역을 포함한다. 이 지역은 1811년부터 호세 아르티가스의 지도하에 아르헨티나 독립 전쟁과 관련된 중요한 정치적·군사적 활동의 중심지였고, 그 후 우루과이가 독립하게 되는 주요 배경이 되었다.

시장을 국가가 통제하고, 부에노스 아이레스가 행사하던 항구 및 세관의 독점을 무너뜨린 것은 아르티가스의 정책에서 농업 문제처럼, 핵심적인 장(章)이었다. 아르티가스는 내륙 강들의 자유로운 항행을 원했지만, 로사스는 지방이 이런 식으로 해외 무역에 접근하는 것을 절대 허용하지 않았다. 또한 로사스는 본질적으로 자신이 특권을 누린 지방에 충실했다. 이 모든 제한에도 불구하고, 그 "파란 눈의 가우초"의 민족주의와 포퓰리즘은 아르헨티나의 지배 계층에게 지속적으로 증오를 유발했다. 로사스는 여전히 유효한 1857년의 법에 따라 계속해서 "반국가적 범죄자"로 간주되고, 국가는 유럽에 묻혀 있는 그의 유골을 국가 차원에서 국내로 이장하는 것을 여전히 거부하고 있다. 그의 공식적인 이미지는 살인자의 이미지다.

로사스의 이단적인 행동이 극복되자 과두 지배 계층은 다시 자신의 운명과 마주했다. 1858년에 부에노스 아이레스에서 개최된 농업 박람회의 집행위원장은 다음과 같은 말로 개막을 선언했다. "아직 유년기에 있는 우리로서는, 우리의 제품과 원자재를 유럽 시장에 보내서, 그들이 강력한 수단들을 이용해 가공한 것으로 되돌려 받는다는 소박한 생각에 만족합시다. 유럽이 원자재를 요구하는 이유는 그것을 훌륭한 공산품으로 바꾸기 위해서입니다."[56]

---

56) 헤르바시오 A. 데 포사다스(Gervasio A. de Posadas)의 연설. Dardo Cúneo, op. cit.에서 재인용. 1876년에 재무장관은 의회에서 다음과 같이 말했다. "우리는 신발의 수입을 불가능하게 만들 정도로 과도한 세금을 부과하지 말아야 합니다. 이런 식으로는 이곳에서 신발 수선공 네 명이 번창하는 동안, 외국 신발 제조업자 천 명은 신발 한 켤레도 팔 수 없게 될 것입니다."

저명한 도밍고 파우스티노 사르미엔토[57]와 그 밖의 자유주의 작가들은 농민 몬토네라를 야만성, 후진성, 무지의 상징이고, 도시가 대표하는 문명과 대비되는 목동의 캠페인은 시대에 뒤떨어진 것에 불과하다고 보았다. 폰초와 치리파[58]는 프록코트에, 창과 칼은 정규군에, 문맹은 학교에 맞서는 것이었다.[59] 1861년에 사르미엔토는 바르톨로메 미트레(Bartolomé Mitre)에게 다음과 같이 썼다. "가우초들의 피를 아끼려고 하지 마세요. 그 피는 그들이 인간으로서 지닌 유일한 것입니다. 이는 나라에 유용하게 쓰일 비료입니다." 가우초에 대해 그처럼 심한 경멸과 증오는 자국에 대한 부정(否定)을 드러내는 것이었는데, 물론 경제 정책에 대한 하나의 표현이기도 했다. 사르미엔토는 다음과 같이 단언했다. "우리는 산업가도 항해자도 아닌데, 유럽은 기나긴 몇 세기 동안 우리의 원자재를 받고 자기 제품을 우리에게 공급할 것이다."[60]

바르톨로메 미트레 대통령은 1862년부터 지방들과 그들의 마지막 카우디요들을 절멸하기 위한 전쟁을 벌였다. 사르미엔토는 전쟁

---

57) (옮긴이) 도밍고 파우스티노 사르미엔토(Domingo Faustino Sarmiento, 1811-1888)는 아르헨티나의 정치가, 작가, 교육자로서 아르헨티나의 교육 개혁과 근대화에서 중요한 역할을 했다. 1968-1974년에 대통령을 역임했다. 그의 대표작 『파쿤도: 문명과 야만 (*Facundo: Civilización y barbarie*)』(산티아고, 1845)은 아르헨티나 사회의 주요 문제를 다룬 걸작이다.
58) (옮긴이) 치리파(chiripá)는 아르헨티나의 팜파 지역에서 농민이나 목동이 사용하는 의상이다. 가죽이나 두꺼운 천으로 만들어 허리에 묶어 착용한다. 이 의상은 아르헨티나의 가우초 문화와 밀접한 관계가 있다.
59) Armando Raúl Bazán, "Las bases sociales de la montonera", en *Revista de Historia Americana y Argentina*, nº 7-8, Mendoza, 1962-1963.
60) Domingo Faustino Sarmiento, *Facundo*, Buenos Aires, 1952.

의 책임자로 임명되었고, 군대는 가우초, 즉 "매우 사악한 성격을 가진 두발짐승"을 죽이기 위해 북쪽으로 진군했다. 평원의 장군인 차초 페냘로사(Chacho Peñaloza)는 라 리오하(La Rioja)에서 부에노스아이레스 항구에 대한 반란의 마지막 거점 중 하나였던 멘도사와 산후안까지 영향력을 확장했고, 부에노스 아이레스는 그를 끝장내 버릴 때가 왔다고 판단했다. 그의 머리를 잘라서 올타(Olta) 마을 광장 한가운데에 전시용으로 꽂아 놓았다. 철도와 도로는 1810년 혁명과 더불어 시작된 라 리오하의 몰락을 완성했다. 자유무역은 그 지역 수공예품의 위기를 초래하고 만성적인 빈곤을 심화했다. 20세기에는 라 리오하의 농민들이 산이나 평원에 있는 마을을 떠나 부에노스 아이레스로 내려가서 노동력을 제공하려 하지만, 다른 지방의 가난한 농민들처럼 그 도시의 문까지만 도달할 뿐이다. 그들은 변두리 빈민촌에 사는 다른 70만 명의 주민 옆에 자리를 잡고, 거대한 수도의 만찬이 그들에게 던져주는 빵부스러기로 겨우겨우 살아간다. 불과 몇 년 전, 사회학자들이 라 리오하의 어느 마을에서 살아남은 주민 150명에게 물었다. "당신은 자신이 사는 곳을 떠났다가 방문하러 돌아오는 사람들에서 변화를 느끼나요?" 마을에 남아 있던 사람들은 부에노스 아이레스에서 온 이들이 옷차림, 태도, 말투가 좋아졌다고, 부러워하며 말했다. 심지어 일부는 그들이 "더 하얘졌다"고 했다.[61]

---

61) Mario Margulis, *Migración y marginalidad en la sociedad argentina*, Buenos Aires, 1968.

삼국동맹이 파라과이와 벌인 전쟁이
자주적인 발전의 유일한 성공 사례를 폐기했다

그 남자는 필자 옆에 앉아 말없이 가고 있었다. 그의 날카로운 코와 높은 광대뼈의 윤곽이 한낮의 강렬한 햇빛에 도드라져 보였다. 어떻게 그것이 가능했는지 모르겠지만, 우리는 정원 20명의 버스에 50명이 탄 상태로 남쪽 국경에서 아순시온을 향해 가고 있었다. 몇 시간 뒤에 버스를 세우고 잠시 쉬었다. 우리는 툭 터진 어느 마당의 두꺼운 잎사귀가 달린 나무 그늘에 앉았다. 우리의 눈앞에서는 광활하고, 인적이 없고, 사람 손을 타지 않은 붉은 땅이 눈부시게 빛나고 있었다. 지평선에서 지평선까지, 파라과이 공기의 투명함을 방해하는 것은 전혀 없었다. 우리는 담배를 피웠다. 구아라니[62]를 사용하는 농부인 내 여행 동료가 몇 개의 슬픈 단어를 에스파냐어로 엮어냈다. "우리 파라과이 사람은 가난하고 수도 적어요." 그는 일자리를 찾으러 엔카르나시온(Encarnación)으로 내려갔지만 찾지 못했다고 내게 설명했다. 그는 집으로 돌아갈 여비 몇 페소를 겨우 마련할 수 있었다. 몇 년 전, 젊었을 때, 그는 부에노스 아이레스와 브라질 남부에서 자신의 운을 시험해 본 적이 있었다. 이제 면화 수확기가 다가오고 있었으며, 수많은 파라과이 노동자가 여느 해처럼 아르헨티나 땅을 향해 떠났다. "하지만 나는 이제 예순세 살이에요. 내 심장

---

62) (옮긴이) 구아라니(Guaraní)는 파라과이와 주변 지역의 원주민 이름이자 그 원주민의 언어다. 구아라니는 파라과이에서 에스파냐어와 더불어 공식 언어로 사용된다.

은 이제 너무 많은 사람을 견디지 못해요."[63]

최근 20년 동안 조국을 완전히 떠난 파라과이 사람은 50만 명에 이른다. **빈곤은 한 세기 전까지만 해도 남아메리카에서 가장 발전한 나라였던 이 나라의 국민을 집단 탈출로 내몰고 있다.** 파라과이의 현재 인구는 당시 인구의 겨우 두 배에 불과하고, 남아메리카에서 볼리비아와 더불어 가장 가난하고 낙후된 두 나라 가운데 하나다. 파라과이 사람들은 라틴아메리카 역사에서 가장 치욕적인 장으로 기록된 말살 전쟁의 유산을 견뎌내고 있다. 그 전쟁은 삼국동맹 전쟁(Guerra de la Triple Alianza)이라 불렸다. 브라질, 아르헨티나와 우루과이는 대량 학살을 자신들의 임무로 받아들였다. 그들 나라는 돌 위에 돌도, 폐허 속에 남성 주민도 남기지 않았다. 비록 영국이 이 끔찍한 위업에 직접 참여하지 않았다고 해도, 파라과이에 대한 그 범죄로 인해 이득을 본 것은 영국의 상인, 은행가, 그리고 산업가였다. **침략은 처음부터 끝까지 런던 은행, 베어링 브라더스(Baring Brothers) 가문, 그리고 로스차일드(Rothschild) 은행에 의해 승전국들의 운명을 저당 잡힌 가혹한 이자율의 차관을 받아 이루어졌다.**[64]

63) (옮긴이) 화자가 주변의 많은 사람, 복잡한 사회적 상황, 혹은 인간관계에서 오는 부담감이나 고통을 감당하기 어렵다는 의미다.
64) 이 장을 집필하는 데서 작가는 다음과 같은 작품을 참조했다. Para escribir este capítulo, el autor consultó las siguientes obras: Juan Bautista Alberdi, *Historia de la guerra del Paraguay*(Buenos Aires, 1962); Pelham Horton Box, *Los orígenes de la Guerra de la Triple Alianza*(Buenos Aires-Asunción, 1958); Efraím Cardozo, *El imperio del Brasil y el Río de la Plata*(Buenos Aires, 1961); Julio César Chaves, *El presidente López*(Buenos Aires, 1955); Carlos Pereyra, *Francisco Solano López y la guerra del Paraguay*(Buenos Aires, 1945); Juan F. Pérez Acosta, *Carlos Antonio López, obrero máximo. Labor administrativa y constructiva*(Asunción, 1948); José María Rosa, *La guerra del Paraguay y las montoneras argentinas*(Buenos

파라과이는 전쟁으로 파괴되기 전까지 라틴아메리카에서 하나의 예외적인 존재로 남아 있었다. 외국 자본에 의해 왜곡되지 않은 유일한 국가였던 것이다. 독재자 가스파르 로드리게스 데 프란시아(Gaspar Rodríguez de Francia)의 오랜 철권통치(1814-1840)는 고립이라는 환경 속에서 자율적이고 지속 가능한 경제 발전을 부화했다. 전능하고 가부장적인 정부는 존재하지 않던 국내 부르주아지를 대신해 국가를 조직하고 국가의 자원과 운명을 이끌어가는 임무를 맡았다. 프란시아는 파라과이의 과두 지배 계층을 무너뜨리기 위해 농민 대중에 의지하고, 옛 라 플라타 부왕령의 나머지 국가들에 대해 철저한 차단선을 설정해 국내의 평화를 확립했다. 징발, 추방, 투옥, 박해와 벌금은 대지주와 상인의 국내 지배력 강화를 위한 수단이 아니라, 오히려 그들의 파괴를 위해 사용되었다. 정치적 자유와 반대의 권리는 존재하지 않았고, 이후에도 생기지 않았지만, 그 역사적 단계에서는 잃어버린 특권을 그리워하는 사람만이 민주주의의 부재로 인한 고통을 겪었다. 프란시아가 죽었을 때 거대한 재산을 가진 개인도 없었고, 파라과이는 라틴아메리카에서 거지도, 굶주린 사람도, 도둑도 없는 유일한 나라였다.[65] 당시의 여행자들은 다른 지역

Aires, 1965); Bartolomé Mitre y Juan Carlos Gómez, *Cartas polémicas sobre la guerra del Paraguay*, con prólogo de J. Natalicio González(Buenos Aires, 1940). 또한 이 주제에 대한 비비안 트리아스의 미공개 연구도 있다.

65) 프란시아는 공식 역사의 괴물 목록에서 가장 끔찍한 사례 중 하나로 자리한다. 자유주의가 강요한 시각적 왜곡은 라틴아메리카에서 지배 계층에게만 영향을 미치지 않는다. 많은 좌파 지식인이 자주 자기 나라의 역사를 외부의 시각으로 바라보고, 또한 우파의 특정 신화, 신격화와 파문(破門)을 받아들인다. 라틴아메리카의 민중에게 바치는 훌륭한 시적 헌사인 파블로 네루다(Pablo Neruda)의 『모두의 노래(*Canto general*)』(부에노스 아이레스, 1955)는 이 같은 왜곡을 분명하게 보여준다. 네루다는 아르티가스, 카를로스 안토니오

들이 끊임없는 전쟁으로 혼란에 휩싸여 있는 와중에 파라과이에서는 평온의 오아시스 하나를 발견했다. 1845년에 미국 정부의 대리인 홉킨스(Hopkins)가 파라과이에는 "읽고 쓸 줄 모르는 아이가 없다."라고 자국 정부에 보고했다. 파라과이는 바다 건너편에 시선을 두지 않고 살아가는 유일한 나라이기도 했다. 외국과의 교역이 국민 생활의 중심이 아니었기 때문이다. 세계의 시장들을 서로 연결하기 위한 이데올로기적 표현인 자유주의 이론은 육지로 둘러싸인 고립된 위치 때문에 내적으로 성장할 수밖에 없었던 파라과이가 19세기 초부터 계획하던 도전에 대한 해답을 갖고 있지 않았다. 과두 지배 계층을 말살하는 것이 주요 경제적 수단을 국가의 손에 집중시킬 수 있게 하면서, 국경 내에서 발전을 추구하는 이 자급자족 정책을 실행할 수 있었다.

그 후로 이어진 카를로스 안토니오 로페스(Carlos Antonio López)와 그의 아들 프란시스코 솔라노 로페스(Francisco Solano López) 정부는 그 작업을 지속하고 활성화했다. 경제는 활발하게 성장해 갔다. 1865년에 침략자들이 지평선에 나타났을 때, 파라과이는 전신선, 철도, 그리고 건축 자재, 직물, 캔버스, 폰초, 종이와 잉크, 도자

(Carlos Antonio), 프란시스코 솔라노 로페스(Francisco Solano López)를 무시하는 한편, 사르미엔토의 생각에 동조한다. 네루다는 프란시아를 "넓은 풀밭에 / 둘러싸인 문둥이 왕"으로, "자기 위엄의 / 둥지처럼 파라과이를 닫았다." 그리고 "고문과 진흙을 / 국경에 묶었다."라고 평가한다. 네루다는 프란시아보다 로사스에게 덜 다정하다. 네루다는 "개 머리판으로 강탈당한 아르헨티나 / 새벽안개 속에서, 벌을 받고 / 피를 흘리고 미칠 때까지, 텅 비어 있고, / 가혹한 십장들에게 지배당한다."라고 하면서 "순교자 위로 쏟아지는 / 칼날들, 마소르카의 웃음"에 맞서 외친다. (옮긴이) 마소르카(mazorca)는 후안 마누엘 데 로사스의 통치 시기에 활동하던 폭력적인 비밀경찰 조직의 이름인데, 정치적 반대자를 감시·고문·암살한 것으로 유명하다.

기, 화약을 생산하는 많은 공장을 갖추고 있었다. 국가로부터 높은 보수를 받는 외국인 기술자 200명이 중요한 협력을 했다. 1850년부터, 이비쿠이(Ybycuí) 제철소는 모든 구경의 대포, 박격포, 총탄을 생산했다. 아순시온의 병기공장에서는 청동 대포, 곡사포, 총탄이 생산되었다. 국내 제철업은 그 밖의 모든 주요 경제 활동과 마찬가지로 국가의 수중에 있었다. 이 나라는 자국의 상선 함대를 보유하고 있었고, 아순시온의 조선소에서는 파라과이 국기를 달고 파라나강을 따라 또는 대서양과 지중해를 가로지르며 항해하는 다양한 선박이 건조되었다. 국가는 사실상 대외 무역을 독점하고 있었다. 허브와 담배가 대륙 남부의 소비를 충족하고, 값비싼 목재가 유럽으로 수출되었다. 무역수지는 큰 흑자를 기록했다. 파라과이는 강력하고 안정적인 통화를 보유하고 있었고, 외국 자본에 의존하지 않고도 거대한 공공투자를 할 수 있는 충분한 부를 준비해 놓고 있었다. **파라과이는 외국에 한 푼도 빚지지 않았는데**, 그럼에도 남아메리카에서 최고의 군대를 유지하고, 영국 기술자들을 고용하면서 그들이 자국에 봉사하는 대신에 파라과이에 봉사하도록 하고, 파라과이의 젊은 대학생 몇을 유럽에 보내 학문을 완성할 수 있게 하는 조건을 갖추고 있었다. 농업 생산에서 발생한 경제적 잉여는 존재하지 않는 과두 지배 계층의 쓸모없는 사치에 낭비되지 않고, 중개인의 주머니에 들어가지도 않았으며, 대출업자의 기만적인 손에 떨어지지도 않고, 대영제국이 운송과 보험 서비스로 얻은 이익 항목에도 들어가지 않았다. 제국주의의 스펀지는 파라과이가 생산한 부를 흡수하지 않았다. 파라과이 영토의 98%는 국가 소유였다. 국가는 농민에게 토지를 개간하도록 허용하고, 그 대가로 토지에 영구적으로 거주하면서 경작할 의무를 부여하면서도 토지를 판매할 권리는 주지 않았다. 그 이외에도, **조국의 에스탄시아**(estancias de la patria), 즉 국가가 직영하는 대농장 74개가 있었다. 관개 시설, 댐, 수로, 그리고 새로운 다리와 도로가 농업 생산성 향상에 중요하게 기여했다. 정복자들 때문에 중지되었던 이모작의 전통이 부활했다. 예수회 전통의 활기찬 격려가 의심할 바 없이 이 모든 창조적인 과정을 쉽게 만들었다.[66]

66) '교황의 검은 수호대(guardia negra del papa)'라 불리는 예수회의 열정적인 수도사들은 유럽 역사의 무대에 난입한 새로운 세력에 맞서 중세적인 질서를 수호하는 일을 맡았다. 하지만 히스패닉 아메리카에서 예수회의 미시오네스(misiones: 선교구)는 진보적인 방향으로 발전했다. 그들은 절제와 금욕의 모범을 보임으로써, 게으름에 빠져 있고 정복이 성직자에게 제공한 재물을 제약 없이 향유하던 가톨릭교회를 정화하기 위해 그곳에 왔었다. 파라과이의 예수회 미시오네스가 가장 높은 수준에 도달했다. 한 세기 반이 조금 넘는 세월 동안(1603-1768) 그들은 예수회 창립자들의 능력과 목적을 입증했다. 예수회 사제들은 밀림에서 은신처를 찾거나, 엔코멘데로와 대지주들의 문명화 과정에 합류하지 않고 밀림에 남아 있던 구아라니 원주민을 음악이라는 언어를 통해 끌어들였다. 그렇게 해서 구아라니 원주민 15만 명이 자신들의 원시 공동체 조직을 되찾고, 일과 예술에서 자신들의 기법을 되살릴 수 있었다. 미시오네스에는 라티푼디움이 존재하지 않았다. 토지의 일부는 개인적인 필요를 충당하기 위해 경작되고, 일부는 공공의 이익을 위한 사업을 발전시키고 필요한 작업 도구를 확보하기 위해 경작되었는데, 이 도구들은 공동 소유였다. 원주민의 생활은 지혜롭게 조직되어 있었다. 작업장과 학교에서는 원주민이 음악가, 수공업자, 농부, 직조공, 배우, 화가, 건축가로 성장할 수 있도록 교육이 이루어졌다. 원주민은 돈이 무엇인지 몰랐다. 상인들의 출입이 금지되어 있었기 때문에 그들은 일정한 거리에 설치된 숙소에서만 장사를 해야 했다. 결국 에스파냐 왕실은 아메리카에서 태어난 에스파냐계 엔코멘데로(encomenderos criollos)의 압력에 굴복했고, 예수회 사제는 아메리카에서 추

파라과이 정부는 국내 산업과 시장에 대해 철저한 보호주의 정책을 시행했는데, 1864년에는 그 정책이 더 강화되었다. 내륙의 강들은 맨체스터와 리버풀에서 생산된 공산품을 파라과이를 제외한 라틴아메리카 전역에 쏟아붓고 있던 영국 선박에게 개방되지 않았다. **영국 상업계는 불안감을 감추지 못했는데, 그것은 단순히 대륙 중심부에 있는 그 마지막 국가적 저항 거점이 난공불락이었기 때문만이 아니라, 무엇보다도 파라과이의 경험이 주변 국가들에게 위험스럽게 전파하던 본보기로서의 영향력 때문이다. 라틴아메리카에서 가장 진보적이던 그 나라는 외국의 투자 없이, 영국 은행의 차관 없이, 그리고 자유무역의 축복 없이 자신의 미래를 건설하고 있었다.**

하지만 파라과이가 이 과정에서 발전함에 따라 고립을 타파해야 할 필요성이 더 절실해졌다. 산업 발전에는 국제 시장 및 첨단 기술의 원천들과 더 긴밀하고 직접적인 접촉이 필요했다. 파라과이는 실제적으로 아르헨티나와 브라질 사이에 갇혀 있었는데, 그 두 나라는 리바다비아[67]와 로사스가 했던 것처럼 강 입구를 차단하거나 자국 상품의 통행에 임의적인 세금을 부과하면서 파라과이의 폐에 산소의 공급을 거부했다. 반면에, 이웃 국가들에게는 국내에서 자급자족

방되었다. 대지주와 노예 매매 업자가 인디오를 사냥하기 시작했다. 미시오네스의 나무들에는 시체가 걸려 있었고, 그곳의 주민 전체가 브라질의 노예 시장에서 팔렸다. 수많은 인디오가 은신처를 찾아 밀림으로 돌아갔다. 예수회 도서관에 있던 책은 화덕의 연료로 쓰이거나, 화약통을 만드는 데 사용되었다(Jorge Abelardo Ramos, *Historia de la nación latinoamericana*, op. cit.).

[67] (옮긴이) 리바다비아(Bernardino Rivadavia, 1780-1847)는 아르헨티나의 초대 대통령(1826-1827)으로, 교육, 법률, 경제 등 여러 분야에서 개혁을 시도했지만, 그의 중앙집권적인 접근 방식이 지방의 반발을 불러일으켰고, 결국 그의 정부는 실패했다.

하고 영국 상인에게 굴복하기를 원치 않는 그 나라의 스캔들을 끝내는 것이 과두제 국가를 확립하기 위한 필수 조건이었다.

 부에노스 아이레스 주재 영국 공사 에드워드 손튼(Edward Thornton)은 전쟁 준비에 상당히 깊이 관여했다. 전쟁이 발발하기 직전에 그는 아르헨티나 정부의 고문으로서 내각 회의에 참석해 바르톨로메 미트레 대통령 옆자리에 앉았다. 그의 주의 깊은 시선 앞에서 도발과 속임수의 음모가 꾸며져 아르헨티나-브라질의 조약으로 이어지고, 파라과이의 운명을 결정지었다. 베난시오 플로레스[68]는 이웃의 거대한 두 나라가 개입한 덕분에 우루과이를 침공해 파이산두에서 학살[69]을 자행한 뒤에 몬테비데오에 리우 데 자네이루와 부에노스 아이레스에 의존하는 정부를 세웠다. 삼국동맹이 작동하고 있었다. 파라과이의 솔라노 로페스 대통령은 우루과이가 공격을 받으면 전쟁을 선포하겠다고 위협했다. 그는 지리적으로, 그리고 적들에 의해 궁지에 몰린 자기 나라의 목구멍을 강철 집게가 조여 가고 있다는 사실을 인식하고 있었다. 자유주의 역사학자 에프라임 카르도소(Efraím Cardozo)는, 그럼에도 로페스가 브라질에 맞선 이유는 단순히 모욕을 당했기 때문이라고, 즉 브라질의 황제가 로페스의 어느 딸과 결혼하는 것을 거부했기 때문이라고 스스럼없이 주장한다. 전쟁은 이미 발발한 상태였다. 그러나 전쟁은 큐피드가 아니라 머큐리

---

68) (옮긴이) 베난시오 플로레스(Venancio Flores, 1808-1868)는 우루과이의 장군이자 정치가다.
69) (옮긴이) 파이산두의 학살(Matanza de Paysandú)은 1864년 12월에 우루과이 정부군이 파이산두를 점령한 뒤에 시민과 전쟁 포로 수백 명을 처형한 사건으로, 이후에 우루과이의 정치적 분열이 심화되었다.

의 작품이었다.[70]

  부에노스 아이레스의 신문들은 파라과이 대통령 로페스를 "아메리카의 아틸라(Atila de América)"라고 불렀다. 사설은 "그를 파충류처럼 죽여야 한다."라고 외쳤다. 1864년 9월에 손튼은 아순시온을 발신지로 하는 장문의 비밀 보고서를 런던으로 보냈다. 그는 파라과이를 단테가 지옥을 묘사한 것처럼 묘사했지만, 필요한 부분은 강조했다. "거의 모든 품목에 대한 수입세는 **가격**의 20% 또는 25%다. 하지만 이 수치는 상품의 현재 가격을 기준으로 계산되기 때문에, 지불하는 세금은 종종 청구서 가격의 40%에서 45%에 달한다. 수출세는 가격의 10%에서 20%까지다." 1865년 4월, 부에노스 아이레스에 발행되던 영국의 일간지 《스탠더드(Standard)》는 파라과이의 대통령이 "문명 국가의 모든 규범을 어겼다."라며 아르헨티나의 파라과이에 대한 선전포고를 벌써 기념하고, 아르헨티나 대통령 미트레의 검이 "승리의 여정에서 과거의 영광이 지닌 무게 외에도 정당한 대의를 위한 여론의 거부할 수 없는 추진력을 갖게 될 것이다."라고 예고했다. 브라질과 우루과이의 조약은 1865년 5월 10일에 체결되었다. 그 가혹한 조문은 조약이 체결된 지 1년 후인 1866년에 영국의 일간지 《더 타임스(The Times)》에 게재되었는데, 이 신문은 아르헨티나와 브라질의 채권자 은행들로부터 그것을 입수했었다. 조약에서는 미래의 승전국들이 패전국으로부터 획득한 전리품을 미리 나누고 있었다. 아르헨티나는 미시오네스 지역과 거

---

70) (옮긴이) 전쟁의 원인이 사랑보다는 정치경제적·외교적 동기 때문이라는 의미로 해석할 수 있다.

대한 차코 지역의 영토를 전부 확보하고, 브라질은 국경 서쪽의 광대한 지역을 집어삼켰다. 두 강대국의 꼭두각시에 의해 지배되던 우루과이는 아무것도 차지하지 못했다. 미트레는 3개월 안에 아순시온을 점령할 것이라고 발표했다. 그러나 전쟁은 5년 동안 지속되었다. 그것은 파라과이강을 구간별로 방어하는 모든 요새를 따라 이루어진 도살이었다. "수치스러운 폭군(oprobioso tirano)" 프란시스코 솔라노 로페스는 국가의 생존 의지를 영웅적으로 구현했다. 지난 반세기 동안 전쟁을 겪지 않았던 파라과이 국민은 그의 곁에서 스스로를 희생했다. 남녀노소 모두 사자처럼 싸웠다. 부상당한 포로들은 자기 형제들과의 싸움을 강요당하지 않으려고 상처를 감싼 붕대를 찢어버렸다.

1870년에 로페스는 유령 같은 사람들, 노인들, 그리고 멀리서 강렬한 인상을 보여주려고 가짜 수염을 붙인 어린이들로 구성된 군대를 이끌고 밀림 속으로 들어갔다. 실제로 또는 상상으로 배신을 당한 그는 자신과 함께 그 목적 없는 행렬을 따라가던 자기 형과 주교 한 명을 총살했다. 마침내 그 파라과이 대통령이 코라(Corá) 언덕의 울창한 숲속에서 총과 창에 의해 암살되었을 때, 그가 "나는 내 조국과 함께 죽는다."라고 말할 수 있었는데, 그것은 사실이었다.

침략군은 이에 칼을 문 채 아순시온의 잔해를 습격했다. 그들은 파라과이 국민을 해방하러 왔으나, 그들을 몰살했다. 전쟁 초기에 파라과이 인구는 아르헨티나보다 조금 적었다. 1870년에는 겨우 25만 명만 살아남았는데, 이는 전체 인구의 6분의 1에도 미치지 못한 것이었다. 그것은 문명의 승리였다. 승전국들은 그 범죄에 들어간 엄청난 비용 때문에 파산해서 그 모험에 자금을 지원했던 영국 은행가들의 수중에 떨어졌다. 페드루(Pedro) 2세의 노예 제국[71]은, 비록 군대가 노예와 죄수로 구성되었음에도 불구하고, 6만 제곱킬로미터가 넘는 영토를 얻고, 더불어 노동력 또한 획득했는데, 그 이유는 수많은 파라과이 포로가 노예의 낙인이 찍힌 채 노동을 하러 상 파울루의 커피 농장으로 갔기 때문이다. 연방주의를 지지한 카우디요들을 타파했던 미트레 대통령의 아르헨티나는 파라과이의 영토 94,000제곱킬로미터와 다른 전리품들을 차지했는데, 이는 미트레 자신이 다음과 같이 썼을 때 이미 예고했던 것이다. "우리는 포로와 그 밖의 전리품을 합의된 방식대로 분배할 것이다." 아르티가스의 후손들이 이미 죽거나 패배하고, 과두 지배 계층이 지배하는 우루과이는 전쟁에 작은 동반자로 참여했으나, 보상은 없었다. 파라과이의 전장에 보내진 일부 우루과이 병사는 양손이 묶인 채 배에 올랐다. 그 세 나라는 재정적인 파산을 겪음으로써 영국에 대한 의존도가 더 심화되었다. 파라과이에서 이루어진 대량 학살은 그 세 나라에 영원한 흔적을 남겼다.[72]

브라질은 영국인들이 포르투갈 왕국의 왕좌를 리우 데 자네이루

---

71) (옮긴이) 페드루 2세의 노예 제국(El imperio esclavista de Pedro II)은 브라질을 가리킨다.
72) 솔라노 로페스는 여전히 기억 속에 살아 있다. 1969년 9월, 리우 데 자네이루의 국립 역사박물관이 파라과이 대통령을 기리는 전시장을 개관하겠다고 발표했을 때, 군부가 격렬하게 반응했다. 1964년 쿠데타를 일으킨 무랑우 필류(Mourão Filho) 장군은 신문에 다음과 같이 선언했다. "광기의 바람이 우리나라를 휩쓸고 있다. (……) 솔라노 로페스는 남아메리카의 제복을 입은 독재자의 전형으로서 우리 역사에서 영원히 지워져야 할 인물이다. 그는 파라과이를 불가능한 전쟁으로 이끌어 파괴한 잔혹한 인물이었다."

로 옮기고서부터 대영제국이 부여한 역할을 수행했다. 19세기 초에 조지 캐닝[73]이 대사 스트랭포드(Strangford) 경에게 내린 지침은 명확했다. "브라질을 남아메리카 전체에서 소비되는 영국 제품의 거래 중심지로 만드시오." 전쟁을 시작하기 직전에 아르헨티나 대통령은 자국에서 새로운 영국 철도 노선을 개통하고 열변을 토했다. "이 진보를 촉진하는 힘은 무엇일까요? 여러분, 그것은 영국의 자본입니다!" **패배한 파라과이에서 사라진 것은 인구만이 아니었다. 관세, 제련로, 자유무역에 닫힌 강들, 경제적 독립, 그리고 자국 영토의 광대한 구역들도 사라졌다.** 승자들은 박탈로 인해 축소된 국경 안에 자유무역과 라티푼디움을 도입했다. 땅과 숲, 광산, 허브 농장, 학교 건물까지 모든 것이 약탈당하고, 모든 것이 팔렸다. 외국 점령군에 의한 괴뢰 정부가 아순시온에 연속적으로 수립될 것이다. 전쟁이 끝나자마자, 여전히 연기가 피어오르는 파라과이의 폐허 위에 그 나라 역사상 최초의 차관이 도입되었다. 물론 영국의 차관이었다. 그 명목 가치는 100만 파운드 스털링에 달했으나, 파라과이에 도착한 금액은 절반에 훨씬 못 미쳤다. 그 후 몇 년 동안 여러 번의 재융자가 이루어져 부채 총액이 300만 파운드 스털링 이상으로 증가했다. 아편전쟁은 중국 영토에 아편을 자유롭게 들여올 권리를 영국 상인에게 보장하는 자유무역 조약이 난징에서 체결되면서 끝났다. 자유무역 또한 전쟁에서 패배한 뒤에 파라과이에 의해 보장되었다. 면화 재배는 포기되었고, 맨체스터는 섬유 생산을 망쳤다. 국내 산업은

---

[73] (옮긴이) 조지 캐닝(George Canning, 1770-1827)은 영국의 정치가로, 1807-1809년과 1822-1827년에 외무장관을 지냈다.

결코 부활하지 못했다.

  오늘날 파라과이를 통치하는 콜로라도 당(Partido Colorado)은 영웅들에 대한 기억을 거리낌없이 이용하지만, 창당 선언문 하단에는 브라질 점령군에 봉사한 **레히오나리오**[74] 스물두 명, 즉 솔라노 로페스 원수를 배신한 자들의 서명이 보란 듯이 적혀 있다. 15년 전부터 파라과이를 거대한 강제수용소로 만들어 왔던 독재자 알프레도 스트로에스네르(Alfredo Stroessner)는 브라질에서 군사 훈련을 받았는데, 브라질 장군들은 그를 "위대한 미래를 누릴 자격이 있는 인물……"이라고 높이 평가하고 열렬하게 찬양하면서 본국으로 돌려보냈다. 스트로에스네르는 파라과이를 통치하는 동안, 지난 수십 년간 앵글로-아르헨티나의 이익이 지배하던 자리를 브라질과 파라과이의 미국인 주인들에게 넘겨주었다. 1870년 이후, 함께 나눠 먹으려고 파라과이를 **해방시킨** 브라질과 아르헨티나는 패배한 그 나라의 잔해를 번갈아 가며 착취하고 있지만, 그와 동시에 현재 세계적으로 영향력을 행사하는 강대국의 제국주의로 고통을 받고 있다. 동시에, 파라과이는 제국주의와 준제국주의에 시달리고 있다. 예전에는 대영제국이 연속적인 의존 관계의 가장 중요한 고리였다. 현재, 남아메리카의 중심에 있는 파라과이의 지정학적 중요성을 잘 알고 있는 미국은 파라과이 땅에 수많은 고문을 두어서 군대를 훈련하고

---

74) (옮긴이) 레히오나리오(legionario)는 에스파냐어로 군단원 또는 병사를 뜻한다. 삼국동맹 전쟁 당시에 일부 파라과이인이 로페스 정부에 반대해 브라질 및 연합군 측에 가담했는데, 이들을 '레히오나리오'라고 불렀다. 이들은 전쟁 후 파라과이를 점령한 브라질과 협력해 새 정부를 세우는 데 기여했다.

지도하며, 경제계획을 세우고, 마음대로 대학을 재구성하고, 그 나라를 위해 새로운 **민주적인** 정치 체제를 고안해 내고, 정권의 충실한 서비스를 고리의 대출로 보답하고 있다.[75] 그러나 파라과이는 식민지들의 식민지이기도 하다.

스트로에스네르 정부는 외국인에게 육상 국경 지대의 토지 매각을 금지하는 법적 규정을 농지개혁을 구실로 삼아 은근슬쩍 폐지했고, 오늘날에는 국유지까지도 브라질의 커피 라티푼디움 주인들의 수중에 떨어졌다. 침략의 물결이 포르투갈어를 쓰는 대지주들과 연합한 대통령의 공모와 더불어 파라나강을 건넌다. 필자가 패배한 솔라노 로페스 원수의 얼굴이 찍힌 지폐를 소지한 채 파라과이 북동부의 변덕스러운 국경에 도착해 보니 그곳에서는 승리한 황제 페드루 2세의 초상화가 새겨진 지폐만이 유효했다. 삼국동맹 전쟁의 결과는 100년이 지난 현재도 매우 중요한 문제로 부각된다. 브라질의 경비대원들은 파라과이 국민이 자기 나라에서 이동할 때 여권을 요구한다. 파라과이의 국기와 성당은 브라질의 것이다. 토지를 약탈하는 행위는 라틴아메리카 전체에서 가장 큰 잠재적 에너지원이자 오늘날 포르투갈어로 세테 케다스[76]라고 불리는 구아이라(Guairá) 폭포

---

75) 1968년 초 선거가 이루어지기 직전에 스트로에스네르 장군이 미국을 방문했다. 그는 《프랑스 통신사(France Presse)》에 다음과 같이 진술했다. "나는 존슨 대통령과 회담을 하면서, 내가 이미 12년 전부터 선거를 통해 부여된 권한에 의해 대통령직을 수행하고 있다고 밝혔습니다. 존슨 대통령은 그런 점이 내가 다가오는 임기 동안 계속해서 권한을 행사해야 하는 또 다른 이유라고 대답했습니다."

76) (옮긴이) '일곱 개의 폭포'라는 의미를 지닌 세테 케다스(Sete Quedas)는 브라질과 파라과이 국경에 있는 폭포로, 한때 남아메리카에서 가장 큰 수력발전의 잠재력을 가진 지역으로 평가받았다. 1982년에 이타이푸(Itaipu) 댐을 건설하면서 대부분이 수몰되었다.

와, 브라질이 세계에서 가장 큰 수력 발전소를 건설할 이타이푸 지역까지 포함된다.

  준제국주의 또는 2급 제국주의는 아주 다양한 방식으로 표현된다. 1965년에 존슨 대통령이 도미니카 공화국 사람들을 피로 물들이기로 결정했을 때, 스트로에스네르는 파라과이 군인을 산토 도밍고로 파견해 그 작업에 협력하도록 했다. 그 부대는 섬뜩한 농담처럼 "솔라노 로페스 원수(Mariscal Solano López)"라고 불렸다. 파라과이 군인들은 브라질 장군의 명령에 따라 행동했으나, 결국 배신으로 얻은 영예는 브라질에게 돌아갔다. 파나스코 아우빔(Panasco Alvim) 장군이 학살에 가담한 라틴아메리카의 군대들을 지휘했던 것이다. 같은 방식으로, 다른 예시들이 인용될 수 있을 것이다. 파라과이는 자국 영토에서 브라질에 석유 채굴권을 부여했지만, 브라질에서 연료의 유통과 석유화학 사업은 미국의 수중에 있다. 브라질 문화사절

단이 파라과이 대학의 철학 및 교육학부를 소유하고 있지만, 이제 미국인들이 브라질의 대학을 운영하고 있다. 파라과이 군 총참모부는 펜타곤의 기술자들의 자문뿐만 아니라, 펜타곤의 목소리를 메아리처럼 전달하는 브라질 장군들의 자문도 받는다. 브라질의 공산품이 열려 있는 밀수 경로를 통해 파라과이 시장을 침범하지만, 그것을 생산하는 상 파울루의 많은 공장은 최근 몇 년 동안의 탈국가화 물결 속에서 다국적 기업의 소유가 되어 있다.

스트로에스네르는 자신을 로페스의 후계자로 생각한다. 100년 전의 파라과이를 라 플라타강 유역의 밀수 중심지이자 제도화된 부패의 왕국인 현재의 파라과이와 무책임하게 비교할 수 있는가? 정부 여당이 환호와 박수를 받으며 두 개의 파라과이를 동시에 주장하는 어느 정치 행사에서 소년 하나가 가슴팍에 건 쟁반에 담긴 밀수 담배를 팔고, 열광적인 군중은 켄트, 말보로, 카멜, 벤슨 & 헤지스 담배를 초조하게 피워댔다. 아순시온에서는 수가 그리 많지 않은 중산층이 파라과이의 카냐[77] 대신에 밸런타인 위스키를 마신다. 사람들은 미국이나 유럽에서 생산되어 밀수나 적은 세금을 지불하고서 파라과이에 들어오는 최고로 호화스러운 자동차들의 최신 모델을 발견하는 것과 동시에 거리에서는 소가 끄는 마차가 시장으로 천천히 과일을 실어 나르는 모습을 볼 수 있다. 땅은 나무 쟁기로 갈고, 택시는 1970년식 임팔라다. 스트로에스네르는 밀수를 "평화의 대가"라고 말한다. 장군들은 자기 주머니를 채우고, 음모를 꾸미지 않는

---

77) (옮긴이) 카냐(caña)는 파라과이의 대표적인 전통 알코올 음료로, 사탕수수를 증류해 만든다.

다. 물론, 산업은 성장하기 전에 소멸한다. 국가는 공공 물자를 구매할 때 국내 공장에서 생산된 제품을 우선하도록 명령하는 법령조차 지키지 않는다. 정부가 이 분야에서 자랑스럽게 내세우는 유일한 성과는, 파라과이 국민의 발전을 위한 미국의 기여를 통해 1966년 말부터 건설된 코카콜라, 크러쉬(Crush), 펩시콜라 공장이다.

정부는 "민간 부문이 관심을 보이지 않을 때"[78]만 기업을 설립하는 데 직접 개입할 것이라고 밝히고, 중앙은행은 "자유 환율 제도를 도입하고, 무역 및 외환 거래에 대한 제한을 폐지하기로 결정했다."라고 국제통화기금에 통보한다. 산업통상부가 발간한 소책자는 국가가 "외국 자본에 특별한 혜택을 제공한다."라고 투자자들에게 밝힌다. "투자에 적합한 환경을 조성하기 위해" 외국 기업의 세금 및 관세 납부가 면제된다. 뉴욕의 내셔널 시티 뱅크는 아순시온에 설치된 지 1년 만에 투자한 자본을 전액 회수한다. 외국 은행은 파라과이의 국내 저축을 지배하고, 파라과이에 외채를 제공해 경제적 왜곡을 심화하며, 국가의 주권을 더 많이 담보로 잡는다. 농촌에서는 1.5%의 토지 소유자가 경작지의 90%를 차지하고, 국가 전체 면적의 2% 미만이 경작된다. 카아아구아수(Caaguazú) 삼각지대의 공식 식민화 계획은 굶주린 농민에게 번영보다는 더 많은 무덤을 제공한다.[79]

---

78) Presidencia de la Nación, Secretaría Técnica de Planificación, *Plan nacional de desarrollo económico y social*, Asunción, 1966.

79) 많은 수의 농민이 결국 나라의 중심부에 있는 미니푼디움 지역으로 돌아가는 것을 선택하거나 브라질로 향하는 새로운 집단 이주의 길을 떠났는데, 그들의 저렴한 노동력은 브라질의 쿠리치바와 마투 그로수 주의 허브 농장이나 파라나 주의 커피 농장에 제공된다. 정부로부터 땅을 불하받았는데도 최소한의 기술적인 지도도 없고 금융 지원도 전혀 없는 상태에서 정글을 마주한 개척자들의 상황은 절망적인데, 그 땅에서 생계를 유지할 정도로,

삼각동맹은 여전히 큰 성공을 거두고 있다.

조국을 침략자로부터 방어한 대포가 제작된 이비쿠이 제철소의 용광로는 현재 미나스 쿠에(Minas Cué)——구아라니어로는 "광산이었다"라는 의미다——라고 불리는 장소에 세워졌다. 늪이 있고 모기가 들끓는 그곳의 무너진 벽의 잔해 곁에는 한 세기 전에 침략자들이 다이너마이트로 폭파해 버린 굴뚝 받침대가 여전히 남아 있고, 파괴된 시설물의 녹슨 쇳조각을 볼 수가 있다. 그 지역에는 누더기를 입은 농부 몇이 사는데, 그들은 그 모든 것을 파괴한 전쟁이 어느 전쟁이었는지조차 알지 못한다. 그럼에도, 그들은 어떤 밤에는 그곳에서 기계가 내는 소리와 천둥 같은 망치 소리, 대포의 굉음과 군인의 비명이 들린다고 말한다.

라틴아메리카 경제를 왜곡한 차관과 철도

루이 18세 치하에서 프랑스 외무장관을 지낸 샤토브리앙 자작은 불쾌감을 드러내며, 그리고 짐작건대 상당한 정보적 근거를 가지고 이렇게 썼다. "에스파냐의 식민지는 해방된 순간에 일종의 영국 식민지로 바뀌었다."[80] 그는 숫자 몇 개를 인용했다. 그는 1822년과 1826년 사이에 영국이 명목 가치로 약 2,100만 파운드 스털링

그리고 농민이 정해진 땅값을 지불하지 않으면 땅의 소유권 증서를 받을 수 없기 때문에 땅값을 지불할 수 있을 정도로 충분한 결실을 뽑아내야 한다.

80) R. Scalabrini Ortiz, *Política británica en el Río de la Plata*, Buenos Aires, 1940.

의 차관 10개를 해방된 에스파냐의 식민지에 제공했지만, 이자와 중개 수수료를 공제하고 아메리카 땅에 도달한 실제 금액은 겨우 700만 파운드 스털링에 불과했다고 언급했다. 그와 동시에, 런던에서는 라틴아메리카의 자연 자원—광산, 농업—을 개발하고 공공 서비스 회사를 설립하기 위해 40개 이상의 주식회사가 만들어졌다. 영국 땅에서는 은행이 버섯처럼 생겨났다. 1836년 한 해에만 48개가 설립되었다. 19세기 중반에 영국의 철도가 파나마에 등장하고, 1868년에는 영국 회사가 브라질의 헤시페(Recife) 시에 첫 번째 트램 노선을 개통하는 한편으로 영국의 은행은 각국 정부의 재무를 직접적으로 지원했다.[81] 라틴아메리카의 공채는 영국 금융 시장에서 위기와 호황을 겪으며 활발하게 거래되었다. 공공 서비스는 영국의 수중에 있었고, 새로운 국가들은 건국되면서부터 군사비를 넘치도록 지출했을 뿐만 아니라 대외 지불 부족 문제에 직면해야 했다. 자유 무역은 수입, 특히 사치품 수입의 급격한 증가를 의미했으며, 소수의 사람이 유행에 따라 살 수 있도록 정부는 차관을 들여왔고, 그에 따라 새로운 차관을 들여올 필요성이 생겨났다. 그 나라들은 미리 자국의 운명을 담보로 잡았고, 경제적 자유와 정치적 주권을 양도했다. 같은 과정이 라틴아메리카 전체에서 발생했고—그리고 지금도 여전히 발생하지만, 지금은 채권자가 다르고, 그 방식도 다르다—, 완전히 몰살당한 파라과이는 예외였다. 외국에서 자금을 조달하는 것은 마치 모르핀처럼 불가피한 것이 되었다. 구멍을 막기 위해 또

---

81) J. Fred Rippy, *British Investments in Latin America(1822-1949)*, Minneapolis, 1959.

다른 구멍을 여는 식이었다. 교역 조건의 악화 또한 현재만의 특유한 현상이 아니다. 셀수 푸르타두에 따르면,[82] 1821년과 1830년 사이, 그리고 1841년과 1850년 사이에 브라질의 수출 가격은 거의 절반으로 떨어진 반면에 외국으로부터의 수입 가격은 안정적으로 유지되었다. 취약한 라틴아메리카 경제의 하락은 차관을 이용해 만회했다.

로베르 슈너브(Robert Schnerb)는 다음과 같이 쓴다. "이 젊은 국가들의 재정은 건전하지 않다. (……) 화폐의 가치 하락을 초래하는 인플레이션과 가혹한 이자율의 차관에 의존할 수밖에 없다. 이들 공화국의 역사는, 어떤 식으로는, 이들이 강력한 흡인력을 지닌 유럽의 금융 세계와 맺은 경제적 의무의 역사다."[83] 실제로 파산, 지불 중단, 그리고 절박한 재정 재조정이 빈번하게 발생했다. 파운드 스털링이 손가락 사이로 물이 새듯 유출되었다. 1824년 부에노스 아이레스의 정부가 베어링 브라더스와 체결한 100만 파운드 스털링의 차관 가운데 아르헨티나는 57만 파운드 스털링만을 받았는데, 계약서에 명시되어 있던 금으로 받은 것이 아니라 종이로 받았다. 이 차관은 부에노스 아이레스에 거주하는 영국 상인들에게 대신 지급하라는 명령서를 보내는 형식으로 실행되었는데, 그들의 임무는 바로 그들의 눈에 들어오는 금을 모두 런던으로 보내는 것이었기 때문에 그들이 아르헨티나에 전달할 금이 없었던 것이다. 그래서 아르헨티

---

82) Celso Furtado, *Formación económica del Brasil*, op. cit.
83) Robert Schnerb, *Le XIXe siècle. L'apogée de l'expansion européenne (1815-1914), Historia general de las civilizaciones* V권, Maurice Crouzet 편, París, 1968.

나는 어음을 받았지만, 상환은 정작 반짝이는 금으로 해야 했다. 아르헨티나는 20세기 초반이 되어서야 비로소 부채를 상환했는데, 재정을 연속적으로 재조정하는 과정에서 부채가 400만 파운드 스털링까지 불어나 있었다.[84] 부에노스 아이레스 주는 지불을 보장하기 위해 자국이 가진 모든 것—모든 수입과 모든 공공 토지—을 저당잡혀 있는 상태였다. 차관 계약이 체결된 당시의 재무장관은 다음과 같이 말했다. "우리는 외국과의 무역, 특히 영국과의 무역에 대해 조치를 취할 상황에 있지 않는데, 그 이유는 그 나라에 많은 부채를 지고 있는 우리가 그렇게 하다가는 커다란 피해를 초래할 파탄에 직면하기 때문입니다." 부채를 협박의 도구로 사용하는 것은, 알다시피, 미국의 최근 발명품이 아니다.

투기적 금융 거래가 자유로운 국가들을 얽매었다. 19세기 중반에 브라질의 외채 상환이 이미 국가 예산의 거의 40%를 흡수했는데, 이 같은 국면은 모든 곳에서 비슷했다. 철도 또한 종속이라는 쇠우리의 중요한 부분을 차지했다. 철도는 독점 자본주의의 전성기에 제국주의적 영향력을 식민지 경제의 후방까지 확장시켰다.

차관의 많은 부분이 광물과 식료품을 해외로 출하하는 것을 쉽게 만드는 철도에 사용되었다. 철도는 내륙의 다양한 지역을 서로 연결하기 위한 네트워크가 아니라, 생산 중심지와 항구를 연결하는 역할을 했다. 철도의 설계는 여전히 펼쳐진 손가락 모양과 일치한다.[85]

---

84) R. Scalabrini Ortiz, op. cit.
85) (옮긴이) 철도의 구조가 분산적이고, 중심이 없으며, 연결된 지역들끼리의 통합보다는 외부와의 연결에 초점을 맞춘다는 점을 강조하는 표현이다.

그렇기 때문에 철도가 자주 진보의 선봉이라는 찬양을 받았지만, 국내 시장의 형성 및 발전을 방해했다. 철도는 또한 다른 방식으로, 특히 영국의 패권을 강화하기 위한 운송비 책정 정책을 통해, 그렇게 했다. 예를 들어, 아르헨티나 내륙에서 생산된 제품을 운송하는 비용은 원자재를 운송하는 비용보다 훨씬 비쌌다. 철도 운임은 연초 생산지에서 담배를 제조할 수 없게 하거나, 양모 중심지에서 실을 뽑고 직물을 짤 수 없게 하거나, 삼림 지역에서 목재를 가공할 수 없게 하는 저주 같은 역할을 했다.[86] 확실히, 아르헨티나 철도는 산티아고 델 에스테로에서 임업을 발전시켰지만, 그로 인해 발생한 결과가 너무 심각해서 그 지역 출신의 어느 작가는 이런 말까지 하게 되었다. "산티아고에 나무가 한 그루도 없었으면 좋았을 텐데."[87] 철도의 침목은 목재로 만들어지고, 숯은 연료로 사용되었다. 철도가 창출한 임업 작업장은 농촌 지역의 인구 중심지들을 와해하고, 초원과 보호림을 파괴하면서 농업과 축산업을 황폐화했으며, 산티아고의 여러 세대 사람들을 밀림 속의 노예로 만들고, 인구 감소를 초래했다. 대규모 집단 이주가 멈추지 않았고, 오늘날 산티아고 델 에스테로는 아르헨티나에서 가장 가난한 주들 가운데 하나가 되어 있다. 기차의 연료로 석유를 사용한 것이 이 지역을 심각한 위기에 빠뜨렸다.

아르헨티나, 브라질, 칠레, 과테말라, 멕시코, 우루과이에 처음으

---

86) Ibíd.
87) J. Eduardo Retondo, *El bosque y la industria forestal en Santiago del Estero*, Santiago del Estero, 1962.

로 철도를 부설한 것은 영국 자본이 아니었다. 앞서 보았듯이, 파라과이의 사정도 마찬가지였지만, 파라과이 정부가 유럽 기술자들과 계약을 맺어 그들의 도움을 받아 건설한 철도는 전쟁에서 패배한 뒤에 영국인의 손에 넘어갔다. 다른 나라들의 철도와 기차도 똑같은 운명을 맞이했고, 새로운 투자에 단 한 푼의 지출도 이루어지지 않았다. 게다가, 정부는 혹시나 기업들이 놀랍고 불쾌한 일을 겪지 않게 하려고 계약을 통해 그들이 최소한의 이익을 보장받게 하는 데 신경을 썼다.

수십 년 후, 제2차 세계대전이 끝나 철도가 더 이상 이익을 창출하지 않고, 상대적으로 사용되지 않게 되었을 때, 정부가 철도를 다시 인수했다. 거의 모든 국가가 영국인으로부터 낡은 철도를 사들임으로써 기업의 손실을 국유화했다.

철도의 전성기에 영국의 기업은 철도 노선 자체, 그리고 새로운 지선을 건설할 권리 외에도 종종 철도 양쪽에 있는 상당한 토지의 사용권을 받았다. 그 토지는 훌륭한 부가 사업이 되었다. 1911년에 브라질 철도에 주어진 그 놀라운 선물 때문에 셀 수 없이 많은 오두막이 불에 타고, 토지 사용권이 부여된 지역에 정착한 농민 가정들은 쫓겨나거나 죽었다. 이것은 브라질의 전체 역사에 기록된 대중의 분노 가운데 가장 강렬했던 콘테스타두 반란[88]의 촉발제가 되었다.

---

88) (옮긴이) 콘테스타두 반란(A Revolta do Contestado, 1912-1916)은 1912년부터 1916년까지 브라질 남부 콘테스타두에서 일어난 대규모 민중의 저항 운동으로, 브라질 군대에 의해 잔혹하게 진압되어 수천 명이 사망하고 도시들이 파괴되었다.

미국의 보호무역주의와 자유무역:
성공은 보이지 않는 손의 작품이 아니었다

1865년, 삼각동맹이 파라과이의 파멸이 다가오고 있다고 알리는 동안에 율리시스 그랜트 장군은 애포매톡스[89]에서 로버트 리 장군의 항복을 축하하고 있었다. 남북전쟁은 북부의 산업 중심지들, 즉 철저한 보호주의자들이 남부의 면화와 담배를 재배하는 자유무역주의자들에게 승리하면서 끝났다. **라틴아메리카 식민지의 운명을 결정지은 전쟁은 미국을 세계 강대국으로 자리 잡게 만든 전쟁의 종결과 동시에 시작되었다.** 전쟁이 끝난 지 얼마 되지 않아 미국 대통령이 된 그랜트는 다음과 같이 밝혔다. "수세기 동안 영국은 보호무역주의를 신뢰해서 극단적으로 밀고 나갔고, 그것으로부터 만족스러운 결과를 얻었습니다. 현재 영국이 지닌 힘은 이 시스템에 빚지고 있음은 의심할 여지가 없습니다. 두 세기가 지난 후, 영국은 이제 보호무역주의가 자국에게 이익을 전혀 줄 수 없다고 생각하고서 자유무역을 채택하는 것이 적합하다는 사실을 발견했습니다. 그런데 말입니다, 신사 여러분, 나는 내 나라에 대한 나의 지식 덕에, 200년 안에 미국이 보호무역주의로부터 얻을 수 있는 모든 것을 얻었을 때, 자유무역도 채택하게 될 것이라고 믿게 되었습니다."[90]

---

89) (옮긴이) 1865년 4월 9일, 남부군의 로버트 리(Robert Lee) 장군이 애포매톡스(Appomattox)에서 북부군의 율리시스 그랜트(Ulysses Grant) 장군에게 항복하면서 남북전쟁이 종결되었다.
90) André Gunder Frank, op. cit.에서 재인용.

두 세기 반 전에, 청소년기에 접어든 영국의 자본주의가 자본주의적 인간, 자본, 생활 양식, 그리고 동기와 계획을 북아메리카의 식민지로 이주시켰다. 유럽의 과잉 인구를 위한 출구 역할을 하던 13개의 식민지는 자신들의 빈곤한 토지와 지하자원이 주는 핸디캡을 빠르게 극복해 일찍부터, **식민 모국이 큰 문제 없이 성장하게 내버려두었던 산업화 의식**을 만들어냈다. 1631년, 보스턴에 막 도착한 식민지 개척자들은 자신들이 건조한 30톤 규모의 범선 **블레싱 오브 더 베이**(Blessing of the Bay)호를 바다에 띄웠고, 그 이후로 조선 산업은 놀라운 성장을 이루었다. 숲에 풍부한 백참나무는 선박의 두꺼운 판자와 내부 골조에 좋은 목재를 제공하고, 소나무는 갑판, 조타 기둥, 돛대를 만드는 데 사용되었다. 매사추세츠는 밧줄과 로프 제작을 위한 대마 생산에 보조금을 지급하고, 또한 범포와 돛의 현지 생산을 장려했다. 보스턴의 북부와 남부에는 번영하는 조선소들이 해안을 뒤덮고 있었다. 식민지 정부들은 모든 종류의 제조업에 보조금과 장려금을 지급했다. 설사 지나치게 우아하지는 않는다 해도, 내구성이 뛰어나고 **국산품**인 거친 실로 짠 직물의 원재료가 되는 아마의 재배와 양모의 생산이 각종 장려책과 더불어 촉진되었다. 린(Lyn)의 철광석 매장지를 개발하기 위해 1643년에 첫 번째 제철소가 세워지고, 얼마 지나지 않아 매사추세츠는 이제 전 지역에 철을 공급하게 되었다. 직물 생산에 대한 자극이 충분하지 않다고 생각되었기 때문에, 이 식민지는 강제적인 방법을 선택했다. 1655년에 법을 제정해 각 가정이 최소한 한 명의 방직공을 지속적이고 집중적인 생산 활동에 참여시키라고 명령하고, 법을 어길 시 심각한 처벌을 받는다고 위협했다. 같은 시기에 버지니아의 각 카운티는 아이들을 선발해 섬유 제조법을 가르치는 의무를 부과받았다. 동시에 가죽의 수출을 금지해 국내에서 부츠, 벨트 및 말안장을 만드는 데 사용되도록 했다.

"식민지의 산업이 치러야 하는 싸움에서 불리한 점은 영국의 식민지 정책을 제외한 모든 것에서 비롯된다."[91]고 커클랜드는 말한다. 반대로, 그 금지적인 법률은 그곳에서 3,000마일 떨어진 곳에서는 소통의 어려움 때문에 거의 모든 효력을 상실했고, 그 결과 자급자족의 경향을 촉진했다. 북부의 식민지들은 잉글랜드에 은도 금도 설탕도 보내지 않았는데, 반면에 그들의 소비 필요는 어떤 식으로든 억제할 필요가 있던 과도한 수입을 초래했다. 바다를 통한 상업적 관계는 활발하지 않았고, 생존을 위해서는 지역의 제조업을 발전시키는 것이 필수적이었다. 18세기에도 여전히 영국이 북부의 식민지들에 대해 관심을 거의 기울이지 않았기 때문에, 실제적인 과정에서는 식민지 조약의 종이에 적힌 금지 규정들을 부인하면서, 식민 모국의 가장 발달된 기술이 식민지의 작업장으로 이전되는 것을 막지 않았다. **물론, 라틴아메리카 식민지들의 경우는 이렇지 않았는데, 라틴아메리카의 식민지들은 유럽에서 상승하던 자본주의에 공기, 물, 소금을 공급하고, 가장 고급스럽고 비싼 제품을 바다 건너에서 수입하면서 지배 계층의 사치스러운 소비를 넉넉하게 떠받칠 수 있었다. 라틴아메리카에서 유일한 확장적 활동은 수출을 향한 것이었**

---

91) Edward C. Kirkland, op. cit.

라틴아메리카의 열린 혈맥 | 제2부 개발은 항해자보다 조난자가 많은 항해다

는데, 이후 몇 세기 동안에도 마찬가지였다. 광산 부르주아지나 대지주 계층의 경제적·정치적 이익은 내부적인 경제 발전의 필요성과 결코 일치하지 않았고, 상인들은 신세계보다는 자신들이 판매하는 금속과 식품의 외국 시장, 그리고 자신들이 구매하는 제조품의 외국 공급원과 더 많이 연계되어 있었다.

  미국이 독립을 선언했을 때, 미국의 인구는 브라질의 인구와 비슷한 규모였다. 에스파냐 본국만큼이나 개발되지 않은 포르투갈 본국은 자신의 저개발을 식민지로 수출했다. 브라질 경제는 18세기 내내 영국의 금에 대한 필요를 충족시키기 위해 영국의 이익을 위해

활용되었다. 식민지의 계급 구조는 이 공급자의 기능을 반영했다. 브라질의 지배 계층은 미국의 지배 계층과는 달리 농부, 제조업 창업가, 그리고 국내 상인으로 구성되지 않았다. 양국에서 지배 계층의 이상을 해석하는 주요 인물인 알렉산더 해밀턴[92]과 카이루의 백작[93]은 두 계층의 차이를 명확하게 표현한다.[94] 두 사람 모두 영국에서 애덤 스미스의 제자였다. 그럼에도, 해밀턴이 산업화의 수호자로 변모해 제조업에 대한 국가의 보호와 자극을 촉진한 데 반해, 케이루는 자유방임주의의 마법, 즉 **내버려두어라, 지나가게 하라, 팔리게 하라**(laissez faire, laissez passer, laissez vendre)에 작용하는 보이지 않는 손을 믿었다.

18세기가 저물어 가던 때, 미국은 이미 자국 조선소에서 건조된 선박으로 이루어진 세계에서 두 번째로 큰 상선대를 보유하고, 방직공장과 제철공장은 완전하고 역동적인 성장 단계에 있었다. 조금 뒤에는 기계 산업이 탄생하고, 공장들은 더 이상 해외에서 자본재를 구입할 필요가 없었다. **메이플라워**호의 열정적인 청교도들은 뉴 잉글랜드의 시골에 한 국가의 기초를 놓았고, 깊은 만의 연안과 거대한 하구를 따라 산업 부르주아지가 부단히 번영했다. 우리가 다른 장에서 살펴보았듯이, 아프리카의 노예 판매를 포함한 앤틸리스 제

---

92) (옮긴이) 알렉산더 해밀턴(Alexander Hamilton, 1755/57-1804)은 미국 건국의 아버지 중 한 명이자 초대 재무장관으로, 미국 경제 시스템의 기초를 설계한 인물이다.
93) (옮긴이) 카이루의 백작(Vizconde de Cairú)은 호세 다 실바 리스보아(José da Silva Lisboa, 1756-1835)의 별명이다. 그는 브라질의 경제학자, 정치가, 역사가이자 자유주의 사상가로 알려져 있다.
94) Celso Furtado, *Formación económica del Brasil*, op. cit.

도와의 교역은 이 점에서 중요한 역할을 했으나, 미국의 위업은, 처음부터 가장 열정적인 민족주의에 의해 추진되지 않았더라면, 제대로 이루어지지 않았을 것이다. 조지 워싱턴은 이임 연설에서 충고했다. 미국은 독자 노선을 유지했어야 했다.[95] 에머슨은 1873년에 다음과 같이 선언했다. "우리는 유럽의 세련된 뮤즈들의 말을 너무 오랫동안 들어왔다. 우리는 우리 자신의 발로 걸어가고, 우리 자신의 손으로 일하며, 우리 자신의 신념에 따라 말할 것이다."[96]

공공 자금은 내수 시장의 규모를 확장시켰다. 국가는 도로와 철도를 놓고, 다리와 운하를 건설했다.[97] 19세기 중반, 펜실베이니아 주는 공공기업에 투자된 1억 달러를 관리하는 것 외에도 150개 이상의 혼합 경제 기업의 관리에 참여하고 있었다. 멕시코 영토의 절반 이상을 빼앗은 정복의 군사 작전은 국가의 발전에도 크게 기여했다. 국가는 자본의 투자와 확장을 지향하는 군사비 지출을 통해서만 발전에 참여한 것이 아니었다. 북부에서는 또한 철저한 관세 보호주의를 적용하기 시작했다. 반면에 남부의 대지주들은 자유무역론자였다. 면화 생산이 10년마다 두 배로 증가했는데, 설사 그것이 국가 전체에 큰 상업적 수익을 제공하고 매사추세츠의 현대적인 직물공장

---

95) Claude Fohlen, *L'amérique anglo- saxonne de 1815 à nos jours*, París, 1965.
96) Robert Schnerb, op. cit.
97) "국가 자본은 초기의 위험을 감수한다. (……) 철도에 대한 정부의 지원은 자본을 모으는 데만 도움이 되는 것이 아니라, 건설 비용도 절감한다. 몇 개의 경우, 특히 부차적인 노선의 경우에 공공 자금은 다른 방법으로는 이루어질 수 없는 철도 건설을 가능하게 했다. 더욱 중요한 다른 경우에서는, 민간 자본의 사용으로는 확실히 지연되었을 프로젝트의 실행을 가속화했다."(Harry H. Pierce, *Railroads of New York, A Study of Government Aid, 1826-1875*, Cambridge, Massachusetts, 1953).

을 지원했다 해도, 무엇보다도 유럽 시장에 의존하고 있었다. 남부의 귀족은 주로 세계 시장, 라틴아메리카 스타일과 연계되어 있었다. 유럽의 방직공장이 사용하는 면화의 80%가 그들의 노예 노동에서 산출되었다. 북부가 산업 보호주의에 노예 제도 폐지를 추가하면서 발생한 모순은 전쟁에서 폭발했다. 북부와 남부는 실제로 대립하는 두 세계, 두 개의 다른 역사적 시간, 국가적 운명의 개념에 대한 두 개의 상반된 개념을 가지고 마주하고 있었다. **20세기는 이 19세기 전쟁에서 승리했다.**

> 모든 자유로운 사람이여 노래하라……
> 옛 면화 왕이 죽어서 묻혔노라.

라고 승리한 군대의 시인이 외쳤다.[98] 로버트 리 장군의 패배 이후, 자원을 확보하기 위한 수단으로서 전쟁 중에 인상되었던 관세는 신성한 가치를 얻었고, 승리자의 산업을 보호하기 위해 유지되었다. 1890년에 의회는 매킨리(McKinley) 관세라고 불리는 초 보호무역주의적인 법안을 가결하고, 1897년에는 딩글리 법(Dingley Act)이 관세를 추가로 인상했다. 얼마 후, 유럽의 선진국들은 위험할 정도로 경쟁력 있는 미국 제품의 급습 앞에서 관세 장벽을 세울 수밖에 없었다. "트러스트"[99]라는 말이 1882년에 처음으로 사용되었다. 석유, 철

---

98) Claude Fohlen, op. cit.
99) (옮긴이) '트러스트(Trust)'는 기업들이 경쟁을 줄이고 시장을 독점하기 위해 결성한 거대 독점 기업 연합 또는 카르텔을 의미한다.

강, 식품, 철도, 그리고 담배는 독점 기업들의 손에 있었는데, 그 기업들은 엄청난 속도로 전진했다.[100]

　남북전쟁 전에 그랜트 장군이 멕시코를 약탈하는 데 참여했다. 남북전쟁 후에는 보호주의적 사상을 가진 대통령이었다. 모든 것은 국가의 확립이라는 동일한 과정의 일부였다. 북부의 산업이 역사를 이끌었고, 이제 정치 권력을 쥔 상태에서는 자신의 주요 관심사가 양호하게 유지되도록 국가를 통해 잘 보호했다. 인디언과 멕시코인의 희생 덕분에 농업의 경계가 서쪽과 남쪽으로 급속하게 확장되었으나 그 과정에서 라티푼디움들이 확산된 것이 아니라, 새로운 개척지에 소규모 농장주들이 자리 잡았다. 약속의 땅은 유럽의 농민만 끌어들인 것이 아니었다. 훨씬 다양한 직업의 숙련된 장인과 기계공학, 금속공학, 제철공학에 특화된 노동자도 미국의 강렬한 산업화를 활성화하기 위해 유럽에서 건너왔다. 19세기 말에 미국은 이미 세계 제1의 산업 강국이었고, 남북전쟁 이후 30년 만에 공장의 생산능력이 일곱 배나 증가했다. 미국의 석탄 생산량은 이미 영국과 같

---

100) 남부는 북부 자본가들의 국내 식민지가 되었다. 전쟁 후, 두 개의 캐롤라이나, 조지아, 앨라배마에서 방적공장의 건설을 촉진하는 선전 활동이 일종의 성전(聖戰) 같은 성격을 지니게 되었다. 그러나 이것은 도덕적 대의의 승리가 아니었고, 새로운 산업들은 순수한 인도주의에 의해 탄생하지 않았으며, 남부는 덜 비싼 노동력, 더 값싼 에너지, 그리고 때때로 75%에 이르는 엄청난 이윤을 제공했다. 남부를 산업 시스템의 중심부에 묶기 위해 북부에서 자본이 왔다. 노스 캐롤라이나에 집중된 담배 산업은 더 유리한 법률을 활용하기 위해 뉴 저지로 이전한 듀크(Duke) 트러스트의 직접적인 지배를 받고 있었다. 앨라배마의 철과 석탄을 개발하던 테네시 콜 앤드 아이언 사(Tennessee Coal and Iron Co.)는 1907년에 유에스 스틸의 지배를 받게 되었고, 그 이후부터 가격을 결정하고, 그렇게 하면서 귀찮은 경쟁을 없앴다. 세기 초반, 남부의 1인당 소득은 전쟁 이전 수준의 절반으로 감소했다(C. Vann Woodward, "Origins of the New South, 1879-1913", *A History of the South*, 공저, Baton Rouge, 1948).

앉고, 철강 생산량은 두 배로 늘었으며, 철도 노선은 아홉 배로 늘었다. 자본주의적 우주의 중심이 장소를 옮기기 시작했다.

영국처럼, 미국은 제2차 세계대전 이후 자유무역, 자유 경쟁의 이념도 수출했는데, 그것은 **다른 나라들의 소비를 위해서**였다. 국제통화기금과 세계은행은 개발도상국들이 자국의 산업을 보호할 권리를 부정하고, 그들 나라에서 국가의 개입을 억제하기 위해 함께 태어났다. 민간 기업에는 실패할 수 없는 치유 능력이 부여되었다. 그럼에도, 미국은 현재 철저한 보호무역주의를 계속해서 유지하는 경제 정책, 자기 역사의 목소리에 확실하게 귀를 기울이는 경제 정책을 포기하지 않을 것이고, 북부에서는 병과 치료법을 결코 혼동하지 않았다.

약탈의 현대적 구조

효력 없는 빈 부적

 1916년 봄에 레닌이 제국주의에 관한 책을 집필했을 때, 라틴아메리카에 들어온 외국계 민간 직접 투자 총액 가운데 미국 자본이 차지하는 비중은 5분의 1도 되지 않았다. 1970년에는 그 비율이 거의 4분의 3에 달했다. 레닌이 알던 제국주의—자신의 상품을 수출하기 위해 세계 시장을 찾는 산업 중심지들의 탐욕, 원자재를 공급할 수 있는 모든 원천을 차지하려는 열망, 철, 석탄, 석유의 약탈, 종속당한 지역들의 지배를 구축하는 철도, 금융 독점체들의 탐욕스러운 차관, 군사 원정과 정복 전쟁—는 바로 식민지나 준식민지가 자신의 공장을 세우려고 시도했을 곳에 소금을 뿌리는 제국주의였다. 산업화는 식민지 본국의 특권이었는데, 가난한 나라에서는 부유한 나라가 강요한 지배 체제와 양립할 수 없었다. 제2차 세계대전 이후 라틴아메리카에서는 유럽의 이익이 약화되고, 그 대신 미국의 거침없는 투자가 유리해졌다. 그리고 그때부터 투자의 향방에 중요한 변화가 일어났다. 공공 서비스와 광업에 투자된 자본의 상대적 중요성이 해마다 단계적으로 줄어드는 반면에, 석유와 특히 제조 산업에 대한 투자 비율은 증가한다. 현재 라틴아메리카에 투자된 3달러 중 1달러는 산업 부분에 이루어진다.[101]

대기업의 자회사는 하찮은 투자를 하는 대가로, 외국 기업과의 경쟁을 막기 위해 설정되었음에도 역설적으로 효과를 발휘하지 못하는 라틴아메리카의 관세 장벽을 단번에 뛰어넘어 현지의 산업화 과정을 장악한다. 그들은 공장을 수출하거나, 종종 기존의 국내 공장들을 우리에 몰아넣어 삼킨다. 그것을 위해, 그들은 대다수 현지 정부의 열렬한 지원, 그리고 국제 신용 기관들이 그들에게 제공하는 강제적인 수단들을 이용한다. 제국주의 자본은 라틴아메리카 현지 산업의 핵심 부문들을 장악하면서 **내부**의 시장을 지배한다. 핵심 거점을 정복하거나 구축해서, 그곳을 기반으로 나머지를 지배한다. 미주기구는 그 과정을 다음과 같이 기술한다. "라틴아메리카 기업들이 기존의 덜 정교한 산업과 기술에 대한 지배력을 가지는 반면에,

---

101) 40년 전에 라틴아메리카 산업에 대한 미국의 투자는 미국이 라틴아메리카에 지닌 자본 총액의 6%에 불과했다. 1960년에는 그 비율이 이미 20%에 달했으며, 이후 계속해서 상승해 총액의 3분의 1 가까이 이르렀다. UN CEPAL, *El financiamiento externo de América Latina*, New York Santiago de Chile, 1964, y *Estudio económico de América Latina* de 1967, 1968 y 1969.

미국의 민간 투자, 그리고 아마도 다른 산업화된 국가들에서 오는 투자는 일부 역동적인 산업에 대한 참여를 빠르게 확대하는데, 그들 산업은 상대적으로 높은 기술 발전 수준을 요구하고, 경제 발전의 방향을 결정하는 데 더 중요한 역할을 한다."[102] 그렇게, 브라보 강 이남에 있는 미국 공장의 동력은 일반적인 라틴아메리카 산업보다 훨씬 강력하다. 주요 3국의 수치는 웅변적이다. 아르헨티나의 산업 생산은 1961년에 지수 100에서 1965년에 112.5로 증가하고, 같은 기간에 미국계 자회사의 판매 지수는 166.3으로 상승했다. 브라질의 지수는 각각 109.2와 120이었다. 멕시코에서는 각각 142.2와 186.8이었다.[103]

제국주의 기업들이 라틴아메리카의 산업 성장 과정을 장악해 자신들의 이익을 위해 활용하려는 야욕을 품고 있다고 해서, 다른 전통적 착취 방식 전체를 무시한다는 것은 아니다. 과테말라에 있는 유나이티드 푸르트 컴퍼니의 철도가 더 이상 수익을 내지 않았다는 것은 사실이고, 일렉트릭 본드 앤드 셰어(Electric Bond and Share)와 인터내셔널 텔레폰 앤드 텔레그래프 코퍼레이션(International Telephone and Telegraph Corporation)이 브라질에서 국유화될 때 자신들의 녹슨 설비와 박물관에나 있을 법한 기계를 대가로 순금 보상

---

102) General Secretariat of the Organization of American States, *El financiamiento externo para el desarrollo de la América Latina*, Washington, 1969. 한정 배포 문서; CES 제6차 연례 회의.

103) 미국 상무부(Departamento de Comercio)와 진보를 위한 미주 연합 위원회(Comité Interamericano de la Alianza para el Progreso)의 자료. General Secretariat of the OAS, op. cit.

금을 받는 훌륭한 거래를 했다는 것도 사실이다. 그러나 더 수익성 높은 활동을 위해 공공 서비스를 포기하는 것은 원자재를 포기하는 것과는 아무런 관련이 없다. 라틴아메리카의 석유와 광물이 없다면 제국은 어떤 운명을 맞이하게 될까? 비록 광산에 대한 투자 비중이 상대적으로 감소했을지라도, 우리가 다른 장에서 살펴본 바와 같이, 미국의 경제는 남쪽에서 오는 필수 물자와 막대한 이익을 포기할 수 없다. 그 밖에도, **라틴아메리카의 공장들을 거대 기업의 세계적인 기계 장치의 단순한 부품으로 만들어 버리는 투자는 국제적인 노동 분업 구조를 전혀 바꾸지 못한다. 빈곤한 나라와 부유한 나라 사이에서 자본과 상품이 순환하는 상호 의존적인 시스템은 전혀 바뀌지 않는다.** 라틴아메리카는 자신의 실업과 가난, 세계 시장이 필요로 하고 또 그 지역 경제가 그 판매에 의존하는 원자재, 다국적 기업의 자회사가 값싼 노동력으로 제조한 일부 공산품을 여전히 수출한다. 불평등한 교환은 늘 똑같이 작동한다. 라틴아메리카의 최저 생계비도 안 되는 임금은 미국과 유럽의 높은 임금을 재정적으로 지원하는 데 기여한다.

"산업화하는" 외국 자본의 침입이 피침해 지역에 혜택을 준다는 점을 입증하려는 정치인과 기술 관료가 꽤 있다. 옛 제국주의와 달리, 이 새로운 형태의 제국주의는 진정한 문명화 행위이자, 피지배국에게는 축복을 의미할 것이고, 그렇게 해서 그 시점의 지배 강대국이 발표하는 사랑의 선언문[104]은 역사상 처음으로 강대국의 실제

---

104) (옮긴이) '사랑의 선언문'은 지배 강대국이 피지배 국가나 식민지에 대해 내세우는 호의적·선의적 주장이나 명분을 가리킨다.

의도와 일치하게 될 것이다. 아무도 죄가 없기 때문에 이제 죄책감에 대해 변명할 필요가 없을 것이다. 현재의 제국주의는 기술과 진보를 확산시킬 것인데, 이런 점을 정의하기 위해 이 오래되고 혐오스러운 단어를 사용하는 것이 오히려 불쾌하게 느껴질 것이다. 제국주의가 자신의 미덕을 칭송할 때마다, 오히려 우리는 우리의 주머니를 확인해 볼 필요가 있다. 그리고 이 새로운 형태의 제국주의가 자신의 발전 중심지를 부유하게 만든다 해도, 자신의 식민지를 더 번영시키지는 않는다는 점을 확인할 필요가 있다. 그 지역의 사회적인 긴장을 완화하는 것이 아니라 오히려 심화한다. 가난을 더 많이 퍼뜨리고, 부를 더 많이 집중시킨다. 디트로이트보다 20배 낮은 임금을 지급하고, 물건 값은 뉴욕보다 3배나 비싸게 책정한다. 국내 시장과 생산 기기의 핵심 요소들을 장악한다. 진보를 자기 것으로 만들고, 그 방향을 결정하며, 그 한계를 설정한다. 국내 신용을 지배하고, 무역의 방향을 자기 마음대로 이끈다. 산업을 비국유화[105]할 뿐만 아니라, 산업이 만들어내는 이익도 비국유화한다. 경제적 잉여의 상당 부분을 외부로 돌려서 자원의 낭비를 촉진한다. 발전을 위해 자본을 제공하는 것이 아니라 오히려 빼앗는다. 유엔 라틴아메리카 카리브 경제위원회는 최근 몇 년 동안 라틴아메리카에 대한 미국의 직접 투자로 인한 이익의 유출이 새로운 투자 유입보다 다섯 배 더 컸다고 지적했다. 기업이 자신의 이익을 챙길 수 있도록, 국가는 자신을 담보로 외국 은행과 국제 신용 기구에 빚을 짐으로써 앞으로

---

105) (옮긴이) 비국유화(denationalization)는 주로 국가가 자국의 자산이나 주요 산업, 기업을 민간이나 외국 자본에 매각하거나 통제를 포기하는 상황을 가리킨다.

발생할 재정적 피해 규모를 키운다. 이런 의미에서 산업에 대한 투자는 "전통적인" 투자와 동일한 결과를 가져온다.

미국의 대기업을 중심으로 통합된 세계 자본주의의 강철처럼 견고한 체계 속에서, 라틴아메리카의 산업화는 진보 및 민족해방과의 관련성이 점점 더 적어지고 있다. **그 부적은 19세기의 결정적인 패배 속에서 힘을 빼앗겼는데, 당시에는 항구가 내륙의 국가를 압도하고, 자유무역이 갓 태어난 국가 산업을 괴멸시켰다. 20세기는 과제를 다시 시작해서 최종 결과를 도출해 낼 때까지 수행할 강력하고 창의적인 산업 부르주아지를 만들어 내지 못했다. 모든 시도는 중간에서 멈추었다. 라틴아메리카의 산업 부르주아지에게는 난쟁이에게 일어난 일과 같은 일이 일어났다. 성장하지 못한 채 쇠퇴에 이르렀던 것이다.** 오늘날, 우리의 부르주아지는 전능한 외국 기업의 중개인이나 직원이다. 진실을 존중하자면, 그들은 다른 운명을 얻을 자격을 갖추기 위한 공로를 세운 적이 전혀 없다.

보초들이 문을 연다: 국가 부르주아지의 비난받을 무기력

현재 아르헨티나, 브라질, 멕시코—라틴아메리카의 세 주요 발전 거점—의 산업 구조는 이미 **반사적** 발전[106]의 특징적인 왜곡을 보여 준다. 이들 세 나라보다 더 취약한 나라에서는 산업의 위성화가, 어

---

106) (옮긴이) '반사적(反射的) 발전'은 스스로 주도하는 내발적 발전이 아니라, 외부 경제(주로 선진국)에 종속된 의존적·반응적 발전을 가리키는 용어다.

떤 예외적인 경우를 제외하고, 큰 어려움 없이 진행되었다. 오늘날 상품과 자본뿐만 아니라 공장까지 수출하고 침투해서, 모든 것을 독점하는 것은 경쟁적인 자본주의가 아니라는 점이 확실하다. 이것이 바로 거대 다국적 기업의 시대에 자본주의가 국제적인 규모로 구축한 산업 통합이고, 지구 곳곳의 가장 다양한 지역에서 가장 다양한 행위를 아우르는 무한 규모의 독점이다.[107]

미국의 자본은 미국 본토보다 라틴아메리카에 더 강하게 집중되어 있다. 몇몇 기업이 대부분의 투자를 통제한다. **그들 기업에게 국가는 수행해야 하는 과제도, 방어해야 하는 깃발도, 개척해야 하는 운명도 아니다. 때로는 주권이 불편한 것이기 때문에 국가는 단지 뛰어넘어야 할 장애물일 뿐이고, 탐스럽게 먹어야 하는 즙 많은 과일일 뿐이다.** 각 나라의 지배 계층에게 국가의 발전은, 반대로, 책임지고 완수해야 할 하나의 사명일까? 거세게 질주하는 제국주의 자본은 무방비 상태인데다, 자신의 역사적인 역할에 대한 인식이 없는 현지의 산업과 맞닥뜨렸다. **부르주아지는 눈물도 피도 흘리지 않은 채 외국의 침략에 협력했다.** 국가에 관해 말하자면, 20여 년 전부터 약화되어 온 라틴아메리카 경제에 대한 국가의 영향력은 국제통화기금의 유익한 작업 덕분에 최소화되었다. 미국 대기업이 정복자처럼 유럽에 들어가서 구대륙의 발전을 장악했는데, 그 규모가 너무 커서 유럽에 설립된 미국 산업이 머지않아 미국과 소련에 이어 세계

---

107) Paul A. Baran y Paul M. Sweezy, op. cit.

에서 세 번째로 강력한 산업이 될 것이라고 예고된다.[108] 만약 유럽의 부르주아지가 모든 전통과 활력을 가지고도 그 거대한 흐름을 막아낼 수 없었다면, 라틴아메리카의 부르주아지가 역사의 이 시점에서 독립적인 자본주의의 발전이라는 불가능한 모험을 주도하리라고 기대할 수 있었을까? 반대로, 라틴아메리카에서 탈국가화 과정은 훨씬 급격하고 저렴하게 진행되었고, 이전과는 비교할 수 없는 나쁜 결과를 낳았다.

우리 시대에 라틴아메리카의 산업 성장은 외부에서 촉발되었다. 그것은 국가의 발전을 위해 계획된 정책에 의해 이루어지지도 않았고, 생산력의 성숙을 완성하지도 않았으며, 이미 '극복된' 내부 갈등, 즉 대지주와 태어난 지 얼마 되지 않아 죽은 국내 수공업자 집단 사이에 일어난 갈등의 폭발에서 비롯되지도 않았다. 라틴아메리카의 산업은, 무역의 쇠퇴로 인해 야기된 심각한 불균형에 대응하기 위해, 농산물 수출 중심 시스템의 내부에서 탄생한 것이다. 실제로, 두 차례의 세계대전, 그리고 무엇보다도 1929년 10월의 **블랙 프라이데이**의 폭락 이후 자본주의가 겪은 깊은 경제 불황은 그 지역의 수출을 급격하게 감소시켰고, 그 결과 수입 능력도 단번에 떨어뜨렸다. 갑자기 품귀된 외국산 산업 제품의 국내 가격이 폭등했다. 그래서 전통적인 의존 구조에서 벗어난 산업 계층이 등장하지 않았다. 제조업에 대한 강력한 추진력은 대지주와 수입 업자의 수중에 축적된 자본에서 비롯되었다. 아르헨티나에서 환율 통제를 시행

---

108) J. J. Servan-Schreiber, *El desafío americano*, Santiago de Chile, 1968.

한 것은 대규모 축산업자들이었다. 농업부 장관이 된 농업협회 회장은 1933년에 다음과 같이 선언했다. "분열된 세계가 우리를 고립시킴으로써, 우리는 우리에게서 물건을 사가지 않는 나라에서 우리가 더 이상 구매할 수 없는 것을 우리나라에서 만들어야 합니다."[109] 커피 **파젠데이루**들은 무역에서 축적한 자본의 많은 부분을 상 파울루의 산업화에 투입했다. 어느 정부 문서는 다음과 같이 진단한다. "오늘날 발전된 국가들의 산업화와 달리, 브라질의 산업화 과정은 경제 전반의 변혁 과정에 통합되면서 서서히 진행되지 않았다. 오히려 빠르고 강렬하게 진행된 현상으로, 기존의 경제·사회 구조를 온전히 바꾸지 않은 채 그 구조에 겹쳐짐으로써 브라질 사회를 특징짓는 부문 간, 지역 간의 현격한 격차를 만들어냈다."[110]

새로운 산업은 정부가 산업 보호를 위해 세운 관세 장벽의 엄호를 처음부터 받았고, 수입을 제한·통제하고, 특별 환율을 설정하고, 세금을 면제하고, 생산 잉여물을 구매하거나 자금을 지원하고, 원자재와 상품의 운송이 가능하도록 도로를 놓고, 에너지원을 창출하거나 확장하기 위한 국가의 조치들 덕분에 성장했다. 민족주의적 성향과 광범위한 대중적 지지를 특징으로 하는 제툴리우 바르가스 정부(1930-1945, 1951-1954), 라사로 카르데나스 정부(1934-1940), 후안 도밍고 페론 정부(1946-1955)는 각각 브라질, 멕시코, 아르헨티나에서

---

109) Alfredo Parera Dennis에 의해 인용됨, "Naturaleza de las relaciones entre las clases dominantes argentinas y las metrópolis", en *Fichas de Investigación Económica y Social*, Buenos Aires, diciembre de 1964.
110) Ministério do Planejamento e Coordenação Geral, *A industrialização brasileira: diagnóstico e perspectivas*, Río de Janeiro, 1969.

각기 다른 사례와 시기에 따라 국가 산업의 출발, 발전 또는 정착의 필요성을 표현했다. 실제로, 자본주의적으로 발전된 국가들에서 산업 부르주아지의 특징을 정의하는 "기업 정신"은 라틴아메리카에서, 특히 결정적인 추진력이 발휘되던 이 시기 동안에, 국가의 특성이 되었다. **국가는, 역사적인 요구에 따라 등장했지만 큰 성과가 없었던 어느 사회적 계급의 역할을 대신했다.** 국가는 민족을 대표했고, 대중이 산업화의 혜택에 정치적·경제적으로 접근할 수 있도록 강제했다. 대중주의적 카우디요들의 작품인 이 구조 안에서 그때까지 지배적이던 계급들 전체와 본질적으로 구별되는 산업 부르주아지 계급은 형성되지 않았다. 예를 들어, 페론은 산업연합[111]의 공포를 불러일으켰는데, 그 단체의 지도자들이 부에노스 아이레스 교외의 프롤레타리아트가 일으킨 반란에서 지방 몬토네라의 유령들이 다시 나타났다고 생각할 만한 이유가 있었다. 보수 연합 세력은 페론이 1946년 2월 선거에서 그들을 패배시키기 전에 산업연합의 대표로부터 그 유명한 수표 한 장을 받았다. 10년 후에 페론 정권이 무너졌을 때, 가장 중요한 공장들의 소유주들은 자신들이, 좋든 싫든, 속해 있던 과두제 계층과의 갈등이 본질적인 것이 아니었음을 다시 한번 확인했다. 1956년에 산업연합, 농업협회(Sociedad Rural), 그리고 증권거래소는 결사의 자유, 자유 기업, 자유무역, 그리고 자유로

---

111) (옮긴이) 산업연합(Unión Industrial)은 1887년에 설립된 아르헨티나의 대표적인 산업 자본가 단체로, 국내 산업계의 이익을 보호하고, 국가 정책에 영향력을 행사했다. 페론 정권 이전에는 자유무역을 선호하는 농업 귀족 계층과 대립하고, 페론 정권 시기에는 국가 주도의 산업화 정책과 긴장 또는 협력 관계를 유지했다.

운 고용 계약을 수호하기 위해 공동 행동에 나섰다.[112] 브라질에서, 제조업 분야의 중요한 부르주아지 계층은 바르가스를 자살로 몰고 간 세력과 손을 잡았다. 이런 의미에서 멕시코의 경험은 예외적인 특성을 가졌고, 확실히 아메리카 대륙의 변화 과정에 종국적으로 기여한 것보다 훨씬 많은 것을 약속했다. 라사로 카르데나스의 민족주의적인 시기는 대지주와 맞서 싸운 유일한 시기였는데, 그렇게 하면서 이미 1910년부터 나라를 뒤흔들었던 농지개혁을 추진했다. 아르헨티나와 브라질뿐만 아니라 다른 나라들에서도 산업 발전을 추구하는 정부가 라티푼디움의 구조를 그대로 놔둔 결과 내수 시장과 농축산업 생산의 발전을 억제하는 상황이 계속되었다.[113]

일반적으로, 산업은 자체 공항의 기본 구조를 변경하지 않은 채 착륙한 비행기처럼 도입되었다. 기존 내수 시장의 수요에 의해 제한되었던 산업은 소비의 필요를 충족시켰지만 내수 시장을 넓히는 혁신적이고 광범위한 변화는 일어나지 않았는데, 산업에 큰 구조적 변화가 일어났더라면 그런 변화가 가능했을 것이다. 마찬가지로, 산업 발전은 기계, 부품, 연료 및 중간 제품의 수입 증가를 불러왔지만,[114]

---

112) Dardo Cúneo, op. cit.
113) 칠레, 콜롬비아, 그리고 우루과이도 여기서 기술된 시기에 수입 대체 산업화 과정을 겪었다. 우루과이 대통령 호세 바틀레 이 오르도녜스(José Batlle y Ordóñez, 1903-1907, 1911-1915 재임)는 그전에 라틴아메리카에서 부르주아 혁명이 일어날 것이라고 예언했었다. 우루과이에서는 8시간 근무제가 미국보다 먼저 법규화되었다. 바틀레는 복지국가를 구현하기 위해 그 당시에는 가장 진보적이었던 사회법을 시행하는 데 그치지 않고, 문화 발전과 대중 교육도 강력하게 추진했으며, 공공 서비스와 경제적으로 대단히 중요한 여러 생산 활동을 국유화했다. 하지만 그는 대지주의 권력은 손대지 않았고, 은행도 외환 거래도 국유화하지 않았다. 현재 우루과이는, 아마도 불가피했던, 그 예언자의 이 같은 누락의 결과와 그 후계자들의 배신의 결과를 겪고 있다.
114) "특정 재화를 내부 생산으로 전환하는 것은 이전에 경제 외부에서 생성되었던 부가

외화를 가져다주는 수출은 이 같은 도전에 대응할 수 없었는데, 왜 냐하면 수출이 주인에 의해 낙후된 상태로 남아 있던 분야에서 비롯되었기 때문이다. 페론 정부 아래에서는 아르헨티나 정부가 곡물 수출을 독점했다. 반면에 토지 소유 체제는 전혀 손을 대지 않았고, 미국과 영국의 대형 냉동 육가공업도, 양모 수출업도 국유화하지 않았다.[115] 중공업에 대한 정부의 추진력은 약했고, 국가는 자체 기술을 개발하지 않으면 국가의 민족주의적 정책이 날개가 잘린 채 날아간다는 점을 제때 깨닫지 못했다. 미국 대사와 정면으로 맞서며 권력을 잡은 페론은 이미 1953년에 밀턴 아이젠하워의 방문을 환영하면서 받아들였고, 역동적인 산업들을 촉진하기 위해 외국 자본의 협력을 요청했다.[116] 수입 제조품의 대체가 단계적으로 빠르게 진행되고, 새로운 공장들이 더 높은 수준의 기술과 조직을 요구함에 따라 국가 산업과 제국주의 기업 사이의 "협력" 필요성이 절박해졌다. 그런 경향은 제툴리우 바르가스의 산업화 모델 안에서도 성숙해졌는데, 이는 그 카우디요의 비극적인 최종 결정에서 드러났다. 최신 기술을 집중적으로 보유한 외국의 과점 기업이 제조 기술, 특허 및 새

가치의 일부만을 '대체'할 뿐이다. (……) 그 '대체된' 재화의 소비가 빠르게 확장되면서, 수입에 의한 수요 증가가 외환 시장의 한계를 단기간에 초과할 수 있다." María de Conceição Tavares, *O processo de substituição de importações como modelo de desenvolvimento recente na América Latina*, Cepal-Ilpes, Río de Janeiro, s.f.

115) Ismael Viñas y Eugenio Gastiazoro, *Economía y dependencia(1900-1968)*, Buenos Aires, 1968.

116) 경제부 장관은 《비시온(*Visión*)》지(1953년 11월 27일 자) 기자의 "석유 산업 이외에 아르헨티나는 외국 자본의 협력으로 다른 어떤 산업을 발전시키고 싶어하나요?"라는 질문에 "더 정확하게 말하자면, 우선순위로 석유를 들고 싶고…… 두 번째로, 제철업…… 중화학 공업…… 운송 수단의 부품 제조…… 타이어와 차축 제조…… 그리고 국내에서 디젤 엔진 제조……."라고 대답했다(Alfredo Parera Dennis의 앞의 책에서 재인용).

로운 장비의 판매를 통해 멕시코를 포함한 라틴아메리카 모든 국가의 국내 산업을 그다지 비밀스럽지 않게 장악해 가고 있었다. 월 스트리트는 확실하게 롬바드 스트리트(Lombard Street)의 자리를 차지했고, 그 지역에서 슈퍼 파워의 이익을 향유하기 위한 길을 열었던 주요 기업들은 미국 것이었다. 그 같은 제조업 분야로의 침투와 더불어 은행계와 상업계에도 갈수록 큰 개입이 이루어졌고, 라틴아메리카의 시장은 다국적 기업의 내부 시장에 통합되어 갔다.

1965년, 카스텔루 브랑쿠 독재 정권의 경제 차르(tsar)인 호베르투 캄푸스(Roberto Campos)는 다음과 같이 선언했다: "낭만적인 후광에 둘러싸인 카리스마적인 리더들의 시대는 테크노크라시에게 자리를 내준다."[117] 미국 대사관은 주앙 굴라르 정부를 전복한 쿠데타에 직접적으로 가담했다. 바르가스의 스타일과 의도를 계승한 굴라르의 몰락은 포퓰리즘과 대중정치의 종말을 의미했다. 군대의 음모[118]가 승리한 지 불과 몇 개월 뒤에 친구 하나가 리우 데 자네이루에서 필자에게 보낸 편지에 이렇게 썼다. "우리는 패배하고, 지배당하고, 정복당하고, 파괴된 나라입니다." 브라질의 비국유화는 반대중적인 독재를 철권으로 행사할 필요성을 의미했다. 자본주의의 발전은 이미 바르가스 같은 카우디요

---

117) Octavio Ianni, *O colapso do populismo no Brasil*, Río de Janeiro, 1968.
118) (옮긴이) 1964년에 군부와 정치적 반대 세력이 주앙 굴라르 대통령 정부를 전복하기 위해 쿠데타를 일으킴으로써 군부 정권을 탄생시키고, 그 결과 브라질의 군부 독재 시대가 시작되었다.

를 중심으로 한 대규모 대중 운동과 맞지 않았다. 파업을 금지하고, 노동조합과 정당을 파괴하며, 투옥하고, 고문하고, 살해하고, 폭력으로 노동자의 임금을 낮추어야 했는데, 그렇게 하면서 가난한 사람의 더 큰 가난을 대가로 현기증 나는 인플레이션을 억제해야 했다. 1966년과 1967년에 실시된 설문조사에 따르면, 브라질의 대기업가 84%가 굴라르 정부가 해로운 경제 정책을 시행했다고 생각했다. 그들 가운데는 굴라르가 브라질 경제의 제국주의적 유출을 막기 위해 의존하려 했던 국가 부르주아지 계층의 주요 인물들이 있었다는 점은 의심할 나위가 없다.[119] 국민을 억압하고 질식시키는 동일한 과정이 아르헨티나의 후안 카를로스 온가니아 장군의 정권에서도 일어났다. 실제로 그런 일은 1955년에 페론주의의 패배로 시작되었고, 브라질에서는 1954년에 바르가스의 총격[120] 이후 실제로 발생했다. 멕시코에서 산업의 비국유화는 정부를 독점하는 당의 억압적인 정책의 강화와 함께 이루어졌다.

페르난두 엔히키 카르도주(Fernando Henrique Cardoso)는 포퓰리즘 정부들의 지원을 넉넉하게 받았던 경공업 또는 **전통적인** 산업은 사람들이 셔츠나 담배를 구매하는 것 같은 대중 소비의 확장을 요구한다고 지적했다.[121] 반대로, 역동적인 산업——중간재와 자본재——은

---

119) Luciano Martins, *Industrialização, burguesia nacional e desenvolvimento*, Río de Janeiro, 1968.
120) (옮긴이) 정치적 압력과 위기 속에서 브라질의 군사 정부와 정적들의 공격을 받던 제툴리우 바르가스는 1954년 8월 24일에 자신의 집무실에서 총을 쏘아 자살했다. 이 사건은 브라질 역사에서 중요한 정치적 전환점을 의미한다.
121) Fernando Henrique Cardoso, *Ideologías de la burguesía industrial en sociedades dependientes(Argentina y Brasil)*, México, 1970.

제한된 시장을 대상으로 하는데, 그 시장의 정점에는 대기업과 국가, 즉 재정적인 능력이 큰 소수의 소비자가 있다. **현재 외국인의 수중에 있는 역동적인 산업은 기존의 전통적인 산업에 의존하면서 그 산업을 종속한다.** 기술력이 낮은 전통적인 부문에서는 국가 자본이 어느 정도의 힘을 유지한다. 전통적인 부문이 기술적 또는 재정적으로 국제적 생산 방식에 덜 의존하고 덜 연계될수록, 자본가는 농지 개혁에, 그리고 노동조합의 투쟁을 통한 대중 계층의 소비 능력 향상에 더 호의적인 태도를 보이는 경향이 있다. 반면, 외부와 더 밀접하게 연계되어 있는 역동적인 산업의 대표자들은 대외 의존적인 국가들의 개발의 섬[122]과 세계 경제 시스템 사이의 경제적인 유대를 강화하도록 요구하고, 국내적인 개혁을 이 같은 최우선 목표에 종속시킨다. 아르헨티나와 브라질에서 최근 실시된 설문조사는 카르도주의 연구 작업의 기초 자료가 되었는데, 설문조사의 결과가 밝힌 바처럼, 역동적인 산업의 대표자들이 산업 부르주아지를 이끈다. **대기업가들은 농지개혁에 대해 단호하게 반대하는 입장을 취한다.** 그들 대부분은 제조업 부문과 농업 부문의 이해관계가 상이하다는 사실을 부인하고, 산업 발전을 위해서는 모든 생산자 계급의 결집과 서방권(西方權: Western Bloc)의 강화보다 더 중요한 것이 전혀 없다고 생각한다. 아르헨티나와 브라질의 대기업가들 가운데 단 2%만이 맨 먼저 노동자를 정치적으로 고려해야 한다고 생각한다. 조사에 응한 이들은 대부분 **국내 기업가**였고, 또한 대부분은 다양한 형

---

122) (옮긴이) '개발의 섬'은 국가의 전반적인 경제 상황과 별개로 발전한 특정 지역(개발 거점, 산업 지대)을 가리킨다.

태의 의존이라는 밧줄에 손발이 묶인 채 외국의 권력 중추에 얽매여 있었다.

현시점에서 다른 결과를 기대할 수 있을까? 산업 부르주아지는 지배 계급 집합체의 일부를 이루는데, 이 지배 계급은 동시에 외부의 지배를 받는다. 오늘날 벨라스코 알바라도 정부에 의해 수용된 페루 해안 지역의 주요 라티푼디움 주인들은 31개의 제조업체와 그 외 다양한 기업의 소유주이기도 하다.[123] 상황은 다른 모든 나라에서도 마찬가지다.[124] 멕시코도 예외는 아니다. 미국의 대기업 집단에 종속된 국민 부르주아지는 제국주의의 억압보다 대중의 압박을 훨씬 두려워하는데, 그런 상황으로 인해 자신에게 부여된 자립성도 창의적인 상상력도 없이 발전하면서 이익을 효과적으로 확대해 왔다.[125] 아르헨티나에서, 라티푼디움 주인들의 사회적인 명성의 중심인 조키 클럽(Jockey Club)을 만든 사람은 동시에 산업가들의 지도자이기도 했는데,[126] 이로써 19세기 말에 불멸의 전통 하나가 시작되었다.

---

123) François Bourricaud, Jorge Bravo Bresani, Henri Favre, Jean Piel, *La oligarquía en el Perú*, Lima, 1969. 본 자료는 파브르(Favre)의 연구에서 나온 것이다.

124) Ricardo Lagos Escobar, *La concentración del poder económico. Su teoría. Realidad chilena* (Santiago de Chile, 1961) y Vivian Trías, *Reforma agraria en el Uruguay*, op. cit.가 반박할 수 없는 예들을 제시한다. 수백 가족이 공장과 토지, 대형 상업 시설과 은행을 소유하고 있다는 것이다.

125) "멕시코의 자본가들은 갈수록 더 다재다능하고 진취적으로 변한다. 그들은 부를 쌓기 위한 출발점으로 소용되었던 사업과 관계 없이, 친구 관계, 사업상의 제휴, 결혼, 친부모-대부모의 관계(compadrazgo), 상호 호의 제공, 특정 클럽이나 단체 가입, 빈번한 사교 모임, 그리고 물론 정치적 성향의 일치를 통해 항상 자신들의 이익을 확대하고 얽힐 가능성을 항상 모든 사람에게, 혹은 적어도 가장 저명한 사람에게 제공하는 다양한 채널의 원활하고 효율적인 네트워크를 이용한다."(Alonso Aguilar M., en Alonso Aguilar M. 외, *El milagro mexicano*, op. cit.).

126) 그는 카를로스 펠레그리니(Carlos Pellegrini)였다. 조키 클럽이 그의 연설을 편집해 그

즉 부유해진 수공업자들은 결혼이라는 경로를 통해 과두 지배 계층의 가장 배타적인 살롱에 출입할 문을 열기 위해 대지주의 딸과 결혼하거나 동일한 목적을 위해 토지를 구입하고, 적지 않은 축산업자가, 적어도 호황기에, 자신들의 수중에 있는 잉여 자본을 산업에 투자했다.

섬유 상인이자 제조업자로서 재산의 대부분을 축적한 파우스티노 파노(Faustino Fano)는 1967년에 사망할 때까지 네 차례 연속으로 농업협회의 회장이 되었다. 신문들은 그에게 바친 부고 기사에서 "파노가 농업과 산업 사이의 허구적인 대립을 타파했다."라고 선언했다. 산업적 잉여는 소가 된다. 유력 산업가인 디 텔라(Di Tella) 형제는 자국의 자동차와 냉장고 공장들을 외국 자본에 팔았고, 지금은 농업협회의 전시회를 위해 씨수소를 기른다. 반세기 전, 부에노스 아이레스 주의 지평선에 이르는 광대한 땅을 소유한 안코레나(Anchorena) 가족은 부에노스 아이레스에서 가장 중요한 금속공장들 가운데 하나를 세웠다.

유럽과 미국에서 산업 부르주아지는 각각 매우 다른 방식으로 역사의 무대에 등장해, 매우 다른 방식으로 성장하고, 권력을 확립했다.

에게 경의를 표했을 때, 산업주의적 주장을 담은 부분이 삭제되었다. Dardo Cúneo, op. cit.

어떤 깃발이 기계 위에서 펄럭이는가?

노파가 허리를 굽힌 채 불길에 바람을 불어넣으려고 손을 휘저었다. 그렇게, 구부러진 등과 주름 가득한 목을 쭉 뻗은 모습이 마치 오랜 세월을 살아온 늙은 거북처럼 보였다. 하지만 낡고 찢어진 초라한 옷이 확실히 등껍질만큼은 노파를 보호해 주지 못했는데, 어찌 되었든 동작이 그렇게 굼뜬 것은 오로지 세월 탓이었다. 노파의 굽은 등 뒤로는 역시 굽은 나무와 양철로 지은 오두막이 있었고, 그 너머에는 상 파울루의 변두리에 자리한 비슷한 오두막들이 있었다. 노파 앞에 놓인 석탄 색깔의 솥에서는 커피 끓일 물이 끓고 있었다. 노파는 작은 깡통을 입술까지 들어 올렸다. 마시기 전에 고개를 흔들고 눈을 감았다. 그리고, "브라질은 우리 것이야(O Brasil é nosso)"라고 외쳤다. 같은 도시 한복판에서, 그리고 같은 순간에, 유니언 카바이드(Union Carbide)의 최고경영자는 자신의 회사가 또 하나의 브라질 플라스틱 공장을 인수한 것을 축하하기 위해 크리스털 잔을 들어 올리면서, 다른 언어로 노파와 똑같은 생각을 했다. 하지만 두 사람 중 한 사람은 틀렸다.

1964년 이후, 브라질의 연이은 군사 독재자들은 국가 소유 기업들의 창사 기념일을 축하하면서 곧 진행될 비국유화 계획을 발표하는데, 그들은 그것을 **회복**(recuperação)이라 부른다. **1965년 7월 6일에 공포된 법률 56 570은 석유화학 산업을 국가에 위임했고, 같은 날에 공포된 법률 56 571은 이전 법을 폐지하고 석유화학 산업을 민간 투자자에게 개방했다.** 이런 식으로, 다우 케미컬, 유니언 카바이드, 필립스 페트롤리엄 컴퍼니(Phillips Petroleum Co.), 그리고 록펠러 그룹은 아주 탐나는 **필레 미뇽**(filet mignon) 즉, 1970년대에 호황기를 맞이하리라 예견되는 석유의 화학적 부산물을 생산하는 산업을 직접적으로 또는 국가와의 "연합(asociación)"을 통해 얻었다. 한 법과 다른 법 사이에 경과된 세월 동안 무슨 일이 일어났을까? 파르르 떨리는 커튼, 복도를 울리는 발걸음 소리, 절박하게 문을 두드리는 소리, 공중에 날아다니는 초록색 지폐들, 궁전 안의 소란. 셰익스피어부터 브레히트에 이르기까지 많은 이가 이를 상상하고 싶어 했을 것이다. **정부의 어느 장관은 다음과 같이 인정한다. "강조하건대, 브라질에는 국가 자체는 논외로 치고, 명예로운 예외 몇 개를 제외하면 외국 자본만이 존재한다."**[127] 그리고 정부는 미국과 유럽의 기업들과 이 불편한 경쟁을 피하기 위해 가능한 것은 모두 실행한다.

브라질에서 제조업에 대한 대규모 외국 자본 유입은 1950년대에 시작되었고, 주셀리누 쿠비체크(Juscelino Kubitschek) 대통령이 실행한 메타스 계획(Plan de Metas, 1957-1960)에 의해 강한 추진력을 부여받았다. 그때는 성장을 열광하는 시기였다. 브라질리아는, 마치 마법의 모자에서 튀어나오듯, 인디오가 바퀴의 존재조차 알지 못하던 사막 한가운데에서 태어났다. 그곳에 도로가 깔리고, 거대한 댐이 만들어졌으며, 자동차 공장에서는 2분마다 새 차가 나왔다. 산업은 빠른 속도로 성장했다. 외국 투자에 문이 활짝 열리고, 달러의 침입이 박수를 받았으며, 발전의 역동성이 진동하듯 느껴졌다. 잉크가

---

127) 리우 데 자네이루 상공회의소 오찬에서 헬리오 벨트랑(Hélio Beltrão) 장관 연설, Correio do Povo, 24 de mayo de 1969.

채 마르지 않은 지폐가 유통되었다. 앞으로의 도약은 인플레이션과 다음 정부들에게 고통스러운 유산으로 남겨질 막대한 외채의 후원을 받았다. 외국 기업의 본사로 이익금을 송금하고 투자금을 상환하기 위해 쿠비체크가 보장한 특별 환율이 승인되었다. 국가는 해외에서 기업이 진 부채의 상환에 대한 공동 책임을 지고, 또한 그 부채의 상환과 이자를 벌충하기 위해 저렴한 달러를 제공했다. 유엔 라틴아메리카 카리브 경제위원회가 발표한 보고서에 따르면,[128] 1955년과 1962년 사이에 유입된 총투자액의 80% 이상이 국가의 보증을 받은 차관에서 나왔다. 다시 말해, 기업의 투자 중 5분의 4 이상이 외국의 은행에서 빌린 것인데, 이는 브라질 국가의 막대한 외채를 더 늘어나게 했다. 더불어, 기계류 수입에는 특별한 혜택이 부여되었다.[129] 국내 기업은 제너럴 모터스나 폭스바겐에 제공된 이 같은 편의를 누리지 못했다.

  제국주의 자본에 대한 이런 유인 정책의 결과인 비국유화 현상은 브라질의 대규모 경제 집단들에 대해 리우 데 자네이루 연방 대학교의 사회과학연구소가 인내심을 발휘해 수행한 연구 결과가 발표

---

128) CEPAL-BNDE, *Quince años de política económica en el Brasil*, Santiago de Chile, 1965.

129) 외국 투자에 매우 우호적인 경제학자 이우제니우 구딘(Eugênio Gudin)은 브라질이 이 마지막 항목만으로도 미국과 유럽 기업에게 무려 10억 달러나 기부했다고 계산했다. 모아시르 파이샤웅(Moacir Paixão)은 자동차 산업이 도입된 시기에 이 산업에 부여된 각종 특혜가 국가 예산과 맞먹는 금액에 해당한다고 추정했다. 파울루 실링은 브라질 정부가 다국적 대기업에 엄청난 혜택을 제공하고, 최소 투자로 최대 이익을 얻을 수 있도록 허용하는 동시에 바르가스 시대에 설립된 국영 자동차 공장(Fábrica Nacional de Motores)에 대한 지원은 거부했다고 지적한다(Brasil para extranjeros, op. cit.). 그 후 카스텔루 브랑쿠 정부 시대에 이 국영기업은 알파 로메오(Alfa Romeo) 사에 매각되었다.

되었을 때 드러났다.[130] 40억 크루제이루[131] 이상의 자본을 가진 대기업 집단들[132] 가운데 절반 이상이 외국 기업이었는데, 대부분은 미국 기업이었다. 자본이 10억 크루제이루 이상인 경우는 외국 집단이 12개이고, 국내 집단은 5개뿐이었다. 마우리시우 비냐스 지 케이로스(Maurício Vinhas de Queiroz)는 조사 분석에서 "경제 집단이 클수록 외국 것일 가능성이 더 크다."라고 결론지었다. 하지만 그만큼 또는 더욱더 설득력 있는 사실은, 40억 크루제이루가 넘는 자본을 가진 24개의 국내 기업 가운데 단 9개만이 주식을 통해 미국이나 유럽의 자본과 연결되지 않았다는 것이었는데, 설사 그렇더라도 그들 가운데 2개 기업은 외국 기업의 이사회와 상호 연계되어 있었다. 그 조사를 통해 각자의 전문 분야에서 사실상 독점을 행사하는 10개의 경제 집단이 밝혀졌다. 그들 가운데 8개는 미국 대기업들의 자회사였다.

하지만 이 모든 것은 그 후에 벌어진 상황에 비하면 아이들의 놀이처럼 보인다. 1964년과 1968년 중반 사이에 포드, 크라이슬러, 윌리스(Willys), 심카(Simca), 폭스바겐 또는 알파 로메오가 15개의 자동차 제조업체 또는 자동차 부품 공장을 삼켜버렸고, 전기 및 전자

---

130) Maurício Vinhas de Queiroz, "Os grupos multibilionários", en *Revista do Instituto de Ciências Sociais*, Universidad Federal de Río de Janeiro, enero-diciembre de 1965.
131) (옮긴이) 크루제이루(cruzeiro)는 브라질에서 20세기 중후반부터 1990년대 초까지 사용된 화폐 단위다.
132) (옮긴이) 대규모 경제 집단(grandes grupos económicos)은 다수의 기업으로 구성되는데, 반드시 산업 다각화를 하지 않아도 된다. 자회사들이 서로 협력해 운영되며, 각 기업이 상호 의존적일 수 있다. 자본 규모와 시장 영향력이 크다. 반면에 대기업 집단(conglomerados)은 서로 다른 여러 산업 분야에 속한 회사를 한데 거느리고 운영하는 큰 기업 무리를 가리킨다.

분야에서는 브라질의 주요 기업 3개가 일본 기업의 손에 넘어갔다. 와이어스(Wyeth), 브리스톨, 미드 존슨(Mead Johnson) 그리고 레버(Lever)가 브라질의 실험실 여러 개를 흡수하면서 국내 의약품 생산의 시장 점유율이 5분의 1로 줄어들었다. 아나콘다는 비철금속 산업에, 유니언 카바이드는 플라스틱, 화학제품 및 석유화학 산업에 뛰어들었다. 또한, 아메리칸 캔(American Can), 아메리칸 머신 앤드 파운드리(American Machine and Foundry) 및 다른 동종 기업들이 국내의 기계 및 금속 공학 분야 기업 6개를 차지했다. 브라질의 대규모 금속 분야 공장들 가운데 하나인 콤파냐 지 미네라상 제랄(Companhia de Mineração Geral)은 베들레헴 스틸, 체이스 맨해튼 뱅크, 그리고 스탠더드 오일이 참여한 컨소시엄에 의해 헐값에 인수되었다. 그 문제를 조사하기 위해 구성된 국회 특별위원회의 결론은 충격적이었지만, 군사정권이 국회의 문을 닫아버렸기 때문에 브라질 국민은 이 조사 자료를 결코 알 수 없었다.[133]

카스텔루 브랑쿠 원수의 정부 시기에 외국 기업에게 사실상 역외 적용[134]의 특권을 제공하는 투자 보증 협정이 체결되고, 이들 기업의

---

133) 그 위원회는 1968년에 외국 자본이 브라질 자본 시장의 40%, 무역의 62%, 해상 운송의 82%, 외국 항공 운송의 67%, 자동차 생산의 100%, 타이어 생산의 100%, 제약 산업의 80% 이상, 화학 산업의 약 50%, 기계 생산의 59%, 자동차 부품 공장의 62%, 알루미늄의 48%, 시멘트의 90%를 통제하고 있다는 결론에 도달했다. 외국 자본의 절반은 미국 기업들의 것이었고, 중요도 순으로 독일 기업들이 그 뒤를 이었다. 참고로, 독일 연방의 라틴아메리카에 대한 투자 증가의 중요성을 지적하는 것은 흥미로운 일이다. 브라질에서 생산되는 자동차 두 대 중 한 대는 전국에서 가장 중요한 폭스바겐 공장에서 나온다. 남아메리카 최초의 자동차 공장은 1951년에 설립된 독일 기업 메르세데스-벤츠 아르헨티나(Mercedes-Benz Argentina)였다. 바이엘, 회흐스트(Hoechst), 바스프(BASF), 그리고 셰링(Schering)은 라틴아메리카 국가들의 화학 산업 상당 부분을 지배하고 있다.
134) (옮긴이) 역외 적용(extraterritoriality)은 한 국가의 법률이나 규제가 자국 영토를 넘어

소득세가 경감되었으며, 이들 기업이 금융 지원의 혜택을 누릴 특별한 편의가 부여됨과 동시에, 이전의 굴라르 정부가 이윤 유출을 막기 위해 적용했던 제한 조치들이 해제되었다. 독재 정권은 마치 포주가 여성을 제공하듯이 외국의 자본가를 유혹하고, 필요한 부분을 다음과 같이 강조했다. "브라질에서 외국인에 대한 대우는 세계에서 가장 자유로운 편이다. (……) 주주의 국적에 관한 제한은 없다. (……) 등록된 자본 중 이익금으로 송금할 수 있는 비율에 제한이 없다. 자본의 본국 송금에 대한 제한이 없고, 이익의 재투자는 기존 자본의 증가로 간주된다……."[135]

아르헨티나는 제국주의적 투자의 선호지라는 지위를 두고 브라질과 경쟁하는데, 같은 시기에 아르헨티나를 통치하던 군사 정부 역시 투자 유치의 이점을 강조하는 데 뒤지지 않았다. 후안 카를로스 온가니아 장군은 1967년에 아르헨티나 경제 정책 방향을 규정한 연설에서 닭이 여우에게 평등한 기회를 부여한다[136]고 다음과 같이 재확인했다. "아르헨티나에서 외국인 투자는, 결코 외국 자본을 차별하지 않은 우리나라의 전통적인 정책에 따라, 국내에서 국내 자본

외국 또는 외국인에게 적용되는 것을 의미한다. 즉, 자국 내에서 발생한 일이 아니더라도, 특정 요건하에 외국에서 발생한 행위나 외국인에게도 자국의 법률을 적용해 관할권을 행사하는 것을 말한다.

135) 1969년 1월 19일 자 《뉴욕 타임스》 특별 부록.
136) (옮긴이) 닭과 여우는 명백히 힘의 크기가 다르다. 그런 상황에서 닭이 여우에게 '기회의 평등'을 준다는 것은 사실상 자기 멸망을 자초하는 일이나 마찬가지다. 이 문장은 겉보기에는 공정해 보이지만, 실제로는 강자에게 유리하고 약자에게 불리한 제도나 상황을 풍자하는 표현이다.

의 투자와 동등하게 취급될 것입니다."[137] 아르헨티나는 외국 자본의 유입도, 그 자본이 국가 경제에 미치는 영향도, 이익의 유출도, 자본의 본국 송환에도 제한을 두지 않는다. 특허료, 로열티, 기술 지원 비용은 자유롭게 지불된다. 정부는 외국 기업에게 세금을 면제하고, 특별 환율을 제공하며, 그 외에도 여러 가지 장려책과 면세 혜택을 제공한다. 1963년과 1968년 사이, 아르헨티나의 주요 기업 50개가 비국유화되었는데, 그들 가운데 제강, 자동차 및 부품 제조, 석유화학, 화학, 전기 산업, 종이, 담배 같은 다양한 분야의 기업 29개가 미국 기업들의 손에 넘어갔다.[138] 1962년에 두 개의 민간 자본 기업인 시암 디 텔라(Siam Di Tella)와 인두스트리아스 카이저 아르헨티나(Industrias Kaiser Argentina)는 라틴아메리카에서 가장 큰 다섯 개의 제조업체에 포함되어 있었는데, 1967년에는 이 두 기업이 제국주의 자본에 의해 인수되었다. 연 매출이 70억 페소를 넘는 막강한 국내 기업들의 경우, 판매 총액의 절반을 외국기업이, 3분의 1을 국영기업이, 그리고 겨우 6분의 1을 아르헨티나 자본의 민간 기업이 차지한다.[139]

멕시코는 라틴아메리카의 제조 산업에 대한 미국 투자의 약 3분의 1을 모은다. 이 나라 역시 자본 이전에도, 이익 송환에도 제한을 두지 않는다. 외환의 제한도 전혀 없다. 1967년에 정부의 산업 및 상

---

137) Sergio Nicolau, *La inversión extranjera directa en los países de la Alalc*, México, 1968.
138) Rogelio García Lupo, *Contra la ocupación extranjera*, Buenos Aires, 1968.
139) UN, CEPAL, *Estudio económico de América Latina, 1968*, New York-Santiago de Chile, 1969 중에서 재인용.

업부(Industria y Comercio) 장관이 선언한 바에 따르면, 일부 산업에서 주식의 대부분을 국내 자본이 보유해야 하는 의무적인 **멕시코화** 정책은 "일반적으로 외국인 투자자들에 의해 호의적으로 받아들여졌고, 그들은 혼합기업의 창립이 지닌 다양한 장점을 공개적으로 인정했다. 국제적으로 유명한 기업들조차 멕시코에 설립된 회사들의 이 같은 협력 방식을 채택했다는 점은 주목할 만하고, 산업의 멕시코화 정책이 멕시코에 대한 외국인 투자를 방해한 것이 아닐 뿐만 아니라 그런 외국인 투자의 경향이 1965년에 기록을 경신한 뒤, 그해에 달성된 투자 규모가 1966년에는 다시 초과했다는 점을 강조하는 것 역시 중요하다."[140] 1962년에 멕시코에서 가장 중요한 기업 100개 가운데 56개는 외국 자본에 의해 전부 또는 부분적으로 통제되고, 24개는 국가에, 20개는 멕시코의 민간 자본에 속해 있었다. 20개의 민간 자본 기업은 위에서 언급한 100개 기업의 총매출에서 겨우 7분의 1이 조금 넘는 비율을 차지한다.[141] 현재, 외국의 대기업들이 컴퓨터, 사무기기, 기계 및 산업 장비에 투자된 자본의 절반 이상을 지배한다. 제너럴 모터스, 포드, 크라이슬러, 폭스바겐은 자동차 산업과 이 산업을 보조하는 공장들의 네트워크에 대한 지배력을 강화했다. 새로운 화학 산업은 듀폰, 몬산토(Monsanto), 임페리얼 케미컬, 얼라이드 케미컬(Allied Chemical), 유니언 카바이드, 시아나미드(Cyanamid)에 속해 있다. 주요 실험실들은 파르케 데이비스(Parke

---

140) 1967년 2월 3일 자 《비시온(Visión)》지 기사.
141) José Luis Ceceña, *Los monopolios en México*, México, 1962.

Davis), 머크 & 컴퍼니(Merck & Co), 시드니 로스(Sydney Ross), 스퀴브(Squibb)의 수중에 있다. 인조 섬유 제조 분야에서 셀라니스(Celanese)의 영향력은 결정적이다. 앤더슨, 클레이턴(Clayton), 리버 브라더즈(Lieber Brothers)는 식용유를 점점 더 많이 생산하고, 외국 자본은 시멘트, 담배, 고무 및 그 부산물, 가정용품, 다양한 식품의 생산에 압도적으로 참여한다.[142]

국제통화기금의 폭격은 정복자의 상륙을 쉽게 만든다

브라질의 산업 민영화에 관한 국회 위원회에서 증언한 정부 장관들 가운데 두 명은 외국의 신용 자금이 국내 기업에 직접적으로 유입되도록 카스텔루 브랑쿠 정부하에서 취해진 조치들이 국내 자본이 투입된 공장들을 불리한 입장에 놓이게 했다는 점을 인정했다. 두 장관은 1965년 초반의 그 유명한 훈령 289를 언급했다. 외국 기업은 크루제이루의 평가절하 시 정부가 보장해 준 일종의 특별 환율에 의해 국경 밖에서 7-8%의 금리로 대출받은 반면에, 국내 기업은 국내에서 가까스로 받는 대출에 대해 약 50%의 이자를 지불해야 했다. 그 조치의 창안자인 호베르투 캄푸스는 그에 관해 다음과 같

---

142) José Luis Ceceña, *México en la órbita imperial*, México, 1970, y Alonso Aguilar M. y Fernando Carmona, op. cit.

이 설명했다. "분명히, 세상은 불평등하다. 태어날 때부터 영리한 사람이 있고, 태어날 때부터 우둔한 사람이 있다. 운동선수로 태어나는 사람이 있고, 불구로 태어나는 사람이 있다. 세상은 작은 기업과 큰 기업으로 구성되어 있다. 어떤 사람은 인생의 꽃다운 시기에 일찍 죽고, 어떤 사람은 범죄를 저지르면서 쓸모없는 긴 삶을 질질 끌어간다. 인간의 본성, 사물의 조건에는 기본적이고 근본적인 불평등이 있다. 이는 신용의 작동 방식에서도 예외가 아니다. 국내 기업이 외국 기업과 동일한 조건으로 외국의 금융 자원에 접근해야 한다고 주장하는 것은 사실 경제의 기본적인 현실을 무시하는 것이다."[143] 이 간결하지만 풍부한 **자본주의 선언문**의 내용에 따르면, 정글의 법칙은 자연스럽게 인간의 삶을 지배하는 코드이며, 우리가 불공정이라고 아는 것은 우주의 잔혹한 조화의 표현에 불과하기 때문에 불공정이라는 것은 존재하지 않는다. 가난한 나라가 가난한 것은 그 나라가 (……) 가난하기 때문이다. 운명은 별에 쓰여 있고, 우리는 오직 그 운명을 완수하기 위해 태어난다. 어떤 이는 복종하라고 운명지어졌고, 다른 이는 명령하라고 정해졌다. **어떤 이는 목을 내밀고, 다른 이는 그 목에 올가미를 건다.** 이 글의 저자는 브라질에서 국제통화기금의 정책을 주도한 인물이었다.

---

143) 국내 기업과 외국 기업 간의 거래에 관한 국회 조사위원회의 보고서에 실린 호베르투 캄푸스 장관의 증언. 타자기로 작성된 문서. 하원, 브라질리아, 1968년 9월 6일. 그 후 얼마 지나지 않아, 캄푸스는 페루 정부의 민족주의적 태도에 관해 특이한 해석을 발표했다. 그에 따르면, 벨라스코 알바라도 장군 정부의 스탠더드 오일 몰수는 '남성성의 과시'에 불과했다. 캄푸스는 민족주의가 인간의 원초적인 증오 욕구를 충족하는 것 외에 다른 목적이 없다고 썼다. 그러나 "자존심이 투자를 창출하지 않고, 자본의 유입을 증대하지 않는다."라고 덧붙였다(O Globo, 25 de febrero de 1969).

다른 라틴아메리카 국가들처럼 브라질에서 국제통화기금의 처방이 실행되면서 외국의 정복자들이 그 황폐한 땅에 발을 들여놓게 되었다. 1950년대 말부터 경제 침체, 금융 불안정, 신용 부족, 그리고 국내 시장의 구매력 저하는 국내 산업을 무너뜨리고 국내 산업을 제국주의 기업의 발밑에 놓는 데 크게 기여했다. 국제통화기금은 마법과도 같은 **통화 안정화**라는 구실만을 내세워, 이해관계에 따라 열병을 질병과 혼동하고 인플레이션을 현재의 구조적 위기와 혼동하면서 라틴아메리카에서 불균형을 완화하기보다는 오히려 심화하는 정책을 강요한다. 복수 환율과 물물교환 협정을 금지하면서 무역을 자유화하고, 국내 신용을 질식할 정도까지 축소하며, 임금을 동결하고, 국가의 활동을 위축시킨다. 통화의 실질 가치를 회복하고 수출을 촉진하기 위한 이론적인 조치로서 강력한 통화 평가절하를 이 프로그램에 추가한다. 실제로, 평가절하는 단지 지배 계층의 이익을 위한 국내 자본의 집중을 촉진하고, 가방에 한 움큼의 달러를 담아온 외국인들이 국내 기업을 흡수하도록 조장할 뿐이다.

라틴아메리카 전역에서 이 시스템은 소비해야 할 것보다 훨씬 적게 생산하고, 인플레이션은 이 같은 **구조적인 무능력**의 결과로 나타난다. 그러나 국제통화기금은 생산 체제가 공급을 불충분하게 하는 원인을 해결하지 않고, 그 결과에 강력한 공격을 퍼부으며 **이 굶주린 땅에서는 과도한 수요가 인플레이션에 대한 책임이 있을 것**이라는 듯이 내수 시장의 빈약한 소비 능력을 더 억누른다. 국제통화기금의 공식은 안정화와 발전에서만 실패한 것이 아니라, 더불어 국가들에게 가해지는 외부적인 억제를 강화하고, 거대한 무산자 대중의 빈곤을 증가시킴으로써 사회적 긴장을 극도로 고조하고, 상업의 자유, 경쟁의 자유, 자본 이동의 자유라는 절대적인 명령의 영향을 받아 경제적·금융적 비국유화를 촉진해 왔다. 세금, 쿼터, 국내 보조금 같은 방대한 보호주의 시스템을 사용하는 미국은 국제통화기금으로부터 최소한의 감시도 받은 적이 결코 없다. 반면에, 국제통화기금은 라틴아메리카에 대해서는 완고하다. 그러기 위해 탄생했기 때문이다. 칠레가 1954년에 국제통화기금의 첫 번째 자문단을 받아들인 뒤, 국제통화기금의 **조언**은 모든 곳으로 확산되었고, 대부분의 정부는 오늘날까지도 맹목적으로 국제통화기금의 지침에 따른다. **그 치료법이 환자의 상태를 악화시킴으로써 차관과 투자라는 약이 보다 효과적으로 투여될 수 있게 한다.** 국제통화기금은 차관을 제공하거나 다른 기관들이 차관을 제공하는 데 필수적인 허가를 해준다. 미국에서 태어나 미국에 본부를 두고 미국을 위해 봉사하는 국제통화기금은 사실상 국제적인 검사관으로 활동하는데, 국제통화기금의 승인이 없으면 미국 은행이 돈주머니를 풀지 않는다. 세계은행, 국제개발처(AID) 및 다른 세계적인 범위의 자선기관들도 대출을 받는 정부가 그 전능한 기관 앞에서 의향서(LOI)에 서명하고, 이를 이행하는 것을 조건으로 대출을 제공한다. 라틴아메리카의 모든 국가의 표가 모인다 해도, 세계에서 금융의 균형을 유지하는 이 최고 결정자의 정책 방향을 이끌기 위해 미국이 행사하는 표의 절반에도 미치지 못한다. 국제통화기금은 제2차 세계대전 말에 달러가 국제 통화로서 주도권을 행사하기 시작했을 때, 지구 전체에 대한 월 스트리트의 금융 지배를 제도화하기 위해 만들어졌다. 국제통화기금은

결코 주인에게 불충하지 않았다.[144]

　라틴아메리카의 민족 부르주아지가 수익 추구 성향을 띠고, 또 외국 자본의 산업 침탈을 강력하게 저지한 적이 없다는 것은 확실하지만, 제국주의적 기업이 산업을 초토화하기 위해 온갖 수단을 동원해 온 것도 사실이다. 국제통화기금의 사전 폭격은 외국 자본의 침투를 쉽게 만들었다. 그렇게 해서, 주식 가격이 급락한 뒤에 간단한 전화 한 통으로 현지 기업을 장악했는데, 장악의 대가로 주식이라는 산소를 소량 제공하거나, 물자의 공급 또는 특허, 상표, 혁신 기술의 사용에 대한 일부 부채를 집행했다. 현지 기업이 달러 채무를 갚기 위해 더 많은 자국 통화를 지불하도록 강요하는 화폐 가치의 평가절하에 의해 증가한 부채는 그 자체로 치명적인 덫이 된다. 기술 공급에 대한 의존은 비싼 대가를 치르게 되는데, 그 이유는 다국적 기업의 **노하우**에 타자를 집어삼키는 아주 능숙한 기술이 포함되어 있기 때문이다. 브라질 국내 산업의 마지막 모히칸들 가운데 하나가 채 3년도 채 되지 않은 과거에, 리우 데 자네이루의 한 신문에서 다음과 같이 선언했다. "경험에 따르면, 국내 기업을 매각한 대금이 자주 브라질에 들어오지 않고, 구매국의 금융 시장에 예치되어 이자 수익을 올리고 있다."[145] 채권자는 채무자의 시설과 기계를 소유하면서 채무자의 부채를 회수했다. 브라질 중앙은행의 통계에 따르면, 1965년, 1966년, 1967년의 신규 산업 투자 가운데 적어도 5분

---

144) Samuel Lichtensztejn y Alberto Couriel, *El FMI y la crisis económica nacional*, Montevideo, 1967; y Vivian Trías, *La crisis del Imperio*, Montevideo, 1970.
145) Fernando Gasparian, en *Correio da Manhã*, 1º de mayo de 1968.

의 1은 실제로 미지급된 부채가 투자로 전환된 것이었다.

   금융적·기술적인 협박뿐만 아니라 강자가 약자를 상대로 하는 불공정하고 자유로운 경쟁이 이루어진다. 거대한 다국적 기업의 자회사는 세계적인 구조에 통합되어 있기 때문에, **1년, 2년 또는 필요한 세월 동안 금전적인 손해를 감당할 수 있다.** 그러면 가격이 하락하고, 자회사는 가만히 앉아서 궁지에 몰린 기업의 항복을 기다린다. 은행은 자회사의 포위 작전에 협력한다. 국내 기업은 겉보기와는 달리 재정 상태가 건전하지 않은데, 양식(糧食)을 거부당한다. 궁지에 몰린 기업은 이내 백기를 든다. 현지 자본가는 승리자의 하위 파트너나 직원이 된다. 또는 가장 탐스러운 행운을 획득한다. 자신의 자산을 외국 본사의 주식으로 보상받고, 투자 수익으로 죽을 때까지 여유롭게 산다.

   가격 **덤핑**에 관해 말하자면, 강력한 유니언 카바이드가 브라질의 접착 테이프 공장 아데시테(Adesite)를 인수한 이야기는 교훈적이다. 미네소타에 본사를 두고 전 세계적인 영향력을 지닌 유명 회사 스카치(Scotch)는 브라질 시장에서 자사의 접착 테이프를 점점 더 저렴하게 판매하기 시작했다. 아데시테의 판매고는 하락해 갔다. 은행은 아데시테에 대한 대출을 중단했다. 스카치는 계속해서 상품 가격을 내렸다. 처음에는 30%가 내렸고, 나중에는 40%가 내렸다. 그때 유니언 카바이드가 무대에 등장해 브라질 공장을 헐값에 매입했다. 그 후, 유니언 카바이드와 스카치는 서로 합의해 국내 시장을 양분했다. 브라질을 둘로 나누어 절반씩 차지한 것이다. 그리고 상호 합의하에 접착테이프의 가격을 50% 인상했다. 그것은 삼킨 것을 소화하는 것이었다. 옛 바르가스 시대의 반독점법은 몇 년 전에 폐지되었다.

미주기구는 미국에 본사를 둔 기업의 자회사가 보유한 풍부한 재정 자원이 "국내 기업이 극심한 유동성 부족을 겪는 시기에, 국내 기업의 일부가 때때로 외국 자본에 의해 인수되도록 했다."라는 점을 인정한다.[146] 국제통화기금이 강요한 국내 신용의 축소 때문에 악화된 재정 자원의 부족이 국내 공장들을 숨 막히게 만든다. 그러나 미주기구의 동일한 문서는 미국 기업이 라틴아메리카에서 정상적으로 운영되고 발전하는 데 필요한 자금의 무려 95.7%가 라틴아메리카에서 대출, 차관 및 재투자된 이윤의 형태로 조달된다고 보고한다. 제조업의 경우, 그 비율은 80%다.

미국은 자국의 저축을 보호하지만
타국에 은행을 침투시켜 타국의 저축을 이용한다

국내 자원이 제국주의의 자회사로 흘러가는 현상은, 최근 몇 년 동안 라틴아메리카 전역에서 비 온 뒤 버섯이 돋아나듯 급증한 미국계 은행 지점들의 확산을 통해 대부분 설명된다. 위성국의 국내 저축에 대한 공격은 미국의 만성적인 국제수지 적자와 관련이 있는데, 이 같은 적자는 미국의 해외 투자를 억제하게 만들고, 세계 통화로

---

146) General Secretariat of the OAS, op. cit.

기능하는 달러의 가치를 급락시킨다. **라틴아메리카는 음식뿐만 아니라 침까지 제공하고, 미국은 입만 댈 뿐이다. 산업의 비국유화는 결국 선물이 되었다.**

국제 은행 현황 보고서에 따르면,[147] 1964년에는 브라보강 이남에 미국 은행 지점이 78개였으나, 1967년에는 이미 133개가 되어 있었다. 이들 지점은 1964년에 8억 1천만 달러의 예금을 보유하고 있었는데, 1967년에는 보유액이 이미 12억 7천만 달러에 달했다. 그 후, 1968년과 1969년에 외국 은행은 빠르게 발전했다. 현재, 퍼스트 내셔널 시티 뱅크는 라틴아메리카 17개국에 무려 110개의 자회사를 두고 있다. 이 숫자는 최근에 시티 뱅크가 인수한 여러 개의 국내 은행을 포함한다. 록펠러 그룹에 속한 체이스 맨해튼 뱅크는 1962년에 브라질에 34개의 지점을 둔 브라질 주택은행(Banco Lar Brasileiro)을 인수하고, 1964년에는 페루에 42개의 지점을 둔 콘티넨털 은행(Banco Continental)을, 1967년에는 콜롬비아와 파나마에 120개의 지점을 둔 상업은행(Banco del Comercio)과 온두라스에 24개의 지점을 둔 아틀란티다 은행(Banco Atlántida)을 인수했으며, 1968년에는 아르헨티나 상업은행(Banco Argentino de Comercio)을 인수했다. 쿠바 혁명은 미국의 은행 지점 20개를 국유화했지만, 은행들은 그 강력한 타격에서 예상보다 훨씬 많이 회복되었다. 1968년 한 해 동안에만 70개가 넘는 새로운 미국 은행 자회사가 중앙아메리카, 카리브, 그리고 남아메리카의 더 작은 나라들에 개설되었다.

---

147) International Banking Survey, *Journal of Commerce*, New York, February 25, 1968.

은행의 관련 조직들—자회사, **홀딩스**(holdings), 금융회사, 대표 사무소—이 동시에 얼마만큼 증가했는지 정확한 규모를 파악할 수 없지만, 은행들이 흡수한 라틴아메리카의 자금이 동일하거나 더 큰 비율로 증가했다는 사실은 확실히 알려져 있는데, 은행들은, 비록 공개적으로는 지점처럼 운영되지는 않는다 할지라도, 지배적인 주식 지분 보유나 엄격한 조건이 붙은 대외 신용 한도의 개설을 통해 외부로부터 통제된다.

이 같은 은행의 침투는 모두 라틴아메리카의 역내 저축을 이 지역에서 활동하는 미국 기업에게 돌리기 위한 것인데, 그동안 국내 기업은 신용 부족으로 질식 상태에 처한다. 해외에서 활동하는 여러 미국 은행의 홍보 부서는, 자신들의 가장 중요한 목적은 자기 은행이 활동하는 나라들의 국내 예금을 본점의 고객인 다국적 기업이 사용할 수 있도록 유도하는 것이라고 부끄러움 없이 큰소리로 알린다.[148] 우리, 상상의 나래를 펼쳐보자. 라틴아메리카의 은행이 미국의 국내 저축을 끌어들이기 위해 뉴욕에 지점을 설치할 수 있을까? 거품은 허공에서 터진다.[149] 이 기묘한 모험이 명백하게 금지되어 있기 때문이다. 어떤 외국 은행도 미국에서 미국 시민의 예금을 받는 은행으로 운영될 수 없다. 반면에 미국 은행은 수많은 자회사를 통해 라틴아메리카의 역내 저축을 마음대로 사용한다. 라틴아메리카는 미국만큼 열정적으로 금융의 미국화에 신경을 쓴다. 그럼에도,

---

148) Robert A. Bennett y Karen Almonti, "International Activities of United States Banks, in *The American Banker*", New York, 1969.
149) (옮긴이) 그런 기대나 가능성은 완전히 환상일 뿐이며, 현실적으로 불가능하다는 의미다.

1966년 6월에 브라질 할인 은행(Banco Brasileiro de Descontos)은 강력한 국가주의적 결정을 하기 위해 주주들에게 자문을 구했다. 할인 은행은 모든 서류에 **우리는 신을 믿는다**(Nos confiamos en Deus)라는 문구를 새겨 넣었다. 할인 은행은 달러에 **In God We Trust**라는 문구가 새겨져 있다는 점을 자랑스럽게 알려주었다.

라틴아메리카의 은행은, 심지어는 외국 자본에 의해 침투되거나 점유되지 않은 견실한 은행조차도, 시티 뱅크, 체이스 맨해튼 뱅크 또는 뱅크 오브 아메리카의 자회사와 다른 방향으로 금융 자금을 운용하지 않는다. 또한 라틴아메리카의 은행은 충분한 담보를 보유하고 있으며, 매우 큰 규모로 운영되는 외국의 산업 및 상업 기업의 대출 수요를 충족시키는 것을 선호한다.

자본을 수입하는 제국

호베르투 캄푸스가 작성한 "정부의 경제 실행 프로그램"은 브라질의 자선적인 정책에 대한 반응으로 외국 자본이 유입되어 브라질의 발전을 촉진하고 경제와 재정의 안정에 기여할 것이라고 예상했다.[150] 1965년에 외국 자본 1억 달러의 직접 투자가 이루어진다고 발

---

150) Ministério do Planejamento e Coordenação Econômica, *Programa de Ação Econômica do Govêrno*, Río de Janeiro, noviembre de 1964. 2년 후에, 캄푸스는 상파울루의 맥켄지 장로교 대학교(Universidade Presbiteriana Mackenzie)에서 강연하면서 다음과 같이 주장했다. "조직 과정에 있는 경제는 스스로 동력을 얻을 자원이 없기 때문에—만약 자원이 있다면 경제가 뒤처지지 않을 것이라는 단순한 이유로—진보로부터 결

표되었다. 실제로는 7천만 달러가 도착했다. 그 후 몇 년 동안의 투자액이 1965년의 예상치를 초과할 것이라고 확신했으나, 투자가 제대로 이루어지지 않았다. 1967년에는 7,600만 달러가 유입되었다. 이익과 배당금, 기술 지원, 특허, 로열티 또는 사용료, 그리고 상표 사용에 의한 자본 유출이 신규 투자액을 네 배 이상 초과했다. 그리고 이 같은 자본 유출에 불법 송금까지 더해야 한다. 중앙은행은 1967년에 합법적 경로를 벗어나 브라질에서 1억 2천만 달러가 유출되었다고 인정했다.

보다시피, 유출액이 유입액보다 비교가 안 될 정도로 많았다. 결론적으로, 산업 비국유화의 중요한 해인 1965년, 1966년, 1967년의 신규 직접 투자액은 1961년 수준에 비해 아주 낮았다.[151] 브라질의 산업에 대한 투자는 미국 자본이 대부분을 차지하지만, 미국의 전 세계 제조업 투자 총액의 4% 미만에 불과하다. 아르헨티나에서는 겨우 3%를, 멕시코에서는 3.5% 차지한다. 월 스트리트는 라틴아메리카의 최대 산업 단지들을 흡수하는 데 큰 희생을 치르지 않았다.

"자본을 수출하는 것은 독점이 지배하는 현대 자본주의의 특징이다."라고 레닌은 썼다. 바란(Baran)과 스위지(Sweezy)가 지적했듯이, 오늘날 제국주의는 자신이 활동하는 국가들에서 자본을 **수입**한다.

실의 일부를 받기 위해 진보라는 놀라운 모험이 지닌 위험을 우리와 함께 감수하려는 모든 사람의 참여를 받아들이는 것이 정당하다."(1966년 12월 22일)

151) 미국 상무부의 대변인은 다음과 같이 축하했다. "브라질로부터의 송금은 1965년에 외국인 투자법이 제정된 뒤부터 증가하고 있다. 이자, 이익, 배당금, 로열티의 유출이 증가하고 있다. 차관의 지불 기한이나 그 밖의 조건은 국제통화기금과의 약속에 따르고 있다." *International Commerce*, April 24, 1967.

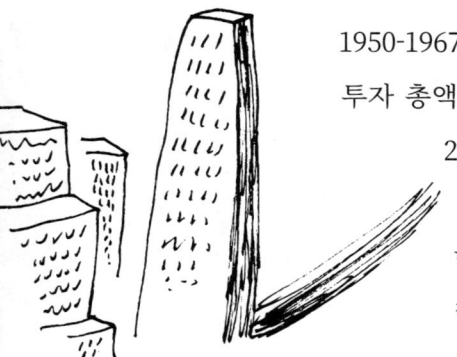

1950-1967년에 미국의 라틴아메리카에 대한 신규 투자 총액은, 재투자된 이익금을 제외하고, 39억 2,100만 달러에 달했다. 같은 기간에 미국 기업이 라틴아메리카에서 해외로 송금한 이익금과 배당금은 128억 1,900만 달러에 달했다. 유출된 이익금은 라틴아메리카에 유입된 신규 투자액의 세 배가 넘었다.[152] 그 이후로, 유엔 라틴아메리카 카리브 경제위원회에 따르면, 다시 한 번 이익의 유출이 증가했는데, **최근 몇 년 동안 그 규모가 신규 투자액의 다섯 배를 초과했다.** 아르헨티나, 브라질, 멕시코는 가장 큰 유출을 겪었다. 하지만 이것은 보수적인 계산이다. 채무 상환 명목으로 본국에 송금된 자금의 상당 부분이 실제로는 투자에서 얻은 이익에 해당하는데, 이 수치에는 특허료, 로열티, 기술 원조 비용으로 해외에 송금된 금액이 포함되지 않고, "오류 및 누락"[153]이라는 항목의 베일 뒤에 숨겨져 있는, 눈에 띄지 않는 기타 자금의 이동이 계산되지도 않으며, **기업이 자회사에 공급하는 물자의 가격을 부풀리고, 운영 비용 역시 동일한 열정으로 부풀려서 얻는 이익도** 고려되지 않는다.

---

152) General Secretariat of the OAS, op. cit. 케네디 대통령은 이미 1960년에 다음과 같이 인정했다. "자본이 필요한 세계의 후진국들에서 우리가 13억 달러를 철수하는 동안 그들에게는 단지 2억 달러의 투자 자본을 수출했습니다."(Miami에서 개최된 AFL-CIO 회의 연설, 1961년 12월 8일).

153) 예를 들어, 1955년과 1966년 사이에 베네수엘라에서는 수수께끼 같은 '오류 및 누락' 항목이 10억 달러 이상, 아르헨티나에서는 7억 4,300만 달러, 브라질에서는 7억 1,400만 달러, 우루과이에서는 3억 1,000만 달러에 달했다. UN, CEPAL, op. cit.

기업은 투자 자체에 대해서도 똑같은 상상력을 발휘한다. 실제로, 현기증을 일으키는 기술 발전이 선진 경제에서 고정 자본의 갱신 주기를 점점 더 짧게 만들기 때문에, 라틴아메리카 국가들로 수출된 공장 시설과 장비의 대부분이 원산지에서 이미 한 번의 유효 수명 주기를 마친 것이다. 따라서, 그것들의 감가상각은 전부 또는 일부가 이미 이루어진 것이다. 해외 투자와 관련해서는 이런 세부 사항이 고려되지 않는다. 임의로 부풀려진 기계류의 가치는, 만약 자주 발생하는 사전 마모 사례들을 고려한다면, 실제 가치의 그림자에 불과하리라는 점이 확실하다. 게다가, 기업의 본사는 이전에 멀리서 라틴아메리카에 판매하던 재화를 라틴아메리카에서 생산하기 위해 비용을 들일 이유가 없다. 정부들은 기업의 자회사가 자리를 잡고 자신의 구원자적 임무를 수행할 수 있도록 미리 자원을 지원하면서 이를 방지하는 역할을 한다. 자회사는 공장을 세울 부지에 자사의 간판을 세운 순간부터 현지의 금융 자원에 접근할 수 있다. 자회사는 수입(輸入)——기업이 늘 자기 자신에게 하는 구매——을 위한 환율 특혜를 누리고, 일부 국가에서는 종종 같은 기업의 금융 부문에 대한 부채인 대외 채무를 상환하기 위한 일종의 특별 환율까지 확보할 수 있다. 잡지 《피차스(Fichas)》가 수행한 계산[154]에 따르면, 1961년과 1964년 사이에 아르헨티나의 자동차 산업이 소비한 외환은 총 2,200메가와트 이상의 전력을 생산할 화력 발전소 17개와 수력 발전소 6개를 건설하는 데 필요한 금액의 3배 반이 넘고, 역동적인 산

---

154) *Fichas de Investigación Económica y Social*, Buenos Aires, junio de 1965.

업들이 국민 1인당 연 2.8%의 생산 증가를 창출하기 위해 11년 동안 필요로 하는 기계 및 장비의 수입액과 같다.

기술 관료들은 '해병대'보다 더 효율적으로 돈이나 목숨을 요구한다

라틴아메리카에서 활동하는 외국 기업은 많은 달러를 가져오는 것보다 훨씬 많은 달러를 해외로 가져감으로써 라틴아메리카의 만성적인 외환 부족을 악화하는 데 기여한다. "혜택을 받는" 국가들은 자본을 축적하기는커녕 오히려 잃고 있다. 그렇게 되면, 차관의 메커니즘이 작동하기 시작한다. 국제 신용 기관들은 라틴아메리카의 역내 자본으로 이루어진 산업의 취약한 방어벽을 해체하고, 신식민주의적 구조를 강화하는 데 매우 중요한 역할을 한다. **원조**는, 자신의 돼지가 자기 다리를 조금씩 먹었기 때문에 돼지에게 나무다리를 달아준, 동화 속의 박애주의자처럼 작동한다. 군사 지출과 해외 원조로 인해 발생하는 미국의 국제수지 적자는 미국의 번영을 위협하는 다모클레스의 검처럼 위험하지만, **동시에 미국의 번영을 가능하게 만든다.** 미 제국은 자국의 독점 기업들의 달러가 위협을 받을 때, 이를 구하기 위해 자국의 **해병대**를 해외로 파견하고, 더 효율적인 방식으로는 자국의 기술 관료와 대출 자금을 퍼뜨려 사업을 확장하고 원자재와 시장을 확보한다."

오늘날의 자본주의는 세계적인 권력 중추에서 민간 독점 기업과 국가 기구가 명백하게 동일하다는 점을 보여준다.[155] 다국적 기업은 자본을 축적·증대·집중하기 위해, 기술혁명을 심화하기 위해, 경제를 군사화하기 위해, 그리고 다양한 메커니즘을 통해 세계 자본주의를 성공적으로 미국화하기 위해 국가를 직접적으로 이용한다. 미국 수출입은행, 국제개발처, 그리고 그 밖의 작은 기관들은 세계 자본주의를 미국화하는 데서 자신들의 역할을 수행한다. 미국이 부인할 수 없는 지배권을 행사하는 몇몇 표면상의 국제기구 또한 이렇게 운영된다. 국제통화기금과 그 쌍둥이형제인 국제부흥개발은행(IBRD), 그리고 미주개발은행은 자신들이 대출을 요청하는 국가가 따라야 할 경제 정책을 결정할 권리를 가진다고 주장한다. 이들 기관은 자국의 중앙은행과 주요 부처를 성공적으로 장악하면서 경제와 금융에 관한 모든 비밀 데이터를 차지하고, 국가의 법률을 작성하고 강제로 시행하며, 정부의 조치를 금지하거나 허가하고, 정부의 방향성을 상세하게 설계한다.

외국에 대한 자선은 존재하지 않는다. 자선의 혜택은 먼저 제공국이 받는데, 미국도 마찬가지다. 미국의 대외 원조는 먼저 미국 내부의 이익을 위한 기능을 수행한다.[156] 미국의 경제가 스스로를 돕는 것이다. 호베르투 캄푸스는 굴라르의 민족주의 정부 대사로 재임하던 시기에, 국제적인 자선을 미국의 잉여 생산물을 흡수하고, 미

---

155) A. Cheprakov, *El capitalismo monopolista de Estado*, Moscú, s.f.; Paul A. Baran y Paul M. Sweezy, op. cit., y Vivian Trías, *La crisis del Imperio*, op. cit.
156) (옮긴이) 대외 원조(외국에 주는 지원금, 자금, 물자 등)가 표면적으로는 다른 나라를 돕기 위한 것이지만, 실제로는 원조를 제공하는 국가(여기서는 미국) 내부에서 경제 활성화, 산업 보호, 고용 창출, 정치적 영향력 확보 등의 역할을 한다는 의미다.

국의 수출 산업에서 과잉 생산을 완화하기 위한 해외 시장 확대 프로그램이라고 정의했다.[157] 진보를 위한 동맹이 태어난 지 얼마 되지 않아 미국 상무부는 동맹이 미국의 44개 주에 있는 민간 기업을 위해 새로운 사업과 일자리의 원천을 창출했다고 알림으로써 동맹의 순조로운 발전을 축하했다.[158] 1968년 1월, 존슨 대통령은 의회에 보낸 메시지에서 1969년 미국 대외 원조의 90% 이상이 미국 내에서 물자를 구매하는 데 사용될 것이라고 확언하면서 "나는 이 비율을 높이기 위한 노력을 개인적으로, 그리고 직접적인 방식으로 강화해 왔습니다."[159]고 말했다. 1969년 10월, 외신은 진보를 위한 동맹의 국제위원장 카를로스 산스 데 산타마리아(Carlos Sanz de SantaMaría)의 폭탄 선언을 전송했는데, 뉴욕에서 그는 그 원조가 미국의 경제는 물론이고 미국의 재정에도 매우 좋은 사업이 되었다고 말했다. 1950년대 말, 미국의 국제수지 불균형이 위기를 맞은 뒤부터, 대출은 세계 다른 지역의 유사 제품보다 일반적으로 더 비싼 미국의 산업 제품을 구매하는 조건으로 이루어졌다. 최근에는 "부정 목록(negative lists)"과 같은 특정 메커니즘이 실행되었는데, 이는 미국이 세계 시장에서 자선 행위라는 수단에 의존하지 않고서 충분한 경쟁력을 갖춘 상태로 판매할 제품의 수출에 그 대출이 사용되는 것을 피하기 위한 것이었다. 이후에 제정된 "긍정 목록(positive lists)"은 **원조**를 통해 일부 미국산 제조품을 다른 국외 공급처들의 가격

---

157) *O Estado de São Paulo*, 24 de enero de 1963.
158) *International Commerce*, February 4, 1963.
159) *Wall Street Journal*, January 31, 1968.

보다 30%에서 50% 높게 판매할 수 있게 했다. 이미 인용된 문서에서 미주기구는, **조건부 원조**[160]가 "미국 제품의 수출에 대한 전반적인 보조금"을 제공하는 것이라고 밝힌다. 미국 상무부가 실토한 바에 따르면, 기계 제조업체들은 "다양한 원조 프로그램을 통해 더 유연한 자금을 활용하지 못하는 한"[161] 국제 시장에서 심각한 가격 경쟁력 약화를 겪는다. 리처드 닉슨은 1969년 말에 한 어느 연설에서 제한된 조건 없이 원조를 제공하겠다고 약속하면서 라틴아메리카 국가들에서 구매가 선택적으로 이루어질 가능성에 대해서만 언급했다. 이는 이미 그전부터 미주개발은행이 특별 운영 기금을 이용해 제공한 대출의 경우였다. 그러나 경험상으로는, 미국 또는 미국 기업의 라틴아메리카 자회사가 항상 계약에서 최종적으로 선택되는 공급자가 된다. 국제개발처, 수출입은행의 대출, 그리고 미주개발은행의 대출 대부분은 제품 선적의 절반 이상이 미국 선적 선박을 통해 이루어져야 한다는 조건도 요구한다. 미국 선박의 운임은 너무 비싼데, 일부 경우에는 세계에서 가장 저렴하게 이용할 수 있는 해운회사가 책정한 운임의 두 배에 이른다. 보통, 운송된 상품의 보험을 담당하는 회사도 미국 것이고, 거래가 이루어지는 은행도 미국 것이다.

---

160) (옮긴이) 조건부 원조(Tied aid)는 원조 자금이 특정 국가에서 생산된 상품이나 서비스를 구매하는 데 사용되도록 제한하는 원조 형태다. 예를 들어, 미국이 A국에 원조를 제공하면서 "이 원조 자금은 미국산 장비 구매에만 사용해야 한다." 같은 조건을 붙이는 경우다. 이는 원조 공여국의 산업을 지원하고 무역 불균형을 해소하는 데 도움이 된다는 장점이 있지만, 원조 수혜국의 선택권을 제한하고 비효율적인 자원 배분을 초래한다는 단점도 있다.

161) *International Commerce*, July 17, 1967.

미주기구는 라틴아메리카가 **실제로** 받은 원조의 규모에 대해 의미 있는 추정치를 내놓았다.[162] 일단 알곡에서 짚을 분리하고 나니, **명목상** 원조에서 겨우 38%만이 **실제** 원조로 간주될 수 있다는 결론을 도출한 것이다. 산업, 광업, 통신을 위한 대출과 보상 신용[163]으로 승인된 총액의 5분의 1만이 원조로 간주된다. 미국 수출입은행의 경우에는 원조금이 남에서 북으로 이동한다. 미주기구에 따르면, 수출입은행이 제공하는 재정 지원이 원조를 의미하는 대신에 미국이 수출입은행을 통해 수출하는 상품의 가격 상승으로 인해 해당 지역이 추가적인 비용을 지불하게 만든다는 것이다.

라틴아메리카는 미주개발은행의 일반 재원(Ordinary Capital Resources) 대부분을 제공한다. 하지만 미주개발은행의 문서에는 자체의 표장(標章) 외에도 진보를 위한 동맹의 문장(紋章)이 새겨져 있고, 미국은 미주개발은행 안에서 유일하게 거부권을 가진 국가다. 라틴아메리카 국가들의 투표권은 그들의 자본 기여도에 비례하지만, 중요한 결정을 내리는 데 필요한 투표수의 3분의 2 이상을 모으지 못한다. 넬슨 록펠러는 1969년 8월에 닉슨에게 제출한 유명한 보고서에서 "설사 미국이 미주개발은행의 대출에 대한 거부권을 행사한 적이 없다 해도, 정치적인 목적을 위해 거부권을 위협적으로 사용한 것이 결정에 영향을 미쳤다."라고 인정했다. 미주개발은행이

---

162) General Secretariat of the OAS, op. cit.
163) (옮긴이) '보상 신용(Compensatory credits)'은 무역에서 발생한 손실이나 경제적 어려움을 보완하기 위해 정부나 국제기구가 수출국이나 수입국에 제공하는 금융 지원이나 대출을 말한다. 즉, 수출 감소나 가격 하락 등으로 생긴 손실을 보상해 주는 목적의 신용이다.

제공하는 대출의 대부분에서 미주개발은행은 미국계임이 분명한 기관들이 부과하는 것과 동일한 조건을 부과한다. 즉, 미국 상품에 자금을 사용해야 하고, 최소한 상품 절반은 성조기를 달고 운송해야 하며, 그 밖에도 광고에는 진보를 위한 동맹에 관한 사항을 명시적으로 언급해야 한다는 것이다. 미주개발은행은 자신의 마법 지팡이를 가지고 자신이 관여하는 서비스의 요금과 세금 정책을 결정한다. 미주개발은행은 자신이 지정한 미국인 컨설턴트들이 사전에 제안한 바대로 물 요금을 얼마로 해야 할지 결정하고, 하수도나 주택에 대한 세금을 정한다. 그리고 작업 계획을 승인하고, 입찰서를 작성하고, 자금을 관리하며, 이행을 감독한다.[164] 미주개발은행은 그 지역의 고등교육을 문화적 신식민주의의 기준에 맞춰 재구성하는 작업에서 유익한 역할을 해왔다. 미주개발은행은 대학에 대출을 해주면서 자신의 승인과 허가 없이 조직법이나 규정을 수정할 가능성을 차단하고, 동시에 특정한 교육적·행정적·재정적 개혁을 강요한다. 분쟁이 발생할 때는 미주기구의 사무총장이 중재자를 지명한다.[165]

국제개발처의 계약은 미국의 상품과 그 운송을 포함할 뿐만 아니라, 더불어, 일반적으로 쿠바 및 북베트남과의 교역을 금지하고, 미국 기술자의 행정 감독을 받도록 강요한다. 국제개발처는 미국산 트랙터나 비료와 세계 시장에서 더 저렴하게 구매할 수 있는 제품 간

---

164) 예를 들어, 우루과이에서 1963년 5월 21일에 미주개발은행과 몬테비데오 지방정부 사이에 체결된 하수도 확장 계약서가 있다.
165) 예를 들어, 볼리비아에서 1966년 4월 1일에 미주개발은행과 코차밤바에 있는 산 시몬 국립 대학교(Universidad Mayor de San Simón) 사이에 체결된 농업과학 교육의 개선을 위한 계약서가 있다.

의 가격 차이를 보상하기 위해, 대출금으로 수입된 제품에 대한 세금과 관세를 면제하도록 강요한다. 각국이 국내 질서를 적절히 유지할 수 있도록 국제개발처의 원조에는 경찰을 위한 **지프** 차량과 현대식 무기가 포함되어 있다. 당연히, 국제개발처가 시행하는 대출의 3분의 1은 승인 직후 즉시 지급되지만, 나머지 3분의 2는 국제통화기금의 승인에 따라 결정되는데, 국제통화기금의 처방은 대개 사회적 혼란의 불씨를 지핀다. 그리고 혹시 국제통화기금이 수혜국의 주권을 구성하는 모든 장치를 시계 분해하듯 하나하나 해체하지 못했을 경우를 대비해 국제개발처는 늘 부수적으로 특정 법률이나 법령의 승인을 요구하기도 한다.

국제개발처는 진보를 위한 동맹의 자금을 전달하는 주요 수단이다. 진보를 위한 동맹의 미주위원회는, 미로처럼 복잡한 관대함의 문제들 가운데 하나의 예로서, 우루과이의 요금, 임금 및 투자에 관한 공식 정책뿐만 아니라 국가 기관의 수입과 지출이 이 외국 기관의 직접적인 통제를 받도록 하는 약속을 우루과이 정부로부터 받아냈다.[166] 하지만 가장 해로운 조건들은 계약서와 공적인 약속 문서에는 거의 나타나지 않고, 비밀스러운 보충 규정에 숨어 있다. 우루과이 의회는 우루과이가 미국의 잉여 농산물 법(U.S. agricultural surplus law)에 따라 미국의 밀가루, 옥수수, 수수를 받을 수 있도록, 1968년 3월에 정부가 그해의 쌀 수출을 제한하는 데 동의했다는 사실을 결코 알지 못했다.

---

166) 신문 《야(Ya)》가 게재한 문서, 몬테비데오, 1970년 5월 28일.

가난한 나라에 대한 원조의 외피 뒤에서 수많은 단검이 번뜩인다. 진보를 위한 동맹의 사무총장이었던 테오도로 모스코소(Teodoro Moscoso)는 다음과 같이 고백했다. "……미국이 유엔이나 미주기구에서 특정 국가의 표가 필요할 때가 있는데, 그때 그 나라의 정부는 —차가운 외교의 성스러운 전통에 따라—그 대가를 요구할 수 있다."[167] 1962년에 푼타 델 에스테에서 개최된 미주기구 회의에서 아이티의 대표는 새로운 공항을 대가로 투표를 달리했고, 그렇게 해서 미국은 쿠바를 미주기구에서 추방하는 데 필요한 다수표를 획득했다.[168] 과테말라의 전 독재자 미겔 이디고라스 푸엔테스는 미국이 과테말라의 설탕을 더 많이 사겠다는 약속을 지키게 하려고 진보를 위한 동맹의 회의에서 자국의 투표를 거부하겠다며 미국인들을 위협해야 했다고 밝혔다.[169]

처음 보기에는, 브라질이 주앙 굴라르(1961-1964)의 민족주의 정부하에서 진보를 위한 동맹으로부터 가장 많은 혜택을 받았다는 점이 역설적으로 보일 수 있다. 그러나 그 역설은 받은 원조가 내부적으로 어떻게 분배되었는지 알려지자마자 사라진다. 진보를 위한 동

---

167) *Panorama*, Centro de Estudios y Documentación Sociales, México, noviembre-diciembre de 1965.
168) 또한 듀발리에 독재 정권에게 감사의 표시로 공항으로 가는 도로가 약속되었다.— Irving Pflaum(*Arena of Decision. Latin American in Crisis*, New York, 1964)과 John Gerassi(*The Great Fear in Latin America*, New York, 1965)은 이것이 뇌물의 사례였다고 일치된 의견을 제시한다. 그러나 미국은 아이티에 대한 약속을 지키지 않았다. 부두교 신화에서 죽음의 수호자인 듀발리에('Papa Doc')는 자신이 사기를 당했다고 느꼈다. 소문에 따르면, 그 늙은 마법사는 케네디에게 복수하기 위해 악마의 도움을 요청했고, 달라스의 총격이 미국 대통령의 목숨을 앗아갔을 때 만족스러운 미소를 지었다.
169) 《더 마이애미 해럴드(*The Miami Herald*)》 1966년 12월 24일 자에 실린 Georgie Anne Geyer의 기사.

맹의 대출은 굴라르의 앞길에 지뢰처럼 놓여 있었다. 구아나바라(Guanabara) 주지사이자 당시에는 극우 지도자였던 카를로스 라세르다(Carlos Lacerda)는 북동부 지역 전체에 분배된 원조금보다 일곱 배나 많은 달러를 받았다. 인구가 겨우 400만 명에 불과한 구아나바라 주는 그렇게 해서 세계에서 가장 멋진 만의 가장자리에 관광객을 위한 아름다운 정원을 만들 수 있었고, 북동부 사람들은 여전히 라틴아메리카의 살아 있는 상처로 남아 있다. 카스텔루 브랑쿠를 권좌에 앉힌 쿠데타가 성공한 후인 1964년 6월에 미국 국무부 차관이자 존슨 대통령의 오른팔인 토마스 만(Thomas Mann)은 다음과 같이 설명했다. "미국은 굴라르 정부에 제공될 예정이던 원조를 브라질의 몇몇 주의 유능한 지사에게 분배했는데, 그렇게 하면서 민주주의를 재정적으로 지원한다고 생각했던 것이다. 워싱턴은 국제수지 안정화 자금이나 연방 예산을 위한 자금을 전혀 제공하지 않았는데, 왜냐하면 그것이 중앙 정부에 직접적인 혜택을 줄 수 있었기 때문이다."[170]

미국 행정부는 페루의 벨라운데 테리 정부가 "미국의 바람대로 인터내셔널 페트롤리엄 컴퍼니(International Petroleum Company)에 대해 관대한 정책을 취할 것이라는 보장을 하지 않는 한" 어떠한 형태의 협력도 거부하기로 했다. "벨라운데는 이를 거부했고, 그 결과 1965년 말까지도 여전히 진보를 위한 동맹으로부터 제 몫을 받지

---

170) 하원 소위원회에서 행한 진술. Nelson Werneck Sodré, *História militar do Brasil*, Río de Janeiro, 1965에서 재인용.

못하고 있었다."¹⁷¹ 알려진 바대로, 그 후에 벨라운데는 타협을 했다. 그리고 그는, 생존하기 위해 복종했음에도, 석유와 권력을 상실했다. 볼리비아에서, 미국의 대출은 볼리비아가 자체적인 주석 제련소를 세우는 데 단 한 푼도 제공되지 않았기 때문에 주석은 계속해서 원광 상태로 리버풀로 갔고, 거기서 가공된 후에 뉴욕으로 갔다. 반면에, 아이티와 더불어 라틴아메리카에서 가장 높은 유아 사망률을 기록하는 그 나라에서 그 **원조**는 기생적인 상업 부르주아 계급을 탄생시키고, 관료제를 부풀렸으며, 거대한 건물을 세우고, 현대적인 고속도로를 깔고, 기타 비효율적인 대형 프로젝트들을 수행했다. 미국 및 **미국**의 국제기구들은 볼리비아가 소련, 체코슬로바키아, 폴란드의 제안을 받아 석유화학 산업을 창설하고, 아연, 납, 철광석을 채굴해 제련하고, 주석과 안티몬 제련소를 설치하는 것을 자신들의 대출 조건을 통해 거부했다. 반면에 볼리비아는 미국에서만 제품을 수입해야 하는 의무를 졌다. 마침내 민족혁명운동(Movimiento Nacionalista Revolucionario) 정부가 미국의 원조로 기초부터 무너졌을 때, 주 볼리비아 미국 대사 더글러스 헨더슨(Douglas Henderson)은 독재자 레네 바리엔토스의 내각 회의에 정기적으로 참석하기 시작했다.¹⁷²

대출은 각 나라의 **전반적인 사업 환경**을 평가하는 데 온도계만큼

---

171) Frederick B. Pike, *The Modern History of Peru*, New York, 1968.
172) Amado Canelas, *Radiografía de la Alianza para el Atraso*, La Paz, 1963; Mariano Baptista Gumucio y otros, *Guerrilleros y generales sobre Bolivia*, Buenos Aires, 1968; y John Gunther, *Inside South America*, New York, 1967.

정확한 지표를 제공하고, 백만장자의 맑은 하늘을 가리는 정치적인 먹구름이나 혁명적인 폭풍을 제거하는 데 도움을 준다. 1963년, 데이비드 록펠러가 이끄는 다양한 사업가가 "미국은 투자 환경을 유리하게 만들 의향을 가장 많이 보이는 나라에 자국의 경제 지원 프로그램을 제공하고, 만족스러운 **성과**(performance)가 입증되지 않은 다른 나라에는 지원을 철회할 것이다."라고 알렸다.[173] 미국의 대외 원조법은 "미국의 그 어떤 시민에게 속하거나" 미국 시민이 절반 이상을 소유한 "그 어떤 기업, 단체, 협회에 속한 재산이나 재산의 통제권을 국유화하거나 수용하거나 취득하는" 그 어떤 정부에게도 원조를 중단한다고 명확히 규정한다.[174] 진보를 위한 동맹의 상업위

---

173) 데이비드의 딸인 페기 록펠러(Peggy Rockefeller)는 얼마 지나지 않아 리우 데 자네이루의 자카레지뉴(Jacarezinho)라는 빈민가(favela)로 이사하겠다고 결심했다. 세계에서 가장 부유한 사람 중 한 명인 그녀의 아버지는 사업차 브라질에 갔고, 페기가 선택한 허름한 가정집에 몸소 가서 소박한 음식을 맛보았으며, 집에 비가 새고 문 밑으로 쥐가 들어오는 것을 보고서 깜짝 놀랐다. 그는 그 집을 나오면서 0이 여러 개 붙은 수표를 테이블 위에 놓았다. 페기는 평화봉사단에 협력하면서 그곳에서 수개월 동안 거주했다. 수표가 계속해서 도착했다. 각각의 수표는 그 집의 주인이 10년 동안 일하면서 벌 수 있는 돈에 해당했다. 페기가 최종적으로 그 집을 떠났을 때 자카레지뉴의 그 집과 가족은 변해 있었다. 그 빈민가는 그렇게 많은 풍요를 결코 체험한 적이 없었다. 페기가 하늘에서 직하했던 것이다. 그것은 모든 복권이 한꺼번에 당첨된 것과 같은 것이었다. 그 후, 페기가 살았던 집의 주인은 그 정권의 마스코트가 되었다. 텔레비전과 라디오의 보도, 신문과 잡지의 기사, 거침없는 광고가 쏟아졌다. 그는 브라질 사람 모두가 따라야 할 본보기였다. 그는 불굴의 근면한 의지와 저축 능력 덕분에 가난에서 벗어났다. 가서 보시라, 그는 번 돈을 아구아르디엔테 마시는 데 쓰지 않고, 지금은 텔레비전, 냉장고, 새 가구를 가지고 있으며, 아이들은 신발을 신는다. 선전은 요정 페기의 방문이라는 세세한 부분을 잊고 있었던 것이다. 브라질에 9천만 명의 인구가 있었는데, 그 기적이 단 한 사람에게만 일어났기 때문이다.

174) 히켄루퍼 수정안(Hickenlooper Amendment), 대외원조법 섹션 620. 이 법안이 "1962년 1월 1일 이후 또는 그 이후 날짜"에 미국의 이익에 반해 채택된 조치들을 명시적으로 언급한 것은 우연이 아니다. 1962년 2월 16일, 브라질의 히우 그란지 두 술(Río Grande do Sul) 주지사 레오넬 브리졸라(Leonel Brizola)는 국제 전화 전신 회사(International Telephone and Telegraph Corporation)의 자회사로, 자신의 주에 있는 전화 회사를 수용해 버렸는데, 이 결정으로 워싱턴과 브라질리아 사이의 관계가 악화했다.

원회가 가장 저명한 위원 명단에 체이스 맨해튼과 시티 뱅크, 스탠더드 오일, 아나콘다, 그레이스의 최고 경영자를 포함하는 데는 그럴 만한 이유가 있다. 국제개발처는 미국의 자본가에게 다양한 방법으로 길을 터주는데, 그 방법들 가운데 하나는 전쟁, 혁명, 반란 또는 통화(通貨) 위기 때문에 발생하는 손실에 대한 투자를 동의하고, 보장을 승인하는 협정을 체결하라고 요구하는 것이다. 미국 상무부에 따르면, 1966년에 미국의 민간 투자자들은 국제개발처의 투자 보장 프로그램에 따라 라틴아메리카의 15개국에서 3억 달러가 넘는 100개 이상의 프로젝트에 대해 이 같은 보장을 받았다.175

아델라(Adela)는 멕시코 혁명에 관한 노래의 제목이 아니라, 국제 투자 컨소시엄의 이름이다. 아델라는 뉴욕의 퍼스트 내셔널 시티 뱅크, 뉴 저지의 스탠더드 오일, 그리고 포드 모터 컴퍼니의 주도로 탄생했다. 멜론(Mellon) 그룹이 열정적으로 참여했고, 상원의원 제이커브 재비츠(Jacob Javits)가 "라틴아메리카는 미국이 유럽의 **가입**을 이끌어 미국이 지배적이거나 독점적인 위치를 추구하지 않는다는 점을 보여줄 절호의 기회를 제공한다……."176고 말하자, 유럽의 유력 기업들도 합류했다. 그래서, 아델라는 1968년도 연감에서 **라틴아메리카에서 컨소시엄 사업을 촉진하기 위해 제공된 차관에 대해 미주개발은행에 특별한 감사**

그 회사는 브라질 정부가 제안한 보상금을 받아들이지 않았다.
175) *International Commerce*, April 10, 1967.
176) *Nacla Newsletter*, May-June 1970에서 재인용.

를 표했고, 같은 맥락에서 세계은행의 부속기관들 가운데 하나인 국제금융공사(International Finance Corporation)의 사업에 감사를 표했다. 아델라는 사업에 들이는 노력이 중복되지 않도록 하고, 투자의 기회를 평가하기 위해 위 두 기관과 지속적으로 연락을 주고받는다.[177] 이와 유사한 다른 신성동맹들에 관한 사례를 여러 개 들 수 있을 것이다. 아르헨티나에서는 미주개발은행의 보통 자원[178]에 대한 라틴아메리카의 기여금이 일렉트릭 본드 앤드 셰어(Electric Bond and Share)의 자회사인 페트로수르 S. A. I. C.(Petrosur S. A. I. C.) 같은 기업에게 석유화학 단지 건설에 필요한 1천만 달러 이상의 매우 유리한 대출을 제공하는 혜택을 주기 위해, 또는 미국 필라델피아에 있는 버드 컴퍼니(Budd Co.)의 자회사 아르메탈 S. A.(Armetal S. A.)의 자동차 부품 공장에 금융 지원을 하기 위해 사용되었다.[179] 국제개발처의 대출은 브라질에 있는 애틀랜틱 리치필드 컴퍼니(Atlantic Richfield Co.)의 화학제품 공장을 확장할 수 있게 했고, 수출입은행은 브라질의 베들레헴 스틸의 자회사인 이코미(Icomi)에 넉넉한 대출을 제공했다. 진보를 위한 동맹과 세계은행의 기여 덕분에, 필립스 페트롤리엄 컴퍼니는 1966년에 역시 브라질에서 라틴아메리카 최대의 비료공장 복합단지를 건설할 수 있었다. 모든 것은 **원조** 비용으로 계산되며, 모든 것은 행운의 여신 포르투나의 은혜를 받은

---

177) Adela Annual Report, 1968. Nacla에서 재인용, op. cit.
178) (옮긴이) 보통 자원(Ordinary Resources)은 미주 지역의 경제적 개발을 촉진하기 위해 회원국들이 기여한 자금으로, 일반적인 대출과 프로젝트 지원을 위해 사용된다.
179) Banco Interamericano de Desarrollo, *Décimo informe anual, 1969*, Washington, 1970.

국가의 외채에 부담이 된다.

 피델 카스트로가 쿠바 혁명 초기에 바티스타 독재 정권하에서 고갈된 외환보유액을 복구하기 위해 세계은행과 국제통화기금에 도움을 요청했을 때, 두 기관은 쿠바가 안정화 프로그램을 받아들여야 한다고 응답했는데, 그 프로그램은 모든 곳에서처럼 국가의 해체와 구조 개혁의 마비를 의미하는 것이었다.[180] 세계은행과 국제통화기금은 공동의 목적을 위해 밀접하게 연계되어 활동한다. 둘은 브레튼 우즈(Bretton Woods)에서 함께 태어났다. 미국은 세계은행에서 투표권의 4분의 1을 차지하고, 라틴아메리카의 22개 나라는 모두 합쳐채 10분의 1도 되지 않는다. 세계은행은 미국에 대해 번개에 뒤따르는 천둥처럼 반응한다.

 세계은행의 설명에 따르면, 세계은행이 실행한 대출의 대부분은 "민간 기업의 성장을 위한 필수 조건"[181]인 도로와 기타 교통망 건설 및 전력 공급원 개발에 사용된다. 이 같은 인프라 건설은 실제로 원자재가 항구와 세계 시장에 접근하는 것을 수월하게 만들고, 가난한 국가의 이미 비국유화된 산업의 발전에 기여한다. 세계은행은 다음과 같이 생각한다. "경쟁이 필요한 산업은 가능한 한 최대로 민간 기업에 맡겨야 한다. 이것은 세계은행이 국가 소유의 산업에 대한 대출을 절대적으로 배제한다는 것을 의미하지는 않지만, 세계은행은 민간 자본의 접근이 불가능한 경우에만, 그리고 만약 세계은행이 융

---

180) Harry Magdoff, op. cit.
181) The World Bank, IFC and IDA, *Policies and Operations*, Washington, 1962.

자에 대한 검토를 완료한 뒤에, 정부의 참여가 결국 기업 운영의 효율성과 호환될 것이고, 또 정부의 참여가 민간의 주도와 민간 기업의 확장에 부당한 제약을 가하지 않으리라는 점을 만족스럽게 확신할 때만 이 같은 자금 지원을 떠맡을 것이다." 대출에는 국제통화기금의 안정화 조치를 적용하고 외채를 정확하게 상환한다는 조건이 붙는다. 세계은행의 대출은 기업의 이익을 통제하는 정책의 채택과 양립할 수 없는데, "그 정책이 어찌나 제한적이든지 기업의 수익이 명확한 기준에 따라 운영될 수 없고, 더욱이 미래의 확장을 촉진할 수조차 없다."[182] 1968년 이후, 세계은행은 대출의 상당 부분을 산아제한, 교육 계획, 농업 관련 사업 및 관광의 촉진에 할당해 왔다.

그 밖의 모든 세계적인 금융기관에서 작동되는 이익 흡수 기계들과 마찬가지로, 세계은행도 효과적인 갈취 도구로 기능하는데, 이는 아주 구체적인 세력가들의 이익을 위한 것이다. 1946년 이래로 세계은행의 역대 총재는 미국의 저명한 사업가였다. 1949년부터 1962년까지 세계은행을 이끈 유진 R. 블랙(Eugene R. Black)은 나중에 수많은 민간 기업의 이사직을 맡았는데, 그들 가운데 하나인 일렉트릭 본드 앤드 셰어는 세계에서 가장 강력한 전력 독점 기업이다.[183] 공교롭게도, 세계은행은 1966년에 과테말라가 후룬-마리날라(Jurún-Marinalá) 수력발전 프로젝트를 실행하기 위한 전제조건으로

---

182) Ibíd.
183) "우리의 대외 원조 프로그램은 (……) 미국의 회사를 위한 새로운 시장 개발을 촉진하고 (……) 수혜국의 경제를 미국의 기업이 번영할 자유 기업 시스템으로 유도한다." Eugene R. Black en *Columbia Journal of World Business*, vol. I, 1965.

일렉트릭 본드 앤드 셰어와의 **명예로운 협정**을 수용하도록 강요했다. 그 **명예로운 협정**은 불과 몇 년 전에 일렉트릭 본드 앤드 셰어에 무상으로 양도된 하천 유역에서 일렉트릭 본드 앤드 셰어가 입을 수도 있는 손해에 대해 막대한 보상금을 지급하는 내용이었고, 게다가 일렉트릭 본드 앤드 셰어가 국내 전기요금을 계속해서 자유롭게 책정하는 것을 국가가 방해하지 않겠다는 약속을 포함하고 있었다. 공교롭게도, 1967년에 세계은행은 콜롬비아가 새롭게 국유화한 노후 기계들에 대한 보상금으로 일렉트릭 본드 앤드 셰어의 자회사인 콜롬비아 전기 회사(Compañía Colombiana de Electricidad)에 3,600만 달러를 지급하도록 콜롬비아에 강요했다. 그렇듯, 콜롬비아 정부는 원래 자신에게 속했던 것을 구입한 셈이 되었는데, 그 이유는 그 기업에 대한 허가권이 1944년에 만료되었기 때문이다.

세계은행의 총재 3명은 록펠러 가문의 권력 별자리에 속해 있다. 존 J. 매클로이(John J. McCloy)는 1947년에서 1949년까지 세계은행을 이끈 지 얼마 지나지 않아 체이스 맨해튼 뱅크 이사회에 곧바로 합류했다. 그를 이어 세계은행 총재가 된 유진 R. 블랙은 반대 코스를 밟았다. 체이스 맨해튼 뱅크의 이사회에서 세계은행으로 자리를 옮긴 것이다. 또 다른 록펠러 가문의 인물인 조지 D. 우즈(George D. Woods)는 1963년에 블랙의 뒤를 이었다. 공교롭게도, 세계은행은 자본의 10%와 상당한 차관을 통해 록펠러 가문의 브라질 최대 사업인 페트로키미카 우니앙(Petroquímica União), 즉 남아메리카에서 가장 중요한 석유화학 단지에 직접적으로 참여하고 있다.

라틴아메리카가 받는 대출의 절반 이상은 국제통화기금의 승인을 받은 뒤에 미국의 민간 및 공공 기관에서 제공된다. 국제적인 은행들도 중요한 비율을 차지한다. 국제통화기금과 세계은행은 라틴아메리카 국가들이 외채 상환 목적에 맞춰 경제와 금융을 재편하도록 점점 더 강력한 압력을 가하고 있다. 체결된 약속을 이행하는 것은 국제적으로 올바른 행동의 본질이지만, 점점 더 어려워지고 동시에 더 긴급해진다. 라틴아메리카는 경제학자들이 **부채 폭발**(explosión de la deuda)이라고 부르는 현상을 겪고 있다. 압박의 악순환이다. 차관이 증가하고 투자가 잇따르며, 그 결과 원금 상환, 이자, 배당금 및 기타 서비스에 대한 지불이 증가하는 것이다. 그 같은 지불을 이행하기 위해 새로운 외국 자본의 투입에 의존하게 되고, 이는 더 큰 의무를 발생시키는데, 그런 상황이 계속해서 반복된다. 부채 상환은 수출로 인한 수입(收入)의 증가 비율을 갉아먹는데, 수출 가격이 지속적으로 하락하기 때문에 애초부터 수출로 인한 수입은 필요한 수입 자금으로 충당될 수 없다. 따라서 새로운 대출은 국가가 생필품을 확보할 수 있게 하려고 폐에 필요한 공기처럼 필수적인 것이 된다. 1955년에는 수출의 5분의 1이 원금 상환, 이자 및 투자 수익 지급에 사용되었고, 그 비율이 계속 증가해 이제 폭발할 지경에 이른다. 1968년에는 지불 금액이 수출액의 37%를 차지했다.[184] **무역 격차**를 메우고 제국주의적 투자로 발생한 이윤 유출을 충당하기 위해 계속해서 외국 자본에 의존한다면, 1980년에는 무려 80%의 외환이 해외 채권자의 손에 넘어가고, 총부채 규모는 수출액의 여섯 배를

---

184) UN, CEPAL, op. cit., y *Estudio económico de América Latina*, 1969, New York-Santiago de Chile, 1970.

초과하게 될 것이다.[185] 세계은행은 1980년까지 부채 상환 때문에 새로운 저개발 세계로 외국 자본이 유입되는 것은 완전히 차단될 것으로 예측했으나, 1965년에 이미 라틴아메리카로의 새로운 대출과 투자의 유입은 이전에 맺었던 약속을 이행하기 위한 원금 상환과 이자 지불만으로 라틴아메리카 지역에서 유출된 자금보다 적었다.

산업화는 세계 시장에서 불평등의 구조를 변화시키지 않는다

상품의 교환은 대외 직접 투자 및 차관과 함께 국제적인 분업의 족쇄가 된다. 소위 제3세계 국가들 사이에서는 수출의 5분의 1이 조금 넘게 교환되는 반면에, 수출의 4분의 3은 자신들이 공물을 바치는 제국주의의 중심지로 보내진다.[186] 라틴아메리카 국가들은 대부분 세계 시장에서 하나의 원자재나 하나의 식품과 동일시된다.[187] 라

---

185) Según previsiones del Instituto Latinoamericano de Planificación Económica y Social, *La brecha comercial y la integración latinoamericana*, México-Santiago de Chile, 1967.
186) Pierre Jalée, *Le pillage du Tiers Monde*, París, 1966.
187) 1966년부터 1968년까지 3년 동안 커피는 콜롬비아의 수출에 의한 전체 수입의 64%를 차지하고, 브라질은 43%, 엘 살바도르는 48%, 과테말라는 42%, 코스타 리카는 36%를 차지했다. 바나나는 에콰도르 외환 수입의 61%, 파나마 외환 수입의 54%, 온두라스 외환 수입의 47%를 차지했다. 니카라과는 외환 수입의 약 42%를 면화에 의존하고, 도미니카 공화국은 약 56%를 설탕에 의존했다. 육류, 가죽, 양모가 우루과이 외환 수입의 83%를 차지하고, 아르헨티나의 경우는 38%를 차지했다. 구리는 칠레 무역 수입의 74%를 차지했으며, 페루의 경우는 26%를 차지했다. 주석은 볼리비아 수출 가격의 54%를 차지했다. 베네수엘라는 석유로 외화의 93%를 벌어들였다.(UN, CEPAL, op. cit.) 멕시코에 관해 말하자면, "외화의 30% 이상을 3개 품목에 의존하고, 40% 이상을 5개 품목에 의존하며, 50% 이상을 10개 품목에 의존하는데, 이들 대부분은 가공되지 않은 제품으로서,

틴아메리카는 양모, 면화 및 천연섬유를 풍부하게 보유하고, 오랜 전통을 가진 섬유 산업을 갖추고 있지만, 유럽과 미국이 구매하는 원사와 직물의 약 0.6%를 차지한다. 라틴아메리카는 외국 공장에 일자리를 제공하기 위해 주로 1차 산품을 판매하도록 강요받아 왔고, 그들 제품은 "대부분 국제적인 연계를 지닌 강력한 컨소시엄들에 의해 수출되는데, 이들은 세계 시장에서 제품을 가장 유리한 조건으로 판매하는 데 필요한 네트워크를 보유하고 있다."[188] 하지만 이는 **그들에게** 가장 유리한 조건으로서, 일반적으로는 구매국의 이익에 부합하는 조건, 즉 **가장 낮은 가격으로** 판매한다. 국제 시장에서는 원자재의 수요와 공업 제품의 공급이 사실상 독점 상태에 있다. 반대로, 기본적인 제품을 공급하는 국가들은 제각각 활동하는데, 이들은 완제품의 구매자이기도 하다. 힘이 센 국가들이 전 세계 나머지 국가들이 소비하는 양과 거의 같은 양을 소비하는 미국을 중심으로 결집해 활동하는 반면에, 힘이 약한 다른 국가들, 즉 억압받는 국가들은 억압하는 국가들과 경쟁하면서, 서로 고립된 상태로 활동한다. 이른바 국제 시장에서는 소위 공급과 수요의 자유로운 작용이 존재한 적이 절대 없었으며, 한쪽이 다른 쪽을 지배하는 독재만 존재해 왔는데, 이는 항상 개발된 자본주의 국가의 이익에 부합하는 방식으로 이루어졌다. 가격이 정해지는 의사결정의 중추는 워싱턴, 뉴욕,

---

주요 수출 시장은 미국이다." Pablo González Casanova, *La democracia en México*, México, 1965.
188) Marco D. Pollner en el volumen colectivo de Intal-BID, *Los empresarios y la integración de América Latina*, Buenos Aires, 1967.

런던, 파리, 암스테르담, 함부르크에 있고, 각료 회의와 증권거래소에 있다. 1949년의 밀 가격, 1953년의 설탕 가격, 1956년의 주석 가격, 1956년의 올리브유 가격, 1962년의 커피 가격 보호를 위한 국제 협정들이 성대하게 체결되었다고 해도, 그것은 효용이 조금 있거나 전혀 없다. 그런 협정들은 강대국의 제품 가격이 지나치게 낮은 수준에 도달했을 때, 강대국이 약소국에 제시한 상징적인 변명에 불과했다는 사실을 확인하기 위해서는 위 제품의 상대적 가치가 하강하는 곡선을 보면 충분하다. 라틴아메리카가 판매하는 물건은 가격이 점점 하락하는 데 비해 구입하는 물건의 가격은 점점 상승한다.

  1954년에 우루과이는 송아지 22마리를 판매해서 포드 메이저(Ford Major)의 트랙터를 구입할 수 있었다. 그런데 현재는 두 배 이상의 송아지가 필요하다. 칠레 노동조합 본부를 위해 보고서를 작성한 칠레의 어느 경제학자 그룹은, 1928년부터 라틴아메리카의 수출 가격이 수입 가격과 같은 속도로 성장했더라면, 1958년과 1967년 사이에는 라틴아메리카가 이전 기간에 수출을 통해 벌어들인 것보다 570억 달러를 더 벌었을 것으로 추정했다.[189] 그리 먼 시점까지 거슬러 올라가지 않고, 1950년의 가격을 기준으로 할 때, 라틴아메리카가 1955년과 1964년 사이 10년 동안에 무역수지 악화로 인해 180억 달러 이상을 잃었다고 유엔은 추정한다. 가격 하락은 그 후에도 계속되었다. **무역 격차**──수입의 필요와 수출에서 얻는 이익의 차이──는 현재의 대외무역 구조가 변하지 않으면 점점 더 커질

---

189) Central Única de Trabajadores de Chile, *América Latina, un mundo que ganar*, Santiago de Chile, 1968.

것이다. 해가 갈수록 라틴아메리카에서 발생하는 이런 격차가 점점 커지고 있다. 만약 라틴아메리카가 앞으로 지난 15년 동안의 지극히 낮은 발전 속도보다 약간 더 높은 속도를 달성하려 한다면, 예상되는 수출 외환 수익의 증가를 상당히 초과하는 수입이 필요한 상황에 부닥칠 것이다. 라틴아메리카 경제사회 계획 연구소(ILPES)의 계산에 따르면,[190] 1975년에는 무역 격차가 46억 달러로 오를 것이고, 1980년에는 83억 달러에 도달할 것이다. 이 마지막 수치는 그해에 예상되는 수출 가격의 무려 절반에 해당한다. 그렇게, 라틴아메리카 국가들은 구걸하는 자세로 점점 더 절박하게 국제 대출 기관의 문을 두드릴 것이다.

아르기리 에마누엘은 "낮은 가격의 저주가 특정 제품에 영향을 미치는 것이 아니라, 특정 국가에 영향을 미친다."라고 주장한다.[191] 결국, 영국의 주요 수출품 가운데 하나인 석탄은 불과 얼마 전까지만 해도 양모나 구리와 마찬가지로 원자재이고, 설탕은 스코틀랜드 위스키나 프랑스 포도주보다 더 많은 가공이 이루어진 것이다. 스웨덴과 캐나다는 원자재인 목재를 좋은 가격으로 수출한다. 에마누엘에 따르면, 세계 시장이 기반으로 삼은 무역의 불평등은 **가난한 나라의 더 많은 노동 시간을 부유한 나라의 더 적은 노동 시간과 교환하는 데서 발생하고, 착취의 핵심은 가난한 나라와 부유한 나라의 임금 수준에 엄청난 차이가 존재하는데, 그 차이가 노동 생산성에서 발생**

---

190) Instituto Latinoamericano de Planificación Económica y Social, op. cit.
191) Arghiri Emmanuel, *El intercambio desigual*, México, 1972.

하는 동일한 규모의 차이와 무관하다는 데 있다. 에마누엘에 따르면, 저가격을 결정하는 것은 저임금이지, 그 반대가 아니다. 가난한 나라는 자신의 가난을 수출하면서 점점 더 가난해지고, 동시에 부유한 나라는 반대의 결과를 얻는다. 사미르 아민(Samir Amin)의 추정에 따르면,[192] 1966년에 개발도상국들이 수출한 제품이 선진국들에서 기술은 동일하지만 훨씬 높은 임금 수준으로 생산되었더라면, 가격이 그만큼 달라져 개발도상국들이 140억 달러를 더 받았을 것이다.

물론, 부유한 나라는 가난한 나라와 경쟁할 수 없는 분야에서 자국의 높은 임금을 보호하기 위해 관세 장벽을 사용해 왔고, 현재도 사용하고 있다. 미국은 라틴아메리카에 자유무역과 자유경쟁의 원칙을 강요하기 위해 국제통화기금, 세계은행, 관세 및 무역에 관한 일반 협정(GATT)의 관세 규정을 사용하면서 복수환율, 수출입 쿼터와 허가, 그리고 관세와 세금에 대한 제도를 축소하도록 강요하지만, 자신은 전혀 모범을 보이지 않는다. 미국은 국경 밖에서 국가의 활동을 억제하는 한편 국경 안에서 광범위한 보조금 및 특혜 가격 제도를 통해 독점 기업을 보호하는 것과 마찬가지로 외국과의 무역에서 높은 세금과 엄격한 제한을 가하면서 공격적인 보호무역주의를 실천하고 있다. 관세는 다른 세금, 쿼터 및 수출입 제한과 결합해 있다.[193] 만약 미국이 아르헨티나와 우루과이가 생산하는 더 좋

---

192) André Gunder Frank, *Toward a Theory of Capitalist Underdevelopment* 재인용, 선집 *Underdevelopment*의 서문, 미발표.
193) L. Delwart(*The Future of Latin American Exports to the United States: 1965*

은 품질의 더 저렴한 고기를 세금 또는 상상으로 만들어낸 위생의 제한 사항 없이 자국의 시장에 접근하도록 허용한다면, 중서부 지역 목축업자들의 번영에 어떤 일이 일어날까? 철광석은 미국 시장에 자유롭게 들어가지만, 만약 철이 주괴로 변환되면 톤당 16달러를 지불해야 하고, 세금은 가공 정도에 비례해 상승한다. 구리와 무수히 다른 많은 제품도 마찬가지다. 바나나를 말리거나, 담배를 자르거나, 카카오를 달게 하거나, 나무를 제재(製材)하거나, 대추에서 씨를 빼기만 해도 이들 제품에는 가차 없이 관세가 부과된다.[194] 1969년 1월에 미국 정부는 멕시코 시날로아(Sinaloa) 주의 농민 17만 명에게 일자리를 제공하는 토마토의 구매를 사실상 중단했고, 심지어 플로리다의 토마토 재배업자들은 경쟁을 피하고자 멕시코 농민들에게 토마토 가격의 인상을 요구했다.

하지만 세계 무역의 이론과 현실 사이에 존재한 가장 심각한 모순은 1967년 **인스턴트 커피 전쟁**이 공개되었을 때 폭발했다. 그때, 이론상으로 국제 분업을 결정하는 **자연적인 비교 우위**를 오직 부유한 나라만이 자기 이익을 위해 착취할 권리를 가진다는 사실이 드러났다. 놀라울 정도로 확장된 인스턴트 커피 시장은 네슬레와 제너럴 푸드의 손에 달려 있다. 머지않아 이 두 대기업이 전 세계에서 소비

---

and 1970, New York, 1970)는 라틴아메리카 제품의 수입에 대한 현재의 제한 사항에 관해 아주 명확한 목록을 발표했다.
194) Harry Magdoff, op. cit.

되는 커피의 절반 이상을 공급할 것으로 추정된다. 미국과 유럽은 브라질과 아프리카에서 커피 원두를 구매한 후, 이를 자국의 산업 시설에서 가공해 전 세계에 인스턴트 커피로 판매한다. 그럼에도, 세계 최대 커피 생산국인 브라질은 더 낮은 커피 가격을 활용하기 위해, 그리고 이전에 파괴하고 이제는 국가의 창고에 저장하는 생산 과잉 물량을 처리하기 위해 자국의 인스턴트 커피를 수출하면서 경쟁할 권리를 갖고 있지 않다. 브라질은 외국의 공장을 부유하게 만들어주는 원자재를 제공할 권리만 갖고 있다. 브라질의 커피 공장들—전 세계 110개의 공장 가운데 겨우 5개—이 국제 시장에서 인스턴트 커피를 판매하기 시작했을 때, 불공정 경쟁의 혐의를 받았다. 부유한 국가들은 소리를 지르며 반발했고, 브라질은 굴욕적인 강요를 받아들였다. 브라질이 미국 시장에서는 경쟁할 수 없을 정도로 높은 내국세를 자국의 인스턴트 커피에 부과했던 것이다.[195]

유럽은 라틴아메리카의 제품에 대해 관세, 세금, 위생 장벽을 적용하는 데 뒤처지지 않는다. 유럽 공동 시장은 자체 생산 농산물의 높은 가격을 보호하기 위해 높은 수입세를 부과하는 동시에 농산물을 경쟁력 있는 가격으로 수출할 수 있도록 보조금을 지급한다. **세금으로 얻은 이익을 보조금으로 충당하는 것이다. 그렇게 해서, 가난한 나라는 부유한 구매국이 자신과 경쟁하는 비용을 지불한다.** 부에노스 아이레스나 몬테비데오에서 쇠고기 등심 1킬로그램의 가격은 함부르크나 뮌헨의 정육점 갈고리에 걸려 있을 때보다 다섯 배나

---

195) Revista *Fator*, Río de Janeiro, noviembre-diciembre de 1968.

저렴하다.[196] 칠레 정부의 대표는 어느 국제회의에서 다음처럼 정당한 불평을 했다. "선진국들은 우리가 그들에게 제트기와 컴퓨터를 파는 것을 허용하려 하지만, 우리가 경쟁 우위를 가지고 생산할 수 있는 제품을 파는 것은 전혀 허용하려 하지 않습니다."[197]

라틴아메리카 산업에 대한 외국의 투자는 라틴아메리카의 국제무역 조건을 전혀 바꾸지 않았다. **라틴아메리카는 여전히 선진 경제국의 제품과 라틴아메리카가 생산한 제품을 교환하면서 위축되고 있다.** 브라보강 이남에 자리 잡은 미국 기업의 판매 확대는 역외 수출이 아니라 현지 시장에 집중되어 있다. 반대로, 수출에 해당하는 비율은 **감소하는 추세다.** 미주기구에 따르면, 미국 기업의 자회사는 1962년에 총판매의 10%를 수출하고, 3년 후에는 단 7.5%만을 수출했다.[198] 라틴아메리카의 산업화된 제품 교역은 라틴아메리카 **안**에서만 성장하고 있다. 1955년에는 이 지역 국가들 사이의 교역에서 공산품이 10분의 1을 차지했고, 1966년에는 그 비율이 30%

---

196) Carlos Quijano, "Las víctimas del sistema", en *Marcha*, Montevideo, 23 de octubre de 1970.
197) *New York Times*, April 3, 1968.
198) General Secretariat of the OAS, op. cit. 1969년 국립 상공회의소 재단(National Chamber Foundation)의 의뢰로 멕시코에 있는 미국 기업의 자회사들을 대상으로 실시한 대규모 설문조사에 따르면, 조사에 응답한 기업의 절반이 미국 본사로부터 자사 제품의 해외 판매를 금지당한 것으로 밝혀졌다. 그들 자회사는 그 같은 목적을 위해 설립되지 않았다.(Miguel S. Wionczek, "La inversión extranjera privada en México: problemas y perspectivas", en *Comercio Exterior*, México, octubre de 1970) 1963년에 아르헨티나, 브라질, 페루, 콜롬비아, 에콰도르에서 산업 총생산 대비 공산품 수출 비율은 2%를 넘지 않았고, 멕시코에서는 3.1%, 칠레에서는 3.2%였다.(Aldo Ferrer, Intal-BID의 앞에서 인용된 공동 저서에서).

로 증가했다.[199]

브라질에서 활동하던 어느 미국 기술 사절단의 단장 존 애빙크(John Abbink)는 1950년에 다음과 같이 예언적으로 언급했다. "미국이 만약 자국의 보호를 벗어난 아주 강력한 경제 발전으로 인한 충격을 피하고자 한다면, 개발되지 않은 국가의 불가피한 산업화를 '인도'할 준비를 하고 있어야 한다. (……) 산업화가 어떤 식으로든 통제되지 않으면, 미국의 수출 시장이 상당히 축소될 것이다."[200] 실제로, 혹시 산업화가 외부에서 원격으로 조정되더라도, 각국이 이전에는 해외에서 수입해야 했던 상품을 국산품으로 대체하지 않겠는가? 셀수 푸르타두는 라틴아메리카가 더 복잡한 제품들의 수입 대체를 진행함에 따라 "기업의 본사가 투입한 생산요소에 대한 의존도가 증가하는 경향이 있다."라고 지적한다. 1957년과 1964년 사이에 미국 기업의 자회사가 이룬 판매 실적이 두 배로 증가하고, 수입(輸入)은 장비를 제외하고 세 배 이상 증가했다. "이 같은 경향은 **대체** 효과가 외국 회사에 의해 통제되는 산업 확장의 감소 함수라는 점을 지적하는 것 같다."[201]

의존성은 단절되지 않고, 질적으로 변화한다. 현재, 미국은 더 정교하고 높은 기술 수준을 가진 제품의 라틴아메리카 판매 비율을 높이고 있다. 미국 상무부는 다음과 같은 견해를 밝힌다. "장기적으로 멕시코의 산업 생산이 증가함에 따라 미국의 추가적인 수출 기회가

---

199) UN, CEPAL, op. cit.
200) *Jornal do Comercio*, Río de Janeiro, 23 de marzo de 1950.
201) Celso Furtado, *Um projeto para o Brasil*, op. cit.

더 많이 창출된다……."²⁰²

아르헨티나, 멕시코, 브라질은 미국에서 생산된 산업 기계, 전기 기계, 모터, 장비 및 부품의 아주 좋은 고객이다. 대기업의 자회사는 본사가 고의로 비싼 가격에 공급하는 제품을 조달받는다. 비냐스(Viñas)와 가스티아소로(Gastiazoro)는 아르헨티나에 외국의 자동차 산업이 설립되는 비용에 관해 언급하면서 다음과 같이 말한다. "이런 수입 가격을 매우 높게 지불하느라 자금을 외국으로 송금했다. 많은 경우에 이 지불액이 막대했기 때문에 기업들이 [판매되는 자동차의 가격에도 불구하고] 손실을 보았을 뿐만 아니라 파산하기 시작했고, 그 나라에 투자된 주식의 가치가 빠르게 사라졌다. (……) 그 결과, 설립된 기업 22개 가운데 현재 10개만 남았고, 일부는 파산 직전에 있다."²⁰³

모 기업이 세계적으로 누리는 권력의 영광을 더 크게 하기 위해, 자회사는 라틴아메리카 국가들의 부족한 외화를 그런 식으로 이용한다. 멀리 떨어져 있는 권력의 중심과 관련된 위성 산업의 운영 구조는 전통적인 제국주의적 원자재 착취 시스템과 크게 다르지 않다. 안토니오 가르시아(Antonio García)는 "콜롬비아"의 원유 수출은 항상, 엄밀히 말해, 콜롬비아의 미국 유전에서 추출된 원유를 미국의 정제·상업화·소비의 중심지까지 물리적으로 이전하는 과정이었고, "온두라스"나 "과테말라"의 바나나 수출은 일부 미국 회사가 그

---

202) *International Commerce*, April 24, 1967.
203) Ismael Viñas y Eugenio Gastiazoro, op. cit.

식민지적 재배지에서 미국의 상업화 및 소비 지역까지 식품을 이전하는 형태였다고 주장한다.[204] 그러나 "아르헨티나", "브라질" 또는 "멕시코"의 공장들은, 가장 중요한 것만 언급하자면, **그들의 지리적 위치와는 전혀 관계 없는 어떤 경제적 공간을 구성하기도 한다.** 그들 나라는, 많은 다른 실처럼, 기업의 국제적인 날실 역할을 하는데, 기업의 본사는 자신이 이익을 추구하는 방향에 따라, 한 나라에서 다른 나라로 이익을 이전하고, 판매 대금을 실제 가격보다 높거나 낮은 가격으로 청구한다.[205] 그렇게 해서 대외무역의 중요한 핵심이 라틴아메리카와는 관계없는 정부와 이사회의 기준에 따라 각국의 상업 정책을 지도하는 미국 또는 유럽 기업의 손에 들어간다. 미국 기업의 자회사가 소련이나 중국에 구리를 수출하지도 않고 쿠바에 석유를 판매하지도 않는 것처럼, 가장 저렴하고 적합한 국제적인 공급처에서 원자재와 기계를 받지도 않는다.

"시장의 힘의 자유로운 작용"과는 전혀 관계없이 세계적인 규모로 이루어지는 경제 활동의 조정이 지닌 이런 효율성은 분명 국내 소비자에게 더 낮은 가격으로 이어지는 것이 아니라 오히려 외국 주주에게 더 큰 이익을 안겨준다. 자동차의 사례는 매우 설득력 있다. 라틴아메리카 국가에서, 기업은 풍부하고 아주 아주 저렴한 노동력

---

204) Antonio García, "Las constelaciones del poder y el desarrollo latinoamericano", en *Comercio Exterior*, México, noviembre de 1969.
205) 그 메커니즘은 물론 새로운 것이 아니다. 영국의 냉장회사 앵글로(Anglo)는, 국가의 보조금을 받기 위해, 그리고 킬로그램당 우루과이가 수출로 받는 가격보다 네 배가 높은 가격으로 우루과이산 고기를 판매하는 런던의 자사 소유 정육점 6,000개가 수백만 달러의 이익을 내게 하려고 항상 우루과이에 손해를 끼쳤다. Guillermo Bernhard, *Los monopolios y la industria frigorífica*, Montevideo, 1970.

을 이용하는 것 외에도 모든 면에서 투자의 확장을 유리하게 만드는 토지 기부, 특혜 전기요금, 할부 판매를 위한 국가의 재정 지원, 쉽게 접근할 수 있는 자금 같은 공식적인 정책을 이용할 뿐만 아니라, 일부 국가에서는 지원이 기업에 소득세나 판매세를 면제하는 극단에까지 이르렀다. 한편, 시장의 통제는 거대한 세계적 광고 캠페인에 의해 홍보되는 상표와 모델들이 중산층의 눈앞에 발산하는 마법 같은 명성으로 인해 이미 쉬워져 있다. 그러나 이 모든 요인은 라틴아메리카에서 생산된 자동차가 해당 기업이 속해 있는 국가에서 생산된 것보다 훨씬 비싸지는 것을 방지하지 않고, 오히려 비싸게 만든다. 라틴아메리카의 시장 규모가 훨씬 작다는 것은 확실하지만, **이 지역에서 기업의 이윤 추구 열망이 다른 어느 곳보다도 강하게 자극된다는 것도 확실하다.** 칠레에서 제작된 포드 팔콘(Ford Falcon) 한 대는 미국에서보다 세 배 더 비싸다.[206] 아르헨티나에서 제조된 발리안트(Valiant)나 피아트는 미국이나 이탈리아에서의 가격보다 두 배 이상 비쌌고,[207] 브라질의 폭스바겐도 독일의 가격과 비교할 때 그런 현상이 일어난다.[208]

---

206) 살바도르 아옌데 대통령 발언, 1970년 12월 12일 AFP 전신에 따름.
207) 신문 *La Razón*, Buenos Aires, 2 de marzo de 1970에 수록된 자료.
208) *Resultados da indústria automovelística, estudio especial de Conjuntura económica*, febrero de 1969.

기술의 여신은 에스파냐어를 말하지 않는다

미국의 유명한 국회의원 라이트 패트먼(Wright Patman)은, 대기업 주식의 5%는 많은 경우에 개인, 가족 또는 경제 집단이 그 회사를 완전히 통제하는 데 충분할 수 있다고 생각한다.[209] 만약 5%의 지분만으로 미국의 막강한 기업 내부에서 지배권을 확보하기에 충분하다면, 라틴아메리카의 기업 하나를 지배하려면 몇 퍼센트의 지분이 필요할까? 실제로는 그 이하로도 충분하다. 라틴아메리카의 부르주아 계층에게 아직은 접근할 수 있는 몇 안 되는 자부심 중 하나인 **혼합** 회사는, 다수 지분일 수는 있지만 외부적인 요소들이 지닌 힘 앞에서는 결코 결정적인 영향을 미칠 수 없는 국내 자본을 참여시킴으로써 외국 자본의 힘을 키워줄 뿐이다. 때때로, 국가 자체가 제국주의적 기업과 협력하는데, 이에 따라 그 기업은 이제 국가 기업으로 변모해 국가로부터 자신이 원하는 온갖 보장을 얻어내고 국가와 전반적인 협력 관계, 심지어는 우호적인 관계를 맺는다. 외국 자본의 "소수 지분" 참여는, 일반적으로, 기술과 특허의 이전이 필요하다는 명목으로 정당화된다. 라틴아메리카의 부르주아지는 창조적인 감각이 없는 상업 부르주아지로서, 땅의 권력에 태생적으로 묶여 있고, 기술이라는 여신의 제단 앞에 무릎을 꿇는다. **비록 주식의 수가 작을지라도 외국 세력이 보유한 주식, 그리고 낮은 경우가 거의 없는 기술적 의존도를 비국가화의 증거로 삼는다면, 라틴아메리카**

---

209) *Nacla Newsletter*, April-May, 1969.

에서 몇 개의 공장이 진정 국가적인 공장으로 간주될 수 있을까? 예를 들어, 멕시코에서는 기술을 소유한 외국인이 특허나 노하우의 이전(移轉) 계약을 대가로 빈번하게 **중요한 기술적·관리적 통제권, 생산물을 역시 외국인인 특정 중개인에게 판매해야 하고, 기계와 다른 자산을 본사로부터 수입해야 한다는 의무 외에도 그 기업의 주식 일부를 요구한다.**[210] 멕시코에서만 그러는 것이 아니다. 이른바 안데스 그룹 국가들(볼리비아, 콜롬비아, 칠레, 에콰도르, 페루)이 그 지역에서 외국 자본의 처리에 관한 공동 체계를 위한 프로젝트를 마련한 것은 주목할 만한데, 이 프로젝트는 위에서 언급한 조건을 포함하는 기술 이전 계약을 거부하는 데 중점을 둔다. 또한 그 프로젝트는, 외국 기업이 자신이 보유한 특허로 만든 제품의 가격을 정하는 것이나, **그 제품을 특정 국가로 수출하는 것을 금지하는 것을 받아들이지 말라고 위의 국가들에 제안한다.**

발명의 소유권을 보호하기 위한 첫 번째 특허 시스템은 거의 4세기 전에 프랜시스 베이컨 경에 의해 만들어졌다. 베이컨은 "아는 것이 힘이다."라고 즐겨 말했고, 그 후로 그의 말이 틀리지 않았다는 것이 알려졌다. 보편적인 과학은 그다지 보편적이지 않다. 실제로, 보편적인 과학은 선진국의 경계 안에 갇혀 있다. 라틴아메리카는 과학 연구의 결과를 자국의 이익을 위해 적용하지 않는데, 이는 **라틴아메리카에는 과학 연구가 전혀 없고, 그 결과 자연 자원을 훼손해**

---

210) Miguel S. Wionczek, "La trasmisión de la tecnología a los países en desarrollo: proyecto de un estudio sobre México", en *Comercio Exterior*, México, mayo de 1968.

다른 것으로 대체하는 강대국의 기술을 라틴아메리카가 감내할 수밖에 없다는 단순한 이유 때문이다. 지금까지 라틴아메리카는 자신의 발전을 지탱하고 지켜낼 자체 기술을 창조할 수 없었다. 단순히 선진국의 기술을 이식하는 것은 문화적인 종속과 궁극적으로는 경제적 종속을 의미할 뿐만 아니라, 더불어, 수입된 근대성의 오아시스가 낙후와 무지의 사막 한가운데서 증식하는 경험[211]을 4세기 반 동안 겪은 뒤에 개발도상국의 문제들 가운데 그 어떤 것도 해결하지 못한다는 사실을 충분히 단언할 수 있게 한다.[212] 문맹자들로 이루어진 이 광대한 지역이 기술 연구에 투입하는 금액은 미국이 그 같은 목적을 위해 투입하는 금액보다 200배나 적다. 1970년에 라틴아메리카에는 1,000대 이하의 컴퓨터가 있었고, 미국에는 5만 대의 컴퓨터가 있었다. 물론, 전자 모델이 설계되고, 라틴아메리카가 수입하는 프로그래밍 언어가 만들어지는 곳은 미국이다. 라틴아메리카의 저개발은, 비록 그 결함이 "현대화된다" 할지라도, 발전 도상의 한 단계가 아니다. 그 지역은 발전하고 있는 것처럼 보이지만 여전히 낙후된 구조에서 벗어나지 못하는데, 마누엘 사도스키(Manuel Sadosky)는 설령 독자적인 계획과 목표를 갖고 있더라도 발전 과정에 능동적으로 참여하지 않는 것은 전혀 이롭지 않다고 지적한다. 번영의 상징은 곧 종속의 상징이 된다. 현대 기술은, 지난 세기의 철

---

211) (옮긴이) 이는 수입된 서구식 근대화가 특정 도시나 부문에만 국소적으로 나타난 현상을 지칭하는 표현이다.
212) Víctor L. Urquidi, *Obstacles to Change in Latin America*, Claudio Véliz 외, London, 1967.

도가 그랬듯이, 이들 국가의 식민지적 상태를 형성하고 재형성하는 외국의 이익을 위해 받아들여진다. 사도스키는 말한다. "느리게 움직이는데도 수리가 되지 않은 시계 같은 일이 우리에게 일어난다. 시계의 바늘이 계속해서 앞으로 간다 해도 시계가 가리키는 시각과 실제 시각의 차이는 점점 벌어질 것이다."

라틴아메리카의 대학이 수학자, 엔지니어, 프로그래머를 소규모로 양성하고 있는데도 그들이 찾는 일자리는 해외에 있다. 우리는 우리의 최고 기술자와 가장 유능한 과학자를 미국에 제공하는 사치를 부리는데, 그들은 높은 급여와 미국에 크게 열려 있는 연구 가능성에 유혹되어 미국으로 이민을 간다. 다른 한편으로, 라틴아메리카에서 어느 대학이나 고등 문화 센터가 외국의 틀과 외국의 이익을 따르지 않는 어떤 기술의 기초를 다지기 위해 기초과학을 촉진하려 할 때마다 시기적절하게 발생한 쿠데타가 그렇게 하면 반란이 싹튼다는 구실 아래 그런 실험을 망쳐버린다.[213] 예를 들어, 1964년에 탄압을 받은 브라질리아 대학교(Universidade de Brasília)가 그 사례였는데, 사실, 몸에 장갑(裝甲)을 두른 채 기존 질서를 수호하는 대천사들[214]은 실수를 하지 않는다. 따라서 자주적인 문화 정책은, 진정성을 지닐 때만, 기존의 모든 구조에 깊은 변화를 요구하고, 촉진하게 되는 것이다.

대안은 외부의 자원에 의존하는 것이다. 이는 대기업이 보급하는 발전을 원숭이처럼 흉내 내는 것인데, 대기업의 손에는 새로운 제품

---

213) Oscar J. Maggiolo, 논문집 *Hacia una política cultural autónoma para América Latina*, Montevideo, 1969.
214) (옮긴이) 이들 대천사는 권력층, 군부, 체제 수호자 정도로 이해할 수 있다.

을 만들고 기존 제품의 품질을 향상하거나 생산비를 줄이기 위한 가장 현대적인 기술이 독점되어 있다. 전자두뇌가 비용과 편익을 추정하기 위해 오류 없는 계산 방식을 적용하기 때문에, 예를 들어, 라틴아메리카는, 노동력이 넘쳐나고 여러 나라에서 실업자가 압도적인 다수를 이루어 가고 있음에도, 노동력을 절약하도록 설계된 생산 기술을 수입한다.

다국적 대기업은 기술적인 수단들을 통제하면서 자연스럽게 라틴아메리카 경제의 다른 핵심 장치들도 조종한다. 물론, 다국적 대기업의 본사는 자회사에 가장 혁신적인 기술을 절대 제공하지 않고, 자신에게 유리하지 않은 자회사의 독립성을 촉진하지도 않는다. 미주개발은행의 의뢰로 《비즈니스 인터내셔널(*Business International*)》이 실시한 설문조사는 "라틴아메리카 지역에서 활동하는 다국적 기업의 자회사는 연구와 개발 분야에서 중요한 노력을 기울이지 않는 것이 분명하다."라는 결론에 도달했다. 실제로, 대부분의 다국적 기업은 그 같은 목적을 위한 부서를 갖추지 않은 채 극히 드문 경우에만 기술 적응 작업을 수행하는 반면에, 아르헨티나, 브라질, 멕시코에 있는 소수 기업은 거의 예외 없이 제한적인 연구 활동을 진행하고 있다.[215] 라울 프레비시(Raúl Prebisch)는 "유럽에서 활동하는 미국 기업은 연구소를 설립하고 연구를 수행해 해당 국가의 과학 및 기술 역량을 강화하는 데 기여하는데, 이 같은 일이 라틴아메리카에서 일어난 적이 없다."라고 경고하고, 매우 심각한 사실을 다음

---

215) Gustavo Lagos y otros, *Las inversiones multinacionales en el desarrollo y la integración de América Latina*, Bogotá, 1968.

과 같이 고발한다. "국내 투자는, 전문 지식[know-how]이 부족하므로, 자신의 기술 대부분을 **공개 도메인에 속한 기술과 전문화된 지식의 라이선스로 수입된** 기술을 받아들임으로써 이전해 온다."[216]

기술에 대한 의존 비용은 여러 가지 면에서 매우 크다. 비록 기업이 해외 송금을 신고하면서 다양한 방법으로 은폐하기 때문에 추정하기가 절대 쉽지 않다고 해도, 현금으로 지불되는 달러로 계산해도 마찬가지다. 그럼에도, 공식적인 수치에 따르면, 1950년과 1964년 사이에 멕시코에서 기술 지원으로 인한 달러의 유출이 15배로 증가했는데, 같은 기간에 새로운 투자액은 2배도 되지 않았다. 현재 멕시코에서는 외국 자본의 4분의 3이 제조 산업에 집중되어 있다. 1950년에는 그 비율이 4분의 1이었다. 산업에 대한 이 같은 자본 집중은 단지 구식 기술을 사용한 반사적인 현대화[217]를 의미하는데, 국가는 마치 최신 기술인 것처럼 대가를 지불한다. 자동차 산업은 어떤 방식으로든 멕시코에서 10억 달러를 유출했지만, 미국 자동차 노동조합의 어느 직원은 톨루카(Toluca)에 있는 제너럴 모터스의 새로운 공장을 둘러본 후 다음과 같이 썼다. "그 기술은 구식보다 더 나빴다. 꼼꼼하게 계획된 낡은 것과 더불어 고의로 구식을 채택했기 때문에, 더 나빴다. (……) 멕시코의 공장들에는 생산성이 낮은 기계 설비가 고의로 장착된다."[218] 코카콜라, 펩시, 크러쉬가 물에 녹인 설

---

216) Raúl Prebisch, "La cooperación internacional en el desarrollo latinoamericano", en *Desarrollo*, Bogotá, enero de 1970.
217) (옮긴이) 반사적(反射的)인 현대화는 실질적인 변화나 발전이 아니라 외부에서 발생한 현대화의 영향을 단지 표면적으로 반영한 경우를 의미한다.
218) Leo Fenster, en julio de 1969. André Gunder Frank, *Lumpenburguesía:*

탕과 탄산을 섞은 반죽을 대리점에 공급하면서 대리점에 대단히 비싼 산업 라이선스 비용을 부과하는 것에 대해 라틴아메리카가 어떤 고마움을 표할 수 있을까?

사람과 지역의 소외

브라질과 함께 성장하라(Grow with Brazil). 뉴욕의 신문들에 크게 실린 광고는 미국의 기업가들더러 그 열대 거인의 급속한 성장에 동참할 것을 이렇게 촉구한다. 상 파울루 시는 눈을 뜬 채 자고 있다. 개발의 소음에 귀가 먹먹해지고, 뜨거운 땅에서 특정 야생식물이 갑자기 싹트는 것처럼 공장과 마천루, 다리와 도로가 나타난다. 하지만 그 광고 슬로건의 올바른 번역은, 잘 알려져 있듯이, "**브라질을 희생시켜** 성장하라"다. 비록 발전의 눈부심이 사람을 속일지라도, 발전은 소수의 손님만 초대된 연회고, 주요 요리는 외국인의 탐욕스러운 입을 위해 예약되어 있다. 브라질은 이미 9천만 명이 넘는 인구를 보유하고, 20세기가 끝나기 전에 그 수가 두 배로 증가할 테지

---

lumpendesarrollo, Montevideo, 1970에서 재인용. 외국 기업의 자회사는 어찌 되었든 국내 기업보다 훨씬 현대적이다. 예를 들어, 국가 자본의 마지막 보루 중 하나인 섬유 산업에서는 자동화 수준이 대단히 낮다. 유엔 라틴아메리카 카리브 경제위원회에 따르면, 1962년과 1963년에 유럽의 네 나라가 섬유 산업을 위해 새로운 장비에 투자한 금액은 1964년에 라틴아메리카 전체가 같은 목적으로 투자한 금액의 여섯 배에 달했다.

만, 현대적인 공장은 노동력을 절감하고, 내륙에 그대로 남아 있는 라티푼디움도 일자리를 거부한다. 누더기를 입은 소년이 반짝이는 눈으로 리우 데 자네이루에서 막 개통된 세계 최장의 터널을 바라본다. 소년은 당연히 자기 나라를 자랑스럽게 여기지만 소년은 문맹이며, 먹기 위해 도둑질을 한다.

라틴아메리카 전역에서 열렬히 환영받은 외국 자본의 제조업 진출은 오늘날 선진국의 역사에서 읽을 수 있는 산업화의 "고전적 모델"과 라틴아메리카에서 산업화 과정이 보여주는 특성 사이의 차이를 더욱 분명하게 드러냈다. 이 시스템이 사람들을 쏟아내지만, 산업은 유럽보다 높은 비율로 노동력을 희생시키는 사치를 누린다.[219]

사용할 수 있는 노동력과 적용되는 기술 사이에는 일관된 관계가 전혀 존재하지 않고, 다만, 세계에서 가장 저렴한 노동력 중 하나를 활용하는 것이 유리하다는 논리에서 비롯된 관계만 존재한다. 풍요와 방임이 공존하는 이 왕국에서는 비옥한 토지와 대단히 풍부한 지하자원이 있음에도 사람들은 대단히 가난하다. 체제가 길가로 내팽개쳐 버린 노동자들의 광범위한 소외는 내수 시장의 발전을 저해하고, 임금 수준을 떨어뜨린다. 현존하는 토지 소유 제도의 영속화는 대규모 비생산적 아시엔다에서 토지 및 자본의 낭비와 미니푼디움의 난립으로 인한 노동력의 낭비를 통해 농촌의 만성적인 생산성 저하 문제를 심화할 뿐만 아니라, 실업 상태의 노동자를 대규모

---

219) 1957년에—더 최근의 자료는 없다—유럽의 산업에서 활동하던 미국 기업의 자회사는 투자된 자본 대비 라틴아메리카보다 높은 비율의 노동력을 고용하고 있었다. General Secretariat of the OAS, op. cit.

로, 그리고 점증적으로 도시로 유출한다. 농촌의 불완전 고용은 도시의 불완전 고용으로 전이된다. 관료가 늘어나고, 일할 권리를 박탈당한 사람들이 끝없이 버려지는 밑 빠진 쓰레기장 같은 소외된 빈민촌도 함께 늘어난다. 공장은 잉여 노동력에게 피난처를 제공하지 않지만, 언제나 이용할 수 있는 이 방대한 예비군의 존재 덕분에 미국이나 독일 노동자가 받는 임금보다 몇 배나 낮은 수준의 임금을 지불할 수 있다. 생산성이 높아지더라도 임금은 여전히 낮은 수준에 머물고, 생산성은 노동력의 감소를 대가로 증대된다. **위성화된(Satellized) 산업화**[220]는 배제적인 성격을 지닌다. **군중은 지구에서 가장 높은 인구 증가율을 자랑하는 이 지역에서 현기증 날 정도로 빠르게 늘어나고 있지만, 종속적인 자본주의의 발전—항해자보다 난파자가 많은 여정—은 통합할 수 있는 사람들보다 더 많은 사람을 소외시킨다.** 라틴아메리카의 경제 활동 인구 중 제조 산업 노동자의 비율은 **증가하는 대신 감소하고 있다**. 1950년대에는 14.5%였지만, 오늘날에는 11.5%에 불과하다.[221] 최근의 연구에 따르면, 브라질에서는 "앞으로 10년 동안 매년 창출해야 할 **새로운 일자리**의 총수가 150만 개에 이를 것이다."[222] 하지만 라틴아메리카에서 가장 산업화된 국가인 브라질의 공장에서 일하는 **전체** 노동자의 수는 겨우 250만 명에 불과하다.

---

220) (옮긴이) 이는 특정 지역이나 국가가 주요 산업 국가에 경제적으로 의존하고 종속된 것을 의미한다.
221) UN, CEPAL, op. cit.
222) F. S. O'Brien, *The Brazilian Population and Labor Force in 1968*, 내부 토의를 위한 문서, Ministério do Planejamento e Coordenação Geral, Río de Janeiro, 1969.

나라마다 가장 가난한 지역에서 대규모 노동자가 도시로 몰려든다. 도시는 자신의 생활 수준을 높이고, 도시 문명이 만들어낸 거대한 마법의 서커스 무대에 설 수 있다는 희망에 이끌려 온 가족의 일자리에 대한 기대를 자극하고, 실망시킨다. 그런 에스컬레이터가 낙원을 보여주는 것 같지만, 그런 착각이 배를 채워주지는 않는다. 도시가 가난한 이들을 더 가난하게 만드는데, 그 이유는 도시가 그들에게 결코 접근할 수 없는 부의 환상, 즉 자동차, 저택, 신과 악마처럼 강력한 기계들을 잔인하게 보여주는 반면에 안정적인 일자리와 살기에 적합한 집, 매일 정오마다 식탁에 가득 찬 음식은 거부하기 때문이다. 유엔의 어느 기관[223]은 적어도 라틴아메리카 도시 인구의 4분의 1이 "현대 도시의 건축 기준에 미달하는 정착지", 즉 전문가들이 빈민가를 지칭하려고 아주 완곡하게 표현하는 리우 데 자네이루의 **파벨라**(favela), 산티아고의 **카얌파**(callampa), 멕시코 시티의 하칼(jacal), 카라카스의 **바리오**(barrio), 리마의 **바리아다**(barriada), 부에노스 아이레스의 **비야 미세리아**(villa miseria), 몬테비데오의 **칸테그릴**(cantegril) 같은 곳에 거주한다고 추정한다. 가난과 희망 때문에 도시로 내던져진 소외된 사람들이 매일 새벽이 밝기 전에 도시의 외곽 지대에 생겨나는 양철, 진흙, 나무로 지은 집 속으로 모여든다. **우아이코**(Huaico)는 케추아어로 쏟아져 내리는 토사를 의미하는데, 페루인들은 산악 지대에서 해안에 있는 수도로 쏟아져 내려오는 인간의 대이동을 **우아이코**라고 부른다. 리마 주민 중 거의 60%

---

223) UN, CEPAL, *Estudio económico de América Latina*, 1967, New York-Santiago de Chile, 1968.

가 지방 출신이다. 카라카스에서는 그들을 '토데로스'[224]라고 부르는데, 그 이유는 그들이 일이라면 뭐든지 하기 때문이다. 그 소외된 사람들은 조금씩, 때때로 야금야금 일을 하거나 불결하거나 불법적인 일을 수행하는 것을 의미하는 "창가스(changas)"를 해서 살아간다. 그들은 하인, 석공 또는 임시 미장이, 레몬즙이나 잡화를 파는 상인, 임시 전기공이나 배관공이나 벽 도장공, 거지, 도둑, 자동차 지킴이, 들어오는 일은 닥치는 대로 하는 일손이다. 소외된 사람의 수가 "주류 사회에 포함된" 사람 수보다 더 빠르게 증가하기 때문에, 유엔은 앞서 언급된 연구에서 불과 몇 년 안에 "불법적인 정착지가 도시 인구의 대부분을 수용할 것"이라고 예측한다. **대다수는 패배자다.** 그 사이에, 시스템은 쓰레기를 카펫 밑에 숨긴다. 기관총을 겨눈 채 만(灣)의 산비탈에 있는 파벨라와 연방 수도의 비야 미세리아를 쓸어간다. 수천, 수만 명의 소외된 사람을 눈에 띄지 않게 멀리 쫓아낸다. 리우 데 자네이루와 부에노스 아이레스는 시스템이 만들어내는 빈곤의 풍경을 감춘다. 브라질과 아르헨티나 전체가 만들어낸 부가 낭비되는 이들 도시에서는 이내, 번영을 음미하는 것만 보이고, 그 배설물은 보이지 않을 것이다.

각 나라의 내부에서는 그 나라가 겪고 있는 국제적인 지배 체제가 재현된다. 이미 수요가 집중되어 있던 큰 항구나 수출 지대 같은 특정 지역에 산업이 집중된다. 브라질 산업의 80%는 남동부 삼각 지대—상 파울루, 리우 데 자네이루, 벨루 오리존치(Belo Horizonte)

---

224) (옮긴이) 토데로스(toderos)는 '모든 것(todo)'을 하는 사람들이라는 의미다.

―에 집중된 반면에 굶주린 북동부 지역이 국가 산업 생산에서 차지하는 비율은 점점 낮아진다. 아르헨티나 산업의 3분의 2는 부에노스 아이레스와 로사리오(Rosario)에 집중되어 있고, 몬테비데오는 우루과이 산업의 4분의 3을 차지하는데, 칠레의 산티아고와 발파라이소도 마찬가지다. 리마와 리마의 항구에는 페루 산업의 60%가 집중되어 있다.[225] 빈곤에 잠겨 있는 내륙의 넓은 지역들이 겪는 상대적인 후진성의 증가는 어떤 이들이 주장하는 것처럼 고립 때문이 아니라, 오히려 오늘날 산업 중심지로 변모한 옛 식민지의 중심지들이 행하는 직접적이거나 간접적인 착취의 결과다. 아르헨티나 노동조합의 어느 지도자가 천명한 바에 따르면[226] "한 세기 반 동안의 아르헨티나 역사는 연대의 모든 약속이 위반되고, 찬송가와 헌법에 서약되어 있는 믿음이 깨지고, 부에노스 아이레스가 지방을 지배하는 것을 목격해 왔다. 부와 권력을 축적하고 있는 이 오만한 대도시는 군대와 세관, 소수가 만들고 다수가 감내한 법, 그리고 몇 개의 예외적인 경우를 제외하면 외세의 대리자였던 정부들이 건설했다. 하지만 만약 우리가 부에노스 아이레스의 거대함에 대한 설명과 그 오만함에 대한 심판을 찾는다면, 우리는 그것을 미시오네스의 마테 농장에서, 라 포레스탈 사(社)[227]의 죽은 마을에서, 투쿠만의 사탕수수 공

---

225) UN, CEPAL, op. cit.
226) Raimundo Ongaro, carta desde la prisión, *De Frente*, Buenos Aires, 25 de septiembre de 1969.
227) (옮긴이) 라 포레스탈(La Forestal)은 20세기 초·중반에 아르헨티나 북부 지방에서 엄청난 영향력을 행사한 영국계 다국적 기업으로, 차코와 산타 페 지역에서 케브라초 나무를 대규모로 벌목한 뒤에 마을을 만들어 노동자와 가족이 거주하게 했다. 그러나 1963년 회사가 철수한 뒤에 대부분의 마을이 폐쇄되거나 버려졌다.

장과 후후이(Jujuy)의 광산의 절망 속에서, 버려진 파라나강의 항구에서, 그리고 베리소[228]로부터의 집단 탈출에서 발견하게 될 것이다. 그것은, 이제 더 이상 숨길 수도 동의할 수도 없는 내부 지배[229]가 확립된 그 풍요의 중심지를 둘러싼 가난이 온전히 드러나는 지도(地圖)다." 안드레 군더 프랑크(André Gunder Frank)는 브라질의 미개발의 전개에 관한 연구에서, 브라질은 미국의 위성 국가인데, 브라질 내에서는 북동부 지역이 남동부 지역에 있는 "내부 중심 도시"의 위성 역할을 한다고 지적했다. 양극화는 다양한 특징을 통해 드러난다. 단지 민간과 공공 투자의 대부분이 상 파울루에 집중되었기 때문만이 아니라, 이 거대한 도시가 불공정한 상업 거래, 자의적인 가격 정책, 국내 조세의 특혜적 구조, 그리고 대규모의 인재와 숙련 노동력의 탈취를 통해 전국에서 창출된 자본을 일종의 거대한 깔때기를 이용해 자기 것으로 만들기 때문이다.[230]

종속적인 산업화는 지역적 관점과 사회적 관점에서 소득 집중을 심화한다. **그 산업화가 창출하는 부는 나라 전체나 사회 전체로 확산하지 않고, 오히려 기존의 격차를 고착하고, 심지어는 심화한다.** 그 수가 점점 줄어드는, 산업에 "통합된" 노동자조차도 산업 성장의 혜택을 고르게 누리지 못한다. 생산성의 열매를 거두는 측은 사회

---

228) (옮긴이) 베리소(Berisso)는 20세기 초·중반에 아르헨티나 산업화의 핵심 도시 중 하나였다.
229) (옮긴이) 내부 지배(dominio interno)는 한 국가나 사회 내부에서 특정 세력이나 집단이 권력과 통제력을 행사하는 것을 의미한다.
230) André Gunder Frank, *Capitalism and Underdevelopment in Latin America*, op. cit.

적 피라미드의 최상층부여서 그 열매가 많은 이에게는 씁쓸한 것이다. 1955년부터 1966년 사이에 브라질에서 기계 산업, 전기 자재 산업, 통신 산업, 자동차 산업은 생산성을 130% 가까이 높였지만, 같은 기간에 이들 산업에 종사한 노동자의 임금은 실질 가치 기준으로 6%만 올랐다.[231] 라틴아메리카는 값싼 노동력을 제공한다. 1961년, 미국의 시간당 평균 임금은 2달러였지만, 아르헨티나는 32센트, 브라질은 28센트, 콜롬비아는 17센트, 멕시코는 16센트, 과테말라는 겨우 10센트에 불과했다.[232] 그때 이후 격차가 확대되었다. **프랑스 노동자가 한 시간에 버는 돈을 브라질 노동자가 벌기 위해서는, 현재 기준으로 이틀 반 동안 일해야 한다. 미국 노동자가 10시간 조금 넘게 일하면, 카리오카[233]의 노동자가 한 달 동안 일해서 버는 액수에 상당하는 돈을 번다. 영국인과 독일인이 리우 데 자네이루 노동자의 8시간 노동에 해당하는 임금보다 많은 돈을 벌기 위해서는 채 30분도 안 되는 노동을 하면 충분하다.**[234] 라틴아메리카의 낮은 임금 수준은, 이 지역이 부유한 국가의 소비자에게 혜택을 주려고 원자재를 매우 낮은 가격에 공급하기 때문에, 국제 시장에서 낮은 가격으로 이어진다. 반면에, 내부 시장에서는 탈국유화된 산업이 높은 가격에 제조품을 판매하고, 그 결과 제국주의적 기업은 막대한 이윤

---

231) Ministério do Planejamento e Coordenação Econômica, op. cit.
232) Z. Romanova, *La expansión económica de Estados Unidos en América Latina*, Moscú, s.f.
233) (옮긴이) '카리오카(Carioca)'는 리우 데 자네이루 사람을 가리킨다.
234) 노동 조직 분야의 미국인 기술자 Serge Birn의 자료, *Jornal do Brasil*, Río de Janeiro, 5 de enero de 1969.

을 얻는다.

모든 경제학자는 수요 증가가 산업 발전을 촉진하는 도약대처럼 중요하다는 점을 인정하는 데 동의한다. 라틴아메리카에서 외국 자본에 종속된 산업은 오직 경제·사회 구조 전반에 걸친 근본적인 변혁이 추진된다면 수평적·수직적으로 성장할 수 있는 대중 시장을 넓고 깊게 확대하는 데 전혀 관심을 보이지 않는데, 이는 정치적으로 불편한 격변을 초래할 수 있다. 가장 산업화된 도시의 노동조합이 이미 통제되거나 해체되거나 길들여진 상태에서는 임금 노동자의 구매력이 충분히 증대하지 않고, 산업 제품의 가격 역시 하락하지 않는다. 이곳은 막대한 **잠재** 시장을 지닌 거대한 지역이지만, 대다수 국민의 빈곤으로 인해 **실제** 시장은 축소되어 있다. 사실상, **대형 자동차나 냉장고 공장들의 생산은 고작해야 라틴아메리카 인구의 5%의 소비를 겨냥한다.**[235]

브라질인 네 명 가운데 겨우 한 명만이 실제 소비자로 간주될 수 있다. 브라질인 4,500만 명의 소득 합계가 사회 계층의 다른 끝에 있는 특권층 90만 명의 소득 합계와 같다.[236]

---

235) André Gunder Frank, *Capitalism and Underdevelopment in Latin America*, op. cit.

236) UN, CEPAL, *Estudio sobre la distribución del ingreso en América Latina*, New York-Santiago de Chile, 1967. "아르헨티나에서는 1953년 이전 몇 년 동안 소득의 점진적인 재분배라는 중요한 과정이 있었다. 가장 상세한 정보가 있는 그 3년 가운데 바로 그 해가 불평등이 가장 적은 해였던 반면에 1959년에는 훨씬 컸다. (……) 멕시코에서는 1940년부터 1964년까지의 가장 긴 기간 동안, 소득이 가장 낮은 20% 가정에는 손실이 단지 상대적인 것뿐만 아니라 절대적인 것이었다고 추정할 단서들이 있다."

성조기 아래에서 이루어지는 라틴아메리카 통합

모든 나라는 국경에서 끝난다고 여전히 믿는 천사들이 있다.[237] 그들은 미국이 라틴아메리카 자유무역연합(ALALC)에도 중미 공동시장(CACM)에도 속하지 않는다는 단순한 이유로, 라틴아메리카 통합과 거의 또는 전혀 무관하다고 주장한다. 그들은, 해방자 시몬 볼리바르가 원했던 것처럼 이 통합이 멕시코를 북쪽의 강력한 이웃 나라와 갈라놓는 경계를 넘어서지 못한다고 말한다. 이런 천사 같은 논리를 지지하는 사람들은, 의도적인 기억상실에 걸린 상태에서 한 무리의 해적, 상인, 은행가, **해병대원**, 기술 관료, **그린 베레**(Green Berets), 대사, 그리고 미국 기업의 경영자가 암울한 역사 속에서 남반구 민중 대부분의 삶과 운명을 장악해 왔다는 사실을, 그리고 현재 라틴아메리카의 산업도 미 제국의 소화기관 깊숙한 곳에 놓여 있다는 사실을 잊고 있다. 각국이 미리 저개발과 종속의 틀을 타파하지 않은 채 **각자의 예속을 통합하기** 때문에 **우리**의 결속이 **그들의** 힘이 되어버린다.

라틴아메리카 자유무역연합의 공식 문서는 통합의 발전에서 민간 자본의 역할을 늘 칭찬한다. 우리는 그 민간 자본이 누구의 손에 있는지 앞의 장들에서 이미 살펴보았다. 예를 들어 1969년 4월 중순에는 아순시온에서 기업 문제 자문위원회(Comisión Consultiva de Asuntos Empresariales)가 소집되었다. 그 밖에도 위원회는 "라틴아

---

237) (옮긴이) 국경만 넘으면 다른 나라 일이라며 무관심하거나, 세상은 자기 나라 안에서만 돌아간다고 믿는 순진한 사람들이 있다는 의미다.

메리카 지역의 경제 통합은 본질적으로 민간 기업의 발전을 기반으로 이루어져야 한다는 라틴아메리카 경제의 지향점"을 재확인했다. 그리고 역내 각 나라의 정부가 "회원국의 자본과 기업가가 주로 출자해 만들어지는 다국적기업"의 설립을 위한 공통 법률을 제정할 것을 권고했다. 모든 자물쇠가 도둑에게 넘겨진다. 1967년 4월 푼타델 에스테 정상회의에서, 린든 존슨 대통령이 금 인장(印章)으로 마무리한 최종 선언문에서 라틴아메리카 지역 내에 있는 모든 기업의 주식을 라틴아메리카 어느 곳에서나 구매할 수 있도록 주식의 공동시장, 즉 일종의 통합된 증권거래소를 만들자고 제창하기에 이르렀다. 그 공식 문서에서는 더 나아가 공기업의 민영화까지 노골적으로 권장되었다. 1969년 4월에 몬테비데오에서 라틴아메리카 자유무역연합의 육류 산업 부문 제1차 회의가 개최되어, "국영 육류 가공 공장을 점진적으로 민간 부문에 이전하기 위한 적절한 조치를 마련해 달라는 요청을 회원국 정부에게 하기로" 결의했다. 우루과이 정부의 어느 각료가 회의를 주재했는데, 우루과이 정부는 동시에 외국의 민간 냉동육 회사의 이익을 위해 국영 냉동육 회사인 '프리고리피코 나시오날(Frigorífico Nacional)'에 대한 사보타주 정책을 강력히 추진했다.

　라틴아메리카 자유무역연합 역내에서 상품의 이동을 점차 자유롭게 만들어가는 관세 철폐는 다국적 대기업의 이익을 위해 라틴아메리카의 생산 중심지와 시장의 분포를 재편성하려는 목적을 가진다. "규모의 경제"가 지배하는 것이다. 지난 몇 년 동안 이루어진 첫 번째 단계에서는 지역 전체 시장을 대상으로 삼는 발사 플랫폼[238]—산업화 도시들—의 외국 자본화가 완성되었다. 브라질에서 라틴아메리카 통합에 가장 관심을 보이는 기업들은 외국계[239]인데, 특히 가장 막강한 기업들이 그렇다. 미주개발은행이 라틴아메리카 전역에서 실시한 설문조사에 응답한 다국적 기업 대부분이 미국계인데, 그들 기업의 절반 이상이 1960년대 후반에 라틴아메리카 자유무역연합의 확대된 시장을 겨냥해 자사의 활동을 계획 중이거나 계획할 예정이었고, 이를 위해 자사의 지역 부서를 신설하거나 강화하고 있었다.[240] 1969년 9월, 헨리 포드 2세는 리우 데 자네이루에서 열린 기자회견에서 "브라질의 경제 상황이 매우 좋기 때문에 그 경제 과정에 참여하고 싶다."라고 하면서 "우리의 초기 참여는 윌리스-오버랜드 도 브라질(Willys-Overland do Brasil)을 인수한 것이었다."라고 밝히고, 브라질에서 생산된 자동차를 라틴아메리카 여러 나라에 수출할 계획이라고 확언했다. 《비즈니스 인터내셔널》이 "전 세계를 하나의 시장으로 여겨온 기업"이라고 설명한 캐터필러(Caterpillar)는 관세 인하 문제가 협상되자마자 이를 지체 없이 활용했는데, 1965년에 이미 상 파울루 공장으로부터 도로 평탄기(moter

---

238) (옮긴이) 발사 플랫폼(launching platforms)은 생산 및 수출의 시작점이자 기업이 새로운 시장에 진입하기 위한 전략적 거점 역할을 하는데, 특히 외국 자본이 지배하는 다국적 기업의 시장 진입의 허브가 되는 산업 도시나 지역을 가리킨다.

239) Maurício Vinhas de Queiroz, op. cit.

240) Gustavo Lagos, en Gustavo Lagos y otros, op. cit. 기업들의 64%가 라틴아메리카 자유무역연합의 특혜 조치를 이용해 화학 및 석유화학 제품, 인조 섬유, 전자 부품, 산업 및 농업 기계, 사무용 장비, 모터, 계측기, 강관(鋼管) 및 기타 제품을 이 지역 내로 수출하고 있었다.

grader)와 트랙터 부품을 남아메리카 여러 나라에 공급했었다. 같은 속도로, 유니언 카바이드는 라틴아메리카 자유무역연합 역내의 교역을 위한 관세, 세금, 사전 예치금 면제 혜택을 활용해 멕시코에 있는 자사 공장으로부터 전기공학 제품을 라틴아메리카 여러 나라에 공급했었다.[241]

  빈곤해지고, 소통이 단절되고, 자본이 빠져나가고, 각국 내부의 구조적인 문제로 심각한 어려움을 겪는 라틴아메리카 국가들은 **각 나라를 개별적으로 옥죄던 독점 자본이 국가별·분야별 활동의 전문화**, 자회사 규모의 최적화, 비용 절감, 역외 경쟁자 제거, 시장 안정

---

241) *Business International*, "Lafta, Key America's 200 Million Consumers", 탐사 보도, June 1966.

화를 통해 **활동 범위를 확대하고, 지역 차원의 새로운 노동 분업을 확고하게 할 수 있도록** 경제적·금융적·재정적 장벽을 점차 허물고 있다. 다국적 기업의 자회사는 특정 분야에서, 그리고 본사가 설정한 글로벌 전략에 영향을 미치지 않는 특정 조건 아래에서, 라틴아메리카 시장을 정복하는 것을 목표로 삼을 뿐이다. 다른 장에서 보았듯이, 라틴아메리카에는 **국제** 노동 분업이 늘 그래 왔던 방식으로 계속 작동하고 있다. 새로운 변화는 오직 라틴아메리카 지역 내부에서만 허용된다. 푼타 델 에스테 회의에서 각 나라의 대통령은 "외국의 민간 자본이 통합의 목표를 달성하려고 중요한 역할을 할 수 있을 것"이라고 선언하고, 미주개발은행이 "**라틴아메리카 내부 무역에서** 수출 금융 지원을 위한 가용 자금"을 증대하는 것에 합의했다.

1967년에 《포춘》지는 라틴아메리카 공동 시장이 미국 비즈니스에 제공하는 "매력적인 새로운 기회들"에 관해 평가했다. "여러 기업의 이사회에서 그 공동 시장은 미래 전략을 세우는 데 중요한 요소로 변모하고 있다. 갤럭시(Galaxie)를 생산하는 브라질 포드(Ford Motor do Brasil)는, 팰컨을 생산하는 아르헨티나 포드(Ford de Argentina)와 멋진 네트워크를 구축하고, 그 두 자동차를 더 큰 시장을 대상으로 생산하면서 규모의 경제를 달성할 계획이다. 현재 브라질에서 사진용 인화지를 생산하는 코닥은, 멕시코에서는 수출용 필름을, 아르헨티나에서는 카메라와 영사기를 생산하려고 한다."[242] 그리고 《포춘》지는 국제 전화 전신 회사(International

---

242) *Fortune*, "A Latin American Common Market Makes Common Sense For U. S. Businessmen Too", June 1967.

Telephone and Telegraph, ITT), 제너럴 일렉트릭(General Electric), 레밍턴 랜드(Remington Rand), 오티스 엘리베이터(Otis Elevator), 워싱턴(Worthington), 파이어스톤(Firestone), 디어(Deere), 웨스팅하우스(Westinghouse), 아메리칸 머신 앤드 파운드리(American Machine and Foundry) 등 다른 기업들의 **생산 합리화**와 영업 영역 확대 사례를 인용했다. 라틴아메리카 자유무역연합의 열정적인 옹호자인 라울 프레비시는 9년 전에 다음과 같이 썼다. "멕시코 시티에서부터 상 파울루와 산티아고를 거쳐 부에노스 아이레스까지 필자가 자주 듣는 또 다른 주장은 현재 외국 산업이 우리의 제한된 시장에서는 누릴 수 없는 확장 기회를 공동 시장이 제공하리라는 것이다. (……) 공동 시장의 이점이 국내 산업이 아니라 주로 외국 산업에 의해 활용될 것이라는 우려가 존재한다. (……) 필자 역시 그 우려를 공유했고, 지금도 공유하는데, 이는 단순한 상상 때문이 아니라 그런 일이 현실임을 실제로 확인했기 때문이다."[243] 이 같은 사실 확인에도 불구하고, 프레비시는 얼마 후에 "외국 자본이 우리 경제 발전에서 중요한 역할을 하는 것은 의심할 여지가 없다."[244]고 밝히면서, 진행 중인 통합과 관련해 "라틴아메리카의 기업인이 효과적이고 공평하게 참여하는" 합작회사의 설립을 제안하는 문서에 서명했다. 공평하게? **기회의 평등**은 반드시 지켜져야 한다. 아나톨 프랑스(Anatole

---

243) Raúl Prebisch, "Problemas de la integración económica", en *Actualidades Económicas Financieras*, Montevideo, enero de 1962.

244) Prebisch, Sanz de Santamaría, Mayobre y Herrera, *Proposiciones para la creación del Mercado Común Latinoamericano*, 프레이(Frei) 대통령에게 제출된 문서, 1966.

France)가 잘 말했듯이, 법은 부자와 빈자 모두에게 다리 밑에서 자거나, 길거리에서 구걸하거나, 빵을 훔치는 것을 법의 장엄한 평등성에 따라 금지한다. **하지만 이 지구에서 그리고 이 시대에 단 하나의 기업, 즉 제너럴 모터스가 우루과이 전체 경제 활동 인구와 맞먹는 수의 노동자를 고용하고, 단 1년 동안 벌어들이는 수익은 볼리비아 국내총생산(GNP)의 네 배에 달한다.**

다국적 기업은, 자신이 다른 지역의 자본주의적 발전에 **내부자**(insiders)로 참여하면서 얻는 이점을 과거의 통합 경험을 통해 이미 안다. 세계 곳곳에 퍼져 있는 미국계 자회사의 총매출이 미국의 수출액보다 여섯 배나 많은 데는 그럴만한 이유가 있다.[245] 라틴아메리카에서는, 다른 지역과 마찬가지로, 미국의 불편한 반독점법이 적용되지 않는다. **이곳에서는 각 나라가 자신을 지배하는 외국 기업의 가명(假名)이 되어도 아무런 제재를 받지 않는다. 라틴아메리카 자유무역연합 내에서의 첫 번째 보완 협정은 1962년 8월, 아르헨티나, 브라질, 칠레, 우루과이 사이에 체결되었다. 하지만 실제로는 IBM 사, IBM 사, IBM 사, 그리고 IBM 사 사이에 체결된 협정이었다.** 그 협정은 네 나라 사이의 통계 기계 및 부품의 무역에 대한 수입 관세를 철폐하는 한편, 해당 기계류를 역외에서 수입할 때는 관세를 인상했다. IBM 월드 트레이드(IBM World Trade)는 "만약

---

245) Judd Polk(U. S. Council of the International Chamber of Commerce) y C. P. Kindleberger(Massachusetts Institute of Technology)는 미국 국무부가 발행한 간행물에서 세계 자본주의 경제의 미국화(Norteamericanización)에 관해 매우 흥미롭고 알찬 정보와 의견을 제공한다. *The Multinational Corporation, Office of External Research*, Washington, 1969.

라틴아메리카의 정부들이 상호 간의 무역 관세를 철폐한다면 브라질과 아르헨티나 등에 공장을 세우겠다고 제안했다."[246] 위의 국가들 사이에 체결된 두 번째 협정에는 멕시코가 추가되었다. RCA와 아인트호벤의 필립스(Philips of Eindhoven)가 라디오 및 텔레비전용 장비의 교역을 위한 면세 조치를 추진했다.

그리고 일은 그런 식으로 계속되었다. 1969년 봄에 체결된 아홉 번째 협정은 라틴아메리카의 발전, 송전, 배전 장비 시장을 유니언 카바이드, 제너럴 일렉트릭, 지멘스가 분할하는 것을 공식화했다.

한편, 빈약하고 왜곡된 다섯 나라의 경제를 통합하려는 시도로 출범한 중미 공동 시장은 직물, 페인트, 의약품, 화장품 또는 과자 등을 생산하던 취약한 국내 생산자를 단숨에 무너뜨리고, 제너럴 타이어 앤드 러버 컴퍼니(General Tire and Rubber Co.), 프록터 앤드 갬블(Procter and Gamble), 그레이스 앤드 컴퍼니(Grace and Co.), 콜게이트-팔모라이브(Colgate-Palmolive), 스털링 프로덕츠(Sterling Products), 내셔널 비스킷(National Biscuits) 같은 기업의 이익과 사업 영역을 확대하는 역할만 했다.[247] 중미 지역에서는 관세 철폐가 **역외의 외국**(굳이 그렇게 표현하자면)과의 경쟁에 대한 장벽의 강화와 더불어 진행되면서 **역내의 외국** 기업이 더 비싸게, 더 많은 이익을 남기며 상품을 판매할 수 있게 되었다. "관세 보호를 통해 받은 보조금은 국내 생산 과정에서 창출된 모든 부가가치를 초과한다."라고 로저

---

246) *Business International*, op. cit.
247) E. Lízano F., "El problema de las inversiones extranjeras en Centro América", *Revista del Banco Central de Costa Rica*, septiembre de 1966.

한센(Roger Hansen)은 결론지었다.[248]

외국 기업은 그 누구보다도 비율 감각이 뛰어나다. 자신들의 몫과 남의 몫에 대한 비율 말이다. 예를 들어, 우루과이나 볼리비아, 파라과이, 에콰도르처럼 시장이 아주 작은 나라에 대형 자동차 공장, 고로(高爐) 또는 주요 화학 제품 공장을 설치하는 것이 무슨 의미가 있겠는가? 각 나라의 내수 시장 규모와 성장 잠재력에 따라 각기 다른 도약대가 선택된다. 우루과이의 타이어 공장 푼사(Funsa)는 파이어스톤(Firestone)에 크게 의존하지만, 통합을 염두에 두고 확장하는 것은 브라질과 아르헨티나에 있는 파이어스톤의 자회사다. 우루과이에 설립된 기업은, 제너럴 일렉트릭에 인수된 이탈리아 기업 올리베티(Olivetti)가 타자기는 브라질에서, 계산기는 아르헨티나에서 생산하도록 결정된 것과 같은 기준이 적용되어, 성장이 억제된다. 로젠스타인-로단은 "자원을 효율적으로 배분하기 위해서는 한 나라나 지역 내의 다양한 지역이 불균형하게 발전할 수밖에 없다."라고 주장하는데,[249] **라틴아메리카의 통합 또한 낙후 지역과 발전 중심지를 갖게 될 것이다.** 라틴아메리카 자유무역연합을 출범시킨 몬테비데오 조약이 체결된 지 8년을 맞아, 우루과이의 대표는 "[여러 나라 사이의] 경제 발전 정도의 차이가 심화되는 경향이 있다."라고 지적했는데, 그 이유는 상호 양보를 통한 단순한 무역 증가가 특혜를 받는

---

248) En *Columbia Journal of World Business*, Nacla Newsletter, January 1970에서 재인용.

249) Paul N. Rosenstein-Rodan 외, *Reflections on Regional Development*, BID에서 재인용, op. cit.

중심지와 낙후 지역 간에 이미 존재하던 불평등만 심화할 수 있기 때문이다. 한편, 파라과이 대사는 비슷한 표현으로 불만을 표했다. 그는 약소국이 자유무역지대 내의 가장 발전한 나라의 높은 내부 비용을 관세 면제를 통해 흡수하면서 그 나라의 산업 발전을 터무니없이 지원한다고 단언하고, 라틴아메리카 자유무역연합 내에서 교역 조건의 악화가 자국에 자유무역연합 외부에서처럼 심각한 타격을 가한다고 말했다. "파라과이는 자유무역지대에서 수입된 제품 1톤마다 2톤 값을 치르고 있다." 에콰도르 대표는 현실은 "서로 다른 발전 단계를 가진 11개국으로 이루어져 있는데, 이는 자유무역지대를 활용하는 능력의 차이로 이어지고, 이익과 손해 등에서 양극화를 초래한다."라고 단언했다. 콜롬비아 대사는 "자유화 프로그램이 세 개의 대국에게 현저하게 불균형한 혜택을 준다는 단 하나의 결론만을" 도출했다.[250] **통합이 진행되면서, 작은 나라는 관세 수입—파라과이에서는 관세 수입이 국가 예산의 거의 절반을 차지한다—을 포기하게 될 것이고, 그 대신에, 예를 들어, 동일한 기업이 생산해서 디트로이트, 볼프스부르크(Wolfsburg) 또는 밀라노로부터 여전히 절반 가격에 판매되는 자동차를, 상 파울루, 부에노스 아이레스, 또는 멕시코 시티로부터 비싼 가격에 받는 의심스러운 이익을 얻게 된**

---

250) ALALC 상설 집행위원회 특별회의, julio y septiembre de 1969. *Apreciaciones sobre el proceso de integración de la Alalc*, Montevideo, 1969. 유엔 무역개발회의(UNCTAD) 뉴욕 사무소장은, 무역 장벽을 줄이는 단순한 과정으로서의 통합이 "대륙의 전반적인 침체 속에서 고도로 개발된 소구역들(enclaves)을 유지하게 될 것"이라고 경고한다. Sidney Dell 등 공저 *The Movement Toward Latin American Unity*, 편집 Ronald Hilton, New York-Washington-London, 1969.

다.[251] 이것이야말로 통합 과정의 이면에서 갈등을 점점 더 증폭하는 근본적인 원인이 된다. 태평양 연안 국가들을 규합한 안데스 조약(Pacto Andino)의 성공적인 출현은 확대된 라틴아메리카 자유무역연합의 틀 안에서 세 대국이 쟁취한 뚜렷한 패권의 결과들 가운데 하나다. 소국들은 별도로 연합하려고 시도한다.

그러나 모든 어려움이 제아무리 까다롭게 보일지라도, 그런 어려움에도 불구하고 위성국이 자신의 종속적 권력 궤도에 새로운 위성국을 편입시켜 감에 따라 시장이 확대된다. 브라질은 카스텔루 브랑쿠의 군사 독재 치하에서 외국인 투자 보장 협정에 서명했는데, 협정은 각 사업의 위험과 손실을 국가에 전가하는 것이었다. 협정을 체결한 관리가 의회에서 그 굴욕적 조건들을 옹호하면서 "가까운 미래에 브라질이 볼리비아, 파라과이, 칠레 등에 자본을 투자하게 될 것인데, 그때는 이런 종류의 협정이 필요하게 될 것"이라고 주장한 것은 매우 의미심장한 일이었다.[252] 실제로 1964년의 쿠데타 이후에 들어선 정부들 안에서는 브라질이 이웃 국가들에 대해 "하위 제국주의적(sub imperialism)" 역할을 수행하는 경향이 있다는 점이 확인되었다. 막강한 영향력을 지닌 어느 군부 집단은 자국 브라질을

---

251) 브라질과 아르헨티나의 자동차 산업은 100% 외국계이며, 멕시코에서는 대부분이 외국계다. Alalc, *La industria automotriz en la Alalc*, Montevideo, 1969. (옮긴이) 자동차 생산 대기업 본사(디트로이트, 볼프스부르크, 밀라노)에서는 자동차가 훨씬 싸게 팔리는데도 불구하고, 동일한 기업이 라틴아메리카(상 파울루, 부에노스 아이레스, 멕시코 시티)에서 만든 자동차를 정가에 사는 것은, 손해를 감수하면서 얻는 실속 없는 혜택이라는 의미다.

252) Vivian Trías, *Imperialismo y geopolítica en América Latina*, Montevideo, 1967. 예를 들어, 우루과이는 북부 지역에 브라질의 전력을 공급받는 것과 같은 혜택을 대가로, 브라질로부터 기계류 수입을 늘리기로 약속했다. 현재 우루과이의 아르티가스(Artigas) 주와 리베라(Rivera) 주는 브라질의 허가 없이는 전력 소비를 늘릴 수 없다.

위의 국가들에서 미국이 얻는 이익의 주요 관리자로 규정하고, 미국이 브라질에 대해 행사하는 것과 유사한 패권을 브라질이 남아메리카 남부에서 행사할 것을 요구한다. 골베리 두 쿠투 에 실바 장군[253]은 이와 관련해 또 다른 **명백한 운명**[254]을 언급한다.[255] 이 "하위 제국주의" 이론가는 1952년에 그 **명백한 운명**을 언급하며 다음과 같이 썼다. "더욱이, 그 명백한 운명이 카리브해에서 북쪽의 우리 형님들과 충돌하지 않을 때는……."[256] 두 쿠투 에 실바 장군은 현재 브라질 다우 케미컬(Dow Chemical)의 사장이다. 그 바람직한 하위 지배 구조는 물론 역사적으로 풍부한 전례를 가졌는데, 이는 1865년 전쟁[257] 이후 영국 은행의 이름으로 파라과이를 전멸시킨 것으로부터 정확히 1세기 뒤에 **미 해병대**가 산토 도밍고를 침공했을 때 브라질군이 연대 작전을 주도하려고 파병된 일에까지 이어진다.

최근 몇 년 동안, 대륙의 주도권이라는 격렬한 문제를 둘러싸고 브라질과 아르헨티나 정부에 자리를 잡은 거대 제국주의적 이익 집단의 관리자들 사이에서 경쟁이 심화되었다. 모든 정황은 아르헨티

---

253) (옮긴이) 골베리 두 쿠투 에 실바(Golbery do Couto e Silva) 장군은 브라질 군사 정권의 핵심 인물로서, 브라질의 지역적 패권과 하위 제국주의 이론을 대표하는 군사 전략가다.

254) (옮긴이) '명백한 운명(Manifest Destiny)'은 19세기에 미국에서 등장한 정치적·이념적 개념으로, 미국이 영토를 북아메리카 대륙 전체로 확장하는 것은 당연하고 정당한 운명이라는 믿음을 가리킨다.

255) Golbery do Couto e Silva, *Aspectos geopolíticos do Brasil*, Río de Janeiro, 1952.

256) (옮긴이) 브라질의 명백한 운명(지역에서 영향력을 확대하거나 주도적인 역할을 수행하는 것)이 카리브 지역의 북쪽에 있는 '형님들'(주로 미국)과 충돌하지 않기 때문에 상대적으로 독자적인 '하위 제국주의' 역할을 수행하는 위치에 있다는 의미다.

257) (옮긴이) 브라질·아르헨티나·우루과이(삼국동맹)가 파라과이를 상대로 벌인 남아메리카 최대 규모의 전쟁인 삼국동맹 전쟁(Guerra de la Triple Alianza)을 가리킨다.

나가 브라질의 강력한 도전에 맞설 상황이 아니라는 점을 보여준다. 브라질은 아르헨티나보다 국토 면적이 2배나 크고, 인구는 4배가 많으며, 철강 생산량은 거의 3배에 달하고, 시멘트는 2배를 제조하고, 에너지는 2배 이상을 생산한다. 또한, 상선단(商船團)의 갱신율은 15배나 높다. 게다가, 브라질은 지난 20년 동안 아르헨티나보다 훨씬 빠른 경제 성장 속도를 기록해 왔다. 불과 얼마 전까지만 해도 아르헨티나는 브라질보다 더 많은 승용차와 트럭을 생산했었다. 현재의 성장 속도라면, 1975년에는 브라질의 자동차 산업이 아르헨티나 자동차 산업의 3배에 이를 것이다. 1966년에 아르헨티나의 해상 선단과 같은 규모였던 브라질의 해상 선단은 전체 라틴아메리카의 것을 합친 규모에 달할 것이다. 브라질은 잠재 시장의 규모, 엄청난 천연자원, 에콰도르와 칠레를 제외한 남아메리카의 모든 국가와 국경을 맞댄 영토의 거대한 전략적 가치, 그리고 자국 땅에 자리 잡은 미국 기업들이 빠르게 확장하기 위한 조건을 모두 갖추고 있다. 브라질은 경쟁보다 더 저렴하고 더 풍부한 노동력을 보유하고 있다. 라틴아메리카 자유무역연합 내에서 판매되는 완제품 및 반제품의 3분의 1이 브라질에서 생산되는 것은 우연이 아니다. 이 나라는 라틴아메리카 전체의 해방 또는 예속의 축을 이루도록 요구받고 있다. 아마도, 미국 상원의원 풀브라이트(Fulbright)는, 1965년에 행한 공개 발언에서 브라질에 라틴아메리카 공동 시장을 이끄는 임무를 부여했을 때, 자신의 발언이 지닌 영향력을 온전히 인식하지 못했을 것이다.

"우리는 결코 행복하지 않을 거요, 결코!"라고 시몬 볼리바르가 예언했다

오늘날 미국 제국주의가 라틴아메리카를 **지배하기 위해 통합할** 수 있게 하려고 과거에 대영제국이 동일한 목적을 가지고 우리를 분열시키는 데 기여할 필요가 있었다. 우리의 민족적 통일이 좌절된 결과, 서로 관계가 끊긴 여러 나라로 이루어진 군도(群島)가 탄생했다. 무장한 민족들이 독립을 쟁취했을 때, 라틴아메리카는 다양한 지역의 공통된 전통을 통해 서로 연결된 역사의 무대에 등장했고, 균열 없는 영토적 통일성을 보여주었으며, 같은 기원을 가진 두 언어 에스파냐어와 포르투갈어를 기본적으로 사용했다. 그러나 트리아스가 지적했듯이, 우리는 하나의 위대한 단일국가를 구성하는 데 필수적인 조건 중 하나, 즉 경제 공동체가 부족했다.

유럽의 금속과 식량 수요에 대응하며 번성하던 중심지들은 서로 연결되어 있지 않았다. 이는 부챗살의 꼭짓점이 바다 건너편에 있는 것과 같았다. 사람과 자본은 금이나 설탕, 은이나 인디고의 흥망에 따라 이리저리 움직였고, 생산 지역의 피를 빨아먹는 거머리 같은 항구와 수도만이 지속적으로 존재하고 있었다. **라틴아메리카는 시몬 볼리바르, 호세 아르티가스, 그리고 호세 데 산 마르틴**[258]**의 상상과 희망 속에서 하나의 공간으로 탄생했지만, 식민 체제의 근본적**

---

258) (옮긴이) 호세 데 산 마르틴(José de San Martín, 1778-1850)은 라틴아메리카 독립전쟁의 핵심 지도자 중 한 명으로, 특히 남부 지역(아르헨티나, 칠레, 페루)의 독립에 결정적인 역할을 했다.

인 왜곡 때문에 애초부터 분열되어 있었다. 항구의 과두 지배 계층은 자유무역을 통해 이 분열 구조를 공고히 했는데, 분열 구조가 바로 그들이 취하는 이윤의 원천이었다. 그런데 그 교양 있는 상인들은 유럽과 미국의 부르주아지가 구현한 국가 통합을 잉태할 수 없었다. 독립 이전 시기부터 에스파냐와 포르투갈의 후계자였던 영국인들은 외교관들이 흰 장갑을 끼고 벌인 술책, 은행가들의 착취적 권력, 그리고 상인들의 유혹 능력으로 19세기 내내 그 구조를 정교하게 다듬어 나갔다. "우리에게 조국은 아메리카다."라고 시몬 볼리바르가 선언했다. 그란 콜롬비아[259]는 다섯 개의 나라로 분열되고, 해방자는 패배해 사망했다. 그는 우르다네타[260] 장군에게 "우리는 결코 행복하지 않을 거요, 결코!"라고 말했다." 부에노스 아이레스의 세력에게 배신당한 산 마르틴은 지휘관의 표장(標章)을 내려놓았고, 수하 병사들을 아메리카인이라 부르던 아르티가는 파라과이의 외로운 망명지로 떠나 사망했다. 리오 데 라 플라타(Río de la Plata) 부왕령은 네 나라[261]로 분열되어 있었다. 중앙아메리카 연방공화국[262]

---

259) (옮긴이) 그란 콜롬비아(Gran Colombia)는 1819년에 시몬 볼리바르가 주도해 만든 라틴아메리카 최초의 범국가 연합으로, 1831년까지 존속하다가 오늘날의 콜롬비아, 베네수엘라, 에콰도르, 파나마, 북부 페루로 분리되었다.
260) (옮긴이) 라파엘 호세 우르다네타 이 파리아스(Rafael José Urdaneta y Farías, 1788-1845)는 베네수엘라의 장군이자 정치가로, 시몬 볼리바르의 군사적 동지이자 부하였다. 1830-1831년에 콜롬비아의 최고 권력을 장악했다.
261) (옮긴이) 아르헨티나, 우루과이, 파라과이, 볼리비아를 가리킨다.
262) (옮긴이) 중앙아메리카 연방공화국(República Federal de CentroAmérica)은 1823년에 설립되어 1838년과 1840년 사이에 해체된 라틴아메리카 최초의 지역 통합 국가로, 나중에 과테말라, 엘 살바도르, 온두라스, 니카라과, 코스타 리카로 분열되었다.

의 창시자인 프란시스코 데 모라산[263]은 총살당하고,[264] 아메리카의 허리는 다섯 조각으로 분열되었는데, 나중에는 테디 루스벨트에 의해 콜롬비아에서 떨어져 나온 파나마가 더해졌다.

결과는 분명하다. 오늘날 **어느 다국적 기업이라도 라틴아메리카라는 이 군도(群島)보다 훨씬 더 통일성과 일관성을 갖고 운영되고 있**는데, 라틴아메리카는 수많은 국경과 수많은 단절로 인해 갈기갈기 찢어져 있다. 자신의 내부적인 통합도 하지 못한 나라들끼리 무슨 통합을 할 수 있단 말인가? 각 나라는 내부에 심각한 균열, 첨예한 사회적 분열, 그리고 주변부의 광대한 황무지와 도시의 오아시스[265] 사이에 해결되지 않은 긴장을 겪고 있다. 그 비극은 지역적 차원에서 반복되고 있다. 생산물을 가장 직선적인 경로를 통해 해외로 운송하려고 만들어진 철도와 도로는 라틴아메리카가 자신의 가

---

263) (옮긴이) 프란시스코 데 모라산(Francisco de Morazán, 1792-1842)은 중앙아메리카 통합을 이끌었던 대표적인 정치가이자 군인, 개혁가다. 그는 종종 '중앙아메리카의 볼리바르'라고 불리며, 당시 라틴아메리카의 독립 후 혼란 속에서 공화주의·자유주의·통합주의를 실현하려고 했다.

264) "그는 무기를 준비하라고 명령하고, 스스로 가슴을 열어 보이고, 조준하라고 명령하고, 조준을 수정해 준 뒤에 발사하라는 명령을 내리고 쓰러졌지만, 피로 물든 머리를 치켜들어 '나는 살아 있다'고 말했다. 그리고 또 한 번의 사격이 그를 숨지게 했다." Gregorio Bustamante Maceo, *Historia militar de El Salvador*, San Salvador, 1951. 매주 일요일 밤마다 밴드가 테구시갈파(Tegucigalpa) 광장에 있는 모라산의 청동 동상 발치에서 경쾌한 음악을 연주한다. 그러나 비문이 잘못되어 있다. 동상은 중앙아메리카 통합을 이룬 챔피언의 기마상이 아니다. 모라산이 총살형을 당한 지 한참 뒤에, 정부의 의뢰로 조각가를 구하려고 파리에 간 온두라스 사람들은 술판에 돈을 써버리고, 결국 벼룩시장에서 미셸 네(Michel Ney) 원수의 동상을 사 왔다. 중앙아메리카의 비극은 빠르게 희극으로 변해갔다.

265) (옮긴이) '주변부의 광대한 황무지'는 가난하고 소외된 농촌·변두리 지역을, '도시의 오아시스'는 자본과 발전이 집중된 대도시에 국지적으로 존재하는 부유한 공간을 가리킨다.

장 뛰어난 영웅들이 꿈꾸던 국가 프로젝트를 실현하지 못한 무기력함과 무능력의 명백한 증거로 남아 있다. 브라질은 이웃 국가 콜롬비아, 페루, 베네수엘라와 지속적인 육상 연결망을 갖고 있지 않다. 그리고 대서양 연안 도시들은 태평양 연안 도시들과 직접적인 전신 연락망이 없어서, 부에노스 아이레스와 리마, 혹은 리우 데 자네이루와 보고타 사이의 전보는 필연적으로 뉴욕을 거쳐야 한다. 카리브 지역과 남아메리카 남부 지역 사이의 전화 회선도 마찬가지다.

라틴아메리카의 국가들은 각자 자신의 뿌리와 진정한 정체성을 부정하면서 여전히 자신을 자국의 항구와 동일시하는데,[266] 그 결과 역내 무역 상품의 거의 전부가 바닷길로 운송되고, 내륙 운송망은 사실상 존재하지 않는다. 그런데, 이와 관련해, 세계 해운 카르텔은 자신의 입맛대로 요금과 항로를 정하고, 라틴아메리카는 그저 터무니없는 요금과 비합리적인 항로를 감내할 뿐이다. 이 지역에서 운항 중인 정기 해운회사 118개 가운데 지역에 속한 것은 17개뿐이고, 화물 운임은 매년 라틴아메리카 경제에 10억 달러의 손실을 입힌다.[267] **그래서, 포르투 알레그리에서 몬테비데오로 보내는 화물은 함부르크를 경유할 때 목적지에 더 일찍 도착하고, 미국으로 가는 우루과이의 양모도 마찬가지다. 부에노스 아이레스에서 멕시코 만의 항구로 가는 화물 운임은 사우샘프턴[268]을 경유할 때 4분의 1 이상 줄어**

---

266) (옮긴이) 라틴아메리카가 외향적(항구 중심) 식민 경제 구조에서 벗어나지 못하고, 국가 간 통합과 내륙 연계가 결여되어 있음을 비판하는 내용이다.
267) UN, CEPAL, *Los fletes marítimos en el comercio exterior de América Latina*, New York-Santiago de Chile, 1968.
268) (옮긴이) 사우샘프턴(Southampton)은 영국 잉글랜드 남부 해안에 있는 항구 도시다.

든다.²⁶⁹ 멕시코에서 베네수엘라로 목재를 운송하는 비용은, 멕시코가 지도상으로 훨씬 가까움에도 핀란드에서 베네수엘라로 운송하는 비용의 두 배가 넘는다. 부에노스 아이레스에서 멕시코의 탐피코까지 화학 제품을 직송하는 비용은 뉴 올리언스를 경유하면 훨씬 비싸진다.²⁷⁰

물론 미국은 전혀 다른 목표를 세우고 그것을 이루어냈다. 독립 7년 만에 13개 식민지는 이미 영토를 두 배로 확장해 알레게니(Allegheny)산맥을 넘어 미시시피강 유역까지 뻗었고, 4년 후에는 단일 시장을 만들어 자신들의 통합을 확립했다. 1803년에 미국은 프랑스로부터 터무니없이 싼 값에 루이지애나 영토를 구입하면서 다시 영토를 두 배로 늘렸다. 그 후에는 플로리다가 추가되었고, 19세기 중반에는 "명백한 운명"이라는 명분으로 멕시코 영토의 절반이 침략당하고 할양되었다. 그다음에는 알래스카의 매입과 하와이·푸에르토 리코·필리핀의 강탈이 이어졌다. 식민지들은 국가가 되었고, 그 국가는 제국이 되었는데, 이는 **건국의 아버지들**이 활동하던 먼 옛날부터 분명히 설정하고 추구해 온 목표를 실현해 나가는 과정 전반에 걸쳐 이루어진 일이다. 미국 북부가 팽창하는 국경 내부를 향해 발전해 가는 동안 국경 외부를 향해 발전하던 남부는 수류탄처럼 산산조각 나고 있었다.

---

269) Enrique Angulo H. 등 공저 *Integración de América Latina, experiencias y perspectivas*, México, 1964.
270) Sidney Dell, *Experiencias de la integración económica en América Latina*, México, 1966.

현재의 통합 과정은 우리를 우리의 기원과 다시 만나게 하지도, 우리의 목표에 더 가까이 데려다주지도 않는다. 시몬 볼리바르는, 미국이 자유라는 이름으로 아메리카 대륙에 고통을 퍼뜨리도록 신의 섭리로 운명지어진 것처럼 보인다고 확언한 적이 있는데, 이는 정확한 예언이었다. 투쟁 중에 쓰러진 통합과 해방의 옛 깃발을 제너럴 모터스와 IBM이 우리 대신 들어줄 리도 없고, 현대의 그 배신자들이 어제 배신당한 영웅들의 구원을 오늘 실행할 리도 없다. 라틴아메리카의 재건을 향한 여정에는 바다 깊숙한 곳에 버려야 할 썩은 것이 너무 많다. 그런 일은 바로 빼앗기고, 짓밟히고, 저주받은 자들의 손에 달려 있다. 라틴아메리카의 민족적 대의는 무엇보다도 사회적 대의다. 라틴아메리카가 다시 태어나기 위해서는 나라의 주인들[271]을 나라별로 무너뜨리는 것부터 시작해야 할 것이다. 반란과 변혁의 시대가 열리고 있다. 운명은 신의 무릎 위에 놓여 있다고 믿는 이들이 있지만, 진실은 인간의 의식 위에서 절박한 도전처럼 작동하고 있다.

몬테비데오, 1970년 말

---

271) (옮긴이) '나라의 주인'이라는 표현은 민중을 지배하거나 착취하는 세력을 비유적으로 나타낸 것이다. 구체적으로는 토지·자원·경제를 지배하는 엘리트, 외국 자본·제국주의 세력, 정치적 권력과 특권을 가진 소수 계층 등을 가리킨다.

7년 후

1. 『라틴아메리카의 열린 혈맥』이 처음으로 출간된 지 7년이 지났다. 이 책은 사람들과 대화를 하려고 쓰였다. 비전문가인 저자가 역시 비전문가인 대중을 대상으로, 승자들이 쓴 공식 역사가 숨기거나 왜곡한 어떤 사실들을 알리려고 쓴 것이다.

책에 대한 가장 고무적인 반응은 신문의 문학면이 아니라, 거리에서 실제로 일어난 몇 가지 일화로부터 나왔다. 예를 들어, 옆자리에 앉은 친구에게 이 책을 읽어주다가 버스가 보고타 거리를 지나가는 동안에 결국 자리에서 일어나 모든 승객에게 큰 소리로 읽어준 소녀

이야기, 또는 학살이 자행되던 때[1] 아기의 기저귀에 이 책을 싸 들고 칠레의 산티아고를 탈출한 여자 이야기, 또는 책을 살 돈이 없어서 일주일 동안 부에노스 아이레스의 코리엔테스 거리 서점들을 돌아다니며 조금씩 읽은 어느 학생 이야기다.

마찬가지로, 이 책이 받은 가장 호의적인 평가는 어느 유명한 평론가가 아니라 이 책을 금지하면서 칭찬한 군사 독재 정권들로부터 나왔다. 예를 들어, 『라틴아메리카의 열린 혈맥』은 내 조국 우루과이에서도 칠레에서도 유통될 수 없었고, 아르헨티나에서는 당국이 텔레비전과 신문을 통해 이 책이 젊은이를 타락시키는 도구라고 비난했다. 블라스 데 오테로[2]는 말했다. "나는 내가 본 것을 글로 쓰기 때문에 그들은 내가 쓴 글을 사람들이 보지 못하게 한다."

나는, 『라틴아메리카의 열린 혈맥』이 침묵하는 책이 아니었다는 사실을 세월이 지난 뒤에 확인하는 기쁨에는 자만심이 없다고 생각한다.

2. 나는, 이 대중서가 연애소설이나 해적소설 같은 문체로 정치·경제를 이야기하는 것이 불경스럽게 여겨질 수도 있었다는 점을 알고 있다. 하지만 고백하건대, 나는 암호 같은 글을 쓰는 일부 사회학자, 정치학자, 경제학자, 역사학자의 몇몇 귀중한 저작을 읽는 것이

---

1) (옮긴이) 1973년 9월 11일, 아우구스토 피노체트 장군이 이끄는 군부가 좌파 대통령 살바도르 아옌데를 축출한 쿠데타를 일으켜, 수많은 국민을 학살했다.
2) (옮긴이) 블라스 데 오테로(Blas de Otero, 1916-1979)는 에스파냐의 대표적인 시인으로, 인간 존재에 관한 깊은 성찰과 인간의 존엄성과 사회 정의를 위한 문학적 투쟁으로 유명하다.

힘들다. 깊이 있는 내용을 전달하는 데 반드시 난해한 언어를 써야 하는 것은 아니다. 일부 경우에, 그렇게 하는 것은 단순히 지적 미덕의 반열에 올려진 의사소통의 무능력을 은폐할 수 있기 때문이다. 나는, 지루함이 종종 기존의 질서를 그런 식으로 정당화하는 역할을 하지 않을까 생각한다. 즉, 지루함은 지식이 엘리트의 특권임을 확인시켜 준다는 것이다.[3]

덧붙여 말하자면, 확신에 찬 독자를 대상으로 한 특정 참여 문학에서도 비슷한 일이 흔하게 일어난다. 똑같은 청중을 위해 똑같은 진부한 문구, 똑같은 형용사, 낭독하는 듯한 똑같은 형식을 기계적으로 반복하는 언어는, 가능한 모든 혁명적 수사를 구사하는데도, 내게는 순응적인 것으로 보인다. 아마 그처럼 교조적인 문학은 마치 포르노그래피가 에로티시즘과 거리가 먼 것만큼이나 혁명과 아주 멀리 떨어져 있다.

3. 사람은 머릿속에서 윙윙거리는 질문들, 집요하게 잠을 방해하는 파리 같은 질문들에 답하려 애쓰며 글을 쓰고, 그가 쓴 글이 사회적 응답의 필요와 어떤 방식으로든 맞닿을 때 집단적인 의미를 지닐 수 있다. 나는, 아마도 현실적인 범위 내에서 우리를 늘 따라다니는 의문들을 조금이나마 해소하는 데 도움이 될 수도 있는, 타인의 생각과 나 자신의 경험을 널리 알리려고 『라틴아메리카의 열린 혈맥』

---

3) (옮긴이) 지루함은 사람들로 하여금 현재의 사회 질서나 불평등을 당연한 것으로 여기게 만들고, 결과적으로 지식과 권력이 소수 엘리트에게 집중된 현실을 받아들이게 한다는 의미다.

을 썼다. 라틴아메리카는 굴욕과 빈곤에 처한 세계의 한 지역인가? 누구에 의해 그런 처지에 놓인 것인가? 신의 탓인가? 자연의 탓인가? 숨 막히는 기후 때문인가, 열등한 인종이기 때문인가? 종교 때문인가, 관습 때문인가? 불행이란 인간이 만들어낸 역사적 산물이고, 그래서 인간이 없앨 수 있지 않을까?

   과거를 숭배하는 것은 항상 반동적이라고 생각되었다. 우파는 죽은 이를 선호하기 때문에 과거를 선택하는데, 죽음은 고요한 세계, 멈춰버린 시간이다. 세습을 통해 자신의 특권을 정당화하는 권력자들은 향수를 조장한다. 역사는 박물관을 둘러보듯이 학습되지만, 그 같은 미라들의 전시는 속임수다. 그들은 우리에게 현재를 속이듯 과거도 속이고, 현실을 가린다. 억압받는 자는 억압하는 자가 만들어낸, 자신과 무관하고, 박제되어 있으며, 메마른 기억을 자기 것으로 받아들이도록 강요받는다. 억압받는 자는 자신의 삶이 아닌 삶을 유일하게 가능한 것인 양 받아들이며 살아간다.

   『라틴아메리카의 열린 혈맥』에서 과거는 언제나 우리 시대의 살아 있는 기억처럼, 현재에 의해 불려 나와 나타난다. 이 책은, 현실을 변화시키기 위한 첫 번째 조건이 현실을 아는 것이라는 전제에서 출발해, 역시 역사를 만들어가는 현재를 설명하는 데 기여하는 과거 역사의 단서들을 찾아보는 것이다. 여기서 제시되는 것은, 전장에서 죽으면서 비장한 말을 장황하게 늘어놓는, 가장무도회 복장을 한 영웅들의 목록이 아니라, 지금 우리의 걸음을 예감케 하는 수많은 사람의 발걸음 소리와 발자국을 탐색하는 것이다.『라틴아메리카의 열린 혈맥』은 현실에서 비롯되었지만, 이 책보다 더 뛰어난 다른 책들로부터도 비롯되었는데, 그 책들은 우리가 누구인지 알게 도와주었고, 우리가 무엇이 될지 알게 해주었으며, 우리가 어디로 가는지 더 잘 짐작하도록 우리가 어디서 왔는지 파악하는 것을 허용했다. 그 현실과 그 책들은 라틴아메리카의 저개발이 타자의 발전의 결과이며, 우리 라틴아메리카 사람들은 우리가 밟는 땅이 풍요롭기 때문에 가난하고, 자연의 혜택을 받은 지역이 역사의 저주를 받아 왔다는 것을 보여준다. 우리의 이 세계, 즉 강력한 중심지와 억압받는 변두리로 이루어진 세계에는, 최소한, 의심받지 않는 부가 존재하지 않는다.

4. 『라틴아메리카의 열린 혈맥』의 초판이 나온 이후에 흐른 세월 동안, 역사는 우리에게 냉혹한 스승이 아닌 적이 없었다.

시스템이 굶주림과 두려움을 키웠다. 부가 계속해서 집중되고, 가난이 퍼져나갔다. 전문성을 갖춘 국제기구들의 문서도 그 점을 인정하는데, 그 문서들의 냉철한 언어는 우리의 억압받는 지역을 "개발도상국"이라 부르고, 노동계급의 가차 없는 빈곤화를 "소득의 역진적 재분배"라 명명한다.

국제 체계는 계속해서 움직여 왔다. 국가는 상품을 위해, 인간은 물건을 위해 봉사한다.

시간이 흐르면서 위기를 수출하는 방법들이 완성되어 간다. 독점 자본은 최고 수준의 집중에 도달했으며, 시장, 금융 자원, 투자에 대한 독점 자본의 국제적인 지배력은 모순들을 체계적이고 점증적으로 이전할 수 있게 한다. 변두리 지역은 중심지의 번영에 대한 대가를 큰 충격 없이 치른다.

국제 시장은 이 작전에서 중요한 열쇠들 가운데 하나의 역할을 계속한다. 그곳에서 다국적 기업이 독재를 행사한다―스위지(Sweezy)가 말했듯이, 여러 나라에서 활동하기 때문에 다국적이지만, 소유권과 통제권 면에서는 확실히 국내적이다.―세계적인 불평등 구조는, 예를 들어, 현재 브라질이 폭스바겐 자동차를 남아메리카의 다른 국가들과 먼 아프리카 국가들과 중동의 시장에 수출한다고 해서 달라지지는 않는다. 결국, 특정 시장을 대상으로 브라질의 자회사를 통해 차를 수출하는 편이 더 유리하다고 판단한 것은 독일 기업 폭스바겐이었다. 요컨대, 낮은 생산 비용과 저렴한 노동력은 브라질 것이지만, 높은 수익은 독일 것이다.

원자재가 낮은 가격의 저주에서 벗어난다고 해서 구속복(拘束服)이 마법처럼 찢어지지는 않는다. 1973년 이후 석유의 경우가 그랬다. 혹시 석유가 국제적인 사업이 아닌가? 지금은 엑손이라 불리는 뉴 저지 스탠더드 오일, 로열 더치 셸, 걸프가 아랍 기업이나 라틴아메리카 기업인가? 누가 가장 큰 몫을 가져가는가? 더욱이, 대담하게도 석유 가격을 방어하려고 시도했다가 곧바로 유럽과 미국의 인플레이션과 노동자 실업의 희생양이 된 산유국들을 향해 터진 스캔들은 많은 것을 보여주었다. 선진국이 자기 제품 가운데 어떤 것이라도 가격을 올리기 전에 누구에게 의견을 물어본 적이 있었던가? 30년 전부터 석유 가격은 계속 내리기만 했다. 터무니없이 낮은 석유 가격은 세계의 주요 산업 중심지에 대한 거대한 보조금 역할을 하는 데 반해, 그 지역의 제품 가격은 점점 더 비싸졌다. 미국과 유럽의 제품 가격이 끊임없이 상승한 상황을 고려하면, 이번의 석유 가격 인상은 1952년 수준으로 되돌아간 것에 지나지 않는다. 원유는 그저 20년 전 수준의 구매력을 회복했을 뿐이다.

5. 최근 7년 동안 일어난 주요 사건들 가운데 하나는 베네수엘라의 석유 국유화였다. 국유화가 석유의 정제와 판매 분야에서 베네수엘라의 해외 의존성을 완전히 차단하지는 못했지만, 새로운 자율성의 공간을 열었다. 베네수엘라 국영 석유회사(Petroven)는 설립된 지 얼마 되지 않아 벌써 라틴아메리카 500대 주요 기업 가운데 1위를 차지했다. 페트로벤은 기존 시장 외에도 새로운 시장 탐색을 시작해 신규 판매처 50개를 빠르게 확보했다. 그러나, 언제나 그렇듯, 국가 권력이 한 나라의 주요 재산을 장악하게 될 때, 과연 국가 권력의 주인은 누구인지 스스로 물어보아야 한다. 기초 자원의 국유화 자체는 대다수에게 이익이 되는 소득 재분배를 의미하지 않으며, 반드시 소수 지배자의 권력과 특권을 위협하지도 않는다. 베네수엘라에서는 낭비와 사치의 경제가 여전히 그대로 작동한다. 그 중심에는 네온가스 불빛을 받는 사치스러운 백만장자 상류 계층이 눈부시게 자리한다. 1976년에 수입이 25% 증가했는데, 상당 부분은 베네수엘라 시장에 폭포처럼 쏟아져 들어오는 호화로운 물품을 조달하기 위해서였다. 상품 페티시즘은 권력의 상징이고, 인간 존재는 경쟁과 소비의 관계로 축소된다. 저개발의 바다 한가운데서 특권을 가진 소수는 세계에서 가장 풍요로운 사회의 최고 부자들이 누리는 생활 방식과 유행을 모방한다. 시끄럽고 분주한 카라카스에서는, 뉴욕과 마찬가지로, 최고의 "자연" 자원—공기, 빛, 고요—이 점점 더 비싸지고

귀해진다. 베네수엘라 민족주의의 거목이자 석유의 회복에 관한 예언자인 후안 파블로 페레스 알폰소[4]는 "조심하라."라고 경고한다. "굶주림으로 죽을 수도 있고, 과식으로 죽을 수도 있다."라고 말한다.[5]

6. 나는 『라틴아메리카의 열린 혈맥』의 저술을 1970년 말에 끝냈다.

1977년 말에 후안 벨라스코 알바라도가 수술대에서 사망했다. 그의 관은 리마 거리에서 본 적이 없는 최대 규모 군중의 어깨에 메진 채 묘지로 운구되었다. 페루 북부 척박한 땅의 빈한한 집에서 태어난 벨라스코 알바라도 장군은 사회적·경제적 개혁 과정을 이끌었다. 그것은 그의 나라 현대사에서 가장 광범위하고 깊이 있는 변화의 시도였다. 1968년의 봉기 이후, 군사정부는 진정한 농지개혁을 추진했고, 외국 자본에 의해 탈취당한 천연자원의 회복을 위한 길을 열었다. 그러나 벨라스코 알바라도가 사망하기 전에 이미 혁명의 장례식이 치러졌었다. 그 창조적 과정은 덧없는 삶을 마감했다. 그 과정은 대부업자와 상인의 협박, 그리고 민중의 조직된 기반이 없이 온전히 온정주의적이던 계획이 지닌 내재적 취약성에 의해 질식당하며 끝났다.

---

4) (옮긴이) 후안 파블로 페레스 알폰소(Juan Pablo Pérez Alfonzo, 1903-1979)는 베네수엘라 석유 산업의 주요 인물로, 석유 국유화와 OPEC 설립에 큰 역할을 했다. 그는 석유 자원의 통제와 회복을 통해 국가 주권과 경제 자립을 되찾을 수 있다고 예언하고 경고했다. 더불어, 석유 자원을 소수의 특권층이 독점하거나 낭비하는 상황이 되면 석유로 인한 부가 또 다른 형태의 지배와 불평등을 낳을 수 있기 때문에 석유 산업의 국유화가 진정한 경제적 독립과 사회 정의를 이루기 위한 수단이어야 한다고 예언하고, 주의를 촉구했다.

5) 장 피에르 클레르(Jean-Pierre Clerc)와의 인터뷰 *Le Monde*, París, 8-9 mai 1977.

1977년 크리스마스 전날, 페루에서 벨라스코 알바라도 장군의 심장이 마지막으로 뛰고 있을 무렵, 볼리비아에서는 그와는 전혀 닮지 않은 또 다른 장군이 주먹으로 책상을 쾅 내리쳤다. 볼리비아의 독재자 우고 반세르(Hugo Bánzer) 장군은 수감자, 망명자, 해고 노동자에 대한 사면을 거부했다. 그러자 주석 광산에서 라 파스에 당도했던 여자 넷과 아이 열넷이 단식투쟁을 시작했다.

경험이 풍부한 사람들이 견해를 밝혔다. "지금은 때가 아닙니다. 언제가 될지 알려주겠습니다……."

부인들이 바닥에 앉았다.

"우리는 상의를 하는 게 아닙니다." 부인들이 말했다. "우리는 알리는 겁니다. 결정은 내려졌습니다. 저기 광산에서는 항상 단식투쟁을 하고 있습니다. 태어나자마자 이미 단식투쟁이 시작된다고요. 저기서도 우리는 죽을 겁니다. 더 천천히 죽겠지만, 우리도 죽을 거라고요."

정부는 처벌과 협박으로 대응했지만, 단식투쟁은 오랫동안 억눌려 있던 힘을 분출시켰다. 볼리비아 전 국민이 치를 떨면서 이를 드러냈다. 열흘 뒤에는 여자 넷과 아이 열넷이 아니라 1,400명의 노동자와 학생이 단식투쟁에 나섰다. 독재 정권은 발밑에서 땅이 갈라지는 것을 느꼈다. 그리고 전면적인 사면이 쟁취되었다.

이렇게 해서 1977년에서 1978년 사이에 안데스의 두 나라가 국경을 넘었다. 더 북쪽의 카리브 지역에서는 파나마가 미국 신정부와의 험난한 협상 끝에 그전에 약속된 운하의 식민지적 지위의 청산을 기다리고, 쿠바에서는 인민이 축제를 벌였다. 불굴의 사회주의 혁명이 첫 19주년을 기념하고 있었던 것이다. 불과 며칠 후에 니카라과에서는 분노한 군중이 거리로 몰려나왔다. 독재자 소모사의 아들인 독재자 소모사는 열쇠 구멍 너머로 그 상황을 주시했다. 여러 기업이 격노한 민중에 의해 불태워졌다. 그들 가운데 하나인 플라스마페레시스(Plasmaféresis)라 불리는 회사는 흡혈을 전문으로 했다. 1978년 초 화마에 휩쓸린 플라스마페레시스 사는 쿠바 출신 망명자들의 소유로, 니카라과의 피를 미국에 판매하고 있었다.

(다른 모든 거래와 마찬가지로, 피를 거래하는 데서도 생산자는 겨우 팁만을 받았다. 예를 들어, 헤모 캐리비안(Hemo Caribbean)이라는 회사는 아이티인에게 피 1리터당 3달러를 지급하고, 이를 미국 시장에 25달러에 재판매한다.)

7. 1976년 8월, 오를란도 레텔리에르(Orlando Letelier)는 피노체트 독재 정권의 공포 정치와 소수 특권층의 "경제적 자유"가 같은 동전의 양면이라는 내용을 폭로하는 글을 발표했다.[6] 살바도르 아옌데 정부의 각료였던 레텔리에르는 미국에 망명 중이었다. 얼마 지나지 않아 그는 그곳에서 폭탄에 의해 산산조각이 났다.[7] 그는 글에서, 독

---

6) *The Nation*, August 28.
7) 그 범죄는 1976년 9월 21일에 워싱턴에서 발생했다. 그전에도 우루과이, 칠레, 볼리비아 출신의 정치적 망명자 여러 명이 아르헨티나에서 암살당했다. 그들 가운데 가장 유명한 인물들은 다음과 같다. 카를로스 프라츠(Carlos Prats) 장군은 아옌데 정부의 군사 체계에서 핵심적인 인물이었는데, 1974년 9월 27일에 그의 자동차가 부에노스 아이레스의 어느 차고에서 폭파되었다. 볼리비아에서 단기간의 반제국주의 정부를 이끌었던 후안 호세 토레스(Juan José Torres) 장군은 1976년 6월 15일에 총알 세례를 받았다. 그리고 우루과이의 국회의원인 헬마르 미첼리니(Zelmar Michelini)와 엑토르 구티에레스 루이스(Héctor Gutiérrez Ruiz)도 1976년 3월 18일부터 21일 사이에 부에노스 아이레스에서 납치·고문·

점 기업들이 가격을 마음대로 조작하는 칠레와 같은 경제 상황에서 자유경쟁을 논하는 것은 터무니없고, 진정한 노동조합들이 법 밖에 있으며 임금이 군사위원회의 명령으로 정해지는 나라에서 노동자의 권리를 언급하는 것은 어쭙잖은 일이라고 주장했다. 레텔리에르는 인민연합 정부 시기에 칠레 국민이 이룩한 성과들이 두서없이 해체된 것을 묘사했다. 피노체트 독재 정권은 살바도르 아옌데가 국유화한 산업계의 독점 기업과 과점 기업들 가운데 절반을 이전 소유주에게 돌려주었고 나머지 절반은 매각했다. 파이어스톤은 국영 타이어 공장을 인수하고, 파슨스 앤드 휘트모어(Parsons and Whittemore)는 대규모 제지용 펄프 공장을 인수하고……. 레텔리에르에 따르면, 현재의 칠레 경제는 아옌데 정부 직전 시기보다 더 집중화되고 독점화되어 있다.[8] **사업은 그 어느 때보다도 자유롭지만, 사람들은 그 어느 때보다도 억압받고 있다. 라틴아메리카에서는 기업의 자유가 공공의 자유와 양립할 수 없다.** 자유 시장? 1975년 초부터 칠레에서 우윳값은 자유롭다. 결과는 곧 드러났다. 두 개의 기업이 시장을 지배하고 있었다. 우유 가격이 소비자에게는 곧바로 40% 상승했지만, 생산자에게 돌아가는 가격은 22% 하락했다.

인민연합 정부 동안 크게 낮아졌던 영아 사망률은 피노체트가 등

살해되었다.

8) 기독교민주당(Democracia Cristiana) 정부가 착수해 인민연합 정부에 의해 깊이 있게 진행된 농지개혁도 완전히 무너졌다. María Beatriz de Albuquerque W., "La agricultura chilena: ¿modernización capitalista o regresión a formas tradicionales? Comentarios sobre la contrareforma agraria en Chile", *Iberoamericana*, vol. VI: 2, 1976, Institute of Latin American Studies, Stockholm을 참조하라.

장한 뒤부터 급격하게 높아졌다. 레텔리에르가 워싱턴의 거리에서 암살당했을 때, 칠레 인구의 4분의 1은 아무런 수입이 없었고, 타인의 자선이나 자신의 완고함과 약삭빠름 덕분에 생존하고 있었다.

라틴아메리카에서 소수의 번영과 다수의 불행 사이에 벌어진 격차는 유럽이나 미국보다 훨씬 크다. 따라서 그 격차를 보전하는 데 필요한 방법들은 훨씬 잔인하다. 브라질은 거대하고 매우 잘 갖춰진 군대를 보유하고 있지만, 교육비에는 국가 예산의 5%만 할당한다. 우루과이에서는 현재 예산의 절반이 군대와 경찰에 사용되고, 경제 활동 인구의 5분의 1이 타인을 감시하고, 추적하고, 처벌하는 역할을 맡는다.

의심할 바 없이, 1970년대에 우리 땅에서 가장 중요한 사건들 가운데 하나는 비극이었다. 1973년 9월 11일에 발생한 군사 반란은 살바도르 아옌데의 민주 정부를 전복하고, 칠레를 피의 바다에 빠뜨렸다. 그 조금 전인 6월에는 우루과이에서 발생한 쿠데타가 국회를 해산하고, 노동조합을 불법화했으며, 모든 정치 활동을 금지했다.[9]

1976년 3월, 아르헨티나의 장군들이 다시 권력을 잡았다. 후안 도밍고 페론의 미망인이 이끌던 정부는 부패해서 별다른 성과 없이 무너졌다.

---

9) 3개월 후, 각 대학에서 선거가 행해졌다. 남아 있는 유일한 선거였다. 독재 정권의 후보들은 대학 선거에서 2.5%의 표를 얻었다. 그래서 독재 정권은 민주주의를 지킨다는 명분으로 수많은 학생을 투옥하고 대학을 그 2.5%에게 넘겨주었다.

이제 남부의 그 세 나라는 세계의 궤양이고, 끊임없이 나쁜 소식 거리다. 고문, 납치, 살인, 그리고 추방이 일상적인 관행이 되어버렸다. 이들 독재 정권은 건강한 조직체에서 도려내야 할 종양인가, 아니면 체제가 감염되었음을 드러내는 고름인가?

나는 위협의 강도와 그에 대한 대응의 잔혹함 사이에는 항상 밀접한 관계가 존재한다고 믿는다. 나는 오늘날 브라질과 볼리비아에서 벌어지고 있는 일을, 장구 굴라르[10] 체제와 후안 호세 토레스[11] 체제의 경험을 고려하지 않고서는 이해할 수 없다고 생각한다. 이들 정부는 무너지기 전에 일련의 사회 개혁을 시행하고, 민족주의 경제 정책을 추진했는데, 이 과정이 브라질에서는 1964년에, 볼리비아에서는 1971년에 중단되었다. **같은 방식으로, 칠레, 아르헨티나, 우루과이는 희망이라는 죗값을 치르고 있다고 말할 수 있을 것이다.** 아옌데 정부 시절의 깊은 변화의 흐름, 1973년 엑토르 캄포라(Héctor Cámpora)의 짧은 정부 기간에 아르헨티나 노동자 대중을 움직이며 높이 휘날린 정의의 깃발들, 그리고 우루과이 청년들의 급격한 정치화는 모두 무력하고 위기에 처한 체제가 견딜 수 없는 도전이었다. 자유라는 격렬한 산소가 유령들에게 치명적이었고, 집정관의 경호대가 질서를 유지하기 위해 소집되었다. 청소 계획은 말살 계획이다.

---

10) (옮긴이) 장구 굴라르(Jango Goulart, 1918-1976)는 앞서 여러 차례 언급된 주앙 굴라르(João Goulart)를 가리킨다. 브라질 국민에게는 본명인 '주앙'보다 '장구'라는 별명이 친숙하다.

11) (옮긴이) 후안 호세 토레스(Juan José Torres, 1920-1976)는 볼리비아의 진보적이고 민중주의적 성향을 가진 군사 지도자로, 1970년부터 1971년까지 대통령을 지냈다. 토착민과 노동자 계층에 대한 지지를 표방하며 사회 개혁을 추진했으나, 1971년 군사 쿠데타로 축출된 후, 이후 망명 생활을 하다가 암살되었다.

8. 미국 의회의 의사록에는 라틴아메리카에 대한 미국의 개입을 입증하는 반박 불가능한 증언들이 자주 기록된다. 죄책감이라는 산(酸)에 부식된 양심들이 제국의 고해실에서 자기 정화를 수행한다. 예를 들어, 미국이 여러 참사에 책임이 있음을 공식적으로 인정하는 경우가 최근 들어 늘어났다. 그중에서 특히, 미국 정부가 뇌물, 스파이 활동, 그리고 협박을 통해 칠레 정치에 직접 개입했다는 사실이 여러 공개적인 자백을 통해 입증되었다. 범죄의 전략은 워싱턴에서 계획되었다. 키신저와 정보기관들은 1970년부터 아옌데의 몰락을 신중하게 준비했다. 합법적인 인민연합 정부의 적들에게 수백만 달러가 배분되었다. 그렇게 되면서, 예를 들어, 1973년에 트럭 소유주들이 국가 경제의 상당 부분을 마비시킨 장기 파업을 지속할 수 있었다. 처벌받지 않을 것이라는 확신은 사람들의 입을 열게 만든다. 굴라르에 대한 쿠데타가 일어났을 때, 미국은 세계에서 가장 큰 대사관을 브라질에 두고 있었다. 당시 대사였던 링컨 고든은 13년 후 한 기자에게, 자신의 정부가 개혁에 반대하는 세력에게 오래전부터 자금을 댔다는 사실을 인정했다. "젠장, 그건 그 시절에 관행 같은 것이었습니다. (……) CIA가 습관적으로 정치 자금을 자유롭게 썼거든요."[12] 같은 인터뷰에서 고든은 쿠데타 당시 "굴라르의 반대 세력이 우리의 지원을 요청할 때를 대비해" 펜타곤이 브라질 해안에 대형 항공모함 한 척과 유조선 네 척을 배치했다고 설명했다. 그는, 이런 지원이 "단순히 도의적 차원이 아닐 겁니다. 우리는 보급품, 탄

---

12) *Veja*, nº 444, San Pablo, 9 de marzo de 1977.

약, 석유 같은 물류를 지원할 겁니다."라고 말했다.

지미 카터 대통령이 인권 정책을 채택한 이래로, 미국의 개입 덕분에 들어선 라틴아메리카 정권들이 자국 내정에 대한 미국의 개입을 강력히 비난하는 성명을 내는 것이 일상화되었다.

미국 의회는 1976년과 1977년에 여러 나라에 대한 경제 및 군사 원조를 중단하기로 결의했다. 그렇지만 미국의 대외 원조 대부분은 의회의 검토를 거치지 않는다. 선언과 결의, 그리고 항의가 있었음에도, 피노체트 장군의 정권은 미국 의회의 승인 없이 미국으로부터 1976년에 2억 9천만 달러의 직접 원조를 받았다. 비델라(Videla) 장군의 아르헨티나 군사 독재 정권은 출범 1주년이 될 때까지 미국의 민간 은행들로부터 5억 달러, 그리고 미국이 결정적인 영향력을 가진 두 기관(세계은행과 미주개발은행)으로부터 4억 1,500만 달러를 지원받았다. 1975년에 아르헨티나의 국제통화기금 특별인출권(SDR)은 6,400만 달러였는데, 이삼 년 후에는 7억 달러로 늘어났다. 카터 대통령이 일부 라틴아메리카 국가의 대학살에 대해 우려하는 것은 바람직해 보이지만, 현재의 독재자들이 그것을 독학으로 배운 것은 아니다. 그들은 미국 펜타곤과 파나마 운하 지역에서 실시된 교육 과정에서 탄압 기술과 통치술을 배웠다. 그 교육 과정은 지금도 계속되고 있고, 알려진 바로는 그 내용이 전혀 달라지지 않았다. 오늘날 미국에 큰 골칫거리가 되는 라틴아메리카의 군인들이 한때는 미국의 훌륭한 제자들이었다. 현재 세계은행 총재인 로버트 맥나마라는 몇 년 전 국방장관이었을 때 그 점을 분명히 밝혔다. "그들은 새로운 지도자들입니다. 우리 미국인들이 어떻게 생각하고 어떻게 행동하는지를 미리 가까이서 본 사람들을 지도적 위치에 두는 것이 얼마나 가치 있는 일인지는 내가 굳이 길게 설명할 필요도 없습니다. 우리가 그런 사람들과 친구가 되는 것은 값을 매길 수가 없습니다."[13]

우리를 불구로 만든 자들이 우리에게 휠체어를 줄 수 있을까?

9. 프랑스의 주교들은 더 근본적이고 눈에 덜 띄는 다른 형태의 책임에 대해 다음과 같이 말한다.[14] "세계에서 가장 선진적이라고 자처하는 국가들에 속해 있는 우리는 개발도상국을 착취해 이익을 얻는 집단의 일부다. 그것이 온 국민의 육체와 정신에 초래하는 고통을 우리는 보지 못한다. 우리는 현재 세계의 분열을 심화하는 데 기여하는데, 그 세계에서는 부자가 빈자를, 강자가 약자를 지배하는 현실이 두드러진다. 우리는, 우리가 자원과 원자재를 낭비하는 것이 서구 국가들의 무역 통제 없이는 불가능하다는 사실을 아는가? 우리나라가 슬픈 사례를 남긴 무기 거래에서 누가 이익을 취하는지 우리는 보지 못하는가? 가난한 나라의 정권이 군사화되는 것은 산업화된 나라가 행사하는 경제적·문화적 지배의 결과 중 하나인데, 산업화된 나라에서는 삶이 이익을 얻으려는 욕구와 금력에 지배된다는 사실을 우리는 과연 이해하는가?"

독재자, 고문자, 심문자. 테러는 우체국이나 은행처럼 담당 관리

---

13) 미국 하원 세출위원회, 1963년도 대외 활동 예산 심의, 제87차 청문회 제2회기, 제1부.
14) 1976년 10월, 루르드(Lourdes) 선언.

가 수행하는데, 필요에 따라 실행된다. 이는 사악한 자들의 음모가 아니다. 피노체트 장군은 고야의 검은 그림[15] 속 인물이나 정신분석가들에게는 탐구 대상이 될 만한 인물이나 바나나 공화국의 잔혹한 전통을 잇는 계승자처럼 보일 수 있다. 하지만 어느 특정 독재자의 병리적이거나 민속적인 특징은 역사를 흥미롭게 만드는 양념일 뿐, 역사는 아니다. 제1차 세계대전이 한 팔이 다른 팔보다 더 짧은 카이저 빌헬름의 열등감 때문에 일어났다고 오늘날 누가 감히 주장할 수 있겠는가? 베르톨트 브레히트는 1940년 말에 자신의 작업 일지에 다음과 같이 썼다. "민주주의 국가에서는 경제가 지닌 폭력성이 드러나지 않고, 권위주의 국가에서는 폭력이 지닌 경제적 성격 역시 드러나지 않는다."

라틴아메리카 남부 국가들에서는, 군부 지도자들이 체제의 필요에 따라 권력을 장악했는데, 지배계급이 다른 방식으로는 더 이상 이익을 추구할 수 없게 될 때 국가 테러가 작동하기 시작한다. **우리의 나라들에서는 고문이 효과적이지 않게 되면, 존재하지 않을 것이다. 그리고 형식적인 민주주의는, 권력자들의 통제를 벗어나지 않는다는 것이 보장되는 한, 지속될 것이다.** 어려운 시기에는 민주주의가 국가 안보에 대한—다시 말해, 국내 특권층의 안전과 외국인 투자에 대한—범죄로 여겨진다. 인간의 인육을 잘게 써는 우리의 기

---

15) (옮긴이) 검은 그림(pintura negra)은 프란시스코 데 고야(Francisco de Goya)가 청력과 시력을 잃어가고, 정치적 혼란과 개인적 고립을 겪던 시기에 검은색과 어두운 색조를 주로 사용해 그의 집(La Quinta del Sordo: 귀먹은 사람의 집) 내부 벽에 직접 그린 것이다.

계[16]는 국제적인 체계의 한 부분이다. 사회 전체가 군사화되고, 비상사태가 지속되며, 제국주의 체제의 중심부에서의 미세 조정을 통해 억압 장치가 주도권을 행사한다. 위기의 그림자가 드리울 때는 부유한 나라에서 완전 고용, 공공의 자유, 높은 발전율을 보장하려고 가난한 나라에 대한 약탈을 배가시킬 필요가 있다. **피해자와 가해자의 관계가 음산한 변증법을 이루고, 연속적인 굴욕의 구조가 국제 시장과 금융 중심지에서 출발해 각 가정에까지 미친다.**

10. 아이티는 서반구에서 가장 가난한 나라다. 그곳에는 구두닦이보다 발을 씻겨주는 아이, 즉 구두가 없어 맨발로 다니는 손님의 발을 동전 한 닢 받고 씻어주는 아이의 수가 더 많다. 아이티인의 평균 수명은 30년을 조금 넘는다. 아이티인 열 명 가운데 아홉 명은 읽을 줄도 쓸 줄도 모른다. 거친 산비탈에서도 국내 소비용 작물이 경작된다. 비옥한 분지에서는 수출용 작물이 경작되는데, 가장 좋은 땅은 커피, 설탕, 코코아 등 미국 시장에서 수요가 높은 작물 생산에 충당된다. 아이티에서는 야구를 하는 사람이 많지 않지만, 아이티는 세계의 주요 야구공 생산국이다. 그 나라에는 아이들이 하루 1달러를 받고 카세트와 전자 부품을 조립하는 작업장이 적지 않다. 물론, 그것들은 수출 품목이다. 그리고, 테러를 관리하는 사람들이 가져가는 몫을 제한 이익금도 물론 수출된다. 아이티에서는 조금이라도 항의하려는 움직임이 있으면 감옥에 가거나 죽는다. 믿기지 않겠지만,

---

16) (옮긴이) 인간을 도구화하거나 희생시키는 폭력적인 조직, 제도, 행위(탄압, 학살, 전쟁) 등을 가리킨다.

1971년에서 1975년 사이에 아이티 노동자의 임금은 그렇지 않아도 매우 낮은 실질 가치의 4분의 1이 줄어들었다.[17] 그 기간에 새로운 미국 자본이 아이티에 유입되었다는 것은 주목할 만하다.

나는 이삼 년 전에 발행된 부에노스 아이레스의 어느 신문 사설을 기억한다. 어느 국제 문서에 아르헨티나가 저개발되고 종속된 나라로 표현되었기 때문에 유서 깊은 그 보수 신문이 분노를 터뜨린 것이다. 어떻게, 교양 있고, 유럽적이며, 번영하고, 백인으로 구성된 어느 사회가 아이티처럼 가난하고, 흑인으로 구성된 나라와 동일한 잣대로 평가될 수 있었는가?

의심할 여지 없이,—비록 부에노스 아이레스의 오만한 과두 지배 계층이 사용하는 분석 범주와는 거의 관련이 없다 할지라도 —, 차이는 엄청나다. 하지만, 제아무리 다양성과 모순이 많다고 해도, 아르헨티나는 라틴아메리카 경제 전체를 옥죄는 악순환에서 벗어나 있지 않고, 이 지역의 다른 나라들이 적든 많든 간에 공유하는 현실로부터 아르헨티나를 벗어나게 할 지적인 해법이나 노력도 없다. 결국, 아르헨티나의 탄압이 더 높은 기술 수준을 갖춘다고 할지라도, 비델라 장군의 학살은 파파 독 뒤발리에나 그의 왕위 계승자[18]의 학

---

17) *Le nouvelliste*, Puerto Príncipe, Haití, 19-20 mars 1977. Agustín Cueva가 인용한 자료, *El desarrollo del capitalismo en América Latina*, México, 1977.
18) (옮긴이) 프랑수아 뒤발리에(Dr. François Duvalier, 1907-1971)는 아이티의 대통령이자 정치가, 의사, 문화인류학자였다. 'Papa Doc(의사 아버지)'이라는 별명은 그의 의사 경력과 권위, 그리고 국민에게 친근하게 보이려는 이미지를 동시에 반영한 것인데, 실제로는 권위적이고 폭력적인 독재자였기 때문에(1957-1971 재임), 이 별명은 아이러니하게도 공포 정치와 개인 숭배를 상징한다. 프랑수아 뒤발리에의 '왕위 계승자'로 소개된 장-클로드 '베이비 독' 뒤발리에(Jean-Claude 'Baby Doc' Duvalier, 1951-2014)는 아버지가 사망한 뒤 권좌에 올라 1971년부터 1986년까지 관료주의적이고 부패한 권력을 행사했다.

살보다 더 문명적이지 않다. 그리고 본질적으로, 그 두 독재 정권은 동일한 목표, 즉 **값싼 상품을 요구하는 국제 시장에 값싼 노동력을 제공하기** 위해 활동한다.

비델라 독재 정권은 집권하자마자 서둘러 파업을 금지하고, 임금을 억제함과 동시에 가격의 자유화를 선언했다. 쿠데타가 일어난 지 5개월 뒤에 새로운 외국인 투자법은 외국 기업과 자국 기업을 동등한 조건으로 대했다. 그렇게 해서 자유경쟁은 일부 다국적 기업이 지역 기업보다 불리한 위치에 있었던 불공정한 상황을 끝냈다. 예를 들어, 보호받지 못하는[19] 제너럴 모터스의 전 세계 판매량은 아르헨티나 국내총생산에 비해 전혀 적지 않다. 이제는 취약한 제한이 있지만, 이익의 해외 송금과 투자 자본의 본국 송환도 자유롭다.

정권이 출범한 지 1년이 되었을 때 임금의 실질 가치가 40%로 줄어들었다. 이는 테러에 의해 이루어진 위업이었다. "실종자 1만 5천 명, 수감자 1만 명, 사망자 4천 명, 추방자 수만 명은 그 테러의 적나라한 수치다."라고 작가 로돌포 왈시(Rodolfo Walsh)는 공개 서한에서 고발했다. 서한은 1977년 3월 29일, 군부 통치위원회의 수장 세 명에게 보내졌다. 바로 그날, 왈시는 납치되어 실종되었다.

11. 의심할 여지가 없는 출처들에 따르면, 라틴아메리카에 새로 유입된 외국인 직접 투자 중 실제로 투자국에서 나온 것은 극히 일

---

19) (옮긴이) 제너럴 모터스가 세계적인 거대 기업이지만, 경제적·정치적 불안정 속에서 위험과 위협에 노출된 상태를 강조하는 표현이다.

부에 불과하다. 미국 상무부가 발표한 어느 조사[20]에 따르면, 자금의 12%만이 미국 본사에서 유입된 것이고, 22%는 라틴아메리카에서 얻은 이익에 해당하며, 나머지 66%는 국내 신용 자금, 그리고 특히 국제 신용 자금에서 나온 것이다. 유럽이나 일본의 투자도 이와 비슷한 비율이다. 그리고 종종 본사에서 유입되는 그 12%의 투자는 이미 사용된 기계류의 이전에 불과하거나, 기업이 단순히 자사의 산업 기술 **노하우**, 특허, 브랜드에 부여한 임의적인 평가를 반영한 것이라는 점을 염두에 두어야 한다. **그러므로, 다국적 기업은, 논란의 여지가 충분한 자본 출자에 대한 대가로, 자신이 활동하는 나라의 국내 금융 자원을 착취할 뿐만 아니라 그 나라의 외채를 더 늘리기도 한다.**

1975년에 라틴아메리카의 외채는 1969년에 비해 거의 세 배였다.[21] 브라질, 멕시코, 칠레, 우루과이는 1975년에 수출 수입(收入)의 약 **절반**을 부채의 원금 상환과 이자 지급, 그리고 이들 국가에 설립된 외국 기업의 이익 배당금 지급에 사용했다. 그해에 파나마의 수출액 중 55%와 페루의 수출액 중 60%가 부채 상환과 이익 송금에 사용되었다.[22] 1969년에 볼리비아 국민 1인당 외국에 137달러의 빚

---

20) Ida May Mantel, "Sources and uses of funds for a sample of majority-owned foreign affiliates of U. S. companies, 1966-1972", U. S. Department of Commerce, *Survey of Current Business*, July 1975.

21) UN, Comisión Económica para América Latina (CEPAL), *El desarrollo económico y social y las relaciones externas de América Latina*, Santo Domingo, República Dominicana, febrero de 1977.

22) 돈은 날개가 있어서 여권 없이도 이동한다. 우리의 자원 개발로 얻은 이익의 상당 부분이 미국, 스위스, 서독, 또는 다른 나라로 빠져나가는데, 그곳에서 곡예사가 점프를 하듯 여러 단계를 거친 뒤에 차관 형태로 우리 지역에 되돌아온다.

을 졌다. 1977년에는 빚이 483달러로 증가했다. 볼리비아 국민은 그 대출에 대한 견해를 요청받지도 않았고, 자신들의 목을 죄는 그 대출금 중 단 한 푼도 본 적이 없다.

시티뱅크는 여전히 선거가 치러지는 소수의 라틴아메리카 국가에서 그 어떤 후보자 명단에도 이름을 올리지 않으며, 독재를 실행하는 장군들 가운데 그 누구도 **국제통화기금**이라고 불리지 않는다.[23] 하지만 실행하는 손은 누구의 것이며, 명령하는 의식은 누구의 것인가? 돈을 빌려주는 자가 명령하는 자다. 돈을 갚기 위해서는 수출을 더 많이 해야 하고, 수입 비용을 조달하기 위해, 그리고 외국 기업이 본사로 빼돌리는 이윤과 로열티의 유출에 대응하기 위해서도 수출을 더 많이 해야 한다. 구매력이 감소하는 수출의 증가는 최저 생계비도 안 되는 임금을 의미한다. 대외 지향성 경제가 성공하는 데 핵심적인 역할을 하는 대규모 빈곤은 조화로운 경제 발전을 뒷받침하는 데 필요한 국내 소비 시장의 성장을 가로막는다. 우리의 나라들은 메아리가 되어 자신의 목소리를 잃어간다. 그들은 타자에 의존하고, 타자의 필요에 부응하는 범위 내에서 존재한다. 한편, 외부 수요에 따라 경제를 재편하는 것은 우리를 원래의 억압 상태로 되돌리며, 외국 독점 자본의 약탈에 문을 열고, 국제 금융기관으로부터 더 많은 신규 차관을 떠안도록 강요한다. **악순환은 완벽하다. 외채와 외국인 투자는 수출을 늘리도록 강요하면서 그 수출을 잠식해 간다. 그 일**

---

23) (옮긴이) 이 문장은 정치권력과 경제 권력(국제 금융 자본)의 결탁을 풍자적으로 비판한 것이다. 즉, 실제 권력을 가진 자들이 선거에 나오지도 않고, 이름도 드러나지 않지만, 실질적으로 국가를 지배한다는 의미다.

은 예의 바른 태도로는 수행될 수 없다. 라틴아메리카 노동자들이 타자의 번영을 위한 인질 역할을 수행하도록 하기 위해서는, 그들이 감옥 철창 안에서든 밖에서든 감금 상태가 유지되어야 한다.

12. 노동력에 대한 야만적인 착취는 첨단 기술과 상충되지 않는다. 우리 땅에서는 결코 상충된 적이 없다. 예를 들어, 시몬 파티뇨(Simón Patiño)[24] 시대에 오루로 광산에서 폐를 망쳐버린 볼리비아 노동자 군단은 임금 노예제에서 일을 했지만, 아주 현대적인 기계를 사용했다. 그 **주석 왕**(barón del estaño)은 자신의 시대에서 가장 높은 수준의 기술을 가장 낮은 수준의 임금과 결합할 줄 알았다.[25]

게다가, 우리 시대에는 가장 선진화된 경제국으로부터 기술을 수입하는 것이 전능한 다국적 기업에 의해 국내 자본의 산업 기업이 수탈당하는 과정과 맞물려 진행된다. 자본의 중앙 집중화 과정은 "**시대에 뒤처진** 기업 단계를 가차 없이 **소각**하는 방식"을 통해 이루어지는데, "그 기업들이 바로 국내 자본 소유인 것은 결코 우연이 아닙니다."[26] 라틴아메리카 산업의 가속화된 탈국유화는 기술적 의존의 심화를 수반한다. 권력의 결정적인 열쇠인 기술은 자본주의 세계에서 권력이 집중된 대도시에 의해 독점되어 있다. 기술은 중고로 들어오지만, 기술의 보유자는 복제품이 마치 원본인 것처럼 기술 값을

---

24) (옮긴이) 시몬 이투리 파티뇨(Simón Iturri Patiño, 1860-1947)는 볼리비아 출신의 광산 재벌로, 20세기 초에 전 세계 주석 시장을 지배했다. 그는 정치·언론·노동 정책에도 영향력을 행사한 사실상 '그림자 권력자'였다.
25) Agustín Cueva, op. cit.
26) Ibíd.

받는다. 1970년에 멕시코는 외국 기술 수입 비용을 1968년에 비해 두 배나 지불했다. 브라질은 1965년부터 1969년까지 기술 수입 비용을 두 배로 늘렸는데, 같은 기간에 아르헨티나도 마찬가지였다.

기술 이식은 막대한 부채를 증가시키고 노동시장에 파괴적인 영향을 미친다. 이익이 해외로 빠져나가도록 조직된 시스템에서 "전통적인" 기업의 노동력은 고용기회를 점점 상실해 간다. 현대 산업의 고립된 소규모 부문들은 생산에 필요한 노동 시간을 단축하면서 노동자를 희생시키는데, 이는 경제의 다른 부문에 불확실한 경기부양 효과를 제공할 뿐이다. 그 수가 이미 많은데도 점점 늘어나는 실업자 집단의 존재는 동시에 임금의 실질 가치 폭락을 초래한다.

13. 현재, 유엔 라틴아메리카 카리브 경제위원회 문서들조차도 국제 노동의 재분배에 대해 언급한다. 몇 년 뒤에 아마도 라틴아메리카는 오늘날 원자재와 식품을 해외에 판매하는 것과 같은 비율로 제조품을 수출하게 될 것이라고, 기술자들은 희망 섞인 전망을 한다. "선진국과 개발도상국—라틴아메리카 국가들을 포함해—사이의

임금 격차는, 경쟁력을 제고한다는 이유로 노동 비용이 매우 중요한 산업들을 선진국에서 개발도상국으로 이전하면서 국가 사이의 산업활동에서 새로운 분업을 초래할 수 있다. 예를 들어, 제조 산업의 인건비는 일반적으로 미국보다 멕시코나 브라질에서 훨씬 낮다.[27]

진보의 추진력인가, 신식민주의적 모험인가? 전기 기계류와 비 전기 기계류는 이미 멕시코의 주요 수출 품목 가운데 하나로 자리 잡았다. 브라질에서는 차량과 무기의 대외 수출이 증가한다. 몇몇 라틴아메리카 국가는 새로운 산업화 단계에 접어들고 있는데, 이는 상당 부분 외국의 필요와 생산 수단의 외국인 소유자에 의해 유도되고 방향이 정해진다. 이것은 우리 라틴아메리카의 "대외 지향적 발전"의 오랜 역사에 추가되는 또 하나의 장(章)이지 않을까? 국제 시장에서 꾸준히 상승하는 가격은 일반적인 "제조 상품"이 아니라, 더 정교하고 기술적인 요소가 더 많이 포함된 상품들에 해당하는데, 이들 상품은 주로 더 발전한 경제권이 독점한다. 라틴아메리카의 주요 수출품은, 원자재든 제조품이든 무엇을 팔더라도, 결국은 값싼 노동력이다.

우리의 역사적 경험은 발전이라는 탈을 쓴 끊임없는 절단과 해체의 과정이 아니었는가? 수 세기 전, 정복은 수출용 작물을 재배하기 위해 토지를 황폐화하고, 해외의 은과 금 수요를 충족하기 위해 광산 갱도와 세척장에서 원주민을 궤멸시켰다. 콜럼버스 도착 이전부터 거주하던 원주민 가운데 학살에서 살아남은 사람들의 식생활은 외부 세력의 진보로 인해 오히려 **악화되었다.** 오늘날 페루 국민

---

27) UN, CEPAL, op. cit.

은 미국과 유럽의 소(牛)를 위해 단백질이 아주 풍부한 어분(魚粉)을 생산하지만, 정작 페루 사람 대부분의 식단에서는 단백질이 눈에 띄게 부족하다. 폭스바겐의 스위스 자회사가 환경을 배려하는 차원에서 자동차 한 대를 팔 때마다 나무 한 그루를 심는 반면에 브라질 자회사는 수출용 육류의 집중 생산에 활용하기 위해 숲 수백 헥타르를 파괴한다. 브라질 국민은 자신들이 거의 먹지 못하는 고기를 점점 더 많이 해외에 판매한다. 얼마 전 대화에서 다르시 히베이루는 폭스바겐 공화국이 본질적으로 바나나 공화국과 다르지 않다고 내게 말했다. 바나나 수출로 벌어들인 1달러 가운데 고작 11센트만 생산국에 남는데,[28] 그 11센트 중에서도 극히 일부만이 플랜테이션의 노동자에게 돌아간다. 라틴아메리카의 어느 국가가 자동차를 수출할 때 그 비율이 달라질까?

이제 노예선은 대서양을 건너지 않는다. 지금은 노예상이 노동부를 매개로 활동한다. 임금은 아프리카식, 가격은 유럽식. 라틴아메리카에서 쿠데타는 약탈 전쟁의 연속되는 에피소드가 아니고 무엇이겠는가? 즉시, 새로 출범한 독재 정권들은 외국 기업이 저렴하고 풍부한 현지 노동력, 무제한 금융 자원, 세금 면제, 그리고 손 닿는 곳에 있는 천연자원을 착취하도록 초대한다.

14. 칠레 정부의 비상 계획[29]에 고용된 노동자는 한 달에 30달러

---

28) UNCTAD, *The marketing and distribution system for bananas*, December 1974.
29) (옮긴이) 살바도르 아옌데 정부 시기(1970-1973)에 시행된 고용 창출 및 빈곤 완화 프로그램으로, 경제 위기에 대응하려고 고안된 사회주의적 정책의 일환이다. 특히 도시 빈민층

에 상당하는 임금을 받는다. 빵 1킬로그램의 가격은 2분의 1달러다. 따라서 그들은 하루에 빵 2킬로그램을 받는 셈이다. 현재 우루과이와 아르헨티나의 최저임금은 커피 6킬로그램의 가격에 해당한다. 브라질의 최저임금은 월 60달러에 이르지만, 농촌의 떠돌이 노동자인 **보이아스-프리아스**(bóias-frias)는 커피, 대두를 비롯해 기타 수출 작물 플랜테이션에서 하루에 50센트에서 1달러를 받는다. 멕시코에서는 소의 먹이가 소를 돌보는 농민의 식사보다 단백질이 더 풍부하다. 그 소의 고기는 국내 소수 특권층의 입과, 무엇보다도, 국제 시장을 위한 것이다. 관대한 금융 지원 정책과 정부가 지원하는 각종 편의 덕분에 멕시코의 수출용 농업은 번성하는 반면에 1970년부터 1976년 사이에 주민 1인당 단백질 섭취량은 **감소**했고, 농촌 지역에서 어린이 다섯 명 가운데 정상적인 키와 체중을 가진 아이는 한 명뿐이다.[30] 과테말라에서는 내수용 쌀, 옥수수, 콩이 하느님 손에 맡겨진 채 방치되어 있는 반면에 커피, 면화를 비롯한 수출용 작물에는 전체 금융 지원의 87%가 집중된다. 과테말라에서 외화를 벌어들이는 주요 수단인 커피 재배와 수확에 종사하는 **열** 가구 가운데 겨우 **한** 가구만이 최소한의 적정 수준에 맞는 식사를 한다.[31] 브라질에서는 농업용 금융 지원의 5%만이 브라질인의 기본 식단을 이루는 쌀, 콩, 그리고 만디오카에 배당된다. 나머지 금융 지원은 수출용 농

과 실업자를 대상으로 한 단기 일자리 제공 정책이 핵심이었다.
30) "Reflexiones sobre la desnutrición en México", en *Comercio Exterior*, Banco Nacional de Comercio Exterior, vol. 28, nº 2, México, febrero de 1978.
31) Roger Burbach y Patricia Flynn, "Agribusiness Targets Latin America", *Nacla*, vol. XII, nº 1, New York, January-February 1978.

산물에 배당된다.

최근의 국제 설탕 가격 폭락이 이전과 달리 쿠바 농민에게 기아의 물결을 몰고 오지는 않았다. 쿠바에는 이제 영양실조가 없다. 반대로, 국제 커피 가격의 거의 동시적인 상승은 브라질 커피 농장 노동자의 만성적인 빈곤을 전혀 완화하지 못했다. 1976년의 커피 시세 상승—브라질의 커피 수확을 휩쓸어 버린 서리 피해로 인한 일시적 호경기—은, 브라질 커피 연구소의 한 고위 임원이 인정한 바에 따르면, "임금에는 직접적으로 반영되지 않았다."[32]

사실, 수출용 작물 재배가 그 자체로 국민의 복지와 양립 불가능한 것도 아니고, 그 자체로 "대내(對內) 지향적" 경제 발전과 모순되는 것도 아니다. 결국, 쿠바에서는 설탕의 대외 수출이 하나의 새로운 세계를 창조하는 데 지렛대 역할을 해 왔는데, 그 세계에서는 모두가 발전의 열매에 접근할 수 있고, 연대가 인간관계의 중심축이 된다.

15. 누가 체제 조정 위기의 대가를 치르도록 운명지어졌는지는 이미 알려져 있다. 라틴아메리카가 수출하는 상품 대부분의 가격은 기술, 무역, 투자, 금융 자원을 독점한 국가들로부터 수입하는 상품 가격에 비해 가차 없이 하락하고 있다. 그 격차를 메우고 외국 자본에 대한 채무를 감당하기 위해서는 **가격에서 손해 본 것을 물량으로 보충할 필요가 있다.** 이 같은 맥락에서, 코노 수르[33]의 독재 정권들은

---

32) Ibíd.
33) (옮긴이) 코노 수르(Cono Sur)는 남아메리카 대륙 남단의 지형이 원뿔(cono)처럼 생긴 데서 유래한 것으로, 아르헨티나, 우루과이, 파라과이, 칠레, 브라질 남부의 일부 지역을

노동자의 임금을 절반으로 줄이고, 모든 생산 현장을 강제 노동 수용소로 바꾸어 놓았다. **노동자 또한 자신이 시장에 판매하는 상품인 노동력의 가치 하락을 스스로 보상해야 한다. 노동자는 임금의 구매력 하락분을 더 많은 노동 시간으로 보상해야 한다. 그렇게, 국제 시장의 법칙들이 라틴아메리카 각 노동자의 삶이라는 미시 세계 속에서 재현된다.** 운 좋게 정규직 일자리를 가진 노동자에게도 8시간 노동제는 유명무실한 법조문에만 존재할 뿐이다. 10시간, 12시간, 심지어 14시간 동안 일하는 경우가 흔하고, 많은 사람이 일요일을 잃었다.

산업재해가 동시에 급증했는데, 이는 생산성의 제단에 바쳐진 인간의 피다. 다음은 1977년 말에 우루과이에서 발생한 세 가지 사례다.

- 철도용 돌과 자갈을 생산하는 채석장들은 생산량을 두 배로 늘렸다. 그해 초봄에 젤리그나이트[34] 폭발 사고로 노동자 15명이 목숨을 잃었다.
- 폭죽 공장 앞에 실직자들이 줄을 섰다. 어린이 여러 명이 생산 현장에 투입되었다. 기록이 깨지고 있다. 12월 20일, 폭발 사고가 발생해 노동자 5명이 죽고, 수십 명이 다쳤다.
- 12월 28일 오전 7시, 노동자들이 강한 가스 냄새를 느껴 생선 통조림 공장에 들어가기를 거부했다. 그들에게 협박이 가해졌다. 들어

포괄한다.
34) (옮긴이) 젤리그나이트(Gelignite)는 19세기 말에 알프레트 노벨이 개발한 폭약의 일종이다.

가지 않으면 일자리를 잃는다고. 노동자들은 계속해서 들어가기를 거부했다. 그들에게 협박이 가해졌다. 군인들을 부르겠다고. 회사는 그 전에도 이미 몇 번 군대의 출동을 요청했었다 노동자들은 들어갔다. 4명이 죽고, 여러 명이 입원했다. 암모니아 가스 누출이 있었다.[35]

그러는 동안 독재 정권은 자랑스럽게 선언한다. 우루과이 사람들은 스코틀랜드 위스키, 영국 잼, 덴마크 햄, 프랑스 포도주, 에스파냐 참치, 대만 옷을 전례 없이 저렴한 가격에 살 수 있다고.

16. 카롤리나 마리아 지 제수스(Carolina María de Jesús)는 쓰레기와 부이트레들 사이에서 태어났다. 그녀는 자라고, 고통받고, 열심히 일했으며, 남자들을 사랑하고 아이를 낳았다. 그녀는 자신의 일과 나날을 서투른 글씨로 수첩에 적었다.

어느 기자가 우연히 그 수첩들을 읽었고, 카롤리나 마리아 지 제수스는 유명한 작가가 되었다. 그녀의 책 『버려진 방(*Quarto de Despejo*)』, 즉 **파벨라**는 상 파울루 시의 불결한 변두리에서 보낸 5년 동안의 삶을 기록한 일기로, 40개국에서 읽히고, 13개 언어로 번역되었다.

브라질의 신데렐라이자 세계적인 소비 상품이 된 카롤리나 마리아 지 제수스는 파벨라를 떠나 세계를 돌아다니고, 인터뷰에 응하고, 사진 찍히고, 비평가들의 상을 받고, 신사들의 환대를 받았으며

---

35) *Uruguay Informations*, nº 21 y 25, París에 발표된 노동조합 및 언론 매체 출처 자료.

대통령들의 초대를 받았다.

그리고 몇 년이 지났다. 1977년 초, 어느 일요일 새벽, 카롤리나 마리아 지 제주스는 쓰레기 더미와 부이트레들 사이에서 사망했다. "굶주림은 인간 육체의 다이너마이트다(A fome é a dinamite do corpo humano)."[36]라고 썼던 그 여자를 이미 아무도 기억하지 못했다.

남은 음식으로 연명하던 그녀는 잠시나마 선택받은 여자가 될 수 있었다. 그녀가 식탁에 앉도록 허락되었다. 디저트가 끝나자마자 마법이 깨졌다. 그러나 그녀의 꿈이 이어지는 동안에 브라질은 여전히 하루에 100명의 노동자가 산업재해로 불구가 되고, 어린이 10명 가운데 4명이 거지, 도둑, 또는 마술사[37]가 될 운명을 지닌 채 태어나는 나라였다.

통계는 미소를 짓는다 할지라도, 사람들은 고통을 받는다. 거꾸로 조직된 체제에서는 경제가 성장할수록 그에 따라 사회적 불의도 커진다. 브라질의 **기적**이라 불리는 가장 성공적인 시기에, 나라에서 가장 부유한 도시의 변두리 지역에서 유아 사망률이 증가했다. 에콰도르에서 석유로 인한 갑작스러운 번영은 학교와 병원 대신 컬러텔레비전을 가져왔다.

도시는 터질 때까지 부풀어 오른다. 1950년에 라틴아메리카에서 백만 명 이상의 인구를 가진 도시는 여섯 개였다. 1980년에는 25개

---

36) (옮긴이) 굶주림은, 다이너마이트가 폭발하듯, 인간의 신체, 건강, 존엄성, 생명을 폭력적이고 파괴적으로 위협한다는 의미다.
37) (옮긴이) '마술사(mago)'는 빈곤한 현실에 처한 아이들이 길거리에서 마술(기적) 같은 일을 만들어내며 생존한다는 의미로 이해할 수 있다.

가 될 것이다.[38] 농촌에서 쫓겨난 거대한 노동자 군단은 대도시 외곽에서, 체제가 "남아도는" 청년 시민에게 예약해 둔 동일한 운명을 공유한다. 라틴아메리카 특유의 약삭빠른 생활 방식, 즉 **먹고살 궁리를 하는 사람들**(los buscavidas)의 생존 방식은 더 정교해진다. "생산 시스템은 지역의 증가하는 노동력, 특히 도시의 대규모 노동 인구를 흡수할 생산적인 일자리를 창출하는 데 명백하게 불충분하다는 점을 스스로 보여주었다."[39]

불과 얼마 전 국제노동기구(ILO)의 어느 연구는 라틴아메리카에 1억 1천만 명이 넘는 사람이 "심각한 빈곤" 상태에 있다고 지적했다. 그 가운데 7천만 명은 "극빈자"라고 간주할 수 있다.[40] 인구 가운데 몇 퍼센트가 필요한 양보다 적게 먹을까? 전문가들의 용어로, 브라질 인구의 42%, 콜롬비아 인구의 43%, 온두라스 인구의 49%, 멕시코 인구의 31%, 페루 인구의 45%, 칠레 인구의 29%, 에콰도르 인구의 35%가 "최소한의 균형 잡힌 식사 비용보다 적은 수입"을 거둔다.[41]

저주를 받은 대다수 사람의 폭발적인 반란을 어떻게 억누를 것인가? 그러한 잠재적 폭발을 어떻게 방지할 것인가? 그 체제가 그 대다수를 위해 제대로 작동하지 않는다면, 그들이 점점 더 확대되는 것을 어떻게 피할 수 있겠는가? 자선(慈善)이 배제되면 남는 것은 경찰뿐이다.

---

38) UN, CEPAL, op. cit.
39) Ibíd.
40) OIT, *Empleo, crecimiento y necesidades esenciales*, Geneva, 1976.
41) UN, CEPAL, op. cit.

17. 우리 땅에서는 공포 산업[42]도 다른 산업들과 마찬가지로 외국의 **노하우**에 비싼 값을 치른다. 전 세계 곳곳에서 시험된 미국의 억압 기술이 대규모로 구입되어 적용된다. 그러나 이 같은 활동 영역에서 라틴아메리카의 지배 계층이 어느 정도의 창조적 능력을 갖췄다는 사실을 인정하지 않는다는 것은 부당할 것이다.

우리의 부르주아지들은 독립적인 경제 발전을 이루어낼 능력이 없었고, 국가의 어느 산업을 창출하려는 그들의 시도는 짧고 낮은 닭의 비행 같은 것이었다. 우리의 역사적 과정 내내 권력을 쥔 자들은 정치적 상상력의 부재와 문화적 불모성 또한 여실히 드러내 왔다. 반면, 그들은 거대한 공포 기계를 구축할 줄 알았고, 사람과 사상을 말살하는 기술에 자신들만의 방식을 더해 왔다. 이런 의미에서, 라 플라타강 유역 국가들의 최근 경험은 많은 것을 드러낸다.

아르헨티나 군부는, "우리가 소독 작업을 하는 데는 오랜 시간이 걸릴 것이다."라고 처음부터 경고했다. 우루과이와 아르헨티나의 지배계급은 변화를 요구하는 세력을 짓밟고, 그들의 뿌리를 뽑아내고, 내부 기득권의 질서를 영속화하고, 외국 자본을 유혹하는 경제적·정치적 조건을 조성하려고 군대를 차례차례 불러들였다. 그 결과는 폐허가 된 국토, 질서가 잡힌 나라, 온순하고 값싼 노동자들이었다. 묘지보다 더 질서 정연한 곳은 없다. 국민은 곧바로 내부의 적으로 간주되었다. 국가 안보에 관한 군사적인 교리의 관점에서는 그 어떤 활동의 징후나 항의, 혹은 단순한 의구심도 위험한 도전이 된다.

---

42) (옮긴이) 국가 권력이 체계적이고 기술적으로 사람들을 억압하고 지배하려고 만든 '공포 시스템'을 비판적으로 묘사한 표현이다.

그래서 예방과 처벌의 복잡한 메커니즘들이 조직되고 체계화되었다.

겉모습의 이면에는 깊은 합리성이 존재한다. **억압이 효과적으로 작동하려면 자의적인 것처럼 보여야 한다.** 숨 쉬는 것만 빼고 인간의 모든 행위는 범죄가 될 수 있다. 우루과이에서는 고문이 일상적인 심문 방식으로 행해지는데, 반대 행위를 한 용의자와 책임자뿐만 아니라 누구나 고문의 희생자가 될 수 있다. **이 같은 방식으로, 고문의 공포가 각 가정에 스며들어 각 시민의 영혼을 마비시키는 가스처럼 모든 시민에게 퍼진다.**

칠레에서는 그 사냥으로 수천 명이 목숨을 잃었지만, 아르헨티나에서는 총살당하지 않고 납치당한다. 희생자는 사라진다. 보이지 않는 밤의 군대가 그 일을 수행한다. 시신도 없고, 책임자도 없다. 그렇게 학살은—항상 비공식적으로, 결코 공식적이지 않게—더 큰 처벌 없이 자행되고, 그렇게 집단적인 불안은 더 강력하게 퍼져나간다. 아무도 책임지지 않고, 아무도 설명하지 않는다. 각각의 범죄는 피해자 가족과 지인에게 고통스러운 불확실성이 되고, 나머지 모두에게도 경고가 된다. 국가 테러리즘은 공포를 통해 국민을 마비시키려 한다.

우루과이에서 일자리를 구하거나 그 일자리를 계속 유지하려면 군부의 눈에 들어야 한다. 군부대와 경찰서 밖에서 일자리를 구하는 것이 매우 어려운 이 나라에서 이런 의무는 좌파로 분류된 시민 30만 명 가운데 상당수를 집단 탈출로 내모는 데만 그치지 않는다. **남아 있는 사람들을 위협하는 데도 유용하다.** 몬테비데오의 신문들은 혹시 몰라서 자기 가슴을 치는 시민들[43]의 공개적인 후회와 진술을 종종 게재한다. "나는 결코 그런 적이 없고, 지금도 없으며, 앞으로도 없을 겁니다……."

아르헨티나에서는 이제 그 어떤 책도 법령으로 금지할 필요가 없다. 새로운 형법은 언제나 그랬듯이, 불온하다고 여겨지는 책의 작가와 편집자를 처벌한다. 게다가 그 누구도 그저 의심을 할 만한 글을 감히 인쇄하지 못하게 하려고 인쇄업자를 처벌하고, 그것을 감히 판매하지 못 하게 하려고 유통업자와 서점 주인도 처벌하며, 설상가상으로 그 누구도 감히 그것을 읽는 것은 물론이고 소장조차 못하게 하려고 독자를 처벌한다. 어느 책의 소비자는, 그렇듯, 법이 마약 소비자에게 적용하는 것과 같은 취급을 받는다.[44] **농아들의 사회[45]가 설계되는 과정에서 각 시민은 자신의 토르케마다[46]가 되어야 한다.**

---

43) (옮긴이) 불안과 공포에 휩싸여 스스로를 보호하려 애쓰는 사람들을 가리킨다.
44) 우루과이에서 종교 재판관들은 현대화되었다. 야만성과 자본주의적 사업 감각이 기묘하게 뒤섞인 모습이다. 군인들은 더 이상 책을 태우지 않고, 지금은 제지회사에 판다. 제지회사는 책을 잘게 부수고 종이 펄프로 만들어 다시 소비 시장에 내놓는다. 마르크스를 대중이 접할 수 없다는 것은 사실이 아니다. 그의 사상은 책의 형태로만 존재하지 않는다. 냅킨 형태로도 존재한다.
45) (옮긴이) 감시와 억압 때문에 자유로운 의사소통이 봉쇄된 사회를 비유적으로 표현한 것이다.
46) (옮긴이) 토르케마다(Torquemada)는 에스파냐 종교재판소장으로서 엄격하고 무자비하게 이단을 심문·처벌한 것으로 유명한 인물인데, 여기서는 사회의 구성원이 스스로를 끊

우루과이에서는 이웃을 밀고하지 않는 것이 범죄다. 대학에 입학할 때, 학생은 대학 내에서 "학업 목적과 무관한 제반 활동"을 하는 사람은 모두 신고하겠다고 서면으로 맹세한다. 학생은 자기 눈앞에서 발생하는 모든 사건에 대해 공동 책임을 진다. **몽유병자들의 사회[47]가 설계되는 과정에서 각 시민은 자기 자신과 타인의 경찰관이 되어야 한다.** 하지만 체제는 충분히 그럴듯한 이유로 불신한다. 우루과이에는 경찰과 군인이 10만 명이지만 밀고자도 10만 명이다. 간첩들이 길거리와 카페와 버스 안에서, 공장과 고등학교에서, 사무실과 대학에서 활동한다. 생활이 너무 팍팍하고 고달프다며 큰소리로 불평하는 사람은 "군대의 도덕적 권위에 대한 공격"을 저질렀다는 이유로 감옥에 가서 3년에서 6년 동안 징역살이를 한다.

18. 1978년 1월의 국민투표에서 피노체트 독재에 대한 찬성투표는 투표용지의 칠레 국기 밑에 십자 표시(x)를 했다. 반면에, 반대투표는 투표용지의 검은색 직사각형 밑에 십자 표시를 했다.

체제는 자신을 나라와 동일시하기를 원한다. 밤낮으로 시민을 폭격하는 공식 선전은 체제가 곧 나라라고 말한다. 체제의 적은 조국의 배신자다. 불의에 분노하는 능력과 변혁에 대한 의지는 이탈의 징후다. 많은 라틴아메리카 국가에서 국경 너머로 추방당하지 않은 사람은 자신의 땅에서 망명 생활을 한다.

임없이 감시·검열하고, 자신의 생각이나 행동을 스스로 심문·처벌해야 한다는 뜻이다.
47) (옮긴이) 현실에 대한 비판적인 인식 없이 무기력하고 무의식적으로 살아가는 사회를 비유적으로 표현한 것이다.

하지만 피노체트가 자신의 승리를 축하하고 있을 때, 독재 정권은 공포 속에서도 칠레 전역에서 폭발한 파업을 "집단 무단결근"이라고 불렀다. 아르헨티나에서 납치되고 실종된 사람 대다수는 노동조합 활동을 하던 노동자로 이루어져 있다. 새로운 투쟁 방식들, 즉 **슬픔에 찬 노동, 분노에 찬 노동**이 고갈되지 않는 대중의 상상력 속에서 끊임없이 싹트고, 연대는 두려움을 피하기 위한 새로운 길들을 찾아낸다. 아르헨티나에서는 1977년 내내 여러 차례 만장일치 파업이 이어졌는데, 그때 생명을 잃을 위험이 일자리를 잃을 위험만큼이나 확실했다. 오랜 투쟁의 전통을 가진 조직된 노동계급의 대응력은 단번에 무너지지 않는다. 같은 해 5월, 우루과이의 독재 정권이 자신들이 만든 의식의 말소(抹消) 및 집단적 거세(去勢) 프로그램의 성과를 평가했을 때, "정치에 관심 있는 시민 37%가 여전히 나라에 남아 있다."라고 인정할 수밖에 없었다.[48]

우리는 이 땅에서 자본주의의 거친 유년기가 아니라 잔혹한 쇠퇴기를 목격한다. **저개발은 개발의 한 단계가 아니다. 개발의 결과다.** 라틴아메리카의 저개발은 외부의 개발에서 비롯되고, 그 개발을 계속해서 부양한다. 국제적인 예속 상태에 머무는 역할 때문에 무기력하고, 태어나면서부터 죽어가는 이 체제는 허약한 기반을 가진다. 스스로를 운명 그 자체로 자리매김하고, 영원과 하나가 되고 싶

---

48) 1977년 5월 21일 파이산두에서 열린 아파리시오 멘데스(Aparicio Méndez) 대통령의 기자회견. 대통령이 말했다. "우리는 국가가 정치적 열정으로 인한 비극을 겪지 않도록 하고 있다. 선량한 사람은 독재에 대해 말하지 않고, 독재를 생각하지도 않으며, 인권을 요구하지도 않는다."

어 한다. 모든 기억은 현실과 다르기 때문에 전복적(顚覆的)이고, 미래에 대한 모든 계획 또한 마찬가지다. **좀비**는 소금이 없는 음식을 먹도록 강요받는다. 소금이 위험해서 좀비를 깨어나게 할 수도 있기 때문이다.[49] 그 체제는 변하지 않는 개미 사회에서 자신의 패러다임을 발견한다. 그런데, 그 체제는 인간의 역사와 사이가 나쁜데, 이는 인간의 역사가 너무 많이 변하기 때문이다. 그리고, 인간의 역사에서 모든 파괴 행위는 늦든 빠르든 창조 행위를 통해 응답을 얻기 때문이다.

에두아르도 갈레아노
칼레야(Calella), 바르셀로나, 1978년 4월

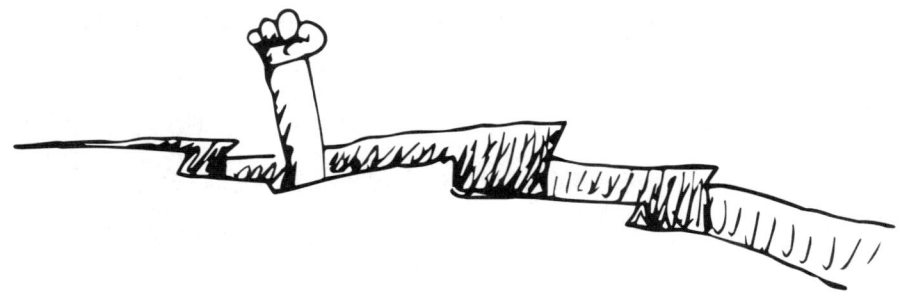

---

49) (옮긴이) 현실적으로 소금이 좀비를 막거나 치료하는 효과는 과학적으로 입증된 바가 없는데, 주로 대중문화, 특히 좀비 영화나 드라마에서, 좀비의 공격으로부터 자신을 보호하거나 좀비로 변한 사람을 원래대로 되돌리는 수단으로 소금이 언급되기도 한다.

작가 연보

1940년   9월 3일, 우루과이 몬테비데오에서 웨일즈·독일·스페인·이탈리아계 중산층 가정에서 태어난다.

            청소년기에 자동차 수리공, 외상 수금원, 간판을 그리는 화가, 심부름꾼, 경리원 등 여러 직업을 전전한다.

            14세 때 우루과이 사회당의 주간지 《태양(*El Sol*)》에 만화를 그림으로써 신문 경력을 시작한다.

1960년   마리오 바르가스 요사 같은 당대의 유명 작가들이 참여한 정치·문화 주간지 《행진(*Marcha*)》의 편집장을 맡아 1964년까지 재직한다.

            그 후 쿠바 혁명에 대한 열정에 사로잡혀 2년 동안 좌파 일간지 《시대(*Época*)》의 논설을 쓴다.

1971년   15세기부터 라틴아메리카에서 시작된 외국인들의 수탈을 문학적으로 고발한 고전적인 작품 『라틴아메리카의 열린 혈맥(*Las venas abiertas de América Latina*)』을 출간한다. 2009년에 트리니다드 토바고에서 열린 정상회담에서 베네수엘라 대통령 우고 차베스가 미국 대통령 버락 오바마에게 이 책을 선물한다.

1973년   군부가 쿠데타를 일으켜 정권을 잡자 마르크스주의자라는 혐의로 체포되고, 나중에 아르헨티나로 망명해 문화 잡지 《위기(*Crisis*)》를 발간한다.

1976년   아르헨티나에서 호르헤 라파엘 비델라가 군사 쿠데타를 일으켜 정권을 잡고 독재를 시작했을 때, 그의 이름이 처형자 명단에 들어가고, 그는 에스파냐로 망명한다.

1978년	아르헨티나, 칠레, 볼리비아, 브라질, 우루과이의 군사 독재를 겪은 사람들의 무시무시한 이야기 『사랑과 전쟁의 낮과 밤(Días y noches de amor y de guerra)』을 출간해 '카사 데 라스 아메리카스(Casa de las Américas: 아메리카의 집)' 상을 받는다.
1982년	1983년까지 3부작 『불의 기억(Memoria del fuego)』을 쓴다. 비평가들의 관심을 폭넓게 받은 『불의 기억』은 아메리카의 초기부터 1980년대까지를 살았던 역사적인 인물, 즉 정복자, 피정복자, 장군, 예술가, 혁명가, 노동자들에 관해 다루고 있다.
1999년	라틴아메리카의 축구에 관한 독특한 해설서 『축구, 그 빛과 그림자(El fútbol a sol y sombra)』를 출간한다.
2008년	감춰진 세계사 600편을 모은 『거울들: 거의 모든 사람의 이야기(Espejos. Una historia casi universal)』를 출간함으로써 세계사에 대한 새로운 인식을 드러내며 각광을 받는다.
	에두아르도 갈레아노는 군부독재가 끝나자 1985년부터 고향 몬테비데오에 거주하면서 수많은 글을 썼다. 광범위한 자료, 섬세한 연구를 통해 라틴아메리카 사회, 정치, 경제의 제반 문제를 예리하게 파헤친 그는 라틴아메리카 문학계를 빛낸 작가이자, 뛰어난 기자로 꼽힌다. 사회주의와 민족 해방에 대한 지칠 줄 모르는 열정과 카리스마를 지닌 갈레아노는 저널리스트로서 피델 카스트로, 페론, 절친한 친구였던 살바도르 아옌데, 차베스 등 라틴아메리카 대륙의 저명 인사들을 인터뷰한다. 그의 책들은 세계의 주요 언어로 번역되어 있다.
2015년	폐암이 악화되어 몬테비데오에서 사망한다.

작품 목록

『다음날들(Los días siguientes)』(1963)

『중국(China)』(1964)

『과테말라, 점유된 나라(Guatemala, país ocupado)』(1967)

『르포르타주(Reportajes)』(1967)

『사자의 날의 유령들과 다른 이야기들(Los fantasmas del día del léon y otros relatos)』(1967)

『축구 황제(Su majestad el fútbol)』(1968)

『라틴아메리카의 열린 혈맥(Las venas abiertas de América Latina)』(1971)

『볼리비아의 일곱 가지 이미지(Siete imágenes de Bolivia)』(1971)

『폭력과 소외(Violencia y enajenación)』(1971)

『라틴아메리카 연대기(Crónicas latinoamericanas)』(1972)

『세상 떠돌기(Vagamundo)』(1973)

『우리의 노래(La canción de nosotros)』(1975)

『라이몬과의 대화(Conversaciones con Raimón)』(1977)

『사랑과 전쟁의 낮과 밤(Días y noches de amor y de guerra)』(1978)

『불타는 돌(La piedra arde)』(1980)

『우리 시대의 목소리들(Voces de nuestro tiempo)』(1981)

『불의 기억(Memoria del fuego)』(1982-1986)

『젊은 신들의 모험(Aventuras de los jóvenes dioses)』(1984)

『산디노를 들여다보는 창(Ventana sobre Sandino)』(1985)

『암호(Contraseña)』(1985)

『콜롬비아 생물다양성의 교차점(La encrucijada de la biodiversidad colombaina)』(1986)

『아직 끝나지 않은 아메리카의 발견과 다른 글들(El descubrimiento de América que todavía no fue y otros escritos)』(1986)

『파란 호랑이와 다른 글들(El tigre azul y otros artículos)』(1988)

『인터뷰와 글들(Entrevistas y artículos)』(1962-1987, 1988)

『포옹의 책(El libro de los abrazos)』(1989)

『우리는, 아니라고 말한다(Nosotros decimos no)』(1989)

『라틴아메리카 제대로 이해하기(América Latina para entenderte mejor)』(1990)

『말, 개인 선집(Palabras. antología personal)』(1990)

『그들과 같아지기, 그리고 다른 글들(Ser como ellos y otros artículos)』(1992)

『사랑하기(Amares)』(1993)

『떠도는 말들(Las palabras andantes)』(1993)

『사용하고 버려라(Úselo y tírelo)』(1994)

『축구, 그 빛과 그림자(El fútbol a sol y sombra)』(1995)

『거꾸로 된 세상의 학교(Patas arriba. Escuela del mundo al revés)』(1998)

『시간의 목소리들(Bocas del Tiempo)』(2004)

『여행(El viaje)』(2006)

『미래(未來) 씨에게 보내는 편지(Carta al señor futuro)』(2007)

『거울들: 거의 모든 사람의 이야기(Espejos: Una historia casi universal)』(2008)

『파파가요의 부활(La resurrección del Papagayo)』(2008)

『오늘의 역사 역사의 오늘(Los hijos de los días)』(2011)

『여자들: 선집(Mujeres: Antología)』(2015)

『역사의 사냥꾼(El Cazador de Historias)』(2016)

옮긴이의 글

닫히지 않는 상처, 해방을 향한 기억
—식민의 기억에서 해방의 언어로

에두아르도 갈레아노의 '혁명적' 글쓰기

우루과이 작가 에두아르도 갈레아노(Eduardo Galeano, 1940-2015)는 문학과 저널리즘, 시와 산문, 역사와 신화를 자유롭게 넘나드는 독창적 글쓰기를 통해 라틴아메리카 역사, 기억, 민중의 목소리를 복원한다. 그는 언어를 권력의 도구가 아니라 해방의 무기로 사용하며 억압된 이들의 이야기를 '문학적으로' 소개함으로써 '기억의 정치학'을 실천한다.

갈레아노의 글쓰기는 파편적 구조와 시적 압축이 특징이다. 그는 연대기적 서술 대신 단편과 단상을 모아 전체 역사의 파노라마를 구성한다. 각 조각은 독립된 시처럼 간결하지만, 서로 얽혀 거대한 집단 기억을 형성한다. 이런 서사 방식은 식민과 독재로 단절된 라틴아메리카 역사를 복원하려는 문학적 전략이다. 그는 문체에 민중의 언어를 담아 예술로 승화한다. 그의 문장에는 시적 이미지와 일상 언어가 공존하고, 정치적인 고발과 서정적인 사유가 하나로 엮인다. 신문기사의 간결함, 구전 설화의 반복, 시의 리듬을 결합해 새로운 라틴아메리카적 서사 미학을 창조한다. 그는 글을 통해 '권력의 문법'을 해체하고, 침묵당한 자들의 언어를 복권한다. 그는 기억과 저항의 문학을 추구한다. 역사를 승자의 기록이 아니라 패자의 기억으로 다시 쓴다. 원주민, 흑인, 여성, 노동자, 망명자 등 주변부 인물들이 글 속에서 다시 말한다. 갈레아노에게 기억은 단순한 회상이 아니라 미래를 위한 저항 행위다. 기억은 과거를 구원하기 위해서가 아니라 미래를 바꾸기 위해 존재한다. 그의 작품은 시적 윤리와 인간 중심의 비전을 품는다. 그는 폭력과 불의에 맞서면서 인간의 존엄과 연대를 믿는다.

갈레아노의 글쓰기는 단순한 정치적 선언문이 아니라 역사와 시, 윤리와 미학이 결합된 해방 문학이다. 그는 '기억하는 인간'을 통해 식민 상처를 넘어서는 새로운 라틴아메리카 정체성을 모색한다. 오늘날에도 그의 글은 불평등과 망각 세계에 맞서는 예언적 언어로 남아 있으며, 문학이 현실을 변혁한다는 믿음을 가장 아름다운 방식으로 증명한다.

피 흘리는 대륙의 기억

라틴아메리카 역사는 '상처'로 기억된다. 상처는 정복과 수탈, 노예화와 종속, 침묵과 망각으로 이어진 오랜 고통의 궤적이다. 1971년 젊은 작가 에두아르도 갈레아노는 이 상처의 심연을 펜으로 헤집어 우리에게 보여준다. 『라틴아메리카의 열린 혈맥(Las venas abiertas de América Latina)』은 오랜 세월 집요하게 이루어진 착취와 불평등의 역사를 '피 흘리는 대륙의 신체'로 비유한 문학적·역사적 선언이다. 이 책은 단순한 경제사 연구 결과물이나 정치학 논문이 아니다. 갈레아노는 작가이자 역사학자로서 다양한 자료를 수집해 라틴아메리카의 불행한 과거를 냉철하고 예리한 시각으로 분석하고 문학적인 언어로 재구성한다. 그는 유럽 제국주의의 약탈, 미국 제국의 팽창, 그리고 그 속에서 침묵을 강요당한 민중의 고통을 '열린 혈맥(venas abiertas)'이라는 은유로 풀어낸다. '열린 혈맥'은 문자 의미를 넘어, 자원 유출과 피의 손실, 즉 착취 구조를 상징한다. 그 혈맥에서는 끊임없이 자원과 민중의 피가 흘러나온다. 착취는 과거에서 현재까지 진행된다.

특유의 문학성과 역사적·철학적 깊이 때문에 라틴아메리카뿐만 아니라 전 세계에서 민중주의적·반제국주의적 고전으로 자리 잡은 『라틴아메리카의 열린 혈맥』은 '닫히지 않는 상처'를 들추는 동시에 그 상처를 '기억과 해방의 언어'로 바꾸려는 시도다. 이 책은 '누가, 어떻게 라틴아메리카의 피를 뽑아 가는가?'라는 질문을 오늘 시점에서 다시 묻는 사유의 여정에서 훌륭한 길잡이가 될 것이다.

금과 은, 그리고 죽음

에두아르도 갈레아노는 『라틴아메리카의 열린 혈맥』의 서두에서 유럽의 탐험과 정복이 인류사에 남긴 참혹한 장면을 기록한다. 그것은 발견의 이야기 이전에 약탈과 피의 서사다. 유럽 항해자들은 '신'과 '문명'의 이름을 내세워 대서양을 건넜지만, 그들 눈에 비친 라틴아메리카는 구원의 대상이 아니라 금과 은으로 반짝이는 전리품이었다. 에스파냐 정복자들은 라틴아메리카의 땅을 낯선 신에게 봉헌하는 제단으로 바꾸었다. 그리고 제단 위에서 흘린 것은 원주민의 피였다. 1492년 콜럼버스가 도착한 이후 불과 수십 년 만에 아메리카 대륙의 원주민 인구는 급격히 감소했다. 갈레아노는 통계로 참상을 드러낸다. 멕시코에서는 약 2,500-3,000만 명에 이르던 원주민이 한 세기 만에 100만 명으로 줄고, 카리브해의 섬들—쿠바, 아이티, 자메이카, 바베이도스 등—에서는 원주민이 거의 멸종하다시피 했다. 원인은 전쟁만이 아니었다. 강제 노동, 유럽인이 가져온 전염병, 그리고 끊임없는 굴욕이 그들의 삶을 갉아먹었다.

정복자들은 황금빛 신화를 좇았다. 볼리비아 안데스에 있는 포토시(Potosí)는 탐욕이 집중된 상징적 공간이었다. 해발 고도가 5,000여 미터에 이르는 '부의 산(Cerro Rico)'은 16세기 이후 200여 년 동안 유럽의 부를 지탱한 심장이었다. 수많은 원주민이 미타(mita)라 불리는 강제 노동 제도에 따라 미로처럼 얽힌 비좁은 갱도로 끌려 들어갔고, 많은 수가 다시 햇빛을 보지 못했다. 어린이부터 노인에 이르기까지 하루 12시간 넘게 산소 부족과 추위, 붕괴 위험

속에서 끊임없이 은광석을 파냈다. 그들의 목숨 값은 은 1그램의 가치보다 가벼웠다. 역설적으로 포토시의 번영은 그곳의 죽음을 의미했다. 유럽으로 실려 나간 은은 에스파냐 제국의 재정과 유럽의 초기 자본주의 발전을 뒷받침했지만, 은을 생산한 볼리비아 땅에는 부가 남지 않았다. 포토시의 피로 세워진 것은 마드리드 궁전이고, 런던 금융가였다.

금 또한 마찬가지였다. 멕시코와 페루 금광은 에스파냐 왕실의 보물창고를 채웠지만, 금을 캐낸 자들은 자신의 굶주림조차 해결하지 못했다. 금은 유럽에서 화려한 성당과 궁정의 장식물이 되었지만, 금을 캐기 위해 희생된 사람들의 이름은 어디에도 기록되지 않았다. 아스테카와 잉카의 찬란한 문명은 유럽의 탐욕 앞에서 무너졌고, 그들의 신전은 돌무더기로 남았다.

정복자들은 단순히 자원을 약탈한 것이 아니라 세계 질서를 바꾸어 놓았다. '신의 이름으로' 시작된 정복은 '시장과 이윤의 이름으로' 이어졌다. 갈레아노는 식민지 약탈을 단순히 과거의 폭력으로 보지 않고, 세계 경제의 구조적 기원으로 읽어냈다. 에스파냐와 포르투갈이 가져간 금과 은은 유럽의 자본 축적을 가능케 했고, 그 자본은 산업 혁명과 제국주의의 기반이 되었다. 오늘날 세계 경제의 불평등은 바로 이 시기에 이루어진 피의 약탈에서 시작되었다.

오늘날 우리가 소비하는 금, 은, 리튬, 석유 상당 부분은 여전히 남반구에서 흘러나온다. 포토시의 산이 울부짖던 시절처럼 자원은 여전히 '열린 혈맥'을 통해 흘러 나간다. 갈레아노의 글은 라틴아메리카의 과거를 이야기하지만, 피의 흐름은 현재진행형이다. 정복 시대는 끝났지만, 착취 논리는 여전히 다른 이름으로 작동한다. 결국 '금과 은, 그리고 죽음'은 단지 16세기의 이야기가 아니라 근대 자본주의의 원죄를 드러내는 은유다.

설탕과 노예, 그리고 삼각무역

정복자들이 금과 은을 수탈하기 위해 라틴아메리카의 혈맥을 찢어 놓은 뒤에 그 대륙에서 새롭게 흘러나온 '피'는 설탕이었다. 16세기 말부터 19세기 초까지 설탕은 세계 시장을 지배한 '하얀 금'이었다. 브라질 북동부와 카리브해의 섬들은 사탕수수로 뒤덮였다. 태양과 비가 풍부한 이 땅은 사탕수수 재배에 이상적이었으나, 그 풍요가 현지인에게는 축복이 아니라 저주였다. 유럽의 식민 세력은 원주민을 강제 노동에 동원했고, 그들은 앞에서 언급한 은광산에서처럼 죽어 나갔다. 인구가 급감하자 유럽은 새로운 '노동력'을 찾아 나섰다. 아프리카 노예 무역이 시작되었다. 아프리카에서 끌려온 흑인 노예는 약 1,200만 명 이상으로 추산되는데, 상당수가 브라질과 카리브해로 보내졌다. 노예선은 지옥 그 자체였다. 쇠사슬에 몸이 묶인 상태로 수개월 동안 좁은 선창에 갇힌 노예들은 질병과 굶주림을 겪었다. 항해 중 죽은 노예는 바다에 버려졌다. 오늘날 대서양 어딘가에는 설탕의 달콤함을 위해 희생된 무수한 생명이 잠겨 있다.

이 끔찍한 시스템은 단순한 인신매매가 아니라 세계 자본주의의 초석을 이룬 삼각 무역이었다. 유럽 상인들은 아프리카 흑인을 '구입'해 아메리카로 실어 날랐다. 그리고 아메리카에서 노예를 이용해 재배한 사탕수수와 담배, 면화, 커피 등을 유럽으로 보냈다. 이익은 유럽 금융과 산업 자본으로 축적되었다. 순환의 핵심은 명확했다. 가치 생산은 남반구에서, 이윤 축적은 북반구에서 이루어졌다. 아메리카의 자원과 노동, 아프리카의 인력, 유럽의 자본과 무기, 이 셋이 맞물리며 근대 세계 체제가 형성되었다.

카리브해의 사탕수수 농장은 산업적 플랜테이션(plantation) 시스템의 원형이었다. 이곳에서 흑인 노예들은 해가 뜰 때부터 질 때까지 사탕수수를 베고 압착기에서 즙을 짜고 끓여서 설탕 덩어리를 만들었다. 온몸에 상처가 나고, 더위와 채찍질로 쓰러져 죽는 일이 다반사였다.

설탕은 단지 하나의 상품이 아니었다. 그것은 자본주의적 근대의 원형이었다. 유럽 귀족이 차와 커피에 설탕을 타서 즐긴 '문명'의 달콤함은 라틴아메리카 농장에서 채찍질당하며 중노동을 하던 흑인의 절규 위에 세워졌다. 하지만 이 피의 구조는 영원하지 않았다. 1791년 프랑스 식민지 생-도맹그(Saint-Domingue)에서 노예들이 봉기했다. 자신들을 '물건'으로 취급한 제국에 맞서 무기를 든 것이다. 혁명은 1804년 아이티 독립으로 이어졌다. 유럽의 식민 지배에 맞선 최초의 성공적인 저항이자 인류 최초 흑인 공화국이 탄생한 시발점이었다. 그러나 대가는 참혹했다. 전쟁이 끝난 뒤 프랑스는 아이티에 배상금을 요구했고, 빚은 20세기 중반까지 이어졌다.

설탕은 라틴아메리카 사회 구조에도 깊은 상처를 남겼다. 플랜테이션 소유주는 엄청난 부를 축적했고, 부는 정치권력으로 이어졌다. 반면에 농장 노동자와 노예는 인간 이하 대우를 받았다. 이런 구조는 이후 커피, 카카오, 바나나로 이어지는 단일 작물 재배(monoculture) 경제의 토대를 마련했다. 땅은 더 이상 다양한 생명을 품지 못하고 오직 수출을 위한 하나의 작물만을 강요받았다. 결국 설탕은 라틴아메리카를 '세계 시장의 농장'으로 만들었다. 생산은 있지만 자립이 없었다. 이익은 외부로 흘러갔고, 지역 사회에는 가난과 불평등만 남았다. 오늘날 설탕은 세계 경제의 중심 상품이 아니지만, 과거에 설탕을 통해 형성된 구조는 여전히 반복된다. 21세기에도 남반구 농민은 세계 시장의 가격에 따라 생존을 걸고 일하며, 다국적 기업은 그들의 노동으로 막대한 이윤을 얻는다.

석유와 주석

19세기 후반과 20세기 초, 라틴아메리카는 여전히 세계 자본주의의 주변부였다. 금과 은, 설탕을 통해 쌓인 유럽의 부는 산업 혁명과 제국주의 확장을 통해 새로운 형태로 변환되었다. 중심에는 석유와 광물 자원이 자리했다.

멕시코, 베네수엘라, 브라질 등은 20세기 들어 석유를 세계 시장에 공급하며 새로운 경제 중심이 되었다. 그러나 갈레아노가 지적하듯, 생산의 통제권은 결코 현지인 손에 있지 않았다. 미국과 영국, 네덜란드 등 다국적 석유 회사는 특혜성 계약과 군사적 압력을 통해 채굴권을 장악했다. 석유가 지닌 '근대적 힘'은 석유가 단순한 연료를 넘어 정치적·경제적 지배 도구라는 데에 있었다. 유럽의 현대 자본주의는 금과 은, 설탕으로 시작되었고, 석유를 통해 산업화된 경제 체제와 정치적 종속으로 연결되었다.

볼리비아의 주석 산업도 같은 맥락이다. 19세기 말, 주석은 유럽과 미국의 산업화 과정에서 필수 자원으로 떠올랐다. 주석 광산은 포토시와 유사하게 강제 노동과 폭력으로 운영되었고, 원주민과 노동자는 극한의 조건에서 노동을 강요받았다. 주석 역시 세계 시장으로 흘러 들어가면서 라틴아메리카의 부를 외부로 이전하는 역할을 했다. 주석은 단순한 금속이 아니라 전기·통신·산업용 제품을 위한 핵심 자원이었고, 이로써 남반구의 자원은 산업화된 북반구 경제의 '심장 박동'으로 기능했다.

석유 산업과 광물 산업은 단순한 경제 활동이 아니었다. 그것은 정치적 통제와 사회적 불평등을 강화하는 수단이었다. 생산 지역에서는 환경 파괴와 노동 착취가 지속되었고, 이윤은 대부분 외부로 유출되었다. 남반구 국가는 세계 시장에 종속된 상태였기 때문에 자원의 풍요를 자국민에게 환원하지 못했다.

금과 은, 설탕, 석유와 주석은 모두 라틴아메리카가 세계 자본주의 발전을 위해 흘린 피의 상징이다. 16세기 정복에서 시작된 피의 흐름은 20세기 산업화로 이어졌고, 오늘날에도 다양한 형태로 반복된다. 남반구의 자원은 여전히 세계 자본에 종속된다. 석유, 리튬, 구리, 희귀 금속 등은 글로벌 공급망에서 핵심 위치를 차지하지만, 생산국은 가격 결정권과 수익 배분에서 여전히 취약하다.

단일 작물 경제와 불평등

19세기 후반에서 20세기 초까지 라틴아메리카 경제는 단일 작물 경제로 재편되었다. 금과 은, 설탕, 석유와 주석을 거쳐 시장의 주요 자원은 바나나, 커피, 코코아 같은 농산물이 되었다.

중앙아메리카, 특히 온두라스, 코스타 리카, 과테말라 등은 바나나 수출로 급성장했지만, 이 성장은 국가보다는 외국 기업의 것이었다. 미국의 유나이티드 프루트 컴퍼니(United Fruit Company)와 같은 다국적 기업은 토지, 항구, 철도까지 장악하고 생산 과정에서 모든 권력을 행사했다. 농민은 강압적이고 부당한 계약에 따라 터무니없이 낮은 임금을 받고 오랜 시간 일했고, 기업은 정치 로비와 군사 압력을 통해 자국 정부를 통제했다. 그 결과 탄생한 것이 바로 '바나나 공화국'이다. 국가 주권은 기업과 외국 자본에 종속되고, 정부는 생산과 수익 관리에서 독립적인 권한을 갖기 어려웠다.

커피와 코코아 재배 역시 비슷한 패턴을 반복했다. 브라질과 콜롬비아는 세계 커피 생산의 중심지였지만, 생산된 커피의 대부분은 외국 시장으로 유출되었다. 노동자는 여전히 저임금에 시달렸고, 토지는 대지주와 외국 상인의 통제 아래 있었다.

바나나, 커피, 코코아 경제는 단순한 농업 생산이 아니라, 세계 시장에 종속된 체계의 일부였다. 단일 작물 경제는 생산국 내 불평등을 강화했다. 부유한 대지주와 소수 상인은 막대한 수익을 챙겼지만, 농민과 노동자는 빈곤에 갇혔다. 이는 경제적 불평등을 정치적 불평등과 결합하고, 사회적 긴장을 고조했다.

또한 단일 작물 경제는 외부 자본 의존을 심화하고, 정치적 불안정을 낳았다. 다국적 기업과 국제 금융은 종종 군사 쿠데타를 지원하거나 정부 정책에 압력을 행사했다. 예를 들어 20세기 초 온두라스와 과테말라에서 바나나 산업의 이익을 보호하기 위해 군사 개입이 이루어졌고, 국가 정책은 외국 기업의 요구에 종속되었다. 단일 작물 경제는 부를 집중시키면서 사회적 갈등과 민중의 저항을 증폭했다. 단일 작물 경제는 생태적 피해도 동반했다. 대규모 농장은 토양을 고갈하고 생물 다양성을 파괴했다. 농약과 화학 비료 사용은 현지 주민의 건강을 위협하고 물과 식량의 불균형을 심화했다.

바나나, 커피, 코코아 경제는 과거 식민적 구조를 그대로 반영하지만, 오늘날에도 형태가 반복된다. 글로벌 시장의 가격 결정권은 여전히 생산국에 있지 않고, 다국적 기업과 국제 금융이 수익을 독점한다. 라틴아메리카 농민과 노동자는 여전히 세계 시장의 불평등 구조 속에서 생존을 위해 노동하고, 지역사회는 불안정한 경제 구조에 종속된다.

'단일 작물 경제와 불평등의 심화'는 금·은·설탕, 석유·주석의 착취사와 직결된다. 라틴아메리카의 땅과 사람은 세계 자본주의의 성장 동력으로 활용되었고, 그 과정에서 불평등과 폭력, 환경 파괴가 구조화되었다. 갈레아노의 분석은 단지 20세기의 역사적 사실을 기록한 것이 아니라, 현대 세계 경제의 구조적인 반복성을 보여준다. 남반구 자원의 유출과 북반구 이윤의 축적, 그리고 반복적인 민중의 저항은 단순한 과거 사건이 아니라 현대 자본주의, 세계 금융 체제, 다국적 기업 중심의 경제 흐름 속에서 여전히 나타나는 패턴이다.

세계 자본주의에 대한 라틴아메리카 민중의 연대

 금과 은에서 시작해 설탕, 석유, 주석, 단일 작물 경제로 이어진 흐름은 한 세기 이상 남반구 민중이 세계 경제 주변부로 남게 되는 과정을 보여준다. 갈레아노는 이 흐름을 '열린 혈맥'이라는 은유로 집약한다. 대륙의 피가 끊임없이 외부로 유출되는 구조, 민중의 삶과 노동이 세계 시장 연료로 소비되는 구조, 그리고 그 과정에서 발생하는 제반 불평등과 폭력이 하나의 혈맥처럼 서로 연결된다.
 갈레아노는 이를 경제 문제로만 보지 않는다. 그는 착취와 경제 종속이 사회적·정치적 불평등과 맞물린 구조적인 문제임을 강조한다. 착취는 한 시대에 끝나지 않고, 형태를 바꿔 반복되면서 남반구 민중의 삶을 규정한다. 갈레아노는 착취 구조를 단순하게 나열하지 않고, 착취 속에서도 민중이 만들어낸 저항과 연대의 흐름을 함께 기록한다. 볼리비아 포토시 은광에서 혹사당하던 원주민의 봉기, 카리브해 노예 반란과 아이티 혁명, 중남미 노동자·농민의 조직화와 파업, 20세기 석유와 주석 산업의 국유화 운동, 브라질의 커피 농민 파업, 과테말라의 노동자 시위, 중앙아메리카의 농민 협동조합 등은 민중이 자본과 권력의 구조적 착취에 맞서 싸운 사례들이다.
 이러한 연대와 저항은 민중의 경제적인 요구를 넘어 자기 주권과 사회 정의를 위한 역사적 행위다. 민중의 저항과 연대, 그리고 민중이 행한 희생은 단순한 과거 기록이 아니라 현재와 미래의 행동 지침으로 읽어야 한다. 세계 경제의 구조적 불평등을 이해하고, 연대와 협력, 사회 정의를 실현하려는 노력은 라틴아메리카 민중이 보여준 역사적 교훈과 맞닿는다.

『라틴아메리카의 열린 혈맥』이 출간된 1971년 이후 50년이 넘게 흐른 지금도 메시지는 여전히 유효하다. 글로벌 자본주의는 형태만 달라졌을 뿐, 남반구 국가와 민중의 구조적 취약성을 그대로 반복한다. 석유, 리튬, 구리, 희귀 금속, 커피, 바나나 등은 오늘날에도 세계 시장에서 핵심 위치를 차지하며, 생산국은 가격 결정권과 이윤 배분에서 여전히 취약하다. 자원의 세계 공급망과 금융 구조는 특정 국가와 기업에 편중되어 있으며, 산업과 기술은 외부 자본과 시장에 의존하는 구조적 특징을 갖는다. 갈레아노의 분석은 단지 라틴아메리카에 국한한 이야기가 아니라 세계 경제와 불평등 구조를 성찰하는 거울이다.

닫히지 않는 상처와 기억의 윤리

오늘날에도 라틴아메리카의 '혈맥'은 여전히 열려 있다. 신자유주의 경제, 다국적 기업, 각종 채굴 산업, 디지털 자본주의와 데이터 식민주의 등 새로운 형태의 착취가 지속되고, 경제적 불평등과 정치적 종속은 상당 부분 구조화되어 있다. 갈레아노의 글은 이 같은 상처가 단지 인간만의 문제가 아니라 생태적·지구적 문제와도 연결된다는 것을 보여준다. 자원 약탈은 환경 파괴와 지역 사회의 고통을 동반하고, 기억과 해방의 문제는 비인간 존재와의 공존 문제로까지 확장된다. 결국 『라틴아메리카의 열린 혈맥』의 핵심은 '닫히지 않는 상처를 기억하는 윤리'에 있다. 기억을 통해 상처를 이해하고 민중의 연대와 저항을 성찰하는 행위는 새로운 해방의 길을 연다. 이 책은 과거와 현재를 연결하고, 상처를 기억하며, 민중과 연대 가능성을 탐색하는 역사적·문학적·윤리적 고전으로 자리한다. 그 혈맥 속에 흐르는 피를 이해하는 일, 그리고 그 기억을 통해 해방을 모색하는 일은 오늘날 우리에게도 여전히 유효하다.

한국어 번역의 의미

『라틴아메리카의 열린 혈맥』은 여러 나라에서 금서가 되었다. 군사 정권은 이 책이 불평등 구조를 폭로하고 민중의 저항 의식을 자극할까 두려워했다. 하지만 금서 조치는 역설적으로 이 책의 영향력을 확대했다. 이후 이 책은 1970-1980년대 라틴아메리카의 학생 운동과 지식인 담론에서 '각성의 서(書)'로 읽히며, 한 세대의 정치적 의식을 형성하는 데 결정적인 역할을 담당했다.

이 책은 전통적인 역사서 형식에서 벗어난다. 사건의 연대가 아니라 자원의 흐름과 권력의 이동을 중심으로 삼아 서사를 전개한다. 갈레아노는 각 자원을 매개로 해서 생산지와 소비지, 남과 북, 식민지와 제국 사이의 관계를 추적한다. 이 책에는 다양한 통계와 역사적 사실이 인용되지만, 차가운 데이터 그대로 제시되지 않는다. 그의 분석은 경제사적이지만, 글은 간결하면서도 문학적이다. 이런 점에서 이 책은 학술서와 문학 작품의 경계를 넘나드는 독특한 형식의 비평서라고 할 수 있다. 갈레아노는 아이러니와 풍자를 통해 제국의 논리를 비판한다. 자원 수탈을 기술하면서 동시에 수탈이 정당화되는 담론의 위선을 드러낸다. 이 책에서 이루어진 분석은 단순한 과거 회고가 아니라, 세계화 시대의 불평등 구조를 해부하는 역사적 틀로 읽힌다.

다국적 자본은 여전히 남반구 자원을 헐값에 수탈하고, 금융 시장은 새로운 형태의 종속을 강화한다. 기후위기와 생태 파괴는 자원의 불평등한 소비 구조와 밀접하게 연결되었으며, 아마존 열대우림, 광물 채굴 지역, 남극 지역은 21세기 자본의 새로운 전장이 되었다. 한국 또한 반도체, 배터리, 에너지 산업을 통해 세계 공급망에 깊숙이 편입되었으며, 그만큼 외부 충격에 취약하다. 『라틴아메리카의 열린 혈맥』은 이런 구조를 성찰하게 하는 글로벌 의존 체제의 거울로서 의미가 있다.

라틴아메리카의 상처는 특정 지역 이야기가 아니라 세계 불평등 체제 속에서 반복되는 구조적 상처다. 우리는 여전히 '열린 혈맥' 위에 서 있다. 이 책은 그 사실을 망각하지 말라고 요구하며, 각자가 속한 사회가 세계 속에서 어떤 위치에 있는지 질문하게 한다. 『라틴아메리카의 열린 혈맥』을 과거를 비판하는 책이 아니라 현재 구조를 성찰하게 하는 세계 시민적 텍스트로 읽을 때, 비로소 의미가 완성될 것이다.

번역은 타자의 언어를 옮기는 과정이자 타자의 경험을 통해 자신을 비추는 과정이다. 이 책을 한국어로 옮기는 일(한국어 번역은 2010년에 Siglo Veintiuno Editores Argentina S.A.에서 출간된 개정판을 저본으로 삼았다)은 한 대륙의 경험을 다른 역사 공간에서 성찰하는 지적 교류를 시도한 것으로, 단순히 타인의 역사에 감정적으로 공감하기보다 그 역사 속에서 현재의 세계 질서를 읽어내는 비판적 시각을 확장하는 작업이었다. 이 책을 통해 한국의 독자가 라틴아메리카의 과거 역사와 현재 상황을 이해하고, 세계 체제 속에서 한국 사회를 재위치시켜 보기를 기대한다.

2025년 11월
조구호

찾아보기

가

가르멘디아, 살바도르(Garmendia, Salvador) 334
가르시아, 그레고리오(García, Gregorio) 464
가르시아, 안토니오(García, Antonio) 91
가이아나(Guyana, 영국령 기아나) 271-272
가족계획 19
가톨릭교 34-35, 41, 70-71, 77, 102, 172, 373
걸프 오일(Gulf Oil Company) 322
검열 256, 536
게바라, 에르네스토 체(Guevara, Ernesto Che) 144, 146, 159, 248, 270
계급 3, 15, 20-21, 57, 70, 206, 211, 216, 231, 246, 269, 300, 364, 395, 409, 414-415, 447, 505, 517, 533, 537
고든, 링컨(Gordon, Lincoln) 304, 306-307, 514
고등교육 443
고메스, 후안 비센테(Gómez, Juan Vicente) 114, 331-332
고무 14, 105, 127, 175-176, 178-184, 186, 188, 207, 242, 317, 425, 501
고문 48, 59, 152, 172, 230, 303, 333, 371, 375, 380, 413, 510, 513, 517, 534
공동 시장 461, 486-487, 489
과테말라(Guatemala) 21, 25, 48, 107-108, 158, 192, 195, 197, 202, 211, 213, 218-219, 221, 224, 226-230, 389, 402, 445, 452, 455, 464, 480, 496, 527, 541, 552-553, 555
관세 및 무역에 관한 일반 협정(General Agreement on Tariffs and Trade, GATT) 459
광물 13-14, 25, 74-75, 103, 105, 128, 149, 248, 266-269, 271-272, 274-276, 278, 289,

292, 294-295, 297, 302, 304, 388, 403, 550-551, 557
광업 55, 81, 94, 111, 118, 120, 154, 184, 285, 290, 299-300, 308, 355, 401, 442
구리 11, 25, 149, 219, 242, 266-267, 270, 273, 279, 285-289, 340, 350-351, 455, 458, 460, 465, 552, 555
구아나후아토(Guanajuato) 55, 73, 81-84, 125
구아노(guano) 276-279, 340
구아달라하라(Guadalajara) 84, 99, 354
구아달루페(Guadalupe) 99
구아라니(Guaraní) 93, 368, 373, 385
국제 전화 전신 회사(International Telephone and Telegraph, ITT) 448, 486
국제 커피 협정(International Coffee Agreement) 201
국제 통화 기금(IMF, International Monetary Fund) 23, 26, 225, 384, 399, 406, 425-429, 431, 435, 439, 444, 451-454, 459, 515
국제개발처(Agency for International Development, AID) 428, 439, 441-444, 449-450
국제노동기구(International Labor Organization, ILO) 532
국제부흥개발은행(International Bank for Reconstruction and Development, IBRD) 439
국제통화기금(International Monetary Fund, IMF) 23, 26, 225, 384, 399, 406, 425-429, 431, 435, 439, 444, 451-454, 459, 515, 522
굴라르, 장구(Goulart, Jango) 513-514
굴라르, 주앙(Goulart, João) 269, 304-306, 412-413, 422, 439, 445-446, 513-514
굿이어, 찰스(Goodyear, Charles) 179
그랜트, 율리시스 S.(Grant, Ulysses S.) 391, 398
기니(Guinea) 25, 115, 161-162, 168-169
기술 19, 23, 27, 42, 70, 82, 94-96, 119, 129-130, 150-151, 183, 211, 220, 247, 249, 253, 254, 257, 268, 284, 299-300, 308, 315, 318, 343, 346, 353-356, 372, 374, 383-384, 390, 393, 401-404, 410-411, 414, 423, 429-430, 435-439, 443, 459, 463, 467-472, 474, 480, 482, 515, 519, 521, 523-525, 528, 533, 555, 557
기술 관료 19, 23, 253, 299, 403, 438, 482

나

납 270, 273, 447

내셔널 슈거 리파이닝 컴퍼니(National Sugar Refining Company) 159
내셔널 시티 뱅크(National City Bank) 216, 217, 384, 432, 449
네덜란드(Holland) 54, 58-59, 62, 66, 118, 125, 129, 136, 142, 160, 163, 169, 189, 238, 348, 551
네덜란드령 기아나(Dutch Guiana) 169
노동 11, 13, 17, 22, 25, 39-40, 67-68, 70, 72-73, 78, 83, 85-94, 96-98, 100,-102, 104-107, 111, 115-116, 120-121, 125-130, 133, 134-137, 140-141, 143, 147, 149, 153, 155-156, 160, 163, 166, 175-179, 183-184, 186-187, 189, 190-198, 203, 210-213, 217-218, 220-221, 223-224, 226, 239, 241-244, 247, 249, 252-253, 255, 258, 261-264, 269, 278, 281, 283-284, 288-290, 292, 297-299, 302, 307, 314-315, 329-333, 344, 349, 353, 356-368, 378, 384, 397-398, 403, 413-414, 457-459, 466, 471-472, 474-476, 478-481, 486, 488, 494, 505-506, 509, 511-513, 519-520, 523-533, 537, 540, 544, 546, 548-555
노동 착취 551
노동계급 505, 537
노동력 13, 17, 25, 67, 70, 72, 83, 85-88, 92, 97-98, 106-107, 111, 115, 121, 125-126, 128, 130, 137, 176-177, 184, 189-190, 192, 194-195, 197, 210-213, 239, 243, 249, 252-253, 262-264, 329, 331, 353, 367-378, 384, 398, 403, 466, 471, 474-475, 479-480, 494, 506, 520, 523-526, 529, 532, 548
노스, 존 토마스(North, John Thomas) 281
노예 22-23, 25, 34-35, 59, 66-68, 72, 78, 85-86, 93, 96, 98-100, 104, 108-111, 114-116, 118-119, 121-122, 125-126, 128-129, 131, 136-138, 140-141, 159-169, 171-173, 175-178, 184, 190, 192, 195, 214, 217, 234, 241-243, 262-265, 329, 340, 349, 374, 378, 389, 396-397, 523, 526, 545, 548-550, 555
노예 무역 23, 160, 162-163, 166-167
노예 반란 171, 555
농산물 125, 191-193, 199, 360, 362, 407, 444, 461, 528, 552
농업 개혁 364
농지개혁 21, 25, 98, 135, 177, 193, 226, 228, 231-232, 234, 236-237, 240, 244, 246-248, 250, 255-256, 259, 334, 381, 410, 414, 508, 511
뉴욕 타임스(New York Times) 291, 422
니에토 아르테타, 루이스 에두아르도(Nieto Arteta, Luis Eduardo) 204, 209

니오븀 276
니카라과(Nicaragua) 103, 192, 214, 217, 219, 221-223, 227, 455, 496, 510
니켈 149, 154, 267, 270-271
닉슨, 리처드 M.(Nixon, Richard M.) 14, 17, 441-442

다

다우 케미컬(Dow Chemical) 417, 493
다이아몬드 48, 54, 73, 116, 120, 190, 260, 273-275
단타스, 마네카(Dantas, Maneca) 188
담배 25, 115, 136, 139-141, 143, 162, 184, 204, 235, 241-242, 264, 346-347, 362, 368, 372, 383, 389, 391, 398, 413, 423, 425, 460, 549
대영제국(Great Britain) 231, 233, 303, 339, 351, 364, 372, 379-380
대출 71, 215, 249, 278, 280, 303, 315, 323, 340, 355, 372, 381, 425, 428, 430-431, 434, 438-444, 446-447, 450-455, 458, 522
더스 패서스, 존(Dos Passos, John) 219
덜레스, 앨런(Dulles, Allen) 152, 227
덜레스, 포스터(Dulles, Foster) 227
데이비스, 아서(Davis, Arthur) 271, 424
도미니카 공화국(Dominican Republic) 124-125, 135, 158-159, 216-217, 382
두트라, 에우리쿠 가스파르(Dutra, Eurico Gaspar) 269, 302
뒤몽, 르네(Dumont, René) 40, 134
뒤발리에, 프랑수아(Duvalier, François) 519-520
디아스 델 카스티요, 베르날(Díaz del Castillo, Bernal) 35
디아스, 포르피리오(Díaz, Porfirio) 37, 87-88, 103, 115, 240, 242-245

라

라세르다, 카를로스(Lacerda, Carlos) 446
레닌, 블라디미르 일리치(Lenin, Vladimir Ilyich) 400, 435
레스트레포, 카를로스 예라스(Restrepo, Carlos Lleras) 199
레인, 아서 블리스(Lane, Arthur Bliss) 223, 246, 280, 282, 286-287

레텔리에르, 오를란도(Letelier, Orlando) 510-512
로드리게스 데 캄포마네스, 페드로(Rodríguez de Campomanes, Pedro) 152-153, 370
로사스, 후안 마누엘 데(Rosas, Juan Manuel de) 26, 356, 362-365, 371, 374
로열 더치 셸(셸 오일 컴퍼니) 309, 314, 506
로열 아프리칸 컴퍼니(The Royal African Company) 162
로페스, 카를로스 안토니오(López, Carlos Antonio) 370-371
로페스, 프란시스코 솔라노(López, Francisco Solano) 371, 377
록펠러 가문 453
록펠러, 넬슨(Rockefeller, Nelson) 314, 442
록펠러, 데이비드(Rockefeller, David) 448
록펠러, 페기(Rockefeller, Peggy) 448
롤리, 월터(Raleigh, Walter) 38, 311, 313, 418, 446, 450, 530-531
루스벨트, 시어도어(Roosevelt, Theodore) 215, 218, 497
루이 14세(Louis XIV) 58, 65, 161, 253
리더스 다이제스트(Reader's Digest) 225, 307
리스보아, 안토니우 프란시스쿠(Lisboa, Antônio Francisco) 122, 395
리스트, 프리드리히(List, Friedrich) 352, 363, 540

마

마르크스, 카를(Marx, Karl) 66, 136, 352, 535, 539
마르티, 호세(Marti, José) 144, 146
마리아테기, 호세 카를로스(Mariátegui, José Carlos) 192, 278, 279
마야(Maya) 44-45, 48, 93-94, 104, 107-108, 243
마젤란, 페르디난드(Magellan, Ferdinand) 37, 41
만, 토마스(Mann, Thomas) 446
말라리아 107, 178
망간 149, 169, 177, 212, 267, 269-271, 273, 302
매클로이, 존 J.(McCloy, John J.) 453
매킨리, 윌리엄(McKinley, William) 147, 397
맥나마라, 로버트(McNamara, Robert) 18-19, 515
메디치, 로렌초 데(Médici, Lorenzo de) 36

멕시코(Mexico) 13, 15-17, 23, 35, 37-38, 41-44, 47-49, 55, 59, 71, 73, 81-82, 84-85, 90, 93, 95-96, 99-100, 103-104, 141, 184, 189, 191-193, 208, 214, 216, 222, 232, 240, 242-246, 248-252, 269, 314-315, 344, 353-356, 390, 396, 398, 402, 405, 409, 410, 412-413, 415, 423-424, 435-436, 449, 455, 460, 462, 464-465, 468, 471-472, 476, 480-482, 485-487, 489, 492, 498-499, 521, 524-525, 527, 532, 546-547, 550
멘데스 몬테네그로, 훌리오 세사르(Méndez Montenegro, Julio César) 225, 228
멜빌, 토마스(Melville, Thomas) 228
멜초르 데 호베야노스, 가스파르(Melchor de Jovellanos, Gaspar) 75
모렐로스, 호세 마리아(Morelos, José María) 99, 100, 232, 242-244, 246, 248
모스코소, 테오도로(Moscoso, Teodoro) 445
목재(Timber) 32, 76, 105, 109, 141-142, 167, 181, 372, 389, 392, 458, 499
목테수마(Moctezuma) 39, 43, 47
목화 161, 194
몬토네라(Montonera) 26, 356, 359-360, 409
몰리브덴(Molybdenum) 288
물가 57, 79
미국(United States) 12, 14-15, 17-22, 25-26, 72, 95, 104-105, 125, 127, 138, 142, 145-150, 155, 158-161, 167, 177, 179, 185, 189, 191-193, 198, 200-203, 210-211, 213-224, 227-228, 231-232, 238-239, 242-243, 245, 260, 262-275, 279, 283, 285, 287-288, 294, 301-307, 309-315, 317-321, 323-326, 331-334, 341, 349, 352-353, 355-356, 371, 380-381, 383-384, 388, 391, 394-396, 397-407, 410-412, 415-416, 418-421, 423, 428, 431-436, 438-452, 454, 456, 459-467, 469-475, 479-480, 482, 484, 486, 488, 493-496, 498-500, 506-507, 509-512, 514-516, 518-519, 521-522, 525-526, 533, 539, 545, 551-552
미나스 제라이스(Minas Gerais) 110, 111, 113, 115-116, 119-123, 128, 175, 268-269, 276, 303-305, 308
미주 농업개발위원회(Comité Interamericano de Desarrollo Agrícola) 193
미주개발은행(Inter-American Development Bank, IDB) 299, 315, 439, 441-443, 449-450, 471, 484, 486, 515
미주기구(Organization of American States, OAS) 14, 141, 146, 159, 226-227, 401, 431, 441-443, 445, 462
미트레, 바르톨로메(Mitre, Bartolomé) 366, 375-378

바

바구, 세르히오(Bagú, Sergio) 5, 70, 96, 102, 132, 161, 264

바나나 36, 99, 170, 182, 189, 201, 213-214, 218-223, 225, 455, 460, 464, 517, 526, 550, 552-553, 555

바란, 폴(Baran, Paul) 69

바렐라, 펠리페(Varela, Felipe) 360

바르가스, 제툴리우(Vargas, Getúlio) 183, 199-200, 302, 408, 410-413, 419, 431, 539

바르바, 알바로 알론소(Barba, Alvaro Alonso) 74

바르보사, 오르타(Barbosa, Horta) 317

바리엔토스, 레네(Barrientos, René) 269, 299-300, 322, 324, 447

바베이도스(Barbados) 125, 127, 129-130, 135-136, 166, 265, 546

바이로흐, 폴(Bairoch, Paul) 254

바티스타, 풀헨시오(Batista, Fulgencio) 146, 148, 155, 158, 270, 451

바하마(Bahamas) 32

반데이라, 마누엘(Bandeira, Manuel) 269

반세르, 우고(Bánzer, Hugo) 509

발라게르, 호아킨(Balaguer, Joaquín) 159

발마세다, 호세 마누엘(Balmaceda, Jose Manuel) 281-282

버틀러, 스메들리 D.(Butler, Smedley D.) 216

베네수엘라 국영 석유회사(Petroleos de Venezuela) 507

베네수엘라(Venezuela) 14, 20, 36, 38, 72, 125, 127, 141, 184-186, 256, 270, 301, 310, 312-313, 318, 326-331, 333-334, 436, 455, 496, 498-499, 507-508, 539, 550

베들레헴 스틸(Bethlehem Steel Company) 121, 269, 301-302, 307-308, 421, 450

베라크루스(Veracruz) 42, 71, 128, 242

베스푸치오, 아메리고(Vespucio, Américo) 36

베탕쿠르, 로물로(Betancourt, Rómulo) 333

베트남(Vietnam) 20, 147, 267, 443

벨기에(Belgium) 20

벨라스코 알바라도, 후안(Velasco Alvarado, Juan) 99, 192, 270, 324, 415, 426, 508-509

벨라운데 테리, 페르난도(Belaúnde Terry, Fernando) 270, 324-325, 446-447

보나파르트, 나폴레옹(Bonaparte, Napoleon) 138

보나파르트, 폴린(Bonaparte, Pauline) 138
보쉬, 후안(Bosch, Juan) 159, 216
보크사이트(Bauxite) 267, 271-273
보티, 레히노(Boti, Regino) 150
보호주의 26, 202, 351-352, 362, 364, 374, 391, 396-398, 428
볼리바르, 시몬(Bolívar, Simón) 27, 232, 301, 482, 495-497, 500
볼리비아(Bolivia) 7, 13-14, 20, 42, 51, 55, 73, 76, 80-81, 93, 100-102, 177, 180, 259, 269, 277-295, 299-300, 320-321, 322-346, 362, 369, 443, 447, 455, 468, 488, 490, 492, 496, 509-510, 513, 522-523, 540-541, 546-547, 551, 555
부르주아지 16, 26, 60, 68, 193, 232, 250, 363, 370, 394-395, 405-407, 409-410, 413-416, 429, 467, 496, 533
부에노 두 프라두, 바르톨로메우(Bueno do Prado, Bartolomeu) 171
부채(Debt) 192, 264, 278, 324, 379, 388, 419, 429-430, 437, 454-455, 521, 524
브라질(Brazil) 13-14, 16, 20, 24, 26, 36, 38, 41-42, 46, 85, 93, 105-106, 108-112, 115-122, 125, 127-133, 135-136, 140, 160, 162, 166, 169-172, 174-177, 179-184, 186-191, 194-196, 198-203, 255-256, 260-262, 268-269, 272-275, 301-308, 317-318, 321, 340, 345, 349-350, 358, 368-369, 374-384, 386-388, 390, 394-395, 402, 405, 408-410, 412-414, 417-422, 425-427, 429-430, 432, 434-436, 445-446, 448-450, 453, 455, 461-465, 467, 470-471, 473-482, 484, 486, 488-490, 492-495, 498, 506, 512-514, 521, 524-528, 530-532, 540, 548, 551-552, 555
브레히트, 베르톨트(Brecht, Bertolt) 418, 517
브리졸라, 레오넬(Brizola, Leonel) 448
브리티시 페트롤리엄(앵글로-이란이안)(British Petroleum(Anglo-Iranian)) 311
블랙, 유진(Black, Eugene) 452-453
비냐스 지 케이로스, 마우리시우(Vinhas de Queiroz, Maurício) 103, 420, 464
비델라, 호르헤(Videla, Jorge) 515, 519-520, 539
비야, 프란시스코('판초')(Villa, Francisco('Pancho')) 24, 34, 39, 51, 56-57, 59, 62-64, 108, 112, 172, 208, 246, 293, 476-477
빈곤 13, 17-18, 20, 24, 29, 69-70, 74, 83, 99, 102, 117, 126-127, 131, 133, 135, 148, 176, 230-231, 240, 254-255, 292, 330, 334, 347, 356, 360-361, 367, 369, 392, 403, 428, 477-478, 481, 485, 504-505, 522, 526, 528, 531-532, 553
빌헬름(카이저)(Wilhelm(Kaiser)) 517

사

사르미엔토, 도밍고 파우스티노(Sarmiento, Domingo Faustino) 366, 371
사르트르, 장 폴(Sartre, Jean-Paul) 151
사발라, 마사(Zavala, Maza) 253, 353
사발레타, 레네(Zavaleta, René) 320
사우스 시(South Sea Company) 163
사탕무 설탕 146
사파타, 에밀리아노(Zapata, Emiliano) 208, 240, 243, 244, 246, 248
산 살바도르(San Salvador) 35, 229
산디노, 아우구스토 세사르(Sandino, Augusto César) 221-222, 541
산스 데 산타마리아, 카를로스(Sanz de Santamaría, Carlos) 440
산아 제한 19, 20, 275, 452
산업혁명 67, 167, 254, 547, 550
산업화 27, 132, 135, 154, 161, 183, 193, 249, 265, 285, 334-355, 392, 395, 398, 401-403, 405, 408-411, 455, 462-463, 474-475, 479, 481, 484, 516, 525, 551
산토 도밍고(도미니카 공화국)(Santo Domingo(Dominican Republic)) 124-125, 135-136, 158-159, 216-217, 382, 455
삼국동맹(Triple Alliance) 368, 375
삼국동맹 전쟁(Guerra de la Triple Alianza) 369, 381, 493
상품 57-58, 63, 67-69, 72, 140, 146, 163, 173, 183, 215-216, 232, 235, 241, 260, 271, 309, 342-343, 351, 353, 357, 374, 376, 400, 403, 406, 408, 430, 441-443, 455, 463, 483, 489, 498, 505, 507, 520, 525, 528-530, 549-550
샤토브리앙, 르네(Chateaubriand, René) 385
서독(West Germany) 16, 258, 522
서인도 제도(West Indies) 136
석고 76, 273
석유 11, 14, 26, 106, 185, 194, 216, 242, 267-268, 270, 308-335, 382, 389, 398, 400-401, 403, 411, 417-418, 421, 423, 447, 450, 453, 455, 465, 484, 506-508, 515, 531, 547, 550-555
선린 정책 221, 223
설탕 14, 24-25, 68, 106, 124-125, 127-137, 139-149, 151-158, 160, 162-170, 172-173,

175-176, 179, 184, 186, 188, 192, 217, 220, 242, 244, 247, 260, 263, 270, 287, 313, 340, 393, 445, 455, 457-458, 473, 495, 518, 528, 548-554
세계 시장 25, 27, 106, 127-128, 135, 140, 154, 181, 183, 191, 211, 213, 276, 352, 358, 360, 397, 400, 403, 440, 443, 451, 455-456, 458, 548, 550-555
세계은행(World Bank) 18-19, 322, 399, 428, 450-454
세금 11, 39, 53, 61, 84, 102, 118, 198, 202, 203, 220, 226, 235, 256-257, 269, 273, 278-279, 289, 301, 309, 314, 325, 332-333, 342, 350, 354, 358, 362, 365, 374, 376, 383-384, 408, 423, 428, 443-444, 459-461, 485, 526
세르반테스 사아베드라, 미겔 데(Cervantes Saavedra, Miguel de) 63
세페다 사무디오, 알바로(Cepeda Samudio, Álvaro) 218
셸 사(Shell Oil Company) 311
소금 33, 68, 84, 106, 131, 140, 348, 358, 393, 400, 538
소련(Soviet Union) 155, 286, 313, 316, 406, 447, 465
소모사, 아나스타시오(Somoza, Anastasio) 221, 223, 510
손튼, 에드워드(Thornton, Edward) 375-376
솔라노 로페스, 프란시스코(Solano López, Francisco) 371, 375, 377-378, 380-382
수아소, 알론소(Zuazo, Alonso) 168
수은 55, 73, 87, 89-90, 273, 297, 354
수출입은행(Export-Import Bank, Eximbank) 303, 323, 439, 441-442, 450
숨비(인디언 족장)(Zumbi, Indian chief) 171
슈너브, 로베르(Schnerb, Robert) 387
스미스, 애덤(Smith, Adam) 161, 354, 395
스미스, 얼(Smith, Earl) 148
스미스, 월터 베델(Smith, Walter Bedell) 227
스위지, 폴(Sweezy, Paul) 435, 506
스탠더드 오일 242, 270, 309, 311-316, 318, 320-321, 325-326, 328, 332, 421
스트로에스네르, 알프레도(Stroessner, Alfredo) 380-383
시장 12, 16, 25, 27, 58, 62, 68-70, 89, 106, 118, 126-128, 130, 135, 139-141, 145-147, 154, 158, 162, 166-167, 175, 181, 183, 186-187, 190-192, 194-195, 200-202, 210-213, 220, 249, 254, 259, 261, 263-264, 276, 283, 287, 294, 310, 315, 326, 334, 340, 342-343, 348, 350-353, 354-355, 358, 360, 364-365, 371, 374, 378, 383, 386, 389, 394, 396-397, 400-401, 403-404, 410-412, 414, 420-421, 427, 429-430, 438, 440-

441, 443, 451-452, 455-456, 458, 460-463, 465-466, 474, 480-484, 486-487, 489-490, 492, 494, 497, 499, 505-507, 510-511, 518, 520, 522, 523-525, 527, 529, 535, 547-548, 550-555, 557
실론(Ceylon) 54
실링, 파울루(Schilling, Paulo) 5, 181, 256, 419

아

아길라르, 알론소(Aguilar, Alonso) 250, 353
아나콘다(와이어 및 케이블)(Anaconda(Wire and Cable)) 285-286, 288-290, 421, 449
아델라(Adela, 국제 투자 컨소시엄) 449-450
아랍인 60
아레발로, 후안 호세(Arévalo, Juan José) 226
아르벤스 구스만, 하코보(Árbenz Guzmán, Jacobo) 226-228
아르티가스, 호세(Artigas, José) 231, 233-237, 240, 247, 359-360, 364-365, 370, 378, 495
아르헨티나(Argentina) 14, 16, 38, 42, 51, 73, 93, 103, 127, 140, 161, 191, 233-235, 242, 256-258, 270, 318-321, 342, 346-348, 356-362, 364-366, 368-369, 371, 374-380, 387-389, 402, 405, 408-411, 413-415, 421-423, 432, 435-437, 450, 455, 460, 462, 464-466, 471, 477-481, 486, 488-490, 492-493, 494-496, 502, 510, 512-513, 515, 519-520, 524, 527-528, 533-535, 537, 539-540
아마조나스(Amazonas) 181
아메리칸 커피 코퍼레이션(American Coffee Corporation) 194
아메리칸 코디지 트러스트(American Cordage Trust) 242
아민, 사미르(Amin, Samir) 459
아세베도, 마누엘 안토니오(Acevedo, Manuel Antonio) 103, 360
아스테카(Azteca) 23, 39, 42-44, 47, 49, 93-96, 249, 547
아연 266-267, 270, 273, 447
아옌데, 살바도르(Allende, Salvador) 259, 270, 285-287, 466, 502, 510-514, 526, 540
아우빙, 파나스코(Alvim, Panasco) 382
아이알라 계획(Plan de Ayala) 245-246
아이젠하워, 드와이트 D.(Eisenhower, Dwight D.) 19, 227

아이젠하워, 밀턴(Eisenhower, Milton) 411
아이티(Haiti) 12, 20, 125, 127, 135, 137-139, 169, 174, 195, 198, 202, 216-217, 445, 447, 510, 518-519, 546, 549, 555
아타우알파(Atahualpa) 39, 44-45, 48, 98
아편전쟁 352, 379
아프리카(Africa) 32, 40, 53, 66, 68, 85, 111, 125-126, 132, 134, 155, 160-164, 166-167, 169-174, 186, 189, 194, 263, 358, 395, 461, 506, 526, 548-549
안데스 그룹(Andean Group) 468
안캅(ANCAP, 우루과이 국영 정유회사) 315-317
알라만, 루카스(Alamán, Lucas) 26, 83, 351, 354-356
알루미늄 컴퍼니 오브 아메리카(Aluminium Company of America) 271
알루미늄 267, 271-272, 287, 421
알바라도, 페드로 데(Alvarado, Pedro de) 41, 45, 48, 99, 192, 270, 324, 415, 426, 508-509
앙골라(Angola) 115
애버크롬비, 랠프(Abercromby, Ralph) 341
애빙크, 존(Abbink, John) 463
앤더슨, 클레이튼 앤드 컴퍼니(Anderson, Clayton and Company) 191, 193-194, 250, 425
앤틸리스 제도(Antilles) 39-40, 67, 85, 129-130, 135, 146, 164, 167, 174, 358, 395
야키 인디언(Yaqui Indians) 103-104, 127, 243
에네켄 104, 127, 241-243
에르난데스 마르티네스, 막시밀리아노(Hernández Martínez, Maximiliano) 221, 359
에마누엘, 아르기리(Emmanuel, Arghiri) 458-459
에머슨, 랠프 월도(Emerson, Ralph Waldo) 396
에스트라다 팔마, 토마스(Estrada Palma, Tomás) 148
에스파냐(España) 7, 23-24, 27, 32-34, 37-43, 45, 47-48, 51, 53-69, 71, 74-75, 77, 84, 86-94, 96-97, 99-102, 109, 111, 119, 128, 136, 140-141, 145, 147, 155, 161, 163, 168, 181, 184-185, 187, 231, 233-235, 240, 263, 265, 268, 278, 307, 328-341, 343-345, 347-348, 356-357, 363, 368, 373, 380, 385-386, 394, 467, 495-496, 502, 530, 535, 540, 546-547
에콰도르(Ecuador) 20, 51, 93, 127, 186, 189, 201, 218, 220, 256, 455, 462, 468, 490, 491, 494, 496, 531-532
엑손(Exxon) 506

엘 살바도르(El Salvador) 20, 192, 195, 197, 202, 214, 221, 223, 455, 496
엘리에세르 가이탄, 호르헤(Eliécer Gaitán, Jorge) 206
엘리자베스 1세(Elizabeth I) 38, 63
엥겔스, 프리드리히(Engels, Frederich) 85
영국(Britain) 20, 24, 26, 67, 81, 117-120, 125, 129, 132, 138-140, 143-144, 160, 162-166, 172, 179, 181-183, 186, 189-190, 211, 231-232, 234, 258, 264-265, 271, 276, 278-283, 285, 293, 303, 319-320, 327, 329, 339-342, 345, 348-358, 361-364, 369, 372, 374, 375-376, 378-379, 385-395, 399, 411, 458, 465, 478, 480, 493, 495-496, 498, 530, 551
예수회 76, 172, 372, 374
오루 프레투(Ouro Preto) 13, 24, 108, 110, 112, 114-117, 125
오반도, 알프레도(Ovando, Alfredo) 292, 322-324
온가니아, 후안 카를로스(Onganía, Juan Carlos) 256-257, 320, 413, 422
온두라스(Honduras) 213-214, 217-218, 220-221, 223, 227, 432, 455, 464, 496-497, 532, 552-553
와트, 제임스(Watt, James) 25, 159, 165, 190, 437
왈시, 로돌포(Walsh, Rodolfo) 520
외국 자본 12, 192, 244, 269, 309, 329, 370, 372, 384, 403-404, 411, 416, 418, 421-425, 429, 431, 434, 454-455, 467-468, 472, 474, 481, 484, 487, 500, 508, 528, 533, 552
외국인 투자 422, 424, 435, 492, 517, 520, 522
우드, 레오나드(Wood, Leonard) 12, 141, 147, 348
우라늄 273, 275-276
우루과이(Uruguay) 20, 38, 103, 140-141, 161, 191, 233-240, 257, 315-317, 358-359, 364, 369, 375-378, 390, 410, 436, 443-444, 455, 457, 460, 465, 478, 483, 488, 490, 492-493, 496, 498, 502, 510, 512-513, 521, 527-530, 533-540, 543
우비코 카스타녜다, 호르헤(Ubico Castañeda, Jorge) 221, 224-227
우아이나 카팍(Huayna Cápac) 44, 51-52
우에르타, 빅토리아노(Huerta, Victoriano) 245-246
우즈, 조지 D.(Woods, George D.) 451, 453
워싱턴 포스트(Washington Post) 230
워싱턴, 조지(Washington, George) 21, 25, 146-147, 156, 159, 167, 198, 201, 221, 227, 230, 305-307, 396, 446, 448, 456, 487, 510, 512, 514

워커, 윌리엄(Walker, William) 214
웹, 제임스 왓슨(Webb, James Watson) 349
위컴, 헨리(Wickham, Henry) 182-183
윌슨, 우드로(Wilson, Woodrow) 12
윌슨, 헨리 레인(Wilson, Henry Lane) 246
유나이티드 프루트 컴퍼니(United Fruit Company) 214, 218, 226-228, 552
유네스코(UNESCO) 151
유니언 카바이드(Union Carbide) 417, 421, 424, 430, 485, 489
유대인 33, 45, 60, 91
유에스 스틸(US Steel Co.) 301, 308, 398
유엔 식량농업기구(Food and Agriculture Organization, FAO) 18, 134, 155, 200, 294
유엔(United Nations) 15, 18, 134, 155, 188, 200, 202, 210, 258, 294, 404, 419, 436, 445, 457, 473, 476-477, 491, 524
유카탄(Yucatán) 93, 104, 127, 241-242, 244
이달고, 미겔(Hidalgo, Miguel) 61, 64, 99-100, 232, 240-241
이사벨(카스티야 여왕)(Isabella, Queen of Castile) 32, 34, 40, 64
인도네시아(Indonesia) 66, 183
인디고(Indigo) 184, 204, 211, 264, 495
인디언(Indians) 167, 398
일렉트릭 본드 앤드 셰어(Electric Bond and Share) 402, 450, 452-453
임금 86, 102, 134-135, 147, 160, 166, 186, 191-193, 195, 197-198, 201-202, 212, 225, 241, 254-255, 258, 263, 281, 288, 299, 302, 335, 403-404, 413, 427, 444, 458-459, 474-475, 480-481, 511, 519-529, 552
잉글랜드(England) 38, 58-59, 61-63, 65, 118, 136, 160, 166-167, 263-264, 393, 395, 498
잉카(Incas) 38-39, 41, 44, 48-49, 51-52, 73, 77, 86, 93-98, 101-102, 547

자

자간, 체디(Jagan, Cheddi) 271
자메이카(Jamaica) 36-37, 125, 137, 162, 166, 265, 546
자본 12-13, 15, 21, 27, 37, 59-61, 66, 67-72, 81, 83, 85, 104, 120, 129, 136, 145, 148, 156, 160-161, 165, 167, 177, 192, 202, 209, 211, 213, 215-216, 220, 226, 231-232,

237, 239, 242-244, 249, 252, 257, 263, 265, 267, 269, 273, 279, 289, 300-301, 304, 308-309, 311-312, 319, 324, 326, 328-329, 349, 351, 353, 359, 363, 370, 372, 379, 384, 388, 390, 392-393, 395-396, 398-439, 442, 449, 451, 453-468, 472-475, 479, 481-488, 492, 495, 497, 500, 505, 508, 519-523, 528, 533, 535, 537, 547-557

자유무역 12, 26, 202, 232, 342-343, 348, 350-352, 355-356, 359, 367, 374, 379, 386, 391, 396, 399, 405, 409, 459, 482-492, 494, 496

자철광 273

잰더, 아널드(Zander, Arnold) 271

저개발 22, 65, 72, 128, 154, 159, 168, 259, 346, 394, 455, 469, 482, 505, 507, 519, 537

적철석 273

제국주의 14-15, 22, 120, 140, 156, 214, 222, 249, 262, 287, 300, 319, 321, 360, 372, 380, 382, 388, 400-404, 406, 411, 413, 415, 419, 422-423, 427, 429, 431, 435, 454-455, 464, 467, 480, 492-493, 495, 500, 510, 518, 545, 547, 550

제너럴 모터스(General Motors) 23, 419, 424, 472, 488, 500, 520

제수스, 카롤리나 마리아 지(Jesús, Carolina María de) 530

제임스, 윌리엄(James, William) 25, 159, 165, 217, 280, 309, 349

존슨, 린든 B.(Johnson, Lyndon B.) 19, 159, 216, 271, 306, 308, 381-382, 421, 440, 446, 483

종교재판 59, 535

주석 26, 74-75, 283, 290-295, 300, 447, 455, 457, 509, 523, 550-555

중국(China) 36, 54, 56, 352, 379, 465, 541

중동(Middle East) 310, 506

중앙아메리카(Central America) 25, 41, 47, 85, 93, 104, 127, 141, 201, 211-214, 217-221, 224, 432, 496, 497, 552, 555

중앙정보국(Central Intelligence Agency, CIA) 271

직물 54, 60, 62-63, 73, 118, 163, 167, 340, 342-346, 349, 354, 362, 371, 389, 392, 396, 456, 489

진보를 위한 동맹(Alliance for Progress) 11, 17, 21, 255, 299, 440, 442-446, 448, 450

진주 32, 37, 54, 112, 162

질병 38, 46, 83, 105, 114-115, 133, 164, 178, 225, 286, 427, 548

질산염 78, 278, 280-281, 283, 298, 340

차

차코 전쟁(Chaco War) 320
천연가스 308, 320, 322, 330
철도 26, 161, 165, 180, 209, 213-214, 218-219, 226, 244, 281-282, 307, 349, 367, 371, 379, 385-386, 388-390, 396, 398,-400, 402, 470, 497, 529, 552
초석 14, 161, 276-285, 289, 549
초콜릿 185-186, 189, 194, 293, 357
칠레(Chile) 14, 20, 25, 41, 51, 54, 73, 81, 93, 259, 270, 278-289, 340, 344, 350-351, 362, 389, 410, 428, 455, 457, 462, 466, 468, 478, 488, 492, 494-495, 502, 510-514, 521, 526, 528, 532, 534, 536-537, 540

카

카나리아 제도(Canary Islands) 40, 124
카라카스(베네수엘라)(Caracas, Venezuela) 127, 184, 327, 330-332, 476-477, 507
카란사, 베누스티아노(Carranza, Venustiano) 245, 248, 251
카르데나스, 라사로(Cárdenas, Lázaro) 248, 251, 314-315, 408, 410
카르도소, 에프라임(Cardozo, Efraím) 375
카르도주, 페르난두 엔히키(Cardoso, Fernando Henrique) 413-414
카르카 인디언(Carca Indians) 103
카르펜티에르, 알레호(Carpentier, Alejo) 138
카스트로, 피델(Castro, Fidel) 144, 148, 151, 153, 156, 313, 451, 540
카스트루, 조수에 지(Castro, Josué de) 16, 130
카스티요 아르마스, 로돌포(Castillo Armas, Rodolfo) 5, 35, 227-228, 319
카이루의 백작(Vizconde de Cairú) 395
카카오 25, 72, 127, 162-163, 184-189, 327, 460, 550
카터, 지미(Carter, Jimmy) 515
카포체, 루이스(Capoche, Luis) 87, 89
칼데라, 라파엘(Caldera, Rafael) 310
칼데론, 프란시스코 가르시아(Calderón, Francisco García) 183
칼뱅주의 59

캄포라, 엑토르(Cámpora, Héctor) 513
캄푸스, 호베르투(Campos, Roberto) 304, 412, 425-426, 434, 439
캐나다(Canada) 191, 301, 312, 328, 333, 458
캐닝, 조지(Canning, George) 339-340, 379
커클랜드, 에드워드(Kirkland, Edward) 393
커피 11, 25, 99, 107, 127, 136, 139, 162-163, 176, 180, 184-185, 188-189, 194-205, 207, 209, 211-213, 220-221, 223, 225, 242, 260, 299, 309, 327, 340, 378, 381, 384, 408, 417, 455, 457, 460-461, 518, 527-528, 549-550, 552-553, 555
케네디, 존 F.(Kennedy, John F.) 436, 445
케네코트 와이어 앤드 케이블 컴퍼니(Kennecott Wire and Cable Company) 285, 288-289
코르테스, 에르난(Cortés, Hernán) 23, 35, 37, 39, 41-44, 47, 49, 92, 94, 244
코스타 리카(Costa Rica) 195, 213, 218, 227, 455, 496
코치닐(Cochineal) 211
코카(코카인) 101-102, 296-297, 299, 384, 472
콜럼버스, 디에고(Columbus, Diego) 169
콜럼버스, 크리스토퍼(Columbus, Christopher) 31-32, 34-37, 39, 40, 44, 85, 103, 124, 168, 185, 525, 546
콜롬비아(Colombia) 25, 38, 51, 93, 127, 141, 173, 195, 198-199, 201-202, 204-210, 215, 218-219, 314, 410, 432, 453, 455, 462, 464, 468, 480, 491, 496-498, 532, 541, 552
콜베르, 장바티스트(Colbert, Jean-Baptiste) 58, 161
쿠바(Cuba) 12, 22, 24, 40-41, 115, 125, 127-128, 135-136, 139-160, 162, 166, 168, 171-174, 216, 270-271, 286-287, 306, 313-314, 340, 432, 443, 445, 451, 465, 509-510, 528, 539, 546
쿠스코(페루)(Cuzco, Peru) 41, 49-50, 52, 96-97, 102
쿠아드루스, 자니우(Quadros, Jânio) 269, 304-305
크라우더, 에녹(Crowder, Enoch) 145
크롬(Chrome) 149, 267, 273, 341
크루스, 아르테미오(Cruz, Artemio) 25, 42, 71, 77-78, 128, 240, 242, 251, 324
크루엘, 리오그란디누(Kruel, Riograndino) 275
크리올 오일 컴퍼니(Creole Oil Company) 313, 328, 333
키스, 마이너(Keith, Minor) 144, 219
키신저, 헨리(Kissinger, Henry) 514

타

탄압 205, 208-209, 217, 221, 228-229, 251, 316, 470, 515, 518-519
탄탈룸 273, 276
태프트, 윌리엄 H.(Taft, William H.) 215
터너, 존 케네스(Turner, John Kenneth) 242-243
테노츠티틀란(Tenochtitlán) 42, 47, 49, 95
테러리즘 534
텍사코(Texaco) 311, 313, 316, 328
토레스, 후안 호세(Torres, Juan José) 80, 510, 513
토륨 273, 275-276
통화 23, 26, 53, 65, 147, 155, 204, 208, 214, 225, 372, 384, 399, 406, 425-429, 431-432, 435, 439, 444, 449, 451-454, 459, 515, 522
투생 루베르튀르(Toussaint L'Ouverture) 138
투자 12, 15, 21, 67, 71-72, 82, 119, 122, 154, 215, 221, 237, 242-243, 257, 265, 267-269, 273, 280-282, 285-286, 301, 312-313, 317, 324, 329, 333, 340, 372, 374, 384, 390, 396, 400-406, 416, 417-419, 421-424, 426, 428-431, 434-437, 444, 448-450, 454-455, 462, 464, 466, 472-474, 479, 492, 505, 518, 520-521, 523, 528
투팍 아마루(Túpac Amaru) 24, 93, 96-99
트리니다드-토바고(Trinidad-Tobago) 135, 341, 539
트리아스, 비비안(Trías, Vivian) 5, 364, 370, 423, 495
특허 190, 411, 423, 429, 435-436, 467, 468, 521
티타늄 273

파

파나마(Panama) 54, 215, 218-220, 386, 432, 455, 496-497, 509, 515, 521
파라과이(Paraguay) 14, 20, 26, 38, 42, 93, 127, 191, 196, 233, 235, 237, 320-322, 360, 368-386, 390-391, 490-493, 496, 528
파슨스 앤드 휘트모어(Parsons and Whittemore) 511
파업 21, 145, 153, 171, 218, 221, 271, 332, 413, 514, 520, 537, 555
파이로클로르(Pyrochlore) 276

파이어스톤(Firestone) 487, 490, 511
파티뇨, 시몬 이투리(Patiño, Simón Ituri) 523
파티뇨, 안테노르(Patiño, Antenor) 290-292, 295, 300
팔머, 브루스(Palmer, Bruce) 158
패트먼, 라이트(Patman, Wright) 467
페냘로사, 엘 차초(Peñaloza, El Chacho) 367
페드루 2세(Pedro II) 187, 378, 381
페레, 페드로(Ferré, Pedro) 361
페레스 데 올긴, 멜초르(Pérez de Holguín, Melchor) 75
페레스 알폰소, 후안 파블로(Pérez Alfonzo, Juan Pablo) 508
페레스 히메네스, 마르코스(Pérez Jiménez, Marcos) 333
페레이라 마샤두, 시망(Ferreira Machado, Simão) 112, 114, 303
페론, 후안 도밍고(Perón, Juan Domingo) 258-259, 320, 408-409, 411, 413, 512, 540
페루(Peru) 20, 39, 41-42, 49-51, 54, 59, 71, 86, 89, 93, 98, 125, 128, 142, 183, 192-193, 232, 259, 270, 276-280, 324-326, 340, 344, 362, 415, 426, 432, 446, 455, 462, 468, 476, 478, 495-496, 498, 508-509, 521, 526, 532, 547
페르디난드(아라곤 국왕)(Ferdinand, King of Aragon) 41
페멕스(멕시코 국영 석유)(PEMEX, Petróleos Mexicanos) 315
페트로브라스(Petrobrás) 317, 318
페르피냐 이 피베르낫, 후안(Perpiñá y Pibernat, Juan) 173
펠리페 2세(Philip II) 53, 59, 61, 63, 84
펠리페 3세(Philip III) 86
펠리페 4세(Philip IV) 87
포드 재단(Ford Foundation) 19
포드, 헨리 2세(Ford, Henry II) 18-19, 291, 379, 420, 424, 449, 457, 466, 484, 486
포르투갈(Portugal) 23, 32, 37, 40-41, 65, 67-68, 85, 108-109, 111, 115-119, 121-122, 128-129, 160, 162, 168-171, 174, 181, 233-235, 263, 265, 345, 350, 378, 381, 394, 495-496, 547
포춘(Fortune) 290, 305, 486
포토시(볼리비아)(Potosí, Bolivia) 13, 24, 38, 50-55, 72-81, 87-88, 90, 96, 101-102, 108, 112, 114, 119, 125, 278, 329, 546-547, 551, 554
폭스바겐(Volkswagen) 419-421, 424, 466, 506, 526

폴로, 마르코(Polo, Marco) 32, 244
푸르타두, 셀소(Furtado, Celso) 69, 119, 120, 387, 463
푸에르토 리코(Puerto Rico) 125, 135, 147-148
푸엔테스, 미겔 이디고라스(Fuentes, Miguel Ydigoras) 158, 445
푸엔테스, 카를로스(Fuentes, Carlos) 251
프라히날스, 마누엘 모레노(Fraginals, Manuel Moreno) 140, 144
프란시스코 슈거 컴퍼니(Francisco Sugar Company) 152
프란시아, 가스파르 로드리게스 데(Francia, Gaspar Rodríguez de) 370-371
프랑스(France) 16, 40-41, 58-59, 62, 65-66, 70, 125, 137-138, 143, 146, 160-161, 172, 181, 188-189, 229, 231, 238, 258, 271, 284, 328, 339, 341-342, 355-356, 362, 381, 385, 458, 480, 488, 499, 516, 530, 549
프랑코, 프란시스코(Franco, Francisco) 60
프랑크, 안드레 군더(Frank, André Gunder) 5, 72, 479
프레비시, 라울(Prebisch, Raúl) 471, 487
프레이, 에두아르도(Frei, Eduardo) 259, 287, 289, 487
프리스틀리, 조지프(Priestley, Joseph) 179
플라스마페레시스(Plasmaféresis) 510
플로레스, 에드문도(Flores, Edmundo) 230, 249, 335, 375
피노체트, 아우구스토(Pinochet, Augusto) 502, 510-511, 515, 517, 536-537
피사로, 프란시스코(Pizarro, Francisco) 38-39, 41-42, 44, 48-50, 79-80, 98, 344
필리핀(Philippines) 53, 56, 147, 499

하

하비, 로버트(Harvey, Robert) 280, 282, 292, 327
한나 마이닝 컴퍼니(Hanna Mining Company) 121, 268, 303
해밀턴, 알렉산더(Hamilton, Alexander) 56, 395
해외 원조 191, 438
핸콕, 토마스(Hancock, Thomas) 179
향신료 32, 37
허스트, 윌리엄 랜돌프(Hearst, William Randolph) 243
험프리, 조지(Humphrey, George) 303

헤모 캐리비안(Hemo Caribbean) 510
헨리 8세(Henry VIII) 63, 281
호킨스, 존(Hawkins, John) 162
후추 32, 37
훔볼트, 알렉산더 폰 23, 81-82, 98, 343, 354
히네스 데 세풀베다, 후안(Ginés de Sepúlveda, Juan) 91
히베이루, 다르시(Ribeiro, Darcy) 5, 46, 85, 96, 261, 526

라틴아메리카의 열린 혈맥

라틴아메리카 500년 수탈의 역사

1판 1쇄 발행 2025년 11월 19일

지은이 | 에두아르도 갈레아노
옮긴이 | 조구호

펴낸이 | 조영남
펴낸곳 | 알렙

출판등록 | 2009년 11월 19일 제313-2010-132호
주소 | 경기도 고양시 일산서구 중앙로 1455 대우시티프라자 715호
전자우편 | alephbook@naver.com
전화 | 031-913-2018, 팩스 | 031-913-2019

ISBN 979-11-994033-5-2 93950

* 이 책은 2019년 대한민국 교육부와 한국연구재단의 지원을 받아 수행된 연구입니다.
  (NRF-2019S1A6A3A02058027).
* This work was supported by the Ministry of Education of the Republic of Korea
  and the National Research Foundation of Korea(NRF-2019S1A6A3A02058027)

* 책값은 뒤표지에 있습니다.
* 잘못된 책은 바꾸어 드립니다.